C.

C.J. Sansom est né en Angleterre en 1952 et vit dans le Sussex. Après des études de lettres et d'histoire à l'université de Birmingham, il a exercé divers métiers dont celui d'avocat. Il se consacre désormais à l'écriture et est l'auteur de plusieurs romans parus chez Belfond : *Dissolution* (2004), *Les Larmes du Diable* (2005), *Sang royal* (2007), *Un hiver à Madrid* (2008) et *Prophétie* (2009).

UN HIVER À MADRID

DU MÊME AUTEUR
CHEZ POCKET

DANS LA SÉRIE MATTHEW SHARDLAKE

DISSOLUTION
LES LARMES DU DIABLE
SANG ROYAL

UN HIVER À MADRID

C. J. SANSOM

UN HIVER À MADRID

Traduit de l'anglais
par Françoise Rose

BELFOND

Titre original :
WINTER IN MADRID
publié par Macmillan,
un département de Pan Macmillan Ltd, Londres

Le papier de cet ouvrage est composé de fibres naturelles, renouvelables, recyclables et fabriquées à partir de bois provenant de forêts plantées et cultivées durablement pour la fabrication du papier.

ISBN : 978-2-266-19858-5

À la mémoire des milliers d'enfants de familles républicaines qui disparurent dans les orphelinats de l'Espagne franquiste.

Prologue

Vallée du Jarama, Espagne, février 1937

Bernie gisait depuis des heures au pied de la butte, à demi inconscient.

Le Bataillon britannique avait été transporté vers le front deux jours auparavant, traversant la plaine aride de Castille à bord d'un train bringuebalant, conduit par une locomotive hors d'âge, puis continuant à pied, de nuit, jusqu'en première ligne. Parmi ces volontaires, on comptait quelques hommes mûrs, vétérans de la Grande Guerre, mais la plupart étaient de jeunes ouvriers, qui n'avaient même pas bénéficié, comme Bernie et quelques autres, de l'instruction militaire que l'on dispensait dans les *public schools*. Jusque dans cette guerre menée en son nom, la classe ouvrière restait désavantagée.

L'armée républicaine occupait une position stratégique, au sommet d'une colline descendant en pente abrupte vers la vallée du Jarama parsemée de petites buttes et plantée d'oliviers. Au loin, on apercevait la masse grise et indistincte de Madrid, la ville qui résistait aux fascistes depuis l'insurrection des généraux, l'été précédent. La ville où se trouvait Barbara.

L'armée de Franco avait déjà franchi le fleuve. Il y avait là des troupes marocaines qui savaient tirer parti de chaque repli de terrain pour se mettre à couvert. Le Bataillon avait reçu l'ordre de défendre la colline. Les fusils étaient vétustes, les munitions manquaient et étaient souvent défectueuses. On avait distribué aux *brigadistas* des casques français qui dataient de la Grande Guerre et qui, selon les vétérans, n'étaient pas à l'épreuve des balles.

Malgré les salves sporadiques, les Maures avaient peu à peu gravi la colline, à mesure que la matinée avançait – des centaines de formes silencieuses et létales, emmitouflées dans leurs ponchos gris, apparaissant et disparaissant entre les oliviers, se rapprochant sans cesse. Puis des tirs d'obus étaient partis des positions fascistes, et la terre jaune avait explosé en gerbes immenses, à la grande terreur des recrues inexpérimentées. Finalement, dans l'après-midi, on leur avait donné l'ordre de se replier, et un chaos total s'était ensuivi. Dans sa fuite, Bernie avait vu le sol jonché de livres jetés par les soldats afin d'alléger leurs sacs – de la poésie, des ouvrages d'introduction au marxisme et des romans pornographiques achetés dans les marchés en plein air de Madrid.

Ce soir-là, les survivants du Bataillon étaient retranchés, à bout de force, sur une ancienne route profondément encaissée dans la *meseta*. Ils ignoraient comment la bataille s'était déroulée sur les autres positions, et Bernie avait fini par s'endormir, terrassé par la fatigue.

Au matin, le commandant d'état-major, un Russe,

leur avait ordonné de remonter en ligne. Bernie avait vu le capitaine Wintringham se quereller avec lui, leurs profils se découpant sur le ciel froid qui passait peu à peu du mauve rosé au bleu, dans le soleil levant. Le Bataillon était exténué, inférieur en nombre ; les Maures avaient creusé des tranchées et installé des mitrailleuses. Mais le Russe était demeuré inflexible, le visage crispé.

Les hommes durent se mettre en rang sur le bord de l'encaissement. Les fascistes avaient recommencé à tirer dès l'aube, et le bruit était assourdissant. Bernie attendait l'ordre de monter à l'assaut, trop fatigué pour penser. La phrase : « Foutus, on est foutus » résonnait sans fin dans sa tête, à la cadence d'un métronome. Beaucoup d'hommes étaient trop épuisés pour faire autre chose que regarder fixement devant eux, d'autres tremblaient de peur.

Wintringham conduisit lui-même la charge, et tomba presque immédiatement, touché à la jambe. Bernie continua à courir, la tête rentrée dans les épaules, le corps parcouru de frissons incontrôlables, pendant que les balles sifflaient autour de lui, et que ses compagnons s'effondraient avec des hurlements ou des soupirs étouffés. Au bout de cent mètres, l'envie de se plaquer au sol devint irrépressible, et il se jeta derrière un gros olivier.

Il demeura longtemps recroquevillé contre le tronc noueux, sous un orage de feu, à contempler les cadavres de ses camarades et leur sang noircissant la terre pâle. Il se contorsionna désespérément, cherchant à s'enfoncer le plus profondément possible dans le sol.

Tard dans la matinée, les tirs cessèrent enfin, bien que Bernie les entendît encore, plus loin sur la ligne. Apercevant sur sa droite un haut tertre herbeux, il décida de s'y réfugier. Il se leva et s'élança, plié en deux. Il touchait presque au but quand une détonation retentit, suivie d'un choc violent dans sa cuisse droite ; il perdit l'équilibre et s'écroula au sol. Il sentit le sang ruisseler le long de sa jambe mais n'osa pas regarder. S'aidant de ses coudes et de sa jambe valide, il rampa frénétiquement vers le tertre. La douleur se réveilla dans l'ancienne blessure qu'il avait au bras, l'élançant cruellement. Une autre balle fit voler la terre autour de lui, mais il parvint néanmoins à franchir les derniers mètres. Il plongea derrière la butte et s'évanouit.

Quand il revint à lui, c'était l'après-midi ; il était étendu à l'ombre et la chaleur était moins forte. Tombé à plat ventre sur le versant du monticule, il ne voyait devant lui que de la terre et des cailloux. Il mourait de soif ; sa gorge était desséchée. Tout était calme et silencieux ; il entendait un oiseau chanter dans un olivier, mais aussi un murmure de voix lointaines. De l'espagnol ; il devait donc s'agir de fascistes, à moins que les troupes républicaines plus au nord n'eussent réussi à faire une percée, ce qu'il avait du mal à croire après la débâcle de sa section. Il resta immobile, la tête dans la terre poussiéreuse. Il ne sentait plus sa jambe droite.

Il perdit et reprit conscience à de nombreuses reprises. Chaque fois qu'il revenait à lui, il percevait les murmures quelque part sur sa gauche. Au bout d'un certain temps, il se réveilla pour de bon, et ses pensées s'éclaircirent. Sa soif était devenue insupportable. Les voix s'étaient tues, on n'entendait plus que l'oiseau qui chantait, mais il ne devait pas s'agir du même… Bernie s'était attendu à ce qu'il fît chaud en Espagne ; de son premier voyage ici, avec Harry, six ans plus tôt, il avait gardé le souvenir d'une chaleur sèche, implacable. Mais on était en février et, même si les journées étaient douces, il faisait froid quand le soleil était couché. Il n'était pas sûr de pouvoir tenir toute une nuit en plein air. Il sentait la vermine ramper dans l'épaisse toison sur son ventre. Tout le camp de base en était infesté, et Bernie détestait cette sensation. Quelle chose étrange que la douleur, pensa-t-il : la blessure de sa jambe lui semblait tolérable, mais les démangeaisons étaient atroces, et il avait désespérément envie de se gratter. Toutefois, mieux valait pour lui se retenir, s'il était entouré de soldats fascistes qui avaient pris sa forme immobile pour un cadavre, car ils ouvriraient le feu au moindre mouvement de sa part.

Il releva légèrement la tête, les dents serrées, craignant de sentir l'impact d'une balle d'un moment à l'autre. Rien. Au-dessus de lui, il ne vit que le flanc dénudé de la butte. Il se retourna, d'un mouvement raide, et la douleur lui transperça la jambe comme un coup de couteau. Il dut crisper les mâchoires pour s'empêcher de crier. Se redressant sur les coudes, il baissa les yeux. La moitié de la jambe de son pantalon était arrachée et sa cuisse était couverte de sang noir, coagulé. Elle ne saignait plus, à présent ; la balle n'avait pas atteint l'artère, mais, s'il bougeait trop, le saignement pouvait reprendre.

À sa gauche, il aperçut deux corps en uniforme de *brigadistas*, tous deux couchés face contre terre. L'un d'eux se trouvait trop loin pour qu'il pût le reconnaître ; l'autre était celui de McKie, le jeune mineur écossais. Horrifié, Bernie pivota sur ses coudes en essayant de ne pas remuer les jambes, et reporta son regard sur le sommet du tertre.

À douze mètres au-dessus de lui, un char d'assaut – un des tanks allemands que Hitler avait offerts à Franco – était perché en équilibre précaire, l'avant suspendu dans le vide. De la tourelle pendait un bras flasque. Les fascistes avaient dû faire venir un régiment de chars, et celui-ci avait été stoppé juste avant de dévaler la butte. D'où il était, Bernie pouvait voir les tuyaux et les boulons en dessous du véhicule, et ses lourdes chenilles blindées. Le tank risquait à tout instant de basculer et de s'écraser sur lui ; il devait partir d'ici.

Il commença à s'éloigner lentement, en rampant. La douleur lui poignardait la jambe et, au bout de quelques mètres, il fut obligé de s'arrêter, haletant, couvert de sueur. Il voyait distinctement McKie à présent. Un de ses bras avait été arraché et gisait à quelques mètres du corps. Ses cheveux châtains étaient ébouriffés par la brise, aussi hirsutes dans la mort qu'ils l'avaient été dans la vie, mais son visage avait déjà perdu toute couleur. Les yeux du garçon étaient fermés, et ses traits d'une laideur sympathique paraissaient paisibles. Pauvre diable, pensa Bernie, les larmes aux yeux.

La première fois qu'il avait vu des morts – les hommes tués lors de la bataille de Madrid, étendus sur la chaussée par rangées entières –, Bernie avait été malade d'horreur. Et pourtant, la veille, au cœur du combat, toute sensibilité l'avait quitté. « C'est nécessaire, quand on est exposé au feu de l'ennemi », lui avait dit P'pa, l'une des rares fois où il lui avait parlé de la bataille de la Somme. « Tous les sens devaient être tendus vers un but unique : survivre. On ne voyait pas, on scrutait, on épiait, comme un animal à l'affût. On n'entendait pas, on tendait l'oreille. On devenait aussi attentif et cruel qu'une bête sauvage. » Mais P'pa traversait de longues périodes de dépression et passait alors toutes ses soirées dans le petit bureau au fond de la boutique, tête basse sous la faible lumière jaune, cherchant à oublier les tranchées.

Bernie se rappela les plaisanteries de McKie sur l'indépendance de l'Écosse dans le futur régime socialiste, et sa façon de rire en exprimant sa hâte d'être débarrassé de ces stupides Angliches. Il passa la langue sur ses lèvres desséchées. Cet instant le hanterait-il dans ses rêves – les cheveux de McKie soulevés par la brise – s'il en réchappait, même s'ils réussissaient à créer un monde nouveau, un monde libre ?

Il perçut un crissement, un léger bruit métallique, et leva les yeux ; le tank oscillait doucement, son long canon dessinant sur le ciel assombri un lent va-et-vient. Les mouvements qu'avaient fait Bernie en se déplaçant n'en étaient sûrement pas la cause, cependant le véhicule tanguait bel et bien.

Il essaya de se lever mais sa jambe lui faisait trop mal. Il se remit à ramper, dépassa le cadavre de McKie. La douleur était insoutenable à présent, et sa jambe saignait de nouveau. La tête lui tournait ; l'idée qu'il risquait de s'évanouir le terrifiait, de même que celle du tank dégringolant sur lui, broyant son corps inanimé. Il devait à tout prix rester conscient.

Il remarqua une mare d'eau croupie juste en face de lui. Sa soif était si grande que, malgré le danger, il y enfouit son visage et but goulûment. L'eau avait un goût de terre qui lui provoqua aussitôt un haut-le-cœur. Il releva la tête et sursauta en découvrant son reflet : chaque ride était soulignée de crasse, ses joues étaient couvertes d'une barbe clairsemée, et son regard était celui d'un dément. Brusquement, il entendit en esprit la voix de Barbara, et il se rappela ses mains si douces sur son cou. « Tu es si beau, lui avait-elle dit un jour, trop beau pour moi. » Que dirait-elle, aujourd'hui ?

Un autre grincement se produisit, plus fort cette fois, et il vit le tank s'incliner graduellement vers l'avant. Une coulée de terre et de pierres dévala le flanc de la colline. « Oh, Seigneur », murmura-t-il, en se propulsant fébrilement de côté. « Oh, Seigneur ! »

Dans un craquement sonore, le char passa par-dessus le rebord et se mit à descendre lentement, avec un bruit métallique, manquant les pieds de Bernie de quelques centimètres seulement. Au bas de la pente, le canon s'enfonça dans le sol et le véhicule s'immobilisa en frémissant, telle une énorme bête blessée à mort. Le corps du pilote fut projeté à bas de la tourelle et atterrit dans la tranchée, visage contre terre. Ses cheveux étaient d'un blond presque blanc : un Allemand. Bernie ferma les yeux et laissa échapper un soupir de soulagement.

Un nouveau bruit l'incita à se retourner. Cinq hommes se tenaient maintenant au sommet de la butte, sans doute attirés par le vacarme ; leurs visages étaient aussi sales et las que celui de Bernie. Il comprit immédiatement qu'il s'agissait de fascistes : ils portaient la tenue vert olive des troupes de Franco. Ils levèrent leurs fusils et le mirent en joue. L'un d'eux sortit un pistolet de son étui ; un déclic se fit entendre quand il fit glisser le cran de sécurité. Puis il se dirigea vers lui.

Bernie s'appuya sur une main et leva l'autre en un faible geste de supplication.

Le fasciste s'arrêta à un mètre de lui. C'était un homme grand et maigre, avec une petite moustache comme en portait El Generalísimo. Son expression était dure, courroucée.

« *Me entrego*, dit Bernie. Je me rends. »

C'était tout ce qu'il lui restait à faire.

« *¡ Cabrón comunista !* » dit l'homme avec un fort accent du sud.

Bernie essayait encore de comprendre le sens de ces mots quand le fasciste brandit son arme et le visa à la tête.

PREMIÈRE PARTIE

Automne

1

Londres, septembre 1940

Une bombe était tombée dans Victoria Street, creusant un énorme cratère dans la chaussée et soufflant les devantures de plusieurs magasins. La rue avait été barrée, et des hommes de la défense passive, aidés par des volontaires, formaient une chaîne pour déblayer les décombres d'un immeuble, avec d'infinies précautions. Harry comprit qu'il devait y avoir quelqu'un sous les ruines, et les efforts des sauveteurs – des vieillards et des jeunes garçons au visage maculé par la poussière qui recouvrait le quartier comme un suaire – lui parurent dérisoires face à ce gigantesque amas de briques et de plâtre. Désemparé, il posa sa valise à ses pieds.

Du train, avant l'entrée en gare de Victoria, il avait aperçu d'autres rues éventrées, d'autres bâtiments détruits, sans éprouver autre chose que cette étrange indifférence, ce détachement qui l'habitait depuis le début des raids aériens, dix jours plus tôt. Là-bas, dans le Surrey, l'oncle James avait failli avoir une attaque en regardant les photos publiées dans le *Telegraph*. Harry était demeuré sans réaction tandis que son oncle, le visage cramoisi, vociférait contre ce nouvel exemple de la barbarie allemande. Son esprit s'était abstrait de ce qui l'entourait, loin de toute cette violence.

Mais ici, dans le quartier de Westminster, en plein cœur de Londres, c'était différent. Brutalement confronté à ce spectacle de désolation, il se trouva aussitôt replongé dans l'enfer de Dunkerque : les bombardiers allemands descendant en piqué, les plages labourées par les explosions. Il serra les poings et s'enfonça les ongles dans les paumes en respirant profondément. Son cœur se mit à battre à grands coups ; mais il ne fut pas saisi de tremblements, comme cela lui arrivait naguère fréquemment : il parvenait dorénavant à contrôler ses réactions.

Un garde de la défense passive s'avança vers lui – un homme dans la cinquantaine, au visage dur barré d'une fine moustache grise, au maintien rigide dans son uniforme noir poussiéreux.

« On n'passe pas, déclara-t-il d'un ton sec. La rue est fermée. Vous voyez pas qu'on a été bombardés ? »

Son expression était soupçonneuse, réprobatrice, même : il se demandait sans doute pourquoi un homme dans la fleur de l'âge et apparemment en bonne santé ne portait pas l'uniforme.

« Excusez-moi, répondit Harry. J'arrive de la campagne. J'ignorais que la situation était aussi grave. »

La plupart des cockneys, en entendant son accent distingué, qui l'identifiait infailliblement comme un membre de l'élite, un ancien élève d'une *public school*, auraient adopté une attitude servile, mais ce ne fut pas le cas de son interlocuteur.

« Personne y coupera, cette fois. Ni en ville ni à la campagne. Et pour un bon moment, si vous voulez mon avis… Vous êtes en permission ? s'enquit l'homme en le dévisageant d'un air sévère.

— J'ai été réformé pour invalidité, rétorqua Harry avec brusquerie. Écoutez, je dois me rendre à Queen Anne's Gate. Pour des raisons administratives. »

Le garde changea aussitôt d'attitude. Le prenant par le bras, il lui fit opérer un demi-tour.

« Passez donc par Petty France. Y a pas eu de bombe là-bas.

— Merci.

— De rien, m'sieur. Vous étiez à Dunkerque ? reprit l'homme en se penchant vers lui d'un air curieux.

— Oui.

— Le courant a charrié du sang et des débris jusqu'ici, sur l'île aux Chiens. J'étais dans les tranchées la dernière fois, j'savais bien qu'ça r'commencerait, et que, c'coup-ci, tout l'monde y passerait, et pas seulement les soldats. Vous aurez l'occasion de r'tourner au combat, vous verrez. Et de leur planter vot'baïonnette dans les tripes, à ces maudits Boches, hein ? On l'enfonce, on la tourne et on la r'tire. »

Sa bouche se tordit en un sourire étrange, il recula et salua son interlocuteur, une lueur démente dans ses yeux pâles.

« Merci », dit Harry en lui rendant son salut.

Il s'éloigna à grands pas, en proie à une vague nausée. Les propos de l'homme l'avaient rempli de dégoût.

À son arrivée, la gare de Victoria lui avait paru aussi animée qu'elle l'était ordinairement le lundi. La vie à Londres semblait continuer comme par le passé, ainsi que la presse l'affirmait. Dans les larges rues bordées d'immeubles du XVIIIe siècle, tout était tranquille dans la lumière automnale. S'il n'y avait eu les vitres barrées de ruban adhésif blanc disposé en croix pour les empêcher de voler en éclats, on aurait pu se croire avant-guerre. De temps à autre, on croisait un homme d'affaires en chapeau melon, ou une nurse poussant un landau. Les visages étaient impassibles, parfois même gais. Beaucoup de passants avaient manifestement laissé leur masque à gaz à la maison ; Harry, quant à lui, le portait en bandoulière, dans sa boîte cubique. Il savait que l'humeur enjouée arborée par les Londoniens tel un défi dissimulait leur peur d'une invasion. Cependant, il préférait se bercer de cette illusion de normalité plutôt que d'accepter le fait qu'ils vivaient désormais dans un monde où les épaves de l'armée britannique s'échouaient sur une plage française dans un chaos total, et où des vétérans de la Grande Guerre à l'esprit dérangé arpentaient les rues en prédisant l'Apocalypse d'un air béat.

Ses pensées le reportèrent vers Rookwood, comme cela lui arrivait souvent ces derniers temps. La vieille cour carrée par un beau jour d'été, les maîtres en toge et coiffe traditionnelle déambulant sous les grands ormes, les élèves en blazer bleu marine ou tenue de cricket… C'était une façon pour lui de passer de l'autre côté du miroir, d'échapper à la folie ambiante. Mais tôt ou tard ressurgissait la question lancinante : comment diable en était-on arrivé là ?

L'hôtel St. Ermin avait jadis été un palace, mais son élégance n'était plus qu'un souvenir. Le lustre de l'entrée était terni par la saleté, une odeur de chou et d'encaustique flottait dans l'air. Des aquarelles représentant des cerfs et des paysages de montagne ornaient les murs lambrissés de chêne. Quelque part, une horloge comtoise faisait entendre son tic-tac solennel.

Personne à la réception. Harry agita la sonnette et un homme chauve et trapu en livrée de portier apparut bientôt.

« Bonjour, monsieur, dit-il d'une voix onctueuse dénotant une longue pratique du métier. J'espère ne pas vous avoir fait trop attendre.

— J'ai rendez-vous à deux heures et demie avec Mlle Maxse. Je suis le lieutenant Brett. »

Il veilla à bien prononcer le nom « Maxsie », ainsi que son interlocuteur du Foreign Office le lui avait recommandé.

« Si vous voulez bien me suivre, monsieur… »

Foulant d'un pas silencieux l'épaisse moquette poussiéreuse, le portier le conduisit dans un salon meublé de fauteuils et de tables basses. Un homme et une femme étaient assis dans un renfoncement, près d'une fenêtre.

« Le lieutenant Brett, madame », annonça le portier avant de s'éclipser.

Les deux personnes se levèrent, et la femme tendit la main à Harry. Petite et menue, elle paraissait âgée d'une cinquantaine d'années et était vêtue d'un élégant tailleur bleu. Sa chevelure argentée était coiffée en boucles serrées, et son visage respirait l'intelligence. Elle leva vers Harry des yeux gris et perçants :

« Comment allez-vous ? Je suis ravie de vous rencontrer, dit-elle d'une voix grave et pleine d'assurance. Je suis Marjorie Maxse, et j'ai beaucoup entendu parler de vous.

— Pas en mal, j'espère, répondit Harry.

— Oh, bien au contraire. Permettez-moi de vous présenter Roger Jebb. »

L'homme lui serra la main d'une poigne vigoureuse. Il était à peu près du même âge que sa collègue, avec un long visage hâlé et des cheveux noirs clairsemés.

« Prendrez-vous du thé ? s'enquit Mlle Maxse.

— Volontiers, merci. »

Une théière en argent et des tasses en porcelaine étaient disposées sur la table, ainsi qu'une assiette de scones, des pots de confiture et ce qui semblait être de la vraie crème, une denrée devenue presque introuvable.

« Avez-vous eu des difficultés à arriver jusqu'ici ? demanda Mlle Maxse en versant le thé. J'ai cru comprendre qu'une bombe ou deux étaient tombées non loin d'ici la nuit dernière.

— En effet. Victoria Street est barrée.

— Quelle calamité ! Et cela risque de durer un certain temps, reprit son interlocutrice, du ton qu'elle aurait employé pour se plaindre du temps pluvieux. Nous préférons rencontrer les nouvelles recrues ici, la première fois, ajouta-t-elle en souriant. Le directeur est un vieil ami, et nous ne serons pas dérangés. Du sucre ? poursuivit-elle, toujours sur le ton de la conversation. Prenez un scone, ils sont délicieux.

— Merci », dit Harry, qui se mit aussitôt en devoir de tartiner son gâteau de crème et de confiture.

En relevant les yeux, il découvrit que Mlle Maxse l'observait avec attention. Sans manifester le moindre embarras, elle lui adressa un sourire empreint de sympathie.

« Comment vous sentez-vous, maintenant ? Vous avez été réformé pour invalidité, n'est-ce pas ? Après Dunkerque ?

— Oui. Une bombe a explosé à cinq mètres de moi,

en projetant une énorme quantité de sable. J'ai eu de la chance : le sable m'a protégé de la déflagration. »

Il s'aperçut que Jebb le fixait lui aussi, d'un regard gris et dur comme du silex.

« Vous avez dû être fortement commotionné, intervint-il brusquement.

— C'était une commotion relativement bénigne, rectifia Harry. Je suis tout à fait rétabli, à présent.

— Pourtant, votre visage s'est figé l'espace d'une seconde, à l'instant même.

— Il fut un temps où cela durait bien plus d'une seconde, répliqua calmement Harry. Et mes mains tremblaient constamment, autant vous en informer.

— Vous avez également souffert de troubles auditifs, je crois ? s'enquit Mlle Maxse, baissant délibérément la voix.

— Mon ouïe est redevenue à peu près normale, comme vous pouvez le constater, repartit Harry. Il me reste simplement une légère surdité de l'oreille gauche.

— Vous avez de la chance, en effet. Les explosions provoquent souvent une perte définitive des facultés auditives », commenta Jebb. Il sortit de sa poche un trombone qu'il entreprit de déplier machinalement, tout en continuant à regarder Harry.

« C'est ce que m'a dit le médecin, répondit ce dernier.

— Ce handicap, si léger soit-il, signifie pour vous la fin du service actif, bien sûr, poursuivit Marjorie Maxse. Cela doit être difficile à accepter. Vous vous étiez engagé en septembre dernier, n'est-ce pas ?

— Oui. Oui, c'est exact. Excusez-moi, mademoiselle Maxse, mais je ne vois pas…

— Évidemment. Que vous ont dit au juste les gens du Foreign Office, quand ils vous ont contacté ?

— Simplement que certaines personnes pensaient que je pourrais me rendre utile.

— Eh bien, en fait, nous n'appartenons pas au Foreign Office, déclara Mlle Maxse avec un grand sourire. Nous travaillons pour l'Intelligence Service. » Elle eut un rire argentin, comme si l'étrangeté de la situation la mettait en joie.

« Oh, murmura Harry, décontenancé.

— Notre tâche revêt une importance capitale, reprit-elle d'un ton plus grave. Maintenant que la France est occupée, tout le continent est soit allié aux nazis, soit sous leur domination. Il n'existe plus de relations diplomatiques normales.

— Nous sommes en première ligne, à présent, renchérit Jebb. Vous fumez ?

— Non, merci.

— Votre oncle est le colonel James Brett, c'est bien cela ?

— Oui, monsieur.

— Il a servi en Inde avec moi, en… 1910, vous vous rendez compte ! s'exclama Jebb, avec un rire bref. Comment va-t-il ?

— Il a pris sa retraite », répondit Harry. Mais ce n'est manifestement pas votre cas, à en juger par votre hâle, ajouta-t-il en lui-même. La police indienne, peut-être ?

Mlle Maxse posa sa tasse sur la table et joignit les mains.

« Que diriez-vous de travailler pour nous ? »

Une fois de plus, Harry éprouva ce sentiment d'infinie lassitude et de détachement – mais quelque chose d'autre aussi, comme une minuscule étincelle d'intérêt.

« Je souhaite contribuer à l'effort de guerre, bien entendu.

— Vous croyez-vous apte à effectuer une mission délicate ? s'enquit Jebb. Répondez-nous en toute sincérité. Si vous ne vous en sentez pas capable, dites-le franchement. Il n'y a pas à en avoir honte », ajouta-t-il d'un ton bourru.

Mlle Maxse lui adressa un sourire d'encouragement. D'une voix circonspecte, Harry répondit :

« Je pense que oui. Je suis pratiquement guéri.

— Nous recrutons toutes sortes de gens, Harry – vous permettez que je vous appelle Harry, n'est-ce pas ? reprit Marjorie Maxse. Certains en raison de leurs compétences, d'autres parce qu'ils ont quelque chose de spécial à nous apporter. Vous étiez linguiste, avant de vous enrôler dans l'armée, c'est cela ? Diplômé de Cambridge, puis chargé de cours à King's, jusqu'au début de la guerre.

— C'est exact », acquiesça Harry. Ils en savaient décidément beaucoup à son sujet.

« Parlez-vous couramment espagnol ?

— Je pense pouvoir l'affirmer.

— Mais vous enseignez la littérature française, je crois ? »

Il fronça les sourcils, de plus en plus intrigué.

« Oui, répondit-il, mais j'entretiens mes connaissances en espagnol. J'appartiens au Cercle hispanique de Cambridge. »

Jebb hocha la tête.

« Les membres sont pour la plupart des universitaires, non ? Y a-t-il des réfugiés espagnols parmi eux ?

— Un ou deux. Mais le Cercle n'a rien de politique. Nous évitons d'aborder ces questions, par une sorte d'accord tacite. »

Jebb reposa sur la table le trombone qu'il n'avait cessé de triturer, au point de le transformer en une invraisemblable spirale. Il ouvrit son porte-documents et en sortit un dossier barré en diagonale d'une croix rouge.

« J'aimerais que vous vous remémoriez votre deuxième année à Cambridge. 1931. Vous êtes allé en Espagne cet été-là, n'est-ce pas ? Avec un camarade de votre ancienne école, Rookwood.

— C'est juste », reconnut Harry, de plus en plus effaré.

Jebb ouvrit le dossier.

« Un certain Bernard Piper, qui a adhéré par la suite au Parti communiste britannique. A combattu en Espagne pendant la guerre civile, dans les Brigades internationales. Porté disparu, sans doute tué durant la bataille du Jarama, en 1937. » Il montra une photo. On y voyait une rangée d'hommes en uniformes dépenaillés, sur le flanc d'une colline pelée. Bernie se tenait au centre, dépassant tous les autres d'une tête. Ses cheveux blonds étaient coupés ras, et il arborait un sourire juvénile.

« Cette photo a été prise en Espagne ? demanda Harry, en relevant les yeux vers Jebb.

— Oui, répondit celui-ci, le regard dur. Et vous vous êtes rendu là-bas, pour essayer de le retrouver.

— À la demande de ses parents, parce que je parle la langue.

— Mais vos recherches sont demeurées vaines.

— Il y a eu dix mille morts sur les rives du Jarama,

rétorqua Harry d'une voix morne. Tous n'ont pas été identifiés. Bernie se trouve sans doute dans une fosse commune, quelque part aux alentours de Madrid. Monsieur, puis-je vous demander comment vous avez obtenu ces informations ? Je pense avoir le droit de…

— Vous ne l'avez pas. Mais puisque vous me posez la question, nous avons constitué des dossiers sur tous les membres du Parti communiste. Une précaution qui se justifie pleinement depuis que Staline a fait alliance avec Hitler pour écraser la Pologne.

— Loin de nous l'idée de vous assimiler à eux, bien sûr, intervint Mlle Maxse avec un sourire bienveillant.

— Je l'espère bien.

— Quelles sont vos opinions politiques ? »

Désarçonné par cette question sans détour, Harry hésita un instant avant de répondre :

« Disons que je me définirais comme un conservateur libéral.

— Et vous n'avez jamais été tenté d'aller vous battre pour la république espagnole, comme Piper ? insista Jebb. De participer à la croisade contre le fascisme ?

— À mon avis, l'Espagne était déjà en plein chaos avant la guerre civile, et les fascistes comme les communistes en ont tiré profit. J'ai eu l'occasion de rencontrer des Russes, en 1937. C'étaient de vrais porcs.

— Ce voyage à Madrid en pleine guerre civile a dû représenter pour vous une véritable aventure, glissa Marjorie Maxse d'un ton enjoué.

— Je n'avais pas d'autre but que d'essayer de retrouver mon ami. À la demande de sa famille, comme je l'ai déjà dit.

— Vous étiez très proches, à Rookwood, Piper et vous, n'est-ce pas ? s'enquit Jebb.

— Êtes-vous allés fouiner là-bas pour vous renseigner à mon sujet ? s'écria Harry avec colère.

— Oui, reconnut son interlocuteur sans la moindre gêne.

— S'agit-il de Bernie ? reprit Harry, abasourdi. Est-il... Serait-il encore en vie ?

— Nous avons fermé le dossier le concernant, répondit Jebb, avec une douceur inattendue. Pour autant que nous le sachions, il est mort dans la bataille du Jarama. »

Mlle Maxse se redressa sur son siège.

« Vous devez comprendre, Harry, qu'avant de vous confier une mission nous devons tout savoir de vous. Mais je pense que nous pouvons nous estimer satisfaits. » Elle regarda Jebb, qui hocha la tête, puis elle poursuivit : « Je crois qu'il est temps d'en venir aux faits. Nous ne nous montrons pas aussi directs habituellement, mais le temps presse, voyez-vous. Il s'agit d'une urgence. Nous avons besoin de renseignements sur une certaine personne, et nous pensons que vous pouvez nous aider. »

Jebb se pencha vers lui.

« Tout ce que nous allons vous dire à partir de maintenant est strictement confidentiel, compris ? En fait, je dois vous prévenir que si vous en parlez à quiconque en dehors de cette pièce, vous risquez d'avoir de graves ennuis.

— C'est compris, affirma Harry, en le regardant droit dans les yeux.

— Il ne s'agit pas de Bernard Piper, mais d'un autre de vos anciens camarades de classe, qui a lui aussi des relations dans les milieux politiques », poursuivit Jebb en extrayant une seconde photo de son porte-documents.

C'était un visage que jamais Harry ne se serait attendu à revoir – et surtout pas en de telles circonstances. Sandy Forsyth devait avoir aujourd'hui trente et un ans, quelques mois de plus que lui seulement, mais on lui en aurait facilement donné quarante. Il portait une petite moustache à la Clark Gable et ses cheveux, gominés et coiffés vers l'arrière, commençaient à se raréfier. Sa figure semblait plus pleine, et déjà soulignée de rides, mais les petits yeux vifs, le nez romain et la grande bouche aux lèvres minces étaient restés les mêmes. La photographie avait visiblement été prise par un professionnel. Sandy adressait à l'objectif un sourire étudié de vedette de cinéma, mi-énigmatique, mi-enjôleur. Ce n'était pas un bel homme, toutefois ce portrait lui en conférait l'apparence.

« Nous n'étions pas vraiment proches, déclara calmement Harry en relevant la tête.

— Vous avez pourtant été amis, l'année qui a précédé son renvoi, objecta Mlle Maxse. Après cette histoire avec M. Taylor… Nous lui avons parlé, voyez-vous.

— À M. Taylor ? Comment va-t-il ? s'enquit Harry, après un temps d'hésitation.

— Beaucoup mieux, à présent, répondit Jebb. Mais ce n'est certainement pas grâce à Forsyth. Passons. Quand il a été renvoyé, vous êtes-vous séparés en bons termes ? C'est important, ajouta-t-il en pointant le trombone vers Harry.

— Oui. J'étais son seul ami à Rookwood, en fait.

— Vous ne deviez pourtant pas avoir grand-chose en commun, fit observer Mlle Maxse en souriant.

— Non, à tous les points de vue.

— C'était un vaurien, n'est-ce pas, ce Forsyth ? Un inadapté. Contrairement à vous, qui avez toujours été quelqu'un de stable. »

Harry soupira.

« Sandy avait aussi ses bons côtés. Quoique… » Il s'interrompit, et Mlle Maxse l'encouragea d'un sourire. « Je me suis parfois demandé pourquoi il recherchait mon amitié, alors que la plupart des garçons qu'il fréquentait étaient… ma foi, des vauriens, pour reprendre votre expression.

— Y avait-il quelque chose de sexuel là-dessous, Harry, à votre avis ? »

Elle posa cette question du même ton désinvolte qu'elle employait pour parler des bombes. Harry la dévisagea un moment, interloqué, avant d'émettre un petit rire embarrassé.

« Certainement pas !

— Ce sont des choses qui arrivent, vous savez, dans les *public schools*… des béguins d'adolescents.

— Il n'y avait rien de tel entre nous.

— Après le départ de Forsyth, êtes-vous restés en contact ? s'enquit Jebb.

— Nous avons échangé une correspondance pendant quelques années. Les lettres se sont espacées au fil du temps. Nous n'avions plus grand-chose en commun, en dehors de Rookwood… En fait, poursuivit Harry avec un soupir, je ne sais pas vraiment pourquoi il a continué à m'écrire pendant si longtemps. Peut-être pour m'impressionner. Il me parlait des clubs qu'il fréquentait, des filles, ce genre de choses… »

Jebb hocha la tête pour l'inciter à continuer.

« Dans sa dernière lettre, il racontait qu'il travaillait

pour un bookmaker de Londres. Il me parlait des chevaux dopés et des paris truqués comme si tout cela n'était qu'une vaste plaisanterie. »

Mais, alors même qu'il prononçait ces mots, Harry se rappela un autre aspect de la personnalité de Sandy : les promenades dans les Downs à la recherche de fossiles, les longues conversations... Que voulaient donc ces gens, à la fin ?

« Vous croyez toujours aux valeurs traditionnelles, n'est-ce pas ? demanda Mlle Maxse sans se départir de son sourire. Toutes ces valeurs qu'on vous inculquait à Rookwood.

— Je suppose que oui. Bien que...

— Oui ?

— Je me demande comment le pays a pu en arriver là, expliqua-t-il en la regardant en face. Nous n'étions absolument pas préparés à ce qui s'est passé en France. La défaite...

— Ces couards de Français nous ont laissés tomber, grommela Jebb.

— Nous avons été forcés de battre en retraite, monsieur, dit Harry. Je le sais, j'y étais.

— Vous avez raison. Nous n'étions pas suffisamment préparés, admit Mlle Maxse, s'enflammant soudain. Peut-être nous sommes-nous comportés de manière trop honorable à Munich. Après la Grande Guerre, il était impensable que quiconque puisse souhaiter un nouveau conflit. Mais nous savons à présent que Hitler l'a toujours voulu. Il ne sera pas satisfait tant qu'il ne tiendra pas l'Europe tout entière sous sa botte. Nous entrerions alors dans un nouvel âge des ténèbres, comme l'a dit Winston. »

Il y eut un silence, que Jebb finit par rompre en s'éclaircissant la gorge.

« Bien, Harry. Revenons-en à l'Espagne. Quand la France a capitulé, en juin dernier, et que Mussolini nous a déclaré la guerre, nous avons pensé que Franco ne tarderait pas à l'imiter. Hitler l'a aidé à vaincre les républicains, et, bien sûr, Franco aimerait s'emparer de Gibraltar. Avec l'appui de l'Allemagne, il pourrait lancer une attaque de l'intérieur, et nous n'aurions alors plus accès à la Méditerranée.

— L'Espagne est en ruine, fit remarquer Harry. Franco n'a pas la capacité de se lancer dans une autre guerre.

— Mais il pourrait demander à Hitler d'intervenir. Des divisions de la Wehrmacht sont déjà stationnées le long de la frontière franco-espagnole, et le Parti fasciste est impatient d'entrer dans le conflit. D'un autre côté, poursuivit Jebb en inclinant la tête, la plupart des généraux royalistes se méfient de la Phalange et redoutent une insurrection populaire si les troupes allemandes franchissent la frontière. Ce ne sont pas des fascistes, ils voulaient simplement la défaite des rouges. La situation est instable, Franco pourrait déclarer la guerre d'un jour à l'autre. Les membres de notre ambassade à Madrid sont sur les nerfs.

— Franco a toujours fait preuve de prudence, avança Harry. Beaucoup de gens pensent qu'il aurait pu remporter la guerre civile plus tôt, s'il s'était montré plus hardi.

— J'espère que vous avez raison, grommela Jebb. Sir Samuel Hoare, notre nouvel ambassadeur, va tenter de le convaincre de rester en dehors du conflit.

— C'est ce que j'ai entendu dire.

— Leur économie est en pleine crise, ainsi que vous l'avez fait remarquer. Cette faiblesse est notre principal atout, car la Royal Navy contrôle toujours le trafic maritime.

— Le blocus, opina Harry.

— Heureusement, les Américains ne s'y opposent pas. Nous laissons entrer juste assez de pétrole pour que le pays continue à fonctionner – un tout petit peu moins qu'il n'en faudrait, à vrai dire. Comme les récoltes ont été mauvaises, ils essaient d'importer du blé et d'obtenir des emprunts à l'étranger pour payer ces importations. Selon les rapports qui nous parviennent de là-bas, les ouvriers des usines de Barcelone tombent d'inanition devant leurs machines.

— Cela va aussi mal que pendant la guerre civile, alors, soupira Harry. Que d'épreuves, pour ces pauvres gens…

— Toutes sortes de rumeurs nous arrivent d'Espagne, reprit Jebb. Franco rêve d'accéder à l'autosuffisance économique. Il étudie à cette fin les projets les plus farfelus. L'année dernière, un scientifique autrichien a prétendu avoir inventé le moyen de fabriquer du pétrole de synthèse à partir d'extraits de plantes, et il a persuadé Franco de financer ses recherches. C'était une escroquerie, évidemment, expliqua-t-il, ponctuant cette phrase de son rire bref qui ressemblait à un aboiement. Puis le bruit a couru qu'on avait découvert des gisements d'or à Badajoz. Une nouvelle chimère. Mais, dernièrement, nos informateurs nous ont rapporté qu'on aurait bel et bien trouvé de l'or dans les montagnes aux alentours de Madrid. Des représentants du gouvernement ont engagé un géologue ayant travaillé dans les mines sud-africaines, un certain Alberto Otero. Et ils observent un mutisme total à ce sujet, ce qui nous fait penser que c'est peut-être sérieux. D'après nos experts, sur le plan géologique, la chose n'est pas impossible.

— Et cela rendrait les Espagnols plus autonomes ?

— Ils n'ont pas de réserves d'or pour soutenir leur monnaie. Staline a contraint la République à envoyer tout l'or à Moscou durant la guerre civile. Et il l'a gardé, évidemment. Ils ont donc beaucoup de difficulté à acheter quoi que ce soit sur le marché. En ce moment, ils tentent d'obtenir de nous et des Américains des crédits à l'exportation.

— Donc, si ces rumeurs sont fondées, ils n'auront plus à dépendre de nous ?

— Exactement. Et ils seront par conséquent plus enclins à prendre part au conflit. Il suffit de très peu de chose pour faire pencher la balance d'un côté ou de l'autre.

— Nous évoluons sur la corde raide, ajouta Mlle Maxse. Nous devons manier tour à tour la carotte et le bâton, décider quelle quantité de pétrole nous pouvons laisser entrer, quelle quantité de blé…

— Voici où je voulais en venir, Brett, coupa Jebb : l'homme qui a introduit Otero auprès des dirigeants espagnols n'est autre que Sandy Forsyth.

— Il est en Espagne ? s'exclama Harry, les yeux agrandis par la stupeur.

— Oui. Je ne sais pas si vous vous souvenez de ces publicités parues dans la presse, il y a quelques années de cela, pour des visites guidées sur les champs de bataille de la guerre civile.

— Je m'en souviens. Ces visites étaient organisées par les nationalistes à l'intention des Britanniques. Une opération de pure propagande.

— Forsyth s'y est retrouvé mêlé. Il est parti là-bas comme guide. Les franquistes le payaient généreusement, semble-t-il. Ensuite il est resté sur place, et s'est lancé dans diverses entreprises plus ou moins louches. C'est un homme d'affaires astucieux, apparemment, dans le genre tapageur. » Jebb esquissa une moue de dégoût, et dévisagea Harry avec intensité. « Il a des relations influentes, à présent. »

Harry prit une profonde inspiration avant de s'enquérir :

« Puis-je vous demander comment vous savez tout cela ?

— Grâce aux informateurs employés par notre ambassade. Madrid est un nid d'espions. Mais aucun d'eux n'a réussi à approcher Forsyth en personne. Nous n'avons pas d'agents au sein de la Phalange, et c'est avec la section phalangiste du gouvernement qu'il collabore. De plus, on dit qu'il est malin, et qu'il risque de se méfier si un inconnu débarque soudain pour lui poser des questions.

— Oui, Sandy est intelligent, acquiesça Harry.

— Alors que si *vous* débarquiez à Madrid, intervint Mlle Maxse, en tant que traducteur attaché à l'ambassade, par exemple, et que vous tombiez sur lui par hasard, dans un café… Ce serait l'occasion de renouer une vieille amitié.

— Nous voulons que vous découvriez ce qu'il manigance, déclara Jebb sans ambages. Et si possible que vous le persuadiez de passer dans notre camp. »

C'est donc ça ! Ils veulent que j'espionne Sandy, comme M. Taylor autrefois à Rookwood, se dit Harry en tournant son regard vers la fenêtre pour contempler le ciel bleu où flottaient les ballons de barrage[1], pareils à de gigantesques baleines grises.

« Qu'en pensez-vous ? lui demanda Mlle Maxse d'une voix douce.

— Sandy Forsyth travaille pour la Phalange, murmura-t-il en secouant la tête, incrédule. Et ce n'est certainement pas parce qu'il a besoin d'argent, son père est évêque…

— Pour certaines personnes, le goût du risque est un mobile aussi puissant que les convictions politiques. Parfois même, les deux sont indissociables.

— Oui », acquiesça Harry, qui se rappela Sandy rentrant tout essoufflé d'une de ses escapades chez le bookmaker de la ville voisine, et brandissant un billet de cinq livres : « Regarde ce que m'a rapporté un gentil dada ! »

« Je suppose qu'il a toujours été une brebis galeuse, soupira-t-il, mais parfois… on enfreint les règles et l'on acquiert ainsi une mauvaise réputation, ce qui vous rend encore pire.

— Nous n'avons rien contre les brebis galeuses, rétorqua Jebb. Elles font souvent d'excellents agents », ajouta-t-il avec un rire sarcastique.

Un autre souvenir revint à la mémoire de Harry : Sandy assis en face de lui dans leur salle d'étude, chuchotant d'un ton chargé de colère : « Tu vois comment ils sont, comment ils nous contrôlent, ce qu'ils font si on essaie de leur échapper… »

« Je pense que vous, en revanche, vous êtes

1. Ballons de barrage : ballons captifs utilisés comme protection contre les avions volant à basse altitude. *(Toutes les notes sont de la traductrice.)*

quelqu'un qui respecte les règles, reprit Mlle Maxse. Et nous n'en attendions pas moins de vous. Toutefois, nous ne gagnerons pas cette guerre en jouant franc-jeu. Pas face à un tel adversaire. Nous ne devons pas hésiter à tuer, vous le savez déjà, et nous ne devons pas hésiter à recourir à la tromperie », termina-t-elle avec un sourire d'excuse.

Harry ressentait des émotions contradictoires, et la panique commençait à le gagner. L'idée de retourner en Espagne l'effrayait et l'excitait tout à la fois. Les exilés espagnols de Cambridge lui avaient raconté que la situation là-bas était épouvantable. Aux actualités, il avait vu Franco haranguer des foules en extase qui faisaient le salut fasciste, mais on lui avait affirmé que derrière cette façade se cachait un monde sinistre de dénonciations et d'arrestations nocturnes. Et Sandy Forsyth aurait partie liée avec un tel régime ? Il regarda de nouveau la photo.

« Je ne sais pas, dit-il lentement. Je veux dire, je ne suis pas sûr d'être à la hauteur.

— Vous suivrez une formation, le rassura Jebb. Une formation accélérée, bien sûr, puisque les autorités souhaitent une réponse dans les plus brefs délais. Les plus hautes autorités », précisa-t-il en fixant Harry.

Celui-ci hésita. Une partie de lui-même n'avait qu'une seule envie : fuir, rentrer dans le Surrey, oublier tout cela. Mais il avait passé les trois derniers mois à lutter précisément contre ce réflexe de panique, cet emmurement volontaire…

« Quelle sorte de formation ? demanda-t-il. Je ne suis pas certain d'être doué pour mentir.

— C'est plus facile que vous ne le croyez, répliqua Mlle Maxse. Surtout si vous êtes convaincu d'agir pour la bonne cause. Oui, vous devrez apprendre à mentir, à tromper, je ne vous le cache pas. Nous vous enseignerons tous ces arts maléfiques. »

Harry se mordit la lèvre. Il y eut un long silence.

« Nous vous formerons, répéta-t-elle, d'un ton persuasif. Il n'est pas question de vous laisser partir là-bas sans aucune préparation.

— D'accord, concéda-t-il finalement. Je parviendrai peut-être à le faire changer de camp. Je ne peux pas croire qu'il soit fasciste.

— Le plus difficile sera de gagner sa confiance, dit Jebb. C'est surtout là que vous devrez jouer votre rôle de manière convaincante.

— Oui. Sandy n'est pas facile à duper.

— C'est ce que nous avons cru comprendre », acquiesça Mlle Maxse en se tournant vers son collègue.

Celui-ci hésita, puis hocha la tête.

« Bien, murmura-t-elle d'un air satisfait.

— Nous devons agir vite, poursuivit Jebb. Prendre certaines dispositions, mettre les choses en place pour votre arrivée là-bas. Vous subirez un examen approfondi, bien sûr. Passerez-vous la nuit à Londres ?

— Oui, je dormirai chez mon cousin. »

Une fois de plus, l'agent de l'Intelligence Service le scruta avec attention.

« Vous ne connaissez personne ici, en dehors de votre famille ?

— Non.

— Le numéro de téléphone de votre cousin ? » reprit Jebb en sortant un calepin. Harry le lui donna. « Quelqu'un vous appellera demain matin. Ne vous absentez pas.

— Entendu, monsieur. »

Ils se levèrent tous trois. Mlle Maxse serra la main de Harry et le remercia avec effusion.

Jebb lui accorda un sourire pincé.

« Attendez-vous à entendre les sirènes, cette nuit. Nous prévoyons de nouveaux raids. »

Il jeta le trombone bizarrement tordu dans une corbeille à papier, et Mlle Maxse s'exclama :

« Grands dieux, Roger ! Vous gaspillez les biens de l'État. »

Elle adressa un nouveau sourire à Harry, pour lui signifier son congé.

« Nous vous sommes très reconnaissants. Cette mission pourrait se révéler de la plus haute importance. »

Après avoir franchi la porte, Harry demeura un instant immobile dans le couloir. Un sentiment d'angoisse et de tristesse lui nouait l'estomac. Les « arts maléfiques »... qu'avait-elle voulu dire par là ? Ces mots lui donnaient la chair de poule. Il s'aperçut qu'inconsciemment il tendait l'oreille – son oreille intacte – pour tenter de capter les propos de Jebb et de Mlle Maxse, comme Sandy le faisait jadis, derrière la porte de la salle des maîtres. Mais il n'entendit rien. Quand il se retourna, il découvrit que le portier l'avait rejoint en silence, la moquette étouffant le bruit de ses pas. Il lui sourit d'un air gêné et se laissa reconduire jusqu'à la sortie. Commençait-il déjà à se comporter comme un... quel était le terme le plus approprié ? Un mouchard, un espion, un traître ?

2

Le trajet jusqu'à la maison de Will, à Harrow, durait normalement moins d'une heure, mais ce jour-là il prit la moitié de la matinée, car la circulation du métro était sans cesse interrompue. Sur les quais, on voyait des petits groupes de gens blottis les uns contre les autres, le teint cireux. Harry avait entendu dire que certains habitants de l'East End, dont les maisons avaient été détruites par les bombes, vivaient désormais à l'intérieur des stations.

Il repensa à la mission qu'on lui avait confiée, et se sentit aussitôt envahi par un sentiment de malaise et d'incrédulité. Scrutant les visages pâles et fatigués des autres voyageurs, il songea que n'importe lequel d'entre eux pouvait lui aussi être un espion – comment se fier aux apparences ? La photo de Sandy restait gravée dans son esprit : le sourire plein d'assurance, la petite moustache à la Clark Gable…

C'était Rookwood qui avait permis à Harry de se forger une identité. Son père, avocat, avait été pulvérisé par un obus durant la bataille de la Somme, quand Harry était âgé de six ans, et sa mère était morte pendant l'épidémie de grippe, l'hiver précédant la fin de la Grande Guerre – ainsi que l'on commençait à l'appeler désormais. Harry avait encore en sa possession la photo du mariage de ses parents et la regardait souvent. Son père, posant en queue-de-pie sur le parvis de l'église, lui ressemblait beaucoup : brun, massif, l'air de quelqu'un sur qui l'on pouvait compter. Il enserrait d'un bras protecteur la mère de Harry, blonde comme le cousin Will, ses longs cheveux bouclés coiffés d'un de ces chapeaux à large bord que les femmes portaient à la Belle Époque. Le couple adressait à l'objectif un sourire radieux. La photo avait été prise en plein soleil, et les silhouettes, légèrement surexposées, étaient cernées par des halos lumineux. Harry n'avait que peu de souvenirs de ses parents. Comme le monde figé sur ce cliché, ils n'étaient plus qu'un rêve évanoui.

Après la mort de sa mère, Harry était parti vivre avec l'oncle James, le frère aîné de son père, un officier de carrière blessé lors des premières batailles de 1914. Une blessure au ventre, rien de visible, mais les entrailles de l'oncle James le tourmentaient sans relâche. Ce problème n'avait fait qu'aggraver son tempérament déjà irascible, et c'était une source d'inquiétude perpétuelle pour tante Emily, sa craintive et timide épouse. Quand Harry était arrivé chez eux, dans le joli village du Surrey où ils résidaient, ils étaient tous deux dans la quarantaine, mais paraissaient déjà beaucoup plus âgés – un couple de retraités anxieux et maniaques.

Ils s'étaient montrés bons envers lui, et pourtant Harry avait toujours eu l'impression d'être de trop. Ils n'avaient pas d'enfant et semblaient ne jamais savoir comment se comporter en sa présence. Oncle James lui assenait des claques sur l'épaule si vigoureuses qu'elles manquaient le faire tomber, en lui demandant à quoi il jouait aujourd'hui, et tante Emily se préoccupait sans cesse de son alimentation.

De temps à autre, il séjournait chez tante Jenny, la sœur de sa mère, et la mère de Will. Elle avait été très attachée à sa sœur et les visites de Harry paraissaient à chaque fois raviver son chagrin ; c'est pourquoi elle préférait qu'il les espace. Toutefois, quand il devint pensionnaire, elle le submergea de colis de nourriture et de mandats postaux – peut-être poussée par un sentiment de culpabilité.

Dans sa petite enfance, l'éducation de Harry avait été confiée à un précepteur, un professeur à la retraite, ami de son oncle. Harry passait la plus grande partie de ses loisirs à parcourir les sentiers et les bois autour du village. Il y rencontrait les garçons du coin, des fils de fermiers et de maréchaux-ferrants. Cependant, même s'il jouait aux cow-boys et aux Indiens ou chassait les lapins avec eux, il n'avait jamais été totalement accepté. Ils l'appelaient Harry l'Aristo, et se moquaient de son accent.

L'été de ses douze ans, au retour d'une de ces équipées, l'oncle James l'avait fait venir dans son bureau. Un visiteur se tenait devant la fenêtre, à contre-jour, si bien que Harry n'avait tout d'abord distingué qu'une haute silhouette entourée de grains de poussière dansant dans la lumière.

« Je te présente M. Taylor, avait dit son oncle. Il enseigne dans mon ancienne école, mon *alma mater*, comme on dit en latin. C'est bien cela, hein ? » Et, à la grande surprise de Harry, il avait laissé échapper un rire nerveux, tel un gamin intimidé.

L'homme s'était approché et avait serré la main de

Harry d'une poigne ferme. Grand et mince, il était vêtu d'un costume sombre. Ses cheveux noirs formaient une pointe sur son front haut, et ses yeux gris au regard vif l'observaient avec attention derrière un pince-nez.

« Comment vas-tu, Harry ? avait-il demandé d'une voix brusque. Tu m'as l'air d'un vrai petit sauvage, n'est-ce pas ?

— Il n'est guère habitué à la discipline, avait expliqué l'oncle James d'un ton d'excuse.

— Nous aurons vite fait de remédier à cela, si tu entres à Rookwood. Aimerais-tu aller dans une *public school*, Harry ?

— Je ne sais pas, monsieur.

— Le rapport transmis par ton précepteur est plutôt satisfaisant. Aimes-tu le rugby ?

— Je n'y ai jamais joué, monsieur. Je joue au football avec les garçons du village.

— Le rugby est nettement supérieur au football. C'est un sport de gentleman.

— Ton père était un ancien élève de Rookwood, comme moi, avait ajouté l'oncle James.

— Mon père ? avait répété Harry, en levant les yeux.

— Oui. Ton *pater*, comme on dit à Rookwood.

— Connais-tu le sens de ce mot, Harry ? avait repris M. Taylor.

— Cela veut dire « père » en latin, monsieur.

— Très bien, avait dit M. Taylor en souriant. Ce garçon pourrait peut-être faire l'affaire, Brett. »

Il avait ensuite posé d'autres questions, d'un ton plutôt bienveillant, mais avec l'air autoritaire de celui qui s'attend à être obéi, et Harry avait répondu avec circonspection. Au bout d'un moment, son oncle lui avait dit de sortir pendant qu'il s'entretiendrait avec

M. Taylor. Quand il l'avait rappelé, le visiteur était parti. Son oncle lui avait demandé de s'asseoir et l'avait fixé d'un air grave en caressant sa moustache grisonnante.

« Ta tante et moi pensons qu'il est temps que tu ailles en pension, Harry. Ce sera beaucoup mieux pour toi que de rester ici avec deux vieux croûtons comme nous. Et tu fréquenteras des garçons de ton milieu, au lieu de ces villageois. »

Harry n'avait aucune idée de ce qu'était une *public school*. Une image avait surgi dans sa tête – un grand bâtiment empli de lumière, une lumière éclatante comme sur la photo de ses parents, où il serait accueilli avec chaleur.

« Alors, qu'en penses-tu, Harry ? Cela te plairait ?

— Oui, mon oncle. Oui, ça me plairait. »

Will habitait une rue tranquille bordée de villas dans le style Tudor. Un abri antiaérien de construction récente, une casemate de béton longue et basse, se dressait de façon incongrue en bordure de la pelouse, de l'autre côté de la route.

Son cousin était déjà rentré, et ce fut lui qui vint ouvrir. Il avait quitté son costume pour un pull-over aux motifs bigarrés, et son regard s'illumina derrière ses lunettes en apercevant Harry.

« Bonsoir, mon vieux ! Pas de problème pour venir jusqu'ici, alors ?

— Non, merci, répondit Harry en lui serrant la main. Comment vas-tu, Will ?

— Oh, je tiens le coup, comme tout le monde. Et ces oreilles ?

— Tout est presque rentré dans l'ordre. Je suis juste un peu sourd d'un côté. »

Will le précéda dans le vestibule. Une grande femme maigre aux cheveux châtain terne et au long visage revêche sortit de la cuisine, en s'essuyant les mains sur un torchon.

« Muriel ! s'exclama Harry, en s'efforçant de prendre un air ravi. Comment vas-tu ?

— Oh, je me débrouille tant bien que mal. Je ne te serre pas la main, j'étais en train de cuisiner. J'ai pensé que nous pourrions sauter la collation, et passer directement au dîner.

— Il y a de l'excellent steak, ajouta Will. Nous avons passé un arrangement avec le boucher. En attendant, je vais te conduire à ta chambre. Je présume que tu as envie de faire un brin de toilette. »

Harry avait déjà dormi dans la chambre du fond, meublée d'un lit de deux personnes et d'une coiffeuse garnie de bibelots posés sur des napperons.

« Je te laisse, dit son cousin. Redescends quand tu seras prêt. »

Harry se lava le visage dans le petit lavabo et s'examina dans la glace tout en se séchant. Il avait pris du poids, en raison du manque d'exercice, et son menton commençait à s'empâter. Les gens disaient qu'il avait une physionomie avenante, mais il avait toujours trouvé ses traits réguliers un peu trop épais pour être vraiment beaux. De nouvelles rides étaient apparues autour de ses yeux, ces derniers jours. Il s'efforça d'adopter une expression aussi neutre que possible. Sandy parviendrait-il à lire ses pensées, derrière ce masque impassible ? Il était de bon ton, à l'école, de dissimuler ses sentiments ; à peine s'autorisait-on un pincement de lèvres, un haussement de sourcils. Les élèves avaient appris à déchiffrer ces signes imperceptibles.

Maintenant, il devait apprendre à ne rien laisser transparaître – ou seulement des émotions feintes. Il s'étendit sur le lit et se replongea dans ses souvenirs de Rookwood – et de Sandy Forsyth.

Harry avait adoré l'école dès le début. Située dans une campagne perdue du Sussex, dans un manoir du XVIIIe siècle, elle avait été fondée à l'origine par un groupe d'hommes d'affaires londoniens commerçant avec les colonies d'outre-mer, pour subvenir à l'éducation des fils de leurs officiers de marine. Les noms donnés aux différentes maisons reflétaient ce passé naval : Raleigh, Drake et Hawkins. À présent, elle était fréquentée par des enfants de fonctionnaires et de petits aristocrates ; on y trouvait également des élèves issus de milieux plus modestes, bénéficiant de bourses accordées par la fondation.

Dans ce cadre où la vie quotidienne était minutieusement réglée, Harry avait enfin trouvé sa place – et un sens à son existence. La discipline était rigoureuse, mais il n'avait aucune envie d'enfreindre les règles ; en conséquence, il recevait rarement des pensums, et encore moins des coups de verge. Il obtenait de bonnes notes dans la plupart des matières, surtout en français et en latin, car il avait un don pour les langues. Il appréciait également les sports – le rugby et plus encore le cricket, avec son rythme pondéré. L'année précédente, il avait été capitaine de l'équipe des juniors.

Parfois, il aimait à déambuler seul dans la Grande Salle, où les photos de classe étaient accrochées aux murs, dans l'ordre chronologique. Il se plantait devant celle de 1902, pour contempler le visage juvénile de son père, au milieu d'une double rangée de *prefects* au maintien guindé, coiffés de toques à pompon. Puis il se tournait vers la plaque commémorative fixée derrière l'estrade, et sur laquelle étaient gravés en lettres d'or les noms des morts de la Grande Guerre. Y lire le nom de son père lui faisait invariablement monter les larmes aux yeux, et il les essuyait vivement du revers de la main, de peur d'être vu.

L'année où Sandy Forsyth était arrivé, en 1925, Harry venait d'entrer en quatrième année. Les garçons couchaient dans un vaste dortoir commun, mais, depuis l'année précédente, on leur avait attribué des salles d'étude qu'ils se partageaient à deux ou trois, de petites pièces équipées de chaises vétustes et de tables balafrées. Harry choisissait généralement ses amis parmi les élèves les plus calmes et les plus sérieux ; il s'était donc réjoui d'avoir pour compagnon d'étude Bernie Piper, l'un des boursiers. Piper était entré alors qu'il déballait ses affaires.

« Salut, Brett, lui avait-il lancé. J'vois que j'vais devoir supporter l'odeur de tes chaussettes pendant toute une année. »

Le père de Bernie était épicier dans l'East End, et, à son arrivée à Rookwood, le garçon parlait avec un accent cockney prononcé. Peu à peu, il avait acquis la diction traînante des élèves issus de l'aristocratie, mais son langage d'origine reprenait temporairement le dessus à chaque retour de vacances.

« Alors, ton été s'est bien passé ?

— Je me suis pas mal ennuyé. L'oncle James était tout le temps malade. Je suis content d'être de retour.

— T'aurais dû v'nir travailler dans l'épicerie d'mon père. Là, t'aurais vu c'que c'est de s'ennuyer vraiment ! »

C'est alors qu'un autre visage était apparu dans l'embrasure de la porte, un garçon aux cheveux noirs, lourdement charpenté. Il avait posé à terre sa valise coûteuse et s'était appuyé contre le chambranle, arborant un air de détachement hautain.

« Harry Brett ? avait-il demandé. Je suis Sandy Forsyth. Un nouveau. On m'a dit d'aller dans cette salle. »

Il s'était avancé vers eux en traînant sa valise et s'était assis tranquillement pour les dévisager. Il avait de grands yeux bruns au regard perçant, et quelque chose de dur dans l'expression.

« D'où viens-tu ? s'était enquis Bernie.

— De Braildon, dans le Hertfordshire. Vous connaissez ?

— Oui, avait répondu Harry. Il paraît que c'est une bonne école.

— Ouais. C'est ce qu'on raconte.

— C'est pas mal, ici.

— Ah bon ? J'ai entendu dire qu'ils sont très à cheval sur la discipline.

— Ils te flanquent des coups de verge pour un oui ou pour un non, avait acquiescé Bernie.

— D'où es-tu ? avait repris Forsyth.

— De Wapping, avait fièrement rétorqué Bernie. Je suis l'un des prolos que la classe dirigeante admet en son sein. » Bernie s'était proclamé socialiste au cours du précédent trimestre, à la désapprobation générale.

Forsyth avait arqué les sourcils d'un air sceptique.

« Je parie que tu as eu moins de mal que moi à entrer ici.

— Comment ça ?

— Je suis considéré comme une brebis galeuse »,

avait déclaré le nouveau d'un air fanfaron, en sortant de sa poche un paquet de cigarettes.

Bernie et Harry avaient jeté un regard inquiet en direction de la porte ouverte.

« C'est interdit de fumer dans les salles d'étude, avait aussitôt expliqué Bernie.

— Il n'y a qu'à fermer la porte. T'en veux une ?

— Si on se fait prendre, on est bons pour une correction. Ça n'en vaut pas la peine.

— OK, avait soupiré Forsyth, en décochant soudain à Bernie un large sourire, qui avait découvert ses grandes dents blanches. Alors, comme ça, t'es un rouge ?

— Je suis socialiste, si c'est ce que tu veux dire. »

Le nouveau avait haussé les épaules. « Nous avions une société de débats contradictoires, à Braildon. L'année dernière, un élève de cinquième a fait un discours en faveur du communisme. Ça a déclenché un sacré chahut ! » Il s'était esclaffé, et Bernie l'avait regardé d'un air empli d'aversion.

« J'aurais aimé conduire un débat en faveur de l'athéisme, avait poursuivi Forsyth, mais on ne m'y a pas autorisé. Parce que mon paternel est évêque… Bon, où est-ce qu'on va, ici, quand on veut fumer ?

— Derrière le gymnase, avait répondu Bernie d'un ton froid.

— Vu. À plus tard, les gars », avait dit Forsyth en se levant.

Il était sorti d'un pas nonchalant, et, sitôt qu'il eut disparu, Bernie s'était exclamé :

« Quel connard ! »

C'était un peu plus tard le même jour que l'on avait demandé à Harry d'espionner Sandy pour la première fois. Il était seul dans la salle d'étude quand un élève de première année lui avait apporté un message. M. Taylor désirait le voir.

Cette année-là, Taylor était leur professeur principal. Il avait la réputation d'être extrêmement sévère, et les jeunes élèves le redoutaient. Chaque fois que Harry apercevait sa haute silhouette maigre traversant la cour à grands pas, il repensait au jour où il l'avait vu pour la première fois, chez oncle James. Ils ne s'étaient pratiquement pas parlé depuis.

M. Taylor était dans son bureau, une pièce confortable garnie de tapis et de portraits des anciens directeurs ; il se passionnait pour l'histoire de Rookwood. Sa vaste table de travail était jonchée de copies à corriger.

« Ah, Brett, vous voilà », avait-il dit d'un ton cordial, en lui faisant signe d'entrer.

Harry s'était avancé dans la pièce, les mains derrière le dos comme le voulait l'usage. Le crâne de Taylor se dégarnissait de plus en plus, et ses tempes chauves faisaient ressortir davantage encore la mèche noire sur son front.

« Avez-vous passé de bonnes vacances ? Votre oncle et votre tante vont bien ?

— Oui, monsieur.

— Vous êtes dans ma classe, cette année. Je n'entends que des louanges à votre sujet, et j'attends donc de vous les meilleurs résultats.

— Merci, monsieur.

— Je voulais vous parler des salles d'étude, avait poursuivi le professeur. Nous avons mis le nouveau avec vous, à la place de Piper. Il s'appelle Forsyth. Avez-vous déjà fait sa connaissance ?

— Oui, monsieur. Mais je ne pense pas que Piper soit au courant.

— Il sera prévenu. Comment vous entendez-vous avec Forsyth ?

— Bien, monsieur, avait répondu Harry d'une voix neutre.

— Vous avez peut-être entendu parler de son père, l'évêque ?

— Forsyth l'a mentionné, en effet.

— Forsyth vient de Braildon. Ses parents ont le sentiment qu'un établissement comme Rookwood, réputé pour sa... euh, son ordre, lui conviendra mieux. » Taylor avait eu un sourire bienveillant, qui avait fait apparaître de profonds sillons dans ses joues émaciées. « Je vous dis cela en toute confidentialité. Vous êtes un garçon sérieux, Brett ; nous envisageons de faire de vous un *prefect*, un jour prochain. Gardez l'œil sur Forsyth, voulez-vous ? » Il s'était interrompu un moment, avant d'ajouter : « Veillez à ce qu'il reste sur le droit chemin. »

Harry lui avait lancé un regard intrigué. C'était une remarque bizarre, une de ces consignes alambiquées que les professeurs adressaient de plus en plus fréquemment aux élèves à mesure que ceux-ci grandissaient, et que les garçons étaient censés comprendre. Officiellement, il était mal vu de moucharder ses camarades, mais Harry savait que de nombreux maîtres se servaient de certains élèves pour obtenir des informations. Était-ce ce que Taylor lui demandait de faire ? D'instinct, il avait eu envie de refuser ; la seule idée de se comporter ainsi le mettait mal à l'aise.

« Je suis tout disposé à l'aider à s'intégrer, monsieur, avait-il prudemment répondu.

— Et s'il y a le moindre problème, ne manquez pas de m'en informer, avait repris Taylor en le scrutant intensément. Nous voulons aider Forsyth à s'épanouir en lui inculquant des valeurs morales. C'est très important pour son père. »

Le sens de ce discours était on ne peut plus clair. Harry avait gardé le silence, et M. Taylor avait froncé les sourcils.

Puis quelque chose d'incroyable s'était produit. Du coin de l'œil, Harry avait perçu un mouvement sur le bureau du maître, parmi les copies. Taylor avait poussé un grand cri et s'était levé d'un bond. À la stupéfaction de Harry, il s'était recroquevillé sur lui-même et s'était caché les yeux, terrorisé. Une grosse araignée avait traversé son buvard avant de s'immobiliser sur un livre de latin.

Taylor s'était tourné vers Harry, le visage empourpré. Il avait porté brièvement son regard sur le bureau, avant de le détourner avec un frisson.

« Brett, débarrassez-moi de cette chose, je vous en prie », avait-il murmuré d'un ton implorant.

Effaré, Harry avait sorti son mouchoir et s'en était servi pour cueillir l'araignée avec délicatesse.

« Ah… merci, Brett. Je… ah… nous ne devrions pas avoir de ces… arachnides ici. Ça transmet des maladies. Tuez-la, s'il vous plaît, tuez-la », avait-il ajouté d'un ton pressant.

Harry avait hésité, puis écrasé la bestiole entre le pouce et l'index. Elle avait explosé avec un bruit mou, qui l'avait fait grimacer.

« Jetez-la dehors, avait repris Taylor avec agitation,

les yeux fous derrière son pince-nez à monture dorée. Et n'en parlez à personne, compris ? Vous pouvez disposer », avait-il ajouté d'une voix brusque.

Chez Will, pour le dîner, Muriel servit de la soupe en boîte dans laquelle flottaient des légumes aqueux, en s'excusant d'un ton hargneux.

« Désolée, je n'ai pas eu le temps d'en préparer moi-même. Évidemment, je n'ai plus de bonne, maintenant, et je dois tout faire toute seule : cuisiner, m'occuper des enfants, des tickets de rationnement, absolument tout. » Elle repoussa une mèche rebelle en lançant à Harry un regard de défi. Les enfants du couple, un garçon de neuf ans brun et maigre et une fillette de six ans, observaient Harry avec un visible intérêt.

« Ce doit être difficile, répondit-il gravement. Mais la soupe est excellente.

— Elle est épatante ! » s'écria le petit garçon, Ronald.

Sa mère soupira, et Harry se demanda une fois de plus pourquoi elle avait eu des enfants. Sans doute parce que cela se faisait...

« Et ton travail ? » demanda-t-il à son cousin, pour rompre le silence.

Will travaillait au Foreign Office, dans le service du Moyen-Orient.

« Il pourrait y avoir des problèmes en Perse, répondit-il, le regard préoccupé derrière ses verres épais. Le shah est plutôt favorable à Hitler. Comment s'est passée ton entrevue ? » s'enquit-il d'un ton qui se voulait désinvolte.

C'était lui qui avait téléphoné à Harry quelques jours plus tôt, pour l'informer que des gens du ministère allaient le contacter, mais que lui-même ne savait pas exactement pourquoi. À la façon dont il se comportait ce soir-là, Harry comprit que son cousin avait dû deviner qui étaient ces « gens ». Il se demanda si Will avait parlé de lui au bureau, évoqué un cousin qui avait fréquenté Rookwood et parlait espagnol, et si quelqu'un avait transmis l'information à Jebb et ses collègues. À moins qu'il n'existât quelque part un gigantesque fichier sur les citoyens du royaume, que les espions avaient consulté ?

Il faillit répondre : « Ils veulent m'envoyer à Madrid », mais se souvint in extremis qu'il n'avait pas le droit d'en parler.

« Je crois qu'ils ont un travail pour moi. Cela impliquerait que j'aille à l'étranger. Je ne peux pas en dire plus, c'est ultrasecret.

— Les bavardages imprudents peuvent coûter des vies, dit la fillette d'un ton solennel, répétant un slogan que l'on voyait partout sur les murs.

— Tais-toi, Prue, et mange ta soupe », la tança sèchement Muriel.

Harry sourit d'un air rassurant.

« Cela ne présente aucun danger. Rien à voir avec la France.

— Tu as tué beaucoup d'Allemands en France ? » demanda Ronnie.

Muriel reposa bruyamment sa cuillère sur son assiette et lui lança, exaspérée :

« Je t'ai déjà dit de ne pas poser des questions pareilles !

— Non, Ronnie, je n'en ai pas tué beaucoup. Mais eux ont tué un grand nombre des nôtres.

— Nous allons leur faire payer ça, hein ? Et les bombardements aussi ? »

Muriel poussa un lourd soupir, et Will se tourna vers son fils.

« T'ai-je déjà dit que j'ai rencontré Ribbentrop, Ronnie ?

— Waouh ! Tu l'as rencontré ? Tu aurais dû le tuer !

— Nous n'étions pas en guerre, à l'époque. Il n'était qu'ambassadeur d'Allemagne, à ce moment-là. Il faisait constamment des bourdes, et nous l'avions surnommé Brickendrop[1].

— De quoi avait-il l'air ?

— D'un idiot. Son fils était à Eton. Un jour, Ribbentrop est allé le voir à l'école. Il s'est planté au milieu de la cour et a levé le bras en criant : "*Heil Hitler !*"

— Ça alors ! s'exclama Ronnie. Il ne s'en serait pas tiré comme ça à Rookwood. J'espère entrer à Rookwood l'année prochaine, le savais-tu, cousin Harry ?

— Si nous pouvons payer les frais de scolarité, rectifia Will.

— Et si l'école existe toujours, ajouta Muriel d'un ton brusque. Si elle n'a pas été réquisitionnée, ou bombardée. »

Harry et Will la dévisagèrent, interloqués. Elle s'essuya la bouche avec sa serviette et se leva.

« Je vais chercher les steaks. Ils vont être desséchés, à force de rester sous le gril. Qu'allons-nous faire cette nuit ? s'enquit-elle en regardant son mari.

— Nous n'irons dans l'abri que si nous entendons les sirènes », répondit-il.

Muriel quitta la pièce. Harry remarqua que Prue

1. *To drop a brick* : faire une gaffe, une bourde.

s'était raidie, et qu'elle serrait étroitement son ours en peluche contre elle. Will soupira.

« Quand les raids aériens ont commencé, nous nous rendions à l'abri tous les soirs après le dîner. Mais certaines personnes qui s'y trouvent sont… ma foi, assez vulgaires, et Muriel n'apprécie pas leur compagnie. De plus, c'est très inconfortable, et Prue est terrorisée. Alors, désormais, nous restons chez nous, sauf en cas d'alerte. » Il poussa un nouveau soupir et contempla le jardin à travers les portes-fenêtres. La nuit était tombée, et la pleine lune commençait à apparaître. « C'est une nuit idéale pour les bombardiers, reprit-il. Ils vont y voir comme en plein jour. Tu peux aller là-bas, si tu préfères.

— Non, ça ira, répondit Harry. Je reste avec vous. »

Le village de son oncle se trouvait sur la « ligne de bombardement », entre la Manche et Londres, et les sirènes retentissaient fréquemment quand les avions le survolaient, mais ils n'y prêtaient pas attention. Harry détestait le hurlement strident de l'alerte aérienne ; il lui rappelait le bruit produit par les bombardiers attaquant en piqué. Au début, à son retour de Dunkerque, chaque fois qu'il l'entendait, il serrait les dents et les poings avec tant de force que ses articulations devenaient blanches.

« S'il y a une alerte pendant la nuit, nous nous lèverons et nous descendrons dans l'abri, poursuivit son cousin. Il se trouve juste en face de la maison, de l'autre côté de la rue.

— Oui, j'ai vu.

— Ces dernières semaines ont été assez éprouvantes. Après dix jours de ce régime, on finit par être épuisés – et Dieu sait combien de temps encore cela va durer.

Muriel envisage d'emmener les enfants à la campagne. » Will se leva et tira les épais rideaux imposés par le black-out. Puis on entendit un bruit de verre brisé en provenance de la cuisine, suivi par une exclamation de colère, et il quitta la pièce précipitamment en disant : « Il vaudrait mieux que j'aille aider Muriel. »

Les sirènes se déclenchèrent à une heure du matin, d'abord à Westminster, puis dans les autres quartiers, leur hurlement se propageant jusque dans les banlieues telle une onde concentrique. Harry fut brusquement tiré d'un rêve dans lequel il courait à travers Madrid, entrait et sortait dans les bars et les boutiques comme une flèche, en demandant aux gens s'ils avaient vu son ami Bernie. Mais il s'exprimait en anglais, pas en espagnol, et personne ne le comprenait. Il se leva et s'habilla rapidement, comme il avait appris à le faire à l'armée ; il avait l'esprit clair, et ne ressentait aucune panique. Il se demanda pourquoi, dans son rêve, c'était Bernie qu'il recherchait, et non Sandy. Quelqu'un du Foreign Office l'avait appelé à dix heures du soir, pour lui demander de se rendre le lendemain à une adresse dans le Surrey.

Il entrouvrit le rideau. Des silhouettes obscures traversaient la route sous le clair de lune, convergeant vers l'abri. Les immenses faisceaux des projecteurs antiaériens déchiraient le ciel aussi loin que portait le regard.

Il sortit sur le palier, où la lumière était allumée, et y trouva Ronnie, en pyjama et robe de chambre.

« Prue a peur. Elle ne veut pas descendre », expliqua-t-il, en montrant la porte grande ouverte de la chambre de ses parents, d'où sortaient des sanglots bruyants.

Malgré les circonstances et le hululement des sirènes emplissant ses oreilles, Harry hésitait à s'introduire dans la chambre de Will et de Muriel, mais il prit sur lui et entra. Ils étaient tous les deux en robe de chambre. Muriel était assise sur le lit ; elle avait des bigoudis dans les cheveux et berçait dans ses bras sa fille en pleurs, en murmurant des paroles apaisantes. Harry ne l'aurait pas crue capable d'autant de douceur. L'ours en peluche se balançait toujours au bout d'une des mains de la fillette. Debout près d'elles, Will les couvait d'un regard indécis ; avec sa maigre chevelure dressée en épis et ses lunettes de travers, c'était lui qui paraissait le plus vulnérable d'eux tous. Le hurlement ne s'arrêtait pas, et Harry sentit ses jambes se mettre à trembler.

« Nous devrions y aller », dit-il d'un ton pressant.

Muriel leva vers lui des yeux pleins de colère.

« Qui t'a demandé d'entrer, bon sang ?

— Prue ne veut pas aller dans l'abri, expliqua Will d'une voix calme.

— Il fait tout noir, gémit la fillette. Il fait trop noir là-bas, s'il vous plaît, je veux rester à la maison ! »

Harry s'avança et empoigna fermement le coude osseux de Muriel. C'était ce qu'avait fait le caporal sur la plage, après la chute de l'obus : il l'avait obligé avec douceur à se relever et l'avait conduit jusqu'au bateau. Muriel lui lança un regard effaré.

« Nous devons partir, reprit Harry. Les bombardiers arrivent. Will, il faut les faire sortir d'ici. »

Son cousin s'empara de l'autre bras de Muriel et, à eux deux, ils la forcèrent sans brutalité à se lever. Prue avait enfoui sa tête entre les seins de sa mère et continuait à sangloter, les doigts crispés sur le bras de son nounours, qui fixait Harry de ses yeux de verre.

« C'est bon, je peux marcher toute seule », leur jeta sèchement Muriel. Ils la libérèrent ; Ronnie dévala les marches et les autres le suivirent. Le jeune garçon éteignit la lumière et ouvrit la porte d'entrée.

C'était étrange de se retrouver dehors, en ville, la nuit, sans la lumière des réverbères. Il n'y avait plus personne dans la rue pour le moment, mais la forme sombre de l'abri apparaissait distinctement dans la clarté lunaire, sur le trottoir d'en face. Le bruit d'un tir de DCA se fit entendre au loin, et quelque chose d'autre aussi – un bourdonnement sourd, arrivant du sud.

« Bon Dieu, fit Will, ils viennent par ici ! Pourtant, ce sont les docks qu'ils visent, normalement, ajouta-t-il, l'air perplexe.

— Les pilotes se sont peut-être perdus », dit Harry, pensant, en son for intérieur : à moins qu'ils ne cherchent à saper le moral des civils. Ses jambes avaient cessé de trembler. Il devait prendre la situation en main, puisque son cousin en paraissait incapable. « Allons-y, traversons », ordonna-t-il.

Tous se mirent à courir. Muriel était ralentie par son fardeau. Au beau milieu de la route, Will se retourna pour l'aider, mais il glissa et s'affala lourdement, en poussant un cri. Ronnie, qui avait pris la tête, s'immobilisa aussitôt, alarmé.

« Will, relève-toi ! » glapit Muriel, au bord de l'hystérie.

Son mari essaya de se redresser, en vain. Prue se mit à hurler de plus belle, et Harry s'agenouilla auprès de son cousin.

« Je me suis tordu la cheville, expliqua Will, le visage déformé par la peur et la douleur. Laisse-moi et emmène les autres dans l'abri. »

Derrière lui, Muriel serrait Prue étroitement contre elle, et ne cessait de jurer dans un langage auquel Harry ne se serait jamais attendu de sa part.

« Ce salopard d'enculé de Hitler, oh Seigneur mon Dieu ! »

Les sirènes continuaient à beugler. Les avions étaient presque au-dessus d'eux, à présent. Harry entendit le sifflement des bombes, s'intensifiant à mesure qu'elles se rapprochaient du sol, avant de se terminer dans une détonation sonore. Une lueur troua brusquement la nuit, quelques rues plus loin, et un souffle chaud souleva la robe de chambre de Harry. Cela ressemblait terriblement à Dunkerque, et ses jambes recommencèrent à flageoler, tandis qu'un goût âcre lui montait à la bouche. Il demeura cependant pleinement lucide, conscient qu'il devait à tout prix remettre Will sur pied.

Un autre sifflement, une autre déflagration, un peu plus près cette fois ; le sol trembla sous l'impact. Muriel cessa de jurer et se figea sur place, bouche bée, yeux écarquillés. Elle courba son corps maigre comme pour protéger sa fille, qui pleurait toujours. Harry lui saisit le bras et, plongeant ses yeux dans les siens, lui dit d'une voix claire, en articulant soigneusement :

« Il faut que tu emmènes Prue dans l'abri, Muriel. Immédiatement. Regarde, Ronnie attend, il ne sait pas quoi faire. Tu dois les conduire là-bas. Je me charge de Will. »

La vie revint dans le regard de Muriel. Sans un mot, elle se dirigea rapidement vers l'abri, en tendant au passage sa main libre à Ronnie. Harry se pencha vers Will et lui prit la main.

« Allez, mon vieux, debout. Fais porter ton poids sur ta cheville intacte. »

À peine venait-il de hisser son cousin sur ses pieds qu'une énorme explosion retentit, à une rue seulement de distance. Il y eut une brève lueur jaune, et le souffle manqua les renverser. Mais Harry avait passé son bras autour de Will, et il réussit à le maintenir. Il se sentait sous pression, et son oreille blessée sifflait de façon douloureuse. Will s'appuya sur lui et avança en sautillant sur sa jambe valide. Tout en serrant les dents, il lui adressa un faible sourire.

« Ce n'est pas le moment de te faire réduire en morceaux, cousin. Ils seraient furieux, aux renseignements ! »

Ainsi, il a deviné qui sont mes employeurs, se dit Harry. D'autres bombes tombèrent, illuminant la route, mais elles semblaient plus éloignées, maintenant.

Quelqu'un les guettait à l'entrée de l'abri, tenant la porte entrouverte. Des bras se tendirent vers Will, et ils s'effondrèrent tous deux dans l'obscurité grouillante. On guida Harry vers un banc, et il se retrouva assis à côté de Muriel. C'est à peine s'il distinguait sa forme efflanquée, toujours repliée de manière protectrice sur Prue, qui continuait à pleurer. Ronnie était également pelotonné contre sa mère.

« Je suis désolée, Harry, chuchota Muriel. Mais je n'en peux plus, vois-tu. Chaque jour, je vis dans l'angoisse de ce qui pourrait arriver aux enfants. Je ne pense qu'à ça, tout le temps.

— Ce n'est rien, répondit-il. Je comprends.

— Je regrette d'avoir perdu mon sang-froid. Merci de nous avoir tirés de là. » Elle leva une main, près d'effleurer le bras de Harry, puis la laissa retomber, comme si l'effort lui coûtait trop.

Harry appuya sa tête douloureuse contre le mur de

béton rugueux. Il avait aidé sa famille, il était resté maître de la situation, il n'avait pas craqué, comme il l'aurait fait quelques mois plus tôt.

Il se rappela sa toute première vision de la plage de Dunkerque, quand, arrivé au sommet d'une dune, il avait découvert les colonnes de soldats se déroulant tels des serpents noirs et interminables dans la mer couverte d'embarcations de toutes tailles ; il avait même aperçu un bateau de plaisance à côté d'un dragueur de mines. Certaines de ces embarcations n'étaient plus que des épaves fumantes ; les bombardiers allemands vrombissaient dans le ciel, s'abattant en piqué avec des hurlements stridents pour larguer leurs bombes sur les hommes et les navires. Et la retraite avait été si précipitée, si chaotique que l'horreur et la honte qu'il avait ressentie avaient été presque trop dures à supporter. On lui avait ordonné d'aider les hommes à s'aligner sur la plage en vue de l'évacuation. Cette nuit, assis dans cet abri, il éprouvait de nouveau le même sentiment de honte et d'hébétude, la même impression de défaite totale.

Muriel murmura quelque chose dans son oreille gauche, celle qui entendait mal, et il tourna la tête en demandant :

« Pardon ?

— Est-ce que tu vas bien ? Tu trembles comme une feuille. »

Il perçut un frémissement dans sa voix et ouvrit les yeux. L'obscurité était percée çà et là par les extrémités rougeoyantes des cigarettes, et tout le monde se taisait pour tenter d'entendre ce qui se passait dehors.

« Oui, ça va. C'est simplement que… tout m'est revenu en mémoire. L'évacuation, tout le reste.

— Je sais », chuchota-t-elle.

« Je crois qu'ils sont partis », déclara quelqu'un en ouvrant la porte avec précaution.

Une bouffée d'air froid pénétra dans la pièce, dissipant l'odeur d'urine et de sueur dont elle était imprégnée.

« C'est terrible, ce que ça empeste ici, reprit Muriel. C'est pour cela que je n'aime pas venir dans cet abri. Je ne supporte pas.

— Parfois, les gens ne peuvent pas se retenir. La peur leur fait perdre tout contrôle.

— Oui, sûrement, acquiesça-t-elle d'un ton radouci, et Harry regretta de ne pas pouvoir voir son expression.

— Est-ce que tout le monde va bien ? s'enquit-il à voix haute.

— Oui, répondit Will, assis de l'autre côté de Muriel. Tu as fait du bon travail, Harry. Merci, mon vieux.

— Est-ce que les soldats… perdaient leur contrôle, eux aussi ? demanda Muriel tout à coup. Ce devait être tellement effrayant…

— Oui, quelquefois », répondit Harry, se remémorant l'odeur, sur la plage.

Les hommes ne s'étaient pas lavés depuis des jours, et la voix du sergent Tomlinson résonna de nouveau dans sa tête : « Nous avons de la chance. Les choses vont s'accélérer, maintenant que les petits bateaux sont arrivés. Certains de ces pauvres diables attendent ici depuis trois jours. » C'était un grand gaillard aux cheveux blonds et au visage rendu gris par l'épuisement. Désignant la mer du menton, il avait secoué la tête en disant : « Regardez-moi ces crétins, ils vont faire chavirer la barque. »

Harry avait regardé dans la direction qu'il indiquait, au bout de la colonne. Des hommes se tenaient dans la mer glaciale, de l'eau jusqu'aux épaules. En tête de la file, d'autres s'entassaient dans un bateau de pêche qui gîtait déjà dangereusement sous leur poids.

« Nous ferions mieux d'y aller », avait dit Harry.

Tomlinson avait acquiescé, et ils s'étaient avancés tous deux vers le rivage. Harry pouvait voir les pêcheurs se disputer avec les hommes qui s'obstinaient à vouloir embarquer.

« Je suppose que nous devons nous estimer heureux qu'ils respectent encore un semblant de discipline », avait repris Harry.

Tomlinson s'était tourné vers lui, mais sa réponse s'était perdue dans le grondement assourdissant d'un bombardier juste au-dessus d'eux. Puis il y avait eu un rugissement énorme, et Harry avait cru que sa tête était en train d'exploser, en même temps qu'il était soulevé du sol, dans un nuage de sable rougi.

« Et d'un seul coup il n'était plus là, dit-il à voix haute. Parti en morceaux, pfft !

— Pardon ? » fit Muriel, abasourdie.

Il ferma les paupières avec force pour tenter d'occulter les images atroces.

« Excuse-moi, Muriel. Ce n'est rien, tout va bien. »

Il sentit sa main s'emparer de la sienne et la presser avec force. La paume de Muriel était sèche et dure, abîmée par les travaux ménagers. Il cligna des yeux pour refouler ses larmes.

« Nous nous en sommes sortis, hein ? dit-il.

— Oui, grâce à toi. »

Le signal de fin d'alerte se fit entendre, et l'abri tout entier parut relâcher son souffle et se détendre. La porte s'ouvrit toute grande et la silhouette du chef d'îlot se découpa sur le ciel étoilé qu'embrasaient des lueurs d'incendie.

« Ils sont partis, les amis. Nous pouvons rentrer chez nous. »

3

L'avion décolla de Croydon à l'aube. Harry avait été conduit directement du centre d'entraînement du SIS à l'aéroport. Il n'avait encore jamais pris l'avion. C'était un vol commercial ordinaire, et les autres passagers étaient tous des hommes d'affaires anglais et espagnols. Ils discutaient tranquillement entre eux – principalement des difficultés de faire du commerce en temps de guerre, tandis qu'ils survolaient l'Atlantique avant de virer vers le sud pour éviter la France occupée par les Allemands. Harry éprouva une brève frayeur au moment du décollage, quand il s'aperçut que les voies de chemin de fer qu'il apercevait en dessous de lui, et qui paraissaient plus petites que celles du train miniature de Ronnie, étaient bien réelles. Mais cette peur se dissipa rapidement quand ils s'enfoncèrent dans un banc de nuages et qu'un épais brouillard gris obscurcit les hublots. L'opacité et le bourdonnement continu des moteurs finirent par lui procurer une sensation apaisante de monotonie, et il se renfonça dans son siège, songeant à son entraînement, à ces trois semaines de formation qu'on lui avait dispensées avant de le faire monter aujourd'hui dans la voiture qui l'avait emmené à Croydon.

Le matin qui avait suivi le bombardement, une autre voiture l'avait conduit de Londres jusqu'à un manoir du Surrey, où il avait résidé pendant ces trois semaines. Il n'avait jamais su le nom de cette demeure, ni même son emplacement exact. C'était un édifice en brique rouge de style victorien ; l'agencement des pièces, les parquets dénués de tapis et une odeur indéfinissable lui avaient laissé penser que ç'avait été autrefois une école.

Ses instructeurs étaient pour la plupart très jeunes. On percevait en eux un enthousiasme, une témérité, une vivacité d'esprit et une énergie qui captivaient l'attention et retenaient le regard, une autorité naturelle qui leur permettait de diriger la conversation à leur guise. Parfois, ils lui faisaient étrangement penser à des représentants de commerce empressés. Ils lui avaient enseigné les connaissances de base en matière d'espionnage : comment utiliser les « boîtes aux lettres », comment voir si vous êtes suivi, comment transmettre un message quand vous êtes obligé de prendre la fuite. Non que cela risquât d'arriver à Harry, lui avaient-ils affirmé d'un ton rassurant : il bénéficiait de l'immunité diplomatique, grâce à sa couverture.

Après cette entrée en matière, ils étaient passés à un sujet plus spécifique : comment s'y prendre avec Sandy Forsyth. Ils l'avaient fait jouer à ce qu'ils appelaient des jeux de rôle, dans lesquels un ancien policier du Kenya tenait celui de Sandy. Un Sandy soupçonneux, qui mettait en doute son histoire ; un Sandy ivre et hostile, qui lui demandait ce qu'il venait foutre ici, alors qu'il l'avait toujours détesté ; un Sandy qui était lui-même un espion, un fasciste caché.

« Vous ignorez comment il réagira face à vous, vous devez vous préparer à toutes les éventualités, avait dit le policier. Il vous faudra vous adapter à ses humeurs, refléter ses pensées et ses sentiments. »

Harry aurait à faire preuve d'une cohérence absolue dans son histoire, avaient insisté ses instructeurs ; toutes ses allégations devaient être irréfutables. Cela ne présentait guère de difficultés : il pouvait s'en tenir à la stricte vérité pour tout ce qui concernait sa vie avant le jour où Will avait reçu ce coup de fil du Foreign Office. Dans la version qu'il offrirait à Sandy, des fonctionnaires de ce ministère avaient appelé parce qu'ils cherchaient un traducteur pour remplacer un employé à l'ambassade de Madrid, obligé de partir soudainement. Harry eut vite fait de connaître ce récit par cœur, mais on lui déclara qu'il y avait encore un problème : si son visage ne le trahissait pas, en revanche il y avait une note d'incertitude, voire de réticence, dans sa voix, qui n'échapperait sans doute pas à quelqu'un d'aussi roué que Forsyth. Harry s'employa à corriger ce défaut et réussit à leur donner satisfaction, au bout de quelque temps.

« Bien sûr, avait admis le policier, toute bizarrerie dans votre façon de parler pourrait être attribuée à votre légère surdité, qui peut altérer la voix. Exploitez donc cette infirmité à votre profit, et parlez-lui aussi des accès de panique dont vous souffrez depuis Dunkerque.

— Mais ils ont cessé, avait objecté Harry, surpris. Je n'en souffre plus, désormais.

— Néanmoins, il arrive parfois que cela vous reprenne, n'est-ce pas ? Vous réussissez à les contenir, mais vous les sentez arriver ? » Le policier avait jeté un coup d'œil sur le classeur posé sur ses genoux : Harry avait un dossier à son nom, maintenant, avec une croix rouge sur la couverture et la mention « secret ». « Eh bien, avait-il repris, jouez également de ce handicap : un moment de confusion, où vous lui demandez par exemple de répéter ce qu'il vient de dire, peut tourner à votre avantage. Cela vous laisse le temps de réfléchir, et donne de vous l'image d'un invalide dont on n'a rien à redouter. »

Il tenait ces informations sur ses problèmes neurologiques, s'était dit Harry, de l'étrange femme qui lui avait fait subir un interrogatoire à Londres. Elle ne lui avait pas dit qui elle était, mais il avait supposé que c'était une sorte de psychiatre. Il avait senti en elle cette ardeur impatiente qui semblait caractériser les espions. Le regard de ses yeux bleus était si pénétrant qu'il avait eu un mouvement de recul, la première seconde. Elle lui avait serré la main et lui avait demandé d'un ton enjoué de s'asseoir en face d'elle à la table.

« J'ai besoin de vous poser quelques questions d'ordre personnel, Harry. Vous permettez que je vous appelle Harry ?

— Oui, euh…

— Mlle Crane, appelez-moi Mlle Crane. Vous semblez avoir mené une vie plutôt simple, Harry – contrairement à certains des autres candidats. Car nous voyons passer ici de drôles de numéros, croyez-moi ! avait-elle ajouté en riant.

— Oui, je suppose que l'on peut dire ça. Une vie ordinaire.

— Toutefois, avoir perdu vos deux parents à un si jeune âge n'a pas dû être facile. Ni le fait d'être constamment ballotté entre vos oncle et tante et le pensionnat.

— Mon oncle et ma tante ont toujours été bons

envers moi, avait-il répliqué, brusquement irrité. Et j'étais très heureux à l'école. D'ailleurs, Rookwood est une *public school*, pas un pensionnat.

— Existe-t-il donc une différence ? avait demandé Mlle Crane en le fixant d'un air intrigué.

— Oui, sans nul doute, avait-il répondu, avec un emportement qui l'avait lui-même surpris. Le mot "pensionnat" évoque un endroit où l'on vous abandonne, sans que cela vous apporte quoi que ce soit. Rookwood est une *public school*, une communauté, elle devient une partie intégrante de vous-même, elle vous façonne. »

Sans se départir de son sourire, elle avait rétorqué brutalement : « Mais cela ne peut pas remplacer des parents qui vous aiment, n'est-ce pas ? »

La colère de Harry avait fait place à une profonde lassitude, et il avait baissé les yeux.

« Il faut accepter les choses comme elles sont, s'en accommoder. Tenir bon, en brave petit soldat.

— Toujours seul ? Vous n'avez pas de petite amie, n'est-ce pas ? Personne ? »

Il avait froncé les sourcils, se demandant si elle allait se livrer à des insinuations sur sa vie sexuelle, comme Mlle Maxse.

« Pas pour le moment. Il y a eu quelqu'un à Cambridge, mais ça n'a pas marché.

— Pourquoi cela ?

— Laura et moi avons fini par nous lasser l'un de l'autre, mademoiselle Crane. Rien de tragique. »

Changeant de sujet, elle avait enchaîné : « Et après Dunkerque ? Quand vous avez constaté que vous étiez sujet à des accès de panique, que vous aviez peur chaque fois que vous entendiez un bruit fort… Avez-vous décidé de tenir bon, comme un brave petit soldat, là aussi ?

— Oui, même si je ne l'étais plus, et ne le serai jamais plus.

— En éprouvez-vous de la colère ?

— Qu'éprouveriez-vous, à ma place ?

— C'est de vous dont nous parlons, Harry, avait-elle répliqué, en inclinant la tête d'un air réprobateur.

— Oui, soupira-t-il. J'ai décidé de tenir le coup.

— Avez-vous été tenté de ne pas le faire ? De vous réfugier derrière… votre statut d'infirme ? »

Il la contempla de nouveau. Bon sang, elle était perspicace, aucun doute là-dessus !

« Oui, je présume que oui. Mais je n'ai pas cédé à la tentation. J'ai commencé à me promener dans le parc entourant l'hôpital, puis je me suis exercé à traverser la route, et ensuite à me rendre en ville. D'un jour à l'autre, cela devenait plus facile. Je n'étais pas aussi gravement atteint que certains des pauvres bougres qui m'entouraient.

— Il a dû vous falloir du cran pour y arriver. Comme pour aider la famille de votre cousin durant le bombardement, le soir de votre arrivée.

— Il n'y a pas le choix : soit on s'accroche, soit on coule. C'est ainsi qu'est la vie aujourd'hui, non ? avait-il rétorqué avec vivacité. Même quand vous voyez tout ce en quoi vous croyiez réduit en miettes… » Il poussa un long soupir avant de reprendre : « Je crois que le spectacle de tous ces hommes battant en retraite sur la plage, ce chaos effroyable, m'a commotionné tout autant que l'obus qui a failli m'atteindre.

— Néanmoins, vous devez vous sentir très seul,

avait poursuivi Mlle Crane, d'une voix soudain radoucie.

Harry avait senti ses yeux se remplir de larmes et, sans en avoir eu l'intention, s'était entendu expliquer : « Cette nuit-là, dans l'abri, c'était si bizarre… Muriel, la femme de Will, m'a pris la main. Nous ne nous étions jamais entendus, j'avais toujours eu l'impression qu'elle ne m'aimait pas, mais elle a pris ma main. Et pourtant…

— Oui ?

— Sa main était si sèche, si froide, que je me suis senti… affreusement triste.

— Peut-être n'était-ce pas la main de Muriel que vous vouliez tenir. »

Une fois de plus, il lui avait lancé un regard étonné. « Non, vous avez raison. Mais je ne sais pas de qui.

— Nous avons tous besoin qu'on nous tienne la main.

— Vraiment ? avait dit Harry, avec un rire gêné. Il me semble que nous nous éloignons beaucoup de ma mission, non ?

— Je cherche simplement à mieux vous connaître, Harry, c'est tout. »

Harry fut tiré en sursaut de sa rêverie quand l'avion vira brusquement sur l'aile. Le jeune homme s'agrippa aux bras de son siège et regarda par le hublot. Ils étaient sortis des nuages et survolaient à présent des plaines ensoleillées. L'Espagne. Il avait contemplé le paysage castillan, une mer de jaune et de brun parsemée de champs multicolores, comme un patchwork. Quand l'avion commença à décrire des cercles de plus en plus bas, il distingua des routes blanches et désertes, des maisons, ici et là des ruines laissées par la guerre civile. Puis le pilote annonça qu'ils allaient atterrir à l'aéroport de Barajas, et, quelques minutes plus tard, ils se posèrent sur la piste. Les moteurs s'arrêtèrent. Il était en Espagne, et apercevait déjà les *civiles* à travers une brume de chaleur scintillante. Un sentiment de peur et d'excitation mêlées l'envahit : il avait du mal à croire qu'il était vraiment de retour à Madrid.

À travers le hublot, il voyait une demi-douzaine d'agents de la *Guardia Civil* postés devant le terminal, observant la piste d'atterrissage. Il reconnut leur uniforme vert foncé, l'étui de revolver jaune fixé à leur ceinture. Ils portaient toujours leurs sinistres et archaïques chapeaux de cuir, ronds avec deux petites ailes à l'arrière, noirs et brillants comme des carapaces de scarabées. La première fois qu'il s'était rendu en Espagne, en 1931, les *civiles*, partisans de la droite par tradition, se voyaient menacés par la République émergente, et on lisait la peur et la colère sur leurs visages durs. Quand il était revenu en 1937, en pleine guerre civile, ils avaient disparu. À présent, ils étaient de retour, et la bouche de Harry s'assécha devant leur expression froide, impassible.

Il se joignit au flot des voyageurs se pressant vers la sortie. Une chaleur sèche l'enveloppa quand il descendit la passerelle et traversa le tarmac. Le bâtiment de l'aéroport n'était rien de plus qu'une sorte d'entrepôt, une construction de béton longue et basse dont la peinture s'écaillait. L'un des gardes s'avança vers eux.

« *Por allí, por allí* », dit-il d'un ton sec et autoritaire, en montrant une porte portant l'inscription *Inmigración*.

Muni de son passeport diplomatique, Harry coupa court aux formalités ; un douanier marqua ses bagages d'une croix à la craie sans même leur accorder un coup d'œil. Dans le hall d'arrivée, il promena son regard alentour. L'air était imprégné d'une odeur de désinfectant, ce produit aux relents écœurants qu'on utilisait toujours en Espagne.

Une silhouette solitaire adossée à un pilier, en train de lire un journal, agita la main et se dirigea vers lui.

« Harry Brett ? Je suis Simon Tolhurst, de l'ambassade. Comment s'est passé le voyage ? »

Grand et blond, il avait à peu près l'âge de Harry, des manières empressées et amicales. Il était bâti comme lui – une charpente massive menacée par l'embonpoint, bien que, chez l'employé de l'ambassade, le processus fût déjà plus avancé.

« Bien, répondit Harry. Des nuages la plupart du temps, mais pas trop de cahots. »

Il remarqua que Tolhurst portait une cravate aux couleurs d'Eton – des couleurs vives contrastant violemment avec sa veste de lin blanc.

« Je vais vous conduire à l'ambassade. Cela nous prendra environ une heure. Nous n'employons pas de chauffeurs espagnols ; ce sont tous des espions du gouvernement. » Il rit et baissa la voix pour ajouter, bien qu'il n'y eût personne à proximité : « À la façon dont ils tendent les oreilles pour écouter nos propos, on a l'impression qu'elles vont se rejoindre au milieu de leur crâne. Ils ne font aucun effort pour se dissimuler. »

Il guida Harry hors du bâtiment, au grand soleil, et l'aida à ranger sa valise à l'arrière d'une vieille Ford soigneusement astiquée. L'aéroport se trouvait en pleine campagne. Harry contempla le paysage âpre et brun. Dans un des champs environnants, de l'autre côté de la route, il vit un paysan en train de labourer à l'aide d'une charrue de bois tirée par deux bœufs efflanqués, comme ses ancêtres le faisaient déjà au temps des Romains. Au loin, les pics irréguliers de la sierra de Guadarrama se découpaient sur le ciel bleu dur, miroitant dans la brume de chaleur. Harry sentit la sueur lui picoter le front.

« Il fait chaud, pour un mois d'octobre.

— Il a fait une chaleur infernale cet été. Les récoltes ont été catastrophiques, et l'on craint une pénurie de vivres. Toutefois, cela pourrait nous aider, car ils seraient ainsi moins susceptibles d'entrer en guerre. Bon, nous ferions mieux de nous mettre en route. Vous avez rendez-vous avec l'ambassadeur. »

Tolhurst emprunta une longue route déserte bordée de peupliers poussiéreux, dont les feuilles aux pointes jaunies les faisaient ressembler à de gigantesques torches.

« Depuis combien de temps êtes-vous en Espagne ? s'enquit Harry.

— Quatre mois. Je suis arrivé quand on a développé l'ambassade, à la nomination de sir Sam. Avant ça, j'étais à Cuba. C'était beaucoup plus détendu. Je m'y suis bien amusé. » Il secoua la tête d'un air morose avant de poursuivre : « Ici, c'est abominable. Mais vous êtes déjà venu, je crois ?

— Oui, avant la guerre civile, puis pendant celle-ci, très brièvement. Les deux fois à Madrid.

— C'est une ville plutôt sinistre, en ce moment », fit Tolhurst en secouant de nouveau la tête.

Tout en roulant sur la route caillouteuse et creusée de nids-de-poule, ils parlèrent ensuite du Blitz, et tombèrent tous deux d'accord sur le fait que Hitler semblait avoir renoncé provisoirement à ses plans d'invasion. Puis Tolhurst demanda à Harry où il avait fait ses études.

« Rookwood, hein ? Une excellente école, je crois. C'était le bon temps, non ? ajouta-t-il d'une voix pleine de regret.

— Oui », acquiesça Harry, avec un sourire triste.

Il tourna la tête pour regarder le paysage à travers la vitre. Celui-ci paraissait étrangement vide ; ils ne croisèrent en chemin que quelques paysans dans leurs charrettes tirées par des ânes, et, une fois, un camion militaire allant vers le nord, avec un groupe de jeunes soldats à l'air fatigué assis à l'arrière, le regard vague. Les villages étaient déserts, eux aussi. Certes, c'était l'heure de la sieste, mais, autrefois, on apercevait pourtant toujours des gens dans les rues. À présent, même les chiens squelettiques jadis omniprésents avaient disparu, et seuls quelques poulets picoraient le sol devant les portes closes. Sur la place d'un village, tous les murs lézardés étaient couverts de portraits de Franco, les bras croisés dans une attitude emplie d'assurance, le regard fixé sur le lointain, un sourire bienveillant sur son visage aux lourdes bajoues. ¡HASTA EL FUTURO! « Vers l'avenir ». Harry prit une profonde inspiration. Ces affiches, constata-t-il, en recouvraient d'autres, plus anciennes, dont les bords déchirés apparaissaient en dessous. Il reconnut la partie inférieure du vieux slogan ¡NO PASARÁN! « Ils ne passeront pas ». Mais « ils » étaient bel et bien passés...

Ils atteignirent ensuite les riches banlieues nord. À voir ces élégantes demeures dans leur splendeur intacte, on aurait pu croire que la guerre civile n'avait jamais eu lieu.

« Est-ce ici que vit l'ambassadeur ? demanda Harry.

— Non, sir Sam vit dans la Castellana, répondit Tolhurst en riant. C'est assez gênant, en fait, parce qu'il habite juste à côté de l'ambassadeur allemand.

— Mais nous sommes en guerre ! s'exclama Harry en se tournant vers lui, stupéfait.

— L'Espagne fait encore partie des pays non belligérants. Mais elle grouille d'Allemands, ces ordures sont partout. L'ambassade d'Allemagne, ici, est la plus importante dans le monde entier. Nous ne leur parlons pas, bien entendu.

— Comment l'ambassadeur s'est-il retrouvé dans le voisinage des Allemands ?

— C'était la seule grande demeure disponible. Il tourne la chose en plaisanterie, en racontant qu'il foudroie von Stohrer du regard par-dessus le mur mitoyen du jardin. »

Ils arrivèrent enfin dans le centre-ville. Les façades de la plupart des bâtiments étaient dénuées de peinture, et ils étaient encore plus délabrés que dans le souvenir de Harry, même si, autrefois, beaucoup d'entre eux avaient sans doute été splendides. Partout, des affiches représentant Franco ou le joug et les flèches, symbole de la Phalange. Un grand nombre de gens étaient vêtus pauvrement – bien plus qu'il ne se le rappelait, et beaucoup paraissaient maigres et épuisés. Sur les trottoirs marchaient des hommes en bleu de travail au visage décharné et basané, et des femmes enveloppées d'un châle noir tout rapiécé et ravaudé. Même les enfants malingres jouant pieds nus dans les caniveaux poussiéreux avaient la mine tirée, méfiante. Harry s'était plus ou moins attendu à voir des parades militaires et des rassemblements phalangistes comme on en montrait aux actualités, mais la ville était plus calme qu'il ne l'avait jamais connue, et plus misérable aussi. Il aperçut des prêtres et des religieuses au milieu des passants ; ils étaient réapparus, eux aussi, comme les *civiles*. Les rares hommes d'apparence plus cossue portaient des vestes et des chapeaux en dépit de la chaleur. Harry se tourna vers Tolhurst :

« La dernière fois que j'étais ici, en 1937, porter un chapeau et un veston en période de grosse chaleur était illégal. C'était considéré comme une marque d'affectation typiquement bourgeoise.

— Aujourd'hui, c'est de ne pas en mettre quand on porte une chemise qui est interdit. Un détail à ne pas oublier. »

Les trams circulaient, mais il y avait peu d'automobiles, et elles devaient se frayer un passage entre les carrioles et les bicyclettes. Harry eut un sursaut de stupeur quand ses yeux se posèrent sur une forme familière – une croix gammée noire.

« Vous avez vu ça ? Cette maudite svastika est accrochée à côté du drapeau espagnol, sur ce bâtiment !

— Il va falloir vous y habituer, répondit Tolhurst. Il n'y a pas que les svastikas ; les Allemands dirigent la police, ainsi que la presse. Franco ne fait pas mystère de son désir de voir les nazis gagner la guerre. Tenez, regardez là-bas. »

Ils étaient arrêtés à une intersection. Harry remarqua trois filles vêtues de façon voyante et lourdement maquillées. Surprenant son regard, elles lui sourirent d'un air provocant.

« Il y a des prostituées partout, expliqua Tolhurst. Il faut s'en méfier, la plupart d'entre elles ont la chaude-pisse, et certaines espionnent pour le compte du gouvernement. Le personnel de l'ambassade n'est pas autorisé à les approcher. »

Un agent de la circulation coiffé d'un casque colonial leur fit signe de passer.

« Croyez-vous que Franco va entrer en guerre ? » reprit Harry.

Tolhurst passa une main dans ses cheveux jaunes, ce qui eut pour effet de les hérisser.

« Dieu seul le sait. L'atmosphère est irrespirable ; les journaux et la radio sont ouvertement pro-allemands. Himmler vient en visite officielle la semaine prochaine. Et pourtant, il faut se comporter comme si tout était normal, dans la mesure du possible. » Il gonfla les joues et adressa à Harry un sourire désabusé avant de poursuivre : « La plupart des gens tiennent leur valise prête, au cas où il faudrait partir en hâte. Oh, mince alors, un gazogène ! »

Il montra du doigt une énorme vieille Renault qui avançait poussivement, plus lente que les charrettes à ânes. Fixée à l'arrière se trouvait une sorte de chaudière compacte, munie d'une cheminée d'où s'échappaient des nuages de fumée. Des tuyaux sortaient de l'appareil pour disparaître sous la voiture. Le conducteur, un bourgeois d'âge mûr, ignorait superbement les regards interloqués des passants. Un tram passa près de lui en klaxonnant, et il fit une brusque embardée pour l'éviter, de sorte que le véhicule peu maniable faillit capoter.

« Quel est donc cet engin ? s'enquit Harry.

— La solution révolutionnaire trouvée par l'Espagne pour pallier la pénurie d'essence. C'est parfait, sauf si vous devez gravir une pente. Il paraît que les Français en utilisent également. Mais il y a peu de chance que les Allemands cherchent à s'emparer de l'invention. »

Harry observa la foule. Quelques personnes souriaient en contemplant l'étrange véhicule, mais ce qui le frappa, ce fut que personne ne riait ou ne lançait de lazzis, comme les Madrilènes l'auraient fait autrefois dans de telles circonstances. Une nouvelle fois, il se dit qu'ils étaient devenus étrangement silencieux : le brouhaha incessant des conversations, qui constituait dans sa mémoire le fond sonore des rues de Madrid, avait disparu.

Ils arrivèrent dans le quartier de l'Opéra, et il entrevit au loin le Palais royal, qui se détachait de manière éclatante parmi les immeubles miteux, avec ses murs blancs reflétant le soleil.

« C'est là que vit Franco ? demanda Harry.

— Il y donne des réceptions, mais il s'est installé au palais d'El Pardo, en dehors de la ville. Il a une peur terrible d'être assassiné, et ne se déplace que dans une Mercedes blindée que Hitler lui a offerte.

— Il existe donc encore une opposition ?

— Les *civiles* tiennent les villes en main, mais on ne sait jamais. Après tout, il y a seulement dix-huit mois que Madrid a été reprise aux républicains. D'une certaine façon, c'est une ville occupée, au même titre que Paris. Il subsiste encore une résistance dans le Nord, à ce que j'ai entendu dire, et quelques bandes éparses de républicains cachées dans les campagnes – des *vagabundos*, comme on les appelle.

— Seigneur, soupira Harry, ce que ce malheureux pays a pu endurer…

— Et ce n'est peut-être pas encore terminé », ajouta Tolhurst d'un ton lugubre.

Ils débouchèrent dans une rue bordée de vastes demeures du XIXe siècle. Devant l'une d'elles flottait un drapeau britannique accroché à un mât, une vision familière et réconfortante. Harry se rappelait s'être rendu à l'ambassade en 1937, pour essayer d'obtenir des renseignements sur Bernie, après qu'il avait été porté disparu. Les fonctionnaires s'étaient montrés peu serviables, car ils désapprouvaient les Brigades internationales.

Deux *civiles* montaient la garde devant la porte. Des voitures étaient garées devant l'entrée, si bien que Tolhurst fut obligé de s'arrêter un peu plus loin.

« Allons prendre votre sac », dit-il à Harry.

Celui-ci lança un regard méfiant aux gardes en descendant de voiture. Soudain, il sentit qu'on lui tirait la jambe, et il se retourna. Un garçon d'une dizaine d'années, maigre et vêtu d'une tunique militaire en lambeaux, était assis sur une sorte de traîneau de bois muni de roues.

« *Señor, por favor, diez pesetas.* »

Harry découvrit alors que le garçon était cul-de-jatte.

« *Por el amor de Dios* », poursuivit l'enfant d'un ton implorant, s'agrippant d'une main au bas du pantalon de Harry, et tendant l'autre en un geste d'aumône.

L'un des gardes s'avança vers eux d'un pas résolu, et tapa dans ses mains en criant :

« *¡ Vete! ¡ Vete!* »

En l'entendant, le petit garçon propulsa son chariot vers une rue latérale, à la force des bras, faisant résonner le pavé sous ses paumes. Tolhurst prit Harry par le coude.

« Il faudra être plus rapide que ça à l'avenir, mon vieux. Les mendiants ne viennent pas jusqu'ici, d'habitude, mais il y en a autant que de pigeons dans le Centro.

Ou plutôt, qu'il y en avait autrefois, car il n'en reste plus. Ils ont tous été mangés. »

Le garde qui avait chassé le jeune garçon les escorta jusqu'à la porte de l'ambassade.

« *Gracias por su asistencia* », lui dit Tolhurst d'un ton compassé.

L'homme hocha la tête, mais Harry lut le mépris dans son regard.

« C'est un choc, au début, ces gamins, reprit son compagnon en tournant la poignée de la grande porte de bois. Il faudra vous y habituer. À présent, le moment est venu de rencontrer le comité d'accueil. Les grands manitous vous attendent. »

Il a l'air jaloux, se dit Harry, en le suivant à l'intérieur de la demeure, où régnait une atmosphère étouffante et lugubre.

L'ambassadeur était assis derrière un immense bureau, dans une pièce imposante rafraîchie par des ventilateurs vrombissant doucement. Il y avait des gravures du XVIIIe siècle sur les murs, des tapis épais sur le sol carrelé. Un autre homme, en uniforme de capitaine de marine, avait pris place à côté du bureau. Une fenêtre donnait sur une cour intérieure remplie de plantes en pot, où des hommes en bras de chemise devisaient sur un banc.

Harry reconnut sir Samuel Hoare, pour l'avoir vu au cinéma, dans les bandes d'actualités. Il avait été ministre dans le cabinet Chamberlain, et, partisan d'une politique de conciliation, avait été renvoyé après la nomination de Churchill. Petit homme aux traits fins et aigus, aux cheveux blancs clairsemés et à l'expression sévère, il portait un habit à queue-de-pie dont la boutonnière s'ornait d'une fleur bleue. À l'entrée de Harry, il se leva et se pencha par-dessus le bureau pour lui tendre la main.

« Bienvenue, Brett. » Sa poignée de main était étonnamment vigoureuse. Il scruta Harry de ses yeux bleu pâle au regard froid, avant de se tourner vers l'autre homme. « Le capitaine Alan Hillgarth, notre attaché naval. Il détient l'entière responsabilité des Services spéciaux », précisa-t-il, en prononçant ces derniers mots avec une répugnance manifeste.

Hillgarth était âgé d'une quarantaine d'années ; c'était un bel homme, grand et brun, avec d'immenses yeux noisette emplis de dureté, mais où l'on discernait aussi quelque chose de malicieux, d'enfantin presque, comme dans le pli de sa large bouche sensuelle. Harry se rappela que Sandy, à Rookwood, lisait des romans d'aventures dont l'auteur s'appelait Hillgarth. C'étaient des histoires d'espionnage se déroulant dans des régions reculées d'Europe. Sandy Forsyth en raffolait, mais Harry, lui, les trouvait plutôt confuses et incohérentes.

Le capitaine le salua chaleureusement.

« Enchanté, Brett. C'est de moi que vous dépendrez directement, par l'intermédiaire de Tolhurst ici présent.

— Asseyez-vous, je vous en prie. Asseyez-vous tous, intervint l'ambassadeur en désignant un siège à Harry.

— Nous sommes contents de vous voir, reprit Hillgarth. Nous avons reçu des rapports sur votre formation. Vous semblez avoir appris toutes les ficelles avec une étonnante facilité.

— Merci, monsieur.

— Prêt à débiter votre boniment à Forsyth ?

— Oui, monsieur.

— Nous vous avons trouvé un appartement. Tolhurst vous y conduira tout à l'heure. Bon, vous savez ce que vous aurez à faire ? Votre couverture ?

— Oui, monsieur. J'ai été détaché ici en tant qu'interprète, en raison de la maladie de mon prédécesseur.

— Ce pauvre vieux Greene, s'esclaffa Hillgarth. Il n'a toujours pas compris pourquoi on l'a renvoyé dans ses foyers avec une telle célérité.

— C'était un bon interprète, coupa sèchement Hoare. Il connaissait son boulot. Brett, vous devrez faire très attention à ce que vous direz. En même temps que votre… euh, votre autre travail, vous servirez d'interprète à plusieurs personnes de haut rang, et les choses sont délicates, ici. Très délicates. »

Hoare le fixa avec intensité, et Harry se sentit brusquement intimidé. Il ne s'était toujours pas habitué à l'idée qu'il parlait à un homme qu'il avait vu aux actualités. Après avoir pris une profonde inspiration, il répondit : « Je comprends, monsieur. On m'a expliqué la situation, en Angleterre. Je devrai tout traduire dans le langage le plus diplomatique possible, et ne jamais ajouter de commentaire de mon cru.

— Il sera présent lors de mon entretien avec le secrétaire d'État au commerce, jeudi prochain. Je veillerai au grain, intervint Hillgarth.

— Ah oui, Maestre, grommela Hoare. Nous ne souhaitons vraiment pas le contrarier, celui-là. »

Hillgarth sortit un étui à cigarettes en or et le tendit à Harry. « Vous fumez ?

— Non, merci. »

Hillgarth alluma une cigarette et souffla un nuage de fumée avant de poursuivre : « Nous ne voulons pas que vous rencontriez Forsyth tout de suite, Brett. Prenez le temps de vous faire connaître, de vous installer. Et habituez-vous à être surveillé et suivi constamment : le gouvernement fait espionner chacun des membres de l'ambassade. La plupart de ces types sont totalement incompétents, on les repère de loin, mais il se trouve maintenant parmi eux des hommes formés par la Gestapo. Si vous voyez quelqu'un à vos trousses, signalez-le à Tolhurst. » Il sourit comme si tout cela n'était pour lui qu'une aventure, d'une manière qui évoqua à Harry ses instructeurs dans le Surrey.

« Compris, monsieur.

— Bon, reprit Hillgarth, venons-en à Forsyth. Vous l'avez bien connu pendant un certain temps, à l'école, mais vous ne l'avez pas revu depuis. Exact ?

— Oui, monsieur.

— Pensez-vous néanmoins qu'il se montrera bien disposé envers vous ?

— Je l'espère, monsieur. Toutefois, je ne sais vraiment pas ce qu'il a pu faire, depuis que nous avons cessé de nous écrire, il y a dix ans. » Harry jeta un regard machinal en direction de la cour. L'un des hommes les observait.

« Ces maudits aviateurs ! s'exclama Hoare. J'en ai assez qu'ils nous épient ! » Il fit un geste impérieux de la main ; les hommes se levèrent et sortirent par une porte latérale.

Harry vit Hillgarth lancer à l'ambassadeur un regard empli d'animosité, avant d'expliquer à son intention : « Ce sont des pilotes qui ont dû sauter en parachute au-dessus de la France, parce que leur avion était touché. Certains d'entre eux sont venus à pied jusqu'ici.

— Oui, oui, fit Hoare d'un ton maussade. Poursuivons, s'il vous plaît.

— Bien sûr, monsieur l'ambassadeur », acquiesça l'attaché naval avec une déférence exagérée avant de se tourner vers Harry. « Nous avons entendu parler de Forsyth pour la première fois il y a deux mois de cela. J'ai un agent au ministère de l'Industrie, un employé subalterne. Il m'a informé que tout le monde était très excité à propos d'un événement survenu dans la campagne, à environ quatre-vingts kilomètres de Madrid. Notre homme n'a pas pu mettre la main sur les documents, mais il a surpris des conversations où il était question de gisements d'or. Des gisements importants, confirmés par les géologues. Nous savons qu'ils envoient du matériel d'extraction minière là-bas, du mercure et d'autres produits chimiques, bien qu'ils n'en aient qu'en faible quantité.

— Sandy s'est toujours intéressé à la géologie, déclara Harry. À l'école, il collectionnait les fossiles, il se promenait sur les falaises dans l'espoir de trouver des os de dinosaure.

— Vraiment ? dit Hillgarth. Voilà une chose que nous ignorions. À notre connaissance, il ne possède aucune qualification professionnelle dans ce domaine, mais il s'est associé avec quelqu'un d'extrêmement qualifié. Alberto Otero.

— L'homme qui a travaillé dans les mines d'Afrique du Sud ?

— Tout à fait, acquiesça Hillgarth. Un ingénieur des mines. Vous avez suivi des cours sur l'extraction de l'or, avant de venir ici, je crois ?

— En effet, monsieur, répondit Harry, songeant aux longues heures qu'il avait passées le soir, dans sa petite chambre, laborieusement plongé dans les épais manuels.

— Aux yeux de Forsyth, toutefois, vous devrez afficher une ignorance totale en la matière, évidemment.

— Entendu, monsieur. » Harry marqua une pause avant de s'enquérir : « Savez-vous comment Forsyth a fait la connaissance de cet Otero ?

— Non. Il y a beaucoup de lacunes dans notre dossier. Tout ce que nous savons, c'est que, quand il travaillait comme guide, Forsyth avait ses entrées à l'Auxilio Social, l'organisation phalangiste qui s'occupe des prétendues aides sociales, et qui n'est rien d'autre qu'une entreprise de corruption. Il y a de gros bénéfices à faire, dans un pays où l'on manque de tout.

— Forsyth a-t-il gardé des liens avec sa famille ?

— Son père n'a aucune nouvelle de lui depuis des années », répondit Hillgarth en secouant la tête.

Harry se rappela la seule fois où il avait vu l'évêque. Celui-ci était venu à l'école après le renvoi de Sandy, afin de plaider la cause de son fils. Depuis la fenêtre de sa classe, Harry l'avait aperçu dans la cour et l'avait identifié sans mal grâce à la chemise épiscopale rouge qu'il portait sous sa veste. Il avait une silhouette massive, un air patricien – rien à voir avec Sandy.

« Forsyth était partisan des nationalistes, alors ? s'enquit-il.

— Il était surtout partisan des gros bénéfices, je crois, répliqua Hillgarth.

— Et vous ? Vous ne souteniez pas les républicains, n'est-ce pas ? demanda Hoare, en le scrutant avec attention.

— Je ne soutenais aucun des deux bords, monsieur.

— Je croyais que c'était pourtant le grand sujet de

polémique, avant la guerre. On était soit du côté des rouges, dans le conflit espagnol, soit de celui des nationalistes. Je suis étonné qu'un hispaniste comme vous n'ait pas pris position, dit l'ambassadeur d'un ton sceptique.

— Ma foi, non, monsieur. Qu'ils aillent tous au diable, voilà ce que je pensais, répondit Harry, ajoutant en lui-même : Quel petit tyran mal embouché !

— Je n'ai jamais compris comment quiconque pouvait penser qu'une Espagne communiste serait autre chose qu'un désastre. »

Hillgarth paraissait agacé par cette interruption. Se penchant vers Harry, il lui demanda : « Forsyth ne parlait pas espagnol avant de venir ici, n'est-ce pas ?

— Non, mais il a dû apprendre très vite. Il est intelligent. C'est l'une des raisons pour lesquelles les maîtres le détestaient, à l'école : il était doué mais ne voulait pas travailler.

— Détestaient ? répéta Hillgarth en arquant les sourcils. Le mot n'est-il pas un peu fort ?

— Non, je crois qu'il avait fini par faire l'unanimité contre lui.

— Quoi qu'il en soit, d'après notre homme, il a obtenu une introduction auprès de l'agence nationale des mines. Il brasse des affaires pour l'agence, négocie les approvisionnements et ainsi de suite. » Il s'interrompit brièvement et poursuivit : « Les phalangistes prédominent au ministère des Mines. Ils aimeraient que l'Espagne soit en mesure de payer la nourriture importée, au lieu de mendier des prêts, à nous et aux Américains. L'ennui, c'est que nous n'avons pas d'informateur là-bas. Si vous pouviez retourner Forsyth, cela nous apporterait une aide incalculable. Nous devons absolument découvrir s'il y a du vrai dans cette histoire d'or.

— Oui, monsieur. »

Un silence passa, pendant lequel le vrombissement discret du ventilateur parut soudain plus bruyant. Puis Hillgarth reprit : « Forsyth opère par l'intermédiaire d'une société qu'il a créée, Nuevas Iniciativas. Elle est cotée à la Bourse de Madrid en tant que société d'approvisionnement en matériel. Les actions ont grimpé récemment, des fonctionnaires du ministère des Mines ont acheté des parts. La firme possède un petit bureau près de la Calle Toledo, et Forsyth y passe la plus grande partie de ses journées. Notre homme n'a pas réussi à se procurer son adresse personnelle, ce qui est bigrement embêtant ; nous savons seulement qu'il vit dans le quartier de Vigo avec une poule quelconque. Le plus souvent, à l'heure de la sieste, il va boire un café dans un bistrot du coin. C'est là que vous établirez le contact avec lui.

— Est-ce qu'il y va seul ?

— À part lui, il n'y a qu'une secrétaire, au bureau. Il s'accorde toujours une pause d'une demi-heure en solitaire, en début d'après-midi.

— Oui, fit Harry en hochant la tête. Il aimait bien se promener seul, à l'école.

— Nous l'avons placé sous surveillance. C'est très éprouvant pour les nerfs, car je crains que notre agent ne finisse par se faire repérer. Tenez, il a pris ces clichés », ajouta-t-il en tendant à Harry des photos qu'il avait sorties d'un dossier posé sur le bureau.

Sur la première, on voyait Sandy, bronzé et élégamment vêtu, marchant dans une rue tout en parlant à un officier de l'armée. Sandy se penchait pour capter les paroles de celui-ci, la mine grave et attentive. La seconde le montrait se promenant d'un air nonchalant, le veston déboutonné, une cigarette aux lèvres. Il arborait un sourire rusé et plein d'assurance.

« Il a l'air prospère.

— Oh, il n'est pas dans le besoin », acquiesça Hillgarth. Il se pencha de nouveau sur le dossier avant de poursuivre. « L'appartement que nous vous avons trouvé est à quelques rues de son bureau. Il est situé à la limite d'un quartier pauvre, mais, en raison de la pénurie de logements, cela semblera plus crédible, pour un simple interprète.

— Bien, monsieur.

— L'appartement lui-même n'est pas si mal, à ce qu'on m'a dit. Il appartenait à un fonctionnaire communiste, sous la République. Il a sans doute été fusillé, depuis. Installez-vous là-bas, mais ne vous rendez pas tout de suite dans ce café.

— Quel est le nom de cet établissement, monsieur ?

— Le Café Rocinante.

— Le nom du cheval de Don Quichotte », fit remarquer Harry avec un sourire sarcastique.

Hillgarth hocha la tête, puis dévisagea fixement Harry. « Encore un conseil, dit-il en souriant, d'un ton amical que démentait son regard dur. Vous avez l'air beaucoup trop sérieux, comme si vous portiez tout le poids du monde sur vos épaules. Souriez un peu, que diable ! Prenez cela comme une aventure. »

Une aventure, songea amèrement Harry. Espionner un ancien ami qui travaillait aujourd'hui pour les fascistes…

L'ambassadeur partit d'un rire âpre. « Une aventure ! Que Dieu nous en préserve. Il y a beaucoup trop d'aventuriers dans ce maudit pays, si vous voulez mon avis. » Tournant vers Harry un visage animé, il continua d'un ton véhément : « Écoutez, Brett. Vous paraissez avoir la tête solidement vissée sur les épaules, mais faites très attention. J'ai accepté que vous veniez ici parce qu'il est important pour nous de savoir ce qui se passe, mais je ne veux pas de vagues.

— Je ne suis pas sûr de comprendre, monsieur.

— Le régime est divisé en deux factions. La plupart des généraux qui ont gagné la guerre civile sont des gens sensés qui admirent l'Angleterre et souhaitent que l'Espagne reste en dehors du conflit. Mon rôle consiste à construire des passerelles entre eux et nous, et à renforcer leur influence sur Franco. Je ne veux pas qu'on aille rapporter au Generalísimo que nous avons envoyé des espions mettre leur nez dans un projet qui lui tient à cœur. »

Hillgarth hocha la tête, et Harry déclara d'un ton pénétré : « Je comprends. »

Hoare ne veut pas de moi ici, se dit-il. Je me retrouve en plein milieu de je ne sais quelle intrigue politique.

« Bien, fit Hillgarth en se levant. Je dois assister à une cérémonie en l'honneur des Héros de la marine espagnole. Mieux vaut faire acte de présence, n'est-ce pas, monsieur l'ambassadeur ? »

Hoare acquiesça. Harry et Tolhurst se levèrent à leur tour. Hillgarth prit le dossier et le donna à Harry. La couverture était barrée d'une croix rouge.

« Tolly va vous conduire à votre appartement. Prenez le dossier sur Forsyth, étudiez-le bien et rapportez-le demain sans faute. Tolly vous indiquera où signer le bon de sortie. »

Avant de quitter la pièce, Harry se retourna vers Hoare. Planté devant la fenêtre, l'ambassadeur contemplait d'un air irrité les aviateurs qui avaient de nouveau investi la cour.

4

Une fois dehors, Tolhurst adressa à Harry un sourire d'excuse.

« Désolé, dit-il à voix basse. Normalement, Sam ne devrait pas être présent lors du briefing d'un nouvel agent, mais cette mission l'inquiète passablement. Sa règle, c'est : il est permis de recueillir des renseignements, mais pas d'espionner, ni de se mettre le régime à dos. Des socialistes sont venus il y a quelques semaines afin d'essayer d'obtenir de l'aide pour la guérilla qui combat Franco. Un truc bigrement dangereux. Il les a flanqués à la porte. »

Harry n'avait pas apprécié l'attitude de Hoare, mais il était néanmoins choqué par la désinvolture de Tolhurst vis-à-vis de l'ambassadeur, et sa façon irrespectueuse de l'appeler par un diminutif. « C'est parce qu'il tient à garder de bonnes relations avec les monarchistes ? s'enquit-il.

— Exactement. Après la guerre civile, ils haïssaient les rouges, comme vous pouvez l'imaginer. » Tolhurst se tut pendant qu'ils franchissaient le portail et passaient devant les gardes, qui les saluèrent avec raideur. En ouvrant la portière de la Ford, il ne put retenir une grimace à la sensation de la poignée brûlante.

Il reprit la conversation dès qu'il eut démarré. « On raconte que Churchill a envoyé Sam ici pour ne plus l'avoir dans les pattes, confia-t-il à Harry d'un ton enjoué. Il ne peut pas le supporter et n'a aucune confiance en lui. C'est pourquoi il a nommé le capitaine à la tête des services de renseignements. C'est un vieil ami de Winston, du temps où il n'était pas au gouvernement.

— Ne sommes-nous pas censés être tous du même côté ?

— Il y a beaucoup de manœuvres et de dissensions internes.

— Comme vous le dites.

— Sam est plein d'amertume, poursuivit Tolhurst avec un sourire sardonique. Il aurait voulu être vice-roi des Indes.

— Ces luttes intestines ne facilitent la tâche de personne.

— C'est comme ça, mon vieux. Il est préférable que vous sachiez dès le départ à quoi vous en tenir », ajouta-t-il, retrouvant son sérieux.

Décidant de changer de sujet, Harry demanda : « Quand j'étais à l'école, je me souviens avoir lu des romans d'aventures écrits par un certain Alan Hillgarth. Il ne s'agit pas du même homme, je présume ?

— Si, c'est bien lui, acquiesça Tolhurst. Ils n'étaient pas mauvais, hein ? Avez-vous lu celui qui se passe au Maroc espagnol ? *Le Fauteur de guerre*. Franco y fait une apparition, sous une forme romancée, bien sûr. Le capitaine l'admirait visiblement.

— Je ne l'ai pas lu, mais je sais que Sandy Forsyth aimait beaucoup ces histoires.

— Vraiment ? fit son compagnon, d'un air vivement intéressé. J'en informerai le capitaine. Nul doute que cela l'amusera. »

Ils traversèrent le centre-ville avant de se retrouver dans un enchevêtrement de rues étroites bordées par des immeubles de quatre étages. L'après-midi touchait à sa fin et la chaleur se dissipait ; les ombres sur la chaussée devenaient plus longues. Les immeubles n'avaient manifestement pas été entretenus depuis des années. Le plâtre s'écaillait sur la maçonnerie, comme la chair putréfiée se détachant d'un squelette. Plusieurs avaient été détruits par des bombardements, réduits à des tas de gravats que les mauvaises herbes avaient déjà recouverts. Il n'y avait pas d'autres automobiles dans les rues, et les passants regardaient leur voiture avec curiosité. Un âne tirant une carriole fit un brusque écart sur leur passage, manquant renverser le charretier, et l'homme proféra une injure.

« Je me demandais, reprit Harry, d'un ton qu'il s'efforça de rendre désinvolte, comment j'avais été recruté. Simple curiosité de ma part. Si vous ne pouvez pas me répondre, ce n'est pas grave.

— Oh, ce n'est pas un secret. Les gens du SIS cherchaient à débusquer les anciennes relations de Forsyth, et un professeur de Rookwood leur a parlé de vous.

— M. Taylor ?

— Je ne connais pas son nom. Et quand ils ont appris que, par-dessus le marché, vous connaissiez l'Espagne, ils étaient au septième ciel. De là leur est venue l'idée de vous faire passer pour un interprète.

— Je vois.

— Un sacré coup de chance, poursuivit Tolhurst en contournant un trou dans la chaussée, à proximité d'une maison bombardée. Saviez-vous que l'ambassade ici a été le premier morceau de territoire britannique à être frappé par une bombe allemande ?

— Quoi ? Oh, pendant la guerre civile, c'est ça ?

— Une bombe est tombée dans le jardin par accident, quand les Allemands ont pilonné Madrid. Sam a fait réparer les dégâts. Il a ses bons côtés. C'est un organisateur de premier ordre, l'ambassade fonctionne comme sur des roulettes. Il faut rendre cette justice à ce vieux trouillard.

— Ce quoi ?

— C'est ainsi qu'on le surnomme, lui glissa Tolhurst sur le ton de la confidentialité. Il lui arrive d'avoir des accès de panique, de penser que l'Espagne va entrer en guerre et qu'il va être fusillé, et il faut alors le dissuader de fuir vers le Portugal. Tenez, l'autre soir, une chauve-souris est entrée dans son bureau, et il s'est caché sous la table en appelant au secours. Vous imaginez ce que Hillgarth pense de lui. Mais, quand il est en forme, Sam est un excellent diplomate. Il adore parader et faire valoir son titre de représentant de l'Empire ; il obtient généralement un franc succès auprès des monarchistes, qui ont toujours la larme à l'œil dès qu'il est question de royauté, bien sûr. Ah, nous sommes arrivés. »

Il s'était arrêté sur une place poussiéreuse, au milieu de laquelle se dressait sur son piédestal une statue d'un soldat en uniforme du XVIIIe siècle, amputée d'un bras ; sur le pourtour s'alignaient quelques échoppes emplies de mouches, aux vitrines à moitié vides, et des immeubles d'habitation aux volets fermés derrière les balcons de fer rouillé, afin d'empêcher la chaleur de l'après-midi d'entrer. L'endroit n'a pas dû manquer de charme, autrefois, se dit Harry en regardant à travers la vitre. Il se rappela une gravure qu'il avait achetée dans une boutique d'un quartier populaire, en 1931 : un immeuble vétuste pareil à ceux-ci, une fille penchée à sa fenêtre, souriant à un gitan qui lui donnait la sérénade. Il l'avait accrochée au mur de sa chambre, à Cambridge. Les immeubles délabrés avaient quelque chose de romantique, et les Victoriens les avaient adorés, évidemment. Mais c'était différent quand on était obligé d'y habiter.

Tolhurst montra une rue étroite allant vers le nord, où les bâtiments paraissaient encore plus minables. « À votre place, j'éviterais de me balader par là. C'est La Latina, une ruelle mal famée qui mène à Carabanchel, de l'autre côté du fleuve.

— Je sais, répondit Harry. Nous rendions fréquemment visite à une famille qui habitait ce quartier, en 1931. »

Tolhurst lui lança un regard intrigué.

« Les nationalistes ont pratiquement rasé le secteur, pendant le siège, n'est-ce pas ? poursuivit Harry.

— Oui, et depuis, ils le laissent pourrir. Pour eux, les habitants sont tous des ennemis. On m'a dit que les gens mouraient de faim là-bas, et que des meutes de chiens sauvages peuplaient les immeubles en ruine. Des passants ont été mordus, et ont attrapé la rage. »

Harry contempla la longue rue déserte, sans rien dire.

« Voyons, y a-t-il autre chose que vous devriez savoir ? reprit Tolhurst. Les Anglais ne sont pas très populaires, d'une manière générale, à cause de la propagande. Mais cela ne va jamais plus loin que des regards hostiles.

— Comment faut-il se comporter envers les Allemands, quand on en rencontre ?

— Oh, vous ignorez ces salauds, purement et simplement. Et méfiez-vous, si vous croisez des gens qui ont l'air anglais, dans la rue, ajouta-t-il en ouvrant la portière. Ils peuvent très bien faire partie de la Gestapo. »

Dehors, l'air était chargé d'une poussière que la brise soulevait du sol en petits tourbillons. Ils sortirent la valise de Harry de la voiture. Une vieille femme maigre tout de noir vêtue traversa la place, tenant d'une main un énorme sac de vêtements en équilibre sur sa tête. Harry se demanda de quel bord elle avait été, pendant la guerre civile. À moins qu'elle n'eût fait partie de ces milliers de personnes sans opinion politique, prises entre deux feux ? Le visage de la vieille était creusé de profondes rides, son expression lasse mais stoïque : elle était de ceux qui parvenaient, de justesse, à subsister.

Tolhurst tendit à Harry une carte brune. « Votre carte de rationnement. L'ambassade a droit à des rations diplomatiques, et nous les distribuons. C'est bien meilleur que ce qu'on reçoit en Angleterre – et mille fois meilleur que les rations que touchent les gens d'ici. » Il suivit la vieille femme des yeux pendant un instant avant d'ajouter : « Il paraît que certains déterrent des racines pour se nourrir. On trouve pas mal de choses au marché noir, bien sûr, mais il faut en avoir les moyens.

— Merci », dit Harry en empochant la carte.

Tolhurst se dirigea vers un immeuble, prit une clé dans sa poche et fit entrer Harry dans un couloir sombre à la peinture écaillée. On entendait de l'eau couler quelque part, et une odeur d'urine aigre flottait dans l'air. Ils gravirent un escalier de pierre jusqu'au deuxième étage et se retrouvèrent face aux portes de trois appartements. Deux petites filles jouaient avec des poupées cabossées sur le palier.

« *Buenas tardes* », leur dit Tolhurst, mais elles détournèrent la tête sans répondre. Il ouvrit une des portes.

C'était un appartement de trois pièces, pareil à ceux dont Harry avait gardé le souvenir, et dont on voyait souvent des familles de dix personnes se partager la promiscuité et la crasse. Celui-ci avait été nettoyé et sentait l'encaustique. Il était meublé de façon bourgeoise, bourré de vieux sofas massifs et d'armoires. Il n'y avait pas de tableaux sur les murs jaune moutarde, mais des rectangles plus clairs marquaient l'emplacement de ceux qui les avaient ornés jadis. Des particules de poussière dansaient dans un rayon de soleil.

« C'est vaste, commenta Harry.

— Oui, bien plus que la boîte à chaussures où je vis. C'était un dignitaire du Parti communiste qui l'occupait avant. Il y habitait seul, ce qui est une honte, quand on voit comment la plupart des gens s'entassent les uns sur les autres. L'appartement cst resté vide pendant toute une année, après son arrestation. Puis les autorités ont fini par se souvenir de son existence et l'ont mis en location. »

Harry passa un doigt sur la couche de poussière recouvrant la table et demanda : « Au fait, qu'est-ce que c'est que cette histoire sur la visite de Himmler ?

— La presse fasciste ne parle que de ça, répondit Tolhurst, l'air grave. Il vient ici la semaine prochaine, en visite officielle. Difficile de s'habituer à l'idée que nous serons peut-être obligés de prendre la fuite, poursuivit-il en secouant la tête. Il y a eu tellement de fausses alertes. »

Harry acquiesça. Il n'est pas si courageux que cela, constata-t-il à part lui, pas plus que moi, en tout cas. « Donc, vous dépendez directement de Hillgarth ? reprit-il.

— C'est exact, répondit Tolhurst en tapotant le pied d'un bureau ouvragé de la pointe de son soulier. Mais on me charge rarement des opérations secrètes. Je suis davantage un administrateur, avoua-t-il avec un rire plein d'autodérision. Simon Tolhurst, factotum. Trouve les appartements, tape les rapports, vérifie les notes de frais. À propos, veillez à garder toutes vos factures. Londres ne plaisante pas avec les notes de frais. » Il alla jusqu'à la fenêtre et regarda la cour centrale, où du linge rapiécé flottait sur des cordes tendues entre les balcons, puis se tourna de nouveau vers Harry. « Dites-moi, s'enquit-il d'un ton empli de curiosité, la ville vous paraît-elle différente de celle que vous avez connue, à l'époque de la République ?

— Oui. Ce n'était déjà pas très gai à l'époque, mais c'est pire à présent. Encore plus pauvre.

— Peut-être cela va-t-il s'arranger, maintenant qu'un gouvernement fort est en place.

— Peut-être.

— Avez-vous entendu ce que Dalí a dit : “L'Espagne est une nation de paysans qui ont besoin d'être dirigés d'une main ferme” ? C'était pareil à Cuba ; ils ne sont pas capables de vivre en démocratie, tout part à vau-l'eau. »

Tolhurst secoua une fois de plus la tête, comme si tout cela le dépassait, et Harry fut saisi d'une bouffée de colère devant pareille naïveté. Puis il songea que lui aussi était dépassé par l'ampleur de la tragédie qui s'était déroulée ici. Bernie, lui, aurait su que répondre, mais son parti avait perdu, et Bernie était mort.

« Du café ? proposa-t-il à Tolhurst. Si toutefois il y en a.

— Oh, oui, les placards sont remplis de provisions. Il y a aussi un téléphone, mais faites attention à ce que vous direz ; il est sûrement sur écoute, puisque vous faites partie du corps diplomatique. Quant aux lettres que vous enverrez chez vous, elles seront censurées. Alors, soyez prudent quand vous écrirez à votre famille ou à votre petite amie. Vous avez quelqu'un là-bas ? s'enquit-il d'un ton hésitant.

— Non, et vous ?

— Non. On ne me laisse guère sortir de l'ambassade. » Posant sur Harry un regard intrigué, il demanda brusquement : « Dites-moi, qu'alliez-vous donc faire à Carabanchel, lors de votre premier séjour ici ?

— J'étais avec Bernie Piper, mon camarade d'école communiste. Je suis sûr que cela figure dans mon dossier, ajouta Harry avec un sourire ironique.

— Ah, oui, murmura Tolhurst, rougissant imperceptiblement.

— Il s'était lié avec une famille du quartier. De braves gens. Dieu sait ce qu'ils sont devenus, dit Harry en soupirant. Bon, je vais préparer le café. »

Tolhurst jeta un coup d'œil à sa montre et déclara : « À vrai dire, je crois que je n'ai pas le temps de rester. Il faut que j'aille m'occuper de ces maudites notes de frais. Soyez à l'ambassade demain matin à neuf heures, nous vous enseignerons les ficelles de votre nouveau métier. Celui de traducteur, j'entends.

— Mes collègues savent-ils que je travaille pour Hillgarth ?

— Seigneur, non ! Ce sont tous de respectables fonctionnaires du corps diplomatique, membres de la troupe du cirque de Sam, rétorqua Tolhurst en riant. Mais ne vous en faites pas, nous verrons tout cela demain », conclut-il en tendant à Harry une main moite.

Harry ôta son faux col et sa cravate, accueillant avec plaisir le courant d'air qui vint rafraîchir son cou en sueur. Puis il s'assit dans un fauteuil de cuir et parcourut le dossier de Forsyth. Celui-ci ne contenait pas grand-chose : quelques autres photos, le détail de son travail avec l'Auxilio Social, ses contacts dans la Phalange. Sandy vivait dans une grande maison et dépensait sans compter pour s'approvisionner au marché noir.

Du dehors lui parvint la voix âpre d'une femme appelant ses enfants. Posant le dossier, il alla jusqu'à la fenêtre et contempla, à travers le linge suspendu, la cour ombreuse où s'ébattaient les gamins. Il ouvrit les fenêtres, et la vieille odeur familière de cuisine lui emplit les narines, mêlée à celle de la pourriture. Il vit la femme penchée à la fenêtre. Elle était jeune et jolie, mais portait le châle noir des veuves. Elle appela de nouveau ses enfants, et ils se ruèrent vers l'escalier.

Tournant le dos à la fenêtre, Harry examina la pièce, qui paraissait sinistre dans la pénombre, les emplacements d'où l'on avait enlevé tableaux et affiches ressortant de façon spectrale sur les murs obscurcis. Il se demanda ce que l'ancien occupant avait accroché là. Des portraits de Lénine et de Staline ? L'atmosphère calme et silencieuse avait quelque chose d'oppressant. Le communiste avait dû être arrêté quand Franco avait repris Madrid, et traîné dans une cave pour y être fusillé. Harry actionna l'interrupteur, mais rien ne se produisit. C'était pareil sur le palier ; sans doute une coupure de courant.

L'idée d'espionner Sandy l'avait mis mal à l'aise, au début, mais maintenant il sentait la colère monter en lui. Sandy collaborait avec des phalangistes, des gens qui voulaient faire la guerre à l'Angleterre. « Pourquoi, Sandy ? » demanda-t-il à voix haute. Sa voix résonna avec force dans le silence ambiant, et il tressaillit. Un sentiment de profonde solitude l'accabla soudain. Il se trouvait dans un pays hostile et travaillait dans une ambassade qui semblait être un foyer d'intrigues et de rivalités. Tolhurst s'était montré on ne peut plus amical, toutefois Harry devinait qu'il allait s'empresser de rapporter ses impressions à Hillgarth, tout fier d'avoir des tuyaux à lui communiquer. Il repensa à Hillgarth lui conseillant de voir tout cela comme une aventure et se demanda, ainsi qu'il l'avait fait à plusieurs reprises au cours de sa formation, s'il était vraiment l'homme qu'il fallait pour cette mission, s'il était de taille à la remplir. Il n'avait fait part de ses doutes à personne. La tâche qu'on lui confiait était importante, et on avait besoin de lui pour l'accomplir. Pourtant, l'espace d'une seconde, une peur panique le submergea.

Ça ne marchera pas, se dit-il. Il y avait une radio posée sur une table, dans un angle, et il l'alluma. Le panneau de verre au centre s'illumina : le courant était revenu. Il se souvint des soirées chez son oncle, quand il revenait de Rookwood, pendant les vacances, et jouait avec la radio dans le salon. Tripotant le cadran en tous sens, il entendait des voix venant de pays lointains : l'Italie, la Russie, et le timbre strident et hargneux de

Hitler, en provenance d'Allemagne. Il aurait voulu comprendre ce qu'elles disaient, ces voix venues de si loin, entrecoupées de sifflements et de grésillements. C'était là qu'il avait acquis le goût des langues…

Il manœuvra le cadran, cherchant à capter la BBC, mais ne trouva qu'une station espagnole diffusant de la musique militaire.

Il se rendit dans la chambre, où le lit avait été fait, et s'étendit sur les couvertures, brusquement terrassé par la fatigue : la journée avait été longue. Maintenant que les jeux des enfants avaient cessé, il fut une nouvelle fois frappé par le silence qui régnait au-dehors. C'était comme si Madrid tout entière était ensevelie sous un suaire. Une ville occupée, avait dit Tolhurst… Il entendit le sang battre dans ses oreilles, avec davantage de force dans celle de gauche. Il songea à défaire ses valises, mais laissa ses pensées dériver vers le passé. 1931, l'année de sa première visite ici. Lui et Bernie, à vingt ans, débarquant à la gare d'Atocha par un beau jour de juillet, avec leurs sacs à dos. Il se rappela la lumière aveuglante, quand ils étaient sortis de la gare empestant la suie, et le drapeau rouge, jaune et pourpre de la République flottant sur le ministère de l'Agriculture, en face d'eux, se détachant sur un ciel d'un bleu cobalt si éclatant qu'il avait été obligé de fermer à demi les yeux.

Après que Sandy Forsyth eut été banni de Rookwood, Bernie avait réintégré la salle d'étude et renoué ses liens d'amitié avec Harry : deux garçons calmes et studieux préparant leur entrée à Cambridge. Bernie avait tendance à garder pour lui ses opinions politiques, désormais. Il faisait du rugby à quinze, la dernière année, et en appréciait la rapidité des mouvements et la brutalité. Harry, quant à lui, préférait le cricket ; le jour où il avait rejoint l'équipe première était demeuré l'un des plus marquants de sa vie.

Sept élèves de la classe de terminale passèrent l'examen d'entrée à Cambridge. Harry se classa deuxième, et Bernie premier, remportant ainsi le prix de cinquante livres sterling offert par un ancien élève. Bernie avait déclaré que c'était plus d'argent qu'il n'aurait jamais imaginé en voir, et encore moins posséder. À l'automne, ils étaient partis ensemble pour Cambridge, mais ils étaient inscrits dans des collèges différents, et leurs chemins avaient divergé. Harry s'était mêlé à un groupe d'étudiants sérieux et travailleurs, tandis que Bernie, que ses études ennuyaient, s'était mis à fréquenter les cercles socialistes. Ils se rencontraient encore de temps à autre pour boire un verre, mais ces rencontres s'étaient espacées avec le temps. Harry n'avait pas vu Bernie depuis plus d'un mois quand celui-ci était entré en trombe dans sa chambre un matin d'été, à la fin de leur deuxième année.

« Qu'est-ce que tu fais, pendant les vacances ? avait-il demandé, après que Harry lui eut servi du thé.

— Je vais en France. C'est décidé. Je vais passer l'été à me balader dans le pays, pour essayer de perfectionner mon français. Mon cousin Will et sa femme devaient m'accompagner, mais elle attend un enfant », avait répondu Harry. Il avait laissé échapper un soupir ; cela avait été pour lui une grande déception, car il appréhendait de voyager seul. « Et toi ? Comptes-tu travailler dans la boutique de ton père ?

— Non. Je pars pour l'Espagne. Il se passe des choses, là-bas. »

Harry avait pris l'espagnol comme seconde langue, et il savait que la monarchie était tombée au mois d'avril. La république avait été proclamée, avec un gouvernement composé de socialistes et de libéraux déterminés, disaient-ils, à apporter progrès et réformes à un pays qui était jusque-là l'un des moins développés d'Europe.

« Je veux voir ça, avait poursuivi Bernie, le visage brillant d'enthousiasme. La nouvelle Constitution est une Constitution du peuple ; elle marque la fin des grands propriétaires terriens et de l'Église. Mais, avait-il ajouté, en jetant à Harry un regard pensif, je n'ai pas très envie de voyager seul, moi non plus. Je me demandais si cela te plairait de venir avec moi. Après tout, tu parles la langue, pourquoi ne pas visiter également le pays, le voir par toi-même au lieu de lire de vieilles pièces de théâtre poussiéreuses ? Nous pourrions commencer par la France, si tu veux. J'aimerais bien la connaître, moi aussi. Et puis nous continuerions vers l'Espagne. »

Il lui avait adressé un grand sourire en émettant cette suggestion. Bernie avait toujours su se montrer persuasif.

« Mais l'Espagne est encore assez primitive, non ? avait objecté Harry. Comment ferons-nous pour nous débrouiller ?

— Grâce à ça, avait répondu Bernie en sortant de sa poche une carte chiffonnée du Parti travailliste. Je te montrerai ce que signifie la fraternité socialiste internationale.

— Serai-je rémunéré pour mon travail d'interprète ? » avait demandé Harry en souriant. Il avait compris toutefois que c'était avant tout pour cette raison que Bernie souhaitait sa compagnie, et il en avait ressenti une tristesse inexplicable.

En juillet, ils avaient pris le ferry pour la France et passé une dizaine de jours à Paris avant de descendre lentement vers le sud par le train, dormant à chaque étape dans des auberges de jeunesse ou des hôtels bon marché. Cela avait été une période d'agréable oisiveté et, au grand plaisir de Harry, ils étaient parvenus à retrouver la complicité qui les unissait jadis à Rookwood. Bernie étudiait la grammaire espagnole avec application, car il voulait être en mesure de communiquer avec le peuple. Son enthousiasme vis-à-vis de ce qu'il appelait la nouvelle Espagne avait quelque peu déteint sur Harry, et tous deux brûlaient de la même impatience quand leur train arriva en gare d'Atocha par ce torride matin d'été.

Madrid était une ville excitante, extraordinaire. En se promenant dans le Centro, ils avaient vu des immeubles décorés de drapeaux socialistes et anarchistes, des murs couverts d'affiches appelant à des manifestations ou à la grève. Ici et là, ils avaient aussi aperçu des églises incendiées – un spectacle qui avait fait frémir Harry, mais déclenché chez Bernie un sourire de satisfaction vengeresse.

« Cela ne ressemble pas vraiment à un paradis pour les travailleurs », avait commenté Harry, en essuyant la sueur sur son front.

La chaleur était infernale – une chaleur comme jamais les deux jeunes Anglais n'avaient imaginé qu'il pût en exister. Ils se trouvaient à la Puerta del Sol, une place poussiéreuse et grouillante. Des marchands ambulants, à bord de carrioles tirées par des ânes, se frayaient un passage entre les tramways, des petits cireurs en haillons étaient affalés à l'ombre des murs. De vieilles femmes en châle noir passaient en traînant les pieds, pareilles à des oiseaux ternes et malodorants.

« Bon sang, Harry, ils ont subi des siècles d'oppression, avait rétorqué Bernie. Notamment de la part du clergé. La plupart des églises incendiées étaient pleines d'or et d'argent. Cela va demander du temps. »

Ils avaient trouvé une chambre au deuxième étage d'un *hostal* délabré, dans une petite rue proche de la Puerta del Sol. Sur le balcon d'en face, deux prostituées venaient souvent se prélasser. Elles leur lançaient des remarques grivoises, en riant aux éclats. Harry rougissait et se détournait, mais Bernie leur répondait sans aucune gêne, disant qu'ils n'avaient pas d'argent pour s'offrir ce genre de luxe.

La température était toujours aussi étouffante ; aux heures les plus chaudes, ils restaient dans la chambre, étendus sur leurs lits, la chemise ouverte. Ils lisaient ou somnolaient, savourant le moindre souffle d'air entrant par la fenêtre. Puis, en fin d'après-midi, ils se promenaient à travers la ville, avant de passer la soirée dans les bars.

Un soir, ils s'étaient rendus dans un bar de La Latina appelé El Toro, où l'on donnait un spectacle de flamenco. Bernie avait lu la publicité dans *El Socialista*, un journal plein d'optimisme et d'espoir, dont il demandait chaque jour à Harry de lui traduire les articles. À leur arrivée, ils étaient restés interloqués devant les têtes de taureaux accrochées aux murs. Les autres clients étaient des ouvriers, et ils avaient dévisagé les nouveaux venus avec curiosité, en se donnant des coups de coude. Les deux garçons avaient commandé un *cocido* huileux et s'étaient assis sur un banc, en dessous d'une bannière invitant les grévistes à se réunir, à côté d'un costaud au visage brun orné d'une moustache tombante. Le bourdonnement des conversations s'était éteint quand deux hommes portant des boléros et de grands chapeaux noirs s'étaient avancés au centre de la salle, guitare à la main. Ils avaient été rejoints par une femme coiffée d'une mantille noire et vêtue d'amples jupons noir et rouge surmontés d'un corsage profondément décolleté. Tous avaient le visage étroit et la peau si sombre que Harry leur avait trouvé une ressemblance avec Singh, le seul élève d'origine indienne de Rookwood. Les hommes avaient commencé à jouer, et la femme s'était mise à chanter avec une intensité farouche qui avait capté son attention, bien qu'il ne comprît pas les paroles. Ils avaient interprété trois chansons, chacune saluée par une salve d'applaudissements, puis l'un des hommes avait fait le tour de la salle en tendant son chapeau.

« *Muy bien*, *muchas gracias* », avait dit Harry en déposant une peseta dans le couvre-chef.

Le colosse assis près d'eux avait bougonné quelque chose en espagnol, et Bernie avait chuchoté :

« Qu'est-ce qu'il a dit ?

— Que les chansons parlaient de l'oppression des paysans par les propriétaires terriens. »

L'homme les observait avec une curiosité amusée.

« C'est bien », avait déclaré Bernie dans son espagnol hésitant.

Leur voisin avait eut un hochement de tête approbateur. « Si seulement Azaña laissait Largo mener à bien sa réforme… avait-il ajouté avant de leur tendre une main dure et calleuse. Je m'appelle Pedro Mera García. D'où venez-vous ?

— *Inglaterra*, avait répondu Bernie en sortant sa carte du parti. *Partido laborista inglés.*

— *Bienvenidos, compadres* », avait déclaré Pedro avec un large sourire.

Ainsi avait commencé l'amitié entre Bernie et la famille Mera. Elle le considérait comme un camarade, et Harry, l'apolitique, comme un cousin légèrement arriéré. Il y avait eu cette soirée, au début de septembre, peu avant la date prévue pour leur retour en Angleterre, dont Harry se rappelait particulièrement. Il faisait plus frais désormais en fin de journée, et Bernie était assis sur le balcon avec Pedro, sa femme, Inés, et leur fils aîné Antonio, qui avait le même âge que Harry et Bernie et était comme son père un militant du syndicat de la briqueterie. Dans le *salón*, Harry apprenait quelques mots d'anglais à la petite Carmela, âgée de trois ans. Francisco, son frère de dix ans, maigre et tuberculeux, les observait de ses grands yeux las, tandis que Carmela, assise sur le bras du fauteuil de Harry, répétait les mots étrangers avec une gravité fascinée.

Elle avait fini par en avoir assez et était allée jouer avec ses poupées. Harry était passé sur le minuscule balcon et avait contemplé la place, au-dessus de laquelle un vent bienfaisant soulevait des nuées de poussière. Un bruit de voix lui parvenait d'en bas. Un vendeur de bière vantait sa marchandise d'un ton strident, des colombes tournoyaient dans le ciel qui s'assombrissait peu à peu, éclairs blancs sur un fond de tuiles rouges.

« Viens à mon aide, Harry, avait alors appelé Bernie. Je veux demander à Pedro s'il pense que le gouvernement obtiendra le vote de confiance demain. »

Harry avait traduit la question, et Pedro avait

acquiescé. « Il devrait l'obtenir. Mais le président cherche la première excuse venue pour renvoyer Azaña. Il estime, comme les monarchistes, que même les misérables réformes que le gouvernement essaie de faire passer constituent une atteinte à leurs droits. »

Antonio avait laissé fuser un rire amer. « Que feront-ils si jamais nous les défions vraiment ? Ce projet de réforme agraire ne s'appuyait sur aucun plan de financement, parce que Azaña refusait de lever des impôts. Les gens se sentent trahis, et ils sont en colère.

— Maintenant que vous avez instauré la république, avait déclaré Bernie, il ne faut pas que l'Espagne revienne en arrière.

— Je crois que les socialistes devraient quitter le gouvernement, avait renchéri Pedro, organiser des élections et remporter une nette majorité. Après, on verrait bien.

— Mais la classe dirigeante vous laisserait-elle gouverner ? Ne risque-t-elle pas de faire appel à l'armée ? »

Pedro avait offert une cigarette à Bernie, qui s'était mis à fumer depuis son arrivée en Espagne. « Qu'ils essaient, avait-il riposté. Qu'ils essaient, et ils verront comment nous les recevrons. »

Le lendemain, Harry et Bernie s'étaient rendus aux Cortes pour assister au vote de confiance. Il y avait foule autour du Parlement, mais Pedro leur avait procuré des laissez-passer. Un huissier les avait conduits jusqu'à une galerie surplombant la Chambre, en haut d'un escalier de marbre résonnant sous les pas. Des députés en costumes et redingotes se pressaient sur les bancs. Le chef de la gauche libérale, Azaña, parlait d'une voix forte et passionnée, battant l'air d'un bras courtaud.

Selon leur orientation politique, les journaux le dépeignaient tantôt comme un monstre à face de crapaud, tantôt comme le père de la République, mais Harry l'avait trouvé parfaitement insignifiant. Il discourait d'un ton véhément, enflammé ; après avoir développé ses arguments, il s'était tourné vers les députés assis derrière lui, qui avaient applaudi en clamant leur approbation. Il avait passé une main dans ses cheveux blancs vaporeux, et repris son discours, énumérant les réalisations accomplies par la République. Harry avait scruté les visages en dessous de lui, reconnaissant les politiciens socialistes dont il avait vu la photo dans les journaux : Prieto, gras et rond ; Largo Caballero, à l'apparence étonnamment bourgeoise avec son visage carré et sa moustache blanche. Pour une fois, il s'était laissé gagner par l'excitation générale.

« Quelle fougue, hein ? » avait-il chuchoté à Bernie.

Mais celui-ci s'était tourné vers lui, l'expression courroucée, méprisante.

« C'est une foutue mascarade ! Regarde-les. Des millions d'Espagnols réclament une vie décente, et tout ce qu'ils obtiennent, c'est ce... cirque, avait-il répliqué d'un ton emporté, en balayant du regard l'océan de têtes s'agitant dans la salle. Il faudra autre chose que ça, si nous voulons instaurer le socialisme. Viens, sortons d'ici. »

Le soir, ils étaient allés dans un bar du Centro ; Bernie était d'une humeur sombre et cynique.

« La démocratie ! avait-il craché d'un ton furieux. Elle ne fait qu'engloutir le peuple dans un système bourgeois corrompu. C'est pareil en Angleterre.

— Mais il faudra des années pour faire de l'Espagne un pays moderne, avait rétorqué Harry. Et quelle autre solution proposes-tu ? La révolution et le bain de sang, comme en Russie ?

— Les travailleurs doivent prendre les choses en main. » Bernie avait regardé Harry, et lâché un soupir. « Oh, à quoi bon ? Rentrons à l'*hostal.* Il est tard. »

Ils avaient remonté la route d'une démarche mal assurée, silencieux, un peu ivres. Une chaleur étouffante régnait dans leur chambre ; Bernie avait ôté sa chemise et était sorti sur le balcon. Les deux putains, vêtues de peignoirs aux couleurs criardes, étaient assises sur celui d'en face, en train de boire. Elles les avaient interpellés.

« *¡Ay, Inglés! ¿Por qué no juegues con nosotros?*

— Je ne peux pas venir jouer avec vous ! avait répondu Bernie d'un ton badin. Je n'ai pas d'argent !

— Nous ne voulons pas d'argent ! Nous nous disons sans arrêt, ah, si seulement le beau blond voulait venir nous voir ! » avaient crié les femmes en riant.

Bernie avait ri à son tour et s'était retourné vers Harry, qui se tenait en retrait, gêné et légèrement scandalisé. « Ça te dirait ? » lui avait-il demandé.

Ils parlaient depuis des semaines d'aller avec des prostituées espagnoles, mais c'était par pure bravade, ils n'avaient jamais franchi le pas.

« Grands dieux, non ! Bernie, tu pourrais attraper quelque chose.

— Tu as peur ? » avait demandé celui-ci en souriant. Il avait passé une main dans son épaisse chevelure blonde, et ce geste avait fait saillir son puissant biceps.

« Je ne veux rien avoir à faire avec des putains soûles, avait répliqué Harry en s'empourprant. De plus, c'est toi qu'elles veulent, pas moi. » La jalousie s'était brusquement emparée de lui, comme cela lui arrivait de temps à autre. Bernie possédait quelque chose dont il était dépourvu : une énergie, une audace, une soif de vivre. Ce n'était pas seulement son physique qui était en cause.

« Elles t'auraient demandé de venir aussi, si tu étais sorti sur le balcon.

— N'y va pas, avait répété Harry. Tu risques d'attraper une maladie.

— J'y vais, avait déclaré Bernie, les yeux brillants d'excitation. Allez, viens, c'est ta dernière chance, avait-il insisté, avec un petit rire. Tu dois apprendre à vivre, mon vieux. Apprendre à vivre. »

Deux jours plus tard, ils avaient quitté Madrid. Antonio Mera les avait aidés à porter leurs bagages jusqu'à la gare.

Ils avaient changé de tram à la Puerta de Toledo. C'était le milieu de l'après-midi, l'heure de la sieste, et les rues ensoleillées étaient désertes. Un camion était passé lentement ; sur sa bâche, on pouvait lire, peints en couleurs vives, les mots « La Barraca ».

« Le nouveau théâtre populaire de García Lorca », avait dit Antonio. C'était un grand adolescent brun, aussi large d'épaules que son père. Il avait légèrement retroussé les lèvres en ajoutant : « Il s'est donné pour mission de faire connaître Calderón aux paysans.

— C'est une bonne idée, non ? avait répliqué Harry. Je croyais que l'éducation était une des choses que la République avait réformées en premier lieu.

— Ils ont fermé les écoles des Jésuites, avait répondu Antonio en haussant les épaules, mais ils n'en ont pas ouvert suffisamment d'autres. Toujours la même histoire, les partis bourgeois ne veulent pas faire payer les riches pour en construire de nouvelles. »

Quelque part, non loin d'eux, un claquement sec avait alors retenti, comme la pétarade d'un moteur. Le bruit s'était répété à deux reprises, de plus en plus près. Un jeune homme guère plus âgé qu'eux était sorti en courant d'une rue latérale. Il portait un pantalon de flanelle et une chemise foncée, des vêtements coûteux pour Carabanchel. Son visage était terrifié, luisant de sueur, ses yeux écarquillés. Il avait dévalé la rue à toutes jambes et disparu dans une impasse.

« Qui était-ce ? s'était enquis Harry.

— Je me le demande, avait répondu Antonio, l'air pensif. Peut-être un des fascistes de Redondo. »

Deux autres jeunes gens étaient apparus, en tenue d'ouvrier. L'un d'eux tenait quelque chose de petit et de sombre dans sa main. Harry l'avait fixé, bouche bée, comprenant qu'il s'agissait d'un pistolet.

« Par là ! avait crié Antonio, montrant la direction prise par le fuyard. Il est parti par là !

— *¡Gracias, compadre!* » avait répondu l'autre, brandissant son arme en guise de salut, avant de s'élancer vers l'impasse.

Harry, le souffle suspendu, avait attendu les détonations, mais en vain. « Ils voulaient le tuer », avait-il murmuré, encore sous le choc.

L'espace d'un instant, Antonio avait pris l'air coupable, puis il avait froncé les sourcils. « C'était un membre des JONS[1]. Nous devons empêcher les fascistes de prendre racine.

— Qui étaient les autres ?

1. JONS : Juntes Offensives Nationales Syndicalistes, organisation d'extrême droite fondée par Onesimo Redondo, et qui fusionna en 1934 avec la Phalange.

— Des communistes. Ils ont juré de les arrêter. Je leur souhaite bonne chance.

— Ils ont raison, avait approuvé Bernie. Les fascistes sont de la vermine, la lie de la lie.

— Ce n'était qu'un garçon apeuré, avait protesté Harry. Il n'était pas armé.

— Détrompe-toi, avait répliqué Antonio avec un rire amer, ils ont des armes ; mais les ouvriers espagnols ne se mettront pas à genoux comme les Italiens. »

Le tram était arrivé, un tram ordinaire, cliquetant et cahotant, les ramenant à la banalité quotidienne. Ils étaient montés, et Harry avait observé Antonio, qui paraissait fatigué – il serait encore de l'équipe de nuit à la briqueterie. Et il s'était fait cette réflexion attristée : Bernie a plus de choses en commun avec lui qu'avec moi.

« Bernie, dit-il soudain, tu vas mourir ici. »

Il se réveilla en hurlant et se redressa brusquement sur son lit. Il passa une main sur son front trempé de sueur, puis se rallongea, respirant par longues goulées. Il avait oublié ce qui s'était passé ce jour-là, à l'arrêt du tram.

« Bon Dieu », marmonna-t-il, en se couvrant le visage d'un bras. Il se rappela comment, dans le train du retour, Bernie avait déclaré qu'il ne retournerait pas à Cambridge. Il en avait assez de vivre coupé du monde réel et allait regagner Londres, pour participer à la lutte des classes. Sur le moment, Harry avait pensé qu'il changerait d'avis, mais ce ne fut pas le cas ; à la rentrée, Bernie n'était pas reparu. Ils s'étaient écrit pendant quelque temps, mais les lettres de Bernie, où il n'était question que de grèves et de manifestations antifascistes, lui paraissaient aussi étrangères et incompréhensibles que celles de Forsyth sur les courses de chiens, et, au bout d'un moment, cette correspondance avait elle aussi cessé.

Harry se leva, en proie à une agitation fébrile. Il avait besoin de sortir de cet appartement, le silence lui tapait sur les nerfs. Il se lava, changea de chemise, puis descendit l'escalier sombre.

Le calme régnait toujours sur la place, où flottait une odeur qu'il reconnut immédiatement – l'odeur d'urine émanant des égouts mal entretenus. Il songea à la gravure sur son mur, à cette vision romantique qu'elle offrait de la pauvreté et du dénuement. Il était jeune et naïf en 1931, et pourtant, aujourd'hui encore, il restait attaché à ce tableau de la jeune fille souriant au gitan. À cette époque, il s'était dit que ce genre de scène appartiendrait bientôt au passé ; tout comme Bernie, il espérait que l'Espagne allait s'engager sur la voie du progrès. Mais la République avait sombré dans le chaos, puis dans la guerre civile, avant de faire place au fascisme. Harry fit le tour de la place, s'arrêtant devant la vitrine d'un boulanger, où l'on ne voyait que quelques *barras de pan*, mais aucun de ces petits gâteaux poisseux dont les Espagnols raffolaient. Bernie en avait mangé cinq, une fois, dans l'après-midi, avant de dévorer une *paella* pour le dîner – et il avait été malade comme un chien.

Deux ouvriers passèrent près de lui, en lui lançant de brefs regards hostiles, et il prit conscience de sa tenue, qui le désignait comme un membre de la bourgeoisie : veste à la coupe impeccable, cravate. Il remarqua que l'église à l'angle de la place avait été brûlée – sans doute en 1936. La façade ornementée était encore debout, mais il n'y avait plus de toit ; le ciel apparaissait à travers les fenêtres recouvertes par les mauvaises herbes. Une grande pancarte écrite au crayon de couleur annonçait que la messe était célébrée dans la maison du prêtre, juste à côté, et qu'il y entendait également les fidèles en confession. L'avis se terminait par les mots : *¡Arriba España!*

Harry commençait à se repérer, à présent. En remontant la rue, il devrait arriver à la Plaza Mayor. En chemin, il passerait devant El Toro, le bar où Bernie et lui avaient fait la connaissance de Pedro, autrefois un repaire de socialistes. Il continua sa route, ses pas résonnant dans la rue étroite. Une légère brise s'était levée, lui rafraîchissant agréablement le visage, et il se réjouit d'être sorti de l'appartement.

El Toro était bel et bien là, et l'enseigne en forme de tête de taureau se balançait toujours au-dessus de la porte. Harry hésita un instant, puis entra. Rien n'avait changé en neuf ans : les têtes des bêtes accrochées aux murs, les vieilles affiches en noir et blanc, jaunies par le temps et la nicotine, annonçant des corridas révolues. Les socialistes désapprouvaient la tauromachie, mais le vin servi par le tenancier était bon, et c'était un sympathisant du parti, aussi faisaient-ils preuve d'indulgence.

Il n'y avait qu'un tout petit nombre de clients, des vieillards en béret. Ils dévisagèrent Harry de manière inamicale. Le jeune et énergique tenancier dont il avait gardé le souvenir, s'agitant en tous sens derrière le comptoir pris d'assaut, avait disparu. À sa place se tenait un homme d'âge mûr, trapu, au visage carré et empâté. Il interrogea Harry d'un mouvement de tête.

« *¿ Señor ?* »

Harry commanda un verre de vin rouge et chercha dans ses poches la monnaie à laquelle il n'était pas encore habitué, frappée à l'emblème omniprésent de la

Phalange. Le tenancier posa le verre devant lui. « *¿ Alemán ?* s'enquit-il.

— *No. Inglés.* »

L'homme haussa les sourcils et se détourna. Harry alla s'asseoir sur un banc et prit un journal qui traînait là, un exemplaire d'*Arriba*, organe de la Phalange, dont le papier trop mince se froissait sous les doigts. En première page, un garde-frontière espagnol serrait la main d'un officier allemand sur une route des Pyrénées. L'article parlait d'amitié éternelle et de la manière dont le Führer et le Caudillo allaient décider, ensemble, de l'avenir de l'Ouest méditerranéen. Harry but une gorgée de vin : il était piquant comme du vinaigre.

Il étudia la photo, célébration absolue de l'Ordre nouveau. Il se rappela avoir déclaré un jour à Bernie qu'il adhérait pleinement aux valeurs enseignées à Rookwood. Cette profession de foi avait dû paraître pompeuse à Bernie, qui avait eu un rire agacé et avait rétorqué que Rookwood était un centre de formation de l'élite capitaliste. Peut-être avait-il raison, s'était dit Harry, mais cette élite était cependant préférable à celle de Hitler. Et cela demeure vrai, songea-t-il en se rappelant les images des bandes d'actualités, montrant, dans une ville allemande, de vieux Juifs obligés de nettoyer les rues au moyen de brosses à dents, sous les rires des badauds.

Il releva les yeux. Le tenancier discutait à voix basse avec deux des vieillards, en jetant sans cesse des regards dans sa direction. Il se força à vider son verre et se leva. Avant de sortir, il lança un « *Adiós* » sonore, mais nul ne lui répondit.

Il y avait davantage de gens dans la rue, à présent : des employés de bureau, des gens de la classe moyenne, bien habillés, qui regagnaient leurs foyers. Il passa sous une arcade et se retrouva sur la Plaza Mayor, le cœur du vieux Madrid, des fêtes et des *pronunciamientos*. Les deux fontaines monumentales étaient à sec, mais il y avait encore des cafés tout autour de la place, avec des petites tables en terrasse, où des employés sirotaient un cognac ou un café. Cependant, même ici, les vitrines des magasins étaient à moitié vides, et la peinture s'écaillait sur les façades des immeubles anciens. Des mendiants se blottissaient dans l'embrasure des portails ornementés, tandis que deux gardes civils effectuaient leur ronde.

Harry s'immobilisa, indécis, se demandant s'il allait s'attabler à l'une des terrasses. Les réverbères commençaient à s'allumer, diffusant une lumière blanche et pâle. Harry se souvint combien il était facile de se perdre dans les rues étroites, de trébucher dans une fondrière. Deux mendiants s'étaient levés pour se diriger vers lui. Il rebroussa chemin.

En s'éloignant, il remarqua qu'une femme marchant devant lui s'était soudain arrêtée net, dos à lui – une femme vêtue d'une robe blanche manifestement coûteuse, avec des cheveux roux coiffés d'un coquet petit chapeau. Il s'arrêta à son tour, stupéfait. Sans aucun doute, il s'agissait de Barbara ! Ces cheveux, cette démarche… La femme se remit à avancer d'un pas pressé, et disparut à l'angle d'une rue, sa silhouette blanche s'estompant peu à peu dans la pénombre.

Harry se lança à sa poursuite, puis s'immobilisa au tournant, brusquement hésitant. Il avait dû se tromper, il n'était pas possible que Barbara fût restée ici. Et de plus, jamais elle n'aurait porté de tels vêtements…

5

Ce matin-là, Barbara avait été réveillée comme d'habitude par les sept coups de l'horloge de l'église d'en face. En émergeant du sommeil, elle avait senti la chaleur du corps de Sandy tout contre le sien : elle avait dormi la tête posée sur son épaule. Elle avait remué et il avait poussé un petit vagissement, comme un enfant. Puis elle s'était souvenue, et la culpabilité l'avait aussitôt assaillie. C'était aujourd'hui qu'elle devait rencontrer le contact de Markby – et atteindre ainsi le point culminant de tous les mensonges qu'elle avait racontés à Sandy.

Celui-ci s'était retourné et lui avait souri, les yeux gonflés de sommeil.

« Bonjour, mon chou.

— Bonjour, Sandy », avait-elle répondu en effleurant sa joue hérissée de barbe.

C'était ce qu'elle faisait tous les matins, et il aurait été surpris qu'elle dérogeât à la règle.

« Je ferais mieux de me lever, avait-il soupiré. J'ai un rendez-vous à neuf heures.

— Prends un petit déjeuner correct, au moins. Dis à Pilar de te préparer quelque chose.

— Ça ira, je boirai un café en route, avait-il déclaré en se frottant les yeux. Je te laisse déguster en paix ton breakfast national. Tu pourras manger tous les cornflakes », avait-il ajouté en se penchant vers elle, avec un sourire malicieux.

Il l'avait embrassée, et sa moustache lui avait chatouillé la lèvre supérieure. Puis il s'était levé et avait ouvert l'armoire pour y choisir ses vêtements. Elle l'avait observé, ses yeux s'attardant sur les muscles de sa large poitrine, de son ventre plat. Sandy ne pratiquait aucun sport et mangeait n'importe quoi ; elle se demandait comment il faisait pour garder la ligne. Surprenant son regard, il lui avait décoché son sourire à la Clark Gable, en retroussant un seul coin de la bouche.

« Tu veux que je revienne me coucher ?

— Tu dois aller à ton rendez-vous. Qu'est-ce que c'est, aujourd'hui ? Le comité juif ?

— Oui. Cinq nouvelles familles sont arrivées – sans rien d'autre que ce qu'elles ont pu emporter de France.

— Fais attention, Sandy. Il ne faudrait pas t'attirer des ennuis avec le régime.

— Franco ne prend pas la propagande antijuive au sérieux. Il veut seulement se faire bien voir de Hitler.

— Si seulement tu acceptais mon aide ! Je saurais m'occuper des réfugiés, j'ai de l'expérience dans ce domaine…

— Ce sont des histoires qui nécessitent beaucoup de diplomatie, pas un boulot pour une femme. Tu connais l'opinion des Espagnols sur le sujet. »

Elle l'avait regardé d'un air grave, de nouveau envahie par la culpabilité.

« C'est bien ce que tu fais, Sandy. C'est une œuvre charitable.

— C'est pour me faire pardonner mes péchés, avait-il répliqué en souriant. Je rentrerai tard, j'ai une réunion au ministère des Mines qui va durer tout l'après-midi. »

Il s'était dirigé vers sa table de toilette. À cette distance, sans ses lunettes, elle voyait flou. Il avait déposé le costume qu'il avait choisi sur le dossier d'une chaise, puis s'était rendu dans la salle de bains. Elle avait pris une cigarette et l'avait fumée au lit, en écoutant l'eau couler. Sandy était revenu, rasé et habillé. Il s'était incliné pour l'embrasser, la peau lisse et fraîche à présent.

« Il y en a qui se la coulent douce, avait-il commenté.

— C'est toi qui m'as enseigné la paresse, Sandy, avait rétorqué Barbara avec un demi-sourire.

— Que vas-tu faire, aujourd'hui ?

— Pas grand-chose. J'irai peut-être au Prado, un peu plus tard », avait-elle répondu.

Elle s'était demandé s'il avait remarqué le léger tremblement qui s'était insinué dans sa voix quand elle avait proféré ce mensonge. Mais il s'était contenté de lui caresser la joue avant de se diriger vers la porte, son image se brouillant de nouveau à ses yeux de myope.

Elle avait fait la connaissance de Markby lors d'un dîner qu'ils avaient donné trois semaines plus tôt. La plupart des invités étaient des fonctionnaires du gouvernement et leurs épouses : quand les femmes auraient quitté la table, les hommes se livreraient entre eux à des tractations, et entonneraient peut-être un chant phalangiste. Mais il y avait aussi un journaliste du nom de Terry Markby, un reporter du *Daily Express* que Sandy avait rencontré dans l'un des bars fréquentés par les membres de la Phalange. C'était un homme d'âge mûr à l'air timide, vêtu d'un smoking trop grand pour lui. Il paraissait mal à l'aise et Barbara l'avait pris en pitié. Elle lui avait demandé sur quoi il travaillait en ce moment, et il s'était penché vers elle en baissant la voix.

« J'enquête sur ces fameux camps de concentration pour républicains, avait-il expliqué avec un fort accent de Bristol. Beaverbrook n'aurait jamais accepté ce genre d'article pendant la guerre civile, mais c'est différent, à présent.

— J'ai entendu des rumeurs à ce sujet, avait-elle répondu d'un ton circonspect. Mais si elles étaient fondées, je suis sûre que la Croix-Rouge serait au courant. J'y travaillais, autrefois, voyez-vous. Pendant la guerre civile.

— Vraiment ? » avait demandé Markby, sans dissimuler son étonnement.

Barbara avait conscience de s'être montrée plus empruntée et maladroite que d'habitude, ce soir-là, et d'avoir commis d'énormes fautes en espagnol. Quand elle était allée dans la cuisine pour voir Pilar, les verres de ses lunettes s'étaient embués et, en sortant, elle les avait machinalement essuyés sur le bas de sa robe, s'attirant un regard irrité de la part de Sandy.

« Oui, avait-elle rétorqué un peu sèchement. Et s'il y avait réellement un grand nombre de disparus, la Croix-Rouge le saurait.

— De quel côté des lignes étiez-vous ?

— Des deux côtés, selon les moments.

— Cela a été plutôt sanglant, non ?

— C'était une guerre civile, les Espagnols contre les Espagnols. Il faut comprendre cela pour saisir ce qui s'est passé à l'époque. »

Le journaliste avait baissé la voix. Son autre voisine de table, Inés Vilar Cuesta, réclamait à grands cris des bas nylon au nom de toutes les dames présentes.

« Il y a eu des arrestations en masse depuis la victoire de Franco. Les familles des personnes arrêtées supposent qu'elles ont été fusillées, mais beaucoup ont été emmenées dans ces camps. Et il en est de même pour un grand nombre de combattants capturés pendant la guerre, tous ceux qui ont été portés disparus et présumés morts. Franco les utilise pour des travaux forcés. »

Barbara s'était rembrunie. Elle avait bien essayé de se dire que, maintenant que Franco avait gagné, il fallait le soutenir dans ses efforts pour reconstruire l'Espagne, mais il lui était de plus en plus difficile de fermer les yeux sur ce qui se passait autour d'elle. Elle savait que les allégations du journaliste contenaient sans doute une part de vérité.

« Avez-vous des preuves de ce que vous avancez ? lui avait-elle demandé. Qui vous en a parlé ?

— Je suis désolé, je ne peux pas vous le dire. Je ne suis pas en mesure de révéler mes sources… surtout pas ici », avait-il répondu, en promenant un regard méfiant autour de lui.

Elle avait hésité un instant avant de reprendre en chuchotant :

« Je connaissais quelqu'un qui a été porté disparu en 1937, dans la bataille du Jarama. Un Britannique qui faisait partie des Brigades internationales.

— Un républicain ? avait fait Markby en arquant ses maigres sourcils pâles.

— Je n'ai jamais partagé ses opinions. Je ne fais pas de politique. Mais il est mort, avait-elle déclaré d'une voix catégorique. Simplement, on n'a jamais retrouvé son corps, voilà tout. Cette bataille a été terrible, elle a fait des milliers de morts. Des milliers. »

Même aujourd'hui, trois ans après, elle avait l'estomac serré rien que d'y penser.

Markby avait penché la tête de côté et pris un air pensif.

« La plupart des prisonniers étrangers ont été renvoyés dans leur pays, je le sais. Toutefois j'ai entendu dire que certains étaient passés à travers les mailles du filet. Si vous pouviez m'indiquer son nom et son grade, je serais peut-être capable de vous renseigner. Les prisonniers de guerre sont gardés dans un camp séparé, près de Cuenca. »

Barbara avait alors reporté son regard sur ses invités. Les femmes entouraient un haut fonctionnaire du ministère du Ravitaillement, exigeant d'une voix unanime qu'il leur obtienne des bas nylon. Elle avait sous les yeux la nouvelle Espagne dans ce qu'elle avait de pire : l'avidité et la corruption. Sandy, qui présidait la table, contemplait la scène avec un sourire indulgent et un brin sarcastique. C'est son éducation dans les *public schools* qui lui a donné une telle assurance, s'était-elle dit en le regardant. Une autre idée l'avait brusquement frappée : bien qu'il eût seulement trente et un ans, il en paraissait dix de plus, dans cette chemise à col cassé, avec ses cheveux plaqués vers l'arrière et sa moustache. Mais il cultivait délibérément cette apparence…

Elle s'était de nouveau tournée vers Markby et avait pris une profonde inspiration avant de répondre :

« C'est inutile. Bernie est mort.

— Oui, s'il était au Jarama, il est peu probable qu'il ait survécu. Pourtant, on ne sait jamais. Il n'y a aucun mal à se renseigner », avait-il rétorqué en souriant.

Il a raison, avait-elle pensé. Même s'il n'y avait qu'une chance infinitésimale qu'il soit encore en vie, elle devait essayer.

« Il s'appelait Bernard Piper, glissa-t-elle rapidement. Il était simple soldat. Mais ne...

— Oui ?

— Ne me donnez pas de faux espoirs, je vous en prie. »

Il l'avait dévisagée avec attention, d'un œil professionnel.

« Loin de moi cette intention, Mme Forsyth. Comme je vous l'ai dit, il n'y a qu'une mince chance de le retrouver, mais cela vaut la peine de se renseigner. »

Elle avait hoché la tête ; Markby avait promené ses yeux sur l'assistance, où les smokings et les robes de haute couture se mêlaient aux uniformes militaires, puis s'était retourné vers elle, avec ce même regard pénétrant et calculateur.

« Vous évoluez dans des cercles différents, à présent.

— On m'a envoyée travailler dans le secteur nationaliste, après que Bernie... après sa disparition.

— Les amis de votre mari n'apprécieraient sans doute pas que vous enquêtiez sur un prisonnier de guerre, avait-il poursuivi avec un geste du menton vers les invités.

— Non, avait-elle répondu, après une hésitation.

— Laissez-moi faire, avait-il repris, avec un sourire rassurant. Je vais voir si je peux découvrir quelque chose. Cela restera *entre nous*.

— Je doute que cela vous donne matière à écrire un article, avait-elle répliqué en le regardant dans les yeux.

— Je suis toujours prêt à aider un compatriote », avait-il murmuré en haussant les épaules.

Il lui avait adressé un sourire empli de douceur et d'une innocence singulière – même s'il n'était pas innocent le moins du monde, évidemment, elle le savait. Si jamais il retrouvait Bernie, et que l'histoire vienne à se répandre, tout serait fini pour elle, ici, avait-elle songé. Et cela lui avait fait un choc de constater que, si Bernie était en vie, tout le reste lui importait peu.

Barbara se leva et enfila le déshabillé de satin que Sandy lui avait offert pour Noël, l'année précédente. Elle ouvrit la fenêtre sur le jardin resplendissant de fleurs multicolores : la journée s'annonçait torride. C'était étrange de penser que, d'ici à six semaines, l'hiver serait là, avec ses brumes et ses gelées.

Elle trébucha contre une chaise, jura et alla prendre ses lunettes sur la table de chevet. Elle se regarda dans le miroir. Sandy insistait pour qu'elle s'en passât autant que possible, en essayant de mémoriser l'agencement des pièces afin d'éviter de se heurter aux meubles.

« Ne serait-ce pas amusant, ma chérie, de déambuler d'un air assuré et de saluer les gens sans qu'ils se doutent que tu es myope ? » lui avait-il dit.

Il éprouvait une véritable aversion pour ces lunettes, il détestait qu'elle les portât. Toutefois, même si elle les détestait aussi, elle les chaussait néanmoins dès qu'elle était seule, car elles lui étaient nécessaires.

« Quelle idiotie, bon sang », marmonna-t-elle tout en ôtant ses bigoudis.

Elle passa un peigne dans son épaisse chevelure auburn, qui se répandit en vagues sur ses épaules. Sa coiffeuse était très compétente, et ses cheveux rebelles n'avaient plus jamais l'air négligés, à présent. Elle se maquilla soigneusement : de l'ombre à paupières pour mettre en valeur ses yeux vert clair, de la poudre pour accentuer ses pommettes. C'était Sandy qui lui avait appris tout cela, une fois encore.

« C'est toi-même qui décides de ton apparence, tu sais, lui avait-il expliqué. Tu dois faire en sorte que les gens te voient telle que tu veux être vue. »

Elle n'avait pas voulu le croire, au début, mais il avait insisté, et il avait eu raison : pour la première fois de sa vie, elle avait commencé, timidement, à ne plus être aussi certaine d'être laide. Même quand elle vivait avec Bernie, elle n'avait jamais compris ce que celui-ci voyait en elle, malgré ses preuves de tendresse constantes et ses paroles rassurantes. Des larmes lui vinrent aux yeux, et elle les refoula bien vite. Elle devait être forte, aujourd'hui, et avoir les idées claires.

Elle ne rencontrerait le contact de Markby qu'en fin d'après-midi. Elle se rendrait d'abord au Prado, car elle ne supporterait pas de rester enfermée toute la journée à attendre. Elle revêtit sa plus belle robe d'après-midi, la blanche imprimée de roses. On frappa à la porte, et Pilar apparut. La jeune fille avait un visage rond et revêche, et des cheveux noirs bouclés qui s'échappaient de sa coiffe.

— S'il te plaît, lui dit Barbara en espagnol, prépare le petit déjeuner. Un déjeuner complet, aujourd'hui, avec des toasts, du jus d'orange et des œufs.

— Il n'y a pas de jus, *señora*, il n'y en avait pas dans les magasins, hier.

— Ça ne fait rien. Demande à la femme de ménage de sortir et de voir si elle peut en trouver, veux-tu ? »

La fille s'en alla. Barbara aurait aimé la voir sourire de temps en temps, mais peut-être avait-elle perdu des êtres chers pendant la guerre, se disait-elle.

Pratiquement tout le monde avait perdu quelqu'un. Elle croyait parfois déceler une note de mépris dans la voix de Pilar quand celle-ci l'appelait « *señora* », comme si elle savait que Sandy et elle n'étaient pas vraiment mariés. Elle préférait néanmoins penser que c'était le fruit de son imagination. Elle n'avait pas l'habitude des domestiques et, dans les premiers temps, elle était gênée en présence de Pilar, s'adressait à elle avec timidité, désireuse de lui plaire. Sandy lui avait expliqué qu'elle devait lui donner des ordres clairs et précis et garder ses distances.

« C'est ce qu'ils préfèrent, mon chou », avait-il déclaré.

Elle se rappela María Herreira lui conseillant de ne jamais faire confiance aux serviteurs : c'étaient tous des paysans, et la moitié d'entre eux avaient été des rouges. Pourtant, María était une femme généreuse, qui s'occupait bénévolement des vieillards de sa paroisse…

Barbara alluma une autre cigarette et descendit l'escalier pour aller prendre son petit déjeuner, manger les cornflakes que Sandy réussissait miraculeusement à se procurer dans une Madrid où sévissait le rationnement et la disette. Le Blitz ne suscitait en lui aucun intérêt ; il semblait y être totalement indifférent, bien qu'il eût jadis vécu à Londres, ainsi qu'elle le savait.

Quand la guerre d'Espagne avait éclaté, en 1936, Barbara travaillait depuis trois ans au siège de la Croix-Rouge, à Genève. Elle était employée dans le service des personnes déplacées, et sa tâche consistait à tenter de retrouver des disparus, à réunir les familles d'Europe de l'Est disloquées par la Grande Guerre. Elle compulsait des archives, écrivait des lettres aux ministères de l'Intérieur, de Riga à Budapest. Elle parvenait à remettre suffisamment de gens en contact avec leur famille pour tirer une satisfaction de son travail. Et même quand il s'avérait que des familles entières avaient été décimées, au moins les survivants savaient-ils à quoi s'en tenir.

Au début, cette nouvelle mission l'avait passionnée, car cela la changeait du travail d'infirmière qu'elle avait exercé jusque-là à Birmingham. Elle avait obtenu ce poste en partie à cause de son ancienneté au sein de la Croix-Rouge. Au bout de quatre ans, toutefois, elle avait fini par s'ennuyer. Elle avait vingt-six ans ; bientôt elle en aurait trente, et elle commençait à craindre de se fossiliser au milieu de ses dossiers bien ordonnés et de la monotonie suisse. Elle avait sollicité un entretien auprès d'un fonctionnaire, dans un bureau impeccablement rangé dominant le lac bleu et tranquille.

« Les choses vont mal en Espagne, lui avait-il dit. Des milliers de gens se retrouvent séparés de leur famille par les lignes de combat. Nous envoyons des fournitures médicales et essayons d'arranger des échanges. Mais c'est une lutte féroce. Les Russes et les Allemands commencent à s'en mêler. »

Il avait levé vers elle des yeux las, par-dessus ses verres en demi-lune. Tous les espoirs de 1919, la conviction que la Grande Guerre était vraiment la der des der, étaient en train de se désintégrer. D'abord, l'occupation de l'Abyssinie par Mussolini, et maintenant cela…

« J'aimerais aller sur le terrain, monsieur », avait déclaré Barbara d'une voix ferme.

Elle était arrivée à Madrid en septembre 1936 ; il régnait alors une chaleur insupportable. Franco remontait peu à peu vers le nord ; l'armée coloniale marocaine, qui avait traversé le détroit de Gibraltar grâce au pont aérien organisé par Hitler, ne se trouvait plus qu'à cent vingt kilomètres environ. La ville était pleine de réfugiés, des familles en haillons venues des *pueblos*, l'air hagard, traînant d'énormes ballots le long des rues, ou entassées dans des carrioles. Barbara avait pu contempler pour la première fois le chaos de la guerre de ses propres yeux. Elle n'avait jamais réussi à oublier le vieillard au regard égaré qui était passé devant elle, ce premier jour, portant tout ce qui lui restait : un matelas sale pendu à son épaule, enroulé par une ficelle, et un canari dans une cage en bois. Il symbolisait à lui seul tous les réfugiés, les personnes déplacées, tous ceux que la guerre avait réduits au désespoir.

Des camions et des bus passaient à toute vitesse, transportant les miliciens vers le front – des Madrilènes ordinaires, avec pour tout uniforme leur bleu de travail et un foulard rouge. Ils agitaient leurs armes vétustes, en poussant le cri de défi des républicains : *¡No pasarán!* Barbara, qui croyait avant tout à la paix, avait eu envie de pleurer sur eux tous. Sur elle-même, pour commencer, car elle était effrayée par ce chaos, par le récit des atrocités commises des deux côtés, par les avions fascistes qui commençaient à apparaître dans le ciel, incitant les passants à lever la tête, et à courir parfois se réfugier dans le métro. Une fois, elle avait vu tomber un chapelet de bombes et un nuage de fumée s'élever à l'ouest de la ville. Le bombardement des villes était ce que l'Europe avait redouté pendant des années – et c'était arrivé.

Le local de la Croix-Rouge, situé dans le centre de la ville, était une oasis de raison dans cette folie. Une demi-douzaine d'hommes et de femmes, en majorité suisses, s'y employaient à distribuer des fournitures médicales et à organiser des échanges d'enfants réfugiés. Barbara ne parlait pas espagnol, mais son français était correct, et cela avait été un soulagement pour elle d'arriver à se faire comprendre.

« Nous avons besoin d'aide pour les échanges de réfugiés, lui avait expliqué le directeur Doumergue dès le deuxième jour. Des centaines d'enfants ont été séparés de leur famille. Il y a tout un groupe en provenance de Burgos, qui se trouvait dans une colonie de vacances dans les Guadarramas ; nous cherchons à les échanger contre des enfants madrilènes retenus à Séville. »

Le directeur était encore un de ces Suisses calmes et sérieux, un jeune homme au visage replet et fatigué. Barbara avait eu conscience de s'être affolée, de s'être laissé gagner par la panique, ce qui ne lui ressemblait pas. On peut toujours compter sur Babs, disait-on d'elle à Birmingham. Elle allait devoir reprendre ses esprits. Repoussant de son front une mèche rebelle, elle avait répondu :

« Bien sûr. Que faut-il que je fasse ? »

Cet après-midi-là, elle était allée voir les enfants dans le couvent où ils étaient logés, pour relever leurs noms. Elle était accompagnée d'une interprète, Monique. C'était une jolie petite femme vêtue d'une robe impeccable et d'une blouse fraîchement repassée. Elles avaient traversé la Puerta del Sol, passant devant les immenses affiches représentant le président Azaña, Lénine et Staline. Désignant celle de Staline, Monique avait dit :

« Voilà où ils en sont, à présent. Seule la Russie accepte d'aider la République. Que Dieu les protège. »

La place était cernée de haut-parleurs, d'où sortait une voix de femme, montant et retombant par vagues, ponctuée de grésillements. Barbara demanda à sa compagne de quoi il s'agissait.

« C'est Dolores Ibárruri, la Pasionaria. Elle dit aux ménagères que si les fascistes arrivent, elles doivent mettre leur huile d'olive à bouillir et la leur jeter sur la tête du haut des balcons. »

Barbara avait frémi, avant de soupirer :

« Si seulement les deux bords pouvaient se rendre compte qu'ils vont tout détruire…

— Il est bien trop tard pour cela », avait répondu Monique d'une voix attristée.

Elles avaient franchi par un portail de bois le haut mur protégeant les nonnes du monde extérieur. Dans la petite cour, un milicien montait la garde devant une porte, fusil à l'épaule. Le bâtiment avait été brûlé ; il n'y avait plus de vitres aux fenêtres et des traînées de suie maculaient les murs. Une odeur de fumée nauséabonde planait sur l'édifice.

« Que s'est-il passé ? s'était enquise Barbara en s'immobilisant, effarée. Je croyais que les enfants étaient avec les religieuses…

— Les religieuses se sont toutes enfuies, de même que les prêtres. Enfin, ceux qui en ont eu le temps. La plupart des couvents et des églises ont été incendiés par la foule en juillet. Êtes-vous catholique ? lui avait demandé Monique, en posant sur elle un regard scrutateur.

— Non, non, je suis sans religion, à vrai dire. Mais je suis quand même un peu choquée de voir ça.

— L'arrière du bâtiment a été moins endommagé. Les religieuses dirigeaient un hôpital, il y a des lits. »

Le hall d'entrée avait été brûlé et vandalisé, des pages arrachées à des bréviaires gisaient sur le sol parmi les statues brisées.

« Cela a dû être terrible pour les religieuses, avait repris Barbara. Vivre ici, coupées du monde, et soudain voir la foule faire irruption et tout saccager…

— L'Église soutient les nationalistes, avait rétorqué Monique en haussant les épaules. Et elle a vécu pendant des siècles sur le dos du peuple, comme elle l'a fait en France, autrefois. »

Elles avaient suivi un étroit couloir sonore, et Monique avait ouvert une porte. Barbara avait découvert une salle d'hôpital d'une vingtaine de lits. Les murs étaient nus, avec des taches plus claires en forme de croix là où s'étaient trouvés auparavant des symboles religieux. Une trentaine d'enfants âgés d'une dizaine d'années étaient assis sur les lits, sales et visiblement apeurés. Une grande Française en tenue d'infirmière s'était précipitée vers elles.

« Ah, Monique, vous voilà ! Y a-t-il du nouveau en ce qui concerne le rapatriement des enfants ?

— Pas encore, Anna. Nous allons relever leurs noms, puis nous nous rendrons au ministère. Le docteur est-il venu ?

— Oui. Tous les gamins sont en assez bonne santé, mais terrorisés, avait soupiré l'infirmière. Ils viennent de familles pratiquantes et ils ont pris peur en voyant le couvent incendié. »

Barbara avait contemplé les petits visages tristes, aux joues maculées de traînées de larmes.

« S'il y a des malades parmi eux, je suis infirmière…

— Non, l'avait interrompue Monique. Anna est là.

Obtenir leur transfert, c'est ce que nous pouvons faire de mieux pour eux. »

Elles avaient passé une heure à noter les noms de chacun des enfants. Certains étaient trop effrayés pour parler, et Anna devait alors déployer des trésors de persuasion pour obtenir une réponse. Quand elles avaient eu enfin terminé, Barbara avait été prise d'une quinte de toux, à cause de l'odeur de fumée.

« Ne pourrait-on pas les emmener ailleurs ? avait-elle demandé à Monique. Cette fumée, ce n'est pas sain pour eux.

— Il y a des milliers de réfugiés en ville, et il en arrive davantage chaque jour, avait répondu l'interprète en secouant la tête. Nous avons déjà de la chance qu'un fonctionnaire ait pris le temps de trouver un hébergement pour ces gosses. »

Barbara s'était sentie soulagée de regagner la rue, malgré le soleil accablant. Monique avait fait un geste de la main en direction du milicien. « *Salud* », lui avait-il lancé. L'interprète avait ensuite offert une cigarette à Barbara, et l'avait fixée avec attention, en disant :

« C'est comme ça partout.

— Je tiendrai le coup. J'étais infirmière avant d'aller à Genève, avait répondu Barbara en expirant la fumée. C'est juste que… ces enfants seront-ils jamais les mêmes, s'ils rentrent chez eux ?

— Personne en Espagne ne sera plus jamais le même », avait rétorqué Monique, d'un ton brusquement furieux et désespéré.

En novembre 1936, Franco avait atteint les faubourgs de Madrid. Mais ses forces étaient retenues à la Casa de Campo, l'ancien parc royal à l'ouest de la ville. Des avions russes sillonnaient le ciel, à présent, protégeant la capitale, et il y avait moins de bombardements. On avait érigé des palissades pour dissimuler les maisons détruites, et l'on y avait collé des portraits de Lénine et de Staline. ¡NO PASARÁN! proclamaient obstinément les banderoles tendues d'un mur à l'autre au-dessus des rues. La volonté de résister jusqu'au bout était encore plus forte qu'à l'été, et Barbara ne pouvait que l'admirer, même si elle doutait que cette détermination survécût à l'hiver glacial. Il ne restait plus qu'une seule voie d'accès à la ville, et les provisions commençaient déjà à manquer. Elle en était presque arrivée à souhaiter que Franco prît Madrid, afin que la guerre se terminât, malgré les effroyables rumeurs sur les atrocités perpétrées par les nationalistes. Il y en avait eu également du côté républicain, mais les exactions commises par les franquistes paraissaient encore pires, froidement systématiques.

Au bout de deux mois, elle avait fini par s'adapter, autant que c'était possible. Elle avait remporté quelques victoires, obtenu le transfert de quelques dizaines de réfugiés ; maintenant, la Croix-Rouge tentait de négocier des échanges de prisonniers entre les zones républicaines et nationalistes. Elle était fière des progrès rapides qu'elle avait accomplis en espagnol. Toutefois, les enfants se trouvaient toujours dans le couvent incendié ; le dossier semblait avoir disparu dans quelque abysse bureaucratique. Anna, l'infirmière, n'avait pas été payée depuis des semaines, mais elle restait quand même. Au moins les gamins ne risquaient-ils pas de s'enfuir : ils étaient terrorisés par les hordes de rouges rôdant au-delà des murs du couvent.

Un jour, Barbara et Monique avaient passé tout un

après-midi au ministère de l'Intérieur, à tenter une fois de plus d'obtenir le transfert des enfants. Chaque fois, elles avaient affaire à un fonctionnaire différent ; cet après-midi-là, l'homme s'était montré encore moins serviable que les autres. Il portait le blouson de cuir noir qu'affectaient les communistes, une tenue qui seyait mal à sa silhouette replète et à son allure d'employé de banque plus très jeune. Il avait fumé cigarette sur cigarette, sans jamais leur en offrir.

« Il n'y a pas de chauffage dans ce couvent, camarade, avait expliqué Barbara. Quand l'hiver arrivera, les enfants vont tomber malades. »

L'homme avait grommelé quelque chose et s'était emparé d'un dossier déchiré dans la pile qui se dressait sur son bureau. Il l'avait parcouru en tirant sur sa cigarette, puis avait relevé les yeux vers elles.

« Ce sont des enfants de riches familles catholiques. S'ils rentrent chez eux, on leur posera des questions sur les installations militaires qu'ils ont vues ici.

— Ils ne sont pratiquement pas sortis du couvent. Ils sont trop effrayés pour cela, avait répliqué Barbara, s'étonnant elle-même de l'aisance avec laquelle elle s'exprimait en espagnol quand elle était en colère.

— Oui, parce qu'ils ont peur de nous, les rouges, avait dit le fonctionnaire avec un sourire sardonique. Je n'ai pas envie de les renvoyer chez eux. La sécurité prime tout », avait-il déclaré en remettant le dossier sur la pile.

En partant, Monique avait secoué la tête d'un air désespéré.

« La sécurité – c'est toujours leur excuse pour couvrir les pires choses.

— Nous allons devoir employer une autre tactique.

Peut-être Genève pourrait-elle tenter d'intercéder auprès du ministre ?

— J'en doute.

— Il faudra pourtant essayer, avait soupiré Barbara. En attendant, je vais tâcher de leur faire parvenir des vivres. Oh, Seigneur, que je suis fatiguée… Veux-tu venir prendre un verre avec moi ?

— Non, j'ai de la lessive à faire. À demain. »

Barbara avait regardé Monique s'éloigner, et un brusque sentiment de solitude l'avait alors submergée. Elle avait une conscience aiguë de son statut d'étrangère, ici, elle se sentait exclue de la chaîne de solidarité qui paraissait unir intimement les habitants entre eux. Elle avait décidé de se rendre dans un bar de la Puerta del Sol où se réunissaient parfois les Anglais – les membres de la Croix-Rouge, mais aussi des journalistes et des diplomates.

Le bar était presque désert, et elle n'avait aperçu aucun visage connu. Elle avait commandé un verre de vin et s'était assise à une table d'angle. Elle n'aimait pas venir seule dans ce genre d'endroit, mais peut-être l'une ou l'autre de ses connaissances finirait-elle par se montrer.

Au bout d'un moment, elle avait entendu une voix d'homme parlant en anglais, avec ces longues voyelles traînantes dénotant les anciens élèves des *public schools*. Elle avait levé les yeux et découvert son visage dans le miroir derrière le comptoir. Immédiatement, elle avait pensé que c'était l'homme le plus séduisant qu'elle eût jamais vu.

Elle avait observé l'inconnu à la dérobée. Debout devant le bar, seul, il conversait avec le serveur dans un espagnol hésitant. Il était vêtu d'une chemise bon marché et d'un bleu de chauffe ; il portait un bras en écharpe, soutenu par un pansement blanc. Il avait une vingtaine d'années, les épaules larges, les cheveux blond foncé, avec un long visage ovale, de grands yeux, une bouche forte et pleine. Il paraissait gêné de se trouver seul dans ce lieu et, quand son regard avait croisé celui de Barbara dans le miroir, elle avait détourné précipitamment les yeux, et sursauté quand le serveur était apparu soudain devant elle pour lui demander si elle désirait un autre *vino*. Dans ce mouvement brusque, son coude avait heurté celui de l'homme, qui avait alors lâché la bouteille qu'il tenait à la main ; celle-ci s'était fracassée sur la table, et le vin avait éclaboussé le pantalon du serveur.

« Oh, je suis désolée ! C'est ma faute, je suis désolée. »

L'homme avait paru contrarié ; c'était peut-être son unique pantalon. Il avait entrepris de le tamponner au moyen d'un torchon.

« Je suis vraiment désolée. Écoutez, je paierai le nettoyage, je… » Barbara trébuchait sur les mots, elle avait l'impression d'avoir oublié son vocabulaire. C'est alors qu'elle avait entendu près d'elle la voix à l'accent traînant.

« Excusez-moi, êtes-vous anglaise ? Puis-je vous aider ?

— Oh, non, non, tout va bien. »

Le serveur s'était calmé. Elle avait proposé de payer la bouteille renversée, ainsi que le nettoyage du pantalon, et, visiblement rasséréné, il était allé lui chercher un autre verre. Barbara avait adressé à l'Anglais un sourire gêné.

« C'était vraiment stupide de ma part. J'ai toujours été si maladroite…

— Ce sont des choses qui arrivent », avait-il répondu en lui tendant la main.

Il avait des doigts bruns et fuselés, le poignet couvert d'un duvet blond qui prenait des reflets dorés dans la lumière. Elle s'était aperçue que l'autre bras était plâtré du coude jusqu'au poignet, et que les grands yeux de l'inconnu étaient d'une couleur vert olive, comme ceux d'un Espagnol.

« Bernie Piper, s'était-il présenté, en la dévisageant avec curiosité. Vous êtes bien loin de chez vous.

— Barbara Clare. Oui, c'est exact. Je suis ici avec la Croix-Rouge.

— Cela ne vous ennuie pas que je me joigne à vous ? Il y a des semaines que je n'ai pas eu l'occasion de parler anglais.

— Ma foi, je… Non, je vous en prie, asseyez-vous. »

Et c'était ainsi que tout avait commencé.

Quelqu'un du bureau du *Daily Express* à Madrid avait téléphoné à Barbara trois jours auparavant, pour lui dire qu'il connaissait un homme qui serait peut-être en mesure de l'aider. L'homme en question s'appelait Luis et pouvait la rencontrer dans un bar de la vieille ville lundi après-midi. Elle avait demandé à parler à Markby, mais celui-ci s'était absenté. En raccrochant, elle avait pensé que la ligne était peut-être sur écoute. Sandy lui avait affirmé qu'il n'en était rien, mais elle avait entendu dire que le gouvernement espionnait les conversations téléphoniques de tous les étrangers.

Après le petit déjeuner, elle regagna sa chambre. Son secrétaire orné d'un miroir était une antiquité du

XVIIIe siècle que Sandy et elle avaient dénichée au printemps sur le marché du Rastro. Il provenait probablement du pillage d'une demeure bourgeoise, au début de la guerre civile. Le dimanche, sur ce marché aux puces, on voyait déambuler des familles à la recherche des biens qui leur avaient été volés. Les meubles étaient bon marché, c'étaient la nourriture et l'essence qui coûtaient cher, à présent.

Le secrétaire était muni d'une clé, et Barbara s'en servait pour conserver ses objets personnels les plus précieux. C'était là qu'elle avait rangé la photo de Bernie. Une photo prise juste avant qu'il ne parte au front, dans un studio décoré de chaises longues et de palmiers en pot. Il avait posé en uniforme, les bras croisés sur la poitrine, souriant à l'objectif.

Il était tellement beau… Cet adjectif était généralement employé pour parler des femmes, mais Bernie était nettement plus beau qu'elle. Elle n'avait pas regardé la photo depuis longtemps, car sa vue lui causait toujours autant de chagrin. Bernie lui manquait encore, et elle en éprouvait de la culpabilité vis-à-vis de Sandy, qui l'avait secourue et remise sur pied. Mais ce qu'il y avait eu entre Bernie et elle était différent… Elle soupira. Elle ne devait pas trop espérer, non, surtout pas.

Elle était toujours stupéfaite que Bernie eût pu s'intéresser à elle. Elle devait avoir une allure à faire peur, ce jour-là, dans le bar, avec ses cheveux tout frisés et ce vieux pull miteux. Ôtant ses lunettes, elle se contempla dans le miroir. Oui, sans elles, on peut me trouver jolie, se dit-elle, avant de les remettre. Et, comme cela lui arrivait fréquemment, cette idée fit ressurgir en elle un souvenir – un de ses souvenirs les plus déplaisants. D'habitude, elle essayait de les repousser, mais elle laissa celui-ci envahir son esprit, bien qu'il lui donnât l'impression de se tenir au bord d'un précipice. Millie Howard et sa bande de gamines de onze ans, formant un cercle autour d'elle dans la cour du lycée, en chantant : « Binoclarde à frisettes, binoclarde à frisettes. » S'il n'y avait pas eu ces lunettes pour faire d'elle une enfant différente des autres, si elle n'avait pas réagi en s'empourprant et en se mettant à pleurer, aurait-elle jamais eu à subir les tourments qu'elle avait endurés pendant si longtemps ? Elle ferma les yeux. Elle revoyait sa sœur aînée, à présent, la radieuse Carol, qui avait hérité des cheveux blonds de leur mère et de son visage en forme de cœur. Carol, traversant d'un pas pressé le salon de la petite maison d'Erdington, pour se rendre à un rendez-vous avec un nouvel admirateur, et laissant derrière elle un sillage parfumé. « N'est-elle pas ravissante ? » avait murmuré sa mère à l'adresse de son père, et le cœur de Barbara s'était serré de jalousie et de tristesse. Quelque temps auparavant, à bout de nerfs, elle avait raconté à sa mère comment les autres filles se moquaient d'elle, à l'école. « L'apparence n'est pas tout, ma chérie, avait répondu sa mère. Tu es beaucoup plus intelligente que Carol. »

Elle alluma une cigarette d'une main tremblante. Maman et papa, Carol et son séduisant comptable de mari se trouvaient en butte aux bombardements en ce moment même. Le Blitz touchait d'autres villes que Londres, désormais ; dans l'exemplaire du *Daily Mail* vieux d'une semaine et caviardé par la censure qu'elle avait acheté à la gare, elle avait lu que Birmingham avait été bombardée. Et elle était ici, en sécurité dans cette belle maison, occupée à gratter ses vieilles blessures, pendant que sa famille courait vers les abris… C'était tellement mesquin qu'elle se sentit honteuse. Parfois, elle se demandait si elle n'était pas un peu folle.

Elle se leva, mit sa veste et son chapeau. Elle allait tuer le temps au musée du Prado, puis elle irait voir cet homme, écouter ce qu'il avait à lui dire. Cette idée lui procura le sentiment réconfortant d'avoir un but, une tâche à accomplir.

La galerie d'art du Prado comportait beaucoup de murs nus : la plupart des tableaux avaient été décrochés et transportés en lieu sûr durant la guerre civile, et, jusqu'à ce jour, seul un petit nombre d'œuvres avait retrouvé sa place. Le temps était humide et froid. Elle prit un déjeuner médiocre dans le petit café attenant, puis resta à sa table, fumant cigarette sur cigarette, jusqu'à l'heure du rendez-vous.

Sandy s'était rendu compte qu'elle était soucieuse ; hier, il lui avait demandé si elle allait bien. Elle avait répondu qu'elle s'ennuyait, et c'était vrai. Maintenant qu'ils étaient installés, elle n'avait plus grand-chose à faire. Il lui avait alors demandé si elle aimerait accomplir un travail bénévole, en ajoutant qu'il pourrait sans doute lui trouver quelque chose. Elle avait acquiescé, afin d'égarer ses soupçons. Il avait hoché la tête, apparemment satisfait, et s'était retiré dans son bureau.

Sandy travaillait sur ce qu'il appelait son « projet ministère des Mines » depuis plus de six mois maintenant. Il rentrait souvent tard le soir, et rapportait du travail à la maison ; Barbara ne l'avait jamais vu aussi occupé. Quelquefois, il avait les yeux brillants d'excitation, et arborait un sourire entendu, comme s'il détenait un secret prodigieux ; Barbara n'aimait pas ce petit sourire énigmatique. D'autres fois, il paraissait inquiet, préoccupé. Il lui avait déclaré que ce projet était strictement confidentiel, qu'il n'avait pas le droit d'en parler. Il lui arrivait aussi de partir pour de mystérieuses expéditions dans la campagne proche. Il y avait un géologue impliqué dans cette entreprise, un dénommé Otero, qui était venu chez eux à une ou deux reprises. Barbara ne l'aimait guère, lui non plus ; il lui donnait la chair de poule. Elle craignait que Sandy et lui ne se fussent lancés dans une affaire illégale. La moitié de l'Espagne semblait se livrer à l'*estraperlo* – le « marché noir ». Sandy se montrait à peine plus loquace en ce qui concernait le comité d'aide aux réfugiés juifs en provenance de France, et Barbara se demandait s'il redoutait que ce travail caritatif ne portât atteinte à l'image qu'il désirait donner de lui – celle d'un homme d'affaires intraitable, ayant réussi grâce à sa dureté. C'était pourtant cet aspect caché de son caractère, son côté généreux et serviable, qui avait attiré Barbara vers lui.

À quatre heures, elle quitta le Prado pour se diriger vers le centre. Les magasins commençaient à rouvrir après la sieste, le long des rues étroites, chaudes et poussiéreuses, où flottait l'odeur du crottin. Ses chaussures confortables sonnaient sur les pavés. Au coin d'une rue, elle aperçut un vieil homme vêtu d'une chemise en loques, essayant de hisser sur le trottoir une charrette à bras emplie de bidons d'huile d'olive. Derrière lui se trouvait un bâtiment fraîchement repeint, dont la porte était surmontée d'un grand drapeau portant l'emblème de la Phalange. Puis elle vit deux jeunes hommes en chemise bleue apparaître sur le seuil. Ils la saluèrent, s'excusant poliment de lui bloquer le passage, et demandèrent au vieillard s'ils pouvaient l'aider. Il leur abandonna avec gratitude les brancards de la charrette, et ils la manœuvrèrent sans effort.

« Mon âne est mort, dit le vieux, et je n'ai pas d'argent pour en acheter un autre.

— Bientôt, tout le monde en Espagne aura un cheval. Laissez-nous un peu de temps pour arranger les choses, *señor*.

— Je l'avais depuis vingt ans. Quand il est mort, je l'ai mangé. Pauvre Hector, sa viande était filandreuse. Merci, *compadres*.

— *De nada* », répondirent les phalangistes, qui donnèrent une tape amicale sur l'épaule du vieil homme, avant de rentrer à l'intérieur du bâtiment.

Barbara descendit du trottoir pour le laisser passer, en se demandant si les choses allaient réellement s'améliorer. Elle n'aurait su le dire : au bout de quatre ans, elle se sentait toujours étrangère à ce pays, et avait l'impression de ne pas y comprendre grand-chose.

Elle savait qu'il existait des idéalistes au sein de la Phalange, des gens qui désiraient vraiment améliorer la vie de leurs compatriotes. Mais elle savait aussi qu'une majorité d'entre eux ne s'étaient inscrits au parti que pour recevoir leur part du gâteau, tirer profit du système de corruption généralisée. Elle leva de nouveau les yeux vers le joug et les flèches ornant le drapeau. Comme les chemises bleues, ils lui rappelaient que les phalangistes étaient des fascistes, des frères de sang des nazis. Elle vit l'un des hommes l'observer par la fenêtre et pressa le pas.

Le bar était un endroit sombre et délabré. L'inévitable portrait de Franco, tout taché de graisse, était accroché derrière le comptoir, auquel étaient accoudés deux ou trois jeunes gens. Une grosse femme aux cheveux gris, habillée de noir, lavait des verres dans l'évier. L'un des clients s'appuyait sur une béquille ; il avait perdu la moitié d'une jambe, et le bas de son pantalon avait été grossièrement raccourci et cousu. Tous tournèrent vers Barbara des regards intrigués. En règle générale, seules les putains venaient non accompagnées dans les bars, et ils se demandaient ce que voulait cette étrangère avec sa robe coûteuse et son petit chapeau rond.

Un jeune homme assis à une table au fond de la salle agita le bras. Elle s'avança vers lui, et il se leva pour lui serrer la main, d'une paume sèche et robuste.

« *Señora* Forsyth ?

— Oui, répondit-elle en espagnol, en s'efforçant de parler d'un ton assuré. Êtes-vous Luis ?

— Oui. Je vous en prie, asseyez-vous. Permettez-moi d'aller vous chercher un café. »

Elle l'examina tandis qu'il se dirigeait vers le comptoir. Il était grand et maigre, âgé d'une trentaine d'années, avec des cheveux noirs et un long visage triste. Il portait un pantalon élimé et un vieux veston taché. Ses joues étaient hérissées de barbe, de même que celles des autres clients ; il y avait pénurie de lames de rasoir, en ville. Elle remarqua qu'il marchait avec raideur, comme un soldat. Il revint chargé de deux tasses de café et d'une assiette de tapas. Elle but une gorgée et grimaça. Il eut un sourire sarcastique.

« Il n'est pas très bon, j'en ai peur.

— Cela ne fait rien. » Elle regarda les tapas, des boulettes de viande brune d'où pointaient des os fins, minuscules. « Qu'est-ce que c'est ?

— Du pigeon, d'après eux, mais je crois qu'il s'agit d'autre chose. Je ne vous les conseillerais pas. »

Elle le regarda en manger une et extraire les petits os de sa bouche. Elle avait décidé de ne rien dire, de lui laisser l'initiative. Il s'agita nerveusement sur son siège, la dévisageant de ses grands yeux noirs.

« J'ai cru comprendre, d'après ce que m'a dit M. Markby, que vous essayez de retrouver un homme qui a disparu dans la bataille du Jarama. Un Anglais, commença-t-il à voix basse.

— Oui, c'est exact.

— Un communiste », reprit-il en hochant la tête, sans cesser de la fixer intensément.

Elle se demanda, avec un frémissement de peur, si c'était un policier, si Markby l'avait trahie, ou été trahi lui-même. Elle se contraignit cependant à garder son calme.

« Je m'intéresse à lui uniquement sur un plan personnel, la politique n'a rien à voir là-dedans. C'était mon… mon petit ami, avant que je ne rencontre mon mari. Je le croyais mort. »

Luis s'agita de nouveau et toussa.

« Vous vivez dans l'Espagne nationaliste, et on me dit que votre mari a des amis au gouvernement. Pourtant, vous recherchez un communiste qui s'est battu de l'autre côté pendant la guerre. Pardonnez-moi, mais cela me paraît un peu étrange.

— Je travaillais pour la Croix-Rouge, une organisation totalement neutre.

— Vous avez eu de la chance, répliqua-t-il avec un bref sourire amer. Aucun Espagnol n'a pu demeurer neutre bien longtemps. » Il la contempla pendant un moment avant de poursuivre : « Ainsi, vous n'êtes pas une adversaire de la Nouvelle Espagne ?

— Non. Le général Franco a gagné, point final. La Grande-Bretagne n'est pas en guerre avec l'Espagne. » Pas encore, en tout cas, ajouta-t-elle en elle-même.

« Pardonnez-moi, reprit Luis en ouvrant les mains, l'air soudain contrit. Vous comprenez, je dois défendre ma situation. Je dois être prudent. Votre mari n'est pas au courant de votre… recherche ?

— Non.

— S'il vous plaît, ne lui en parlez pas, *señora*. Si cela venait à se savoir, nous pourrions avoir des ennuis.

— Je sais. »

Le cœur de Barbara se mit à battre plus vite, sous l'effet de l'excitation. Si cet homme ne détenait pas de renseignements, il n'aurait pas fait preuve d'une telle méfiance. Mais que savait-il ? Où Markby l'avait-il rencontré ?

« Admettons que vous retrouviez cet homme, *señora* Forsyth, reprit Luis en la dévisageant de nouveau avec attention. Que compteriez-vous faire, au juste ?

— J'essaierais de le faire rapatrier. En tant que prisonnier de guerre, il devrait être renvoyé chez lui, selon les Conventions de Genève.

— Ce n'est pas ainsi que El Generalísimo voit les choses, rétorqua Luis avec un haussement d'épaules. Il n'aimerait pas l'idée qu'un homme qui est venu ici pour faire la guerre contre les Espagnols puisse tout bonnement rentrer chez lui. Et si l'on émettait publiquement l'hypothèse qu'il reste encore des prisonniers de guerre en Espagne, il se pourrait bien que ces éventuels prisonniers disparaissent. Vous comprenez ? »

Elle le regarda, plongea ses yeux dans les siens – profondément enfoncés dans leurs orbites, indéchiffrables.

« Que savez-vous ? »

Il se pencha vers elle, lui soufflant au visage une haleine âcre, chargée d'une odeur de viande, et elle dut faire un effort pour ne pas céder à un mouvement de recul instinctif.

« Ma famille est de Séville, expliqua-t-il. Quand les partisans de Franco ont pris la ville, mon frère et moi avons été enrôlés, et nous avons passé trois ans à combattre les rouges. Après la victoire, une partie de l'armée a été démobilisée, mais certains ont dû rester. Agustín et moi, nous avons été affectés à la garde d'un camp près de Cuenca. Vous savez où cela se trouve ?

— Markby m'en a parlé. À l'est, sur la route de l'Aragon, c'est cela ?

— Exactement, acquiesça Luis. Là où se trouvent les fameuses maisons suspendues.

— Les quoi ?

— Ce sont de vieilles maisons construites tout au bord des gorges qui entourent la ville, et qui semblent suspendues dans le vide. Certains les trouvent belles, ajouta-t-il en soupirant. Cuenca est construite en altitude, on y bout en été et l'on gèle en hiver. En ce moment, c'est la seule période de l'année où la température est supportable. Le gel et la neige ne vont pas tarder à arriver. J'ai passé deux hivers là-haut et, croyez-moi, cela m'a suffi.

— Comment est-ce ? Le camp, je veux dire. »

Il s'agita de nouveau, visiblement mal à l'aise, et sa voix se réduisit à un chuchotement.

« C'est un camp de travail, un de ces camps qui, officiellement, n'existent pas. Celui-là a été construit pour des prisonniers de guerre républicains. À huit kilomètres de Cuenca environ, dans les hauteurs de la Tierra Muerta, la terre morte.

— Qu'est-ce que c'est ?

— Une région de collines arides en dessous des monts de Valdemeca. C'est ainsi qu'on l'appelle.

— Combien y a-t-il de prisonniers ?

— Cinq cents, à peu près, répondit-il en haussant les épaules.

— Des étrangers ?

— Quelques-uns. Des Polonais, des Allemands, des gens que leur pays d'origine ne veut plus. »

Plantant son regard dans le sien, elle demanda :

« Comment avez-vous connu le *señor* Markby ? Quand lui avez-vous raconté tout cela ? »

Luis gratta sa joue mal rasée, l'air indécis.

« Je regrette, *señora*, je ne peux pas vous en parler. Tout ce que je peux vous dire, c'est que nous, les vétérans sans travail, nous avons nos lieux de réunion, et que certains d'entre nous ont des contacts avec des gens qui ne plairaient pas au gouvernement.

— Avec des journalistes étrangers ? Vous leur vendez des informations ?

— Je ne peux pas en dire plus », répéta-t-il, l'air sincèrement désolé, et soudain beaucoup plus jeune.

Elle hocha la tête, prit une profonde inspiration, la gorge brusquement serrée.

« Dans quelles conditions les prisonniers vivaient-ils, dans ce camp ?

— Très mauvaises. Des cabanes en bois entourées de barbelés. Il faut comprendre une chose : ces hommes ne seront jamais libérés. Ils travaillent dans les carrières de pierre et réparent les routes. Il n'y a pas beaucoup de nourriture, et beaucoup de prisonniers meurent. Le gouvernement veut les faire mourir. »

Elle s'obligea à garder son calme. Elle devait se comporter comme si Luis était un fonctionnaire étranger parlant d'un camp de réfugiés sur lequel elle souhaitait obtenir des renseignements. Sortant de son sac un paquet de cigarettes, elle en offrit une à son interlocuteur.

« Des anglaises », dit-il d'un ton appréciateur. Il alluma sa cigarette et en savoura une longue bouffée, les yeux clos. Quand il la regarda de nouveau, son expression était dure et grave.

« Votre *brigadista* était-il robuste, *señora* Forsyth ?

— Oui. C'était un homme fort.

— Seuls les forts survivent. »

Elle sentit les larmes lui monter aux yeux et battit des paupières pour les refouler. C'était exactement le genre de choses qu'il dirait s'il était en train de lui mentir, pour faire appel à ses sentiments. Pourtant, son histoire était assez convaincante... Elle fouilla dans son sac et posa la photo de Bernie sur la table, la poussant vers lui. Luis l'examina un moment, puis secoua la tête.

« Ce visage ne me dit rien, mais il doit avoir beaucoup changé, à présent. Nous n'étions pas censés parler aux prisonniers, sauf pour leur donner des ordres. Nos supérieurs craignaient que leurs idées ne nous contaminent, poursuivit-il en lui lançant un regard pénétrant. Mais nous les admirions, nous autres, nous admirions leur endurance. »

Il y eut un long silence. La fumée de leurs cigarettes dessinait des volutes dans l'air, s'enroulant autour du vieux ventilateur pendu au plafond, immobile et sans doute hors d'usage.

« Le nom de Bernie Piper ne vous rappelle rien ? » reprit-elle enfin.

Il secoua la tête, contempla de nouveau la photo.

« Je me souviens d'un prisonnier blond, un

communiste. La plupart des prisonniers anglais ont été relâchés. Votre gouvernement a tout fait pour les récupérer. Mais certains de ceux qui avaient été portés disparus ont fini à Cuenca. » Faisant glisser la photo vers elle, il poursuivit : « J'ai été démobilisé au printemps dernier, mais mon frère est toujours là-bas. Il peut se renseigner, si je le lui demande, ajouta-t-il, en lui jetant un regard éloquent. Il faudra que j'aille le voir, car le courrier passe par la censure. »

Il se tut et prit un air d'expectative.

« Combien cela coûtera-t-il ? s'enquit-elle, en le regardant bien en face.

— Vous êtes directe, *señora*, répondit-il avec un sourire attristé. Je pense que, pour trois cents pesetas, Agustín pourrait vous dire si cet homme fait ou non partie des prisonniers du camp. »

Trois cents pesetas. Barbara déglutit, sans rien laisser paraître de son trouble.

« Combien de temps cela prendra-t-il ? Je veux être informée rapidement. Si l'Espagne entre en guerre, je serai obligée de partir. »

Il acquiesça, d'un air soudain strictement professionnel.

« Accordez-moi huit jours. J'irai voir Agustín à la fin de cette semaine. Mais il me faudrait une avance dès maintenant. »

Elle arqua les sourcils, et il s'empourpra, l'air subitement gêné.

« Je n'ai pas d'argent pour le billet de train.

— Oh. Je vois.

— Il me faudrait cinquante pesetas. Non, ne sortez pas votre portefeuille ici, vous me les donnerez dans la rue. »

Barbara tourna son regard en direction du comptoir. L'infirme et son ami étaient plongés dans une conversation animée, la tenancière servait un nouveau client, mais elle sentit néanmoins que tous les observaient furtivement. Prenant une profonde inspiration, elle s'enquit :

« Et si Bernie est là, que ferons-nous ? Vous ne pourrez pas le faire sortir.

— Ce serait peut-être possible. Mais très difficile… et très onéreux », répondit-il, en marquant une pause significative.

Voilà, il l'avait dit. Barbara le fixa, consciente qu'il ne savait peut-être rien, qu'il avait peut-être raconté à Markby ce que celui-ci voulait entendre, et qu'il débitait maintenant les mêmes mensonges à la riche Anglaise qui lui faisait face.

« Combien ? demanda-t-elle.

— Une chose à la fois, *señora*. Essayons d'abord de voir s'il est bien là-bas.

— C'est seulement une question d'argent, pour vous, n'est-ce pas ? Autant mettre les choses au point, répliqua-t-elle avec fermeté.

— Vous n'êtes pas pauvre, fit observer Luis en fronçant les sourcils.

— Je peux trouver de l'argent, mais pas énormément.

— Moi, je suis pauvre. Comme tout le monde en Espagne, maintenant. Savez-vous quel âge j'avais quand on m'a enrôlé ? Dix-huit ans. J'ai perdu mes meilleures années. »

Sa voix était remplie d'amertume. Il soupira et baissa les yeux vers la table pendant un instant. Puis, redressant la tête, il reprit :

« Je suis sans emploi depuis que j'ai quitté l'armée,

au printemps. Je travaille de temps en temps comme manœuvre, à la réfection des routes, pour un salaire de misère. Ma mère est malade et je ne peux rien pour elle. Si je dois vous aider, me mettre en danger pour vous procurer ces renseignements, alors… »

Il pinça les lèvres et la regarda d'un air de défi.

« Très bien, s'empressa-t-elle de répondre, d'un ton conciliant. Si vous pouvez vous renseigner auprès d'Agustín, je vous donnerai ce que vous demandez. Je me débrouillerai pour me procurer cette somme. »

Elle n'aurait probablement aucune difficulté à réunir trois cents pesetas, mais il était préférable de lui laisser croire le contraire.

Luis hocha la tête. Son regard fit le tour de la salle, puis se porta vers la rue assombrie, derrière la fenêtre. Se penchant de nouveau vers elle, il murmura :

« J'irai à Cuenca à la fin de la semaine. Je vous retrouverai ici dans une semaine exactement, à cinq heures. »

Il se leva et inclina brièvement la tête. Barbara constata que son veston avait un énorme trou au coude.

Dehors, elle lui serra la main et lui glissa les cinquante pesetas. En s'éloignant, elle caressa la photo de Bernie au fond de sa poche. Je ne dois pas trop espérer de cet entretien, il me faut me montrer prudente, se répétait-elle, les pensées tournant en rond dans sa tête. Que Bernie eût survécu, alors que des milliers de combattants étaient morts, et que Markby eût par hasard retrouvé sa trace serait une coïncidence bien trop grande. Pourtant, si Markby avait découvert que tous les étrangers capturés étaient détenus à Cuenca, et qu'il avait ensuite cherché à contacter quelqu'un ayant travaillé là-bas… Tout ce dont il avait besoin, c'était d'un peu d'argent, et de contacts parmi les milliers de soldats démobilisés qui peuplaient Madrid. Elle devait revoir Markby, lui poser des questions. Et si Luis lui apprenait que Bernie était encore en vie, elle pourrait se rendre à l'ambassade et faire un esclandre. Mais serait-ce suffisant ? On murmurait que l'ambassadeur était prêt à tout pour dissuader Franco de prendre part au conflit. Et elle se rappela les propos de Luis sur les prisonniers qui disparaîtraient si jamais on enquêtait à leur sujet.

Elle traversa la Plaza Mayor et accéléra le pas pour atteindre le centre avant la nuit. Soudain, elle se figea. La guerre civile avait pris fin en avril 1939. Si Luis avait quitté l'armée au printemps dernier, en 1940, il ne pouvait pas avoir passé deux hivers dans le camp, ainsi qu'il l'affirmait !

6

Il pleuvait sans interruption depuis vingt-quatre heures, une pluie lourde tombant verticalement d'un ciel immobile, chuintant et clapotant sur les pavés. Il faisait également plus froid ; Harry avait trouvé un édredon bien chaud dans l'appartement et l'avait étendu sur le grand lit à deux places.

Ce matin-là, il devait accompagner Hillgarth au ministère du Commerce – c'était sa première apparition dans son rôle d'interprète, et il était content d'avoir enfin quelque chose à faire.

Il avait été rapidement intégré au personnel de l'ambassade. Le chef du service des traducteurs, Weaver, l'avait fait venir dans son bureau pour tester ses connaissances en espagnol. C'était un homme très grand et maigre à l'allure patricienne. « Parfait, avait-il déclaré d'un ton languide, après avoir conversé avec Harry pendant une demi-heure. Vous ferez l'affaire.

— Merci, monsieur », avait répondu Harry d'une voix blanche. La nonchalance hautaine de l'individu lui déplaisait souverainement.

« L'ambassadeur n'apprécie pas vraiment que les hommes de Hillgarth se mêlent du travail courant, mais c'est ainsi, avait soupiré Weaver, en le fixant comme s'il s'était trouvé en face de quelque bizarre animal exotique.

— Oui, monsieur.

— Je vais vous montrer votre bureau. Nous avons reçu quelques coupures de presse sur lesquelles vous pourrez commencer à travailler. »

Il avait conduit Harry dans une petite pièce dont la plus grande partie était occupée par un bureau éraflé sur lequel étaient empilés des communiqués en espagnol. Il en arrivait sans cesse de nouveaux et, au cours des trois jours qui avaient suivi, Harry avait eu fort à faire. Il n'avait pas revu Hillgarth, mais Tolhurst était passé de temps à autre pour voir comment il s'en sortait.

Harry appréciait le jeune homme, pour cette façon qu'il avait de se moquer de lui-même et pour ses commentaires ironiques ; il était beaucoup plus réservé en ce qui concernait les autres employés. Ceux-ci affichaient un profond mépris envers les Espagnols. Si lui-même était déprimé par le spectacle de la pauvreté ambiante, certains de ses collègues semblaient s'en divertir. La plupart des commerces d'alimentation arboraient sur leur devanture une pancarte annonçant : « *No hay...* », « Nous n'avons pas de... pommes de terre, de laitue, de pommes... » La veille, à la cantine, Harry avait entendu deux membres du service de l'attaché culturel plaisanter sur le fait qu'il n'y avait toujours pas de foin pour ces pauvres ânes[1], et il en avait éprouvé une bouffée de colère inattendue. Toutefois, sous cette insensibilité apparente, il percevait leur peur que Franco

1. *No hay* (« il n'y a pas », en espagnol) signifie en anglais : « pas de foin ».

n'entrât en guerre. Chaque jour, tous épluchaient minutieusement les journaux. La prochaine visite de Himmler suscitait l'anxiété générale : venait-il seulement pour discuter des questions de sécurité, comme l'affirmait la presse, ou dans un autre but, plus sinistre ?

Hillgarth passa le prendre à son appartement à dix heures précises, dans une grosse voiture, une Packard, conduite par un chauffeur anglais, un cockney trapu. Harry avait revêtu son habit, après avoir soigneusement mis son pantalon sous presse toute la nuit. Hillgarth portait son uniforme de capitaine, comme la première fois.

« Nous allons voir le secrétaire d'État au Commerce, le général Maestre, expliqua-t-il, en fermant à demi les yeux pour scruter la rue à travers le rideau de pluie. Je dois lui confirmer quels sont les pétroliers que la marine autorisera à passer. Et je veux aussi l'interroger sur Carceller, le nouveau ministre. » Ses doigts pianotèrent un instant sur l'accoudoir du siège, et il prit un air songeur. La veille, on avait annoncé une série de changements dans le cabinet, et Harry avait dû traduire les communiqués de presse. Ces changements étaient favorables à la Phalange ; le beau-frère de Franco, Serrano Suñer, avait été nommé ministre des Affaires étrangères. « Maestre est très bien, avait repris Hillgarth. Un homme de l'ancienne école, cousin d'un duc. »

Harry avait regardé par la vitre. Les passants se courbaient sous l'averse – ouvriers en bleu de travail et femmes couvertes de leur sempiternel châle noir. Ils ne se pressaient pas : ils étaient déjà trempés, de toute façon. Il était impossible de se procurer des parapluies, même au marché noir, lui avait appris Tolhurst. Devant une boulangerie, une foule de femmes en noir attendaient sous la pluie. Beaucoup étaient accompagnées d'enfants et Harry aperçut, ici et là, à travers les gouttes qui lui brouillaient la vue, des ventres gonflés par la malnutrition. Les femmes s'étaient rassemblées devant la porte, la martelant de leurs poings et hurlant des imprécations à l'adresse de la personne qui se trouvait derrière.

« Il y a eu des rumeurs annonçant l'arrivée de pommes de terre sur le marché, grommela Hillgarth. Le commerçant doit en avoir reçu, mais il les garde pour le marché noir. La Junta de Abastos, l'agence de ravitaillement, paie tellement mal les cultivateurs qu'ils refusent de vendre leurs patates. De cette manière, elle peut empocher une jolie commission au passage, avant de les mettre en vente.

— Et Franco les laisse faire ?

— Il ne peut pas l'empêcher. La Junta est une organisation phalangiste, complètement gangrenée par la corruption. S'ils ne prennent pas garde, il y aura bientôt une famine. Mais il en va toujours ainsi, dans les révolutions : la lie remonte à la surface. »

Ils passèrent devant le Parlement désert, aux volets fermés, avant de pénétrer dans la cour du ministère du Commerce. « S'agit-il vraiment d'une révolution ? demanda Harry. Cela ressemble plutôt à… je ne sais pas… une forme de décadence.

— Oh, il s'agit bel et bien d'une révolution, pour les phalangistes en tout cas. Ils veulent un État inspiré du modèle hitlérien. Vous devriez voir certains des individus avec lesquels nous sommes obligés de traiter ! Il y a de quoi vous faire dresser les cheveux sur la tête. À côté de cela, les romans que j'écrivais autrefois paraissent bien fades. »

Dans un bureau lambrissé, sous un portrait géant de Franco, les attendait un homme en uniforme de général aux plis impeccables. Âgé d'une cinquantaine d'années, il était grand et vigoureux, avec un visage hâlé sur lequel brillaient des yeux noisette. Ses cheveux noirs clairsemés étaient soigneusement plaqués en travers de son crâne pour dissimuler sa calvitie. Un homme en habit, nettement plus jeune, se tenait près de lui, le visage dénué d'expression.

L'officier sourit et serra chaleureusement la main de Hillgarth. Puis il s'adressa à lui en espagnol, d'une voix claire et forte, tandis que son interprète traduisait.

« Mon cher capitaine, c'est un plaisir de vous revoir.

— Le plaisir est pour moi, mon général. Je pense être en mesure de vous donner les certificats aujourd'hui », répondit Hillgarth. Il lança un regard en direction de Harry, qui répéta la phrase en espagnol.

« Très bien. Cela devrait donc régler le problème », dit Maestre, en gratifiant Harry d'un sourire poli. « Vous avez un nouvel interprète, je vois. Le *señor* Greene n'est pas indisposé, j'espère ?

— Il a été obligé de rentrer chez lui, pour raisons familiales. Nous lui avons accordé un congé exceptionnel.

— Oh, je suis navré de l'apprendre. J'espère que sa famille n'a pas été bombardée.

— Non, il s'agit d'un problème d'ordre privé. »

Ils prirent place autour du bureau. Hillgarth ouvrit sa serviette et en sortit les certificats autorisant les pétroliers spécifiés sur les documents à se faire escorter par la Royal Navy. Hillgarth et Maestre les parcoururent ensemble, vérifiant les dates, les routes et le tonnage des bâtiments. Harry répétait les paroles de Hillgarth en espagnol et son confrère traduisait les réponses de Maestre en anglais. Harry hésita un peu sur un ou deux termes techniques, mais l'attitude du général demeura courtoise et amicale. Il était très différent de l'image que Harry s'était faite d'un ministre de Franco.

Finalement, Maestre rassembla les papiers et poussa un soupir théâtral.

« Ah, capitaine ! Si vous saviez combien certains de mes collègues sont furieux que l'Espagne doive demander la permission de la Royal Navy pour importer des produits de première nécessité ! C'est une insulte à notre fierté, vous savez.

— L'Angleterre est en guerre, mon général. Nous devons nous assurer que ce qui est importé par les pays neutres ne sera pas revendu à l'Allemagne. »

Le général tendit les certificats à son interprète. « Fernando, faites porter ceci au ministère de la Marine. »

Le jeune homme parut hésiter un instant, mais lorsque Maestre haussa les sourcils d'un air impérieux, il s'inclina et quitta la pièce. Aussitôt, le général se détendit visiblement. Il sortit un étui à cigarettes et l'ouvrit.

« Nous voilà débarrassés de lui », dit-il dans un anglais parfait. Voyant Harry écarquiller les yeux, il sourit et poursuivit : « Oh oui, monsieur Brett, je parle anglais. J'ai fait mes études à Cambridge. Ce jeune homme est là pour s'assurer que je ne dis rien de ce qu'il ne faut pas dire. C'est un des fidèles de Serrano Suñer. Le capitaine sait de quoi je parle.

— En effet, je ne le sais que trop bien, monsieur le ministre. Brett a étudié à Cambridge, lui aussi.

— Vraiment ? » Maestre prit un air sincèrement

intéressé ; il eut un sourire pensif. « Pendant la guerre civile, quand nous combattions les rouges sur la *meseta*, dans la chaleur et les nuées de mouches, je repensais souvent à Cambridge : la rivière si fraîche, les jardins magnifiques, ce cadre si paisible et majestueux… On a besoin de ce genre de choses, au combat, si l'on veut garder sa raison. Quel collège avez-vous fréquenté ?

— King's College, monsieur.

— J'ai passé un an à Peterhouse. J'en garde un souvenir merveilleux, comme je vous l'ai dit. » Il demanda à Harry en lui tendant son étui à cigarettes : « Vous fumez ?

— Non, monsieur, merci.

— Et le nouveau ministre ? Que pouvez-vous me dire à son sujet ? » s'enquit Hillgarth.

Maestre s'adossa à son siège et exhala un nuage de fumée. « Ne vous inquiétez pas. Carceller a la tête farcie d'idées phalangistes, dit-il avec un rictus dédaigneux, mais, au fond de lui, c'est un réaliste.

— Sir Sam sera ravi de l'apprendre. »

Le général hocha lentement la tête. Puis il se tourna vers Harry avec un sourire courtois.

« Eh bien, jeune homme, comment trouvez-vous l'Espagne ?

— Pleine d'inattendu, répondit-il, après un instant d'hésitation.

— Nous sommes passés près d'une longue file d'attente devant la boutique d'un boulanger, expliqua Hillgarth. Les femmes devaient avoir entendu dire qu'il avait reçu des pommes de terre.

— Ces phalangistes seraient capables de provoquer une famine au jardin d'Éden, dit Maestre en secouant tristement la tête. Connaissez-vous la dernière blague,

Alan ? Hitler rencontre Franco et lui demande comment faire pour affamer l'Angleterre et obtenir sa reddition, les sous-marins n'y suffisant pas. Franco lui répond : "Mein Führer, je leur enverrai ma Junta de Abastos. Au bout de trois semaines, ils ne demanderont pas mieux que de se rendre." » Hillgarth et Maestre se mirent à rire, et Harry les imita, avec une certaine réticence. Maestre lui sourit en penchant légèrement la tête de côté.

« Pardonnez-moi, *señor*, nous autres Espagnols avons un sens assez macabre de l'humour. C'est notre façon d'affronter les problèmes. Mais je ne devrais pas plaisanter sur les difficultés que connaît l'Angleterre.

— Oh, nous faisons face, répliqua Hillgarth.

— On m'a rapporté que la reine, quand on lui a demandé si ses enfants allaient quitter Londres à cause des bombardements, aurait répondu… voyons, qu'a-t-elle dit au juste ? Ah oui : "Ils ne partiront pas sans moi, je ne partirai pas sans le roi, et le roi ne partira pas."

— Oui, c'est vrai.

— Quelle femme admirable ! s'exclama Maestre, en souriant derechef à Harry. Quelle classe. *Tiene duende*.

— Merci.

— Et maintenant, voilà que les Italiens se font battre en Grèce. Le vent va tourner, et Juan March[1] le sait », reprit Maestre, avec un regard appuyé à l'adresse de Hillgarth. Puis il se leva et se tourna de nouveau vers Harry.

« Monsieur Brett, je donne une réception dans dix jours, pour fêter les dix-huit ans de ma fille. Ma seule enfant. Les jeunes gens convenables sont si rares à

1. Juan March : banquier majorquin qui finança la Phalange puis le soulèvement militaire et soutint le régime franquiste.

Madrid, en ce moment… Peut-être accepteriez-vous de venir ? Il serait bon que Milagros connaisse un jeune Anglais. » Son sourire s'illumina d'une soudaine tendresse quand il prononça le nom de sa fille.

« Je vous remercie, monsieur. Si… euh, si mes obligations à l'ambassade me le permettent…

— Parfait ! Je suis sûr que sir Sam pourra se passer de vous pour un soir. Je vous ferai parvenir une invitation. Et, capitaine, pour ce qui est des chevaliers de St. Georges, nous en discuterons plus tard. »

Hillgarth lança un bref coup d'œil à Harry avant d'adresser à Maestre un signe presque imperceptible de la tête. « Entendu. Plus tard. »

Le général hésita, puis acquiesça sèchement. Serrant la main de Harry, il déclara : « Je dois vous quitter, à présent. J'ai été ravi de faire votre connaissance. Il y a une cérémonie au palais, l'ambassadeur d'Italie va épingler une nouvelle médaille sur la poitrine du Generalísimo. Il Duce l'accable d'honneurs, c'est le cas de le dire », ajouta-t-il en riant.

La pluie avait cessé. En traversant la cour pour regagner la voiture, Hillgarth avait l'air songeur. « Ce nom que Maestre a mentionné, à la fin, Juan March… Savez-vous de qui il s'agit ?

— C'est un homme d'affaires espagnol, n'est-ce pas ? Il a financé Franco pendant la guerre civile. C'est un escroc, à ce que j'ai entendu dire.

— Eh bien, oubliez que vous avez entendu prononcer son nom, d'accord ? Et oubliez aussi les chevaliers de St. Georges. C'est une affaire strictement confidentielle ; comme vous étiez avec moi, Maestre a cru que vous étiez au courant. C'est bien compris ?

— Je ne dirai rien, monsieur.

— Parfait, mon garçon, reprit Hillgarth d'un ton plus léger. Vous devriez assister à cette réception, vous détendre un peu. Cela vous donnera l'occasion de rencontrer des *señoritas*. Dieu sait que la vie mondaine est des plus réduites, ici. Et les Maestre sont des gens de bonne famille, ils ont des liens de parenté avec les Astor.

— Merci, monsieur, j'irai peut-être », répondit Harry, se demandant à quoi pourrait bien ressembler cette soirée.

Le chauffeur les attendait à l'intérieur de la voiture, en lisant un exemplaire du *Daily Mail* vieux d'une semaine. En montant à bord, Harry jeta un coup d'œil sur la première page. Les bombardements s'étaient déplacés vers le nord, Birmingham avait été durement touchée. C'était la ville natale de Barbara, se rappela-t-il, en repensant à la femme entrevue quelques jours plus tôt. Mais il ne pouvait pas s'agir d'elle. Barbara doit être rentrée chez elle, à présent, se dit-il, en espérant qu'elle était saine et sauve.

« La fille de Maestre est tout à fait charmante, poursuivit Hillgarth, sur le chemin de l'ambassade. Une vraie petite grenade espagnole… Bon Dieu ! » s'exclama-t-il, quand un brusque coup de frein les projeta tous deux violemment contre le dossier de la banquette arrière. Ils venaient de tourner l'angle de la Calle Fernando del Santo, où se trouvait l'ambassade. La rue d'ordinaire si tranquille était pleine de monde – une foule hurlante et vociférante. « Que diable se passe-t-il ? » s'écria leur chauffeur, se départant de son flegme.

C'étaient des phalangistes, des jeunes hommes en chemise bleu vif et béret rouge. Au nombre d'une centaine à peu près, ils se tenaient devant l'ambassade et hurlaient en faisant le salut fasciste, bras tendu. Sur les bannières qu'ils brandissaient on lisait ces mots : *¡ GIBRALTAR ESPAÑOL!* Les *civiles* qui montaient habituellement la garde devant le bâtiment avaient disparu.

« *¡ Abajo Inglaterra!* braillait la foule. *¡ Viva Hitler, viva Mussolini, viva Franco!*

— Oh, Seigneur, fit Hillgarth d'un ton excédé. Encore une de leurs fichues manifestations. »

L'un des manifestants montra du doigt la voiture, et les phalangistes les plus proches se retournèrent, hurlant leurs slogans, le visage déformé, levant et baissant le bras comme des métronomes. Une pierre ricocha contre le capot.

« Avancez, Potter, dit Hillgarth d'un ton calme.

— Êtes-vous sûr, monsieur ? Ils ont l'air menaçants.

— C'est de la frime. Allez-y, mon vieux. »

Le chauffeur se remit à avancer à la vitesse d'un escargot entre la foule et le mur de l'ambassade. La moitié des manifestants étaient des adolescents. Leur uniforme des jeunesses phalangistes était copié sur celui des jeunesses hitlériennes, la chemise brune ayant simplement été remplacée par une bleue. Les filles portaient des jupes amples et les garçons des culottes courtes. L'un des garçons tenait un tambour, et il se mit à taper dessus avec ardeur. Ce bruit parut enflammer la foule, et quelques-uns des jeunes commencèrent à faire tanguer le véhicule. D'autres les rejoignirent bientôt ; à l'intérieur, Harry et Hillgarth étaient ballottés de part et d'autre, tandis que la voiture continuait à avancer tant bien que mal. Harry était en proie à une vague nausée : certains de leurs assaillants n'étaient encore que des enfants.

« Donnez un coup de klaxon », dit Hillgarth au chauffeur. Celui-ci obéit, et un phalangiste plus âgé fendit la foule et fit signe aux plus jeunes de s'écarter du véhicule.

« Vous voyez, reprit Hillgarth, ils se sont juste laissé un peu emporter, c'est tout. »

Un jeune homme d'environ dix-sept ans, grand et solidement bâti, au paroxysme de la rage, bouscula les autres manifestants pour s'approcher de la voiture et hurler des insultes en anglais à travers la vitre. « À mort le roi George ! À mort ce gros porc juif de Churchill ! » Hillgarth se mit à rire, mais Harry tressaillit et détourna la tête. Le caractère grotesque de ces imprécations les rendaient d'une certaine manière plus déplaisantes encore.

« Où sont les *civiles* ? s'enquit-il.

— On a dû leur faire comprendre que c'était le moment d'aller faire un tour, je présume. Ces gens-là sont des partisans de Serrano Suñer. Bon, Potter, garez-vous en face de la porte. Quand nous sortirons, Harry, levez le menton bien haut et ignorez-les. »

Harry descendit de voiture à la suite de Hillgarth. Les hurlements étaient plus forts à présent. Il se sentit exposé et prit soudain peur. Son cœur se mit à battre à grands coups. Les phalangistes continuaient à crier leurs slogans, de l'autre côté de la voiture, et le forcené à brailler en anglais. « Coulez les navires anglais ! Tuez les Juifs bolcheviques ! » Une autre pierre vola dans leur direction, craquelant la vitre de la porte de l'ambassade. Harry sursauta et dut réprimer une forte envie de se plaquer au sol.

Hillgarth saisit la poignée de la porte et s'exclama : « Bon sang, ils ont mis le loquet ! » Il secoua la porte.

Une ombre se profila au fond du hall d'entrée, et Tolhurst apparut. Il courut vers la porte, plié en deux, et s'évertua maladroitement à soulever la clenche.

« Dépêchez-vous, Tolly, cria Hillgarth. Et redressez-vous, pour l'amour de Dieu ! Ce n'est rien d'autre qu'une bande de voyous ! »

C'est alors que le chauffeur hurla : « Attention ! » et Harry vit quelque chose fendre l'air. Il ressentit un choc violent dans le cou et vacilla. Hillgarth et lui levèrent les bras, tandis qu'un nuage blanc s'enroulait autour de leur tête, les asphyxiant à demi. Un grand cri de triomphe monta de la foule. L'espace d'une seconde, Harry vit du sable rougi jaillir autour de lui.

La porte s'ouvrit, et Hillgarth s'engouffra dans l'entrée, tête baissée. Tolhurst empoigna Harry par le bras et le tira à l'intérieur avec une force surprenante. Puis il referma la porte et se tourna vers eux, bouche bée. Harry se palpa le cou et les épaules, mais il n'y avait pas de blessures, pas de sang, rien que de la poussière blanche. Il s'appuya contre un bureau et inspira à grandes goulées. Hillgarth renifla sa manche et se mit à rire.

« De la farine ! Ce n'est que de la saloperie de farine !

— Sales morveux effrontés, marmonna Tolhurst.

— Sam est-il au courant de tout ça ? demanda Hillgarth, le visage luisant d'excitation.

— Il est en train de téléphoner au ministère de l'Intérieur, monsieur. Est-ce que vous allez bien, tous les deux ?

— Oui. Venez, Brett, nous avons besoin de nous nettoyer un peu. » Toujours riant, Hillgarth se dirigea vers une porte intérieure. Dehors, les manifestants se réjouissaient de leurs exploits, mais le jeune forcené continuait à vociférer. Tolhurst regarda Harry. « Ça va ?

— Oui… oui, excusez-moi, répondit Harry, encore tout tremblant.

— Venez, poursuivit Tolhurst en le prenant par le bras. Je vais vous emmener dans mon bureau, j'ai une brosse à habits. »

Hébété, Harry le suivit docilement.

Le bureau de Tolhurst était encore plus petit que le sien. Le jeune homme sortit une brosse d'un tiroir et la tendit à Harry.

« J'ai un costume de rechange dans le placard. Il sera un peu trop large pour vous, mais ça devrait aller.

— Merci. » Harry épousseta le plus gros de la farine. Il avait retrouvé son calme, même s'il entendait toujours les clameurs au-dehors. Tolhurst alla jeter un coup d'œil par la fenêtre.

« La police va arriver dans une minute pour les faire déguerpir. Serrano Suñer a fait sa démonstration de force, et sir Sam lui a tiré les oreilles au téléphone.

— La manifestation ne lui a pas fichu la frousse ?

— Non, il est en forme, aujourd'hui. On ne peut jamais savoir comment il va réagir.

— J'ai moi-même eu un moment de panique, quand ce sac de farine m'est tombé dessus, avoua Harry, penaud. J'ignorais ce que c'était et, l'espace d'un instant, je me suis cru à Dunkerque. Je suis désolé, j'ai dû avoir l'air d'un couard. »

Tolhurst prit un air gêné. « Non, non, pas du tout. Je connais ce genre de traumatisme, mon père en a été atteint, lors de la dernière guerre. » Il hésita imperceptiblement avant de poursuivre : « Le personnel de l'ambassade n'a pas été autorisé à s'enrôler, l'année dernière, vous savez. J'en ai été profondément soulagé, je le crains. » Il alluma une cigarette, puis enchaîna : « Je n'ai rien d'un héros. Je me sens mieux derrière un bureau, à dire vrai. Je ne sais pas si j'aurais supporté ce que vous avez eu à subir.

— On ne sait pas de quoi l'on est capable, tant qu'on n'a pas été sur le terrain.

— Non, sans doute.

— Le capitaine Hillgarth semble ignorer la peur.

— Oui. Je crois qu'il aime le danger, en fait. Ce genre de courage force l'admiration, ne trouvez-vous pas ?

— L'état dans lequel je me trouvais tout à l'heure n'était rien, comparé aux crises qui me prenaient il y a encore quelques mois.

— Tant mieux », dit Tolhurst. Se tournant de nouveau vers la fenêtre, il reprit : « Venez voir. Ils n'ont pas de pain, mais ils nous jettent de la farine. Je parie qu'elle provenait des réserves de l'Auxilio Social, l'organisation chargée de nourrir les pauvres. »

Harry le rejoignit et contempla la houle de chemises bleues qui s'agitait sous eux.

« C'est une bonne chose que *no hay* pommes de terre, hein ?

— Figurez-vous que nous avons envoyé à Londres des échantillons du pain qu'on leur distribue, pour les faire analyser. Les scientifiques ont déclaré qu'il était impropre à la consommation, et que la farine était mélangée à de la sciure. Et cependant, ils trouvent le moyen de nous lancer de la bonne farine bien blanche.

— Les gros bonnets de la Phalange ne sont sûrement pas obligés de manger de la sciure.

— Non, et c'est bien dommage.

— Ils criaient des slogans antisémites. Je croyais pourtant que la Phalange ne donnait pas là-dedans.

— Ils suivent le mouvement, à présent. Tout comme Mussolini, pour plaire aux nazis.

— Les salauds ! s'écria Harry, saisi d'une brusque bouffée de haine. Après Dunkerque, je me demandais parfois à quoi cela pouvait servir de continuer à se battre, mais quand on voit des choses pareilles, le fascisme, ces gosses embrigadés prêts à se déchaîner contre des innocents… Et les civils qu'on bombarde, les soldats qu'on fauche à la mitrailleuse alors qu'ils battent en retraite… Bon Dieu, je les hais !

— Oui, acquiesça Tolhurst. Mais, malheureusement, nous sommes bien obligés de les supporter, ici. Regardez cet idiot, ajouta-t-il en tendant le doigt. »

Le garçon qui leur avait hurlé des injures en anglais brandissait à présent une pancarte proclamant « *GIBRALTAR ESPAÑOL* », et marchait de long en large devant l'ambassade, l'allure martiale, sous les applaudissements de la foule. Harry se demanda où il avait appris l'anglais. C'était un adolescent grand et bien nourri, sans doute issu d'une famille de la classe moyenne.

La porte s'ouvrit brusquement, livrant passage à l'ambassadeur, qui paraissait furieux.

« Vous allez bien, Brett ?

— Oui, merci, monsieur. Ce n'était que de la farine.

— Je ne tolérerai pas qu'on s'en prenne aux membres de mon personnel ! s'emporta Hoare, sa voix grêle vibrante de colère.

— Je vais bien, monsieur, je vous assure.

— Oui, oui, mais c'est une question de principe, répondit l'ambassadeur, qui prit une profonde inspiration avant de poursuivre : Je crois que Stokes vous demande, Tolhurst.

— Bien, monsieur », dit celui-ci, s'éclipsant aussitôt. L'ambassadeur jeta un regard par la fenêtre, poussa un grognement de dédain, puis reporta ses yeux pâles sur Harry, avec une expression calculatrice.

« Hillgarth m'a parlé de votre rencontre avec le ministre. Maestre est un bavard qui a la langue trop pendue. Ce qu'il a dégoisé à propos de Juan March et des chevaliers de St. Georges, vous ne devez en parler à personne. C'est un travail très délicat que nous accomplissons ici. Il y a des choses que certaines personnes n'ont pas besoin de savoir, comprenez-vous ?

— Oui, monsieur. J'ai déjà dit au capitaine que je n'en parlerai pas.

— C'est bien. Content que vous n'ayez pas été blessé », dit l'ambassadeur. Il lui assena une tape amicale sur l'épaule, puis contempla la farine sur sa main d'un air dégoûté. « Demandez à Tolhurst de faire nettoyer ça », lui lança-t-il avant de sortir.

Resté seul, Harry se laissa tomber sur une chaise. Il se sentait terriblement fatigué, et il éprouvait comme un bourdonnement dans les oreilles, une pression. Une fois de plus, il se crut revenu à Dunkerque, après que l'obus fut tombé près de lui. Recouvert d'un sable humide et chaud, il avait tenté de se relever, incapable de penser clairement, de mettre de l'ordre dans ses idées. Puis il avait senti une main sur son épaule et avait ouvert les yeux. Un caporal, petit et sec, se penchait vers lui.

« Vous n'avez rien, mon lieutenant ? » C'était à peine si Harry avait pu l'entendre, ses oreilles ne fonctionnaient plus normalement. Il s'était redressé. Son uniforme était couvert de sable ensanglanté, et des lambeaux rouges jonchaient le sol tout autour de lui. Il avait alors compris que c'étaient les restes de Tomlinson.

Il avait laissé le caporal le traîner jusqu'à la mer. L'eau était glacée, et il s'était mis à trembler de la tête aux pieds. Il ne pouvait plus bouger. « Tomlinson », avait-il murmuré. Il avait du mal à entendre sa propre voix. « De tout petits morceaux. »

Le caporal l'avait empoigné par les épaules et l'avait obligé à se retourner face à lui. « Venez, mon lieutenant, montez dans le bateau. »

Il l'avait entraîné au large. D'autres hommes en kaki pataugeaient autour d'eux. Puis Harry avait levé la tête pour contempler la coque de bois brun du bateau. Elle lui avait paru si haute... Deux hommes s'étaient penchés et l'avaient hissé à bord en le tirant par les bras. Il eut l'impression d'être de nouveau soulevé dans les airs, puis s'évanouit.

Harry sortit de ses pensées et constata que les cris continuaient à retentir dans la rue. Il se leva et alla regarder par la fenêtre. Le jeune homme se tenait au garde-à-vous, à présent, la pancarte contre son flanc, braillant toujours ses insultes en direction de l'ambassade. Harry perçut quelques mots : « Mort aux ennemis de l'Espagne ! Mort aux Anglais ! Mort aux Juifs ! »

Le garçon s'interrompit au milieu d'une phrase, la bouche grande ouverte, et devint écarlate. Harry vit une auréole sombre apparaître à l'entrejambe de sa culotte grise. La tache s'élargit, et un filet d'un liquide luisant coula le long de sa jambe. L'adolescent s'était mis dans un tel état qu'il s'était uriné dessus. Il demeura immobile, le visage figé par l'horreur. Quelqu'un lui cria : « *¡Lucas! ¡Lucas, continua!* » Mais il n'osait plus bouger. Il était devenu à son tour prisonnier de la foule. « Bien fait pour toi, petit sagouin ! », s'exclama Harry à voix haute.

7

Les phalangistes se dispersèrent peu de temps après. Le garçon qui s'était pissé dessus fut finalement obligé de faire demi-tour, et, d'une démarche traînante, il rejoignit ses camarades. Ceux-ci fixèrent sa culotte trempée, puis détournèrent rapidement les yeux. Leur enthousiasme s'était éteint, de toute façon, ils commençaient à être fatigués ; ils rangèrent leurs tambours et leurs pancartes et levèrent le siège en bon ordre. Harry s'écarta de la fenêtre en secouant la tête. Il s'assit au bureau de Tolhurst, savourant le calme ambiant. Tolhurst s'était montré très correct. Harry avait été surpris par la vigueur avec laquelle il l'avait tiré à l'intérieur de l'ambassade, tout à l'heure. Il y avait donc des muscles, sous toute cette graisse…

Il promena son regard autour de la pièce. Une table éraflée, une vieille armoire de classement et un placard. De la poussière dans les recoins. Le portrait du roi sur le mur, mais pas de photos personnelles. Il songea à celle de ses propres parents, qui était à présent accrochée dans son appartement. Les parents de Tolhurst sont-ils encore en vie, se demanda-t-il, ou ont-ils eux aussi été fauchés durant la Grande Guerre ? Il ferma les yeux, revit la plage pendant un bref instant, mais la chassa immédiatement de son esprit. Il s'était bien comporté, aujourd'hui ; il n'y a pas longtemps, un incident comme celui-là l'aurait transformé en une loque recroquevillée de terreur sous la table, un trouillard, comme Hoare.

Il se rappela son séjour à l'hôpital de Douvres, sa désillusion et son désespoir. Il était partiellement sourd, et les infirmières devaient hurler pour se faire entendre. Un docteur était venu lui faire passer des tests. Il avait paru satisfait, et s'était penché tout contre le lit pour lui dire :

« Vous devriez retrouver l'ouïe, vos tympans n'ont pas été gravement endommagés. Mais il faut que vous vous reposiez, vous comprenez ? Restez allongé et reposez-vous.

— Je n'ai pas le choix », avait rugi Harry, avant de se souvenir que c'était lui qui était sourd, pas le médecin, et il avait baissé la voix pour ajouter : « Si je sors du lit, je me mets à trembler comme une feuille.

— C'est le choc. Cela aussi finira par s'arranger. »

Et c'était effectivement ce qui s'était passé, grâce à la détermination qui l'avait incité à sortir de son lit, puis de la salle, et enfin à s'aventurer dans le parc. Mais ni sa guérison ni la victoire de la Royal Air Force dans la bataille d'Angleterre n'avaient pu apaiser le sentiment de honte et de rage qui l'habitait depuis la retraite de Dunkerque. Pour la première fois, Harry s'était mis à douter de ce qu'on lui avait enseigné à Rookwood : que les règles en vigueur étaient bonnes et justes, que l'Angleterre était destinée à diriger le monde. C'étaient les fascistes qui triomphaient maintenant, partout. Il les avait toujours détestés, comme, à l'école, il détestait les tricheurs et les brutes. Et cela lui donnait quelque chose à quoi se raccrocher. En cas d'invasion, il se battrait pour son pays, si brisé et divisé qu'il fût. C'était la raison pour laquelle il avait répondu à la demande intempestive des espions et était venu ici, en Espagne. La porte s'ouvrit brusquement et il sursauta. Tolhurst entra dans la pièce, une liasse de papiers sous le bras. « Tiens, vous êtes encore là, Brett ?

— Oui. Je regardais le feu d'artifice. Un de ces crétins s'est pissé dessus.

— Bien fait pour ce petit salopard. Est-ce que vous allez mieux ?

— Oui, merci. J'avais seulement besoin d'une minute de répit pour reprendre mes esprits. » Harry se leva et regarda son habit encore maculé de farine, qui continuait à pleuvoir sur le sol. « Je ferais mieux de me changer. »

Tolhurst ouvrit le placard et en sortit un costume de couleur sombre, passablement froissé, ainsi qu'un chapeau mou. Harry enfila les vêtements. Ils étaient trop larges et sentaient la sueur rance.

« Je devrais le rapporter chez moi pour le repasser, mais j'oublie tout le temps de le faire, dit Tolhurst d'un ton d'excuse.

— Ça ira. Merci. Je crois que je vais rentrer chez moi, si l'on n'a plus besoin de mes services. Je n'ai plus de travail sur mon bureau.

— Très bien. Au fait, les employés de l'ambassade organisent un petit cocktail la semaine prochaine, au Ritz. C'est devenu un repaire de nazis, et nous voulons brandir nos couleurs. Si vous vous joigniez à nous ?

— Très volontiers. Et merci pour tout, Tolhurst.

— Oh, appelez-moi donc Tolly, comme tout le monde.

— Dans ce cas, appelez-moi Harry.

— D'accord. Si vous rentrez chez vous, ne prenez pas le métro, il y a encore une coupure de courant.

— Entendu. Un peu de marche me fera du bien.

— Je donnerai votre habit à nettoyer.

— Merci encore… euh, Tolly. »

Abandonnant Tolhurst à sa besogne, il sortit de l'immeuble. Dehors, la pluie n'avait pas encore repris, mais un vent froid s'était mis à souffler depuis les montagnes. Harry enfonça le chapeau mou sur son crâne et frémit légèrement au contact visqueux de la brillantine poissant l'intérieur. Il se dirigea vers le centre-ville. À la Puerta del Sol, un groupe de mendiants, des gitans, étaient blottis sous un porche. « L'aumône », implorèrent-ils sur son passage. « L'aumône, au nom de Dieu. » Il y avait toujours eu des mendiants en Espagne, mais maintenant, ils semblaient s'être multipliés. Si l'on croisait leur regard, ils se levaient et vous emboîtaient le pas ; il fallait apprendre à les regarder du coin de l'œil, à la périphérie de votre champ de vision. Les instructeurs de Harry lui avaient parlé de la vision périphérique, à l'entraînement : on devait y recourir pour repérer si l'on était suivi, sans que ceux qui vous filaient s'en aperçoivent. Il avait été étonné de découvrir tout ce qu'on pouvait voir sans bouger les yeux, si l'on s'exerçait suffisamment.

Dans la Calle Toledo, un des restaurateurs avait sorti des ordures sur le trottoir en vue du ramassage. Or les poubelles avaient été renversées, et les détritus s'étaient répandus par terre. Une famille fouillait le tas d'immondices, en quête de nourriture : une vieille femme, une plus jeune, qui avait l'air d'être sa fille, et deux enfants au ventre ballonné. La jeune femme avait peut-être été jolie, autrefois, mais ses cheveux noirs étaient gras et dépeignés, et ses joues pâles marbrées de rouge par la phtisie. La petite fille ramassa une pelure d'orange et l'enfourna dans sa bouche, la suçant avec avidité. La vieille s'empara d'un os de poulet et le fourra dans sa poche. Les passants faisaient un détour pour les éviter ; sur le trottoir d'en face, deux gardes civils observaient la scène sous l'auvent d'une boutique. Un prêtre vêtu d'un costume noir impeccable passa d'un pas pressé et détourna les yeux.

La jeune femme était penchée au-dessus des déchets quand une soudaine rafale de vent souleva sa mince robe noire, l'entortillant autour de sa tête. Elle poussa un cri et se redressa, en agitant frénétiquement les bras pour tenter de la rabattre. Elle ne portait pas de sous-vêtements, et son corps maigre, d'une lividité effrayante, ses côtes saillantes et ses seins pendants se trouvèrent brusquement exposés à la vue de tous. La vieille femme accourut et s'efforça maladroitement de lui venir en aide.

Les *civiles* se mirent tout à coup en mouvement. Traversant la rue en hâte, ils se saisirent de la femme. L'un d'eux tira violemment sur la robe ; le tissu se déchira avec un bruit sec, mais retomba néanmoins, couvrant la pauvre femme, qui croisa les bras sur sa poitrine, secouée de tremblements.

« Que fais-tu ? lui hurla un garde en pleine figure. Putain ! » C'était un homme mûr, de grande taille, avec une moustache noire. Il arborait une expression outragée, furibonde.

« C'était un accident, dit la vieille en se tordant les mains. Vous avez bien vu, c'était le vent, je vous en prie, c'était un accident.

— On ne peut pas tolérer ce genre d'accidents ! rugit le garde. Un prêtre est passé, il y a deux minutes à peine. » Empoignant la jeune femme par le bras, il déclara : « Je t'arrête pour outrage public à la pudeur ! »

Elle se prit la tête dans les mains et se mit à pleurer, ses sanglots se transformant bientôt en quintes de toux. La vieille femme implora le *civil*, les mains jointes comme pour la prière. « C'est ma fille, plaida-t-elle. Ma fille ! »

Le plus jeune des deux gardes avait l'air gêné, mais l'autre ne décolérait pas. Il repoussa la vieille sans ménagement. « Fichez le camp, vous autres ! Ces poubelles sont une propriété privée ! Pourquoi ne trouvez-vous pas du travail ? *¡ Vete!* »

La vieille femme prit les enfants par la main, et, tremblante, regarda sa fille s'éloigner, tête basse, entre les deux *civiles*. Écœuré, Harry les suivit des yeux, n'arrivant pas à croire qu'une telle scène avait pu se produire dans une rue bordée de hauts immeubles de pierre, au cœur d'une cité moderne d'Europe.

C'est alors qu'il aperçut l'homme – un petit homme maigre aux cheveux noirs, avec une veste sombre et une chemise blanche sans col, qui s'engouffra dans un magasin en surprenant son regard. Harry se détourna et reprit son chemin, feignant de ne pas l'avoir vu.

Devant lui, un agent de la circulation en uniforme et casque blancs se tenait au milieu de la chaussée. Les piétons étaient censés attendre son signal pour traverser, mais beaucoup fonçaient dès qu'il tournait la tête, au mépris de la circulation et des deux pesetas d'amende. Harry s'arrêta pour regarder vers la gauche, puis vers la droite. L'homme était à dix pas derrière lui. Il avait un visage pâle et carré, avec des traits étonnamment fins.

En voyant Harry regarder dans sa direction, il se troubla un instant, puis le dépassa rapidement, tête baissée.

Harry traversa la chaussée au pas de course, se faufilant entre une carriole tirée par un âne et une antique Ford. Qui que fût cet individu, il n'était pas très doué. Bien que troublé par l'incident auquel il venait d'assister, Harry repensa à ce qu'on lui avait dit : il devait s'attendre à être suivi ; tous les employés de l'ambassade étaient surveillés. Comme je ne suis qu'un subalterne, peut-être m'a-t-on attribué un espion débutant, se dit-il, sarcastique.

Il ne se retourna plus avant d'avoir atteint la porte de son immeuble, bien que cela lui demandât un effort. Il se sentait en colère, à présent, autant qu'effrayé. Quand il tourna enfin la tête, l'homme avait disparu. Il gravit l'escalier et ouvrit sa porte, sursautant violemment lorsqu'une voix appela de l'intérieur de l'appartement :

« Harry, c'est vous ? »

Tolhurst était assis sur le canapé du salon. « Désolé de m'être introduit chez vous, mon vieux. Je vous ai fait peur ? Simplement, j'ai reçu un message de Hillgarth, et il voulait que je vous le transmette sans attendre. C'est arrivé juste après votre départ, alors j'ai pris ma voiture pour venir jusqu'ici.

— Ce n'est rien », murmura distraitement Harry. Il se dirigea vers la fenêtre et scruta la rue en dessous de lui. « Bon sang, je n'arrive pas à le croire, il est là ! J'ai été suivi, venez voir par vous-même.

— Okay. N'écartez pas le rideau, mon vieux », dit Tolhurst en se levant pour le rejoindre. Côte à côte, ils observèrent le jeune homme, qui arpentait la rue et regardait les numéros des immeubles en se grattant la tête. Tolhurst eut un petit rire.

« Certains de ces types sont vraiment incompétents.

— Un espion d'espion, murmura Harry d'un ton calme.

— C'est comme ça, rétorqua Tolhurst, en le regardant d'un air grave. Écoutez, il y a un changement de programme. Le capitaine Hillgarth désire que vous vous occupiez de Forsyth dès maintenant. Vous irez au Café Rocinante demain après-midi, pour voir si vous pouvez établir le contact. Présentez-vous à l'ambassade demain à neuf heures pour recevoir vos instructions. Entendu ? » s'enquit-il en le fixant d'un regard pénétrant.

Harry prit une profonde inspiration avant de répondre. « Entendu. C'est pour cela que je suis venu, n'est-ce pas ? ajouta-t-il avec un sourire ironique.

— Bien. Et faites en sorte de vous débarrasser de votre copain, reprit-il, avec un geste de la tête en direction de la rue.

— Pourquoi ce changement de programme ?

— Hitler se rend en France pour rencontrer Pétain. On murmure qu'il viendrait ici ensuite. Tout ça est ultra-secret, soit dit en passant. »

Reprenant son sérieux, Harry murmura : « Ainsi, Franco pourrait être sur le point d'entrer dans le conflit…

— Il penche dans cette direction, en tout cas, acquiesça Tolhurst. Nous devons recueillir le plus de renseignements possible sur tout ce qui se passe.

— Je comprends, opina Harry, la mine sombre.

— Je ferais mieux de retourner à l'ambassade, à présent, pour dire à Hillgarth que vous avez eu son message. » Promenant son regard sur les murs nus, Tolhurst ajouta : « Vous devriez recouvrir tous ces espaces vides. Nous avons toutes sortes de gravures à l'ambassade, si cela vous intéresse. » Il arqua les sourcils d'un air sardonique avant de conclure : « Soyons optimistes, et espérons que nous n'allons pas tous être jetés dehors, ou pire. »

Après son départ, Harry se posta de nouveau à la fenêtre. Il avait recommencé à pleuvoir, de petites gouttes s'écrasaient sur les vitres. L'espion avait disparu ; sans doute se cachait-il quelque part en attendant sa réapparition. Harry repensa à la pauvre femme qui avait été arrêtée sous ses yeux. Où était-elle, à présent ? Dans quelque cellule puante, probablement. L'incident semblait cristalliser tout ce qu'il avait pu voir ces derniers jours, et Harry prit soudain conscience qu'il n'était plus neutre : il haïssait le régime de Franco.

Ses pensées se tournèrent vers Sandy et la rencontre du lendemain. Il imagina les tanks allemands franchissant les Pyrénées, l'Espagne une nouvelle fois en guerre, et se demanda d'où l'ambassade tenait cette information. Peut-être cela avait-il un rapport avec les propos sibyllins de Hillgarth et de Maestre. Juan March, le milliardaire véreux, avait financé Franco pendant la guerre civile, toutefois il se pouvait qu'il fût toujours pro-anglais, comme Maestre. Harry se demanda aussi ce qu'étaient ces chevaliers de St. Georges ; s'agissait-il d'une sorte de code ? Hoare lui avait dit d'oublier tout cela, mais pourquoi Hillgarth et lui manifestaient-ils une telle inquiétude à l'idée qu'il pourrait bavarder ? Il haussa les épaules. Mieux valait commencer à se préparer pour la tâche qui l'attendait : sa rencontre avec Sandy – qui tirait profit de la situation infernale où se trouvait l'Espagne.

À quoi ressemblait-il, à présent ? s'interrogea Harry,

repensant à cette année singulière, durant laquelle il avait partagé une salle d'étude avec lui, à Rookwood...

L'incident de l'araignée dans le bureau de Taylor avait marqué le début d'une période difficile. Harry se sentait mal à l'aise, perturbé dans ses habitudes. Bernie avait été placé dans une autre salle d'étude, mais leur amitié demeurait intacte. Bernie et Sandy se vouaient une aversion réciproque, qui ne se fondait sur rien de précis ; c'était une réaction viscérale, instinctive. Certes, les querelles et les rivalités entre élèves n'étaient pas rares, mais cette hostilité était d'autant plus déconcertante qu'elle ne se traduisait pas par des bagarres ou des disputes, seulement par des regards froids et des réflexions sarcastiques. Pourtant, Bernie et Sandy se ressemblaient, par certains côtés. Ils avaient en commun un profond mépris pour Rookwood et ses valeurs ainsi que pour le système – au grand déplaisir de Harry.

Bernie taisait désormais ses sympathies socialistes, car il savait que la majorité des autres garçons auraient jugé ses idées non seulement de mauvais goût, mais aussi incompréhensibles. Il continuait à avoir des bonnes notes en classe : il était intelligent, comme devaient forcément l'être les boursiers qui entraient à Rookwood. Son jeu agressif, au rugby, lui valut d'intégrer l'équipe junior. Mais il laissait parfois transparaître sa haine pour Rookwood, et il en parlait alors à Harry en termes très durs, avec un dédain glacial.

« Ils nous préparent à devenir membres de la classe dirigeante », avait-il expliqué à Harry un après-midi. Le temps était humide, et ils se trouvaient dans la salle d'étude de Harry. Bernie et lui étaient assis à la table, et Sandy lisait au coin du feu. « Nous sommes selon eux destinés à gouverner les ouvriers ici, et les indigènes dans les colonies.

— Il faut bien que quelqu'un le fasse, avait rétorqué Harry. J'envisage moi-même de postuler un emploi au ministère des Colonies, en sortant d'ici. Mon cousin pourrait me pistonner.

— Oh, Seigneur ! s'était exclamé Bernie, avec un rire moqueur.

— Être commissaire de district n'a rien d'une sinécure. Mon oncle a un ami qui a vécu pendant des années en Ouganda. C'était le seul Blanc à des kilomètres à la ronde, et il est revenu avec la malaria. Certains en meurent parfois.

— Et d'autres se font un joli magot, avait répliqué Bernie, méprisant. Tu devrais t'entendre, Harry. “Mon cousin pourrait me pistonner. Mon oncle a un ami.” Aucune des personnes de mon entourage n'a de cousins ou d'oncles capables de les aider à gouverner un morceau de l'Afrique.

— Et les socialistes sont sans doute plus compétents, n'est-ce pas ? Ces crétins de MacDonald et de Snowden ?

— Ce sont des vendus. Des faibles. Ce qu'il nous faut, c'est un socialisme dur, comme en Russie. »

Sandy avait alors relevé les yeux en ricanant. « Crois-tu que ce soit mieux, en Russie ? C'est sans doute pareil qu'ici, en pire.

— Comment peux-tu comparer Rookwood à la Russie ? avait demandé Harry, en fronçant les sourcils.

— Le système est basé sur des mensonges, ici comme là-bas, avait répondu Sandy, avec un haussement d'épaules. Ils prétendent nous donner une éducation, alors qu'en fait ils essaient simplement de nous faire gober leurs idées, exactement comme les Russes avec leur propagande. Ils nous disent quand nous devons nous coucher et nous lever, comment nous devons parler, comment nous devons penser. Les gens comme toi, Harry, n'y voient pas d'inconvénient, mais Piper et moi, nous sommes différents », avait-il ajouté en fixant Bernie de ses yeux noisette, pétillants d'un humour malveillant.

« Tu racontes vraiment des conneries, Forsyth, avait riposté Bernie. Tu te crois différent parce que tu sors en cachette le soir pour aller boire avec Piers Knight et ses copains. Moi, je veux la liberté pour la classe ouvrière, celle à laquelle j'appartiens. Et notre jour va bientôt arriver.

— Ce jour-là, je suppose que vous m'enverrez à la guillotine ?

— Peut-être. »

Sandy s'était lié avec une bande d'élèves de seconde et première, qui se rendaient dans la ville voisine pour boire et, disaient-ils, rencontrer des filles. Bernie les considérait comme des bons à rien, et Harry l'approuvait, même si, depuis la tentative de Taylor pour le recruter comme espion, il comprenait un peu mieux le point de vue de Sandy : être le mouton noir, celui qu'on devait tenir à l'œil en permanence, n'était pas un statut enviable. Sandy ne se donnait aucun mal ; son comportement vis-à-vis des enseignants et du travail scolaire dissimulait mal le mépris qu'ils lui inspiraient.

Ce trimestre-là, Harry s'était mis à partir tout seul pour de longues promenades. Il affirmait que parcourir les bois et les landes crayeuses du Surrey lui éclaircissait les idées. Par un après-midi pluvieux de novembre, au détour d'un chemin, il avait eu la surprise de découvrir Sandy Forsyth accroupi sur le sol, tournant et retournant une pierre ronde entre ses mains.

« Salut, Brett, avait-il dit en levant les yeux.

— Que fais-tu ? Tu as mis de la craie partout sur ton blazer.

— Aucune importance. Regarde ça. » Il s'était redressé et lui avait tendu la pierre. À première vue, ce n'était qu'une sorte de silex de couleur sombre, mais, en regardant mieux, Harry s'était aperçu qu'elle était couverte de cercles concentriques formant une spirale.

« Qu'est-ce que c'est ? »

Sandy avait souri, non pas de son habituel sourire cynique, mais d'un large sourire empli de satisfaction. « C'est une ammonite, un fossile marin. Autrefois, il y avait une mer, ici, et elle était remplie de bestioles comme celle-ci. À sa mort, elle a coulé et a été enfouie dans les fonds marins, où sa coquille s'est transformée en pierre avec le temps. Tu ne peux même pas imaginer l'âge qu'elle peut avoir. Des millions d'années, sûrement.

— Je ne savais pas que les fossiles pouvaient ressembler à ça. Je croyais que c'étaient de gigantesques dinosaures.

— Oh, il y en a eu également dans le coin. Les premiers fossiles de dinosaure ont été trouvés tout près d'ici, il y a un siècle, par un type du nom de Mantell. » Le sourire de Sandy s'était fait sardonique, et il avait poursuivi : « Il n'était pas très populaire, dans certains cercles. Les fossiles contredisaient la théorie de l'Église selon laquelle la Terre n'était vieille que de quelques milliers d'années. Mon père continue de croire que c'est Dieu qui a lui-même déposé les fossiles dans le sol, pour mettre la foi des hommes à l'épreuve. C'est un anglican on ne peut plus traditionnel. »

Harry n'avait encore jamais vu Forsyth ainsi – le visage brillant d'enthousiasme, l'uniforme maculé de craie, ses épais cheveux noirs, d'ordinaire soigneusement peignés, se dressant en petites touffes sur son crâne. Sandy avait de nouveau souri, puis repris : « Je viens souvent ici pour chercher des fossiles. Celui-ci est particulièrement beau. Je n'en parle pas aux autres, ils me prendraient pour une tête d'œuf. »

Harry avait examiné la pierre, ôtant avec ses doigts la boue qui recouvrait les volutes. « C'est étonnant. » Il la trouvait extraordinairement belle, mais c'étaient des mots qui n'avaient pas cours à Rookwood.

« Viens avec moi un de ces jours, si ça t'intéresse, avait proposé Sandy d'un ton hésitant. J'ai démarré une collection. J'ai une pierre vieille de trois cents millions d'années, avec une mouche à l'intérieur. Les insectes et les araignées sont aussi vieux que les dinosaures, ils existaient bien avant nous. » Il s'était interrompu et avait rougi, gêné d'avoir ainsi dévoilé sa passion.

« C'est vrai ?

— Oh oui. Et ils seront encore là quand nous aurons disparu », avait-il ajouté en promenant son regard sur les Downs.

« Taylor a peur des araignées.

— Qu'est-ce que tu as dit ? s'était esclaffé Sandy.

— J'ai découvert ça, l'autre jour », avait expliqué Harry en s'empourprant. Il regrettait déjà ses paroles.

« Ce vieux crétin ! Je deviendrai chercheur de fossiles, quand je sortirai de ce trou, je partirai en expédition dans des endroits comme la Mongolie. Je veux vivre des aventures, très loin d'ici », avait-il ajouté avec un sourire.

Et c'était ainsi qu'ils étaient en quelque sorte devenus amis. Ils faisaient de longues promenades à la recherche de fossiles, et Harry n'ignorait plus rien des formes de vie qui avaient peuplé les mers recouvrant jadis ces coteaux qu'ils arpentaient à présent. Sandy était un érudit en la matière. Une fois, il avait trouvé la dent d'un dinosaure, un iguanodon, dans le flanc d'une carrière. « C'est très rare, avait-il déclaré, exultant. Et ça vaut très cher. Je l'apporterai au Muséum d'histoire naturelle pendant les vacances. »

L'argent avait beaucoup d'importance pour Sandy. Son père lui versait une somme généreuse en argent de poche, mais il désirait davantage. « Il faut de l'argent pour pouvoir faire ce que tu veux dans la vie, avait-il déclaré. Plus tard, je compte bien gagner plein de fric.

— En ramassant des os de dinosaure ? » avait demandé Harry. Ils étaient en train d'explorer l'une des anciennes exploitations de minerai de fer éparpillées dans la forêt. Sandy avait contemplé l'horizon, les arbres bruns et nus ; c'était au début de l'hiver, par une journée calme et froide.

« Je commencerai d'abord par faire fortune.

— Je crois que je ne me préoccupe pas vraiment de l'argent.

— Piper dirait que c'est parce que tu n'en manques pas. Comme nous tous ici. Mais c'est l'argent de la famille. Je veux en gagner par moi-même.

— Tout l'argent que j'ai m'a été légué par mon père. J'aurais aimé le connaître, mais il a été tué pendant la guerre.

— Mon père était aumônier sur le front de l'Ouest, avait répondu Sandy, en reportant ses yeux sur l'horizon. Il était là pour raconter à tous ces pauvres bougres de soldats que Dieu était avec eux, avant qu'ils partent à l'assaut. Mon frère Peter marche sur ses traces, il est à la fac de théologie pour le moment, et après ça il rejoindra l'armée. Il était chef de classe à Braildon, capitaine de l'équipe, premier prix de grec et tout ça. Mais il est stupide, avait-il poursuivi, s'assombrissant soudain. Aussi stupide avec sa religion que Piper avec son socialisme. Ce ne sont que des bêtises. » Il s'était retourné vers Harry, une lueur étrange, farouche, dans les yeux. « Ma mère est partie quand j'avais dix ans, tu sais. Ils n'en parlent jamais, mais je crois que c'est parce qu'elle ne supportait plus ces foutaises. Elle disait tout le temps qu'elle voulait s'amuser, profiter de la vie. Je me souviens que j'avais du chagrin pour elle, parce que je savais que sa vie n'avait rien d'amusant.

— Où est-elle, à présent ? s'était enquis Harry, que cette révélation avait mis mal à l'aise.

— Ils n'en savent rien, avait répondu Sandy en haussant les épaules. Ou ils ne veulent pas le dire. » Il avait découvert ses dents blanches et carrées dans un large sourire. « Mais il faut profiter de la vie, elle avait raison. Pourquoi ne sors-tu pas avec moi et ma bande ? On retrouve quelquefois des filles, en ville », avait-il ajouté en remuant les sourcils de façon suggestive.

« Et vous faites quoi, quand vous êtes avec elles ? avait demandé Harry, d'un ton mal assuré.

— Tout.

— Tout ? Vraiment ? »

Sandy avait ri, et sauté à bas du rocher sur lequel il était assis. « Non, pas vraiment, avait-il avoué, en lui assenant une claque sur le bras. Mais on le fera, un jour. Je veux être le premier. »

Harry avait donné un coup de pied dans un caillou, en grommelant : « Je ne veux pas m'attirer des ennuis, ça n'en vaut pas la peine.

— Allez », avait insisté Sandy, et Harry avait alors pris conscience de l'ascendant que son nouvel ami exerçait sur lui. « Je prévois tout, je veille toujours à ce que personne ne nous voie sortir, et nous n'allons jamais dans des endroits où nous risquons de rencontrer les profs – ou alors, si ça arrivait, ils seraient encore plus embêtés que nous, avait-il expliqué en riant.

— Des bouges ? Je ne suis pas sûr que ça me plairait.

— Nous ne nous ferons pas prendre. Je me suis fait pincer, à Braildon, mais je suis devenu plus prudent. C'est marrant de savoir qu'ils surveillent tous tes gestes, et que tu arrives quand même à les rouler.

— Pourquoi as-tu été renvoyé de Braildon ?

— J'étais en ville et un prof m'a vu sortir d'un pub. Il m'a dénoncé, et j'ai eu droit au boniment habituel : pourquoi n'étais-je pas comme mon frère, qui était tellement meilleur que moi, et blablabla. » Ses yeux avaient retrouvé leur éclat dur, et il avait poursuivi : « Mais je me suis bien vengé.

— Comment ? »

Sandy s'était rassis et avait croisé les bras. « Ce prof, Dacre, c'était un jeune type ; il avait une petite voiture rouge, et il se baladait là-dedans, fier comme Artaban. Je sais conduire. Une nuit, je me suis faufilé dans le garage des profs et j'ai pris la bagnole. Il y a une colline avec une forte pente, près de l'école. J'ai conduit la voiture tout en haut, j'ai sauté, et elle a continué à descendre à toute allure. » Avec un sourire radieux, toutes dents dehors, il ajouta : « C'était fantastique de la voir dévaler la pente en écrasant les buissons. Elle a heurté un arbre, et l'avant s'est replié comme si c'était du carton.

— Seigneur ! C'était dangereux.

— Pas vraiment, si tu t'y connais un peu. L'ennui, c'est qu'en sautant de la voiture je me suis entaillé le visage sur une branche. En voyant ça, ils ont vite pigé. Mais ça en valait la peine, et ça m'a permis de m'échapper de Braildon. Je pensais qu'aucune école n'accepterait de me prendre, après ça, mais mon père a fait jouer ses relations, et je me suis retrouvé ici. Pas de veine.

— Je crois que c'est pousser les choses un peu loin, avait murmuré Harry, en creusant le sol du bout de sa chaussure. Détruire la voiture de quelqu'un…

— Fais aux autres ce qu'ils voudraient te faire, avait répliqué Sandy, impassible.

— Ce n'est pas ce que dit la Bible !

— C'est ce que moi, je dis, avait rétorqué Sandy en haussant les épaules. Allez, viens, il vaut mieux être de retour avant l'appel, sinon nous aurons des ennuis avec nos bons maîtres, pas vrai ? »

Ils étaient demeurés silencieux sur le chemin du retour. Le soleil hivernal se couchait lentement, teintant de rose les flaques qui parsemaient le sentier boueux. Quand ils avaient atteint la route, les hauts murs de l'école étaient apparus au loin, et Sandy s'était tourné vers Harry en disant : « Sais-tu d'où venait l'argent qui a permis de fonder cette école, et de créer des bourses d'étude pour les gens comme Piper ?

— Il a été donné par de riches négociants, il y a deux cents ans, non ?

— Oui. Mais sais-tu en quoi consistait principalement leur commerce ?

— La soie, les épices et les trucs comme ça ?

— Les esclaves. C'étaient des marchands d'esclaves. Ils capturaient des nègres en Afrique et les expédiaient vers l'Amérique. J'ai trouvé un livre là-dessus, à la bibliothèque. C'est étonnant tout ce qu'on peut dénicher, en cherchant un peu. Des choses que les gens préfèrent cacher, et qui peuvent se révéler utiles, un jour ou l'autre. » Et il avait souri de nouveau, d'un air énigmatique.

Les ennuis avaient commencé quelques semaines plus tard, pendant un cours de Taylor. Il leur avait donné une version latine à préparer, et Sandy avait bâclé son travail. Quand il avait été interrogé, il avait débité un chapelet d'absurdités qui avaient soulevé les rires de la classe. D'autres élèves en auraient été humiliés, mais Sandy s'était rassis en arborant un sourire narquois, et avait joint son rire aux autres. Taylor était entré en fureur, et avait fulminé, le visage empourpré :

« Vous n'avez même pas essayé de traduire ce texte, Forsyth. Vous êtes aussi intelligent que n'importe qui dans cette classe, mais vous ne faites aucun effort.

— Oh non, monsieur, avait répondu Sandy d'un air sérieux. J'ai trouvé cette version très difficile, monsieur.

— Vous pensez pouvoir vous montrer insolent en toute impunité, n'est-ce pas ? Vous nous prenez peut-être pour des idiots, mais nous avons l'œil sur vous.

— Merci, monsieur », avait répliqué Sandy, d'un air effronté. Les élèves s'étaient esclaffés une nouvelle fois, mais Harry s'était rendu compte que Forsyth avait dépassé les bornes. Il n'aurait pas dû provoquer Taylor de la sorte.

Le professeur s'était dirigé vers son bureau et s'était emparé de sa baguette. « C'est de l'impertinence pure et simple, Forsyth. Venez ici ! »

Sandy avait pincé les lèvres. Visiblement, il ne s'était pas attendu à une telle réaction : il était rare, en effet, de battre un élève en public. « Je pense que ce n'est pas juste, monsieur.

— Je vais vous en donner, de la justice ! » Taylor s'était rué sur Sandy et l'avait soulevé de sa chaise en l'empoignant par le col. Sandy n'était pas très grand, mais il était robuste, et Harry s'était demandé l'espace d'un instant s'il allait opposer une résistance. Contre toute attente, il s'était passivement laissé traîner vers le devant de la salle. Toutefois, quand il s'était courbé au-dessus du bureau du professeur et que Taylor, les lèvres crispées de colère, avait abattu la baguette sur son dos à plusieurs reprises, Harry avait vu les yeux de son camarade étinceler d'une rage si féroce qu'il en avait frémi.

Après la classe, Harry était monté vers la salle d'étude et y avait trouvé Sandy appuyé sur la table, le visage pâle, la respiration haletante.

« Ça va ? lui avait-il demandé.

— Ça ira. » Sandy était resté silencieux un moment, et il s'était tortillé en grimaçant de douleur. « Tu vois, Harry ? Tu vois comment ils nous tiennent ?

— Tu n'aurais pas dû le provoquer.

— Je me vengerai, avait marmonné Sandy.

— Ne sois pas stupide. Comment pourrais-tu le faire ?

— Je trouverai bien un moyen. »

Les élèves prenaient leur repas dans le réfectoire, sur de longues tables présidées par le professeur principal. Un soir, une semaine plus tard, Harry avait constaté que Sandy et Taylor étaient tous deux absents. Sandy n'était pas reparu ce soir-là, et c'était un autre professeur qui leur avait fait cours le lendemain matin. Il leur avait annoncé qu'Alexander Forsyth ne reviendrait plus, et qu'il avait été chassé pour avoir agressé M. Taylor, qui était en congé de maladie. Les garçons l'avaient harcelé de questions, mais le maître avait répondu, un spasme de dégoût passant sur son visage, que l'affaire était trop déplaisante pour être évoquée. Ce fut ce matin-là que Harry aperçut par la fenêtre l'évêque Forsyth traversant la cour, la mine sévère, l'expression tendue. À côté de Harry, Bernie avait chuchoté : « Je me demande ce qu'a bien pu faire Forsyth. Bon débarras, en tout cas. J'espère qu'on me laissera revenir dans la salle d'étude. »

Au repas de midi, les garçons avaient discuté avec animation, en émettant des hypothèses sur ce qui s'était passé. Harry s'était abstenu de déjeuner et s'était rendu dans le dortoir. Sandy était là, comme il s'y attendait, en train d'empaqueter soigneusement sa collection de fossiles pour la ranger dans sa valise. Il avait adressé à Harry un petit sourire cynique.

« Salut, Brett. Tu es au courant ?

— J'ai appris que tu partais, oui. Qu'est-ce que tu as fait ? On n'a pas voulu nous le dire. »

Sandy s'était assis sur son lit, sans cesser de sourire. « La meilleure revanche que j'aie jamais prise. C'est toi qui m'en as donné l'idée, en fait… les araignées.

— Quoi ?

— Tu te rappelles, le jour où nous étions allés

chercher des fossiles, quand je t'avais dit que les insectes et les araignées étaient aussi vieux que les dinosaures ? »

Harry avait brusquement senti son cœur se serrer. Il s'était souvenu de Taylor, lui demandant d'espionner Sandy. Il n'en avait jamais parlé à personne, et Taylor s'était toujours montré distant envers lui, après cela.

« Tu es déjà allé dans le grenier ? avait repris Sandy d'un ton enjoué. C'est plein de toiles d'araignée, là-haut. Et là où il y a des toiles, il y a des araignées. J'en ai rempli une pleine boîte à biscuits, en choisissant les plus grosses. Et puis, hier, je me suis faufilé dans le bureau de Taylor, pendant qu'il était dans la salle des profs. J'en ai mis partout, poursuivit-il en riant. Dans ses tiroirs, dans le coffret à cigarettes sur son bureau, même dans ses vieilles savates qui puent le fromage. Ensuite, je suis allé dans le bureau d'à côté, tu sais, celui qui est vide depuis que le vieux Henderson a pris sa retraite, à Noël. Je me suis planqué là et j'ai attendu. Je savais qu'il se pointerait à quatre heures pour corriger ses copies. Je voulais l'entendre hurler de peur. »

Harry avait serré les poings. En se servant de ce qu'il lui avait révélé, Sandy l'avait rendu en partie responsable de son agression. « Et il a hurlé ? avait-il demandé.

— Non, avait répondu Sandy avec un haussement d'épaules. Les choses ne se sont pas passées comme je l'espérais. Je l'ai entendu arriver et refermer sa porte, et puis aucun bruit, le silence total. Je pensais : allez, vieux salaud, tu as dû les voir, à présent. Et tout à coup, j'ai entendu la porte se rouvrir, et un bruit de pas traînants, comme s'il était ivre, puis un choc. Après, il y a eu un drôle de petit cri plaintif, comme un miaulement. Le cri est devenu plus fort, il s'est transformé en un gémissement aigu, et des profs sont sortis de leur bureau. J'ai entendu Jevons dire : "Que se passe-t-il ?" et puis, la voix de Taylor : "Dans mon bureau… C'en est plein." Alors Williams est allé voir, et il a crié que c'était rempli d'araignées.

— Bon sang, Sandy, pourquoi as-tu fait ça ?

— Pour me venger, bien entendu, avait tranquillement rétorqué Sandy. Je t'avais dit que je lui rendrais la pareille. Quoi qu'il en soit, ensuite, j'ai entendu Taylor crier qu'il allait être malade ; Williams a dit qu'il fallait l'emmener dans le bureau inoccupé, et la seconde d'après ils étaient tous là, en train de me regarder d'un air ahuri. Mais ça en valait presque le coup, rien que de voir la tête de Taylor, avait-il poursuivi en souriant. Il avait vomi, il était pâle comme un mort et sa toge était couverte de dégueulis. Et alors, Williams m'a empoigné en disant : "Je te tiens, petit salopard." »

Sandy avait fermé sa valise et s'était levé. « Le proviseur a raconté que Taylor avait fait la guerre et que ça l'avait traumatisé. Il avait vu des araignées sur un cadavre, ou quelque chose comme ça. Comment aurais-je pu le deviner ? Bref, c'est terminé, je rentre chez moi, avait-il poursuivi. Papa a essayé de plaider ma cause, mais il n'y a rien eu à faire. Ça va, Harry, pas la peine de prendre cet air fâché. Je n'ai pas dit que c'était toi qui m'avais parlé de sa peur des araignées. J'ai refusé de leur expliquer comment je le savais.

— Ce n'est pas ça. C'était un sale tour à lui faire, et c'est moi qui t'en ai donné l'idée.

— Je ne pouvais pas savoir qu'il allait devenir timbré ! Enfin, il a été envoyé dans une espèce de sanatorium, et moi, je me suis fait virer. C'est la vie. Je me doutais que ça arriverait un jour ou l'autre. » Il avait lancé à Harry un regard étrange, et celui-ci avait aperçu, fugitivement, des larmes couler sur ses joues. « C'est ma destinée, tu vois, d'être toujours le vilain petit canard. Je ne pourrais pas l'éviter, même si je le voulais. »

Harry se redressa en sursaut ; il s'était assoupi sur le canapé. Et il avait rêvé qu'il était prisonnier dans la salle d'étude, ou quelque chose comme ça. Une tempête faisait rage au-dehors, et Sandy, Bernie, et plein d'autres cognaient contre la vitre, le suppliant de les laisser entrer… Il frissonna. Il faisait vraiment froid à présent, et presque nuit. Il se leva et alla tirer les rideaux. Les immeubles, les rues, tout était tellement silencieux que cela l'angoissait. Il contempla la place déserte ; la statue manchote n'était plus qu'une forme indistincte dans la lumière blafarde des réverbères. Rien ne bougeait, pas même un chat, et Harry s'aperçut brusquement qu'il n'avait pas vu un seul matou depuis son arrivée. Peut-être, comme les pigeons, avaient-ils tous été mangés. Aucun signe de l'homme qui le filait : on l'autorisait probablement à rentrer chez lui, le soir.

Il se demanda soudain si leurs anciens professeurs, à Rookwood, avaient appris ce qui était arrivé à Bernie. Si c'était le cas, sans doute n'en avaient-ils été ni surpris ni attristés. Et le destin de Sandy, ou autre chose, l'avait fait échouer ici – où, dès le lendemain, lui-même serait chargé de l'espionner, comme il avait refusé de le faire autrefois. Jebb lui avait dit que c'était M. Taylor qui leur avait indiqué son nom, se rappela-t-il alors, et cette ironie lui arracha un morne sourire. La boucle était bouclée ; peut-être la notion de destinée n'était-elle pas si erronée, en fin de compte ?

8

Ce même après-midi, Barbara fit une longue promenade. Elle se sentait nerveuse et inquiète, comme chaque jour depuis sa rencontre avec Luis. Le temps était assez beau, après les récentes averses, mais encore frais, et, pour la première fois depuis le printemps, elle mit son manteau.

Elle alla jusqu'au parc du Retiro, qui avait été réaménagé à la fin de la guerre civile. On avait planté de nouveaux arbres afin de remplacer ceux qui avaient été coupés pendant le siège pour être transformés en bois de chauffage. C'était redevenu un lieu de rendez-vous pour les femmes de la bonne société madrilène.

À présent que le temps s'était rafraîchi, seules les plus courageuses ou les plus esseulées se rassemblaient sur les bancs pour échanger des potins. Barbara reconnut l'épouse d'un des amis de Sandy et lui adressa un signe de tête, mais poursuivit son chemin en direction du zoo, tout au fond du parc. Elle préférait rester seule.

Le zoo était pratiquement désert. Elle s'assit près du bassin des otaries et alluma une cigarette. Elle avait entendu dire que les animaux avaient terriblement souffert pendant le siège, et que beaucoup étaient morts de faim. Mais il y avait un nouvel éléphant, maintenant, offert par El Generalísimo en personne. Sandy était un aficionado des courses de taureaux, mais il avait eu beau tenter de lui démontrer à maintes reprises la beauté de la tauromachie, l'adresse et le courage qu'elle requérait, Barbara ne supportait pas le spectacle de la puissante bête torturée et mise à mort, des chevaux éventrés qui agonisaient en battant convulsivement le sable de leurs pattes. Elle avait assisté à deux corridas, puis fermement refusé d'y retourner. Sandy avait ri et lui avait dit de ne jamais en parler à leurs amis espagnols, car ils prendraient cela pour une preuve de sensiblerie excessive, typiquement anglaise.

Elle tordit machinalement l'anse de son sac à main en crocodile. Ces derniers temps, toutes sortes de pensées critiques à l'égard de Sandy lui venaient à l'esprit. C'était injuste, car elle l'avait mis en danger par sa duplicité : si ce qu'elle avait fait venait à se savoir, cela risquait de détruire sa carrière. Elle oscillait sans cesse entre la culpabilité et la colère contre la vie étouffante qu'elle menait désormais, la façon qu'il avait de vouloir tout diriger.

Le lendemain de son entrevue avec Luis, elle s'était rendue au bureau de l'*Express*, à la Puerta del Sol, et avait demandé à voir Markby. On lui avait déclaré qu'il était parti dans le Nord, pour faire un reportage sur les troupes allemandes arrivant de France et raflant sur leur passage toutes les provisions disponibles.

Peut-être serait-elle donc obligée de se débrouiller seule avec Luis. Pourquoi lui avait-il raconté qu'il avait passé deux hivers à Cuenca ? Leur avait-il menti de bout en bout, à elle et à Markby, pour leur soutirer de l'argent ? Il lui avait paru nerveux et mal à l'aise pendant leur conversation, mais il avait été très ferme sur le montant de la somme exigée.

Une femme en manteau de fourrure arriva, flanquée d'un petit garçon d'une huitaine d'années, qui portait l'uniforme de la *flecha*, la section des benjamins des jeunesses phalangistes. En apercevant les otaries, il quitta sa mère pour se ruer vers la fosse, brandissant son fusil de bois dans leur direction. « *Bang, bang !* cria-t-il. Mourez, sales rouges ! »

Barbara frémit. Sandy affirmait que les membres des jeunesses phalangistes n'étaient que des boy-scouts, mais, parfois, elle se mettait à en douter.

En la voyant, le garçonnet vint se planter devant elle et tendit le bras pour faire le salut fasciste. « Bonjour, *señora ! ¡ Viva Franco !* Puis-je faire quelque chose pour vous ?

— Non, merci, je vais bien », répondit Barbara avec un sourire las.

La mère de l'enfant les rejoignit et le prit par la main. « Viens, Manolito, l'éléphant est par là. » Elle adressa un signe de tête à Barbara et ajouta : « Les enfants sont fatigants, non ? »

Barbara se borna à lui adresser un sourire hésitant.

« Mais ils sont une bénédiction de Dieu, reprit la femme.

— Viens maman, les éléphants, les éléphants ! » hurla le gamin en la tirant par le bras.

Barbara les regarda s'éloigner. Sandy ne voulait pas d'enfant. Elle avait trente ans maintenant et n'en aurait probablement jamais. Elle se rappela qu'autrefois elle avait désespérément désiré un enfant de Bernie, repensa à ces jours d'automne près de lui, dans la Madrid rouge.

Cela remontait à quatre ans seulement, et pourtant cela ressemblait déjà aux souvenirs d'une autre époque…

Le premier soir, dans le bar, Bernie lui était apparu comme une créature exotique et hors du commun. Ce n'était pas seulement à cause de sa beauté : le contraste entre son accent distingué et son uniforme crasseux ajoutait encore à la sensation d'irréalité.

« Qu'est-il arrivé à votre bras ? lui avait-elle demandé.

— J'ai pris une balle dans l'aile à la Casa de Campo. Mais c'est presque guéri, à présent, l'os a seulement été éraflé. Je suis en congé de maladie, je loge chez des amis à Carabanchel.

— La banlieue que les nationalistes sont en train de bombarder ? J'ai entendu dire qu'on se battait, là-bas.

— Oui, dans la partie la plus éloignée de la ville. Mais les gens qui vivent ailleurs refusent de bouger. Ils sont magnifiques, avait-il ajouté en souriant, si courageux ! J'ai fait la connaissance de cette famille lors d'un séjour ici, il y a cinq ans. Le fils aîné est membre de la milice de la Casa de Campo. Sa mère lui apporte un repas chaud tous les jours.

— N'avez-vous pas envie de rentrer chez vous ? »

L'expression de Bernie s'était durcie. « Je resterai ici jusqu'à la fin. Jusqu'à ce que Madrid soit devenue le tombeau du fascisme.

— Il semblerait que les Russes envoient davantage de matériel, maintenant.

— Oui. Nous allons repousser Franco. Et vous, que faites-vous ici ?

— Je travaille pour la Croix-Rouge. J'aide à

retrouver les personnes disparues, j'arrange des échanges de civils – des enfants, principalement.

— Ils ont reçu des équipements fournis par la Croix-Rouge, dans l'hôpital où j'étais. Dieu sait qu'ils en avaient besoin ! » Il avait fixé sur elle ses grands yeux vert olive avant de poursuivre : « Mais vous en fournissez également aux fascistes, n'est-ce pas ?

— Nous y sommes obligés. Nous sommes tenus d'observer une stricte neutralité. » Jugeant préférable de changer de sujet, elle avait enchaîné : « Dans quelle partie du bras avez-vous été touché ?

— Au-dessus du coude. On m'a affirmé que mon bras serait bientôt comme neuf. Et que je pourrais alors retourner au front.

— Un peu plus haut, et c'est l'épaule qui aurait été atteinte. Cela aurait pu être grave.

— Êtes-vous médecin ?

— Infirmière. Mais il y a des années que je n'exerce plus. Je suis devenue une bureaucrate, avait-elle répondu, avec un petit rire d'autodérision.

— Ne vous dénigrez pas, le monde a besoin d'organisation.

— Je crois que je n'avais jamais entendu dire ça ! avait-elle rétorqué, en riant de nouveau. Quelle que soit l'utilité du travail qu'on accomplit, le mot "bureaucratie" a toujours l'air péjoratif.

— Depuis combien de temps travaillez-vous pour la Croix-Rouge ?

— Quatre ans. Je retourne rarement en Angleterre.

— Vous avez de la famille là-bas ?

— Oui, mais il y a deux ans que je ne l'ai pas vue. Nous n'avons pas grand-chose en commun. Et vous, que faites-vous, en Angleterre ?

— Eh bien, avant mon départ, j'étais modèle artistique. »

Elle avait failli en renverser son vin. « Quoi ?

— Je posais pour des sculpteurs, à Londres. Ne vous inquiétez pas, rien d'inconvenant. C'est un travail comme un autre.

— On doit attraper froid, non ? avait-elle demandé, ne sachant que dire.

— Oui. Londres est remplie de statues qui ont la chair de poule. »

La porte s'était alors ouverte avec fracas et un groupe de miliciens en bleu de chauffe avait fait son entrée ; il y avait des filles du bataillon féminin parmi eux. Ils s'étaient attroupés devant le comptoir, criant et se bousculant. Bernie avait pris un air grave.

« Des nouvelles recrues, qui partiront demain pour le front. Voulez-vous que nous allions ailleurs ? Nous pourrions essayer le Café Gijón, nous aurions peut-être une chance d'y voir Hemingway.

— Est-ce qu'il ne se trouve pas à côté du central téléphonique que les nationalistes essaient constamment de bombarder ?

— Le Café Gijón n'est pas trop exposé, il se trouve assez loin de là, sur la Gran Vía. »

Une milicienne, qui ne devait pas avoir plus de dix-huit ans, s'était approchée de leur table et avait enlacé Bernie.

« *¡Compadre! ¡Salud!* » Elle avait resserré son étreinte et crié à ses camarades quelque chose en espagnol qui avait déclenché leurs rires et leurs acclamations. Barbara n'avait pas compris, mais Bernie avait rougi.

« Il faut que nous partions, mon amie et moi »,

avait-il dit d'un ton contrit, et la jeune fille avait fait la moue. Puis Bernie avait passé son bras valide sous celui de Barbara, et l'avait entraînée vers la sortie.

Dehors, il avait continué à la tenir ainsi, et le cœur de Barbara s'était mis à battre plus vite. Le soleil couchant jetait une lueur rouge sur les portraits de Staline et de Lénine, et les tramways traversaient la place en ferraillant.

« Avez-vous compris ce qu'ils disaient ? s'était enquis Bernie.

— Non. Mon espagnol est assez rudimentaire.

— Tant mieux. Les miliciens parlent volontiers de façon assez crue. » Avec un rire embarrassé, il avait poursuivi : « Comment faites-vous, dans votre travail, si vous ne parlez pas la langue ?

— Oh, nous avons des interprètes. Et je commence à faire des progrès. Dans notre bureau, c'est la tour de Babel. Il y a une majorité de Suisses et de Français, et je parle français. »

Ils avaient pris la Calle Montero. Un mendiant infirme blotti sous une porte cochère leur avait tendu la main. « *Por solidaridad* », avait-il murmuré, et Bernie lui avait donné une pièce de deux centimes.

« Par solidarité, avait-il répété d'un air sombre. C'est l'expression qui a remplacé “pour l'amour de Dieu”. Quand nous aurons gagné cette guerre, il n'y aura plus de mendiants. Ni de prêtres. »

Quand ils étaient arrivés dans la Gran Vía, ils avaient perçu un grondement sourd au-dessus d'eux. Les gens s'étaient arrêtés et avaient levé la tête, certains avaient fait demi-tour et s'étaient enfuis en courant. Barbara avait jeté des regards inquiets autour d'elle.

« Ne devrions-nous pas chercher un abri antiaérien ?

— Ce n'est rien, juste un avion de reconnaissance. Venez. »

Le Café Gijón, repaire des bohèmes et des socialistes avant la guerre, était un établissement d'une modernité ostentatoire, de style Art déco. Les murs étaient presque entièrement couverts de miroirs, et le bar était plein d'officiers.

« Pas d'Hemingway, avait-elle dit en souriant.

— Aucune importance. Que prenez-vous ? »

Elle avait demandé du vin blanc et s'était assise à une table pendant que Bernie se chargeait de commander les boissons. Elle avait fait pivoter sa chaise, cherchant une position dans laquelle elle ne se verrait pas dans ces fichus miroirs, car elle détestait contempler son reflet, mais il semblait impossible de leur échapper. Bernie était revenu, tenant de sa main valide un plateau chargé de deux verres.

« Prenez ça, voulez-vous ?

— Oh, bien sûr, excusez-moi.

— Est-ce que ça va ?

— Oui. C'est juste que je n'aime pas les miroirs.

— Pourquoi donc ?

— Je ne les aime pas, c'est tout, avait-elle répété, en détournant les yeux. Êtes-vous un fan d'Hemingway ?

— Pas vraiment. Est-ce que vous lisez beaucoup ?

— Oui, je n'ai pas grand-chose d'autre à faire, le soir. Moi non plus, je n'aime guère Hemingway. On dirait que la guerre l'excite, et, pour ma part, elle me fait horreur. » Elle avait relevé les yeux, craignant de s'être exprimée avec trop de véhémence, mais il lui avait adressé un sourire d'encouragement, avant de lui offrir une cigarette.

« Nous avons connu deux années difficiles, à la Croix-Rouge, avait-elle repris. D'abord l'Abyssinie, et maintenant ceci.

— La guerre ne prendra fin que lorsque le fascisme sera vaincu.

— Jusqu'à ce que Madrid soit devenue son tombeau ?

— Oui.

— Mais il y aura beaucoup d'autres tombes.

— On n'échappe pas à l'Histoire, avait-il répondu d'un ton sentencieux.

— Êtes-vous communiste ? » lui avait-elle demandé de but en blanc.

Il avait ri et levé son verre. « Cellule centrale de Londres, avait-il répliqué, les yeux pétillants de malice. Cela vous choque ? »

Elle avait ri à son tour, en déclarant : « Après deux mois ici, plus rien ne me choque. »

Deux jours plus tard, ils étaient allés se promener dans le parc du Retiro. Une bannière avait été suspendue au-dessus de la grille d'entrée : NO PASARÁN. Les combats s'intensifiaient, les troupes de Franco s'étaient emparées de l'université au nord de la ville, mais leur avancée s'était arrêtée là. Les Russes continuaient à envoyer de l'armement, Barbara avait vu une colonne de tanks descendre la Gran Vía, labourant les pavés, sous les vivats de la foule. La nuit, les rues n'étaient pas éclairées, évitant ainsi d'offrir aux bombardiers des cibles trop faciles, mais les éclairs blancs des tirs d'artillerie zébraient constamment le ciel, au-dessus de la Casa de Campo, et l'air était parcouru d'un grondement incessant et de roulements sourds, pareils à des coups de tonnerre. C'était comme un orage qui n'en finissait plus.

« J'ai toujours détesté l'idée même de la guerre, depuis mon plus jeune âge, avait dit Barbara. J'ai perdu un oncle dans la bataille de la Somme.

— Mon père y était, lui aussi. Il n'a plus jamais été le même, après ça.

— Quand j'étais petite, je rencontrais souvent des gens qui avaient connu les tranchées. Ils se comportaient normalement, mais on voyait bien qu'ils étaient profondément marqués. »

Bernie avait penché la tête de côté, d'un air amusé. « Ce sont des réflexions bien sombres, pour une petite fille.

— Oh, je réfléchissais tout le temps, avait-elle répondu avec un petit rire gêné. J'étais plutôt solitaire.

— Êtes-vous enfant unique, comme moi ?

— Non, j'ai une sœur de quatre ans mon aînée. Elle est mariée et mène une vie tranquille à Birmingham.

— Vous avez gardé une trace d'accent.

— Oh, Seigneur, ne dites pas une chose pareille !

— C'est mignon. Meu-gnon ! avait-il rétorqué, l'imitant sans méchanceté. Mes parents sont des Londoniens de la classe ouvrière. Être fils unique n'a pas été facile. Ils fondaient de grandes espérances sur moi, surtout quand j'ai obtenu ma bourse d'études à Rookwood.

— Personne n'a jamais rien attendu de moi. »

Il l'avait dévisagée avec curiosité, puis avait soudain tressailli, en portant la main à son bras blessé.

« Vous avez mal ?

— Un peu. Cela ne vous ennuie pas si nous nous asseyons un moment ? »

Elle l'avait guidé vers un banc. À travers le tissu rugueux de la capote militaire, le corps de Bernie était ferme et chaud sous sa main, et elle en avait ressenti une bouffée d'excitation.

Ils avaient allumé des cigarettes, assis face au lac asséché – en effet, la nuit, les eaux miroitantes auraient aidé les bombardiers à se repérer. Une faible odeur de pourriture émanait du fond bourbeux. Non loin de là, un arbre avait été abattu, et des hommes étaient en train de le débiter à coups de hache : le froid était arrivé, et on manquait de combustible. De l'autre côté du lac, la statue d'Alfonso XII se dressait toujours au-dessus de sa colonnade en hémicycle. La gueule d'un énorme canon antiaérien, émergeant des arbres proches, formait un contraste saisissant avec le monument.

Reprenant la discussion, Bernie avait déclaré : « Puisque vous détestez la guerre, vous êtes forcément antifasciste.

— J'exècre tout le fatras nationaliste sur la race des seigneurs, mais le communisme est tout aussi absurde. Les gens n'ont aucune envie de tout mettre en commun, c'est contre-nature. Mon père est propriétaire d'une boutique, mais il n'est pas riche, et il n'exploite personne.

— Mon père tient un magasin, lui aussi, mais il n'en est pas le propriétaire. Cela fait une différence. Le parti n'a rien contre les boutiquiers et les petits entrepreneurs, c'est pourquoi nous avons mis fin à ce que les ultras étaient en train de faire ici. Ce sont les gros capitalistes qui sont nos ennemis, ceux qui soutiennent les fascistes. Les gens comme Juan March.

— Qui est-ce ?

— Le principal bailleur de fonds de Franco. Un

financier véreux de Majorque corrompu jusqu'à la moelle qui est devenu millionnaire grâce à la sueur des autres.

— On ne peut pas dire que tout le mal se trouve d'un seul côté, dans cette guerre, avait objecté Barbara en éteignant son mégot. Que faites-vous de tous les disparus, des gens que la Seguridad vient arrêter la nuit à leur domicile et qu'on ne revoit jamais ? Et ne me dites pas que ce n'est pas vrai. Nous voyons chaque jour des femmes folles de chagrin arriver dans nos bureaux en disant que leurs maris ont disparu, et que personne ne veut leur dire où ils se trouvent.

— La guerre fait toujours des victimes innocentes, avait répondu calmement Bernie.

— Exactement. Et elles se comptent par milliers », avait rétorqué Barbara en détournant la tête. Elle ne voulait pas se quereller avec lui, c'était la dernière chose au monde qu'elle désirait. Et puis elle avait senti une main tiède se poser sur la sienne.

« Ne nous disputons pas », avait-il murmuré.

Ce contact lui avait fait l'effet d'une décharge électrique, mais elle avait retiré sa main et l'avait mise dans sa poche. Elle ne s'était pas attendue à cela : elle croyait qu'il avait demandé à la revoir parce qu'il s'ennuyait et qu'il ne connaissait pas d'autres Anglais ici. À présent, elle se disait qu'il avait peut-être envie d'une femme, d'une Anglaise – sinon, pourquoi l'aurait-il contemplée ainsi ? Et son cœur s'était mis à battre la chamade.

« Barbara ? » avait-il repris en se penchant vers elle, pour l'obliger à le regarder. Soudain, il avait fait la grimace, et lui avait tiré la langue en louchant affreusement. Elle avait éclaté de rire et l'avait repoussé.

« Je n'avais pas l'intention de vous contrarier, avait-il dit. Excusez-moi.

— Non, simplement, je… Ne me prenez pas la main. Je veux bien être votre amie, mais ne faites pas ça.

— Entendu. Je suis désolé.

— Peut-être ne devrions-nous pas parler de politique. Vous devez me juger stupide, n'est-ce pas ?

— Non, avait-il répondu en secouant la tête. C'est la première vraie conversation que j'ai avec une fille depuis une éternité.

— Vous ne me convertirez pas, vous savez.

— Laissez-moi un peu de temps », avait-il répliqué avec un sourire de défi.

Ensuite, ils s'étaient levés et avaient repris leur promenade. Il lui avait parlé de la famille qui l'hébergeait, les Mera.

« Pedro, le père, est contremaître sur un chantier de construction. Il gagne dix pesetas par jour. Ils ont trois enfants et vivent dans un deux-pièces. Mais l'accueil qu'ils nous ont réservé, à mon ami Harry et moi, en 1931… nous n'avions jamais rien vu de pareil. Inés, la *señora* Mera, s'est occupée de moi quand je suis sorti de l'hôpital ; pour elle, il n'était pas question que j'aille ailleurs que chez eux. Elle est indomptable, c'est l'une de ces toutes petites Espagnoles au tempérament de feu. » Il l'avait fixée de ses grands yeux verts avant de poursuivre : « Ils aimeraient sûrement faire votre connaissance.

— Je n'ai jamais rencontré de famille espagnole ordinaire, imaginez-vous. Dans la rue, quelquefois, avait-elle soupiré, j'ai l'impression que les gens me regardent d'un air désapprobateur, j'ignore pour quelle raison. Peut-être suis-je en train de devenir paranoïaque.

— Vous êtes trop bien vêtue.

— Moi ? s'était-elle écriée, en jetant un regard incrédule sur son manteau râpé.

— Mais oui. C'est un épais manteau bien chaud, orné d'une broche.

— Cette vieillerie ! C'est du verre coloré, de la pacotille que j'ai achetée à Genève.

— Quand bien même, ce genre de chose est considéré comme de l'ostentation. Les gens d'ici ont vécu un enfer. La solidarité est essentielle, désormais, il ne peut en être autrement. »

Barbara avait aussitôt ôté sa broche. « Voilà, est-ce mieux comme ça ?

— C'est bien, avait-il approuvé en souriant. Vous êtes une fille du peuple, à présent.

— Bien sûr, vous aurez toujours l'avantage, puisque vous portez l'uniforme.

— Je suis un soldat, avait-il répliqué d'un ton offensé. Je porte l'uniforme pour montrer ma solidarité.

— Je suis désolée », avait-elle murmuré, en se maudissant d'avoir gaffé, une fois de plus. Comment pouvait-il donc s'intéresser à elle ? « Parlez-moi de votre ancienne école.

— C'est Rookwood qui a fait de moi un communiste. Au début, je me suis laissé prendre à leurs boniments – les fils de l'empire, le cricket, ce jeu pour gentlemen, et le bon vieil hymne de l'école. Mais j'ai vite compris.

— Étiez-vous malheureux, là-bas ?

— J'ai appris à dissimuler mes sentiments. C'est l'une des choses qu'on vous y enseigne. Quand j'ai quitté Rookwood pour retourner à Londres, c'était comme… une libération.

— Vous n'avez plus du tout l'accent londonien.

— Non, Rookwood me l'a ôté pour de bon. Quand j'essaie de parler cockney, à présent, j'ai tout simplement l'air stupide.

— Vous avez dû vous y faire des amis, pourtant ? avait-elle demandé, car il lui était impossible de l'imaginer sans amis.

— Il y avait Harry, qui est venu ici avec moi il y a cinq ans. C'est un gentil garçon qui a du cœur. Mais nous avons perdu contact. Nous évoluons dans des mondes différents, à présent », avait-il expliqué tristement. Il s'était tu un instant, et s'était adossé contre un arbre. « Il y a tellement de braves gens comme Harry qui se laissent séduire par l'idéologie bourgeoise…

— Je suppose que je suis une bourgeoise, à vos yeux.

— Vous, c'est autre chose », avait-il rétorqué avec un clin d'œil.

Novembre avait fait place à décembre, et des pluies froides et pénétrantes étaient arrivées de la sierra de Guadarrama. Les fascistes étaient toujours contenus à la Casa de Campo. Ils avaient tenté une percée par le nord, mais avaient échoué là aussi. Si les bombardements se poursuivaient, la situation ne semblait plus aussi désespérée. Il y avait des avions de chasse russes dans le ciel, à présent, des monoplans rapides au nez arrondi, qui repoussaient les bombardiers allemands. Des combats aériens se déroulaient parfois au-dessus de la ville. Certains affirmaient que les Russes s'étaient emparés du commandement, et que c'étaient eux qui dirigeaient la République en coulisses. Les fonctionnaires se montraient de plus en plus hostiles et avaient quelquefois l'air apeuré. Les enfants de l'orphelinat furent déplacés du jour au lendemain vers un camp administré par l'État, quelque part aux environs de Madrid, sans que la Croix-Rouge eût été consultée.

Bernie continuait à sortir avec Barbara. Elle passait la moitié de ses soirées avec lui au Gijón ou dans un bar du centre. En fin de semaine, ils se promenaient dans la partie est de la ville, la plus sûre, poussant parfois jusque dans la campagne environnante. Ils avaient le même sens de l'ironie et riaient beaucoup en discutant littérature et politique, ou en se racontant leur enfance tellement solitaire, chacune à sa façon.

« La boutique de mon père n'est que l'une des cinq que possède le propriétaire », lui avait dit Bernie un jour, alors qu'ils étaient assis sur un muret bordant un champ, à la lisière de la ville, pour profiter d'un rare moment d'ensoleillement. Les nuages couraient dans le ciel, leurs ombres passant sur les champs brunâtres. Il était difficile de croire que la ligne de front ne se trouvait qu'à quelques kilomètres de là. « M. Willis vit dans une grande maison à Richmond et verse à mon père un salaire misérable. Il sait que papa ne pourra jamais trouver un autre emploi ; il a été profondément affecté par la guerre, et c'est ma mère en fait qui se charge de tout le travail, avec l'aide d'une vendeuse.

— Je suppose que j'étais assez privilégiée, en comparaison. Mon père était propriétaire d'un atelier de réparation de vélos à Erdington, et ses affaires ont toujours été prospères. » Barbara s'était sentie brusquement envahie par la tristesse, comme chaque fois qu'elle évoquait son enfance. Elle n'en parlait d'ailleurs que rarement, mais quelque chose la poussait à se livrer à Bernie. « Après la naissance de ma sœur, il espérait avoir un fils qui pourrait un jour prendre sa suite, mais je suis arrivée, et ensuite ma mère ne pouvait plus avoir d'enfant », avait-elle expliqué, avant d'allumer une cigarette.

« Êtes-vous proche de votre sœur ? J'ai souvent regretté de ne pas en avoir une.

— Non, avait-elle répondu en détournant les yeux. Carol est très belle. Elle a toujours adoré se faire admirer et se pavaner, surtout devant moi. » Elle avait lancé un regard timide en direction de Bernie, et il l'avait encouragée d'un sourire. « Mais c'était moi la plus intelligente, c'est moi qui ai fait des études secondaires. » Elle s'était mordu la lèvre, troublée par les souvenirs que ces mots faisaient remonter en elle. Elle avait de nouveau regardé Bernie, et s'était dit : Oh zut ! buvons la coupe jusqu'à la lie. Et, bien que cela lui arrachât le cœur, elle lui avait raconté comment elle était devenue le souffre-douleur de ses camarades, depuis son entrée à l'école secondaire jusqu'à la fin de ses études, à quatorze ans.

« Elles m'ont surnommée "binoclarde à frisettes" dès le premier jour, et j'ai éclaté en sanglots. C'est là que tout a commencé, je m'en rends compte à présent. Je présume que j'ai été cataloguée comme une proie facile, et après cela, partout où j'allais, des filles se moquaient de mes cheveux et de mes lunettes. Les fillettes peuvent se montrer très cruelles », avait-elle ajouté avec un long soupir.

Elle s'était ensuite sentie gênée, regrettant déjà ces aveux. Bernie avait avancé une main, comme pour prendre la sienne, puis l'avait laissée retomber. « C'était pareil à Rookwood. Si vous différiez des autres d'une quelconque façon et que vous ne vous défendiez pas, on vous harcelait. Au début, des garçons s'en sont pris à moi à cause de mon accent, ils me traitaient de prolo.

Mais j'en ai rossé quelques-uns, et cela a été terminé. C'est drôle, je croyais que ces choses-là n'arrivaient que dans les *public schools*. Chez les filles aussi, alors ?

— Oui. J'aurais voulu pouvoir les frapper, mais j'étais trop bien élevée, avait-elle déclaré, en jetant sa cigarette au loin. Tant de souffrances, simplement parce que je porte des lunettes et que j'ai l'air un peu bizarre… » Elle s'était levée brusquement et avait fait quelques pas, en fixant les contours indistincts de la ville dans le lointain. Par-delà, elle apercevait des lueurs infimes, pas plus grosses que des têtes d'épingle, là où les fascistes continuaient leurs bombardements.

Bernie l'avait rejointe et lui avait tendu une autre cigarette.

« Ce n'est pas vrai.

— Quoi donc ?

— Vous n'avez pas l'air bizarre, ne soyez pas stupide. Et j'aime bien vos lunettes. »

Elle avait ressenti de la colère, un réflexe lorsque des gens lui adressaient des compliments, car elle avait l'impression qu'ils ne le faisaient que par compassion. Et elle avait haussé les épaules en répliquant : « Quoi qu'il en soit, je suis partie. On voulait que je reste dans cet enfer, que je continue jusqu'à l'université, mais j'ai refusé. J'ai quitté l'école à quatorze ans, et j'ai travaillé comme dactylo jusqu'à ce que je sois en âge de devenir infirmière. »

Il était resté un instant silencieux, et Barbara s'était sentie mal à l'aise sous son regard insistant. « Comment êtes-vous entrée à la Croix-Rouge ? s'était-il enquis.

— À l'école, le mercredi après-midi, des gens venaient donner des conférences. Un jour, une femme nous a parlé du travail accompli par la Croix-Rouge, de l'aide qu'ils apportaient aux réfugiés en Europe. Mlle Forbes, avait-elle ajouté avec un sourire attendri. C'était une femme mûre et corpulente, avec des cheveux gris mal coiffés sous un ridicule chapeau à fleurs, mais elle avait l'air si bonne, elle semblait si désireuse de nous faire comprendre l'importance de leur mission… Je me suis d'abord enrôlée comme bénévole. J'avais pratiquement perdu foi en l'espèce humaine, à l'époque, et je l'ai retrouvée grâce à elle. En partie du moins. » Elle avait senti des larmes lui piquer les yeux, et elle était revenue vers le muret.

« Et finalement vous vous êtes retrouvée à Genève ?

— Oui. J'avais également besoin de m'éloigner de chez moi. » Elle avait exhalé un épais nuage de fumée et s'était tournée vers Bernie. « Qu'ont pensé vos parents de votre engagement dans les Brigades internationales ?

— Cela a été pour eux une nouvelle déception, comme lorsque j'ai quitté l'université. Je me sens parfois coupable de les avoir abandonnés », avait-il répondu en haussant les épaules.

Pour militer dans le parti et poser comme modèle artistique, avait-elle songé. Elle l'avait fugitivement imaginé sans ses vêtements et avait baissé les yeux, troublée.

« Ils ne voulaient pas que je vienne ici, bien sûr, avait-il repris, en plantant son regard dans le sien. Ils ne comprenaient pas. Mais je devais le faire. Quand j'ai vu ces colonnes de réfugiés, dans les bandes d'actualités… Il faut détruire le fascisme, il le faut. »

Il l'avait emmenée rendre visite à la famille Mera, mais cela n'avait pas été une réussite. Barbara ne comprenait pas leur espagnol teinté d'un fort accent, et, même s'ils s'étaient montrés aimables envers elle, elle avait été mal à l'aise dans la pagaille de cet appartement surpeuplé. Ils avaient accueilli Bernie en héros et elle avait cru comprendre qu'il s'était comporté avec bravoure dans la Casa de Campo. Il partageait une chambre avec l'un des fils, un maigre garçon de quinze ans au visage creux et pâle de phtisique. Sur le chemin du retour, Barbara avait dit que cela pouvait être dangereux, car la phtisie était contagieuse. Il avait réagi par un de ses accès de colère inattendus.

« Je ne vais quand même pas traiter Francisco comme un lépreux ! Avec de la bonne nourriture et des soins appropriés, la tuberculose peut se guérir.

— Je sais, avait-elle répondu, honteuse d'elle-même.

— La classe ouvrière espagnole est la meilleure au monde. Ces gens-là savent ce que c'est de lutter contre l'oppression, et n'ont pas peur de le faire. Il existe entre eux une solidarité véritable, et ce sont des internationalistes ; ils croient dans le socialisme et œuvrent pour son avènement. Ce ne sont pas des matérialistes cupides, comme la plupart des syndicalistes britanniques. Ils sont ce que l'Espagne a produit de meilleur.

— Je regrette. C'est seulement que… oh, je ne comprenais pas ce qu'ils disaient, et puis… je me conduis encore comme une bourgeoise, c'est ça ? » Elle avait tourné vers lui des yeux craintifs, mais sa colère s'était déjà dissipée.

« Au moins, vous commencez à vous en rendre compte. C'est plus que la majorité des gens n'en sont capables. »

Si Bernie l'avait seulement voulue comme amie, Barbara aurait pu le comprendre. Mais il essayait sans cesse de lui prendre la main, et, une fois, il avait même tenté de l'embrasser. Pourquoi moi ? se demandait-elle. Pourquoi me vouloir, moi, alors qu'il peut avoir n'importe quelle femme ? La seule réponse qui lui venait, c'était qu'il avait jeté son dévolu sur elle parce qu'elle était anglaise, et que, malgré ses convictions internationalistes, il préférait une compatriote. Elle craignait qu'il n'eût cherché à la rassurer sur son apparence physique que pour mieux l'attirer dans son lit. Elle savait que les hommes n'étaient pas difficiles sur ce chapitre : elle s'était déjà fait prendre à ce piège une fois, et c'était le pire de ses souvenirs, quelque chose qui la remplissait de honte lorsqu'elle y repensait. Face à lui, elle était rongée par le désir autant que par le doute.

Le bras de Bernie était en voie de guérison ; il le portait encore en écharpe, bien qu'on lui eût retiré son plâtre. Il se présentait une fois par semaine au quartier général de l'armée. On lui avait dit que, sitôt qu'il serait rétabli, il serait transféré vers un nouveau camp d'entraînement pour les volontaires britanniques, dans le Sud, et Barbara appréhendait ce jour.

« J'ai proposé de me charger de l'accueil des nouvelles recrues en provenance d'Angleterre, avait expliqué Bernie, mais on m'a dit que d'autres s'en occupaient déjà. Ils devaient avoir peur que ce maudit accent d'ancien de Rookwood ne rebute les jeunes issus de la classe ouvrière, avait-il ajouté en se rembrunissant.

— Pauvre Bernie, écartelé entre deux classes, s'était-elle moquée gentiment.

— Cela n'a jamais été le cas, avait-il répliqué d'un ton amer. Je sais de quel côté je suis. »

Un samedi, au début de décembre, ils étaient allés se promener dans la banlieue nord. C'était un quartier riche, où se trouvaient beaucoup de grandes villas entourées de jardins. Il faisait très froid, et il avait même neigé un peu la nuit précédente. La neige avait presque entièrement fondu, à présent, mais l'air demeurait glacé et humide, et il y avait encore quelques plaques blanches sur les toits des maisons.

La majorité des habitants de la banlieue s'étaient enfuis vers le secteur nationaliste, ou avaient été arrêtés, et certaines des maisons étaient condamnées. D'autres étaient occupées par des squatters, et le jardin avait été laissé à l'abandon, quand on n'y avait pas planté des légumes ; on pouvait parfois y voir des cochons et des poules vaquer en liberté. Cette pagaille offusquait Barbara, avec son goût inné de l'ordre ; toutefois, elle commençait maintenant à voir les choses avec les yeux de Bernie : ces gens avaient besoin d'un toit et de nourriture.

Ils s'étaient arrêtés devant les grilles d'une immense demeure, où du linge pendait aux fenêtres. Une fille d'une quinzaine d'années trayait une vache attachée à un arbre au milieu d'une pelouse maculée de bouses. La jeune fille avait levé les yeux et, apercevant la capote militaire de Bernie, les avait salués en levant le poing.

« Leurs maisons ont été détruites par l'artillerie de Franco, ou bombardées, avait expliqué Bernie.

— Je me demande ce que sont devenus les anciens propriétaires.

— Ils sont partis, c'est l'essentiel. »

Un bruit les avait alors incités à regarder en l'air. Un gros bombardier allemand traversait lentement le ciel, escorté de deux petits avions de chasse. Trois appareils russes, reconnaissables à leur avant peint en rouge, décrivaient des cercles au-dessus d'eux, laissant des traînées de fumée blanche dans l'azur. Barbara avait renversé la tête en arrière pour mieux voir. Le spectacle semblait tout d'abord magnifique, jusqu'à ce que l'on prît conscience du drame qui se déroulait là-haut.

Il y avait une église au bout de la rue, un lourd bâtiment du XIXe siècle dans le style gothique. Les portes étaient grandes ouvertes, et une pancarte sur la façade proclamait : *Establo de la revolución*, « Écurie de la révolution ».

« Venez, avait dit Bernie, allons voir ça. »

L'intérieur de l'édifice avait été saccagé, la plupart des bancs avaient disparu et les vitraux avaient été brisés. Les statues avaient été arrachées à leurs niches et jetées à terre ; des bottes de paille étaient entassées dans un coin. Tout le fond de l'église avait été transformé en enclos à moutons. Ils étaient serrés les uns contre les autres et, à l'approche de Bernie et de Barbara, ils avaient reflué, paniqués, en bêlant et en se bousculant, écarquillant leurs yeux aux étranges pupilles obliques. Bernie avait émis des petits bruits apaisants pour essayer de les calmer.

Barbara s'était approchée de l'amas de statues brisées. Une tête de Vierge en plâtre, les yeux emplis de larmes peintes, l'avait fixée d'un air de reproche, et Barbara avait repensé aux enfants réfugiés dans le couvent. Puis elle avait senti Bernie à son côté.

« Les larmes de la Vierge, avait-elle murmuré avec un rire contraint.

— L'Église a toujours soutenu les oppresseurs. Les curés qualifient la rébellion de Franco de croisade et bénissent les soldats fascistes. On ne peut pas blâmer les gens de leur en vouloir.

— Je n'ai jamais rien compris à la religion et à tous ces dogmes. Mais c'est quand même triste. »

C'est alors qu'il avait passé son bras valide autour de sa taille et l'avait attirée à lui. Elle en avait été tellement surprise qu'elle n'avait pas eu le temps de réagir quand il s'était penché vers elle. Elle avait senti la tiédeur de sa joue contre son visage, puis la moiteur brûlante de sa bouche sur la sienne. Elle s'était écartée en trébuchant.

« Bon sang, qu'est-ce qui vous prend ? »

Il était demeuré immobile, l'air penaud, une mèche blonde lui balayant le front.

« Vous en aviez envie, je le sais. Barbara, je partirai pour le camp d'entraînement dans quelques semaines. Il est possible que je ne vous revoie plus.

— Et alors, vous aimeriez coucher avec une Anglaise avant de partir, c'est ça ? Eh bien, ce ne sera pas avec moi ! » Elle avait crié, et sa voix avait résonné dans l'édifice. Les moutons, effrayés, s'étaient mis à bêler plaintivement.

Il s'était avancé vers elle, élevant la voix à son tour. « Vous savez bien qu'il ne s'agit pas de ça ! Vous devez sentir ce que je ressens, à moins que vous ne soyez aveugle !

— Aveugle, avec mes satanées lunettes, c'est ça ?

— Ne voyez-vous donc pas que je vous aime ? avait-il hurlé.

— Menteur ! »

Elle s'était ruée hors de l'église et avait dévalé l'allée. En franchissant le portail, elle avait glissé sur de la neige fondue et s'était affalée en pleurant contre le mur de pierre. Elle avait entendu Bernie s'approcher, et il avait posé une main sur son épaule.

« Pourquoi mentirais-je ? Pourquoi ? Je vous aime vraiment. Vous éprouvez les mêmes sentiments, je le vois bien, pourquoi ne voulez-vous pas me croire ? »

Elle s'était tournée vers lui pour rétorquer : « Parce que je suis laide et maladroite et… Non ! » Elle s'était enfoui le visage dans les mains et avait éclaté en sanglots. Un petit garçon qui passait, pieds nus, un porcelet dans les bras, s'était immobilisé pour les fixer.

« Pourquoi vous détestez-vous autant ? » avait demandé Bernie d'une voix douce.

Elle avait eu envie de se mettre à crier. Elle avait essuyé ses yeux, avait repoussé Bernie et avait commencé à descendre la rue. Et puis le petit garçon avait braillé : « Regardez ! Regardez ! » et Barbara s'était retournée ; il avait coincé le porcelet couinant sous l'un de ses bras et levait l'autre vers le ciel, d'un air tout excité. L'un des chasseurs allemands avait été touché et dégringolait en vrille vers le sol. Il y avait eu un choc sourd à quelque distance de là, et l'enfant avait poussé des cris de joie. Après avoir rapidement contemplé la scène, Bernie s'était précipité vers elle.

« Barbara, attendez, avait-il supplié en lui barrant le passage. Je vous en prie, écoutez-moi. Ce n'est pas le sexe qui m'intéresse, je m'en fiche, mais je vous aime, je vous aime vraiment. »

Elle avait secoué la tête.

« Dites-moi que vous ne ressentez pas la même chose et je m'en irai tout de suite. »

Dans la tête de Barbara avait surgi l'image d'une douzaine de fillettes chantonnant dans la cour de récréation : « Binoclarde à quat'z'yeux, rouquine à frisettes ! »

« Je suis désolée, ce n'est pas la peine, je ne peux… Non.

— Vous ne comprenez pas, vous ne voyez pas… »

Alors elle lui avait fait face et son cœur s'était serré quand elle avait lu la souffrance et la tristesse sur son visage. Ensuite, elle avait sursauté en entendant un bruit strident au-dessus d'elle. En levant la tête, elle avait découvert que le second chasseur allemand avait été touché à son tour et descendait vers eux. Il était déjà redoutablement proche, et des flammes jaillissaient de son flanc, laissant derrière lui une longue traînée rouge et jaune. Il tombait comme une pierre. Elle vit les hélices, tournant toujours, brillantes comme les ailes d'un insecte. Bernie avait levé les yeux, lui aussi. Barbara l'avait repoussé et il avait vacillé tandis que le ciel s'emplissait d'un rugissement gigantesque, et que le mur d'enceinte de la maison devant laquelle ils se trouvaient était soudain projeté sur elle. Quelque chose lui avait heurté la tête, et la douleur l'avait terrassée.

Elle n'avait perdu connaissance qu'un bref instant. En revenant à elle, elle n'avait plus conscience que de la douleur dans son crâne, elle ne savait plus ce qui s'était passé, où elle se trouvait. Elle avait ouvert les yeux et avait vu Bernie penché au-dessus d'elle ; il était flou, parce qu'elle avait perdu ses lunettes. Autour d'eux : des briques et de la poussière. Bernie pleurait – elle n'avait encore jamais vu un homme pleurer. « Barbara, Barbara, vous n'avez rien, oh, mon Dieu, j'ai cru que vous étiez morte. Je vous aime, je vous aime ! »

Il l'avait aidée à s'asseoir. Elle avait niché sa tête contre sa poitrine et avait éclaté en pleurs. Ils étaient restés assis à sangloter en plein milieu de la rue. Elle avait entendu des pas : les gens étaient sortis des maisons pour s'attrouper autour d'eux.

« Êtes-vous blessée ? avait crié quelqu'un. Mon Dieu, regardez !

— Je n'ai rien, avait répondu Barbara. Mes lunettes, où sont mes lunettes ?

— Ici », avait murmuré Bernie en les lui tendant. Elle les avait remises et s'était alors aperçue que le mur du jardin s'était écroulé, les manquant de peu ; les briques s'étaient répandues sur la chaussée, et l'une d'elles avait dû l'atteindre. Des flammes et de la fumée noire s'échappaient de chaque fenêtre de la villa, et la queue de l'avion dépassait du toit crevé. Barbara avait distingué une croix gammée noire ; on l'avait recouverte de peinture jaune, mais elle apparaissait encore au travers. Elle avait porté la main à sa tête et l'avait retirée couverte de sang. Une vieille femme en châle noir avait passé un bras autour d'elle. « Ce n'est qu'une coupure, *señorita*. *Ay*, c'est un miracle. »

Barbara avait tendu la main vers Bernie. Il tenait son bras blessé, le visage livide. Son manteau, comme le sien, était blanc de poussière.

« Vous n'avez rien ? avait-elle demandé.

— J'ai été renversé par le souffle de l'explosion, et je me suis fait mal au bras en tombant. Mais, Seigneur, je vous ai cru morte… Je vous aime, je vous supplie de me croire, vous devez me croire à présent ! » Et il avait recommencé à pleurer.

« Oui, Bernie, avait-elle répondu. Je vous crois. Je suis désolée, vraiment désolée. »

Ils s'étaient enlacés, tandis que, près d'eux, le groupe d'Espagnols – des réfugiés qui peut-être, trois mois auparavant, n'avaient encore jamais quitté leur *pueblo* – contemplait l'épave de l'avion émergeant de la villa en flammes.

Assise sur ce banc, en face des otaries, Barbara se rappela la chaleur de leur étreinte. Avec son bras blessé, comme cela avait dû être douloureux pour lui de la serrer ainsi ! Elle regarda sa montre, cette minuscule montre Dior offerte par Sandy. Elle n'avait toujours pas pris de résolution et avait perdu son temps à s'attendrir sur le passé. Il était temps maintenant de regagner la maison, Sandy devait l'attendre.

Il était effectivement rentré quand elle arriva : sa voiture était garée dans l'allée. Elle ôta son manteau. Pilar surgit du sous-sol et vint se planter en silence dans l'entrée, mains croisées devant elle, ainsi qu'elle le faisait chaque fois.

« Je n'ai besoin de rien, Pilar, merci.

— *Muy bien, señora.* » La fille fit une courbette et redescendit dans la cuisine. Barbara se débarrassa de ses chaussures avec soulagement ; ses pieds étaient douloureux d'avoir tant marché.

Elle se rendit ensuite dans le bureau de Sandy. Il y travaillait souvent des heures entières, examinant des paperasses et passant des coups de fil. La pièce, située à l'arrière de la maison, était pourvue d'une petite fenêtre qui ne laissait entrer que peu de lumière ; Sandy l'avait remplie de bibelots et d'œuvres d'art dénichés çà et là. Une peinture expressionniste représentant une silhouette distordue menant un âne dans un paysage désertique et fantasmagorique constituait le principal ornement, éclairé par une applique murale.

Il était assis devant sa table de travail, entouré d'une

masse de papiers, et faisait courir son stylo dans la marge d'une colonne de chiffres. Il ne l'avait pas entendue, et son visage avait cette expression qu'il prenait parfois quand il pensait que personne ne le voyait : intense, calculatrice, prédatrice, pour ainsi dire. Dans sa main libre, il tenait une cigarette dont un long cylindre de cendre menaçait de tomber à tout instant.

Elle l'observa d'un œil nouveau et critique. Ses cheveux lissés en arrière étaient empoissés de brillantine, en couche si épaisse que l'on pouvait voir les traces des dents du peigne. Les cheveux gominés, comme la petite moustache, étaient en vogue dans les cercles phalangistes. Il l'aperçut alors et lui sourit.

« Bonsoir, chérie. Tu as passé une bonne journée ?

— Oui. Je suis allée au Retiro, cet après-midi. Il commence à faire froid.

— Tu as mis tes lunettes.

— Oh, Sandy, je ne peux pas sortir sans elles ! Je me ferais renverser par une voiture. Je ne peux pas m'en passer, ce serait vraiment stupide. »

Il la dévisagea longuement, puis sourit de nouveau. « Très bien. Le vent t'a donné des couleurs, tu as les joues toutes roses.

— Et toi ? Beaucoup de travail ?

— Quelques calculs pour mon projet avec le ministère des Mines. » Il repoussa les papiers afin qu'ils ne se trouvent plus dans le champ de vision de Barbara, puis lui prit la main. « J'ai de bonnes nouvelles à t'annoncer. Tu songeais à prendre un travail bénévole, non ? Eh bien, j'ai parlé à un type du comité juif, aujourd'hui. Sa sœur est haut placée à l'Auxilio Social, et elle lui a dit qu'ils cherchaient des infirmières. Que dirais-tu de soigner des enfants ?

— Je ne sais pas. Ce serait… une occupation. » Une occupation qui détournerait ses pensées de Bernie, du camp de Cuenca, de Luis.

« La femme qu'il faut contacter est une *marquesa* », poursuivit Sandy en arquant les sourcils. Il feignait de mépriser la vénération que les Espagnols des classes aisées témoignaient envers les aristocrates, à l'exemple des Anglais, mais elle savait qu'il était flatté de se mêler à eux. « Alicia, marquise de Ségovie. Elle sera au concert qui a lieu samedi à l'Opéra. J'ai acheté des billets, annonça-t-il d'un air satisfait, en brandissant deux cartes gravées en lettres d'or.

— Oh, Sandy, tu penses toujours à moi, dit-elle, sans pouvoir réprimer un sentiment de culpabilité.

— Je ne sais pas ce que donnera ce nouveau concerto de guitare, mais on jouera aussi du Beethoven.

— Oh, merci, Sandy. » Sa générosité l'emplissait de honte. Les larmes lui montèrent aux yeux, et elle se leva en hâte. « Je vais aller demander à Pilar de préparer le dîner.

— Très bien, mon chou. J'en ai encore pour une heure. »

Barbara descendit dans la cuisine, enfilant ses chaussures au passage. Il n'aurait pas été convenable que Pilar la vît pieds nus.

La cuisine était peinte d'une horrible couleur moutarde, et non en blanc comme le reste de la maison. La bonne était assise devant la table, près de l'énorme et antique cuisinière, et regardait une photo. Alors qu'elle la fourrait en hâte dans son corsage, avant de se lever, Barbara entrevit un jeune homme en uniforme républicain. C'était dangereux de garder sur soi ce genre de cliché ; si un garde civil demandait ses papiers à Pilar et découvrait la photo, elle aurait à subir un interrogatoire. Barbara fit semblant de n'avoir rien vu.

« Pilar, pourrais-tu mettre le dîner en route ? *Pollo al ajillo* ce soir, n'est-ce pas ?

— Oui, madame.

— As-tu tout ce qu'il te faut ?

— Oui, madame, merci. » Les yeux de la jeune fille étaient pleins de froideur. Barbara aurait voulu lui expliquer, lui dire qu'elle savait ce que c'était, qu'elle avait perdu quelqu'un, elle aussi… Mais c'était impossible. Elle se borna à hocher la tête et monta dans sa chambre pour se changer.

9

Le Café Rocinante était situé dans une rue étroite tout près de la Calle Toledo. En sortant de l'ambassade, Harry s'aperçut que le jeune Espagnol au teint pâle le suivait toujours. Il jura entre ses dents – il aurait aimé faire volte-face et hurler des insultes à cet individu, le frapper. Il fit des détours, revenant plusieurs fois sur ses pas, et réussit à le semer. Il poursuivit son chemin, empli d'un sentiment de satisfaction, mais lorsqu'il vit le café sur le trottoir d'en face, son cœur se mit à battre à grands coups. Il traversa et inspira profondément avant de pousser la porte. Il repassa mentalement ce qu'on lui avait appris dans le Surrey en vue de cette rencontre. Attendez-vous à le trouver méfiant, au premier abord, lui avait-on dit ; montrez-vous amical, naïf, peu au courant de ce qui se passe à Madrid. Soyez réceptif, attentif.

Le café était sombre ; la lumière du jour qui arrivait par la petite fenêtre encrassée était à peine renforcée par des ampoules de quinze watts tout autour de la salle. Les clients étaient essentiellement des hommes de la classe moyenne, commerçants et petits entrepreneurs. Assis autour des petites tables rondes, ils buvaient du café ou du chocolat tout en parlant affaires. Un garçon efflanqué d'une dizaine d'années circulait parmi eux, vendant des cigarettes disposées sur un plateau suspendu à son cou par une ficelle. Mal à l'aise, Harry promena son regard à la ronde, tout en essayant de ne pas se faire remarquer. C'était donc cela, la vie d'un espion… Il y avait comme un léger sifflement, une pulsation dans son oreille endommagée.

En dehors de deux femmes mûres discutant du prix exorbitant de ce que l'on trouvait sur le marché noir, il n'y avait qu'une seule autre consommatrice, fumant en solitaire devant une tasse de café vide. Âgée d'une trentaine d'années, maigre, l'air anxieux, elle était vêtue d'une robe aux teintes fanées. Elle observait constamment les autres clients, son regard passant rapidement d'une table à l'autre. Harry se demanda s'il s'agissait d'une sorte d'indicatrice, une moucharde. Son manège était un peu trop flagrant, mais celui de l'individu qui le filait l'était tout autant.

Il repéra immédiatement Sandy, seul à une table, plongé dans la lecture d'un exemplaire d'*ABC*. Il y avait une tasse de café en face de lui, ainsi qu'un gros cigare dans le cendrier. Sans les photos, il ne l'aurait jamais reconnu. Dans son costume bien coupé, avec cette moustache et ces cheveux plaqués vers l'arrière, il n'avait plus rien, ou presque, du collégien dont Harry avait gardé le souvenir. Son corps était plus massif, mais on devinait qu'il s'agissait de muscles et non de graisse ; et son visage était déjà creusé de rides. Il n'avait que quelques mois de plus que Harry, pourtant on lui aurait donné quarante ans. Qu'est-ce qui l'avait fait vieillir aussi précocement ?

Il s'avança vers la table. Sandy ne releva pas les yeux,

et Harry resta planté là un moment, se sentant stupide. Puis il toussa, et Sandy abaissa son journal pour fixer sur lui un regard interrogateur.

« Sandy Forsyth ? s'enquit Harry, arborant un air étonné. C'est bien toi ? C'est moi, Harry Brett. »

Sandy parut brièvement déconcerté, puis, dès qu'il l'eut reconnu, son visage s'éclaira d'un coup, et il lui adressa ce large sourire que Harry avait encore en mémoire, et qui découvrait ses larges dents blanches et carrées. Il se leva et lui serra vigoureusement la main.

« Harry Brett ! Je n'arrive pas à le croire ! Après toutes ces années ! Bon sang, qu'est-ce que tu fais ici ?

— Je travaille à l'ambassade en tant qu'interprète.

— Seigneur ! Oui, bien sûr, tu as fait des études de langues à Cambridge, n'est-ce pas ? Ça alors, quelle surprise ! » Il lui administra une claque sur l'épaule avant de poursuivre : « Jésus, tu n'as pas beaucoup changé. Assieds-toi, veux-tu un café ? Que fais-tu au Rocinante ?

— Je loge tout près d'ici, juste au coin de la rue, et j'ai eu envie de voir à quoi ressemblait ce café. » La voix de Harry s'étrangla imperceptiblement quand il proféra ce premier mensonge, mais, en contemplant la surprise sincère et joyeuse sur le visage de Sandy, il sut que celui-ci avait tout gobé. Il en éprouva une culpabilité passagère, puis se sentit soulagé que Sandy fût aussi content de le retrouver, même si cela n'allait pas pour autant lui faciliter les choses.

Sandy claqua des doigts et un vieux serveur en veste blanche tachée de graisse s'approcha. Harry commanda un chocolat chaud. Sandy tira une bouffée de son cigare tout en examinant son ancien camarade. « Sacré bon sang ! reprit-il en secouant la tête, incrédule. Ça fait quoi, quinze ans ? Je suis surpris que tu m'aies reconnu.

— Ma foi, tu as bien changé, c'est sûr. J'ai eu une minute d'hésitation…

— Je croyais que tu m'avais oublié depuis longtemps.

— Je n'oublierai jamais cette époque.

— Rookwood, hein ? » Sandy eut un nouveau hochement de tête. « Tu as pris un peu de poids.

— C'est vrai, j'en ai peur. Toi, en revanche, tu as l'air en forme.

— C'est mon travail qui m'y oblige. Tu te rappelles, quand nous partions ensemble à la recherche de fossiles ? » Sandy sourit et parut soudain nettement plus jeune. « Ces moments-là ont été les meilleurs que j'ai passés à Rookwood. Les meilleurs. »

Il soupira, et son visage sembla se fermer, tandis qu'il se renfonçait dans son siège. Il souriait toujours, mais une lueur méfiante était apparue dans ses yeux.

« Dis-moi, comment en es-tu arrivé à travailler dans les services gouvernementaux ?

— J'ai été blessé à Dunkerque.

— Seigneur, oui, la guerre, dit Sandy, comme s'il s'agissait d'une chose qu'il avait totalement oubliée, qui ne le concernait pas. Rien de grave, j'espère ?

— Non. Je vais bien à présent. Juste un léger problème auditif. Quoi qu'il en soit, je n'avais pas envie de reprendre mon poste à Cambridge, après ça. Le Foreign Office cherchait des interprètes, et ma candidature a été acceptée.

— Cambridge, hein ? En fin de compte, tu n'es pas entré au ministère des Colonies ! s'exclama Sandy en riant. C'était ton rêve de gosse, non ? Tu te souviens, tu voulais devenir administrateur de district dans le Bongoland, et moi, chasseur de dinosaures ! » Sandy avait retrouvé son expression cordiale et amusée. Il tira une nouvelle longue bouffée sur son cigare.

« Oui. C'est drôle, la façon dont les choses tournent, parfois, répondit Harry en s'efforçant de prendre un ton désinvolte. Et toi, que fais-tu ici ? J'ai eu un choc en t'apercevant. Je me suis dit : je connais cette tête, qui cela peut-il bien être ? Et puis, je t'ai reconnu. » Les mensonges semblaient lui venir tout naturellement à la bouche, à présent.

Sandy tira de nouveau sur son cigare et souffla un panache de fumée. « J'ai atterri ici il y a trois ans. C'est un pays qui offre toutes sortes de possibilités. Je fais de mon mieux pour aider l'Espagne à se relever – mais il est possible que j'aille voir ailleurs très bientôt. »

Le vieux serveur revint déposer une petite tasse de chocolat devant Harry, et Sandy, d'un mouvement de tête, appela le gamin qui était en train de vendre des Lucky Strike à la femme maigre. « Un cigare ? Tu feras le bonheur de Roberto. Il a des havanes planqués sur son plateau. Ils sont un peu secs, mais ça peut aller.

— Merci, je ne fume pas », répondit Harry en regardant la femme. Elle ne se donnait même pas la peine d'avoir l'air occupée à autre chose qu'à épier les consommateurs. Ses traits pincés rendaient son aspect revêche.

« Tu ne t'y es jamais mis, hein ? Je me rappelle que tu ne venais jamais derrière le gymnase avec nous autres, les mauvais sujets. »

Harry eut un petit rire. « Je n'ai jamais aimé ça, tout simplement. Les rares fois où j'ai essayé, cela m'a rendu malade, avoua-t-il en tendant vers sa tasse une main qui ne tremblait pas.

— Allons donc, Brett, tu nous désapprouvais. » La voix de Sandy était teintée d'une inflexion sardonique, à présent. « Tu as toujours été un pur produit de Rookwood, jusqu'au bout des ongles, respectant les règles à la lettre.

— Peut-être bien. Écoute, appelle-moi plutôt Harry, veux-tu ?

— Comme au bon vieux temps, hein ? fit Sandy, avec un nouveau sourire, empli d'une chaleur authentique.

— Dis-moi, il me semble que tu étais encore à Londres, la dernière fois que j'ai reçu de tes nouvelles ?

— J'ai été obligé de filer. Il y avait des gens, au champ de courses, qui ne m'aimaient guère. C'est un milieu assez rude... C'est à cette époque que nous avons perdu contact, n'est-ce pas ? Ça m'a attristé, j'aimais bien les lettres que tu m'envoyais, ajouta-t-il en soupirant. J'avais trouvé un bon filon, mais ç'a déplu à un gros bonnet. Enfin, cela m'a permis d'apprendre deux ou trois trucs utiles... Puis, un type que j'avais connu à Newmarket m'a raconté que les franquistes cherchaient des guides pour accompagner les touristes sur les champs de bataille. Ils comptaient ainsi faire rentrer des devises étrangères et rameuter des partisans en Grande-Bretagne. C'est ainsi que j'ai passé un an à balader de vieux colonels venus de Torquay sur les sites des batailles principales, dans le nord du pays. » Il ouvrit les bras en un geste fataliste, et conclut : « Finalement je suis resté. Et l'année dernière j'ai suivi El Generalísimo à Madrid.

— Je vois. » Mieux vaut ne pas trop insister sur ce

sujet pour le moment, se dit Harry. C'est encore trop tôt. « As-tu gardé le contact avec ton père ? s'enquit-il.

— Non, nous avons rompu toute relation, répondit Sandy, se figeant soudain. Cela valait mieux, de toute façon. Nous ne nous étions jamais entendus. » Il demeura silencieux un instant puis, retrouvant le sourire, poursuivit : « Il y a longtemps que tu es arrivé ici ?

— Quelques jours seulement.

— Mais tu étais déjà venu, non ? À la fin de tes études, avec Piper ? »

Harry le dévisagea, stupéfait. Sandy s'esclaffa, en pointant son mégot vers lui. « Tu te demandes comment je le sais, hein ?

— Oui, c'est exact, reconnut Harry, le cœur battant la chamade. Nous sommes venus ici en 1931, à l'époque du gouvernement républicain. Mais comment…

— Et tu es revenu quelques années plus tard, n'est-ce pas ? » Le visage de Sandy était empreint d'une gaieté malicieuse, et cette vue dissipa les inquiétudes de Harry : il n'aurait pas eu cet air-là s'il avait connu les réels motifs de sa venue. « Tu as tenté de retrouver sa trace, quand il a été porté disparu dans la bataille du Jarama, et tu as rencontré sa petite amie, Barbara ? Ne prends pas cet air ahuri, poursuivit-il en partant d'un grand rire. Vois-tu, j'ai fait la connaissance de Barbara à Burgos, en effectuant mes visites guidées. La Croix-Rouge l'avait envoyée là-bas, après le départ de Piper pour le front ouest. Elle m'a tout raconté. »

C'était donc cela ! Harry prit une profonde inspiration et s'adossa plus commodément à son siège. « Je lui ai écrit aux bons soins du bureau de la Croix-Rouge à

Madrid, sans jamais recevoir de réponse. On n'a pas dû lui faire suivre mes lettres.

— C'est probable. La situation était plutôt chaotique, à l'époque.

— Comment diable vous êtes-vous rencontrés, tous les deux ? Quelle coïncidence !

— Pas vraiment. Il n'y avait pas beaucoup d'Anglais à Burgos en 37. C'est effectivement une coïncidence que nous nous soyons trouvés tous les deux dans la zone nationaliste, je suppose. Nous avons fait connaissance lors d'une réception donnée par Texas Oil pour les expatriés. » Le sourire de Sandy s'élargit encore. « À vrai dire, nous nous sommes mis en ménage. Elle vit avec moi, à présent, nous avons une maison à Vigo. Je parie que tu ne la reconnaîtrais pas, aujourd'hui.

— Il me semblait bien l'avoir aperçue l'autre jour, en train de traverser la Plaza Mayor.

— Ah oui ? Que faisait-elle là-bas ? Sans doute cherchait-elle une boutique offrant quelque chose qui vaille la peine d'être acheté », dit Sandy en souriant.

C'est une complication inattendue, pensa Harry. Barbara… Comment avait-elle pu se lier avec un type comme Sandy ?

« Travaille-t-elle toujours pour la Croix-Rouge ? demanda-t-il.

— Non, c'est une maîtresse de maison, désormais. Elle a été profondément affectée par la mort de Piper, mais elle a fini par s'en remettre. J'essaie de la convaincre de prendre un travail bénévole.

— La mort de Bernie l'avait anéantie. Nous n'avons jamais pu savoir où reposait son corps.

— Les rouges se fichaient pas mal du sort de leurs combattants, répliqua Sandy avec un haussement d'épaules. Toutes ces offensives ordonnées par les Russes et vouées à l'échec… Dieu sait combien d'hommes ont été enterrés dans la sierra. Mais Barbara va bien, à présent. Je suis sûr qu'elle serait enchantée de te revoir. Nous recevons quelques amis mardi prochain, pourquoi ne te joindrais-tu pas à nous ? »

Cette ouverture que Harry espérait lui était offerte sur un plateau, sans aucun effort de sa part. Il fit néanmoins semblant d'hésiter pour la forme.

« Je ne voudrais pas perturber Barbara en réveillant de mauvais souvenirs…

— Non, je t'assure, elle sera ravie de te voir. » Baissant la voix, Sandy ajouta : « À propos, nous disons que nous sommes mariés, mais nous ne le sommes pas vraiment. C'est plus facile comme ça, les gens du gouvernement sont tellement puritains… »

Harry vit qu'il guettait sa réaction, et hocha la tête en souriant. « Compris, dit-il d'un ton un peu emprunté.

— Tout le monde vivait sans se soucier des conventions, durant la guerre civile, évidemment. On ne savait jamais si on serait encore vivant le lendemain, reprit Sandy en souriant. Je sais que Barbara t'était très reconnaissante pour l'aide que tu lui as apportée.

— Vraiment ? J'aurais souhaité pouvoir en faire plus. En tout cas, merci de ton invitation, je viendrai avec grand plaisir. »

Sandy se pencha et lui tapa à nouveau sur l'épaule. « Et maintenant, parlons un peu de toi. Comment vont ton oncle et ta tante ?

— Oh, comme toujours. Ils ne changent pas.

— Tu n'es pas marié ?

— Non. Il y a eu quelqu'un, à un moment, mais ça n'a pas marché.

— Ce ne sont pas les jolies *señoritas* qui manquent, ici.

— Il se trouve justement que je suis invité à une réception la semaine prochaine, par un secrétaire d'État à qui j'ai servi d'interprète. Il fête le dix-huitième anniversaire de sa fille.

— Oh, qui est-ce ? s'enquit Sandy, vivement intéressé.

— Le général Maestre.

— Maestre, hein ? fit Sandy en étrécissant les yeux. Tu fréquentes des gens haut placés, à ce que je vois. Comment est-il ?

— Très courtois. Le connais-tu ?

— Je l'ai rencontré brièvement, une fois. Il a acquis une féroce réputation pendant la guerre civile, tu sais. » Sandy observa un silence pensif avant de poursuivre : « Tu dois avoir affaire à beaucoup de membres du gouvernement, dans ton métier.

— Oui, sans doute. Je vais là où on me dit d'aller.

— Je connais le nouveau patron de Maestre, Carceller. Moi aussi, je fréquente pas mal de gens du gouvernement. J'ai même rencontré El Generalísimo en personne, ajouta fièrement Sandy. C'était lors d'une réception pour les hommes d'affaires étrangers. »

Il cherche à m'impressionner, pensa Harry, avant de s'enquérir : « Comment est-il ?

— Très différent de l'image qu'il donne sur les bandes d'actualités. Il ressemble plus à un banquier qu'à un général. Mais il est rusé, un vrai Galicien. Il sera toujours là longtemps après que les gens comme Maestre auront disparu. On dit que c'est l'homme le plus dur qui ait jamais existé. Il signe des arrêts de mort le soir en buvant son café.

— Que se passera-t-il si nous gagnons la guerre ? Franco sera certainement renversé, à ce moment-là, même s'il ne s'allie pas à Hitler. » On lui avait recommandé de ne pas parler politique dès le début, mais le sujet avait été abordé par Sandy, et c'était l'occasion de connaître son opinion sur le régime.

Son compagnon secoua la tête d'un air confiant. « Il ne s'alliera pas aux nazis. Il a trop peur du blocus naval. Le régime n'est pas si solide que ça ; si les Allemands occupaient l'Espagne, les rouges sortiraient de leurs trous. Et si nous gagnons, ma foi... poursuivit Sandy en haussant les épaules, Franco a son utilité. Il n'y a pas plus anticommuniste que lui. Ne t'inquiète pas, je n'aiderais pas un ennemi de l'Angleterre, termina-t-il avec un sourire ironique.

— Tu sembles très sûr de toi.

— Je le suis.

— La situation est cependant plutôt désespérée, ici. Il règne une grande pauvreté et l'atmosphère est assez sinistre.

— C'est l'Espagne, que veux-tu. Cela a toujours été ainsi, et le restera. Il leur faut de l'ordre. »

Harry inclina la tête. « Je n'aurais jamais pensé que tu deviendrais un partisan de l'ordre et que tu apprécierais de vivre sous une dictature, Sandy.

— Ce n'est pas une dictature, répliqua son ami en riant. C'est bien trop chaotique pour mériter ce terme. Mais il y a des occasions à saisir, quand on est malin. Bien sûr, je n'ai pas l'intention de m'éterniser ici.

— Tu songes à quitter le pays ?

— L'année prochaine, peut-être, répondit Sandy avec un mouvement d'épaule.

— La plupart des gens ont l'air à demi morts de faim. »

Sandy fixa sur lui un regard grave. « Les deux dernières récoltes ont été désastreuses en raison de la sécheresse. Et la moitié des infrastructures ont été détruites pendant la guerre. Il faut reconnaître que la Grande-Bretagne ne fait rien pour aider l'Espagne, franchement. Elle laisse entrer à peine assez de pétrole pour que les transports puissent continuer à rouler. As-tu vu ces engins à gazogène ?

— Oui.

— Ce pays est un vrai cauchemar sur le plan bureaucratique, bien sûr, mais le marché finira par l'emporter. Les gens comme moi leur montrent la voie. » Regardant Harry bien en face, il déclara avec conviction : « Cela leur sera utile, tu sais. Nous cherchons vraiment à les aider. »

La femme les fixait encore, et Harry se pencha vers Sandy en chuchotant : « Tu vois cette femme, là-bas ? Elle n'a pas cessé de nous observer depuis mon arrivée. Je ne peux pas m'empêcher de penser qu'il s'agit d'une indicatrice. »

L'espace d'un instant, Sandy parut interloqué. Puis il rejeta la tête en arrière et éclata de rire. Les autres clients se retournèrent pour le regarder.

« Oh, Harry, Harry, tu es impayable !

— Que veux-tu dire ?

— C'est une pute, Harry. Elle vient ici tous les jours, pour essayer de racoler.

— Quoi ?

— Tu n'arrêtes pas de la regarder, et de détourner la tête dès que tu croises ses yeux. La pauvre fille doit se demander ce que tu cherches. » Sandy adressa un sourire à la femme. Celle-ci n'avait pas compris ses paroles, mais elle rougit devant son air moqueur.

« Bon, d'accord, je ne savais pas. Elle ne ressemble vraiment pas à une prostituée.

— C'est souvent le cas, aujourd'hui. Il s'agit sans doute de la veuve d'un républicain. Beaucoup font le trottoir pour joindre les deux bouts. »

La femme se leva. Pêchant quelques pièces dans son sac, elle les jeta sur la table et sortit. Sandy la suivit du regard, manifestement amusé par cet incident. « Tu n'as pas tort de te méfier, toutefois, reprit-il. J'ai l'impression d'avoir été suivi, récemment.

— Vraiment ?

— Je n'en suis pas certain. Cela semble avoir cessé, de toute manière. » Jetant un coup d'œil à sa montre, Sandy déclara : « Bon, je dois retourner au bureau. L'addition est pour moi.

— Merci.

— C'était bon de te revoir, dit-il en souriant, avec une affection sincère. Attends que Barbara apprenne la nouvelle ! Est-ce que je pourrai te joindre à l'ambassade, mardi ?

— Oui. Demande le service des traductions. »

Dans la rue, Sandy serra la main de Harry avec force, en le fixant d'un air grave. « L'Angleterre a perdu la guerre, tu sais. J'avais raison : toutes les idées que l'on nous inculquait à Rookwood, l'empire, noblesse oblige, le fair-play et tout le reste, ce n'étaient que des fariboles. Il a suffi d'une pichenette pour que tout s'écroule. L'avenir appartient à ceux qui prennent leur destin en main, à ceux qui s'élèvent par leurs propres moyens. Mais, bon… » Il secoua la tête, d'un air presque navré.

« La guerre n'est pas encore terminée.

— Pas encore, mais presque. » Sandy lui décocha un dernier sourire de commisération, puis lui tourna le dos et s'éloigna rapidement.

10

Les portes de l'Opéra étaient grandes ouvertes, et la lumière des lustres se répandait sur la Plaza Isabel II. Il faisait froid par cette soirée d'octobre, et, tout autour de la place, des *civiles* se tenaient dans l'ombre, serrant leurs fusils contre eux. Un tapis rouge avait été déroulé sur les marches jusqu'au bord du trottoir, en prévision de l'arrivée du Generalísimo. Éblouie par la profusion d'éclairage, Barbara cligna des yeux quand elle arriva devant l'édifice au bras de Sandy.

Le soir précédent, elle avait poussé sa tromperie un peu plus loin, en écrivant à sa banque en Angleterre pour ordonner le transfert de ses économies vers l'Espagne. Elle avait de nouveau appelé au bureau de l'*Express*, en demandant qu'un télégramme fût envoyé à Markby pour l'informer qu'elle avait besoin de lui parler d'urgence, mais personne ne savait où il se trouvait exactement.

Elle avait attendu dans le *salón* jusqu'au retour de Sandy. Sur ses instructions, Pilar avait fait du feu dans la cheminée, et la pièce était chaude et accueillante. Elle avait disposé une bouteille du whisky préféré de Sandy et un verre sur une petite table près du fauteuil dans lequel il s'asseyait toujours, et avait lu en l'attendant, ainsi qu'elle le faisait presque chaque soir.

Il était arrivé à sept heures ; Barbara avait ôté ses lunettes en entendant ses pas dans l'escalier, mais elle s'était immédiatement aperçue qu'il semblait surexcité. Il l'avait embrassée affectueusement, en disant :

« Mmm. J'aime vraiment cette robe. Elle met en valeur la blancheur de ta peau. Écoute, tu ne devineras jamais qui j'ai rencontré aujourd'hui au Rocinante, jamais de la vie ! C'est du Glenfiddich ? Merveilleux. Tu ne devineras jamais, avait-il répété, avec un enthousiasme juvénile.

— Je ne risque pas de le savoir, si tu ne me dis rien.

— Harry Brett. »

Cette nouvelle lui avait causé une telle surprise qu'elle avait été obligée de s'asseoir.

« Je n'y ai pas cru moi-même, quand je l'ai vu entrer dans le café, en chair et en os, avait repris Sandy en hochant la tête. Il est interprète à l'ambassade. Il a été blessé à Dunkerque, et ensuite on l'a envoyé ici.

— Seigneur ! Est-ce qu'il va bien ?

— Il semble que oui. Ses mains tremblaient un peu, mais il est resté le même, toujours aussi guindé, aussi sérieux. Il ne comprend rien à la situation en Espagne », avait-il ajouté en souriant d'un air indulgent.

Barbara l'avait regardé. Harry, l'ami de Bernie. Elle s'était forcée à sourire également.

« Vous vous entendiez bien, à l'école, n'est-ce pas ?

— Oui. C'est un gentil garçon.

— C'est la seule personne en Angleterre dont tu aies jamais parlé de manière affectueuse. »

Sandy avait haussé les épaules avant de poursuivre :

« Je l'ai invité à notre dîner de mardi. Sebastián va amener cette horrible Jenny, je le crains… Ça va ? »

Elle était devenue écarlate. « Oui, c'est seulement la surprise.

— Je peux le décommander, si tu préfères. Si cela te rappelle trop de souvenirs…

— Non, non. Ce sera merveilleux de le revoir.

— Bien. Je monte me changer. » Il était sorti du salon, et Barbara avait fermé les yeux, se rappelant les jours terribles qui avaient suivi la disparition de Bernie. Harry l'avait aidée, mais c'était Sandy qui l'avait sauvée, et, une fois de plus, elle s'était sentie submergée de honte.

La salle était presque pleine, bourdonnante de conversations animées. Barbara promena son regard autour d'elle. Tout le monde était en grande toilette, jusqu'aux innombrables veuves qui portaient des robes de soie noire, et parfois des mantilles en dentelle sur la tête. Les hommes étaient en tenue de soirée, en uniforme militaire ou phalangiste. On pouvait également noter la présence de quelques membres du clergé en soutane noire ou rouge. Barbara avait revêtu une robe du soir blanche ornée d'une broche verte qui faisait ressortir la couleur de ses yeux, et une étole de fourrure blanche.

La salle avait été entièrement rénovée pour cette première représentation depuis la guerre civile. Les murs et les piliers blancs cannelés avaient été repeints de frais, les sièges recouverts de velours rouge flambant neuf. Sandy était dans son élément, distribuant des sourires à la ronde. Il adressa un signe de tête à un colonel qui passait près d'eux, accompagné de sa femme. « Ils sont vraiment à la hauteur, quand ils veulent, chuchota-t-il.

— C'est le signe que les choses reviennent à la normale, je suppose. »

Sandy lut le programme. « "El concierto de Aranjuez. Pour célébrer le retour d'exil du *señor* Rodrigo... Sa nouvelle œuvre est une réflexion sur les gloires d'antan, dans les jardins paisibles du palais d'Aranjuez..." Il faudra que nous allions là-bas, un samedi, pour voir ce palais, mon chou.

— Oui, ce serait intéressant. »

La salle s'était remplie. L'orchestre s'accordait, des éclats de musique fendaient l'air. Des gens levaient les yeux vers la loge royale toujours déserte.

« El Generalísimo n'est pas encore arrivé », murmura Sandy.

Un brouhaha se produisit quand deux soldats escortèrent un couple en tenue de soirée jusqu'à une loge voisine : la femme était immense et sculpturale, avec de longs cheveux blonds ; l'homme, de stature imposante, était chauve, doté d'un nez en bec d'aigle. Il portait un brassard à croix gammée par-dessus son smoking. Barbara reconnut son visage, pour l'avoir vu en photo dans les journaux : c'était von Stohrer, l'ambassadeur d'Allemagne.

Sandy la poussa du coude. « Ne le fixe pas ainsi, chérie.

— Je ne supporte pas de voir ce... cet emblème.

— L'Espagne est neutre, mon chou. Contente-toi de les ignorer. » Il lui prit le bras et lui montra une grande femme d'âge mûr vêtue de noir, assise non loin d'eux, en train de converser avec une amie. « C'est la *marquesa*. Allons la saluer », poursuivit-il en la guidant dans l'allée. « Surtout, ne mentionne pas son mari, lui glissa-t-il à l'oreille. Les paysans d'un de ses domaines l'ont donné en pâture aux cochons en 36. Une histoire tout à fait déplaisante. » Barbara frémit. Sandy faisait souvent preuve d'une telle désinvolture pour parler des atrocités qui avaient été commises pendant la guerre civile…

Sandy s'inclina devant la *marquesa*. Ne sachant trop comment la saluer, Barbara fit une révérence, et la femme lui répondit par un petit sourire. Elle paraissait âgée d'une cinquantaine d'années, et son visage à l'expression bienveillante, qui avait sans doute été joli autrefois, était sillonné de rides creusées par la tristesse.

« Votre Grâce, commença Sandy. Permettez-moi de me présenter. Je suis Alexander Forsyth, et voici mon épouse, la *señora* Barbara. Pardonnez-nous cette intrusion, mais le *señor* Cana m'a dit que vous cherchiez des bénévoles pour votre orphelinat.

— Oui, il m'en a parlé. J'ai cru comprendre que vous étiez infirmière, *señora*.

— En effet, mais je n'exerce plus depuis plusieurs années. »

La *marquesa* sourit d'un air grave. « Ce sont des compétences que l'on n'oublie jamais. Beaucoup des enfants de l'orphelinat sont malades, ou ont été blessés pendant la guerre. Il y a tellement d'orphelins à Madrid… » Elle secoua tristement la tête, avant de poursuivre : « Pas de parents, ni de foyer ou d'école, et certains d'entre eux mendient dans les rues.

— Où se trouve l'orphelinat, Votre Grâce ?

— Près d'Atocha, dans un bâtiment donné par l'Église. Les religieuses nous aident en ce qui concerne l'éducation, mais il nous faudrait davantage d'auxiliaires médicales. Les infirmières sont tellement demandées en ce moment…

— Bien sûr.

— Pensez-vous être en mesure de nous aider, *señora* ? »

Songeant aux gosses aux pieds nus et au visage hagard qu'elle voyait errer dans les rues, Barbara répondit : « Oui. J'en serais ravie. »

Portant un doigt à son menton, la *marquesa* s'enquit : « Pardonnez-moi cette question, *señora*, mais vous êtes anglaise. Êtes-vous catholique ?

— Non, j'ai été baptisée dans la religion anglicane. » Barbara ne put s'empêcher de rire en elle-même. Ses parents n'allaient jamais à l'église. Et que penserait la *marquesa* si elle apprenait que Sandy et elle n'étaient même pas mariés ?

« Les autorités religieuses se montreront peut-être quelque peu réticentes. Mais nous manquons d'infirmières, *señora* Forsyth. Peut-être pourrais-je en parler à l'évêque, et vous téléphoner ensuite pour vous donner sa réponse ?

— Nous comprenons parfaitement, lui assura Sandy en écartant les mains.

— Je vais voir ce que l'on peut faire. Ce serait une bonne chose que vous puissiez nous aider. » Elle inclina la tête pour leur signifier la fin de l'entretien. Barbara fit une nouvelle révérence et emboîta le pas à Sandy en direction de leurs sièges.

« Elle va s'en occuper, affirma-t-il. Elle a beaucoup d'influence.

— Je ne vois pas en quoi ma religion poserait un problème. Il n'y a rien de honteux dans le fait d'appartenir à l'Église d'Angleterre. »

Il se retourna vivement, subitement courroucé. « C'est parce que tu n'as pas été élevée là-dedans ! riposta-t-il sèchement. Tu n'as pas eu à vivre quotidiennement parmi ces hypocrites. Au moins, avec les catholiques, on sait à quoi s'en tenir. »

Elle avait oublié que l'Église était pour Sandy un sujet tabou. De même, une simple allusion à sa famille pouvait déclencher chez lui un accès de fureur.

« Bon, bon, je suis désolée. »

Mais déjà Sandy s'était détourné. Il regardait un homme de haute taille, en uniforme de général, au crâne dégarni, qui se tenait non loin d'eux. Le militaire lui renvoya un regard désapprobateur puis, arquant légèrement les sourcils, s'éloigna rapidement. Sandy se tourna vers Barbara, avec une expression à la fois irritée et embarrassée.

« Vois ce que tu as fait, marmonna-t-il. Tu m'as ridiculisé devant Maestre. Il t'a entendue.

— Que veux-tu dire ? Qui est Maestre ?

— Un opposant à mon projet du ministère des Mines. Oh, après tout, ça n'a pas d'importance, excuse-moi. Tu sais bien, ma chérie, que l'Église est un sujet qu'il vaut mieux éviter avec moi, hein ? Viens, je crois qu'on nous demande de nous asseoir. »

Des valets en livrée du XVIIIe siècle parcouraient les allées, priant les spectateurs de regagner leurs places. La salle était bondée, à présent. Leurs sièges se trouvaient dans une rangée centrale, juste à côté d'un homme en uniforme de phalangiste. Barbara le reconnut immédiatement : c'était Otero, l'un des associés de Sandy, une sorte d'ingénieur des Mines. Il avait un visage rond et anodin, mais ses yeux olive, contrastant vivement avec sa chemise bleue empesée, étaient durs et perçants. Il ne lui plaisait pas.

« Alberto, fit Sandy en posant une main sur l'épaule de l'homme.

— *Hola, amigo. Señora.* »

Un murmure respectueux s'éleva alors de la foule. Au fond de la salle, une porte s'ouvrit, et une nuée de laquais s'inclinèrent au passage du couple qui venait d'apparaître. Barbara avait entendu dire que Franco était petit, mais elle fut néanmoins surprise de constater à quel point il paraissait minuscule, et même frêle. Il portait un uniforme de général, et son ventre rebondi était ceint d'une large écharpe rouge. Ses bras pendaient avec raideur le long de ses flancs, et il les agitait d'avant en arrière comme pour la parade. Son crâne presque chauve luisait sous les lumières. *Doña* Carmen, qui marchait derrière lui, était légèrement plus grande que son époux ; une tiare était posée sur ses cheveux d'un noir de jais. Son long visage hautain semblait fait pour l'expression majestueuse qu'il arborait. L'impassibilité du visage du Generalísimo, en revanche, avait quelque chose d'artificiel, avec sa petite bouche crispée sous la fine moustache, et ses yeux étonnamment grands fixés droit devant lui.

Dans le public, les phalangistes se levèrent d'un bond, tendant le bras pour exécuter le salut fasciste et criant : « *¡Jefe!* », imités bientôt par les autres spectateurs et les membres de l'orchestre. Sandy poussa Barbara du coude, et elle le dévisagea, effarée, car elle ne s'était pas attendue à cela. Il lui adressa un signe de tête impératif, et, à contrecœur, elle se leva et tendit le bras à son tour, sans pouvoir se résoudre toutefois à acclamer Franco. Le geste seul suffisait à la remplir de honte et de dégoût.

« *¡Je-fe! ¡Je-fe! ¡Fran-co! ¡Fran-co!* » El Generalísimo ne répondit pas aux acclamations, mais continua à marcher en balançant les bras, tel un automate, jusqu'à ce qu'il eût atteint une porte à l'autre bout de la salle. Les laquais s'empressèrent de l'ouvrir, et le couple disparut derrière elle. Les cris n'en cessèrent pas pour autant, les gens se tournant vers la loge royale où Franco et *doña* Carmen ne tardèrent pas à réapparaître. Tous deux restèrent un instant debout à contempler la foule en dessous d'eux. *Doña* Carmen souriait, à présent, mais le visage de Franco demeurait froid et dénué d'expression. Il leva brièvement la main, et le bruit se tut aussitôt. Les spectateurs se rassirent. Le chef d'orchestre s'avança et s'inclina en direction de la loge royale.

Barbara aimait la musique classique. Quand elle vivait avec sa famille, elle la préférait au jazz que sa sœur écoutait, et allait assister parfois à des concerts avec ses parents. Elle n'avait jamais rien entendu de comparable à ce concerto, mais il lui plut néanmoins. La guitare entama l'allegro par une note fluide et coulante, puis les cordes se joignirent à elle, et le tempo s'accéléra peu à peu. La musique était douce et joyeuse et, autour d'elle, Barbara vit les gens se détendre, souriant et hochant la tête.

L'allegro se termina en apothéose et l'adagio lui succéda. Le tempo était plus lent, à présent, la guitare alternant avec les instruments à vent ; le son était pur et limpide, d'une infinie tristesse. Dans la salle, des gens commencèrent à pleurer – d'abord un ou deux, puis de plus en plus, des femmes surtout, mais également quelques hommes. Barbara perçut un peu partout des sanglots étouffés. La plupart des personnes présentes doivent avoir perdu quelqu'un pendant la guerre, se dit-elle. Elle jeta un rapide regard à Sandy ; il lui retourna un sourire crispé et gêné.

Elle leva les yeux vers la loge royale. Le visage de Carmen Franco était calme, placide ; celui du Generalísimo arborait une moue imperceptible. Puis elle vit frémir les muscles autour de sa bouche et crut qu'il allait se mettre à pleurer ; mais ses traits se rassérénèrent et elle comprit qu'il réprimait un bâillement. Elle se détourna, envahie par une soudaine et violente révulsion.

La plainte du cor évoqua à son esprit une plaine aride et déserte. Elle savait que l'individu prénommé Luis était vraisemblablement un menteur, mais il existait une possibilité que Bernie fût prisonnier quelque part dans un lieu aussi désolé, tandis qu'elle était assise tranquillement ici. Son poing se crispa sur l'étole, et ses doigts s'enfoncèrent convulsivement dans la fourrure soyeuse.

Les notes de la guitare s'accélérèrent, puis les violons prirent la suite, amenant le concerto à son point culminant. Barbara eut l'impression que quelque chose se déchirait en elle ; elle sentit des larmes couler le long de ses joues. Sandy lui lança un regard étonné, puis lui prit la main et la serra gauchement dans la sienne.

Quand la musique se tut, il y eut d'abord un long silence, et ensuite le public se mit à applaudir bruyamment. Les applaudissements redoublèrent lorsque le compositeur aveugle, Rodrigo, fut amené sur le devant de la scène. Des traces de larmes luisaient sur ses joues, tandis qu'il serrait la main du chef d'orchestre et félicitait le soliste, sous les vivats ininterrompus. Sandy se tourna vers Barbara. « Ça va ?

— Oui. Excuse-moi.

— Je n'aurais pas dû m'emporter comme cela, tout à l'heure, soupira-t-il. Mais tu devrais savoir que certaines choses me mettent en rogne. »

Elle perçut une nuance d'irritation sous ses paroles apaisantes et répondit : « Oh, ce n'est pas à cause de ça. C'est seulement que… tout le monde a perdu tant de choses. Tout le monde.

— Je sais. Allez, essuie tes yeux. C'est l'entracte. Veux-tu rester ici ? Je peux aller te chercher un cognac au bar et te l'apporter, si tu préfères.

— Non, non, ça ira, je vais t'accompagner. » Promenant ses yeux sur la foule, elle vit Otero en train de la contempler avec curiosité. Surprenant son regard, il lui adressa un bref sourire dénué de sincérité.

« Bravo, ma belle, dit Sandy. Allons-y, alors. »

Au bar, Sandy lui commanda un gin tonic. Le breuvage était fortement dosé en alcool et lui fit monter le sang au visage. Otero les rejoignit en compagnie de sa femme, laquelle était étonnamment jeune et jolie.

« C'était très triste, n'est-ce pas ? dit-elle à Barbara.

— Oui, mais très beau aussi. »

Otero rajusta sa cravate en déclarant : « C'est un grand compositeur. Il doit être fier que son concerto soit joué pour la première fois en présence du Generalísimo.

— Vous l'avez vu ? reprit son épouse avec enthousiasme. J'avais toujours souhaité l'apercevoir. Il est tellement martial !

— En effet », répondit Barbara avec un sourire contraint. Elle entendit Otero chuchoter à Sandy :

« Des nouvelles du dernier arrivage de Juifs ?

— Oui. Ils sont prêts à tout pour éviter qu'on les renvoie à Vichy.

— Bien. Nous avons besoin de fournir d'autres échantillons ; je peux parvenir à produire quelque chose de convaincant. » Otero s'aperçut alors que Barbara les écoutait et lui lança un autre de ses regards perçants.

« Eh bien, *señora* Forsyth, je me demande si don Rodrigo aura l'honneur de rencontrer El Generalísimo.

— Je suis certaine que celui-ci aura apprécié sa musique », répondit-elle d'un ton neutre.

À cet instant, un homme fendit la foule pour s'avancer vers eux. C'était le général dont le regard réprobateur avait troublé Sandy, un peu plus tôt. Otero pinça les lèvres et détourna les yeux, mais Sandy s'inclina et adressa un sourire amical à l'officier.

« Général Maestre ! »

Celui-ci le dévisagea d'un air glacial. « *Señor* Forsyth. Et mon vieil ami le capitaine Otero – c'est le rang qui est le vôtre dans la Phalange, je crois ?

— Oui, mon général.

— Il paraît que votre projet est en bonne voie. On réquisitionne des matériaux de construction et des produits chimiques un peu partout.

— Nous ne demandons que le strict nécessaire, mon général », rétorqua Otero, une note de défi dans la voix. El Generalísimo lui-même a…

— Donné son approbation. Oui, je sais. Un projet destiné à aider l'Espagne à retrouver le chemin de la prospérité. Et à vous rapporter de l'argent par la même occasion, bien entendu.

— Je suis un homme d'affaires, mon général, déclara Sandy en souriant.

— Oui. Vous nous aidez et vous vous enrichissez en même temps.

— Je l'espère. »

Maestre hocha lentement la tête à deux reprises. Il dévisagea un instant Barbara en plissant les yeux, puis s'inclina d'un mouvement brusque et tourna les talons. Barbara l'entendit marmonner *sinvergüenza*, ce qui signifiait « effrontée, amorale ».

Otero regarda Sandy, et elle vit que le phalangiste paraissait effrayé. « Ce n'est rien, dit Sandy. Nous avons la situation bien en main. Nous en reparlerons demain, entendu ? »

Otero hésita un instant. « *Algo va mal*, murmura-t-il. Viens », lança-t-il sèchement à sa femme. Ils se joignirent à la foule clairsemée qui se dirigeait vers la sortie. Sandy s'adossa contre le bar et fit tourner entre ses mains le pied de son verre vide, l'expression pensive.

« Que se passe-t-il ? demanda Barbara. Pourquoi a-t-il dit que ça allait mal ?

— Pfft ! rétorqua Sandy, dédaigneux. Il est aussi peureux qu'une vieille femme, malgré son bel uniforme phalangiste.

— Qu'avez-vous fait pour contrarier ce général ? C'est quelque chose qu'il vaut mieux éviter, ici. »

Sandy ferma à demi les yeux, l'air songeur. « Maestre fait partie du comité chargé de fournir le matériel nécessaire à notre projet. C'est un monarchiste. » Il haussa les épaules, en ajoutant : « Ce n'est que de la politique, chacun intrigue pour occuper un poste avantageux.

— Le général n'approuve pas votre projet parce que celui-ci est soutenu par la Phalange ?

— Exactement. Mais, au bout du compte, Maestre ne pourra rien faire, parce que Franco nous a donné sa bénédiction, affirma Sandy, qui se redressa et ajusta ses revers.

— Que disait Otero à propos des Juifs ? »

Sandy eut un nouveau haussement d'épaules. « C'est strictement confidentiel, ça aussi. Il vaut mieux ne pas parler du comité, Barbara. Si les Allemands l'apprenaient, ça ferait des histoires.

— Je déteste qu'on flatte les Allemands de la sorte.

— Ils apprécient les flatteries, en effet, mais cela ne va pas plus loin. Tout cela n'est qu'un petit jeu diplomatique. » Le ton de Sandy trahissait l'impatience, à présent. Plaçant une main sur l'épaule de Barbara, il reprit : « Viens, on va jouer du Beethoven, maintenant. Essaie d'oublier la guerre, elle est encore loin de nous. »

11

Le jour où l'avion allemand s'était écrasé sur la maison de Vigo, Barbara et Bernie avaient pris le tram pour regagner le coquet petit appartement qu'elle habitait près de la Calle Mayor. Tout le temps du trajet, ils étaient restés enlacés ; en arrivant chez elle, ils s'étaient assis sur le lit, main dans la main.

« Êtes-vous sûre d'aller bien ? avait demandé Bernie. Vous êtes blanche comme un linge.

— Mais oui, ce n'est qu'une entaille, après tout. La poussière doit me faire paraître plus pâle que je ne le suis. Je ferais mieux de prendre un bain.

— Allez-y. Pendant ce temps-là, je nous préparerai quelque chose à manger », avait-il déclaré en lui pressant la main.

Quand elle était sortie de la salle de bains, le repas était servi. Ils avaient mangé le chorizo et les pois chiches sur la petite table, en silence, car ils étaient encore tous les deux sous le choc. Au bout d'un instant, il avait tendu le bras pour s'emparer de sa main.

« Je vous aime. Je vous aime vraiment, et je parle sérieusement.

— Je vous aime, moi aussi. » Elle avait pris une

profonde inspiration avant d'ajouter : « Je... je n'arrivais pas à vous croire. Quand j'étais jeune... c'est tellement difficile à expliquer...

— C'est à cause des brimades que vous avez subies ?

— Ça doit sans doute vous paraître stupide, mais quand ça dure pendant des années, quand vous êtes sans cesse rabaissée... Oh, pourquoi les enfants sont-ils si cruels, pourquoi ont-ils toujours besoin de haïr quelqu'un ? Les autres filles me crachaient dessus, parfois. Sans raison particulière, seulement parce que c'était moi.

— Pourquoi croyez-vous ce qu'elles disaient de vous, au lieu de me croire, moi ? » avait-il murmuré en lui pressant de nouveau la main.

Elle avait alors éclaté en sanglots. Il avait fait le tour de la table pour venir s'agenouiller près d'elle et la serrer dans ses bras, et elle s'était sentie soudain libérée.

« Je n'ai... été avec un homme qu'une seule fois, avait-elle dit à voix basse.

— Vous n'y êtes pas obligée, si vous ne le désirez pas. Je ne vous imposerai jamais rien. Jamais. »

Elle avait scruté ses yeux, d'un vert olive profond. Le passé avait paru s'éloigner, avant de disparaître au fond d'un corridor obscur de son esprit. Elle savait qu'il resurgirait un jour, mais, pour le moment, il était oublié. Et elle avait aspiré une grande goulée d'air avant de répondre :

« Je le désire. J'en ai eu envie dès le jour où je vous ai rencontré. Restez avec moi, ne retournez pas à Carabanchel ce soir.

— Peut-être devriez-vous plutôt vous reposer...

— Non. » Elle avait ôté ses lunettes, et il s'en était emparé en souriant.

« Elles me plaisent, avait-il murmuré. Elles vous donnent un petit air intellectuel.

— Ainsi, vous ne m'avez pas fait la cour uniquement pour me convertir au communisme ? » avait-elle répliqué malicieusement.

Il avait secoué la tête, et son sourire s'était encore élargi.

Elle s'était réveillée au milieu de la nuit en sentant ses doigts lui effleurer le cou. Dans l'obscurité, elle distinguait à peine le contour de sa tête, mais elle avait senti son corps pressé contre le sien.

« Je n'arrive pas à croire à ce qui m'arrive, avait-elle murmuré. Et avec quelqu'un comme toi…

— Je t'ai aimée dès l'instant où je t'ai vue. Je n'ai jamais connu personne comme toi.

— Que veux-tu dire ? s'était-elle enquise, avec un petit rire incertain.

— Vivante, compatissante, et sensuelle même si tu prétends le contraire. »

Les larmes aux yeux, elle avait répondu : « Je pensais que tu étais trop beau pour moi. Tu es le plus bel homme que j'aie jamais vu. » Baissant encore la voix, elle avait ajouté : « Je me disais que si nous nous retrouvions nus l'un en face de l'autre, j'aurais honte de moi.

— Espèce de petite idiote », avait-il chuchoté en refermant ses bras autour d'elle.

Cela ne semblait pas normal d'être aussi heureux dans une ville assiégée. Les combats se poursuivaient, au nord. L'armée républicaine parvenait encore à contenir les forces franquistes ; le gouvernement s'était réfugié à Valence, et Madrid était administrée par des comités qui étaient, disait-on, sous le contrôle des communistes. Dans le centre-ville, les haut-parleurs invitaient les citoyens à se méfier des traîtres infiltrés parmi eux.

Barbara continuait à s'occuper des échanges de prisonniers et de la recherche des personnes disparues, mais elle était désormais habitée par une joie intérieure et une légèreté qui contrebalançaient son sentiment d'impuissance face à ce chaos meurtrier. « Je l'aime, se disait-elle, avant d'ajouter, émerveillée : Et il m'aime aussi. »

Il venait l'attendre tous les soirs à la sortie du bureau, et ils allaient chez elle, ou bien dans un cinéma, ou un café. Les médecins affirmaient que le bras de Bernie serait bientôt guéri ; dans un mois environ, il serait de nouveau bon pour le service. Il avait réitéré sa proposition de se charger de l'accueil des nouvelles recrues venant grossir les rangs des Brigades internationales, mais on lui avait répondu qu'il y avait déjà suffisamment de personnes pour cela.

« Si seulement tu n'étais pas obligé de retourner au front », lui avait dit Barbara un soir. Cela se passait quelques jours avant Noël alors qu'ils étaient assis dans un bar du Centro, après le cinéma. Ils avaient vu un film soviétique sur la modernisation de l'Asie centrale, puis un film de gangsters avec James Cagney – une combinaison aussi absurde que le monde sens dessus dessous dans lequel ils vivaient. Certains soirs, les nationalistes, depuis la Casa de Campo, dirigeaient des tirs d'artillerie vers la Gran Vía, à l'heure de la sortie des cinémas, mais cela n'avait pas été le cas ce soir-là.

« Je suis un soldat de l'armée républicaine, avait rétorqué Bernie. Je devrai rejoindre mon bataillon quand on m'en donnera l'ordre, sinon, je risque d'être fusillé.

— Je voudrais que nous puissions simplement rentrer chez nous, loin de tout ça. La situation, ici, est celle que nous redoutions depuis des années, à la Croix-Rouge : une guerre où l'on ne fait plus la différence entre les soldats et les civils. Une ville pleine de gens pris entre deux feux. » Elle avait soupiré avant de reprendre : « J'ai vu un vieil homme, aujourd'hui, dans la rue ; il avait l'air de quelqu'un qui avait occupé autrefois une bonne situation, il portait un manteau de bonne qualité, mais tout élimé et couvert de poussière, et il fouillait les poubelles pour trouver quelque chose à manger, discrètement, en essayant de ne pas se faire remarquer. Quand il s'est aperçu que je le regardais, il a pris un air honteux.

— Je doute qu'il souffre davantage que les pauvres. Il doit recevoir les mêmes rations qu'eux. Pourquoi serait-il plus à plaindre que les autres, simplement parce qu'il est issu de la classe moyenne ? Cette guerre est juste, nous devons la mener jusqu'au bout. »

Elle lui avait pris la main par-dessus la table et l'avait regardé dans les yeux. « Si tu étais autorisé à rentrer en Angleterre maintenant, avec moi, le ferais-tu ?

— Je dois rester ici. C'est mon devoir, avait-il répondu en baissant les yeux.

— Ton devoir envers le parti ?

— Envers l'humanité.

— Je souhaiterais avoir ta foi. Peut-être qu'alors je ne me sentirais pas aussi mal…

— Ce n'est pas de la foi. J'aimerais que tu essaies de comprendre le marxisme : il montre le squelette de la réalité. Oh, Barbara, comme j'aimerais que tu voies les choses plus clairement ! »

Elle avait laissé échapper un rire las. « Non, je n'ai jamais été douée pour cela. Je t'en prie, ne retourne pas au front, Bernie. Si tu pars, je crois que je ne pourrai pas le supporter, plus maintenant. Je t'en supplie, retournons en Angleterre, avait-elle insisté en lui serrant la main avec plus de force. Tu détiens un passeport britannique, tu peux quitter le pays. Tu peux aller te réfugier à l'ambassade. »

Il était resté silencieux un moment. Puis quelqu'un avait crié son nom, d'une voix teintée d'un fort accent écossais. Barbara s'était retournée et avait vu un jeune homme blond agiter la main depuis le comptoir, devant lequel il se tenait avec un groupe de brigadistes en uniforme, à l'air épuisé.

« Piper ! s'était exclamé l'Écossais en levant son verre. Comment va ce bras ?

— Beaucoup mieux, McNeil. Je vous rejoindrai bientôt.

— *¡No pasarán!* » Le soldat et Bernie avaient échangé le salut rituel, poing levé, puis Bernie s'était retourné vers Barbara et avait baissé la voix. « Je ne peux pas faire ça, Barbara. Je t'aime, mais c'est impossible. Et puis je n'ai pas de passeport, on me l'a pris quand je me suis enrôlé. Et…

— Quoi donc ?

— J'en éprouverais de la honte tout le reste de ma vie, si je désertais. » Avec un geste de la tête en direction du comptoir, il avait ajouté : « Je ne peux pas les abandonner. Je sais que c'est difficile pour une femme de comprendre ce genre de chose, mais c'est ainsi. Je dois retourner au front, même si je n'en ai pas envie.

— C'est vrai ?

— Oui. Je suis un soldat, et ce dont j'ai envie n'entre pas en ligne de compte. »

Les combats autour de la Casa de Campo étaient au point mort, chaque camp retranché derrière ses positions, comme sur le front ouest pendant la Grande Guerre. Mais tout le monde disait que Franco allait relancer l'offensive au printemps, probablement en rase campagne, au sud de la ville. Toutefois, il y avait encore des victimes en grand nombre, et Barbara voyait chaque jour des blessés au visage blême arriver du front, dans des carrioles ou des camions. Au sein de la population, l'humeur avait changé, et la combativité enthousiaste de l'automne avait fait place à la dépression. Les Madrilènes souffraient des pénuries, beaucoup d'entre eux avaient l'air mal portants, ils étaient atteints de furoncles et d'engelures. Grâce aux rations de la Croix-Rouge, qu'elle partageait avec Bernie, Barbara était bien nourrie et en éprouvait une certaine culpabilité. En elle, le bonheur alternait avec la peur de perdre Bernie et la colère, aussi, à l'idée qu'il pût s'en aller ainsi, après être entré dans sa vie et avoir tout bouleversé. Parfois, cette colère se transformait en une lassitude confinant au désespoir.

Peu de temps après cet épisode, par un matin froid et lumineux, alors qu'ils venaient de quitter l'appartement de Barbara et se dirigeaient vers son bureau sur les trottoirs encore blanchis par le givre, ils avaient vu une longue file de femmes en noir attendant devant les bureaux du gouvernement, dans la Calle Mayor. Cela n'avait rien d'inhabituel, car les gens commençaient à faire la queue pour toucher leurs rations alimentaires dès sept heures du matin.

Les femmes avaient brusquement interrompu leurs conversations et tourné leurs regards vers le bout de la rue, où venaient d'apparaître deux carrioles tirées par des chevaux. Quand elles étaient passées devant Barbara, elle avait senti une odeur de peinture fraîche et vu qu'elles transportaient de petits cercueils blancs, réservés aux enfants dont l'âme n'avait pas eu le temps d'être souillée, selon une pratique catholique qui n'avait pas été abolie. Les femmes avaient contemplé les cercueils en silence, d'un air morne. L'une d'elles avait fait le signe de la croix et s'était mise à pleurer.

« Les gens sont au bout du rouleau, avait soupiré Barbara. Ils n'en peuvent plus. Tous ces morts ! » Et elle avait éclaté en sanglots à son tour, là, en pleine rue. Bernie l'avait prise dans ses bras, mais elle l'avait repoussé. « Je te vois déjà dans un cercueil, toi aussi ! Je te vois ! »

Il avait posé ses mains sur ses épaules, et plongé son regard dans le sien. « Si Franco s'empare de Madrid, il y aura un massacre. Je ne les abandonnerai pas ! Je m'y refuse ! »

Le soir de Noël, ils avaient mangé un ragoût de mouton graisseux dans l'appartement de Barbara, avant de monter se coucher. Ils avaient longuement parlé, étendus dans les bras l'un de l'autre.

« Ce n'est pas le Noël auquel je m'attendais, avait dit Barbara. Normalement, j'aurais dû retourner à Birmingham, et aller rendre visite à ma sœur et à sa famille, en compagnie de mes parents. En général, au bout d'un jour ou deux, je commence à en avoir assez, et j'ai envie de repartir.

— Comment ont-ils fait pour te donner une si mauvaise opinion de toi-même ? avait demandé Bernie, en resserrant son étreinte.

— Je ne sais pas. C'est arrivé comme ça, voilà tout.

— Tu aurais des raisons de leur en vouloir.

— Ils n'ont jamais compris pourquoi je me suis engagée dans la Croix-Rouge, avait-elle repris, en promenant un doigt sur sa poitrine musclée. Ils auraient préféré me voir mariée et mère de famille, comme Carol.

— Aimerais-tu avoir des enfants ?

— Seulement quand il n'y aura plus de guerres. »

Bernie avait allumé des cigarettes pour eux deux, à tâtons dans le noir. Son visage avait pris un air grave, dans la lueur rougeâtre de la flamme. « Je suis une déception pour mes parents. Ils pensent que j'ai gaspillé la chance que m'offraient mes études à Rookwood. J'aurais préféré ne jamais recevoir cette maudite bourse !

— Tes études ne t'ont-elles rien apporté ? »

Il avait eu un rire amer : « Comme le disait Caliban : "Ils m'ont appris à parler, et donc je puis jurer." »

Elle avait trouvé l'emplacement de son cœur et y avait posé la main, pour sentir sous ses doigts le battement régulier.

« C'est peut-être cela qui nous a rapprochés : nous avons tous les deux déçu nos parents. » Elle avait gardé le silence pendant un instant, avant de reprendre : « Tu crois au destin, Bernie, n'est-ce pas ?

— Non, je crois à la destinée historique.

— Quelle est la différence ?

— Tu peux influer sur la destinée, tu peux la

contrarier ou la précipiter. Mais tu ne peux rien faire pour changer le destin.

— J'aimerais que ma destinée soit de vivre avec toi. »

Elle avait senti la poitrine de Bernie se soulever et retomber rapidement, tandis qu'il prenait une profonde inspiration.

« Barbara…

— Qu'y a-t-il ?

— Tu sais que je suis pratiquement guéri. Dans deux semaines, je partirai pour le nouveau camp d'entraînement, à Albacete. On me l'a appris hier.

— Oh, mon Dieu ! avait-elle murmuré, le cœur serré.

— Je suis désolé. J'attendais le moment propice pour te l'annoncer, mais aucun moment ne semble mieux choisi qu'un autre, n'est-ce pas ?

— Non.

— Je crois que la vie m'importait peu, avant de te rencontrer, mais ce n'est plus vrai à présent… à présent que je dois retourner là-bas. »

Pendant les deux semaines qui avaient suivi son départ, elle n'avait reçu aucune nouvelle de lui. Elle se rendait au travail et accomplissait tant bien que mal ses tâches quotidiennes, mais, quand elle regagnait seule l'appartement, le silence paraissait résonner du vide de son absence, comme s'il était déjà mort.

Au cours de la première semaine de février, les fascistes avaient lancé une nouvelle offensive au sud de Madrid. Leur but était d'encercler la capitale et de l'isoler complètement, mais ils avaient été arrêtés sur les rives du Jarama. La radio et les journaux parlaient d'une résistance héroïque, affirmant que l'avance de Franco avait été stoppée avant d'avoir vraiment commencé. Les Brigades internationales avaient joué un rôle déterminant dans ces affrontements, et le nombre des victimes était très élevé, annonçaient-ils aussi.

Chaque matin, avant d'aller au bureau, Barbara se rendait au quartier général de l'armée, à la Puerta del Sol. Au début, les membres du personnel l'avaient accueillie avec méfiance, mais quand elle était revenue une deuxième fois, puis une troisième, ils s'étaient montrés plus aimables. Elle avait commencé à se laisser aller, elle avait perdu du poids et ses yeux cernés de noir trahissaient sa souffrance.

Au quartier général régnait une confusion totale : des employés en uniforme couraient en tous sens, brandissant des papiers ; des téléphones sonnaient de tous côtés. Barbara s'était demandé si certaines de ces lignes téléphoniques étaient reliées au front, si l'un de ces appareils permettait d'établir une communication avec l'endroit où Bernie se trouvait actuellement. Ce genre de pensée lui venait sans cesse à l'esprit, à présent : le même soleil brille au-dessus de nous deux, le même clair de lune ; je tiens dans ma main un livre qu'il a tenu, je porte à ma bouche une fourchette qu'il a portée à la sienne…

De sérieux affrontements avaient eu lieu durant la deuxième et la troisième semaine de février, mais Barbara était demeurée sans nouvelles de Bernie. Elle n'avait reçu aucune lettre non plus, mais on lui avait dit que les communications étaient difficiles. Vers la fin du mois, les combats avaient perdu de leur intensité, on était revenu au point mort. Barbara avait alors espéré que le courrier allait recommencer à circuler.

Elle avait appris la disparition de Bernie le dernier jour de février, par une froide matinée d'un printemps précoce. Elle était passée au quartier général, comme d'habitude, avant de se rendre à son travail, et cette fois un employé l'avait fait entrer dans une pièce déserte, à l'écart de l'agitation. Elle avait su immédiatement qu'on allait lui annoncer une mauvaise nouvelle. Elle avait attendu dans ce petit bureau miteux, équipé d'une table sur laquelle trônait une machine à écrire, avec un portrait de Staline accroché au mur, et s'était demandé fugacement : comment fait-il pour entretenir une si grosse moustache ?

Puis la porte s'était ouverte et un homme en uniforme de capitaine était entré. Il tenait une feuille de papier à la main, et son visage était sombre. Barbara avait senti un frisson la parcourir, comme si elle était soudain tombée dans un trou d'eau glacée. Elle ne s'était pas levée pour lui serrer la main, mais était restée assise, passivement.

« Bonjour, mademoiselle Clare. On m'a dit que vous étiez déjà venue ici de nombreuses fois.

— Oui, pour essayer d'obtenir des informations. » Elle avait dégluti avec difficulté, avant de murmurer : « Il est mort, n'est-ce pas ? »

L'officier avait levé la main en un geste apaisant : « Nous n'avons aucune certitude à ce sujet, aucune certitude. Mais il figure sur la liste des hommes portés disparus et présumés morts. Le bataillon britannique a subi de lourdes pertes le 13 de ce mois.

— Porté disparu, avait-elle répété d'une voix blanche. Je sais ce que cela signifie. Vous n'avez pas retrouvé son corps, c'est tout. »

Il n'avait pas répondu, se bornant à incliner la tête.

« Ils se sont battus comme des lions. Ils ont à eux

seuls contenu l'avancée des fascistes pendant deux jours. Beaucoup de corps n'ont pu être identifiés », avait-il ajouté après un temps d'hésitation.

Barbara s'était sentie glisser à bas de sa chaise. En heurtant le sol, elle s'était mise à pleurer désespérément, pressant sa joue contre les lames du plancher, parce que en dessous du plancher il y avait la terre, cette terre dans laquelle Bernie était à tout jamais enseveli.

12

La salle à manger du Ritz flamboyait dans la lumière des lustres monumentaux. Harry prit place à la longue table qui avait été réservée pour le personnel de l'ambassade. Il était assis entre Tolhurst et Goach, le vieil homme qui l'avait mis au courant du protocole. Il était chauve, avec une moustache blanche tombante, parlait d'une voix douce et portait un monocle au bout d'un long cordon noir. Les épaules de son smoking étaient couvertes de pellicules.

Le col cassé de Harry lui érafla le cou quand il promena son regard autour de lui. Il y avait là deux douzaines d'employés de l'ambassade, venus faire acte de présence. Hoare présidait la table, flanqué de son épouse, lady Maud, une grosse femme laide, et de Hillgarth, vêtu d'un uniforme naval constellé de décorations.

Harry lui avait fait un compte rendu de sa rencontre avec Sandy, en présence de Tolhurst. Hillgarth s'était montré satisfait des résultats obtenus, et notamment de l'invitation à dîner. Il avait été également très intrigué lorsque Harry lui avait parlé de Barbara.

« Voyez si vous pouvez l'amener à parler davantage

de ses affaires, avait-il dit à Harry. Vous ne savez pas quels seront les autres invités ?

— Non, je n'ai pas posé la question. Je ne voulais pas paraître trop indiscret.

— Vous avez eu raison. Et sa petite amie, se peut-il qu'elle soit au courant de ses plans, d'après vous ?

— Je ne sais pas.

— N'étiez-vous vraiment rien de plus que des amis, elle et vous ? s'était enquis Hillgarth d'un ton brusque.

— Non, rien de plus, monsieur. Simplement, je ne voudrais pas l'impliquer dans cette histoire tant que je n'y suis pas obligé. Toutefois, j'ai conscience que cela pourrait se révéler nécessaire. C'est bizarre qu'elle se soit mise avec Sandy… Il ne s'entendait pas du tout avec Bernie.

— Je me demande s'il ne s'est pas intéressé à la fille précisément parce qu'elle était la petite amie de son ennemi, avait glissé Tolhurst, d'un ton pensif.

— Je l'ignore, avait répondu Harry en secouant la tête. Quand j'ai connu Sandy, ce n'était encore qu'un gamin, sincèrement. Il a changé. Tout en lui m'a semblé artificiel, outrancier, sauf son plaisir de me revoir, qui était authentique.

— Profitez-en, avait repris Hillgarth, le regard grave. Votre travail est d'une grande importance ; cette histoire d'or s'inscrit dans un cadre beaucoup plus large et peut avoir des répercussions sur nos relations avec le régime. C'est une question cruciale.

— J'en suis conscient, monsieur », avait affirmé Harry, en soutenant son regard.

Le serveur déposa devant lui un menu imposant, gravé sur un bristol blanc. Le choix des mets était tel que l'on aurait pu se croire avant-guerre. Harry se demanda si l'on servait encore une nourriture de cette qualité au Ritz de Londres. Il avait reçu une lettre de Will, ce matin. Son cousin l'informait qu'il avait obtenu sa mutation dans la campagne, quelque part dans les Midlands ; Mildred était ravie de pouvoir fuir les bombardements, même si elle craignait que leur maison ne fût cambriolée. Ces nouvelles avaient empli Harry d'une nostalgie presque insoutenable. Il soupira et releva la tête, écarquillant les yeux à la vue de quatre officiers en uniforme gris en train de s'asseoir à une table voisine, parmi les Madrilènes élégants. L'accent rude et saccadé des nouveaux venus était reconnaissable entre tous.

« Voilà les Boches, dit Tolhurst à voix basse. Ceux-là sont des conseillers militaires. Les membres de la Gestapo sont généralement en civil. »

L'un des Allemands, surprenant le regard effaré de Harry, arqua un sourcil dédaigneux et se détourna.

« Le Ritz est devenu un repaire d'Allemands et d'Italiens, poursuivit Tolhurst. C'est pourquoi sir Sam tient à hisser les couleurs de temps à autre... Prêt pour demain ? s'enquit-il, baissant encore le ton. Pour ce dîner avec notre ami ?

— Oui.

— Je me demande si cette fille est au courant de quoi que ce soit, reprit Tolhurst, les yeux brillants de curiosité.

— Je n'en sais rien, Tolly », rétorqua Harry, laissant son regard errer sur la tablée. Le dîner de ce soir avait également un but caché : ils avaient tous reçu l'instruction de prendre l'air joyeux et détendu, de montrer que le changement de cabinet ne les inquiétait pas le moins du monde. Tous buvaient sec, échangeaient des blagues et de gros rires. On se serait cru à une soirée d'un club de rugby. Les secrétaires, qu'on avait conviés pour compléter la table, paraissaient mal à l'aise.

Les serveurs en veste blanche empesée apportèrent les plats et les vins. La nourriture était délicieuse, la meilleure que Harry eût goûtée depuis son arrivée. « La vie est pratiquement redevenue aussi bonne qu'avant », déclara Goach à côté de lui. Harry s'interrogea sur son âge ; on racontait qu'il travaillait déjà à l'ambassade quarante ans plus tôt, au moment de la guerre hispano-américaine. Apparemment, nul ne connaissait mieux que lui le protocole espagnol.

« C'est vrai pour le Ritz, en tout cas, à en juger par ce que je suis en train de déguster, répondit-il.

— Oh, pour le reste aussi. On a rouvert les théâtres, ainsi que l'Opéra. Je me rappelle y avoir échangé quelques mots avec le vieux roi, un jour. Il était absolument charmant, il savait mettre les gens à l'aise. Je crois que El Generalísimo aimerait le faire revenir, ajouta-t-il en soupirant, mais la Phalange ne veut pas en entendre parler. Quelle bande de crétins ! On m'a rapporté qu'ils vous ont lancé de la farine, l'autre jour ?

— C'est exact.

— Les canailles ! Il avait la mâchoire des Habsbourg, vous savez ? En galoche.

— Pardon ?

— Le roi Alphonse. Oh, rien de très marqué. Le fardeau de la royauté. Le duc de Windsor est passé à Madrid, en juin dernier, vous savez. Quand il s'est enfui de France. » Goach secoua la tête. « Il n'est resté que très brièvement à l'ambassade, avant de repartir pour Lisbonne. Il n'y a pas eu de réception officielle ou quoi que ce soit. Quand on pense qu'il a été roi d'Angleterre… » Il secoua de nouveau la tête d'un air attristé.

Harry se perdit une fois de plus dans la contemplation de l'assemblée, se demandant ce que Bernie en aurait dit.

« À quoi pensez-vous ? lui demanda Tolhurst. Vous paraissez bien songeur.

— Parfois, j'ai l'impression d'être Alice au pays des merveilles, répondit Harry à mi-voix. Je ne serais pas étonné de voir surgir un lapin blanc en redingote.

— Comment cela ? s'enquit Tolhurst, perplexe.

— Ils n'ont pas la moindre idée de ce qui se passe au-dehors, expliqua Harry, avec un mouvement de tête vers la fenêtre. N'êtes-vous donc jamais ému, Simon, par la misère effroyable qui règne dans cette ville ? »

Tolhurst fronça pensivement les sourcils. À travers le brouhaha, Harry distingua la voix coupante de l'ambassadeur. « Ces gars des Opérations spéciales ont perdu la tête. J'ai entendu dire qu'ils utilisaient des exilés républicains pour former les soldats britanniques à la guérilla. Maudits communistes !

— Ils veulent mettre l'Europe à feu et à sang, renchérit Hillgarth.

— Oh oui, c'est le genre d'expression que Winston affectionne. De la prose héroïque. » Le timbre perçant de Hoare s'éleva encore. « Moi, je sais ce dont les rouges sont capables, j'étais en Russie au moment de la chute du tsar. »

Hillgarth lui répondit à voix basse, mais Harry perçut néanmoins ses paroles. « Entendu, Sam, je suis de votre avis. Mais ce n'est pas le moment d'en parler. »

C'est alors que Tolhurst émergea de sa réflexion. « Je

suppose que je me suis habitué à la pauvreté. C'était exactement pareil à Cuba.

— Je crois que je n'arriverai jamais à m'y faire », répliqua Harry.

Tolhurst s'abîma de nouveau dans ses pensées, avant de reprendre : « Avez-vous déjà assisté à une corrida ?

— Une fois, en 31. Ça ne m'a pas plu. Pourquoi ?

— La première fois, ça m'a rendu malade, tout ce sang au moment de la mise à mort, l'expression terrifiée qu'on pouvait encore lire sur la gueule de la bête, après, quand on a apporté sa tête au restaurant... Mais j'étais obligé d'y aller, cela fait partie de mon travail. La deuxième fois, cela s'est mieux passé. Je me suis dit : bon sang, ce n'est qu'un animal, après tout. Et la troisième j'ai commencé à apprécier l'habileté du matador, sa bravoure. Il faut savoir fermer les yeux sur les côtés les plus déplaisants d'un pays, quand on est diplomate, comprenez-vous ? »

Ou quand on est espion, ajouta Harry en lui-même. Il traça distraitement une ligne sur la nappe blanche, du bout de sa fourchette. « Mais cela ne commence-t-il pas toujours de la même façon ? objecta-t-il. Nous nous endurcissons pour nous protéger, et finissons par ne plus voir la souffrance et la cruauté.

— Je présume que si l'on s'autorise à penser à toutes les choses épouvantables qui se déroulent autour de nous, on s'imagine qu'elles peuvent aussi nous arriver. C'est mon cas, parfois », avoua Tolhurst avec un rire gêné. Harry observa rapidement les autres convives, et ne vit que sourires forcés et gaieté simulée.

« Vous n'êtes sûrement pas le seul », murmura-t-il.

L'autre voisin de Tolhurst lui agrippa soudain le bras et entreprit de lui raconter en chuchotant comment deux employés avaient été surpris, ensemble, dans une armoire où l'on rangeait la papeterie. Tolhurst tourna le dos à Harry avec un soulagement visible pour se livrer aux joies des commérages.

« Julian, une pédale ? Je n'en crois rien. »

Harry se tourna vers Goach, en déclarant d'un ton appréciateur : « Excellent, ce saumon.

— Oui, délicieux.

— Comment ? » Harry n'avait pas entendu la réponse du vieillard. Au milieu d'une foule, sa surdité partielle pouvait encore lui causer des problèmes. L'espace d'un moment, il se sentit désorienté.

« J'ai dit : dé-li-cieux, répéta Goach. Délicieux.

— Vous êtes depuis longtemps dans le service diplomatique, monsieur, poursuivit Harry en se penchant vers lui. J'ai entendu quelqu'un, l'autre jour, mentionner les chevaliers de St. Georges. Auriez-vous une idée de ce que cela signifie ? Je me demandais s'il ne s'agissait pas d'une sorte d'argot spécifique au corps diplomatique. »

Goach ajusta son monocle et plissa le front. « Je ne crois pas, je ne connais pas cette expression. Où l'avez-vous entendue ?

— Oh, quelque part dans l'ambassade. Cela m'a intrigué, c'est tout.

— Désolé, répondit le vieillard en secouant la tête. Je n'ai aucune idée de ce que cela signifie. » Il jeta un regard en direction de Hoare avant de poursuivre : « L'ambassadeur est un type bien, malgré ses défauts. Il fera tout pour éviter que l'Espagne n'entre en guerre.

— Je l'espère, dit Harry. Mais si l'Espagne ne prend pas part au conflit, et que nous soyons vainqueurs, que se passera-t-il alors ? »

Goach laissa échapper un rire bref. « Commençons

par gagner la guerre, nous verrons ensuite. » Il demeura un instant songeur, puis reprit : « Si Franco reste neutre et parvient à contrôler les éléments fascistes de son gouvernement, ma foi, nous aurons des raisons de lui être reconnaissants, n'est-ce pas ?

— Vous pensez qu'il est monarchiste, au fond ?

— Oh, j'en suis convaincu. Si vous analysez bien ses discours, vous verrez qu'il attache la plus grande importance aux traditions de l'Espagne, à ses valeurs séculaires.

— Et que faites-vous de son peuple ?

— Les Espagnols ont toujours eu besoin d'être dirigés d'une poigne ferme, rétorqua Goach en haussant les épaules.

— Dans ce cas, ils sont servis, c'est le moins qu'on puisse dire. »

Visiblement décontenancé, le vieillard inclina la tête de côté, puis la baissa vers son assiette. Des exclamations hilares s'élevèrent à l'autre bout de la table, aussitôt suivies de gros rires à la tablée allemande. C'est à qui se livrera à la plus bruyante démonstration de gaieté, se dit Harry, écœuré.

13

Le mardi, Barbara se rendit à son deuxième rendez-vous avec Luis. C'était une belle journée d'automne, calme et claire ; les feuilles commençaient à tomber des arbres. La Castellana étant fermée à la circulation, Barbara effectua le trajet à pied. Le Reichsführer Himmler devait en effet l'emprunter un peu plus tard pour aller retrouver El Generalísimo au Palais royal.

Des bannières à croix gammée flottaient sur chaque bâtiment bordant la Castellana, d'autres étaient tendues au-dessus de la rue, leur fond écarlate se détachant de façon éclatante sur le gris des façades. Des *civiles* étaient postés à intervalles réguliers le long de la chaussée, certains armés de mitraillettes. Des membres des jeunesses phalangistes étaient alignés le long du trottoir, brandissant de petits drapeaux ornés de la swastika. Barbara s'éloigna en hâte, pour s'enfoncer dans le réseau de ruelles menant au Centro.

Quand elle arriva en vue du café, son cœur se mit à battre plus vite. Luis était déjà là, elle l'aperçut à travers la vitre. Il était assis à la même table que l'autre jour et sirotait un café, l'expression lugubre. Elle remarqua une fois de plus combien son apparence était miteuse : il portait le même veston élimé, les mêmes *alpargatas* bon marché à semelles de corde. Elle inspira à fond et entra. La tenancière, campée sous le portrait de Franco, la salua d'un signe de tête. Barbara songea qu'il était devenu impossible d'échapper au regard froid du Generalísimo ; il était partout, à présent, même sur les timbres.

Luis se leva, un sourire soulagé sur les lèvres. « *Señora, buenos días*. J'avais peur que vous ne veniez pas !

— Je suis désolée, dit-elle sans lui rendre son sourire. J'ai été obligée de venir à pied et cela m'a pris plus de temps que je ne le pensais. À cause de la visite de Himmler, vous savez.

— Aucune importance. Un café ? »

Elle l'autorisa à aller lui chercher une tasse du breuvage répugnant, puis alluma une cigarette, sans lui en offrir une, cette fois. Le regardant droit dans les yeux, elle déclara : « *Señor* Luis, avant que nous ne poussions plus loin la discussion, j'ai quelque chose à vous demander.

— Je vous en prie.

— La dernière fois, vous m'avez dit que vous aviez quitté l'armée au printemps.

— C'est exact, répondit-il, l'air intrigué.

— Mais vous avez également affirmé avoir passé deux hivers là-bas. Comment est-ce possible ? Cuenca était aux mains des rouges jusqu'à leur reddition, l'année dernière. »

Luis déglutit, puis un sourire triste passa sur son visage. « *Señora*, j'ai dit que j'avais passé deux hivers sur la *meseta*, pas à Cuenca. L'hiver précédent, j'étais affecté dans une autre partie de la région, à Teruel. Ce nom vous dit-il quelque chose ?

— Oui, bien sûr. » C'était là que s'était livrée une des batailles les plus féroces de toute la guerre. Barbara essaya de se remémorer les termes exacts que Luis avait employés la première fois.

« Teruel se trouve à plus de cent kilomètres de Cuenca, mais elle est quand même sur la *meseta*. C'est une ville d'altitude et l'hiver y est très froid. Pendant la bataille, il a fallu amputer des hommes dont les pieds avaient gelé dans les tranchées. » Sa voix avait pris un ton presque courroucé, à présent.

« Je vois.

— Vous craigniez que je vous aie menti, reprit Luis, sans détour.

— Je dois être convaincue que ce que vous me dites est vrai, *señor* Luis. Je prends de gros risques, et je dois être absolument sûre de tout.

— D'accord. Je comprends, répondit-il en hochant lentement la tête. Oui. Vous avez raison de prendre des précautions. Vous pouvez me poser toutes les questions que vous voudrez, ajouta-t-il en écartant les bras.

— Merci, dit-elle en allumant une autre cigarette.

— Je suis allé à Cuenca samedi dernier, comme je vous l'avais promis. »

Elle acquiesça, le scruta de nouveau avec attention, mais son regard était impénétrable.

« Je suis resté en ville, et Agustín est venu me voir. Il m'a confirmé qu'il y avait bien dans le camp un prisonnier du nom de Bernard Piper. Il y est détenu depuis l'ouverture. »

Barbara baissa la tête de façon à ne pas lui laisser voir combien la seule mention du nom de Bernie l'affectait.

Elle devait rester calme et maîtresse d'elle-même. Son travail auprès des réfugiés lui avait enseigné que les gens désespérés se raccrochaient au moindre espoir. Elle releva les yeux et lui lança un regard déterminé. « Vous comprendrez, *señor*, que j'aie besoin d'une preuve. Il faut que votre frère vous donne plus de détails sur ce prisonnier. Des choses que je n'ai dites ni à vous ni à Markby, des choses que vous ne pouvez pas savoir. Pas qu'il est blond, par exemple, car cela, vous l'avez déjà vu sur la photo. »

Luis se rencogna dans son siège et pinça les lèvres.

« Ce n'est pas une exigence déraisonnable, poursuivit Barbara. Des milliers de brigadistes sont morts pendant la guerre, vous savez, et il y a bien peu de chances qu'il ait survécu. J'ai besoin d'une preuve avant d'aller plus loin.

— Et moi, je suis pauvre, et je pourrais très bien avoir tout inventé, acquiesça Luis. Non, *señora*, ce n'est pas déraisonnable, dans le monde où nous vivons. » Il réfléchit un instant avant de reprendre : « Et si je demandais à Agustín de me donner le plus de détails possible sur cet homme, et que je vous les transmette ?

— Entendu.

— Avez-vous reparlé au *señor* Markby ?

— Non. » Elle avait essayé, mais il n'était toujours pas rentré.

« Je vais retourner à Cuenca, déclara Luis en se penchant vers elle, mais je ne peux pas rendre visite trop souvent à mon frère, ça pourrait éveiller les soupçons. » Il paraissait tendu, à présent. Il se passa une main sur le front et ajouta : « Je pourrais peut-être dire que l'état de notre mère a empiré. Elle ne va pas bien, voyez-vous. Mais il ne faut pas perdre trop de temps, *señora* Clare, si vous voulez que nous fassions quelque chose. Vous êtes au courant des bruits qui circulent. Si l'Espagne devait entrer dans le conflit, vous seriez obligée de partir. Et votre brigadiste, s'il est communiste, pourrait très bien être livré aux Allemands. C'est ce qui s'est passé en France. »

C'était vrai, mais elle se demanda s'il ne cherchait pas à lui faire peur, pour hâter sa décision.

« Si je veux que vous fassiez quelque chose… répéta-t-elle. Vous voulez parler… d'une évasion ? demanda-t-elle en baissant la voix, le cœur battant à tout rompre.

— Agustín pense que c'est possible, acquiesça Luis. Mais ce sera dangereux.

— Comment ? demanda-t-elle. Comment vous y prendriez-vous ? »

Il se pencha davantage vers elle, et sa voix se réduisit à un murmure. « Laissez-moi vous expliquer comment le camp fonctionne. Il est entouré de barbelés, et il y a des gardes armés de mitrailleuses dans les miradors. » Barbara frémit, et il reprit : « Je suis désolé, mais je dois dire les choses comme elles sont.

— Je sais. Continuez.

— Il est impossible de s'évader de l'intérieur du camp. Mais des équipes de prisonniers sortent chaque jour pour réparer les routes, poser des canalisations ou travailler dans une carrière située dans les collines. Piper fait partie de l'équipe chargée de l'extraction des pierres, depuis quelque temps. Si Agustín réussit à s'y faire affecter comme garde, peut-être pourrait-il aider votre ami à s'évader, trouver un prétexte pour emmener le prisonnier quelque part ; Piper pourrait alors faire semblant de l'attaquer pour s'enfuir. C'est tout ce que nous avons trouvé pour le moment », acheva-t-il, en plissant le front.

Barbara hocha la tête. Oui, la chose paraissait faisable…

« C'est le seul moyen que nous ayons trouvé, répéta Luis. Mais quand on découvrira l'évasion, Agustín sera interrogé et, si l'on apprend la vérité, il sera fusillé. Il accepte de le faire seulement pour l'argent. » Il la dévisagea d'un air grave avant de poursuivre : « Soyons francs, à présent. »

Elle acquiesça en silence, essayant de respirer profondément pour calmer les battements affolés de son cœur, sans qu'il s'en aperçût.

« Agustín sera démobilisé au printemps et il ne veut pas être obligé de se rengager. Il y a des gardes qui aiment ce travail, mais ce n'est pas son cas. Il ne fait ça que pour aider notre mère, qui vit à Séville.

— Combien voulez-vous, alors ?

— Deux mille pesetas.

— C'est beaucoup, dit-elle, bien que ce fût moins qu'elle ne l'avait craint.

— Agustín risque sa vie.

— Si j'acceptais, il faudrait que je fasse venir de l'argent d'Angleterre, et ce ne serait pas facile, avec les restrictions sur le change. » Elle prit une profonde inspiration. « Toutefois, si vous parvenez à me convaincre que Bernie se trouve bien dans ce camp, nous verrons.

— Il faut que nous nous entendions sur la somme, *señora*.

— Non, vous devrez d'abord m'apporter une preuve. » Elle tira sur sa cigarette, le fixant à travers un nuage de fumée. « Vous ne risquez pas grand-chose en retournant à Cuenca. Je vous paierai le voyage. » Mais vous reverrai-je ? ajouta-t-elle en elle-même.

Il hésita un moment, puis hocha la tête. Barbara se félicita de l'expérience qu'elle avait acquise après des années passées à négocier avec des fonctionnaires corrompus. Luis se radossa à son siège, l'air las, et elle pensa : il est moins habitué que moi à ce genre de tractations.

« Agustín vous a-t-il dit quelque chose à son sujet… au sujet de Bernie ? Comment va-t-il ? s'enquit-elle, d'une voix qui se brisa en prononçant son nom.

— Il va bien. Mais les hivers sont durs pour les prisonniers. Si nous faisons ça, il va falloir que vous veniez à Cuenca, poursuivit-il en la fixant d'un air grave. Et que vous le rameniez à Madrid, pour qu'il se réfugie à l'ambassade de Grande-Bretagne. Avez-vous une automobile ?

— Oui. Oui, je peux le faire. »

Il la dévisagea pensivement. « Et votre mari, est-il au courant ?

— Non, répondit-elle sèchement, en redressant la tête. Je veux simplement venir en aide à Bernie et le faire rapatrier en Angleterre.

— Très bien. » Il poussa un soupir. Barbara alluma une nouvelle cigarette et lui en offrit une.

« Êtes-vous d'accord pour que nous nous retrouvions ici, dans une semaine ? reprit-elle.

— Entendu. Même jour, même heure. Je… j'ai besoin d'argent tout de suite pour le billet de train », déclara-t-il d'un ton embarrassé.

Comme la première fois, Barbara lui donna la somme une fois qu'ils furent sur le trottoir. Quand elle lui tendit l'enveloppe, il laissa échapper un petit rire amer.

« Les Espagnols étaient un peuple fier, autrefois. Dire que nous en sommes réduits à ça, maintenant… » Tournant les talons, il s'éloigna rapidement, et sa silhouette maigre et pitoyable disparut bien vite au bout de la rue.

Les voies principales étaient toujours barrées et elle dut passer par la Calle Fernando del Santo pour rentrer chez elle, ce qui l'amena devant l'ambassade de Grande-Bretagne. Elle jeta au passage un regard en direction de l'immeuble. Harry Brett devait s'y trouver. Harry, l'ami de Bernie, qu'elle devait voir ce soir même.

Au bout de la rue, des *civiles* l'empêchèrent de rejoindre la Castellana.

« Je suis désolé, *señora*, lui dit l'un d'eux. Personne n'a le droit de passer pendant l'heure qui vient, pour des raisons de sécurité. »

Elle hocha la tête et rebroussa chemin. Une petite foule s'était rassemblée le long du trottoir. Un peu plus haut dans la rue, des voix juvéniles se mirent à pousser des acclamations. Une Mercedes apparut, roulant au pas et flanquée de motards. Son capot était décoré d'un fanion à croix gammée. À l'arrière, Barbara distingua un visage pâle et bouffi, auquel l'uniforme noir et la casquette conféraient un aspect irréel, comme désincarné. Un reflet de soleil joua brièvement sur des verres de lunettes, et elle eut l'impression que Heinrich Himmler se tournait vers elle pour la regarder. Puis la voiture disparut, soulevant sur son passage un tourbillon de feuilles mortes. D'autres vivats s'élevèrent du groupe de jeunes phalangistes postés un peu plus haut. Barbara frissonna et pressa le pas.

14

Tout le long de la Castellana, sur les façades des immeubles, on voyait les drapeaux nazis émerger du brouillard qui était tombé sur la ville. On était fin octobre, maintenant, et les soirées commençaient à rafraîchir ; Harry avait mis son chapeau et son pardessus pour aller prendre le tram qui l'emmènerait dans le quartier de Vigo, chez Sandy et Barbara.

Tolhurst lui avait reparlé de cette dernière, dans l'après-midi.

« Sacrée coïncidence, hein ! s'était-il exclamé. Nous ne savions pas où il habitait exactement, voyez-vous. D'après nos sources, il vivait avec une fille, mais nous pensions qu'il s'agissait d'une quelconque poule espagnole.

— J'aimerais comprendre comment elle a pu finir dans les pattes de Sandy, avait rétorqué Harry en secouant la tête. Certes, elle était très déprimée quand je l'ai rencontrée, en 37, mais quand même… Je lui ai écrit par la suite, et elle n'a jamais répondu, ou alors elle n'a pas reçu mes lettres.

— Elle ne faisait pas de politique, n'est-ce pas ? Les

idées de son petit ami communiste n'avaient pas déteint sur elle ?

— Non. Elle travaillait pour la Croix-Rouge, c'était une fille raisonnable et pleine de bon sens. J'ignore ce qu'elle pense du régime actuel. »

Il allait le découvrir ce soir même. Tout en se dirigeant vers l'arrêt du tramway, Harry sentit une brusque lassitude l'envahir à la pensée de la tâche qui l'attendait. Mais il était trop tard pour reculer, désormais.

Il prit conscience d'un bruit de pas derrière lui, à demi étouffé par le brouillard. Bon sang, on le filait de nouveau ! Il n'avait pas revu l'homme depuis la fin de la semaine, mais il était de retour, selon toute apparence. Il obliqua subitement à gauche, puis à droite. La porte d'un immeuble était restée ouverte, le concierge avait dû s'absenter un instant. C'était un immeuble bourgeois, bien entretenu ; l'air fleurait bon l'encaustique. Harry entra et se cacha derrière la porte, puis jeta un regard furtif au-dehors. Il entendit des pas, un crissement de feuilles mortes sous des semelles. Un instant après, le jeune homme qu'il avait déjà aperçu apparut. Il s'immobilisa au milieu de la rue déserte et la scruta de bas en haut, une expression perplexe peinte sur son visage pâle aux traits fins. Harry rentra vivement la tête et entendit les pas s'éloigner dans la direction d'où ils étaient venus. Il attendit quelques minutes, puis ressortit. Personne en vue, à part une femme en manteau de fourrure en train de promener son chien, et qui lui lança un regard soupçonneux. Il rebroussa chemin en secouant la tête : ce garçon n'était décidément pas très doué.

L'espion en herbe ne lui avait pas fait peur, pourtant, quand il se retrouva devant la demeure de Sandy, une demi-heure plus tard, il éprouvait cette angoisse diffuse, ce vertige qui le prenait encore, parfois. Il n'avait pas parlé à Sandy des accès de panique dont il avait été victime, après Dunkerque, même si les gens des services secrets lui avaient dit que cela ne pouvait lui faire aucun tort. C'est sans doute mon orgueil qui m'en a empêché, songea-t-il. La maison était grande, entourée d'un vaste jardin. Harry s'arrêta un instant en haut des marches, afin de rassembler ses esprits, puis prit une profonde inspiration et sonna.

Une jeune bonne plutôt jolie, mais à la mine renfrognée, lui ouvrit la porte et le fit entrer dans un vestibule décoré de porcelaines chinoises, avant de le guider vers un salon spacieux où un feu brûlait dans la cheminée. Tout respirait le luxe et le confort.

Sandy vint à sa rencontre et lui serra vigoureusement la main. Son smoking était immaculé, ses cheveux luisants de gomina. « Harry, c'est merveilleux que tu aies pu venir. Bon, je n'ai pas besoin de faire les présentations, tu connais Barbara, bien sûr. »

Elle se tenait près de la cheminée, un verre de vin à la main. Elle était totalement différente de l'image qu'il avait gardée d'elle ; les vieux cardigans avaient fait place à une coûteuse robe de soie qui mettait en valeur sa peau diaphane et sa jolie silhouette, et, sur son visage amaigri, un maquillage habile accentuait ses pommettes hautes et ses yeux vert vif. Ses longs cheveux, jadis rebelles, étaient soigneusement mis en plis et bouclés aux extrémités. Seules les lunettes étaient restées les mêmes. En dépit de cette métamorphose, elle paraissait fatiguée et tendue, mais l'accueillit néanmoins avec un sourire chaleureux.

« Harry, comment vas-tu ?

— Très bien. Tu as beaucoup changé.

— Je n'ai jamais oublié la bonté que tu m'as témoignée il y a trois ans. J'étais dans un état pitoyable, à l'époque.

— J'ai fait ce que j'ai pu. C'était une période difficile.

— Sandy m'a dit que tu avais essayé de m'écrire. Je suis navrée, je n'ai jamais reçu tes lettres. La Croix-Rouge m'avait mutée à Burgos. J'avais besoin de quitter Madrid, après… » Elle fit un geste vague de la main, sans terminer sa phrase.

« Oui, je t'ai écrit à Madrid, mais je présume qu'on ne pouvait pas faire suivre le courrier de l'autre côté des lignes.

— C'est ma faute, reprit Barbara, j'aurais dû essayer de garder le contact.

— Je me suis souvent demandé comment tu allais. Il paraît que tu ne travailles plus pour la Croix-Rouge, à présent ?

— Non, j'ai démissionné après ma rencontre avec Sandy. Je ne pouvais pas faire autrement, d'ailleurs, je n'étais pas en état de travailler. Mais je vais peut-être reprendre bientôt un travail bénévole, dans une association d'aide aux orphelins de guerre. »

Harry hocha la tête en souriant. « Et tu as rencontré Sandy. C'est vraiment extraordinaire !

— Oui. Il m'a aidée à reprendre le dessus. »

Sandy les rejoignit et passa un bras protecteur autour des épaules de Barbara ; Harry eut l'impression de la voir frémir imperceptiblement.

« Et toi, Harry ? s'enquit-elle. Est-ce que tu vas bien ? Sandy m'a raconté que tu étais à Dunkerque.

— C'est exact. Je suis rétabli, à présent. Je n'ai gardé qu'une légère surdité.

— Comment cela se passe-t-il, en Angleterre ? Je reçois des nouvelles de ma famille, mais ils ne me donnent pas beaucoup de détails. D'après les journaux espagnols, la situation est déplorable.

— Les gens font preuve d'une endurance remarquable. La bataille d'Angleterre leur a regonflé le moral.

— Tant mieux. Cela me paraissait tellement loin que je ne me suis pas vraiment inquiétée durant la drôle de guerre, mais, depuis le début des bombardements, je me fais du souci. Vous devez sans doute être bien informés des événements, à l'ambassade. Ici, tous les journaux sont censurés. »

Sandy se mit à rire. « Oui, ils censurent même les photos de mode du *Daily Mail* ! S'ils jugent les robes trop décolletées, ils les masquent d'une bande noire en diagonale.

— Eh bien, la situation est difficile, mais moins catastrophique que ne le prétendent les journaux d'ici. La population affronte les épreuves avec courage, Churchill a su rallier tout le monde à sa cause.

— Sers-toi donc du vin, intervint Sandy. Nous mangerons plus tard, quand les autres seront arrivés. Écoutez, et si vous vous voyiez tous les deux en tête à tête, un après-midi, pour bavarder plus longuement de la mère patrie ? Je suis sûr que cela ferait plaisir à Barbara.

— Oui, bonne idée », acquiesça Barbara. Il y avait toutefois dans sa voix une réticence qui n'échappa pas à Harry.

« Entendu, répondit celui-ci, avant de se tourner vers Sandy. Et toi, que fais-tu au juste ? Tu ne me l'as pas vraiment expliqué, l'autre jour.

— Oh, je touche un peu à tout, répliqua-t-il avec un large sourire.

— Sandy a fait son chemin dans le monde, fit observer Harry à l'adresse de Barbara.

— Oui, c'est sûr. » La seule idée de parler affaires semblait l'ennuyer prodigieusement, et Harry s'en réjouit. Si elle ne savait rien, elle ne pourrait rien lui dire.

« En ce moment, je m'occupe essentiellement d'un projet soutenu par le gouvernement, expliqua Sandy, dans le domaine de l'extraction minière. C'est un travail assez assommant, nous n'en sommes qu'au stade de la prospection. Mais ça demande pas mal d'organisation.

— L'extraction de minerais, hein ? » répéta Harry. Il ne pouvait s'agir que d'or, se dit-il in petto. Décidément, la chance était avec lui. Son cœur se mit à battre avec plus de force. Du calme, s'exhorta-t-il, avance prudemment. « À l'école tu voulais devenir paléontologue. Pour percer les secrets de la terre, comme tu le disais.

— Oh, il ne s'agit plus de dinosaures, à présent ! » rétorqua Sandy en riant. À cet instant, on sonna à la porte d'entrée, et il poursuivit : « Excuse-moi, je dois aller accueillir Sebastián et Jenny. »

Il sortit. Barbara demeura un instant silencieuse, puis sourit d'un air incertain.

« Je suis contente de te revoir.

— Moi aussi. Tu as une bien jolie maison.

— Oui. Je suis retombée sur mes pieds, je présume. » Elle s'interrompit, puis, très vite, demanda : « Crois-tu que Franco va entrer en guerre ?

— Nul ne le sait. Il y a toutes sortes de rumeurs. Si cela se produit, ce sera très soudain. »

Ils se turent quand Sandy reparut, accompagné d'un couple élégant. L'homme, âgé d'une trentaine d'années, était petit et mince, d'une beauté ténébreuse de

Méditerranéen. Il portait l'uniforme de la Phalange, une tenue sombre relevée par une chemise bleue. La femme était plus jeune et tout aussi séduisante, avec ses cheveux blonds et ses traits lisses et pleins. Elle arborait une expression hautaine.

« Harry, dit Sandy en espagnol, je te présente Sebastián de Salas, un de mes collègues. Sebastián, voici Harry Brett.

— Enchanté, *señor*, déclara l'Espagnol en serrant la main de Harry. Il y a si peu d'Anglais à Madrid que Jenny n'a pas souvent l'occasion de rencontrer des compatriotes, ajouta-t-il en se tournant vers sa compagne.

— Salut ! » fit celle-ci d'une voix coupante comme du verre, en jaugeant Harry d'un regard dur. Elle adressa ensuite à Barbara un sourire froid et de pure forme. « Salut, Babs, quelle jolie robe !

— Veux-tu un verre de vin ? s'enquit Barbara d'un ton tout aussi réservé.

— Je préférerais un gin tonic. J'ai passé tout l'après-midi au club de golf.

— Venez donc tous vous asseoir, proposa Sandy d'une voix enjouée. Reposez-vous un peu. »

Ils s'installèrent dans les fauteuils confortables, et Jenny demanda abruptement : « Que faites-vous dans la vie, Harry ?

— Je suis interprète à l'ambassade.

— Avez-vous rencontré des gens intéressants ?

— Un secrétaire d'État.

— Jenny est une aristocrate, Harry, déclara Sandy. Et Sebastián aussi. »

L'Espagnol eut un rire de dérision. « Un tout petit

aristocrate. Nous avons un château dans l'Estrémadure, mais il tombe en ruine.

— Ne crache pas dessus, Sebastián, dit Jenny. Je suis une cousine de lord Redesdale. Le connaissez-vous ?

— Non », répondit Harry, en réprimant une envie de rire. Elle était ridicule. Jenny prit le verre que Barbara lui tendait.

« Oh, merci. Mmm, délicieux, ronronna-t-elle en se blottissant contre de Salas.

— Depuis combien de temps êtes-vous à Madrid, *señor* Brett ? s'enquit ce dernier.

— Un peu plus d'une semaine.

— Et comment trouvez-vous l'Espagne ?

— La guerre civile semble avoir causé beaucoup de… bouleversements.

— Oui, acquiesça de Salas avec un hochement de tête attristé. La guerre a fait beaucoup de dégâts, et, à présent, ce sont les récoltes qui sont catastrophiques. Les gens souffrent beaucoup, mais nous travaillons à améliorer les choses. La route est longue, mais nous avons franchi le premier pas.

— Sebastián est membre de la Phalange, comme tu peux le voir », intervint Sandy. Il parlait d'un ton neutre, mais le regard qu'il décocha à Harry était acéré, malicieux. De Salas sourit, et Harry lui adressa en retour un sourire inexpressif. Sandy posa une main sur l'épaule de Barbara.

« Babs, va voir où en est Pilar, veux-tu ? »

Elle acquiesça et sortit. L'image même de l'épouse docile, pensa Harry, et cette idée le chagrina, pour une raison obscure.

« *Señor* Brett, reprit de Salas, puis-je vous demander

quelque chose ? Mais je crains que beaucoup d'Anglais ne comprennent pas la Phalange.

— Il est souvent difficile de comprendre la politique d'un pays étranger », répondit Harry, circonspect. Il se rappela la meute hurlante entourant la voiture de l'ambassade, le garçon qui avait mouillé son pantalon.

« En Angleterre, vous avez la démocratie, n'est-ce pas ? C'est pour ça que vous vous battez, pour défendre votre système.

— Oui », répondit Harry, pensant en lui-même : Seigneur, il n'y va pas par quatre chemins.

« S'il vous plaît, comprenez que je ne veux pas vous offenser, poursuivit l'Espagnol en souriant.

— Non, bien sûr.

— La démocratie a bien fonctionné en Angleterre et en Amérique, mais elle ne fonctionne pas partout. En Espagne, sous la République, la démocratie a apporté le chaos et le carnage. Tous les pays ne sont pas faits pour de telles libertés, ajouta de Salas avec un sourire triste. Leur peuple n'arrive qu'à se déchirer. Parfois, un régime autoritaire est la seule solution. »

Harry hocha la tête, se souvenant qu'il devait éviter de parler politique dans la mesure du possible. « Je comprends. Toutefois, je suppose que l'on peut se demander de qui les dirigeants tiennent cette responsabilité. »

De Salas rit et ouvrit les mains. « Oh, *señor*, de toute la nation ! Toute la nation représentée par un seul parti. C'est la beauté de notre système. Écoutez, savez-vous pourquoi les phalangistes portent des chemises bleues ?

— Ne me dites pas que c'est parce que toutes les autres couleurs étaient déjà prises ! lança Sandy en s'esclaffant.

— Parce que le bleu est la couleur du vêtement des travailleurs. Nous représentons tous les Espagnols. La Phalange est une voie intermédiaire entre le socialisme et le capitalisme. Cela a donné de bons résultats en Italie. Nous savons combien la vie est dure en Espagne à l'heure actuelle, mais nous rendrons justice à chacun, si vous nous en laissez le temps, acheva de Salas avec un sourire grave.

— Je l'espère », répondit Harry, en le scrutant attentivement. L'expression du phalangiste était ouverte, sincère. Il pense vraiment ce qu'il dit, décida Harry en son for intérieur.

Barbara revint alors dans la pièce, en annonçant : « Nous pouvons passer à table. »

Sandy se leva et se plaça entre Harry et de Salas, une main sur l'épaule de chacun d'eux. « Nous poursuivrons cette conversation une autre fois. Pour le moment, changeons de sujet, par déférence envers les dames, hein ? » Il leur adressa un sourire paternel et Harry se demanda une fois de plus : Comment fait-il pour paraître tellement plus vieux que son âge ? Dans le passé, il lui était arrivé d'éprouver de la pitié pour Sandy, mais aujourd'hui son ancien camarade lui inspirait plutôt de la répulsion.

Un buffet froid avait été disposé dans la salle à manger. Ils remplirent leurs assiettes puis se dirigèrent vers la table de chêne. Sandy ouvrit une nouvelle bouteille de vin. Jenny avait emporté avec elle la bouteille de gin.

« Sandy, reprit de Salas, vous auriez dû inviter une *señorita* pour le *señor* Brett.

— Oui, Sandy, renchérit Jenny, nous ne sommes pas en nombre pair, ce n'est pas poli.

— Je n'en ai pas eu le temps.

— Ce n'est rien, déclara Harry. Je devrais rencontrer quantité de *señoritas* jeudi prochain. Je suis invité à ma première soirée mondaine.

— Où cela ? s'enquit de Salas.

— Chez le général Maestre. C'est le dix-huitième anniversaire de sa fille. »

De Salas le contempla avec un regain d'intérêt. « Maestre, hein ?

— Oui. J'ai servi d'interprète entre lui et l'un de nos diplomates, récemment. »

La voix de Sandy se fit soudain impérieuse. « Non, Sebastián, on ne parle pas travail ce soir. »

De Salas hocha la tête et se tourna vers Barbara. « Et où en êtes-vous, *señora*, de votre projet de travail auprès des orphelins ? La *marquesa* s'est-elle montrée disposée à vous aider ?

— Oui, merci. Elle pense pouvoir me trouver quelque chose.

— Vous m'en voyez ravi. Cela vous plaît-il de reprendre votre métier d'infirmière ?

— Oui, j'ai envie de me rendre utile. J'ai le sentiment que c'est mon devoir, en fait.

— Jenny est également infirmière, comme Barbara, dit de Salas à Harry. Nous nous sommes rencontrés quand elle est venue en mission ici, pendant la guerre.

— Quoi ? » Jenny releva vers eux un visage congestionné, et Harry s'aperçut qu'elle était ivre. « Je n'ai pas entendu. En quoi suis-je comme Barbara ?

— Je disais que tu étais infirmière, toi aussi.

— Ah oui ! Oui ! s'exclama-t-elle en riant. Mais je

ne suis pas vraiment qualifiée, je n'ai jamais passé mon diplôme. Pourtant, quand j'ai débarqué ici, on m'a envoyée directement dans les services opératoires. Après la bataille du Jarama. Heureusement que je ne suis pas une petite nature ! »

Barbara baissa les yeux vers son assiette, et Sandy lui lança un regard empreint de sollicitude.

« Harry, dit-il, prends donc de cet excellent vin rouge. Il m'a coûté une petite fortune. C'est absolument scandaleux.

— Je suppose que l'ambassade est bien approvisionnée, glissa de Salas en souriant.

— Nous recevons des rations, nous n'avons pas à nous plaindre.

— Est-il vrai qu'on souffre de privations, en Angleterre ? Que la nourriture est rationnée ?

— Oui, mais chacun en reçoit une quantité suffisante.

— Vraiment ? Ce n'est pas ce qu'on raconte ici. » De Salas se pencha vers lui, avec une curiosité non dissimulée. « J'aimerais savoir, s'il vous plaît, pourquoi vous poursuivez la guerre ? Vous avez été battus, en France, pourquoi ne pas vous rendre ? »

Il refuse de lâcher le sujet, se dit Harry, en lançant un regard implorant à Barbara. « C'est ce que pensent tous les Espagnols », déclara-t-elle.

« Hitler vous a fait des propositions de paix, insista de Salas. J'ai vu tellement de morts en Espagne que j'aimerais voir cesser la tuerie en Europe.

— Il a raison, tu sais, opina Sandy. L'Angleterre devrait signer la reddition maintenant, tant que les conditions lui sont favorables. Je ne suis pas un mauvais patriote, Harry, je ne songe qu'aux intérêts de mon pays.

Je l'ai quitté depuis près de quatre ans, et parfois les choses vous apparaissent plus clairement, de loin. L'Angleterre ne peut pas remporter la victoire.

— Les gens sont déterminés.

— À défendre la démocratie, c'est cela ? demanda de Salas, avec un sourire apitoyé.

— Oui.

— Peut-être Hitler nous laisserait-il continuer à vivre en démocratie, si nous nous retirons du conflit ? suggéra Sandy.

— Il n'a pas très bonne réputation dans ce domaine », répliqua Harry, pris d'une colère soudaine. Lui, il avait combattu les Allemands, tandis que Sandy était planqué ici, uniquement préoccupé de s'enrichir. Sandy avait peut-être servi de guide aux touristes sur les champs de bataille, mais lui, il en avait une expérience de première main.

« Il ne reste plus grand-chose de la démocratie en Angleterre, à ce que j'ai entendu dire, intervint Jenny d'une voix forte. Oswald Mosley[1] a été mis en prison rien que pour ses opinions. »

Barbara lui lança un regard venimeux, et de Salas se mit à tousser.

« Je crois que nous devrions éviter de nous énerver », dit-il maladroitement.

La soirée ne se prolongea guère, après cela. Bientôt, de Salas déclara qu'il était temps de rentrer, et, d'une main ferme, guida une Jenny titubante vers la sortie.

1. Oswald Mosley, fondateur en 1932 de la British Union of Fascists. Rallié aux thèses racistes de Hitler, il fut arrêté en 1941 et son parti interdit.

« N'invite plus cette fille ici à l'avenir, Sandy, s'il te plaît », dit Barbara dès qu'ils furent partis.

Sandy arqua les sourcils de façon comique à l'adresse de Harry, tout en allumant un cigare. « Jenny a passé toute la guerre civile ici, à travailler comme infirmière. Elle avait fait pas mal de bêtises avant ça, je crois qu'elle s'était enfuie de Roedean, où elle était pensionnaire. La paix ne lui réussit pas, apparemment, elle est tout le temps soûle. Sebastián envisage sérieusement de la plaquer.

— Elle est immonde, trancha Barbara. Je suis navrée, je ne suis pas très sociable, ce soir, ajouta-t-elle en se tournant vers Harry.

— Sebastián m'a paru assez civilisé, déclara celui-ci. À sa manière, bien sûr.

— Oui, approuva Sandy. Les fascistes espagnols n'ont rien à voir avec les nazis, Harry, tu ne dois pas l'oublier. Ils sont beaucoup plus proches des Italiens. Je m'occupe d'une organisation de secours aux réfugiés juifs, par exemple. Nous devons nous montrer discrets, parce qu'il ne faut pas contrarier les Allemands, mais les autorités voient plutôt cela d'un bon œil. » Il sourit avant de poursuivre : « Ne pense plus à ce que j'ai dit tout à l'heure, sur la reddition de l'Angleterre. C'était juste pour… pour faire la conversation. Comme tu l'imagines, c'est l'un des principaux sujets de discussion, ici. Les Espagnols seraient contents que la guerre se termine, ils en ont assez des tueries, comme Sebastián le disait tout à l'heure. »

Barbara alluma une cigarette. « Je reconnais qu'ils n'adhèrent pas aux idées nazies sur la pureté raciale. Mais ce n'en est pas moins une bande de brutes.

— Je croyais que tu admettais pourtant que Franco avait rétabli un peu d'ordre dans le pays, objecta Sandy.

— Peut-être, rétorqua-t-elle en haussant les épaules. Je vais dire à Pilar de débarrasser, Sandy, puis je monterai me coucher. Je vous laisse à votre conversation, tous les deux. Désolée, Harry, je ne suis pas très en forme. J'ai une migraine atroce. » Avec un pâle sourire, elle ajouta : « Je te téléphonerai, et nous nous retrouverons quelque part.

— Oui, avec joie. Je suis joignable à l'ambassade la plupart du temps. Un peu plus tard dans la semaine, par exemple ?

— Peut-être. » Il perçut de nouveau une réticence dans sa voix, et s'en demanda la cause.

Quand ils se retrouvèrent seuls, Sandy leur versa du whisky à tous deux et alluma un cigare. Il semblait posséder une résistance à l'alcool inouïe. Harry, de son côté, avait bu le plus lentement possible afin de garder les idées claires.

« Est-ce que Barbara va bien ? demanda-t-il.

— Oh oui, répondit Sandy en agitant la main d'un geste désinvolte. Elle est simplement fatiguée, voilà tout, et elle s'inquiète aussi pour sa famille. Écoute, quand elle te téléphonera, emmène-la déjeuner dans un bon restaurant. Elle est trop souvent seule, tu comprends.

— Entendu.

— L'Espagne est un drôle de pays, mais on peut y faire des affaires, reprit Sandy avec un petit rire. Il vaudrait peut-être mieux que tu évites de mentionner mon nom, quand tu iras à ce bal chez Maestre. Le gouvernement est un foyer de rivalités, et la faction pour laquelle je travaille ne s'entend pas du tout avec celle de Maestre.

— Oh ? » fit Harry. Il marqua une pause, puis s'enquit d'un air innocent : « Maestre est un monarchiste, n'est-ce pas ? »

Derrière la fumée du cigare, Sandy le regarda avec des yeux mi-clos, calculateurs. « Oui, c'est vrai. Un conservateur borné. Au fait, poursuivit-il, l'air soudain plus grave, tu te rappelles, l'autre jour, au café, quand je t'ai dit que je songeais à quitter l'Espagne ?

— Oui.

— N'en parle pas à Barbara, veux-tu ? Si je décide effectivement de partir, ce ne sera pas avant quelque temps, et je le lui annoncerai le moment voulu.

— Bien sûr. C'est compris.

— J'ai encore du travail à terminer ici, de l'argent à ramasser. Je présume que toi, tu as placé tous tes fonds dans des valeurs de père de famille ? » s'enquit-il en souriant.

Harry hésita. Le visage de Sandy avait repris son expression calculatrice. « Oui. Mes parents m'ont laissé un peu d'argent, et mon oncle l'a investi dans des valeurs sûres. J'ai tout laissé tel quel, même si je me dis parfois que je gagnerais plus en prenant des risques. » Il eut un rire incertain ; en réalité, il pensait qu'on prend toujours trop de risques avec l'argent, mais il était curieux de voir où Sandy voulait en venir.

« L'argent peut toujours rapporter plus, si tu sais où le placer.

— Oui, sans doute… »

À la vive déception de Harry, Sandy se leva alors. « Tiens, je vais te montrer quelque chose. Suis-moi. »

Il emmena Harry jusqu'à son bureau, au premier

étage : une petite pièce confortable, remplie d'objets d'art. « Mon sanctuaire. C'est ici que je viens pour travailler en paix. » Harry promena son regard sur la table ; elle était couverte de chemises en carton et de papiers, mais il ne pouvait pas voir de quoi il s'agissait.

« Regarde, dit Sandy en allumant la petite lampe surmontant la peinture de l'homme vautré sur un cheval déformé, boitillant dans le désert. Je crois que c'est un Dalí. N'est-ce pas stupéfiant ?

— Dérangeant », commenta Harry. La plupart des œuvres exposées dans la pièce possédaient ce côté inquiétant : une main de femme émergeant d'une manche de dentelle délicatement sculptée dans l'argent ; un vase japonais représentant une scène de bataille sanglante, dans des couleurs extraordinaires.

« On déniche des choses incroyables, au Rastro, poursuivit Sandy. Des objets que les rouges ont volés dans les maisons des riches, pendant la guerre. Ah, voici ce que je voulais te montrer. » Il ouvrit un tiroir et en sortit un plateau garni de fossiles, des pierres incrustées des squelettes d'étranges créatures.

« Ma collection. Les plus beaux spécimens, du moins. Tu te souviens de ça ? demanda-t-il en désignant une pierre de couleur sombre.

— Mon Dieu, oui ! L'ammonite.

— J'aimais bien partir à la chasse aux fossiles avec toi. Comme je te le disais l'autre jour, ce sont les seuls bons souvenirs que j'ai gardés de Rookwood. » Il eut un sourire gêné, et Harry se sentit bizarrement ému – et envahi par la culpabilité, en pensant à sa duplicité.

« Bien, reprit Sandy. Jette donc un coup d'œil là-dessus. » Il s'agenouilla et souleva le couvercle d'une longue boîte en bois, posée à côté du bureau. À l'intérieur se trouvait une grosse pierre blanche et plate.

« J'ai trouvé ça dans l'Estrémadure, il y a quelques mois. »

Dans la pierre étaient enchâssés les os d'une longue patte dont les trois orteils se terminaient par des griffes recourbées. L'une d'elles était beaucoup plus longue que les autres, aussi grande qu'une main d'homme.

« Superbe, n'est-ce pas ? Elle date du crétacé inférieur, elle a plus de cent millions d'années. » Son visage s'illumina d'un émerveillement sincère et ressembla fugitivement à celui de l'écolier de jadis.

« À quelle espèce appartient-elle ?

— C'est le point le plus intéressant. Je pense qu'il pourrait s'agir d'une espèce inconnue. Je l'apporterai au Muséum d'histoire naturelle, quand je rentrerai en Angleterre – s'il existe toujours. » Abaissant le regard sur le fossile, il poursuivit : « Au fait, une chose encore, quand tu verras Barbara. Je lui ai dit que nous n'étions pas amis, Piper et moi, mais je ne lui ai pas avoué que nous ne nous entendions pas du tout. J'ai estimé que c'était préférable.

— Je comprends.

— Merci, répondit Sandy, retrouvant son air embarrassé. Bon sang, ce que je détestais cette école !

— Je sais. Mais tu t'en es bien sorti, non ? dit Harry en riant. Tu te souviens, en partant, tu m'avais déclaré que tu étais destiné à être toujours le perdant, le vilain petit canard ?

— Oui. Ces salopards m'avaient complètement démoralisé. J'ai appris plus de choses sur les champs de course, notamment que l'on peut décider soi-même de son avenir, devenir qui l'on veut être.

— Moi-même, il m'arrive parfois de me demander…

— Quoi donc ?

— Oh… si Rookwood ne nous donnait pas une image déformée du monde, une image trop complaisante.

— Comme je te l'ai dit l'autre fois, l'avenir appartient à ceux qui prennent la vie à pleines mains. Nous ne devrions jamais nous encombrer du passé, et la prédestination n'existe pas. »

Il dévisagea Harry avec intensité, et celui-ci abaissa les yeux sur la patte de dinosaure. Il remarqua alors que les griffes étaient incurvées, comme si la créature s'apprêtait à frapper quand la mort l'avait saisie.

15

Le lendemain matin, Harry fit son rapport à Hillgarth. Celui-ci se montra enchanté des progrès accomplis et lui conseilla de revoir Sandy dès que possible, afin de l'amener à parler de l'or et d'essayer de tirer également des renseignements de Barbara.

Quand il regagna son bureau, c'était presque l'heure du déjeuner. Il avait commencé à traduire un nouveau discours du gouverneur de Barcelone, mais s'aperçut que le document avait disparu et alla trouver Weaver.

« J'ai été obligé de le donner à Carne, lui expliqua ce dernier d'un ton languide. Je ne savais pas combien de temps vous resteriez avec les espions, et ça ne pouvait pas attendre. Vous pouvez prendre le reste de votre journée », ajouta-t-il en soupirant.

Harry était donc rentré chez lui. Les deux autres traducteurs, il le savait, étaient contrariés de le voir s'absenter sans cesse et se montraient de plus en plus froids envers lui. Qu'ils aillent au diable, se dit-il. Il n'avait que faire de ces individus maniérés. Il était toutefois de plus en plus conscient de sa solitude : à part Tolhurst, il n'avait aucun ami à l'ambassade.

Il prit un repas froid dans son appartement, puis, ne

voulant pas rester enfermé tout l'après-midi, revêtit une tenue plus décontractée et partit se promener. Le temps était toujours froid et humide, et une légère brume obscurcissait l'extrémité de la rue. Il se tint un instant immobile au milieu de la place, se demandant où aller, et décida d'emprunter la rue qui menait à La Latina et, plus loin, à Carabanchel – des quartiers que Tolhurst avait qualifiés de mal famés, le premier jour. Songeant aux amis de Bernie, les Mera, il se demanda s'il était possible qu'ils y habitent encore.

En traversant La Latina, il pensa à Barbara. La tâche qui l'attendait lui déplaisait fortement – poser des questions insidieuses sur le travail de Sandy sans avoir l'air d'y toucher. Barbara avait changé du tout au tout, mais elle n'était pas heureuse, cela se voyait. Il l'avait dit à Hillgarth et en gardait de la culpabilité.

Il se dirigea vers la Puerta de Toledo, au-delà de laquelle s'étendait Carabanchel. Après un instant d'hésitation, il traversa le pont et s'enfonça dans le dédale d'immeubles délabrés.

Par ce temps, le *barrio* était quasiment désert, à l'exception de rares passants. Harry se dit que Bernie et lui n'avaient pas dû passer inaperçus, ici, en 31, avec leur teint blafard d'Anglais et leurs chemises blanches. Certaines des maisons paraissaient sur le point de s'écrouler, et étaient étayées par des poutres ; la chaussée était pleine d'ornières, les trottoirs étaient défoncés, et l'on voyait ici et là des traces de bombardements, des murs à demi effondrés se dressant sur des tas de gravats, telles des dents cassées. Harry tressaillit quand un énorme rat jaillit des ruines et détala dans le caniveau, juste en face de lui.

C'est alors qu'il entendit des pas derrière lui. Il jura

entre ses dents : c'était sûrement son espion, qui avait dû guetter en bas de chez lui. Il l'avait presque oublié, absorbé qu'il était par ses soucis : un mauvais point pour lui. Il se réfugia sous le porche de l'immeuble le plus proche. La porte était fermée, et il la poussa pour pénétrer dans un couloir sombre, imprégné d'une forte odeur d'urine. Il referma incomplètement la porte, ne laissant qu'un mince interstice pour observer la rue.

Il vit le jeune homme pâle arriver d'un pas lent, recroquevillé dans son manteau. Il attendit quelques minutes, puis sortit en hâte et s'engouffra dans une rue latérale. Le quartier lui parut familier. Un petit groupe d'hommes d'âge mûr le dévisagèrent froidement quand il passa près d'eux, et il se rappela, le cœur serré, combien les habitants s'étaient montrés accueillants, neuf ans plus tôt.

Il déboucha sur une place en partie détruite par les bombardements : sur deux de ses côtés, les maisons n'étaient plus qu'un chaos de murs à demi effondrés émergeant d'un océan de briques cassées et de lambeaux de literie détrempés. Des mauvaises herbes poussaient entre les pierres, de hautes plantes hirsutes d'une couleur vert foncé. Dans le sol, des trous carrés à moitié remplis d'eau croupie marquaient l'emplacement des caves. La place était déserte et les maisons encore debout semblaient être à l'abandon ; toutes leurs vitres étaient brisées.

Harry n'avait encore jamais contemplé de destruction à pareille échelle ; les zones bombardées de Londres paraissaient infimes, en comparaison. Il s'approcha pour voir de plus près. Le bombardement avait dû être intensif. Chaque jour, on annonçait de nouveaux raids sur l'Angleterre ; Londres ressemblait-elle à cela, maintenant ?

C'est alors qu'il aperçut une plaque à l'angle d'une rue : Plaza General Blanco, et son estomac se noua sous l'effet de l'appréhension. C'était là qu'habitaient les Mera. Il promena une nouvelle fois son regard autour de lui pour tenter de se repérer et prit conscience que l'immeuble qui abritait autrefois la famille avait disparu. À sa place, il n'y avait plus qu'un tas de gravats. Il resta planté là, bouche bée, paralysé d'horreur.

Il sursauta en percevant un mouvement soudain près de lui. Un chien se percha sur un pan de mur et le regarda fixement. C'était un petit bâtard de couleur fauve avec une queue bouclée ; jadis, il avait sans doute été un compagnon choyé, mais à présent il était affamé, ses côtes saillaient sous son pelage rongé par la gale.

L'animal poussa deux aboiements sonores, et une douzaine de formes jaillirent de derrière les murs et les broussailles, des chiens maigres et galeux de toutes tailles et de toutes races. Certains n'étaient pas plus gros que le petit bâtard, mais trois ou quatre d'entre eux étaient de dimension plus imposante, notamment un berger allemand. Ils se regroupèrent pour l'observer, et Harry recula, se remémorant la mise en garde de Tolhurst, le premier jour, contre les chiens revenus à l'état sauvage qui transmettaient la rage. Il jeta des regards affolés autour de lui, mais, en dehors des chiens, il ne perçut aucun signe de vie sur la place en ruine ensevelie dans la brume. Son cœur se mit à cogner à grands coups dans sa poitrine, et son oreille gauche à siffler.

Les chiens s'avancèrent vers lui, se déployant lentement, prudemment, dans un silence inquiétant. Le berger allemand, qui de toute évidence était le meneur, se détacha de la meute et montra les dents. Il est saisissant de voir à quel point le seul geste de retrousser les babines peut transformer un animal domestique en bête féroce, songea Harry, fugitivement.

Ne pas montrer qu'on a peur : c'était ce qui était conseillé dans de telles circonstances. « *¡ Vete !* cria-t-il. Allez-vous-en ! » À son grand soulagement, les chiens s'immobilisèrent à dix mètres de lui. Le berger montra de nouveau les crocs.

Harry continua à reculer, sans les quitter des yeux. Il faillit trébucher sur un morceau de brique et battit frénétiquement des bras pour garder l'équilibre. Fixant le berger allemand dans les yeux, il se pencha pour ramasser la brique. Les chiens se raidirent immédiatement, aux aguets.

Il lança la brique sur le chef de meute, en poussant un cri. Le projectile toucha le flanc galeux de l'animal, qui glapit et fit un bond de côté. « *¡ Vete !* » hurla de nouveau Harry. L'espace d'une seconde, les chiens hésitèrent, puis s'enfuirent à la suite de leur chef.

La meute s'arrêta à quelque distance de là pour l'observer. Harry avait les jambes tremblantes ; il ramassa un autre morceau de brique et s'éloigna lentement, à reculons. Les chiens restèrent où ils étaient. Parvenu à l'autre extrémité de la place, Harry s'immobilisa et s'adossa contre un mur. Une affiche républicaine en lambeaux y était encore accrochée – des soldats casqués s'élançant sous la mitraille.

Harry revint sur ses pas en longeant prudemment les murs, à l'affût du moindre mouvement. Les chiens avaient disparu entre les décombres, mais il sentait toujours leurs yeux sur lui et ne tourna le dos qu'une fois parvenu dans la rue adjacente. Là, il s'appuya contre un mur, aspirant l'air à grandes goulées.

C'est alors qu'il entendit le cri – un hurlement de terreur absolue. Puis un autre, encore plus fort. Il hésita brièvement, puis se rua vers la place.

L'espion se tenait près des ruines, encerclé par les chiens. Un grand bâtard avait refermé les mâchoires sur son mollet et tentait de le faire tomber ; la jambe du pantalon et le museau du chien étaient rouges de sang. Sous les yeux horrifiés de Harry, l'un des petits chiens fit un bond en l'air et s'empara du bras du jeune homme, qui vacilla et s'affala à terre, en poussant un nouveau hurlement. Le berger allemand se rua pour le saisir à la gorge. L'homme réussit à se protéger de son bras, mais le molosse lui mordit le bras. Le malheureux disparaissait presque, à présent, sous la horde de chiens grognante et glapissante d'excitation.

Harry ramassa une brique et la lança avec force sur l'amas grouillant. Les chiens bondirent en arrière en dénudant leurs crocs de façon menaçante. Harry traversa la place au pas de course, courbé en deux, ramassant des pierres et des débris au passage pour les jeter des deux mains, en poussant des cris. Il visait surtout le meneur, le berger allemand. Les chiens parurent hésiter, et Harry crut qu'ils allaient l'attaquer, mais le berger allemand préféra prendre la fuite. Il boitait ; la brique que Harry lui avait lancée auparavant avait dû lui blesser une patte. Les autres chiens le suivirent et disparurent de nouveau dans les broussailles.

Le jeune homme était toujours allongé parmi les décombres, un bras en travers de la gorge. Il regarda Harry, la bouche grande ouverte, respirant par saccades. Le sang suintait sur sa jambe à travers l'étoffe déchirée.

« Pouvez-vous vous relever ? » lui demanda Harry. L'homme fixa sur lui des yeux agrandis par l'effroi. « Il faut partir d'ici, poursuivit Harry d'une voix doucement persuasive. Ils pourraient revenir, attirés par le goût du sang. Venez, je vais vous aider. »

Il prit le jeune homme sous les aisselles et le remit debout sans grand effort, car il ne pesait pas lourd ; il n'avait que la peau sur les os, semblait-il. L'homme se campa sur une jambe, posa l'autre à terre, puis la replia en grimaçant. Le berger allemand reparut et les observa en silence, perché sur un monticule de gravats. Harry cria et le fit déguerpir. Puis, soutenant le blessé, il commença à s'éloigner sans cesser de jeter des regards en arrière. Une fois qu'ils se trouvèrent à plusieurs rues de distance, il fit asseoir l'homme sur les marches d'un immeuble. Une femme les regarda depuis sa fenêtre, puis ferma les volets.

« Merci, dit l'espion, d'une voix haletante. Merci, *señor.* » Sa jambe saignait toujours, et Harry avait du sang sur son pantalon. Il se dit que si les chiens étaient enragés, l'espion allait mourir.

« Je pensais vous avoir semé, lui dit-il.

— Vous savez ? » demanda l'homme d'un air terrifié, ses yeux s'écarquillant davantage. Il était encore plus jeune que Harry ne l'avait cru – ce n'était guère plus qu'un adolescent, en fait. Son visage pâle était d'une blancheur de craie, à présent, sous l'effet du choc et de la peur.

« Il y a un certain temps que je m'en suis rendu compte, répondit Harry. Mais je croyais m'être débarrassé de vous. »

L'homme leva vers lui un regard attristé. « Je vous perds tout le temps. Je vous ai perdu de vue ce matin, quand vous êtes sorti. Et puis, je vous ai aperçu un peu plus tard près de chez vous, mais vous avez de nouveau disparu aux abords de la place. Vous êtes plus doué que moi pour ce genre de chose, ajouta-t-il avec un pâle sourire.

— Comment vous appelez-vous ?

— Enrique. Enrique Roque Casas. Vous parlez bien l'espagnol, *señor*.

— Je suis traducteur. Mais vous le savez déjà, je pense. »

Le jeune homme prit un air confus. « Vous m'avez sauvé la vie. Croyez-moi, *señor*, je ne voulais pas faire ce travail, mais nous avons besoin d'argent. Et maintenant, j'ai honte. » Il posa la main sur sa jambe et la retira couverte de sang. Il se mit à claquer des dents.

« Venez, je vais vous raccompagner chez vous. Où habitez-vous ? » Le jeune homme murmura une réponse que Harry ne saisit pas, car son oreille recommençait à siffler. Il lui demanda de répéter, en penchant vers lui son oreille valide.

« Ce n'est pas très loin, près du fleuve. *Madre de Dios*… J'avais entendu parler de ces chiens, mais ça m'était sorti de la tête. Je ne voulais pas avoir à expliquer une fois de plus que je vous avais perdu de vue. Ils ne sont déjà pas très contents de moi… » Enrique grelottait à présent, sous l'effet du contrecoup du choc.

« Venez, reprit Harry. Prenez mon manteau. » Ôtant son vêtement, il le drapa sur les épaules frêles et, l'un soutenu par l'autre, ils cheminèrent clopin-clopant le long des rues étroites, ignorant les regards curieux des passants. Harry avait conscience du caractère ridicule de la situation, mais il ne pouvait cependant pas abandonner ce malheureux à son sort.

« Pour qui travaillez-vous ? s'enquit-il brusquement.

— Le ministère des Affaires étrangères, *señor*. C'est le chef d'îlot qui m'a trouvé cet emploi. Ils m'ont dit que je devais suivre un diplomate britannique et leur rapporter tous ses faits et gestes.

— Je vois.

— Tous les diplomates sont suivis, sauf les Allemands. Même les Italiens. Ils m'ont dit que vous étiez traducteur, *señor*, et que vos déplacements se limiteraient sans doute à l'ambassade et aux bons restaurants, mais que je devais quand même tout noter.

— Ils espèrent sans doute finir par glaner un renseignement utile. Si, par exemple, j'allais dans un bordel, ils pourraient ensuite me faire chanter.

— Vous savez ce que c'est, *señor* », acquiesça Enrique.

Je ne le sais que trop bien, pensa Harry en lui-même.

Ils s'arrêtèrent devant un immeuble vétuste. « C'est ici, *señor* », dit Enrique.

Harry ouvrit la porte et ils pénétrèrent dans un vestibule obscur où flottait une odeur d'humidité. « Nous habitons au premier étage, poursuivit Enrique. Si vous pouviez m'aider à monter… »

Ils grimpèrent une volée de marches ; Enrique sortit une clé et la tourna dans la serrure d'une main tremblante. L'entrée était petite et sombre, et sentait le renfermé. Enrique ouvrit une autre porte et le fit entrer dans un petit *salón*. Harry retira son chapeau. Un brasero brûlait sous une table, et pourtant la pièce était glaciale. Deux chaises éraflées étaient placées devant une table, sur laquelle un garçonnet maigre d'une huitaine d'années était occupé à griffonner des bonshommes noirs sur un vieux numéro d'*Arriba*. En voyant Harry, il se leva d'un bond et courut vers un lit affaissé, dans un coin de la pièce. On avait tendu des rideaux autour de la couche, mais ils étaient ouverts. Une vieille femme était étendue là, appuyée contre des oreillers, ses cheveux gris clairsemés répandus en désordre autour d'un visage ridé dont un côté était déformé par un rictus mauvais, les yeux à demi clos. Le petit garçon sauta sur le lit et se pelotonna contre la vieille. Harry fut bouleversé par la peur et la colère qu'il lut dans son regard.

La vieille femme se redressa sur un coude. « Enrique, que se passe-t-il, qui est-ce ? » Elle avait du mal à articuler, et Harry comprit alors qu'elle avait eu une attaque.

Enrique parut recouvrer ses esprits. Il s'approcha d'elle et lui caressa la joue, avant de tapoter la tête du gamin. « Tout va bien, *Mamá*. J'ai eu un accident, des chiens m'ont mordu, et cet homme m'a aidé. Je vous en prie, *señor*... » Il indiqua à Harry une des chaises branlantes et celui-ci s'y assit, la faisant grincer sous son poids. Toujours boitillant, Enrique retourna auprès de la vieille femme, s'assit sur le lit et lui prit la main. « Ne t'inquiète pas, *Mamá*, ce n'est rien. Où est Sofía ?

— Partie faire les courses. » La vieille femme se pencha pour tapoter affectueusement le dos du garçonnet, qui s'était blotti contre son bras gauche, tout blanc et ratatiné. Se redressant d'un coup, le gamin montra la jambe d'Enrique en hurlant d'une voix stridente :

« *¡Sangre! ¡Sangre!* Du sang !

— Ce n'est rien, Paquito, je me suis coupé, ce n'est rien », murmura Enrique d'une voix rassurante. La vieille femme caressa les cheveux du gamin, en répétant : « *No es nada, niño.* »

Regardant Harry, elle demanda à son fils, dans un chuchotement audible : « C'est un Allemand ?

— Je suis anglais, *señora* », répondit Harry. Elle le dévisagea alors avec inquiétude, et il comprit qu'elle savait comment son fils gagnait sa vie. Baissant les yeux sur la jambe ensanglantée d'Enrique, il poursuivit : « Vous devriez nettoyer ça.

— Oui, Enrique, approuva la vieille, va chercher de l'eau.

— *Sí, Mamá.* » Enrique se dirigea vers la porte d'un pas traînant. Harry se leva aussitôt pour l'aider, mais le jeune homme lui fit signe de se rasseoir.

« Non, non, restez ici, *señor*, je vous en prie. Vous en avez déjà fait suffisamment. » Enrique prit un seau posé dans un coin et sortit, laissant Harry planté au milieu de la pièce, désœuvré. Il aurait sans doute pu prendre congé, mais il craignait de paraître impoli. Au souvenir du berger allemand mordant le bras d'Enrique pour tenter d'atteindre sa gorge, il fut parcouru d'un frisson.

Sur le lit, la vieille et le gamin le contemplaient fixement. Il était difficile de déchiffrer l'expression du visage de la femme, mais celle du garçon exprimait la colère et la frayeur. Harry leur adressa un sourire gêné, puis promena les yeux autour de la pièce. Celle-ci était propre ; il était sans doute impossible d'éviter l'odeur de renfermé, si la vieille dame ne quittait pas son lit. On avait disposé des fleurs séchées dans des vases et accroché aux murs des gravures bon marché représentant des scènes bucoliques, dans un effort infructueux pour donner à la pièce un peu de gaieté, mais Harry vit que le mur en dessous de la fenêtre était taché de moisissure, et qu'on avait placé une couverture sur le sol pour étancher l'eau qui passait sous le rebord de la fenêtre, dont le bois était pourri. Il détourna le regard et constata qu'on avait également épinglé des photos au mur. La vieille femme désigna l'une d'elles, en croassant : « Mon mariage. À côté de moi, c'est mon frère. »

Harry hocha poliment la tête et se leva pour regarder de plus près ; le petit garçon se raidit aussitôt. Le cliché représentait un jeune couple sur le parvis d'une église, aux côtés d'un jeune prêtre souriant. D'après les vêtements, la photo avait été prise à la même époque que celle du mariage de ses parents. La vieille femme sourit, de la partie encore mobile de son visage. « *Días más felices*, murmura-t-elle. Des jours plus heureux.

— *Sí, más felices, señora.*

— S'il vous plaît, *señor*, asseyez-vous. »

Harry obéit, et la vieille se remit à tapoter la tête du garçon, qui fixait sur Harry des yeux apeurés.

La porte s'ouvrit, livrant passage à une jeune fille vêtue d'un épais manteau et portant un cabas. Petite et brune, elle était âgée d'une vingtaine d'années, avec un visage en forme de cœur et d'immenses yeux bruns. En apercevant Harry, elle se figea. Il se leva en hâte.

« Que se passe-t-il ? demanda-t-elle sèchement. Qui êtes-vous ?

— Tout va bien, la rassura la vieille femme. Des chiens ont attaqué Enrique, et cet homme l'a raccompagné ici. Ton frère est allé chercher de l'eau. »

La jeune fille posa son cabas à terre, le front toujours plissé par l'inquiétude.

« Désolé de vous avoir effrayée, murmura Harry.

— D'où êtes-vous ?

— Je suis anglais. Je m'appelle Harry Brett, et je travaille à l'ambassade. »

Elle ouvrit des yeux effarés.

« Mais alors… vous êtes celui qu'il…

— Euh, oui. » Ainsi, la jeune fille était elle aussi au courant des activités de son frère.

« Qu'a-t-il donc encore fait ? » Elle fixa longuement Harry, d'un regard dépourvu de toute douceur, puis sortit de la pièce.

« Ma fille, expliqua la vieille en souriant. *Mi Sofía. Corazón de mi vida.* Cœur de ma vie. »

On entendit des voix dans l'escalier, celle, courroucée, de la jeune fille, et celle d'Enrique marmonnant des excuses. Le jeune homme entra, suivi de sa sœur, qui portait un seau d'eau. Enrique prit place sur la chaise qui faisait face à celle de Harry, et la jeune fille alla chercher des ciseaux dans un tiroir. Puis elle regarda le petit garçon.

« Paco, ordonna-t-elle, va dans la cuisine. Allez, va. Allume le four pour te chauffer. »

Il quitta docilement la pièce, non sans lancer un dernier regard terrifié en direction de Harry.

« Je crois que c'est la jambe qui est le plus abîmée, déclara Harry. Mais il a également été mordu au bras. Puis-je vous aider ?

— Non, ça ira », répondit-elle en secouant la tête. Se tournant vers son frère, elle poursuivit : « Il va falloir que tu trouves un nouveau pantalon. » Elle commença à découper la jambe du vêtement, et Enrique se mordit les lèvres pour réprimer une exclamation de douleur. Le membre était dans un état épouvantable, couvert de marques de crocs et de profondes entailles là où les chiens avaient déchiré les chairs. Sofía lui ôta ensuite sa veste et coupa la manche de la chemise, exposant d'autres blessures. Puis elle prit un flacon de teinture d'iode dans un tiroir. « Ça va piquer, Enrique, mais c'est le seul moyen d'empêcher les plaies de s'infecter.

— Est-ce que je vais attraper la rage ? s'enquit le jeune homme d'une voix tremblante.

— On ne peut pas savoir, répondit-elle calmement. Certains de ces chiens se conduisaient-ils d'une manière bizarre, est-ce qu'ils titubaient ou clignaient des yeux ?

— Le berger allemand avait du mal à marcher, répondit-il d'une voix angoissée. N'est-ce pas, *señor* ? »

Sofía regarda Harry, le visage empli de crainte.

« Je l'ai frappé avec une pierre quand il a voulu m'attaquer. C'est pour cela qu'il boitait. Aucun des chiens n'avait l'air malade.

— Espérons-le.

— Ces chiens sont un véritable fléau, reprit Harry. Il faudrait les éliminer.

— Il n'y a aucune chance que ce gouvernement fasse quoi que ce soit pour nous », déclara Sofía, tout en continuant à nettoyer la jambe de son frère, avec un détachement professionnel qui impressionna Harry.

« Sofía étudiait la médecine, dit la vieille femme depuis son lit.

— Oh, vraiment ? s'enquit Harry, maladroitement.

— La guerre a mis fin à mes études », expliqua Sofía sans relever la tête. Elle entreprit de découper un morceau de tissu en bandes régulières.

« Votre frère ne devrait-il pas voir un médecin ?

— Nous n'en avons pas les moyens, répondit-elle sèchement. Je veillerai à ce que les blessures restent propres. »

Harry hésita un instant. « Je pourrais payer le médecin. Après tout, je l'ai secouru, autant aller jusqu'au bout.

— Il y a autre chose que vous pourriez faire pour nous, *señor*. Quelque chose qui ne vous coûtera rien.

— Tout ce qui est en mon pouvoir…

— Ne parlez pas de ce qui s'est passé. Mon frère m'a appris dans l'escalier que vous saviez depuis quelque temps qu'il vous suivait. Il ne l'a fait que parce que nous avions besoin d'argent. »

Harry contempla Enrique : avec ses pansements de fortune, celui-ci ressemblait à un jeune garçon apeuré.

« Le chef d'îlot, le phalangiste qui vit dans l'immeuble, sait que nous avons du mal à joindre les deux bouts et a proposé ce travail à Enrique. Quand nous avons appris de quoi il s'agissait, cela ne nous a pas plu, mais nous ne pouvions pas nous permettre de refuser.

— Je sais, répondit Harry. Votre frère m'a tout expliqué.

— Ainsi, vous l'avez interrogé ? dit-elle en plissant les yeux.

— N'en auriez-vous pas fait autant, à ma place ?

— Peut-être », répondit-elle en pinçant les lèvres. Elle continua à le fixer d'un air grave, mais qui n'avait cependant rien d'implorant. Visiblement, elle n'était pas femme à implorer quoi que ce fût.

« Dieu merci, Ramón n'était pas dans les parages, soupira Enrique.

— Oui, cela nous laisse une chance. Nous pouvons raconter que tu as été attaqué par des chiens, sans dire que le *señor* se trouvait là. Comme ça, ils continueront peut-être à te payer jusqu'à ce que tu sois rétabli.

— Et quand je serai rétabli, *señor*, vous n'aurez plus à vous inquiéter d'être suivi, en sachant que ce n'est que moi, ajouta Enrique. Je dirai que vous sortez seulement pour prendre l'air, ce qui est la vérité, de toute façon. »

Harry eut un petit rire et secoua la tête. Enrique l'imita, timidement. Sofía fronça les sourcils.

« Excusez-moi, bafouilla Harry. Excusez-moi, mais tout cela est tellement bizarre…

— C'est le monde dans lequel nous vivons quotidiennement, répliqua-t-elle d'un ton brusque.

— Je ne suis pour rien dans cette situation, vous savez. Mais c'est d'accord, je ne dirai rien.

— Merci. » Sofía poussa un soupir de soulagement et sortit de sa poche un paquet de cigarettes bon marché. Elle en donna une à Enrique avant de tendre le paquet à Harry.

« Non, merci, je ne fume pas. »

Enrique aspira une longue bouffée. Un ronflement s'éleva du lit : la vieille femme s'était endormie.

« Est-ce qu'elle va bien ? demanda Harry.

— Elle dort tout le temps, répondit la jeune fille, en jetant vers sa mère un regard plein de tendresse. Elle a eu une attaque lorsque papa a été tué, en se battant avec la milice.

— Et Paco est votre petit frère ?

— Non. Il vivait dans l'appartement d'en face, avec ses parents, répliqua-t-elle en plantant ses yeux dans les siens. C'étaient des militants syndicalistes. Un jour de l'année dernière, en rentrant chez moi, j'ai trouvé la porte de leur appartement grande ouverte, et des taches de sang sur les murs. Ils avaient emmené ses parents et l'avaient laissé seul. Nous l'avons recueilli, pour lui éviter d'aller chez les bonnes sœurs.

— Il est un peu dérangé, depuis, ajouta Enrique.

— Je suis désolé.

— Sofía travaille dans une laiterie, poursuivit le jeune homme. Mais cela ne suffit pas à nous faire vivre tous les quatre, *señor*, c'est pourquoi j'ai accepté ce travail. »

Harry prit une profonde inspiration. « Je ne dirai rien, c'est promis. Ne vous inquiétez pas.

— Une dernière chose, s'il vous plaît, *señor* : ne m'emmenez plus jamais sur cette place, reprit Enrique, dans une tentative d'humour maladroite.

— Entendu », répondit Harry en souriant. Il éprouvait envers le jeune homme un étrange sentiment d'affinité : après tout, les circonstances ne les avaient-elles pas contraints, tous les deux, à devenir espions malgré eux ?

« C'est un drôle d'endroit pour une promenade, reprit Sofía, en posant sur lui un regard pénétrant.

— Je connaissais une famille qui habitait là, autrefois, il y a des années de cela, avant la guerre. Leur immeuble a été détruit par les bombardements. Je me demande ce qu'ils sont devenus, soupira Harry.

— Il ne reste plus personne, là-bas, dit Sofía en le dévisageant d'un air intrigué. Ainsi, vous étiez déjà venu en Espagne, avant… tout ça ?

— Oui. »

Elle hocha la tête sans rien ajouter. Harry se leva.

« Je ne dirai rien à propos d'Enrique. Et, je vous en prie, laissez-moi lui payer une consultation chez un médecin.

— Non, je vous remercie, vous en avez déjà fait assez.

— S'il vous plaît. Envoyez-moi la facture. » Il nota son adresse sur un bout de papier et le lui tendit. Au moment où elle le prit, Harry prit conscience que c'était inutile : Enrique savait où il habitait, évidemment.

« Nous verrons, répondit Sofía sans s'engager. Et

merci, *señor*… Brett, c'est bien cela ? s'enquit-elle en roulant le *r*.

— Oui.

— Brett, répéta-t-elle d'un air grave. Et moi, c'est Sofía, reprit-elle en lui tendant une main menue et tiède au toucher. Nous vous sommes très reconnaissants, *señor*. Au revoir. »

Elle le congédiait. À sa grande surprise, Harry s'aperçut qu'il n'avait aucune envie de partir. Il aurait aimé rester parmi eux, en apprendre davantage sur leur vie. Et ce fut à regret qu'il prit son chapeau et se dirigea vers la porte.

« *Adiós.* »

Il descendit l'escalier sombre pour regagner la rue. En revenant vers la Puerta de Toledo, il constata que ses jambes tremblaient un peu, et que son oreille avait recommencé à siffler. En esprit, il revit la place en ruine, les chiens… Les Mera sont-ils tous morts, se demanda-t-il – comme Bernie ?

16

C'était par l'entremise indirecte des parents de Bernie que Harry avait rencontré Barbara. Au printemps 1937, alors qu'il venait d'obtenir un poste d'assistant-chercheur, il avait passé les vacances de Pâques avec son oncle et sa tante. Depuis son entrée à Cambridge, quatre ans auparavant, il ne les voyait plus guère ; bizarrement, il semblait leur manquer et, lors de ses rares visites, ils l'accueillaient affectueusement, impatients d'entendre les nouvelles qu'il leur apportait.

Un après-midi, fin avril, le téléphone avait sonné dans l'entrée de la grande et antique demeure. L'air soucieux, l'oncle James était entré dans le salon où Harry était en train de lire le *Telegraph.*

« C'était la mère de ton ami Bernie Piper, au bout du fil. Le garçon avec qui tu étais allé en Espagne. »

Harry n'avait plus aucune nouvelle de Bernie depuis cinq ans. « Lui est-il arrivé quelque chose ? s'était-il enquis, alarmé.

— C'était assez incompréhensible, elle parlait trop vite, j'ai l'impression qu'elle n'est pas habituée à se servir du téléphone. Apparemment, il est parti se battre en Espagne. Pour les rouges, avait ajouté son oncle, d'un ton dédaigneux. Ils ont reçu une lettre leur annonçant qu'il était porté disparu. Elle voulait savoir si tu pouvais les aider. Ça m'a tout l'air d'un sac d'embrouilles, et j'ai jugé préférable de lui dire que tu n'étais pas là. »

Harry avait senti son estomac se serrer. Il s'était souvenu de la mère de Bernie, une femme nerveuse et frêle aux allures de moineau. Ils étaient allés lui rendre visite juste avant leur départ pour l'Espagne en 1931 ; Bernie voulait que Harry essayât de la convaincre que le voyage ne présentait aucun danger. Elle avait paru ajouter foi à ses paroles rassurantes, davantage qu'à celles de son fils. Peut-être, à ses yeux, incarnait-il la stabilité et la respectabilité, les valeurs de Rookwood que Bernie avait rejetées.

« Il vaudrait mieux que je lui parle. Je vais la rappeler.

— Ils n'ont pas le téléphone. Elle a demandé si tu pouvais aller la voir. Quel culot ! » Son oncle avait marqué une pause, avant de reprendre : « Quand même, cette pauvre femme doit être vraiment désespérée. »

Harry avait pris le train pour Londres dès le lendemain. Il n'avait eu aucun mal à retrouver le chemin de la petite épicerie sur l'île aux Chiens, parmi les rues peuplées de chômeurs pauvrement vêtus. La boutique n'avait pas changé : des légumes dans des cageots à même le sol, des conserves bon marché sur les étagères. Le père de Bernie était assis derrière le comptoir. Il était aussi grand et solidement bâti que Bernie, et avait dû être autrefois tout aussi séduisant, mais, à présent, il était flétri, voûté, avec des yeux tristes et éteints.

« C'est vous, avait-il dit en guise de salut. Bonjour. Ma femme est par là », avait-il ajouté avec un geste du menton vers la porte vitrée derrière lui, sans faire mine de se lever.

Edna Piper était assise à la table du petit salon. Son visage étroit s'était éclairé quand elle avait aperçu Harry ; elle s'était levée et lui avait serré la main dans ses doigts osseux.

« Arry, Arry, comment allez-vous ?

— Bien, merci, madame Piper.

— J'ai tellement regretté que Bernie ait cessé de vous voir, et qu'il ait préféré perdre son temps avec ces gens de Chelsea... » Elle s'était interrompue brusquement et avait enchaîné : « Saviez-vous qu'il était parti se battre en Espagne ?

— Non, malheureusement, je n'ai pas reçu de nouvelles de Bernie depuis des années. Nous avons perdu contact. »

Elle avait soupiré. « C'est comme s'il n'était jamais allé à cette école, mis à part sa façon de parler. Asseyez-vous, excusez-moi, voulez-vous du thé ?

— Non, non, merci. Que... Que s'est-il passé ? Mon oncle ne m'a pas donné d'explications très claires, j'en ai peur.

— Nous avons reçu une lettre de l'ambassade de Grande-Bretagne, il y a un mois. Elle disait qu'il y avait eu une bataille en février et que Bernie était porté disparu. Une lettre tellement courte, tellement sèche... » Ses yeux s'étaient remplis de larmes. « D'après son père, ça veut dire qu'il est mort, mais qu'on n'a pas retrouvé son corps. »

Harry s'était assis en face d'elle. Sur la table, il y avait une enveloppe portant un timbre espagnol aux couleurs vives. Mme Piper l'avait prise, la tournant et la retournant entre ses mains.

« Bernie est arrivé ici en coup de vent, en octobre dernier, et il nous a annoncé qu'il partait se battre contre les fascistes. Il m'a regardée d'un air de défi, parce qu'il savait bien que je ne serais pas d'accord. Mais le choc a surtout été pour son père ; Bernie n'a pas fait attention, mais moi je l'ai vu s'affaisser d'un coup en entendant ça. Cette histoire va l'achever, c'est sûr... Parfois, les enfants font souffrir leurs parents, vous savez, avait-elle ajouté en fixant Harry d'un regard morne.

— Je suis désolé.

— Vous avez perdu les vôtres, n'est-ce pas ?

— Oui.

— Pete ne viendra pas nous rejoindre, il est persuadé que Bernie est mort. Voulez-vous la lire ? avait-elle demandé en lui tendant la lettre. Elle a été écrite par une Anglaise que Bernie a connue là-bas. »

Harry avait rapidement parcouru la lettre, datée de trois semaines plus tôt :

Chers monsieur et madame Piper,

Vous ne me connaissez pas, mais Bernie et moi étions très proches, et j'ai eu envie de vous écrire ; je sais que l'ambassade vous a informés que Bernie était porté disparu et présumé mort. Je travaille pour la Croix-Rouge et je voulais vous dire que je fais tout mon possible pour me renseigner et découvrir s'il reste une chance qu'il soit encore en vie. Il est très difficile d'obtenir des renseignements, ici, mais je poursuivrai mes recherches. Bernie était quelqu'un de merveilleux.

Bien à vous,

Barbara Clare.

« Je ne comprends pas de quoi elle parle, avait

déclaré Mme Piper. Elle dit qu'il est peut-être encore vivant, et, après, que c'était quelqu'un de merveilleux, comme s'il était mort.

— Il me semble qu'elle veut garder l'espoir en dépit de tout », avait répondu Harry. Il avait eu l'impression que son cœur se brisait ; pour la première fois, il avait compris que Bernie avait disparu à tout jamais. Il avait reposé la lettre.

« Il nous avait parlé de cette fille, vous savez, dans une lettre qu'il nous avait écrite à Noël. Il disait qu'il avait rencontré une Anglaise… Elle doit être dans le trente-sixième dessous. Je n'aime pas l'imaginer toute seule là-bas.

— Lui avez-vous répondu ?

— Oui, immédiatement, mais nous n'avons pas eu d'autres nouvelles depuis. » Mme Piper avait pris une profonde inspiration avant de poursuivre : « Je crois que les lettres n'arrivent pas toujours. Je me demandais… vous parlez espagnol, n'est-ce pas, et vous connaissez le pays ?

— Je ne suis pas retourné en Espagne depuis 1931, avait-il répondu, hésitant.

— De quel côté êtes-vous ? avait-elle soudain demandé.

— Ni de l'un ni de l'autre. Je pense que tout cela est une immense tragédie.

— Des gens du Fonds de secours aux familles des volontaires sont venus nous voir, mais je ne veux pas d'argent. Tout ce que je veux, c'est Bernie. » Plongeant son regard dans le sien, Mme Piper avait repris : « Voulez-vous aller là-bas ? Pour essayer de retrouver cette jeune fille, d'apprendre ce qui s'est passé ? » Elle s'était penchée par-dessus la table pour prendre sa main entre les siennes. « C'est beaucoup demander, mais vous étiez si bons amis, Bernie et vous... Si vous pouviez nous donner une certitude, voir s'il reste un espoir... »

Deux jours après cette visite, Harry avait pris le train pour Madrid. Il avait même réussi à réserver une chambre d'hôtel. L'agent de voyages lui avait dit que celui-ci serait sans doute rempli de journalistes ; c'étaient les seules personnes qui se rendaient en Espagne, désormais.

Par la fenêtre du train, il avait vu partout des slogans prônant la guerre des travailleurs. Le printemps castillan était doux et chaud, mais les gens paraissaient tendus, sur la défensive. En arrivant à Madrid, il avait été stupéfait de voir à quel point la ville avait changé depuis son premier séjour : les immenses affiches, les soldats et les miliciens innombrables, les civils au visage inquiet, malgré la propagande déversée par les haut-parleurs tout autour du Centro. Les journaux ne parlaient que de la tentative ratée de soulèvement à Barcelone fomentée par des traîtres « trotsko-fascistes ».

Son hôtel se trouvait à proximité de la Castellana. Harry connaissait l'adresse de Barbara, mais il voulait d'abord retrouver ses repères. L'après-midi, il avait marché jusqu'à La Latina, dans l'intention de se rendre à Carabanchel. Le cœur gonflé de nostalgie, il s'était revu avec Bernie, parcourant ces mêmes rues pour rendre visite aux Mera, en 1931, et s'était rappelé la chaleur torride de cet été-là, leur insouciance...

Plus il s'éloignait vers le sud, plus les passants devenaient rares. Les soldats le dévisageaient d'un air suspicieux. Des barricades avaient été dressées dans de nombreuses rues – de grossiers amas de pavés, avec une petite brèche pour permettre le passage des piétons ; les chaussées dépavées ressemblaient à des bourbiers. Le bruit de l'artillerie était devenu audible : des sifflements intermittents et des détonations assourdies, au loin. Harry avait rebroussé chemin, la peur au ventre, en se demandant si les Mera vivaient toujours à Carabanchel.

À l'hôtel, dans la soirée, il avait rencontré un journaliste, un homme cynique à la mine d'érudit nommé Phillips, et il lui avait demandé ce qui s'était passé à Barcelone.

« Les Russes ont imposé leur loi, voilà tout, avait ricané Phillips. Les trotskistes, mon œil ; il n'y en a pas.

— Alors, c'est vrai ? Les Russes ont pris le contrôle de la République ?

— Oh, ça ne fait aucun doute. C'est eux qui dirigent tout, à présent. Ils ont même installé leurs propres salles de torture dans un sous-sol près de la Puerta del Sol. Ils ont tous les atouts en main, voyez-vous. Si le gouvernement proteste, Staline peut dire : “Très bien, si c'est comme ça, nous suspendons les livraisons d'armes.” Il les a même obligés à expédier à Moscou tout l'or de la Banque d'Espagne. Ils ne sont pas près de le revoir !

— Je me félicite que notre pays ait opté pour une politique de non-intervention », avait répondu Harry en secouant la tête.

Phillips s'était de nouveau esclaffé. « Non-intervention, mon cul ! Si Baldwin avait laissé les Français livrer des armes à la République, l'année dernière, les Espagnols n'auraient pas été obligés de se tourner vers les Russes. Tout ça est notre faute. Les républicains finiront fatalement par être battus ; les Allemands et les Italiens envoient des hommes et de l'armement en quantités prodigieuses.

— Et que se passera-t-il alors ? »

Phillips avait tendu le bras en un salut fasciste. « *Sieg heil*, mon vieux. Ce sera l'avènement d'une nouvelle puissance fasciste. Bon, je vais aller au dodo, à présent. Demain, je pars en reportage à la Casa de Campo. C'est bien ma veine ; si j'avais su, j'aurais emporté mon casque. »

Harry s'était rendu au QG de la Croix-Rouge le lendemain matin, et avait demandé à rencontrer Mlle Clare. On l'avait fait entrer dans un bureau où un Suisse à l'air exténué était assis derrière une table à tréteaux surchargée de papiers. Ils s'étaient entretenus en français. Le fonctionnaire avait posé sur lui un regard grave.

« Connaissez-vous personnellement Mlle Clare ?

— Non, je connaissais son ami. Les parents de celui-ci m'ont demandé de la contacter.

— Cela a été un rude choc pour elle. Nous lui avons accordé un congé de maladie, mais je me demande s'il ne vaudrait pas mieux qu'elle rentre en Angleterre.

— Je vois.

— Ce serait regrettable ; elle nous était devenue indispensable, ici. Mais elle affirme qu'elle ne partira pas tant qu'elle ne saura pas de façon certaine ce qu'est devenu son ami. Il est peu probable, toutefois, qu'elle l'apprenne jamais. » Il s'interrompit un instant, puis reprit : « Nous avons reçu une plainte des autorités à son sujet. Elle commence à les énerver, et nous avons absolument besoin de demeurer en bons termes avec le gouvernement. Si vous pouviez l'aider à se montrer un peu plus raisonnable…

— Je ferai mon possible, avait répondu Harry en soupirant. La raison semble devenue une denrée rare, ici.

— Oui. Très rare. »

Barbara résidait à quelques rues de là. Il avait frappé à la porte. En entendant des pas traînants à l'intérieur de l'appartement, il s'était demandé s'il ne s'était pas trompé de porte, car ces pas ressemblaient à ceux d'une vieille femme. Mais c'était une grande jeune femme aux cheveux roux ébouriffés et au visage bouffi de chagrin qui lui avait ouvert. Elle avait des poches sous ses yeux d'un vert saisissant à demi cachés par des lunettes sales.

« *¿ Sí ?* s'était-elle enquise d'une voix lasse.

— Mademoiselle Clare ? Vous ne me connaissez pas. Je m'appelle Brett, Harry Brett. » Comme elle continuait à le regarder d'un air hébété, il avait ajouté : « Je suis un ami de Bernie. »

La simple mention de ce nom avait paru la ramener à la vie. « Avez-vous des nouvelles ? avait-elle demandé précipitamment.

— Je crains que non. Les parents de Bernie ont reçu votre lettre et m'ont demandé de venir ici pour voir ce que l'on pouvait faire.

— Oh. » Elle avait immédiatement repris son air abattu, mais lui avait toutefois ouvert la porte, en le priant d'entrer.

L'appartement était sale et en désordre, l'air alourdi par la fumée de cigarette. « Votre nom me dit quelque chose, avait-elle repris en fronçant les sourcils.

— J'étais à Rookwood avec Bernie. »

Elle avait souri, et son expression s'était soudain faite chaleureuse. « Bien sûr ! Harry. Bernie m'a parlé de vous.

— C'est vrai ?

— Il m'a dit que vous étiez son meilleur ami, là-bas. » Elle avait marqué une pause, avant de poursuivre : « Mais il détestait cette école.

— Il la détestait encore, après tout ce temps ? »

Elle avait soupiré. « C'était lié à ses opinions politiques… Et voyez où elles ont fini par le mener, ces maudites idées ! Mais excusez-moi, je manque totalement de savoir-vivre. » Balayant de la main un tas de vêtements empilés sur une chaise, elle poursuivit : « Asseyez-vous. Un café ? Il est assez mauvais, j'en ai peur.

— Merci, volontiers. »

Elle avait préparé le café et s'était assise en face de lui. Toute animation semblait de nouveau l'avoir quittée. Elle s'était affalée sur son siège, fumant à la chaîne des cigarettes espagnoles à l'arôme puissant.

« Êtes-vous passé à la Croix-Rouge ? avait-elle demandé.

— Oui. On m'a dit que vous étiez en congé de maladie.

— Depuis près de deux mois, oui, avait-elle acquiescé en secouant la tête. Ils veulent que je rentre en Angleterre, ils disent que Bernie est forcément mort. Je le croyais aussi, au début, mais je n'en suis plus si sûre, à présent. Je ne le serai que lorsque quelqu'un pourra me dire où est son corps.

— Avez-vous progressé dans vos recherches ?

— Non. Ils en ont assez de moi, ils m'ont dit de ne plus revenir. Ils se sont même plaints au vieux

Doumergue. » Elle avait allumé une nouvelle cigarette, puis poursuivi : « Il y avait un commissaire que Bernie avait connu pendant les combats à la Casa de Campo, un communiste qui travaillait au quartier général de l'armée. Le capitaine Duro. Il était très gentil, il essayait de se renseigner, mais la semaine dernière il est parti brusquement, il a été transféré ou quelque chose comme ça. Il y a eu beaucoup de changements, récemment. J'ai demandé si je pouvais me rendre là-bas, sur le front, mais, bien entendu, ils ont refusé.

— Peut-être serait-il préférable que vous rentriez chez vous.

— Il n'y a rien pour moi, là-bas. » Son regard s'était figé, elle avait paru rentrer en elle-même, oublier sa présence, et Harry s'était senti envahi de pitié envers elle. « Venez déjeuner à mon hôtel », avait-il proposé.

Elle lui avait lancé un bref sourire mélancolique et hoché la tête.

Les deux jours qui avaient suivi, il ne l'avait pratiquement pas quittée. Elle voulait qu'il lui racontât tout ce qu'il savait de Bernie. Ses histoires paraissaient la sortir temporairement de sa torpeur, même si, à d'autres moments, elle se retranchait encore en elle-même, les yeux vitreux, le visage empreint d'une infinie tristesse. Elle portait des vieilles jupes et des corsages pas repassés, ne se maquillait pas, comme si elle ne se souciait aucunement de son apparence.

Le deuxième jour, il s'était rendu à l'ambassade britannique, mais là aussi on lui avait dit que « disparu, présumé mort » signifiait tout simplement que l'on n'avait pas trouvé de restes identifiables. Il avait repris lentement le chemin de l'appartement de Barbara, peu pressé de lui rapporter ces propos. Il lui avait promis d'aller au QG de l'armée le lendemain, en se disant qu'un homme serait peut-être pris davantage au sérieux qu'une jeune femme. Mais, après cela, il ne voyait vraiment pas ce qu'il pourrait faire d'autre. En son for intérieur, il était certain que Bernie était mort.

Il avait sonné à la porte, et entendu une nouvelle fois un bruit de pas traînants. Elle avait ouvert et s'était appuyée contre le chambranle, en le regardant fixement. Elle était complètement ivre.

« Entre », avait-elle dit.

Il y avait une bouteille de vin à moitié vide sur la table et une autre dans la corbeille à papier. Elle s'était effondrée sur une chaise en bredouillant :

« Bois un verre. Bois avec moi, Harry.

— Ne croyez-vous pas que vous avez déjà bu assez ? avait-il demandé avec douceur.

— Non. Prends un verre, et bois. »

Il l'avait laissée le servir, et elle avait levé son verre en disant : « À cette foutue révolution.

— Cette foutue révolution. »

Puis il lui avait répété ce qu'on lui avait dit à l'ambassade. Elle avait reposé son verre et avait repris son air absent. « Il était si plein de vie, toujours… si drôle, si beau… » Elle avait relevé la tête. « Il racontait que des garçons avaient le béguin pour lui, à l'école. Ça ne lui plaisait pas.

— Non, ça ne lui plaisait pas du tout.

— Et toi, tu avais le béguin pour lui ?

— Non », avait répondu Harry avec un sourire triste, se rappelant la nuit où Bernie était allé chez les prostituées. « J'étais jaloux de son physique, parfois.

— As-tu une petite amie, en Angleterre ?

— Oui, avait-il répondu après une hésitation. Une très gentille fille. » Il sortait avec Laura depuis quelques mois, et il avait alors pris conscience, avec un certain étonnement, qu'il n'avait presque jamais pensé à elle depuis son arrivée à Madrid.

« On dit que chacun en ce monde peut trouver son âme sœur, et c'est vrai, mais ce qu'on ne dit pas, c'est qu'elle peut parfois vous être reprise, et disparaître à jamais. » Elle porta son poing à son front et se mit à pleurer, à gros sanglots déchirants. « Je n'ai fait que me raconter des histoires, n'est-ce pas ? Il est parti pour de bon.

— Oui, je le crains, avait répondu Harry à voix basse.

— Va quand même au QG de l'armée demain, tu veux bien ? Parle au capitaine Duro. Mais s'il n'y a toujours rien de neuf, je… j'abandonnerai. Il faudra bien que je m'y résigne.

— J'irai, je te le promets.

— Je ne me mets pas souvent dans des états pareils, avait-elle repris en secouant la tête. Je t'ai choqué, hein ? »

Il s'était penché par-dessus la table et lui avait pris la main, en murmurant : « Je suis désolé. Je suis vraiment désolé… »

Elle avait serré sa main avec force et y avait appuyé sa tête avant de se remettre à pleurer éperdument.

La sentinelle à l'entrée du quartier général n'avait tout d'abord pas voulu le laisser entrer, mais Harry lui avait expliqué le motif de sa visite en espagnol, et réussi à l'amadouer. Une fois à l'intérieur, il avait de nouveau expliqué à un sergent qu'il était venu se renseigner sur un soldat qui avait disparu dans la bataille du Jarama. Il avait donné le nom de Bernie, et celui du communiste mentionné par Barbara. Le sergent avait répondu qu'il allait consulter son supérieur et lui avait dit d'attendre dans un petit bureau dépourvu de fenêtre. Harry s'était assis devant une table et avait contemplé un portrait de Staline fixé au mur, avec ses petits yeux plissés et sa grosse moustache, son sourire pareil à une grimace. Il y avait aussi une carte d'Espagne sur laquelle des lignes tracées au crayon indiquaient les zones, de plus en plus restreintes, tenues par la République.

Un Espagnol en uniforme de capitaine était entré, un dossier à la main. Il était petit et basané, avec un visage fatigué hérissé de barbe. Il était accompagné d'un autre capitaine, un homme grand et fort au teint pâle. Ils s'étaient assis en face de lui, et l'Espagnol l'avait sèchement salué d'un signe de tête.

« J'ai cru comprendre que vous cherchiez des renseignements sur un certain capitaine Duro.

— Non, non. J'essaie de trouver des informations sur un volontaire anglais, Bernie Piper. Son amie est déjà venue ici, et elle m'a dit que le capitaine Duro l'avait aidée.

— Puis-je voir votre passeport, s'il vous plaît ? »

Harry le lui avait donné ; l'Espagnol l'avait ouvert et examiné attentivement sous la lumière. Puis il avait grommelé quelque chose et l'avait placé dans son dossier.

« Pourrais-je le récupérer, je vous prie ? avait dit Harry. J'en ai besoin. »

Le capitaine avait refermé ses bras sur le dossier et s'était tourné vers son collègue. Celui-ci avait hoché la tête. « Vous parlez bien l'espagnol, *señor*, avait-il fait observer avec un accent guttural.

— C'est la matière que j'enseigne. Je suis maître-assistant à Cambridge.

— Qui vous envoie ici ?

— Les parents du soldat Piper, avait répondu Harry, ne comprenant pas où il voulait en venir.

— Mais cette femme se trouve déjà ici. D'après nos registres, il a été porté disparu, présumé mort. Ça veut dire qu'il a été tué mais qu'on n'a pas retrouvé son corps. Malgré cela, cette femme de la Croix-Rouge vient ici jour après jour, et maintenant, c'est vous. Et vous parlez toujours du capitaine Duro.

— Écoutez, nous voulons simplement savoir ce qu'il est devenu, c'est tout, avait répliqué Harry, gagné par l'irritation. Le soldat Piper est venu se battre pour votre République, ne lui devez-vous pas au moins ça ?

— Vous soutenez les nationalistes, *señor* ?

— Non, pas du tout. Je suis anglais, nous sommes neutres. » Harry avait commencé à se sentir mal à l'aise, et il avait remarqué que les deux officiers portaient des revolvers. L'homme à l'accent étranger avait brusquement arraché le dossier des mains de son collègue.

« Mlle Barbara Clare, qui est venue ici plusieurs fois, a demandé à se rendre sur le champ de bataille, je vois. C'est une zone interdite. Elle travaille pour la Croix-Rouge, elle devrait le savoir. Et ses employeurs ont déclaré qu'ils n'étaient pas au courant de ses démarches.

— Elle n'a jamais prétendu vouloir se rendre là-bas à titre officiel. Bernie Piper était son… son amant.

— Et vous, quel est votre lien avec lui ?

— Nous étions à l'école ensemble. »

Le capitaine avait laissé fuser un rire rauque. « C'est ce que vous appelez un lien de parenté ?

— Écoutez, je suis venu ici en toute bonne foi pour tenter de retrouver un soldat disparu. Mais si vous refusez de m'aider, je ferais peut-être mieux de partir, avait-il rétorqué en se levant à demi de son siège.

— Asseyez-vous ! » avait ordonné l'officier en le repoussant si brutalement que Harry avait perdu l'équilibre et était tombé. Son bassin avait heurté douloureusement le plancher. La mine impassible, l'officier l'avait regardé se relever puis avait répété : « Asseyez-vous sur cette chaise. »

Le cœur de Harry s'était mis à cogner à grands coups. Il s'était souvenu de ce qu'avait dit le journaliste, à propos des chambres de torture de la Puerta del Sol. L'Espagnol avait pris l'air gêné et avait murmuré quelque chose à l'oreille de son collègue. Ce dernier avait secoué la tête d'un air impatient, puis il avait sorti un paquet de cigarettes et en avait allumé une. Harry avait fixé le paquet, qui portait des inscriptions en caractères cyrilliques.

L'officier avait souri. « Oui, je suis russe. Nous aidons nos camarades espagnols dans le domaine de la sécurité. Ils en ont grand besoin, avec tous ces espions trotskistes et fascistes qui viennent poser des questions, raconter des mensonges. »

Faisant de son mieux pour maîtriser sa voix, Harry avait répondu : « Je suis venu demander des renseignements au sujet d'un ami…

— Le soldat Piper n'est pas venu ici selon la procédure en vigueur dans les Brigades internationales. Il a débarqué brusquement à Madrid en novembre dernier. Ce n'est pas normal.

— Je ne suis pas au courant de tout cela. Je n'ai pas revu Bernie depuis des années.

— Et pourtant, vous êtes venu ici pour le chercher ?

— Ses parents me l'ont demandé. »

Le Russe s'était alors penché vers lui : « Et qui donc vous a demandé de poser des questions sur le capitaine Duro ? »

Harry avait pris une profonde inspiration. Il se trouvait dans un sous-sol d'une ville étrangère où régnait la loi martiale. Il n'avait aucun moyen d'en sortir, à moins que les deux hommes en face de lui ne l'y autorisent.

« Mlle Clare, avait-il déclaré. Elle m'a dit que le capitaine Duro s'était présenté à elle lors de sa première visite ici. Je vous l'ai déjà expliqué, il avait combattu au côté de Bernie à la Casa de Campo. Il lui a proposé son aide. Et puis elle a appris qu'il avait été transféré, et personne d'autre n'a accepté de l'aider.

— Enfin, nous commençons à y voir plus clair. Le capitaine Duro n'a pas été transféré, il a été arrêté pour sabotage. On l'avait entendu dire que nous aurions dû négocier avec les rebelles, à Barcelone. » Le Russe s'était renfoncé dans son siège en croisant les bras.

« Négocier avec ces saboteurs trotsko-fascistes !

— Écoutez, je ne sais rien de tout ça. Il y a seulement trois jours que je suis ici.

— Le dossier du soldat Piper nous indique que, après avoir été blessé à la Casa de Campo, il a proposé ses services pour l'accueil des volontaires arrivant d'Angleterre. Mais il a été jugé comme un bourgeois excessivement sentimental, qui risquait de ne pas approuver certaines des mesures strictes qu'il est nécessaire d'appliquer ici. On a donc estimé qu'il fallait le laisser se rétablir, puis le renvoyer au front. Il n'était bon qu'à faire un fantassin, il n'avait pas l'âme suffisamment bien trempée pour nous être utile ici. »

Harry avait dévisagé le Russe en silence.

« Ce genre d'individu se laisse facilement séduire par le trotsko-fascisme », avait poursuivi le Russe en se tournant vers son collègue, qui lui avait chuchoté quelque chose à l'oreille. Harry avait saisi les mots « Croix-Rouge », et le Russe s'était rembruni.

« Nous discuterons de cela dehors, avait-il répondu. Vous, *señor* Brett, restez ici. » Un frisson avait parcouru le dos de Harry, qui s'était soudain senti glacé, malgré la température étouffante qui régnait dans la petite pièce.

Les officiers étaient sortis. Harry avait entendu un murmure de voix et s'était fébrilement demandé ce qui arriverait s'ils l'emmenaient dans quelque endroit secret. Barbara l'attendait dans son appartement. Elle lui avait paru plus calme, après sa crise de nerfs de la veille ; il espérait qu'elle n'avait pas recommencé à boire. Elle partirait à sa recherche, s'il ne revenait pas… Il s'était aperçu que ses paumes étaient moites de sueur, et s'était exhorté au calme.

Dans le couloir, les voix avaient brusquement monté. Il avait entendu le Russe crier : « Qui commande ici ? » Il y avait eu un bruit de pas qui s'éloignaient, puis le silence était retombé – un silence épais, presque palpable. Harry s'était rappelé les garçons, à l'école, parlant avec une délectation morbide des différentes formes de torture. Le chevalet, les poucettes, et les techniques modernes, par application de courant électrique…

La porte s'était soudain rouverte, et l'officier espagnol était entré, seul, le visage fermé. Il avait rendu son passeport à Harry en disant d'un ton froid :

« Estimez-vous heureux d'avoir des relations travaillant pour la Croix-Rouge – et que nous ayons besoin de leurs médicaments. Vous pouvez partir. Allez-vous-en tout de suite, avant qu'il change d'avis. Vous avez vingt-quatre heures pour quitter l'Espagne », avait-il ajouté, en le regardant droit dans les yeux.

De retour dans l'appartement, Harry avait fait le récit des événements à Barbara. Il était obligé de quitter le pays et elle avait intérêt à en faire autant ; elle ne devait jamais retourner au QG militaire, lui avait-il déclaré. Il avait craint qu'elle ne refusât de croire son récit, mais cela n'avait pas été le cas.

« Nous savons ce qui se passe, avait-elle répondu calmement. À la Croix-Rouge, nous sommes au courant des arrestations et des disparitions. Je n'y pensais plus, c'est tout, avait-elle expliqué en secouant la tête. Je ne pensais plus à rien d'autre qu'à Bernie. J'ai été égoïste, je suis désolée que tu aies eu à subir cette épreuve.

— Je me suis porté volontaire pour aller là-bas ; peut-être avons-nous été trop naïfs, tous les deux.

— J'ai moins d'excuses que toi, je suis ici depuis neuf mois.

— Barbara, tu devrais rentrer en Angleterre.

— Non. » Elle s'était levée, soudain emplie d'une détermination nouvelle. « Je vais reprendre le travail et raconter à Doumergue ce qui s'est passé. Je vais essayer d'obtenir mon transfert dans une autre ville.

— Es-tu sûre d'en être capable ?

— J'irai mieux quand je retravaillerai, avait-elle répondu avec un faible sourire. Cela m'aidera à me ressaisir. »

Harry avait fait ses bagages, puis était retourné une

dernière fois chez Barbara, pour le dîner. Ni l'un ni l'autre n'avait envie d'aller au restaurant.

« Il fallait que je garde un espoir, comprends-tu ? Je ne pouvais pas accepter que Bernie soit mort.

— Que vas-tu faire à présent ?

— J'ai réussi à convaincre Doumergue de me transférer ailleurs, avait-elle expliqué, avec un sourire crâne. Je vais aider l'association à monter une antenne médicale à Burgos.

— En zone nationaliste ?

— Oui, avait-elle acquiescé avec un rire cassant. Pour voir l'autre côté des choses. Il n'y a pas de combats à Burgos, c'est très éloigné du front.

— Pourras-tu supporter cela ? Travailler avec ceux contre qui Bernie se battait ?

— Oh, les nationalistes et les communistes ne valent pas mieux les uns que les autres, je le sais bien. Je veux seulement faire mon travail, aider tous ces pauvres gens pris entre deux feux. Au diable cette maudite politique ! Je n'en ai plus rien à faire. »

Harry l'avait dévisagée, doutant qu'elle fût réellement en état d'assumer cette tâche.

« Sens-tu la présence de Bernie ? avait-elle demandé tout à coup. Ici, dans l'appartement ?

— Non, avait-il répondu, avec un sourire embarrassé. Je ne suis pas très réceptif à ce genre de chose.

— Quelquefois, je sens une sorte de chaleur dans mon corps, comme s'il était près de moi. Je suppose que c'est la preuve qu'il est mort.

— Quoi qu'il advienne, il te reste tes souvenirs, tous les bons moments que vous avez passés ensemble. Ils te seront d'un grand réconfort, avec le temps.

— Sans doute… Et toi, que vas-tu faire ?

— Retourner à ma routine universitaire, avait-il dit en souriant.

— Ce doit être une vie agréable. Es-tu heureux ?

— Je suis content de mon sort. Peut-être ne faut-il pas en demander davantage.

— Moi, j'ai toujours désiré davantage que ce que j'avais. » Le regard de Barbara était devenu lointain, l'espace d'un instant. « Oh, Seigneur, il va vraiment falloir que je reprenne mes esprits, si je veux travailler correctement à Burgos… M'écriras-tu ?

— Oui, bien sûr.

— Tu me raconteras tout sur Cambridge, cela me distraira pendant que je croulerai sous la paperasse », avait-elle repris, en lui adressant une fois de plus ce petit sourire triste.

17

La maison du général Maestre était un manoir du XVIIIe SIÈCLE situé dans la banlieue nord. Un chauffeur était venu chercher Harry et Tolhurst dans une grosse Lincoln américaine, et ils avaient remonté à toute allure une Castellana sombre et déserte, d'où les drapeaux nazis avaient été enlevés. Himmler était reparti, mais, la veille, les journaux avaient annoncé une nouvelle encore plus sensationnelle : Hitler et Franco s'étaient rencontrés dans la ville frontalière d'Hendaye, pour un entretien qui avait duré six heures. Les journalistes en déduisaient que l'Espagne entrerait bientôt dans le conflit.

« L'entrevue s'est mal passée, en fait, d'après Sam », avait déclaré Hillgarth à Harry et à Tolhurst, dans l'après-midi. Il les avait réunis dans le bureau de ce dernier. Vêtu pour une fois en civil, il paraissait fatigué. Il était assis une jambe croisée par-dessus l'autre et ne cessait de remuer son pied libre. « Il tient cette information d'une source proche de Franco. Celui-ci aurait déclaré à Hitler qu'il n'entrerait en guerre qu'à la seule condition que l'Allemagne lui garantisse un ravitaillement suffisant, parce qu'il sait que nous imposerions alors un blocus total. Espérons que ce soit vrai. » Il avait pris sur le bureau de Tolhurst un numéro d'*ABC* où l'on voyait El Generalísimo se pencher par la portière du train royal pour saluer Hitler, avec un large sourire, les yeux illuminés de joie.

« Franco s'est entiché de Hitler, il veut faire partie de l'Ordre nouveau », avait poursuivi Hillgarth en secouant la tête, avant de poser sur eux un regard pénétrant. « Vous allez tous les deux à la réception de ce soir, n'est-ce pas ? Voyez si Maestre peut vous éclairer un peu sur le nouveau ministre du Commerce. Carceller a fait un discours pro-fasciste, l'autre jour, et Maestre ne fera peut-être pas long feu à son poste, auquel cas nous aurons encore perdu un ami.

— Avez-vous lu le rapport de notre agent à Gerona, monsieur ? avait demandé Tolhurst. Des trains chargés de vivres se dirigent vers la frontière française, avec l'inscription "Pour nos alliés allemands" peinte sur les wagons. »

Hillgarth avait acquiescé, puis avait changé de position et cessé d'agiter le pied. « Il est temps de passer à l'étape suivante avec Forsyth, Brett. Tâchez d'en apprendre davantage sur ce maudit or. Et cette fille, la Clare, quel est son rôle dans cette histoire ?

— Je ne pense pas que Barbara soit au courant de quoi que ce soit.

— Eh bien, assurez-vous-en, avait rétorqué Hillgarth, en le scrutant intensément. Après tout, vous la connaissez.

— Pas très bien. Mais nous déjeunerons ensemble lundi. » Il avait téléphoné à Barbara la veille. Elle avait d'abord hésité, puis finalement accepté son invitation. Harry s'était senti coupable et, en même temps, curieux d'en savoir plus sur sa relation avec Sandy. Devenir espion avait sans doute aiguisé en lui la tendance à l'indiscrétion. « Je crois que le mieux est de saisir la perche que m'a tendue Sandy l'autre fois, en me disant qu'il y avait des affaires à faire. J'aurai ainsi une chance de découvrir ce qu'il fabrique.

— Quand devez-vous le revoir ?

— Je vais essayer d'arranger quelque chose lors de mon déjeuner avec Barbara. »

Le pied de Hillgarth avait recommencé à s'agiter nerveusement. « Cela ne peut pas attendre. Vous auriez dû prendre date quand vous avez téléphoné à cette femme.

— Il ne faudrait pas non plus paraître trop empressé », était intervenu Tolhurst.

Hillgarth avait eu un geste impatient de la main. « Nous avons absolument besoin de cette information. Je dois partir, avait-il déclaré en se levant brusquement. Réglez ça au plus vite.

— Bien, monsieur. »

« Il est inquiet, avait dit Tolhurst sitôt la porte refermée. Vous feriez mieux d'organiser un nouveau rendez-vous avec Forsyth dès que possible.

— Entendu. Mais Sandy est malin.

— Nous devons nous montrer plus malins que lui. »

C'était une soirée d'inspiration mauresque : deux gardes marocains étaient plantés à l'entrée, coiffés de turbans et vêtus de longues capes jaunes, une lance à la main. Harry regarda furtivement au passage leur visage brun et impassible, se rappelant la réputation de sauvagerie que les Maures avaient acquise durant la guerre civile.

À l'intérieur, le vaste hall d'entrée était décoré de tapisseries marocaines. Les invités circulaient, un verre à la main, par couples ou par petits groupes, les hommes en tenue de soirée et beaucoup de femmes en ample jupe andalouse. La cloison mobile séparant le hall du *salón* avait été tirée, pour créer une pièce immense, déjà pleine de monde. Un domestique espagnol, mais portant un fez et un caftan, leur demanda leur nom, puis héla un serveur qui vint leur offrir des boissons.

« Voyez-vous des gens que vous connaissez ? demanda Harry à Tolhurst.

— Un ou deux. Regardez, Goach est là. » Le chef du protocole se tenait dans un coin, en grande conversation avec un ecclésiastique en robe pourpre. « C'est un catholique, vous savez, il a un faible pour les monsignori.

— Voyez un peu ces serveurs, ils doivent étouffer dans ce déguisement.

— En parlant du Maroc, reprit Tolhurst à voix basse en se penchant vers lui, jetez donc un coup d'œil par là. »

Harry suivit son regard et aperçut Maestre au centre de la pièce, en compagnie de deux hommes également en uniforme. L'un d'eux était un lieutenant ; l'autre, un général comme Maestre, avait un aspect saisissant. C'était un homme âgé, d'une grande maigreur, avec des cheveux blancs ; il parlait avec animation, et s'accompagnait de grands gestes, menaçant à tout instant d'éclabousser son auditoire du contenu du verre qu'il tenait dans son unique main. L'autre manche de son uniforme était vide. Il était borgne, aussi : un bandeau noir cachait l'orbite vide dans son visage cadavérique et balafré. Il se mit soudain à rire, montrant une bouche presque entièrement édentée.

« Millán Astray, dit Tolhurst. On le reconnaîtrait entre mille. C'est le fondateur de la Légion étrangère espagnole. Il est pro-fasciste, et complètement fou, mais ses vieux soldats le vénèrent. Franco a servi sous ses ordres, ainsi que Maestre. C'est le chef des Époux de la mort.

— Les quoi ?

— C'est le surnom qu'on donne aux légionnaires. À côté d'eux, les légionnaires français ressemblent à des dames patronnesses. » Tolhurst se rapprocha encore ; sa voix se réduisit à un chuchotement. « Le capitaine m'a raconté une histoire à propos de Maestre. Des religieuses étaient venues au Maroc comme infirmières, pendant les révoltes tribales. Maestre et quelques-uns de ses hommes sont venus les accueillir sur les quais de Melilla et leur ont offert une immense corbeille de roses – avec, au beau milieu, les têtes coupées de deux des chefs rebelles.

— Ça m'a l'air d'une histoire à dormir debout », répondit Harry, avec un nouveau regard en direction de Maestre. Les gestes de Millán Astray s'étaient faits encore plus frénétiques, et le général paraissait quelque peu tendu, mais penchait néanmoins poliment la tête pour l'écouter.

« C'est Maestre qui l'a racontée lui-même au capitaine Hillgarth. Les religieuses n'ont pas bronché, apparemment. Les légionnaires aimaient bien les têtes coupées ; il leur arrivait souvent de les planter au bout de leurs baïonnettes pour parader avec. » Tolhurst secoua la tête d'un air songeur. « La moitié des membres du gouvernement sont d'anciens légionnaires, à présent.

C'est ce qui unit les factions phalangistes et monarchistes – leur passé commun. »

Millán Astray avait posé son verre et étreignait l'épaule de l'autre compagnon de Maestre avec force, tout en continuant à discourir ; même cette main unique n'a plus tous ses doigts, constata Harry. Surprenant son regard, Maestre murmura quelque chose au vieillard, qui hocha la tête. Puis Maestre et le lieutenant se dirigèrent vers Tolhurst et lui. En chemin, le général chuchota quelques mots à une petite femme replète portant une ample jupe andalouse et de longs gants blancs, et elle leur emboîta le pas. Maestre tendit la main à Harry, avec un sourire chaleureux.

« Ah, *señor* Brett, comme je suis heureux que vous ayez pu venir ! Et vous devez être le *señor* Tolhurst.

— Oui, monsieur. Je vous remercie de m'avoir invité.

— Je suis toujours content de recevoir des amis de l'ambassade. Je devrais circuler parmi mes invités, mais j'étais en train d'évoquer mes souvenirs du Maroc. Voici mon épouse, Elena. »

Harry et Tolhurst s'inclinèrent cérémonieusement.

« Et voici mon bras droit de l'époque, le lieutenant Alfonso Gómez. »

L'homme leur serra la main et s'inclina avec raideur. Il était petit et trapu, avec un visage sévère couleur d'acajou et des yeux perçants. « Vous êtes anglais ? s'enquit-il.

— Oui, de l'ambassade.

— On m'a dit que vous avez étudié à Eton, *señor* Tolhurst ? fit la *señora* Maestre en souriant.

— Une excellente école, déclara le général avec un

signe approbateur de la tête. Qui produit de parfaits gentlemen, eh ?

— Je l'espère, monsieur.

— Et vous, *señor* Brett ? reprit la *señora* Maestre.

— J'ai fréquenté une autre *public school*, *señora* : Rookwood », répondit Harry, qui vit Gómez le dévisager intensément, comme pour le jauger.

— Et que font vos parents ? poursuivit-elle.

— Je viens d'une famille de militaires, répondit Harry, quelque peu effaré par cette question directe.

— Excellent, dit-elle en hochant la tête. Exactement comme nous. Et vous êtes enseignant à Cambridge ? poursuivit-elle, le regard scrutateur.

— Oui, en temps de paix. Mais je ne suis qu'assistant, pas maître de conférences.

— Cambridge, répéta Maestre, d'un ton satisfait. J'ai beaucoup apprécié l'année que j'ai passée là-bas, comme le *señor* Brett le sait déjà. C'est là-bas que j'ai appris à aimer l'Angleterre.

— Vous devez faire la connaissance de ma fille, reprit son épouse. Elle n'a jamais rencontré d'Anglais, seulement des Italiens, et ils ont une mauvaise influence sur elle, ajouta-t-elle en haussant les sourcils, avec un petit frisson.

— Oui, allez donc avec Elena, jeunes gens », renchérit le général. Au passage, il retint Harry par le bras et murmura, le regard grave : « Vous êtes parmi des amis, ce soir. Pas d'Allemands ici, et pas de chemises bleues, à part Millán Astray, et c'est une exception. Il n'a plus grand-chose à faire, désormais, et je l'ai invité par pure bonté. »

Harry et Tolhurst suivirent la *señora* Maestre, qui se frayait un passage au milieu de la foule, en faisant bruisser ses jupons. Au fond de la salle, trois jeunes filles à l'air gauche se tenaient à l'écart, serrant dans leurs mains de hautes flûtes de cristal. Deux d'entre elles étaient vêtues de robes de style flamenco ; la troisième, petite et dodue comme sa mère, le teint olive, avec un visage rond aux traits lourds, portait une robe du soir en soie blanche. La *señora* claqua dans ses mains et elles levèrent la tête. Harry se souvint alors, fugacement, des chanteurs de flamenco qu'ils avaient vus, Bernie et lui, au El Toro, neuf ans plus tôt. Mais les musiciens étaient vêtus de noir…

« Milagros ! dit la *señora* Maestre. Tu devrais parler à tes invités. *Señor* Brett, *señor* Tolhurst, voici ma fille Milagros et ses amies, Dolores et Catalina. » Se tournant vivement vers un homme qui passait, elle s'exclama : « *Marqués !* Vous êtes là ! » Puis, le prenant par le bras, elle s'éloigna avec lui.

« Habitez-vous à Londres ? demanda Milagros à Harry, avec un sourire timide.

— Non, près de Londres, dans une région qu'on appelle le Surrey. Simon, lui, est londonien, n'est-ce pas ?

— Comment ? Oh, en effet. » Tolhurst était devenu tout rouge et commençait à transpirer. Une mèche de ses cheveux blonds lui tombait sur le front et il la repoussa d'un geste brusque, manquant renverser son verre. Les amies de Milagros échangèrent un regard et se mirent à glousser.

« J'ai vu des photos de votre roi et de votre reine, poursuivit Milagros. Et les princesses, quel âge ont-elles maintenant ?

— La princesse Élisabeth a quatorze ans.

— Elle est très jolie, ne trouvez-vous pas ?

— Oui, c'est vrai. »

Un serveur qui passait s'empressa de remplir leurs verres. Harry sourit à la fille de ses hôtes, cherchant quelque chose à lui dire. « Ainsi, vous avez dix-huit ans aujourd'hui.

— Oui, ce soir, je fais mon entrée dans le monde », répondit-elle, d'une voix teintée de regret – pour son enfance envolée, peut-être. Elle contempla Harry un instant, puis sourit et parut se détendre. « Mon père dit que vous êtes interprète. Faites-vous ce métier depuis longtemps ?

— Non, j'étais professeur d'université, avant.

— Je n'étais pas très bonne élève, reprit Milagros d'un air triste. Mais ce temps-là est révolu.

— Oui, opina gaiement une de ses amies. Maintenant, c'est le temps de te trouver un mari. » Sa compagne et elle se remirent à glousser, et Milagros s'empourpra. Harry se sentit gêné pour elle.

« Dites-moi, intervint soudain Tolhurst, votre nom, Milagros, et le vôtre, Dolores, semblent assez bizarres en anglais – Miracles et Douleurs. Nous ne donnons pas de noms religieux aux jeunes filles », ajouta-t-il en riant. Les jeunes filles le dévisagèrent froidement.

« Si, cela arrive, rectifia maladroitement Harry. Charity, par exemple.

— N'auriez-vous pas un peu chaud, *señor* Simon ? s'enquit Dolores d'un air malicieux. Peut-être voulez-vous un mouchoir pour vous essuyer le front ?

— Non, non, tout va bien, bégaya Tolhurst, rougissant davantage.

— Regarde, Dolores, voilà Jorge ! s'écria Catalina d'une voix excitée. Viens vite. » Toujours riant, elles se dirigèrent vers un séduisant jeune homme en uniforme de cadet. Milagros prit un air embarrassé.

« Je suis désolée, mes amies n'ont guère été polies.

— Ce n'est rien, assura Tolhurst. Je… euh, je vais aller chercher quelque chose à manger. »

Il s'éloigna, tête basse, et Harry lança à la jeune fille un sourire désabusé. « Je crois qu'il a perdu l'habitude des grandes soirées mondaines. »

La jeune fille sortit un éventail qu'elle se mit à agiter devant son visage. « Moi aussi. Nous n'avions pas donné de réception depuis notre retour à Madrid l'année dernière. Les choses reviennent à la normale, petit à petit, mais cela fait un drôle d'effet, après si longtemps…

— Oui, tout à fait. C'est ma première soirée également, depuis… depuis un certain temps. » Depuis Dunkerque, en fait. Harry se sentait étrangement isolé, comme séparé des autres invités par une paroi de verre. De l'oreille gauche, il percevait tout juste des mots dans la cacophonie ambiante.

Milagros lui lança un regard grave, et il se tourna de façon à lui présenter son oreille droite. « J'espère vraiment que l'Espagne restera en dehors de la guerre, dit-elle. Qu'en pensez-vous, *señor* ?

— Je l'espère aussi. »

La jeune fille le dévisagea une nouvelle fois. « Pardonnez-moi de vous demander cela, mais êtes-vous soldat ? Dans ma famille, les hommes sont militaires depuis des générations, et nous ne pouvons pas nous empêcher de remarquer les hommes qui se tiennent mal, comme votre ami. Mais vous, vous avez le maintien d'un soldat.

— Vous êtes très observatrice. J'étais dans l'armée il y a quelques mois encore.

— Papa était au Maroc, quand j'étais petite. C'était affreux, et j'ai été très heureuse de rentrer ici. Mais après, il y a eu la guerre civile. » Elle sourit, et, avec une gaieté forcée, enchaîna : « Et vous, *señor*, êtes-vous resté longtemps dans l'armée ?

— Non, j'ai été enrôlé au début de la guerre.

— On dit que les bombardements ont été terribles, à Londres.

— Oui. C'est une période difficile, approuva-t-il, se rappelant le sifflement des bombes.

— C'est vraiment triste. Et Londres est une si belle ville, paraît-il. Pleine de musées, de galeries d'art…

— Oui. Les tableaux ont été placés en lieu sûr, pour toute la durée de la guerre.

— À Madrid, nous avons le Prado. On est en train de remettre les tableaux en place. Je ne les ai encore jamais vus, j'aimerais bien y aller. » Elle lui sourit d'une manière encourageante, avec un peu d'embarras néanmoins, et il pensa : elle veut que je l'emmène au musée. Il ne put s'empêcher d'en être flatté – mais elle était tellement jeune, guère plus qu'une enfant.

— Ma foi, j'aimerais bien y aller, moi aussi. Toutefois, je suis très occupé en ce moment…

— Ce serait gentil. Nous avons le téléphone, vous pourriez appeler ma mère pour convenir d'un… »

Catalina et Dolores reparurent à ce moment, entourées d'un groupe de cadets, et Milagros se rembrunit.

« Milagros, il faut absolument que je te présente à Carlos. Il a déjà une médaille, il a combattu les bandits rouges, dans le Nord…

— Excusez-moi, murmura Harry, je ferais mieux d'aller retrouver Simon. » Il s'esquiva, retenant un soupir de soulagement. C'était une charmante enfant, mais rien de plus qu'une enfant. Il cueillit au passage un nouveau verre de champagne sur le plateau d'un serveur, en se demandant vaguement combien il en avait déjà bu. Il repensa à Sofía, comme il l'avait déjà fait plusieurs fois depuis la veille. Elle paraissait si pleine de vie et d'énergie... Il n'avait pas parlé de son « espion » à Hillgarth. Il était bien décidé à tenir sa promesse.

Tolhurst se trouvait au milieu de la salle, en pleine conversation avec Goach, qui le considérait d'un air légèrement dégoûté à travers son monocle. Pauvre Tolly, se dit soudain Harry. Avec sa corpulence, il aurait dû avoir l'air imposant, mais son allure avachie et mollassonne l'en empêchait.

L'expression de Goach se fit nettement plus joviale quand il les rejoignit. « Bonsoir, Brett. Dites donc, vous feriez bien de vous méfier. Le général et sa femme cherchent un bon parti pour Milagros. C'est le frère du général qui me l'a raconté, monsignor Maestre », expliqua-t-il en désignant d'un geste de la tête le prélat qui bavardait avec deux vieilles femmes. Harry discerna alors dans le visage maigre et les manières autoritaires une ressemblance très nette avec ceux de son hôte.

« Vous le connaissez, monsieur ?

— Oui, c'est un véritable érudit. Un expert en liturgie de l'Église espagnole durant la Reconquista », précisa Goach, qui sourit et s'inclina en direction de l'ecclésiastique qui venait vers eux.

« Ah, George, dit le prélat en espagnol, j'étais occupé à recueillir de nouvelles souscriptions. » Ses yeux détaillèrent rapidement Harry et Tolhurst, d'un regard aussi pénétrant que celui de son frère.

« Magnifique, répondit Goach, qui s'empressa de faire les présentations, avant d'expliquer : monseigneur recueille des fonds pour reconstruire toutes les églises de Madrid qui ont été brûlées. Le Vatican s'est montré très généreux, mais la tâche est immense et requiert énormément d'argent. »

Mgr Maestre secoua la tête d'un air navré. « En effet. Nous aurons bientôt récolté la somme nécessaire, toutefois, rien ne remplacera jamais nos martyrs, tous les prêtres et les religieuses assassinés. Je me rappelle, poursuivit-il en se tournant vers Harry et Tolhurst, que, pendant les heures les plus sombres de notre guerre, des églises anglaises nous ont envoyé leurs plateaux de quête, pour remplacer ceux que nous avions perdus. Ce geste nous a été d'un grand réconfort, car il nous donnait l'impression qu'on ne nous oubliait pas tout à fait.

— J'en suis heureux, répondit Harry. Cela a dû être une période très pénible, effectivement.

— Vous ne savez pas, *señor*, ce qu'ils nous ont fait subir. Et c'est préférable, d'ailleurs. Nous voulons rebâtir les églises de La Latina et de Carabanchel, poursuivit l'ecclésiastique, fixant sur lui un regard solennel. Les gens, là-bas, ont besoin d'un phare, de quelque chose pour leur servir de repère.

— Il y a des vestiges d'une église incendiée non loin de chez moi, en haut de La Latina », reprit Harry.

Le visage du prélat se durcit. « Oui, et il faut montrer aux gens qui ont fait ça qu'ils n'ont pas réussi à détruire l'autorité de l'Église du Christ, et que nous sommes de retour, plus forts qu'avant.

— Tout à fait », opina Goach.

Des éclats de rire sonores provoquèrent un froncement de sourcils sur le visage de Mgr Maestre. « Il est dommage que mon frère ait invité Millán Astray. Il est si *inculto* ! De plus, c'est un phalangiste, et ces gens-là sont dépourvus de religion. Nous avons eu besoin d'eux pendant la guerre, poursuivit-il en arquant les sourcils, mais à présent… Dieu merci, El Generalísimo est un vrai chrétien.

— Certains phalangistes en feraient volontiers leur dieu, glissa Goach à voix basse.

— C'est vrai. »

Le regard de Harry passa de l'un à l'autre. Les deux hommes ne mâchaient pas leurs mots, mais il est vrai qu'ils étaient ici entre monarchistes – exception faite de Millán Astray. Le mutilé haranguait un groupe de cadets, à présent ; les jeunes gens paraissaient suspendus à ses lèvres.

Saisissant le bras de Goach, le prélat reprit : « George, venez avec moi, j'aimerais vous présenter le secrétaire de l'évêque. » Après avoir adressé un signe de tête à Tolhurst et à Harry, il entraîna le chef du protocole, dans un envol de sa robe rouge. Tolhurst but une gorgée de vin, et soupira :

« J'ai cru qu'il ne se tairait jamais. Comment vous êtes-vous entendu avec la *señorita* ?

— Elle voulait que je l'emmène au Prado », répondit Harry, avec un coup d'œil en direction de Milagros, qui bavardait de nouveau avec ses amies. Surprenant son regard, elle lui lança un sourire hésitant. Il se sentit brusquement fautif : son départ précipité avait dû lui paraître impoli.

« De vrais petits chatons, dit Tolhurst en essuyant ses lunettes sur sa manche. C'était sans doute stupide de ma part de me moquer de leurs prénoms. Je ne sais pas m'y prendre avec les jeunes filles, en société j'entends. » Il tituba légèrement, manifestement ivre. « Voyez-vous, je suis resté si longtemps à Cuba que je me suis habitué aux putains. J'aime les putains, poursuivit-il en s'esclaffant, mais, du coup, j'en ai oublié comment parler aux filles respectables. La *señorita* Maestre n'est pas votre type, alors ? s'enquit-il en fixant Harry.

— Non.

— Ce n'est pas vraiment une pin-up, hein ?

— Elle est très jeune. La pauvre, elle a peur de l'avenir.

— Ne sommes-nous pas tous dans le même cas ? Écoutez, il y a un type du bureau de presse qui connaît ce petit bordel près de l'Opéra… »

Harry lui décocha un coup de coude pour le faire taire. Maestre s'approchait d'eux, un grand sourire aux lèvres.

« *Señor* Brett, j'espère que Milagros ne vous a pas abandonné.

— Non, non. Elle vous fait honneur, général. »

Maestre regarda les jeunes filles, à présent en pleine conversation avec d'autres cadets, et secoua la tête d'un air indulgent. « Je crains qu'elles ne puissent résister aux jeunes officiers. Les jeunes ne vivent plus que pour l'instant présent, désormais. Il faut leur pardonner. » Il doit penser que c'est Milagros qui m'a planté là, se dit Harry.

Maestre but une gorgée de son verre, s'essuya la moustache, puis les regarda. « Messieurs, commença-t-il, vous connaissez tous les deux le capitaine Hillgarth, oui ? Lui et moi sommes de très bons amis.

— Oui, monsieur, fit Tolhurst, prenant aussitôt une mine attentive.

— Il faut qu'il sache que le gouvernement est très contrarié par l'affaire Negrín. L'Angleterre n'aurait pas dû offrir l'asile politique au Premier ministre républicain. Ce raffut au Parlement britannique déplaît à nos amis. » Il secoua la tête avant de poursuivre : « Vous, les Anglais, vous réchauffez parfois des vipères dans votre sein, vous savez.

— C'est difficile, monsieur, répondit gravement Tolhurst. Je ne sais pas comment la Chambre des communes a appris que sir Samuel avait conseillé que l'on demande à Negrín de partir, mais cela a mis en rogne les travaillistes, indéniablement.

— Mais vous pouvez quand même contrôler votre Parlement, non ?

— Pas vraiment, dit Tolhurst. C'est une démocratie, voyez-vous », ajouta-t-il d'un ton d'excuse.

Maestre écarta les mains avec un sourire incrédule. « Mais l'Angleterre n'est pas une république décadente comme la France l'était il y a peu de temps encore. Vous avez une monarchie et une aristocratie, vous comprenez le principe d'autorité.

— J'en parlerai au capitaine Hillgarth, déclara Tolhurst. À propos, monsieur, le capitaine aimerait savoir comment cela se passe avec le nouveau ministre, ajouta-t-il à voix basse.

— Dites-lui qu'il n'a aucune inquiétude à avoir à ce sujet », rétorqua le général sur le même ton.

La *señora* Maestre fit son apparition à ce moment-là et donna un petit coup d'éventail sur le bras de son mari. « Santiago, vous voilà encore en train de parler politique ? C'est le bal d'anniversaire de notre fille. Vous devez l'excuser, messieurs, poursuivit-elle en secouant la tête.

— Vous avez raison, ma chère, bien sûr », dit Maestre en souriant.

La *señora* adressa un sourire radieux à Harry et à Tolhurst. « J'ai entendu dire que Juan March était à Madrid. S'il est revenu pour de bon, il va forcément donner des réceptions.

— Je crois qu'il ne s'agit que d'une courte visite », répliqua Maestre.

Harry le regarda, intrigué. Encore Juan March, ce nom que Hillgarth lui avait conseillé d'oublier, ainsi que celui des chevaliers de St. Georges…

« C'est l'homme d'affaires le plus important d'Espagne, poursuivit la *señora*, rayonnante. Il a été obligé de partir, sous la République, évidemment. Ce serait merveilleux qu'il revienne ici. Vous ne pouvez imaginer combien la vie était grise, en zone nationaliste, pendant la guerre. Il ne pouvait en être autrement, bien sûr. Et ensuite, quand nous sommes revenus… » Elle n'acheva pas sa phrase, et une ombre passa sur son visage.

« Cette maison était à moitié en ruine, expliqua Maestre. Nos meubles avaient été brûlés comme du bois de chauffage. Tout était cassé, abîmé. Les familles installées ici par les républicains ne savaient même pas se servir des toilettes. Mais le pire, c'était que tous nos souvenirs familiaux avaient été vendus au Rastro, même nos photos, parce qu'elles étaient dans des cadres d'argent. Vous comprenez pourquoi nous acceptons mal le fait que Negrín ait trouvé refuge à Londres. » Le regard de Maestre se porta de nouveau vers sa fille, et son visage s'illumina d'une tendresse fugitive.

« Milagros est une enfant sensible, elle a eu du mal à supporter tout cela. Elle n'est pas heureuse. Je crains qu'elle ne soit une plante trop délicate pour s'épanouir dans l'Espagne actuelle. Parfois, je me dis même qu'elle serait mieux à l'étranger. » Passant un bras autour des épaules de sa femme, il poursuivit : « Je crois que nous devrions ouvrir le bal, ma chère. Je vais demander à l'orchestre de chambre de faire son entrée. » Avec un sourire à l'adresse de Harry, il ajouta : « Je ne veux que le bien de Milagros ; je vais lui dire de vous réserver une danse. Veuillez nous excuser. »

Dès qu'ils se furent éloignés, Tolhurst bougonna : « Bon sang ! Je suis un très mauvais danseur.

— Ce Juan March, s'enquit Harry, d'un ton aussi neutre que possible, c'est un homme très important, non ?

— Vous pouvez le dire. Il est milliardaire. C'est un escroc de grande envergure, qui a commencé sa carrière comme contrebandier. Il vit en Suisse, à présent ; il a mis tout son argent à l'abri avant le début de la guerre civile. Il est pro-monarchiste. Il vient sans doute simplement pour mettre ses affaires en ordre. » Tolhurst parlait d'un ton léger, mais Harry vit que son expression s'était faite méfiante, et sa perplexité s'accrut. Son compagnon eut un petit rire, et s'empressa de changer de sujet. « C'est affreux, ce qui est arrivé aux Maestre, mais toutes les familles de la haute et moyenne bourgeoisie ont terriblement souffert. S'il y a une chose qu'on peut dire en faveur de ce régime, c'est qu'au moins il protège les gens de… eh bien, de notre classe.

— Oui, sans doute… »

Tolhurst lui lança un regard aigu. « Ma foi, il faut bien croire à la civilisation, non ?

— Notre classe… Vous savez, j'étais en train de me dire que, bizarrement, le fait que nous soyons tous deux d'anciens élèves de Rookwood comptait davantage pour Sandy que pour moi, maintenant. Il éprouve encore des sentiments pour son école, même si ce n'est que de la haine.

— Et vous ?

— Je ne sais plus, Tolly. »

Quatre hommes en smoking portant des instruments de musique firent leur entrée derrière la *señora* Maestre, suivis d'un groupe de domestiques en caftan poussant une petite estrade en bois. Les invités se mirent à applaudir et à pousser des cris. Harry vit Milagros agiter son éventail dans sa direction, depuis l'autre bout de la salle, et leva son verre. À côté de lui, Tolhurst lâcha un soupir résigné.

« Oh, Seigneur ! Le supplice va commencer. »

18

Barbara n'avait aucune envie d'aller retrouver Harry. Il s'était montré bon envers elle trois ans plus tôt, et elle avait eu plaisir à revoir un visage amical, mais renouer des liens avec le meilleur ami de Bernie lui faisait l'impression, d'une certaine manière, de tenter le destin. Elle avait envisagé de tout lui raconter, mais il paraissait en si bons termes avec Sandy… Et puis, il avait changé ; on sentait en lui une colère, une souffrance qui n'existaient pas auparavant. Non, elle devait garder le secret. Maintenant que Harry était là, et que Sandy semblait s'être entiché de lui, elle devait lui mentir, à lui aussi.

Le samedi, elle avait entendu sur la BBC qu'un nouveau raid aérien de grande ampleur avait frappé Birmingham. Près de deux cents personnes avaient été tuées. Elle était restée assise près du poste de radio, atterrée. Elle n'en avait pas parlé à Sandy ; il l'aurait réconfortée, mais elle ne l'aurait sans doute pas supporté, tant elle avait l'impression de ne pas mériter sa compassion. Elle s'était tourmentée sans relâche pendant deux jours, mais, ce matin, elle avait reçu un télégramme de son père lui disant qu'ils étaient tous sains et saufs, et que les bombardements n'avaient touché que le centre-ville. Elle en avait pleuré de soulagement.

Elle devait revoir Luis deux jours plus tard, et craignait que l'argent dont elle avait demandé le transfert n'arrivât pas à temps. Quelque scepticisme que lui eût inspiré le récit de Luis, au début, elle était à présent encline à le croire. S'il lui apportait une preuve, lors de ce prochain rendez-vous, la question serait réglée. Elle essayait cependant de se raisonner, de ne pas placer de trop grands espoirs dans cette folle entreprise. Pourtant, si elle réussissait ? Si elle aidait Bernie à s'évader de ce camp, à se réfugier à l'ambassade ? Et si Sandy découvrait la vérité, comment réagirait-il ? Ces derniers temps, elle avait pris conscience que parmi les sentiments complexes qu'elle éprouvait pour lui entrait un élément de peur – la peur de cette cruauté inscrite au plus profond de lui.

Le soir précédent, elle avait fait une chose que, quelques semaines auparavant, elle eût jugée inconcevable. Sandy était sorti avec quelques-uns de ses copains, et elle s'était rendue dans son cabinet de travail pour tenter de découvrir combien d'argent il avait en sa possession. Jamais il ne lui serait venu à l'idée de le voler, mais, si le transfert n'arrivait pas à temps, peut-être pourrait-elle lui en demander un peu sous un prétexte fallacieux. À condition qu'il en eût suffisamment. Comme la plupart des hommes, Sandy pensait que les femmes devaient rester à l'écart des questions financières.

Le cœur battant, avec le sentiment de franchir irrémédiablement une sorte de limite, Barbara avait cherché la clé du bureau de Sandy. Il la dissimulait dans la chambre, dans son tiroir à chaussettes – elle l'avait vu la ranger là certaines fois, quand il venait se coucher après avoir travaillé toute la soirée. Elle l'avait effectivement trouvée, tout au fond du tiroir, à l'intérieur d'une chaussette. Elle l'avait regardée, puis, après une brève hésitation, était entrée dans la pièce qu'il appelait son « sanctuaire ».

Certains des tiroirs du bureau étaient fermés à clé, mais pas tous. Dans l'un d'eux, elle avait découvert deux livrets de compte : l'un sur une succursale locale d'une banque espagnole, contenant un millier de pesetas ; le relevé indiquait des versements et des retraits réguliers, qui couvraient sans doute leurs dépenses habituelles. À sa surprise, le second compte se trouvait dans une banque argentine. Plusieurs versements avaient été effectués, mais aucun retrait, et le solde se montait à près d'un demi-million de pesos argentins – quelle que fût la valeur de cette somme. Bien entendu, elle n'avait aucun moyen d'en retirer de l'argent – le compte étant au seul nom de Sandy –, et elle en avait ressenti un étrange soulagement.

Elle était sortie de la pièce, s'arrêtant un instant sur le seuil pour s'assurer que Pilar n'était pas en vue. En remettant la clé à sa place, elle avait eu l'impression qu'un sentiment nouveau s'était glissé en elle, une dureté qu'elle ne se connaissait pas.

Harry et elle étaient convenus de se retrouver dans un restaurant à proximité du Palais royal, un petit établissement tranquille qui servait de la bonne nourriture de marché noir. Elle était en retard : sa femme de ménage avait été arrêtée par les *civiles* en venant au travail et avait oublié ses papiers, ce qui l'avait mise dans tous ses états. Barbara avait dû rédiger une lettre attestant que la femme travaillait bien pour elle. Quand elle arriva, Harry lisait le journal, assis à une table. Quelques hommes d'affaires et des couples aisés occupaient les autres tables. Harry se leva pour l'accueillir. Il semblait pâle et fatigué.

« Barbara, comment vas-tu ?

— Oh, pas trop mal.

— Il fait froid.

— Oui, l'hiver sera bientôt là. »

Le serveur la débarrassa de son manteau et disposa des menus devant eux.

« Alors, comment ça va ? avait-elle repris d'un ton enjoué. Et ton travail à l'ambassade ?

— Un peu ennuyeux. Je sers d'interprète lors de rencontres entre hauts fonctionnaires, la plupart du temps, répondit-il, l'air nerveux et mal à l'aise.

— Comment se porte ta famille ?

— Mon oncle et ma tante vont bien. Dans le Surrey, c'est à peine si on se rend compte qu'il y a la guerre. Mais la famille de mon cousin a passé de mauvais moments, à Londres. » Il s'interrompit et posa sur elle un regard empreint de gravité. « J'ai appris que Birmingham avait été bombardée.

— Oui. Mes parents m'ont envoyé un télégramme : tout le monde est sain et sauf.

— J'ai pensé à toi en entendant la nouvelle. Tu devais être terriblement inquiète.

— En effet, et je m'attends à ce qu'il y ait d'autres bombardements, dit-elle en soupirant. Mais à Londres cela dure depuis beaucoup plus longtemps, n'est-ce pas ?

— Il y en a eu un le mois dernier, pendant que je

séjournais chez mon cousin Will. Mais lui et sa famille sont en sécurité, à présent. On l'a envoyé quelque part à la campagne pour effectuer je ne sais quel travail ultrasecret.

— Ce doit être un soulagement pour toi.

— Certes. »

Barbara alluma une cigarette avant de poursuivre : « Je crois que mes parents essaient simplement de tenir le coup tant bien que mal, comme tout le monde. Que peuvent-ils faire d'autre ? Maman et papa ne me disent pas grand-chose, dans leurs lettres.

— Comment va le père de Sandy ? L'évêque ?

— Je n'en ai pas la moindre idée. Sandy et lui n'ont plus aucun contact. Il n'en parle jamais, ni de son frère. C'est triste », répondit-elle, en regardant Harry avec attention. Il semblait vraiment différent du souvenir qu'elle avait gardé de lui, plus tendu. Il était très séduisant quand elle avait fait sa connaissance, trois ans plus tôt, même s'il n'était pas son type. À présent, il paraissait plus vieux, plus corpulent, avec de nouvelles rides au coin des yeux. Toute une génération d'hommes a vieilli prématurément, pensa-t-elle. Après un instant d'hésitation, elle s'enquit : « Comment vas-tu, ces temps-ci ? Tu as l'air fatigué.

— Oh, je vais bien. J'ai été fortement commotionné, après Dunkerque, tu sais, déclara-t-il tout à trac. J'étais pris de soudains accès de panique.

— Je suis navrée de l'apprendre.

— Mais ça va nettement mieux à présent, ça ne m'est plus arrivé depuis un certain temps.

— Au moins, tu fais un travail utile, à l'ambassade. »

Il eut un petit sourire crispé. « Tu as beaucoup

changé, depuis notre première rencontre », fit-il remarquer.

Barbara rougit. « Je ne me souciais pas de mon apparence, à l'époque, j'étais dans un tel état... Tu m'as beaucoup aidée », ajouta-t-elle avec un sourire de gratitude.

Il se mordit la lèvre, la dévisageant si intensément de son regard bleu et grave qu'elle songea, l'espace d'un instant : oh, mon Dieu, il se doute de quelque chose. Puis il lui demanda : « Comment trouves-tu la vie, ici ? Madrid me paraît être dans un état épouvantable. Cette pauvreté, cette misère, tous ces mendiants... C'est pire que pendant la guerre civile. »

Elle soupira. « La guerre civile a ruiné l'Espagne, et surtout Madrid. Les récoltes ont encore été mauvaises cette année, et à présent il y a le blocus imposé par notre pays, qui limite les importations. Enfin, d'après les journaux... Mais je ne sais plus, poursuivit-elle avec un sourire triste. Non, je ne sais vraiment plus que croire.

— Moi, c'est le silence que je ne supporte pas. Te rappelles-tu combien cette ville était bruyante, autrefois ? On dirait que les gens ont perdu toute énergie, tout espoir.

— C'est la guerre.

— Tu sais ce qui m'effraie ? poursuivit Harry, avec la même gravité. Nous avons empêché Hitler d'envahir l'Angleterre, cette année, mais s'il fait une nouvelle tentative l'an prochain, nous serons peut-être vaincus. Nous nous battrons de toutes nos forces, sur les plages et dans les rues, comme Churchill l'a dit, mais nous pourrions quand même être vaincus. J'imagine la Grande-Bretagne subissant le sort de l'Espagne, devenant un pays en ruine dirigé par des fascistes corrompus. Oui, cela pourrait se produire aussi dans notre pays.

— Crois-tu ? Je sais que la discipline est assez rigoureuse, mais il existe des gens comme Sebastián de Salas qui souhaitent vraiment reconstruire le pays. » Elle s'interrompit et se passa une main sur le front. « Oh, Seigneur, murmura-t-elle. Me voici en train de les défendre. Tous ceux que je connais sont de leur côté, vois-tu… » Elle se mordit la lèvre. Elle aurait dû savoir qu'en revoyant Harry toutes les peurs, tous les doutes enfouis en elle remonteraient à la surface. Mais peut-être était-il bon pour elle de regarder enfin certaines réalités en face – du moment qu'elle ne parlait pas de Bernie.

« Qu'en pense Sandy ? lui demanda Harry.

— Il pense que ce serait bien pire si les rouges avaient gagné.

— Es-tu de cet avis ?

— Oh, qui diable peut le dire ? rétorqua-t-elle, saisie par une émotion soudaine.

— Excuse-moi, reprit Harry en souriant, je parle à tort et à travers. Changeons de sujet, veux-tu ?

— Si nous regardions le menu ? »

Ils firent leur choix, et le serveur leur apporta une bouteille de vin. Harry le goûta et hocha la tête.

« Excellent.

— Le vin est généralement très mauvais, mais ici ils ont une bonne cave.

— On trouve de tout à condition d'en avoir les moyens, hein ? »

Elle releva les yeux, surprise par l'amertume dans sa voix.

« Je vais recommencer bientôt à travailler dans un orphelinat, dit-elle, d'un ton défensif.

— Comme infirmière ?

— Oui, je voulais faire quelque chose de positif. C'est Sandy qui me l'a proposé, en fait. »

Harry hocha la tête, hésita de nouveau, et dit : « Il a l'air très prospère.

— Il l'est. C'est un excellent homme d'affaires, il a un grand sens de l'organisation. »

Ils se turent pendant que le serveur leur apportait leurs soupes, puis Harry reprit : « Sandy a toujours suivi son propre chemin. Même à l'école. Il semble avoir bien réussi... Il travaille avec le ministère des Mines, n'est-ce pas ce qu'il a dit l'autre soir ?

— Oui, répondit Barbara en haussant les épaules, mais je n'en sais guère plus. Il prétend que c'est confidentiel. Je suis devenue la parfaite petite ménagère, ajouta-t-elle avec un sourire désabusé. Je ne m'occupe pas des questions d'affaires. »

À cet instant, la porte du restaurant s'ouvrit, et trois jeunes hommes vêtus de l'uniforme phalangiste apparurent sur le seuil. Un petit homme en redingote tachée émergea du fond de la salle et adressa un sourire anxieux aux nouveaux arrivants.

« *Buenas tardes, señor* », lui dit l'un d'eux avec bonne humeur. Grand et mince, il paraissait à peu près du même âge que Harry, et arborait l'habituelle petite moustache fine. « Une table pour trois, s'il vous plaît. » Le directeur s'inclina et les guida vers une table libre.

« J'espère qu'ils ne vont pas devenir trop bruyants », chuchota Barbara.

Le phalangiste promena son regard autour de lui, puis

se dirigea vers eux avec un large sourire et tendit la main. « Ah, des visiteurs étrangers ? *Alemanes ?*

— *No, Ingleses* », répondit Barbara, avec un sourire crispé. Le phalangiste laissa retomber sa main, sans toutefois se départir de son sourire.

« *Ingleses*, hein ? répéta-t-il d'un ton enjoué. Malheureusement, vous allez devoir quitter bientôt ce pays. El Generalísimo va se joindre à la croisade du Führer contre l'Angleterre. Alors, Gibraltar sera à nous ! »

Barbara jeta un regard inquiet à Harry, dont le visage avait gardé une froideur impassible. L'homme s'inclina d'un air moqueur et alla rejoindre ses amis. Ils se tournèrent vers Harry et elle, en s'esclaffant bruyamment. Harry était rouge de colère.

« Garde ton calme, lui souffla-t-elle. Ne les provoque pas.

— Je sais, marmonna-t-il. Bande de salopards. »

Le serveur leur apporta le plat principal, son regard inquiet passant sans cesse de leur table à celle des phalangistes, mais ceux-ci s'étaient plongés dans la lecture du menu.

« Dépêchons-nous de finir notre repas et partons avant qu'ils commencent à boire », dit Barbara.

Ils engloutirent leur nourriture en hâte. Harry lui raconta sa soirée chez les Maestre, puis ramena la conversation sur Sandy. Décidément, il semble avoir très envie de parler de lui, se dit Barbara.

« Il m'a montré une patte de dinosaure qu'il a découverte. »

Elle sourit. « Les fossiles sont sa passion. Quand il en parle, on dirait un petit garçon, c'est attendrissant.

— À l'école, il disait souvent que les fossiles étaient la clé des secrets de la terre.

— Ça lui ressemble bien. » Ils avaient terminé leur repas, à présent, et elle vit que les phalangistes avaient entamé sérieusement la bouteille de vin ; leurs rires devenaient de plus en plus bruyants. « Nous ferions mieux de partir, déclara-t-elle.

— Bien sûr. » Harry fit signe au serveur de lui apporter l'addition, et celui-ci accourut sur-le-champ, visiblement content de se débarrasser d'eux.

Une fois dehors, Harry s'enquit maladroitement : « Je me demandais si tu accepterais de venir voir le Palais royal avec moi ? C'est tout près d'ici, et je ne l'ai jamais regardé de près.

— Oui, d'accord, allons-y. J'ai tout mon temps. »

Ils traversèrent la rue. Un soleil voilé luisait faiblement dans le ciel, mais il faisait froid. Barbara boutonna son manteau jusqu'au cou. Ils s'arrêtèrent devant les grilles du palais. Celles-ci étaient fermées, et des *civiles* montaient la garde à l'extérieur. Harry contempla les murs blancs richement ornementés.

« Personne n'a peint "*Arriba España*" sur la façade, fit-il observer.

— La Phalange n'oserait pas toucher au palais. C'est un symbole aux yeux des monarchistes. Ils espèrent que Franco laissera le roi Alfonso revenir ici un jour. »

Elle s'arrêta un instant pour allumer une cigarette. Harry s'avança jusqu'au bout de la rue. Derrière les hautes grilles, on pouvait contempler les jardins du palais et, au-delà, la Casa de Campo, un paysage brun-vert entièrement ravagé. Barbara le rejoignit.

« Le champ de bataille, dit Harry à voix basse.

— Oui. Le parc est toujours en mauvais état,

apparemment, mais les gens ont recommencé à s'y promener. Il reste des obus qui n'ont pas explosé, du coup, les chemins qui ne présentent pas de danger sont clairement signalés.

— J'aimerais y aller, reprit Harry. Si cela ne te dérange pas. »

Elle hésita ; elle n'avait pas envie de se remémorer la guerre, le siège…

« Tu préfères t'abstenir ? » s'enquit-il d'une voix douce.

Elle prit une profonde respiration. « Non, allons-y. Peut-être n'est-il pas plus mal que je le voie. »

Le parc n'était qu'à quelques stations de là. En descendant du tramway, ils suivirent une petite avenue. D'autres visiteurs marchaient dans la même direction, un jeune soldat avec son amie et deux femmes mûres vêtues de noir. Ils contournèrent une petite colline et se retrouvèrent soudain devant un immense terrain vague au relief accidenté, jonché de tanks calcinés et de pièces d'artillerie brisées et rouillées. Non loin d'eux, un mur de briques criblé de balles était tout ce qui restait d'un ancien bâtiment. Une herbe drue couvrait presque entièrement le sol, mais des cratères d'obus remplis d'eau trouaient çà et là le paysage, ainsi que des lignes de tranchées, pareilles à des plaies béantes. Des sentiers sillonnaient ce lieu dévasté, et, un peu partout, de petites pancartes de bois rappelaient aux promeneurs qu'ils ne devaient pas s'en écarter, à cause des obus non désamorcés. Au loin, le palais se découpait sur le ciel gris, blanc et net, pareil à un mirage.

Barbara s'était imaginée que ce spectacle la bouleverserait, mais elle n'éprouvait qu'une profonde tristesse. Le parc lui rappelait les photos de la Grande Guerre. Harry semblait plus affecté qu'elle, il avait le visage livide. Elle lui effleura doucement le bras.

« Est-ce que ça va ?

— Oui, répondit-il, après avoir pris une longue inspiration. L'espace d'un instant, je me suis revu à Dunkerque. Là-bas aussi, il y avait des pièces d'artillerie abandonnées un peu partout.

— Veux-tu rentrer ? Nous n'aurions peut-être pas dû venir ici.

— Non, continuons. Prenons ce sentier. »

Ils marchèrent en silence pendant un moment. « Il paraît que c'est pire dans le Nord, reprit Barbara, là où se sont déroulées les batailles de l'Èbre. Il y a des carcasses de tanks à perte de vue. »

Un peu plus loin sur leur gauche, les deux femmes en noir longeaient un autre sentier, étroitement agrippées l'une à l'autre. « Il y a tellement de veuves, poursuivit Barbara avec un sourire attristé. J'étais comme elles, complètement perdue, avant de rencontrer Sandy.

— Comment cela s'est-il produit ? » s'enquit Harry.

Elle s'arrêta pour allumer une nouvelle cigarette. « La Croix-Rouge m'avait envoyée à Burgos, comme tu le sais. C'était très différent de Madrid. Même derrière les lignes, pour commencer. C'est une ville assez lugubre, pleine de bâtiments médiévaux. L'antenne locale de la Croix-Rouge grouillait de généraux à la retraite et de dames patronnesses. Ils étaient plutôt gentils, à vrai dire, moins paranoïaques que les républicains. Mais ils pouvaient se le permettre. Ils savaient déjà qu'ils allaient gagner.

— Cela devait te faire une drôle d'impression de travailler avec les ennemis de Bernie. »

C'était la première fois que Harry mentionnait son nom. Elle le regarda, puis se détourna rapidement.

« Je ne partageais pas ses opinions, tu ne l'ignores pas. J'étais neutre. À la Croix-Rouge, ce terme n'a rien de négatif, il ne signifie pas que nous sommes incapables de nous former une opinion. Au contraire, il est positif, il veut dire que nous représentons une force qui soulage les souffrances quelles qu'elles soient. Les gens ne comprennent pas cela. Bernie ne comprenait pas. » Elle se retourna et le regarda droit dans les yeux. « Penses-tu que j'ai mal agi ? demanda-t-elle brusquement. Que j'ai eu tort de me lier à un homme qui soutient le régime ? Je sais que Sandy et Bernie ne s'entendaient pas, à l'école.

— Non, répondit Harry en souriant, je ne pense rien de tel. Je suis moi-même neutre, par nature. »

Cette réponse procura à Barbara un profond soulagement ; sans bien savoir pourquoi, elle n'aurait pas supporté sa désapprobation. Elle le dévisagea, brûlant d'envie de lui crier : *Il est peut-être encore en vie, il est peut-être encore en vie !* Elle se mordit les lèvres pour se contenir.

« Tu te rappelles dans quel triste état j'étais, Harry. Je ne m'occupais pas de la politique, j'avais déjà le plus grand mal à accomplir mon travail. J'avais l'impression de vivre dans le brouillard. Et, bien sûr, j'étais incapable de parler de Bernie à quiconque. Je ne pouvais pas espérer que les partisans des nationalistes compatissent à mon chagrin.

— Non, sans doute. »

Ils franchirent une tranchée en travers de laquelle on avait jeté deux planches en guise de passerelle. Il y avait de vieilles bottes moisies au fond du fossé, et une pile de boîtes de sardines rouillées portant des étiquettes russes. Au bord de la tranchée, une pancarte portait une flèche pointant dans les deux directions : « *Nosotros* » et « *Ellos* ». Nous et eux. Au loin, les deux femmes continuaient à avancer, soudées l'une à l'autre.

« Et c'est alors que tu as rencontré Sandy ? reprit Harry, faisant irruption dans les pensées de Barbara.

— Oui. Il a été mon sauveur, tu sais, dit-elle d'un ton grave.

— Il m'a raconté qu'il se trouvait là pour accompagner les touristes sur les champs de bataille.

— Oui. J'étais très seule, à Burgos. Et puis je l'ai rencontré lors d'une soirée, et il m'a pour ainsi dire… prise en charge. Il m'a aidée à sortir de mon marasme.

— C'est une sacrée coïncidence, d'avoir rencontré un autre ancien élève de Rookwood.

— En effet, même si tous les Anglais présents en Espagne à cette époque finissaient un jour ou l'autre par se croiser. Nous n'étions pas très nombreux. » Elle sourit brièvement, puis poursuivit : « Sandy affirme que c'est le destin qui l'a voulu ainsi.

— Oui, il croyait à la destinée, autrefois. Mais il m'a dit que c'était fini.

— Je pense qu'il y croit toujours, mais qu'il ne le voudrait pas. C'est un esprit compliqué.

— Oui, indéniablement. » Ils arrivèrent devant une autre tranchée, et Harry s'exclama : « Ces rondins ne me semblent pas bien solides, donne-moi ton bras. »

Il la prit par la main pour l'aider à traverser. Là encore, une flèche pointait en direction de chacun des camps.

« Il a été très bon envers moi, reprit Barbara. Sandy, je veux dire.

— Excuse-moi, répondit Harry en se tournant vers elle, je n'ai pas entendu. Je suis encore un peu sourd de ce côté, expliqua-t-il, l'air brusquement désorienté.

— Je disais que Sandy a été très bon envers moi. Il m'a persuadée de reprendre un travail bénévole, il a vu que j'avais besoin d'une activité. » Est-ce la culpabilité qui me pousse à prendre sa défense ? se demanda-t-elle amèrement.

« C'est bien », répondit Harry d'un ton circonspect, et Barbara, étonnée, comprit soudain qu'il n'aimait pas Sandy. Mais alors, pourquoi avait-il renoué avec lui ?

« Il essaie d'aider des Juifs qui ont réussi à fuir la France, poursuivit-elle.

— Oui, il m'en a parlé.

— Après l'invasion allemande, beaucoup se sont réfugiés ici, sans rien d'autre que ce qu'ils avaient pu emporter. Ils tentent de passer au Portugal et, de là, de s'embarquer vers l'Amérique. Ils sont terrifiés par les nazis. Un comité s'est formé pour leur venir en aide, et Sandy en fait partie.

— Des phalangistes ont manifesté devant l'ambassade, récemment, en hurlant à tue-tête des slogans antisémites.

— Le régime est obligé de s'aligner sur l'idéologie nazie, mais il tolère les activités du comité de Sandy, tant qu'elles restent discrètes. »

Dans le lointain, les deux femmes s'étaient immobilisées. L'une d'elles pleurait, l'autre la serrait dans ses bras. Barbara regarda de nouveau Harry. « Sandy et moi ne sommes pas vraiment mariés, te l'a-t-il dit ?

— Oui », répondit-il, après un temps d'hésitation.

Elle rougit. « Peut-être trouves-tu cela répréhensible. Mais nous… nous n'étions pas prêts à franchir le pas.

— Je comprends, bredouilla-t-il d'une voix embarrassée. Nous ne vivons pas dans une époque normale.

— Es-tu toujours avec cette jeune fille… comment s'appelait-elle, déjà ?

— Laura. Non, c'est terminé depuis longtemps. Je suis célibataire, pour le moment. » Harry contempla le Palais royal à l'horizon, avant de reprendre : « Penses-tu rester encore longtemps en Espagne ?

— Je ne sais pas. Je ne sais pas du tout ce que l'avenir nous réserve.

— Je déteste ce pays, poursuivit-il, avec une passion soudaine. Je déteste ce que Franco en a fait. J'avais une certaine idée de l'Espagne, je trouvais les ruelles tortueuses et les immeubles délabrés infiniment romantiques, peut-être à cause de l'immense espoir qui animait les gens en 31, même ceux qui n'avaient rien, comme les Mera. Te souviens-tu d'eux ?

— Oui. Mais, Harry, tous ces rêves sont bien finis, cette utopie socialiste…

— La semaine dernière, je suis allé jusqu'à la place où ils habitaient. Elle a été bombardée, leur immeuble a disparu. Il y avait un homme… » Il s'interrompit, puis poursuivit, les yeux brillants de colère. « Un homme qui a été attaqué par des chiens revenus à l'état sauvage. Je l'ai secouru, je l'ai ramené chez lui. Il vit dans un minuscule appartement rempli d'humidité, avec sa mère – elle est paralysée à la suite d'une attaque, mais ne reçoit aucun soin – et un petit garçon à moitié fou depuis que ses parents ont été arrêtés devant lui. Il y a aussi sa sœur, une jeune fille très intelligente qui a dû arrêter ses études de médecine et travaille à présent dans une laiterie. » Il s'arrêta pour reprendre sa respiration, et conclut : « C'est ça, la Nouvelle Espagne. »

Barbara soupira. « Je sais, tu as raison. Je me sens fautive de vivre dans le luxe comme nous le faisons, au milieu de toute cette misère. Je n'en parle pas à Sandy, mais c'est ce que je ressens. »

Il hocha la tête. Il semble avoir recouvré son calme, se dit Barbara en le dévisageant. Elle avait l'impression que sa colère et son amertume n'étaient pas seulement dues à cette rencontre avec une famille pauvre, mais elle n'aurait su dire pourquoi.

Il lui adressa un sourire d'excuse, et reprit : « Désolé de m'être emporté ainsi. Ne fais pas attention, je suis fatigué, c'est tout.

— Non, tu as raison de me rappeler à la réalité. Mais ne fais plus semblant d'être neutre, ajouta-t-elle en souriant.

— Non, c'est vrai, je ne le suis peut-être plus, répondit-il avec un petit rire sarcastique. Tout change. »

Ils étaient arrivés au bord du Manzanares, le petit *río* traversant l'ouest de la ville. Devant eux se trouvait un pont et des escaliers menant aux jardins du palais.

« Nous pouvons revenir au palais par cet escalier, suggéra Barbara.

— Oui. Je ferais mieux de retourner à l'ambassade.

— Es-tu sûr d'aller bien, Harry ? s'enquit-elle tout à coup. Tu me sembles… comment dire… préoccupé.

— Je vais bien. C'est à cause d'Hendaye et tout ça, tu comprends. Tout le monde est à cran, à l'ambassade. Mais il faut absolument que nous dînions de nouveau ensemble, poursuivit-il en souriant. Vous pourriez venir chez moi, tous les deux. Je passerai un coup de fil à Sandy. »

19

Sandy était déjà là lorsque Barbara regagna l'appartement. Elle le trouva dans le salon, en train de lire le journal tout en fumant un de ces énormes cigares qui emplissaient la pièce d'une fumée épaisse, asphyxiante.

« Tu viens seulement de rentrer ? s'enquit-il.

— Oui. Nous sommes allés nous promener à la Casa de Campo.

— Que diable êtes-vous allés faire là-bas ? C'est plein de bombes qui n'ont pas explosé.

— Il n'y a plus de danger, à présent. Harry avait envie d'y aller.

— Comment va-t-il ?

— Il est un peu déprimé. Je crois que Dunkerque l'a plus affecté qu'il ne veut le dire. »

Sandy sourit à travers le nuage de fumée. « Il faut qu'il se trouve une fille.

— Peut-être.

— Qu'aimerais-tu faire, jeudi ? Aller au restaurant ?

— Pourquoi cela ? demanda-t-elle, surprise.

— C'est le troisième anniversaire de notre rencontre. Tu ne l'avais quand même pas oublié ? rétorqua-t-il, l'air peiné.

— Non… non, bien sûr. Allons dîner quelque part, ce serait bien. » Avec un sourire forcé, elle poursuivit : « Sandy, je suis un peu fatiguée, je vais aller m'étendre un moment avant le dîner.

— Entendu. » Elle vit qu'il était contrarié qu'elle eût oublié leur anniversaire. Et c'était vrai, cela lui était complètement sorti de l'esprit.

En sortant, elle croisa Pilar dans le couloir. La jeune fille la fixa de ses yeux sombres et inexpressifs. « Dois-je faire du feu, *señora* ? Il commence à faire un peu froid.

— Demande à M. Forsyth, Pilar. Il est dans le salon.

— Très bien, *señora* », répondit la jeune fille en haussant légèrement les sourcils ; elle devait penser que les problèmes domestiques étaient plutôt du ressort de la maîtresse de maison. Mais Barbara n'en avait que faire. Une pesante lassitude s'était emparée d'elle sur le chemin du retour, elle avait vraiment besoin de s'allonger. Elle entra dans sa chambre et se coucha tout habillée sur le dessus-de-lit. Elle ferma les yeux, mais les images tourbillonnaient sans relâche dans sa tête : la visite de Harry à Madrid après la disparition de Bernie, la fin de ses espoirs de retrouver ce dernier en vie, puis Burgos – où elle avait rencontré Sandy…

Elle était arrivée dans la capitale nationaliste en mai 1937, au début de l'été, alors qu'un soleil éclatant brillait dans le ciel bleu vif, réchauffant les vieux immeubles bruns. Traverser les lignes s'était révélé impossible. De Madrid, elle avait été obligée d'aller jusqu'en France, et de franchir de nouveau la frontière du côté de l'Espagne nationaliste. Pendant le voyage, elle avait lu le discours du Dr Marti, le vénérable président de la Croix-Rouge, aux délégués sur le terrain. Ne prenez pas parti, disait-il, réfléchissez seulement à la meilleure façon d'aider les victimes, d'un point de vue clinique. C'est ce que je dois continuer à faire, avait-elle pensé. Se rendre dans l'Espagne franquiste n'était pas une trahison vis-à-vis de Bernie ; elle allait là-bas pour accomplir son travail, comme elle l'avait fait en zone républicaine.

Elle avait été affectée au service qui tentait de servir de relais entre membres d'une même famille se trouvant de part et d'autre de la ligne de front, en transmettant des messages. C'était, en grande partie, une tâche purement administrative, dont elle avait une longue habitude et qui lui avait paru légère, comparée à son précédent travail auprès des enfants et des prisonniers. Elle avait compris, à leur attitude empreinte de sollicitude, que ses collègues étaient au courant de son deuil, et s'était irritée qu'on la traitât avec cette sympathie apitoyée, elle qui avait toujours été la responsable, l'organisatrice. Elle avait adopté des manières froides, presque cassantes, vis-à-vis d'eux, pour décourager leurs approches.

Elle ne leur parlait jamais de Bernie, et n'aurait jamais osé mentionner son nom devant les Espagnols qu'elle rencontrait, fonctionnaires, matrones de la bourgeoisie et colonels en retraite membres de la Croix-Rouge locale. Ils manifestaient toujours une politesse exagérée qui lui faisait regretter la simplicité et la décontraction qui régnaient en zone républicaine. Mais, lors des dîners et des réceptions auxquelles ses fonctions l'obligeaient à assister, ils lui exprimaient parfois leur colère et leur désapprobation. « Je suis opposé à l'échange des soldats capturés, lui avait dit un jour un vieux soldat. Les enfants, d'accord, les messages entre membres d'une même famille, d'accord, mais échanger un gentilhomme espagnol contre un de ces chiens communistes – jamais ! » avait-il conclu avec une telle virulence qu'un jet de postillons avait éclaboussé le menton de Barbara. Elle lui avait tourné le dos et s'était précipitée vers les toilettes pour vomir.

À mesure que l'été avançait, sa dépression s'était aggravée, et elle s'était encore plus retirée en elle-même, isolée des autres comme par un rideau de brume. L'automne avait succédé à l'été, et des vents froids s'étaient mis à souffler à travers les rues étroites et sombres où les gens se tassaient sur eux-mêmes dans les cafés et où des soldats défilaient sans fin, le visage sévère. Elle ne vivait plus que pour son travail, déterminée à agir, à accomplir enfin quelque chose de positif, et rentrait se terrer dans son petit appartement le soir, totalement épuisée.

Pendant quelques semaines, en octobre, elle avait partagé l'appartement avec Cordelia, une infirmière anglaise qui travaillait au front et était venue à Burgos pour la durée de son congé. C'était une aristocrate qui avait failli devenir nonne, mais avait découvert, durant son noviciat, qu'elle n'avait pas la vocation.

« Alors, je suis venue ici pour essayer de faire un peu de bien, avait-elle expliqué, une expression grave peinte sur son visage d'une laideur sympathique.

— Moi aussi, sans doute, avait répondu Barbara.

— Je veux aider tous ceux qui ont été persécutés pour leurs convictions religieuses. »

Barbara s'était rappelé l'église que Bernie et elle avait visitée le jour où l'avion s'était écrasé, cette église transformée en écurie, et les moutons terrorisés entassés dans un coin. « Les gens sont persécutés pour toutes sortes de raisons, dans les deux zones.

— Vous étiez chez les rouges, avant, n'est-ce pas ? Comment était-ce ?

— Étonnamment semblable à ici, par certains côtés, avait-elle répliqué, en regardant Cordelia dans les yeux. J'avais un ami, là-bas, un combattant anglais des Brigades internationales. Il a été tué pendant la bataille du Jarama. »

Elle avait délibérément cherché à choquer Cordelia, mais celle-ci avait simplement hoché la tête, et avait murmuré, d'un air attristé : « Je prierai pour lui, j'allumerai un cierge.

— Surtout pas. Bernie aurait détesté cela ! » s'était écriée Barbara. Elle s'était tue un instant, puis avait repris d'une voix radoucie : « Je n'avais pas prononcé son nom à voix haute depuis des mois. Priez si vous voulez, cela ne peut pas faire de mal, mais n'allumez pas de cierge.

— Vous l'aimiez beaucoup. »

Barbara n'avait pas répondu.

« Vous devriez essayer de sortir un peu, avait repris Cordelia. Vous passez trop de temps enfermée ici.

— Je suis trop fatiguée pour sortir.

— Il y a un dîner de charité, à l'église où je vais…

— Je ne vais pas me tourner vers la religion, Cordelia, avait rétorqué Barbara en secouant la tête.

— Ce n'est pas ce que je voulais dire. Simplement, je pense que vous ne devriez pas ressasser le passé.

— Je ne ressasse pas. J'essaie au contraire de ne pas penser à lui, même si les sentiments sont toujours là, cachés tout au fond de moi. La… » Plantant son regard dans celui de Cordelia, elle s'était mise soudain à hurler : « La colère ! Qu'il soit parti, comme ça, en me laissant là, pour aller se faire tuer, le salaud ! » Elle s'était mise à pleurer, le corps secoué de sanglots convulsifs et de hoquets. « Là, j'ai quand même fini par vous choquer, avait-elle bredouillé à travers ses larmes. C'était bien mon intention. » Elle était partie d'un rire hystérique, et avait senti une main se poser timidement sur son épaule.

« Laissez libre cours à votre colère, avait-elle entendu Cordelia chuchoter. Il faut que ça sorte, d'une façon ou d'une autre. Je sais ce que c'est. J'ai un frère qui a mal tourné ; je l'aimais beaucoup, et j'étais furieuse contre lui, au-dedans de moi. Mais ne laissez pas la colère vous étouffer, surtout pas. »

Barbara avait laissé Cordelia la traîner avec elle dans ses sorties, de temps à autre, mais refusé catégoriquement de l'accompagner aux services religieux. Souvent, elle se sentait gauche et empruntée, et n'avait pas envie de faire la conversation, mais il lui arrivait parfois de rencontrer une personne aimable et intéressante, et le brouillard gris se dissipait alors un peu. Le dernier jour d'octobre, peu avant le départ de Cordelia, elles s'étaient rendues à une soirée donnée par un cadre de Texas Oil, la compagnie qui approvisionnait Franco en carburant. Cela ne lui avait pas plu ; c'était une réception tapageuse dans le meilleur hôtel de Burgos, avec des Américains braillards se vautrant d'un air satisfait dans la déférence que leur témoignaient leurs invités espagnols. Elle avait pensé aux remarques acerbes que ce spectacle aurait inspiré à Bernie – la conspiration capitaliste internationale parée des plumes du paon, ou quelque chose comme ça. Cordelia conversait avec un prêtre espagnol, et Barbara était restée seule dans son coin, à fumer et à boire du mauvais vin, en l'observant. Elle allait partir bientôt, son congé se terminait. Barbara l'avait prise en affection, bien qu'elles n'eussent rien en commun, à part le sentiment qu'elles n'étaient pas faites pour être épouses et mères. En regardant son amie, elle avait pensé qu'elle allait la regretter, que sa bonté désintéressée allait lui manquer. Elle avait eu soudain l'impression de faire tache parmi toutes ces femmes élégantes, et avait décidé de s'esquiver discrètement. En se retournant, elle avait découvert un homme à côté d'elle ; elle ne l'avait pas entendu approcher. Il lui avait souri, en montrant de grandes dents blanches.

« Vous ai-je bien entendue parler anglais, avec votre amie, tout à l'heure ?

— Oui », avait-elle répondu, avec un sourire incertain, avant de se présenter à lui. Elle lui trouvait un côté légèrement voyant, mais il avait un sourire plaisant. Il lui avait déclaré qu'il s'appelait Sandy Forsyth, et que son travail consistait à servir de guide aux touristes anglais sur les champs de bataille. Son accent traînant d'aristocrate lui avait aussitôt rappelé Bernie.

« C'est un travail de pure propagande, avait-il expliqué. Je leur montre les champs de bataille et leur raconte le déroulement des combats, mais j'en profite pour leur énumérer les atrocités commises par les rouges. En général, ce sont de vieilles ganaches qui se passionnent pour tout ce qui est militaire. Ils sont d'une ignorance crasse. L'un d'eux m'a demandé un jour si c'était vrai que les Basques possédaient tous six doigts. »

Barbara avait ri et l'homme, encouragé, lui avait alors raconté comment toute une cargaison de vieux touristes anglais dont le bus était tombé en panne s'étaient retrouvés plantés sur le bord de la route, trop inhibés pour soulager dans les buissons leur vessie sur le point d'exploser et se tortillant en endurant le martyre. Elle avait ri de nouveau ; il y avait des mois que personne n'avait réussi à la faire rire, et il avait souri.

« Je savais que je pouvais vous raconter cette histoire sans que vous soyez choquée, bien que ce ne soit pas le genre de chose que l'on raconte d'ordinaire devant une dame.

— Je suis infirmière. Cela fait plus d'un an que je travaille en Espagne, de part et d'autre de la ligne. Plus rien ne peut me choquer. »

Sandy avait hoché la tête d'un air intéressé. Il lui avait offert une cigarette, et tous deux avaient observé l'assemblée en silence pendant un moment.

« Alors, avait repris Sandy, que pensez-vous de la Nouvelle Espagne et de ses amis ?

— Ma foi, elle me semble remarquablement ordonnée, après le chaos de Madrid. Mais c'est un ordre militaire, qui donne l'impression d'une grande dureté. C'est un pays dur. » Elle avait regardé Cordelia, toujours absorbée par sa conversation avec le prêtre. « Peut-être l'Église exercera-t-elle une influence modératrice.

— Ne croyez pas ça, avait rétorqué Sandy, en exhalant un nuage de fumée. L'Église sait où se trouve son intérêt. Elle laissera le régime faire ce qu'il veut. Ils vont gagner, vous savez ; ils ont les troupes et ils ont l'argent. Ils le savent, cela se lit sur leur visage. Ce n'est plus qu'une question de temps.

— Vous croyez ?

— Oh oui.

— Êtes-vous catholique ?

— Seigneur, non, avait-il répondu en riant.

— Mon amie l'est. Oui, vous avez raison, ils vont gagner, avait-elle reconnu, en soupirant.

— C'est une hypothèse nettement préférable à l'autre.

— Peut-être.

— Il se peut que je reste ici, quand ce sera fini. J'en ai assez de l'Angleterre.

— Vous n'avez pas de lien familial là-bas ?

— Non. Et vous ?

— Pour ainsi dire aucun.

— Aimeriez-vous venir prendre un verre avec moi, un de ces soirs ? Je n'ai pas de travail pour le moment. Je cherche un autre emploi, mais je me sens un peu seul, par moments. »

Elle l'avait regardé avec étonnement ; elle ne s'était pas attendue à cela.

« Sans aucune obligation, avait repris Sandy. Juste un verre, c'est tout. Amenez votre amie, si vous voulez.

— Oui, d'accord, avait-elle répondu. Pourquoi pas ? » Mais elle avait deviné, confusément, que Sandy ne plairait pas à Cordelia.

Le soir du rendez-vous, elle n'avait plus envie d'y aller. Cordelia ne pouvait pas l'accompagner, elle devait encore assister à l'une de ses réunions paroissiales, et Barbara se sentait lasse et déprimée, après le travail. Mais elle avait accepté ce rendez-vous, et elle y était donc allée.

Ils s'étaient retrouvés dans un petit bar tranquille, près de la cathédrale. Sandy lui avait demandé comment s'était passée sa journée. La question l'avait légèrement agacée, car il la lui avait posée du même ton qu'il aurait employé si elle avait travaillé dans un bureau ou un magasin.

« Elle n'a rien eu d'agréable, avait-elle répondu. Aujourd'hui, on m'a chargée d'essayer de faire évacuer des enfants de l'autre côté des lignes. La plupart sont des orphelins. C'est toujours épouvantable. » Elle s'était détournée, car des larmes lui avaient soudain piqué les yeux. « Je suis désolée, avait-elle repris. La journée a été longue, et cette nouvelle mission m'a rappelé... de mauvais souvenirs.

— Voulez-vous m'en parler ? » lui avait demandé Sandy, avec une curiosité bienveillante.

Elle avait décidé de tout lui raconter ; Cordelia avait raison, il n'était pas sain de garder tout cela en elle. « Quand je travaillais à Madrid, j'ai connu un homme... un Anglais qui s'était engagé dans les Brigades internationales, en fait. Nous avons vécu ensemble tout l'hiver dernier. Et puis il est reparti au front, sur le Jarama. Il est porté disparu et présumé mort.

— Je suis navré, avait murmuré Sandy en hochant la tête.

— Il y a neuf mois seulement de cela, et je n'ai pas encore réussi à surmonter sa disparition, avait-elle poursuivi en soupirant. Mais c'est une histoire assez répandue en Espagne à l'heure actuelle, je le sais bien. »

Il lui avait offert une cigarette et la lui avait allumée. « C'était l'un des volontaires ?

— Oui. Bernie était communiste. Pourtant, il n'appartenait pas à la classe ouvrière, enfin, pas vraiment. Il avait obtenu une bourse et fait ses études dans une *public school* ; il parlait comme vous. J'ai découvert par la suite que le parti le jugeait suspect sur le plan idéologique, à cause de cette double appartenance. Il n'était pas assez rigoriste, à leurs yeux. »

Elle avait regardé Sandy et s'était aperçue, à sa grande surprise, qu'il s'était renfoncé dans son siège et la fixait intensément en fronçant les sourcils.

« Quelle école a-t-il fréquentée ? s'était-il enquis d'une voix sourde.

— Un établissement appelé Rookwood, dans le Surrey.

— Son nom de famille était-il Piper, par hasard ?

— Oui, avait-elle répondu, stupéfaite, à son tour. Oui, c'est exact. Est-ce que vous…

— J'ai étudié quelque temps à Rookwood. Je connaissais Piper. Pas très bien, mais je le connaissais. Je ne pense pas qu'il vous ait parlé de moi… la brebis galeuse de la classe, avait-il ajouté avec un rire forcé, pareil à un aboiement.

— Non. Il ne parlait pas beaucoup de son école, seulement pour dire qu'il n'était pas heureux là-bas.

— Non. C'était au moins un point que nous avions en commun, je m'en souviens.

— Étiez-vous amis ? » Le cœur de Barbara avait fait un bond dans sa poitrine, c'était comme si un peu de Bernie lui était revenu.

« Pas vraiment, avait répondu Sandy, d'un ton hésitant. Comme je vous l'ai dit, je ne le connaissais pas très bien. Mon Dieu, quelle coïncidence ! avait-il poursuivi en secouant la tête.

— C'est le destin, avait-elle murmuré en souriant. Rencontrer quelqu'un qui le connaissait… »

Le fait que Sandy eût connu Bernie, même s'ils n'avaient pas été amis, avait attiré Barbara vers lui. Ils avaient pris l'habitude de se retrouver tous les jeudis dans le même bar, pour boire un verre, et elle s'était mise à attendre ces soirées avec impatience. C'était désormais son unique sortie hebdomadaire. Cordelia, en effet, était retournée au front. Elle était partie un matin, après avoir brièvement étreint Barbara, et avait refusé qu'elle l'aidât à porter ses bagages jusqu'à la gare. Barbara l'avait remerciée pour le réconfort qu'elle lui avait apporté, mais Cordelia avait souri en disant qu'elle aurait fait la même chose pour n'importe qui, que sa foi et son amour de Dieu l'exigeaient. Cette réponse impersonnelle avait blessé Barbara, qui s'était de nouveau sentie très seule.

Elle avait découvert que Sandy avait également connu Harry ; il avait même été son ami. Cela l'avait quelque peu intriguée. Sandy était assez énigmatique et ne lui disait pratiquement rien sur lui-même. Il ne travaillait plus comme guide, pour le moment, mais il restait à Burgos, pour essayer de monter une affaire, prétendait-il. Il refusait de lui donner davantage d'explications. Il était toujours impeccablement vêtu, et Barbara se demandait s'il avait une petite amie, mais il ne mentionnait jamais ce sujet. L'idée l'avait effleurée qu'il pouvait être homosexuel, même s'il n'en donnait pas l'impression. Toutefois, on voyait bien qu'il souffrait de solitude, lui aussi.

Un jeudi de décembre, Barbara avait couru vers le café sous la pluie incessante et glacée qui s'abattait avec force du ciel assombri. Quand elle était entrée, Sandy était déjà assis à leur table habituelle en compagnie d'un homme en uniforme de phalangiste. Ils parlaient à voix basse, penchés l'un vers l'autre, et, même si elle n'entendait pas ce qu'ils disaient, elle avait compris qu'ils se querellaient. Elle avait hésité et était demeurée plantée au milieu de la salle, la pluie dégoulinant de son manteau sur le sol. Sandy l'avait alors aperçue et lui avait fait signe d'approcher.

« Excusez-moi, Barbara, je finissais de régler une affaire. »

Le phalangiste s'était levé et l'avait regardée brièvement. C'était un homme d'âge mûr au visage sévère. Il avait reporté son regard sur Sandy en disant :

« Une affaire qui ne devrait concerner que les Espagnols, *señor*. Intérêts espagnols, profits espagnols. » Il avait salué Barbara d'un rapide signe de tête et s'était éloigné en faisant claquer ses talons sur le plancher. Sandy l'avait suivi des yeux, le visage crispé de colère. Barbara s'était assise, gênée, ne sachant que dire. Puis Sandy avait paru se reprendre, et avait émis un petit rire cassant.

« Désolé. Un projet qui est tombé à l'eau. Ils n'ont pas vraiment l'esprit d'entreprise, ici, avait-il soupiré. Bon, aucune importance. Je n'ai plus qu'à reprendre mes visites guidées, je présume. »

Il était allé chercher une boisson pour Barbara et était revenu à la table.

« Peut-être devriez-vous envisager de rentrer en Angleterre, avait-elle dit. Je me suis moi-même demandé, dernièrement, ce que je ferai quand la guerre sera terminée. Je ne crois pas avoir envie de retourner à Genève.

— Je ne veux pas rentrer là-bas, avait-il rétorqué en secouant la tête. Je n'ai personne en Angleterre, et j'y ai l'impression d'étouffer.

— Je comprends ce que vous voulez dire, avait-elle

déclaré, en levant son verre comme pour porter un toast. Aux déracinés.

— Aux déracinés, avait-il répété en souriant, imitant son geste. Vous savez, le soir où nous nous sommes rencontrés, j'ai pensé aussitôt : voilà une fille qui reste à l'écart, à observer les autres. Comme moi.

— Vraiment ?

— Oui.

— Je ne m'aime pas beaucoup, avait-elle soupiré. C'est pour cela que je reste à l'écart.

— Parce que vous êtes furieuse contre Bernie ?

— Contre Bernie ? Non, ce n'est pas ça. Au contraire, il m'a rendu un peu d'estime pour moi-même. Pendant un court moment. »

Sandy l'avait contemplée avec gravité. « Il ne faut pas s'appuyer sur l'estime d'autrui pour s'estimer soi-même. Je parle en connaissance de cause, j'étais comme vous, autrefois.

— Vous ? » s'était-elle exclamée, stupéfaite. Il paraissait toujours si confiant en lui, si assuré...

« Jusqu'à ce que je sois en âge de penser par moi-même, en tout cas. »

Elle avait pris une profonde inspiration, et avait avoué : « J'ai gardé un souvenir épouvantable de l'école. J'étais le souffre-douleur des autres filles. » Elle s'était interrompue, et il lui avait adressé un petit signe d'encouragement. « J'entends encore leurs voix dans ma tête, quelquefois. Non, je ne les entends pas vraiment, rassurez-vous, je ne suis pas folle, mais je me les rappelle. Quand je suis fatiguée et que je commets des erreurs, au travail... Leurs voix qui me disent que je suis affreuse, une vilaine binoclarde, une bonne à rien. Et cela m'arrive plus fréquemment depuis la mort de

Bernie. » Elle avait baissé la tête, et ajouté dans un murmure : « Je n'en parle jamais. Seul Bernie était au courant.

— Je m'estime donc privilégié que vous m'ayez choisi comme confident. »

Sans relever la tête, elle avait poursuivi : « J'ai l'impression que vous pouvez me comprendre, je ne sais pas pourquoi.

— Regardez-moi, avait-il repris. Allons, n'ayez pas peur, regardez-moi. »

Elle avait obéi et lui avait souri bravement, en refoulant ses larmes.

« Dites-leur d'aller au diable. Quand vous entendez ces voix, dites-leur qu'elles se trompent et que vous allez le leur prouver. Pas à voix haute, mais dans votre tête. C'est ce que je faisais, avec mes parents, mes professeurs, tous ceux qui me prédisaient que je finirais mal.

— Et cela a marché ? Oui, visiblement… Vous croyez en vous, n'est-ce pas ?

— Il le faut. C'est à vous de décider ce que vous voulez être, et de tout mettre en œuvre pour y arriver. N'écoutez pas ce que l'on dit de vous. Les gens cherchent toujours à rabaisser les autres, cela leur donne un sentiment de sécurité. Tout le monde le fait.

— Pas moi. Je ne suis pas comme ça.

— Bon, presque tout le monde, alors. Puis-je vous dire quelque chose ?

— Allez-y.

— Vous ne vous vexerez pas ?

— Non.

— Vous ne tirez pas le meilleur parti de votre physique. C'est comme si vous ne vouliez pas que l'on vous accorde de la considération. Si vous faisiez un petit effort pour mieux vous habiller, vous coiffer, vous pourriez être une femme très séduisante. »

Elle avait de nouveau baissé la tête.

« C'est la seconde chose qui m'est venue à l'esprit, quand je vous ai vue pour la première fois », avait-il ajouté. Elle avait senti sa main effleurer la sienne. Il y avait eu un instant de silence. Elle avait soudain repensé à l'église, au premier baiser qu'ils avaient échangé, Bernie et elle, et elle avait retiré sa main. Relevant les yeux, elle avait murmuré :

« Je ne suis pas… je ne suis pas prête. Après Bernie, je ne crois pas pouvoir un jour…

— Oh, allons donc, Barbara, avait-il répondu sans brusquerie. Ne me dites pas que vous croyez à ces fadaises romantiques sur l'âme sœur et l'amour éternel ?

— Je crains que si. » Elle avait eu envie de partir, les émotions qui s'agitaient en elle la mettaient au bord du malaise. Il avait levé une main en un geste apaisant.

« Très bien. N'y pensez plus.

— J'aimerais que nous soyons simplement amis, Sandy.

— Vous avez besoin de quelqu'un pour vous protéger, Barbara, avait-il répliqué en souriant. Et moi, j'ai toujours eu envie d'avoir quelqu'un à protéger.

— Non, Sandy, non. Amis, rien de plus.

— D'accord, d'accord. Mais laissez-moi quand même m'occuper un peu de vous. »

Elle avait dissimulé son visage dans ses mains, et ils étaient restés assis là, sans parler, tandis que, dehors, la pluie continuait à cingler les vitres.

L'automne avait fait place à l'hiver. La rumeur annonçait une prochaine offensive nationaliste, qui mettrait un terme à la guerre. Pendant quelque temps, Burgos avait grouillé de soldats italiens, puis ils avaient disparu.

Sandy avait tenu parole et ne lui avait plus fait d'avances. Elle n'éprouvait pas pour lui ce qu'elle avait éprouvé pour Bernie ; c'était impossible. Cependant, presque malgré elle, elle était émue et ravie qu'un autre homme s'intéressât à elle. Elle avait pris conscience qu'une partie, une toute petite partie, de son chagrin était de l'apitoiement sur elle-même : elle craignait d'avoir perdu sa seule chance d'être aimée. Et, comme si la proposition de Sandy avait déverrouillé quelque chose en elle, elle s'était mise à le considérer comme un homme, un homme fort et viril.

À la mi-décembre, on avait appris que les républicains avaient devancé l'offensive de Franco en attaquant Teruel, à l'est du pays. Il faisait très froid, il y avait de la neige dans les rues de Burgos et, au bureau, Barbara avait entendu dire que des soldats avaient eu les pieds gelés et avaient dû être amputés sur le champ de bataille. Les bureaux de la Croix-Rouge fourmillaient à nouveau d'activité.

« Vous devriez laisser tomber ce travail, lui avait conseillé Sandy, ce jeudi-là. Il vous use la santé. » Il l'avait contemplée d'un air plein de sollicitude, mais où, depuis quelque temps, elle décelait aussi de l'impatience. La semaine précédente, pour la première fois, il avait essayé de lui prendre la main en sortant du bar. Ils avaient bu plus que de coutume, il n'avait pas cessé de redemander du vin. Elle s'était dégagée.

En soupirant, elle avait répondu : « C'est mon métier.

J'ai annulé mes vacances de Noël, on a besoin de mon aide au bureau.

— Je croyais que vous deviez retourner chez vous, à Birmingham ?

— Oui. Mais je n'en avais pas vraiment envie, et je suis contente d'avoir trouvé un prétexte pour ne pas y aller. Et vous ? avait-elle repris, en le regardant. Vous ne parlez jamais de votre famille, Sandy. Tout ce que je sais, c'est que vous avez un père et un frère.

— Et une mère, quelque part, si elle est encore en vie ; je vous l'ai dit, j'ai rompu avec eux, ils appartiennent au passé. Je compte toutefois partir pour une semaine ou deux », avait-il ajouté en la dévisageant.

Elle avait senti son cœur se serrer, car elle avait espéré qu'il passerait Noël avec elle.

« J'ai un travail en vue, avait-il expliqué. Pour une société qui importe des voitures anglaises. Ils n'aiment pas que les étrangers se mêlent de leurs affaires, je l'ai appris à mes dépens, mais ils ont besoin de quelqu'un parlant anglais pour mener à bien la transaction. Je dois me rendre à San Sebastián pour en discuter. »

Elle s'était souvenue du phalangiste avec qui il s'était querellé. « Je vois. C'est sans doute une occasion qu'il ne faut pas laisser échapper. Mais ce n'est pas le moment idéal pour voyager, et il doit y avoir des soldats partout sur les routes, avec cette bataille…

— Pas dans le Nord. J'essaierai de revenir pour Noël.

— Oui, ce serait bien de le fêter ensemble.

— Je ferai mon possible. »

Mais il n'était pas revenu. Il ne lui avait jamais téléphoné au bureau, comme elle l'avait espéré, et cela l'avait chagrinée bien plus qu'elle ne l'aurait cru possible. Le jour de Noël, elle s'était promenée seule dans les rues enneigées, en jetant des regards envieux à l'intérieur des maisons illuminées, avec leur crèche dans le jardin, et sur les familles entrant et sortant des offices religieux dans les innombrables églises de Burgos. Elle s'était brusquement irritée contre elle-même. Pourquoi n'avait-elle pas accepté l'offre de Sandy ? Qu'attendait-elle donc ? De devenir vieille ? Elle avait pensé à Bernie, et la douleur lui avait de nouveau étreint le cœur. Mais il avait disparu à tout jamais.

Sandy l'avait appelée au bureau deux jours après. « Désolé d'avoir tellement tardé à vous donner signe de vie », avait-il dit.

Elle avait souri en reconnaissant sa voix. « Comment cela s'est-il passé ?

— Très bien. Vous parlez à un homme qui détient une licence d'importation signée par le ministre du Commerce en personne. Écoutez, voulez-vous venir au bar ce soir ? Je sais que nous ne sommes pas jeudi, mais…

— Oui, avec joie, avait-elle répondu en riant. À la même heure que d'habitude ?

— À huit heures. Nous boirons du champagne pour fêter l'événement. »

Elle avait mis son manteau neuf, le vert que Sandy avait choisi pour elle en disant qu'il était assorti à ses yeux. Comme à chaque fois, il était déjà là quand elle était entrée dans le bar. Un petit paquet enveloppé de papier coloré trônait devant lui, sur la table.

« Un cadeau de Noël, avec un peu de retard, avait-il

déclaré en souriant. Pour me faire pardonner mon absence. »

Elle avait ouvert la boîte. À l'intérieur, elle avait découvert une broche en forme de fleur – une broche en or, aux pétales scintillant de petites pierres vertes.

« Oh, Sandy, s'était-elle extasiée, c'est merveilleux ! Est-ce que ce sont…

— Des émeraudes, oui. Toutes petites.

— Vous n'auriez pas dû, cela doit sûrement valoir une fortune.

— Pas si l'on sait où acheter.

— Merci, avait-elle murmuré, les lèvres tremblantes. Je ne mérite pas cela.

— Et moi, je vous jure que si. » Il s'était emparé de sa main, et cette fois elle ne la lui avait pas retirée.

En la regardant dans les yeux, il avait poursuivi : « Enlevez vos lunettes. Je veux contempler votre visage sans ces maudites lunettes. »

20

Le mercredi qui suivit sa promenade avec Harry, Barbara revit Luis pour la troisième fois. C'était une journée d'automne chaude et ensoleillée. Tandis qu'elle descendait la Castellana, les feuilles sèches crissaient sous ses pieds, et l'air était chargé d'une légère odeur de feuilles mortes en train de brûler quelque part. Barbara sortait se promener plus souvent, ces derniers temps ; cela l'aidait à réfléchir, et elle supportait de moins en moins de rester enfermée.

L'argent d'Angleterre n'était toujours pas arrivé, et elle commençait à désespérer de le recevoir un jour. Si Luis lui apportait la preuve que Bernie était bien dans ce camp, elle allait devoir se procurer la somme demandée, d'une façon ou d'une autre.

Il l'attendait dans le café, en fumant des cigarettes d'une marque coûteuse, et elle se demanda s'il avait consacré à cette dépense une partie de l'argent qu'elle lui avait donné pour se rendre à Cuenca. Elle ignorait le prix d'un billet de train, et, de toute manière, elle n'avait que sa parole qu'il y fût effectivement allé.

Il se leva et lui serra la main, aussi cérémonieusement que les autres fois, puis alla lui chercher une tasse de café. L'établissement était presque désert, le vétéran unijambiste était seul au comptoir.

Elle alluma une cigarette, en jetant un regard appuyé sur celles de Luis. « Êtes-vous allé à Cuenca ?

— Oui, *señora*. J'ai retrouvé Agustín en ville, comme la fois d'avant. Il a réussi à jeter un œil sur le dossier de Bernard Piper, ajouta Luis en se penchant vers elle, mais ça n'a pas été facile. Il m'a donné toutes sortes de détails.

— Oui ? avait-elle fait en hochant la tête.

— Il est né dans un endroit appelé l'île aux Chiens, à Londres. Il est venu se battre pour la République en 1936 et a été légèrement blessé au bras pendant les combats à la Casa de Campo. »

Le cœur de Barbara se mit à palpiter. Il était impossible que Luis ou Markby eussent pu apprendre ce fait sans consulter un document officiel.

« Dès qu'il a été guéri, il a été envoyé sur le front du Jarama, où il a été blessé et fait prisonnier.

— Blessé ? répéta-t-elle, inquiète. Gravement ?

— Non, une blessure superficielle à la cuisse. C'est un veinard, semble-t-il, ajouta Luis en souriant.

— Pas tellement, s'il a abouti dans ce camp.

— Agustín me l'a décrit, poursuivit Luis. Il est grand, large d'épaules, avec des cheveux blonds. Ce serait sans doute un très bel homme, m'a dit Luis, mais bien sûr, à présent, il a une barbe hirsute et est couvert de poux. » Barbara tressaillit à ces mots, et il poursuivit : « Il a la réputation d'être un prisonnier difficile, qui refuse de se soumettre. Agustín lui a dit qu'il devait être prudent, que les choses allaient s'arranger, mais il ne lui en a pas révélé davantage, pour le moment. » Luis eut un sourire sarcastique. « Il dit que votre ami a du *duende*. Du courage, de la classe. Il pense qu'il lui reste suffisamment de volonté pour tenter de s'évader. Beaucoup de prisonniers ont perdu toute volonté et toute énergie. »

Le cœur de Barbara battait à tout rompre. Elle savait à présent que tout était vrai, elle en était persuadée. Luis pencha la tête de côté. « Êtes-vous satisfaite, *señora* ? Vous croyez que je vous ai dit la vérité, maintenant ?

— Oui. Oui, je le crois. Merci, Luis. » Elle inspira profondément avant d'expliquer : « Je n'ai pas encore reçu l'argent que j'ai demandé à ma banque, en Angleterre. C'est difficile de sortir de l'argent du pays, en ce moment.

— Il est très important d'agir avant que le mauvais temps ne s'installe, avait répondu Luis d'un air grave. Les hivers sont terribles, là-haut, et ils débutent tôt. Il commence déjà à faire froid.

— Et la situation diplomatique peut changer. Je sais. Je vais relancer ma banque dès aujourd'hui. Retrouvons-nous ici dans une semaine, d'accord ? Je me serai procuré l'argent d'ici là, d'une manière ou d'une autre. Si je le reçois avant, comment puis-je vous contacter ?

— Je n'ai pas le téléphone, *señora*. Mais peut-être pourrais-je vous téléphoner ? »

Elle avait hésité un instant. « Non, il ne vaut mieux pas. Je ne veux pas que mon mari se doute de quoi que ce soit, il se fait déjà du souci pour moi, en ce moment.

— Dans une semaine, alors. Mais nous devrons prendre des dispositions, dans un sens ou un autre. Novembre sera bientôt là.

— Oui, je sais. » Tout en parlant, elle se dit : cela ne me laisse pas assez de temps pour écrire de nouveau à ma banque. Et si je demandais à Harry de me prêter de l'argent ? Il était assez riche, elle le savait. Mais il travaillait à l'ambassade, et il serait dangereux pour lui de...

Elle contraignit son esprit à revenir à l'instant présent. « Le plan est-il toujours le même ? demanda-t-elle à Luis. Agustín l'aide à s'échapper, et je viens le chercher en voiture à Cuenca ?

— Oui. Nous pourrons peut-être lui procurer des vêtements civils, afin qu'il ne se fasse pas remarquer. Agustín s'en occupe. Puis ce serait à vous, *señora*, de le faire parvenir jusqu'à l'ambassade.

— Ce ne sera sans doute pas si facile que cela. Je suis passée devant, l'autre jour, il y a des *civiles* en faction devant la porte.

— C'est un problème qu'il vous faudra résoudre, *señora* », répondit Luis avec un léger sourire. Il se désintéressait visiblement de la question : dès que Barbara aurait pris Bernie en charge, cela ne le concernerait plus.

« Je vous paierai une partie de la somme dès que le plan sera définitivement établi, et le reste quand tout sera terminé, reprit Barbara. Nous avons tous intérêt à ce que tout se passe bien.

— Vous y veillerez, j'en suis sûr », rétorqua Luis en la scrutant intensément.

Elle pensa de nouveau à Harry. Si elle pouvait amener Bernie à Madrid, le cacher en lieu sûr... Elle soupira, et s'aperçut que Luis la regardait avec curiosité.

« Qu'y a-t-il ?

— Excusez-moi de vous demander cela, *señora*, mais cette affaire n'aura-t-elle pas des conséquences pour vous et votre mari ? Si le *señor* Piper réussit à se réfugier à l'ambassade, l'évasion sera portée à la connaissance du public, c'est certain. Pour le moins, l'ambassade adressera des protestations à notre gouvernement. Et votre mari travaille pour le gouvernement, n'est-ce pas ? Vous me l'avez dit vous-même, lors de notre première rencontre.

— Oui, Luis, rétorqua-t-elle calmement. Il y aura sans doute des conséquences, mais je suis prête à les affronter.

— Vous êtes une femme courageuse, pour mettre ainsi votre avenir en danger », dit-il avec gravité.

Elle l'observa avec plus d'attention. Ses traits étaient fatigués et tendus. Il n'était guère plus qu'un gamin, en réalité, qui avait été confronté trop tôt à des choses horribles, comme la moitié des hommes dans le monde d'aujourd'hui. « Luis, que ferez-vous, Agustín et vous, quand ce sera fini et que votre frère quittera l'armée ?

— Mon rêve, répondit-il avec un sourire triste, ce serait d'aller chercher ma mère à Séville, de trouver un endroit pour vivre, quelque part dans la campagne, aux environs de Madrid, et d'y cultiver des légumes. J'ai toujours aimé faire pousser des choses, et dans une grande ville on a toujours besoin de légumes, n'est-ce pas ? Et nous serions à nouveau tous réunis. » Son visage s'était assombri, et il avait poursuivi : « La famille est très importante pour nous, les Espagnols. Un si grand nombre d'entre elles ont été dispersées par la guerre... vous ne pouvez pas imaginer la souffrance que c'est, vous qui venez d'Angleterre. C'est pour cela que je dois faire tout ce qui est en mon pouvoir pour que nous soyons de nouveau réunis. Comprenez-vous, *señora* ?

— Oui. J'espère que vous y parviendrez.

— Moi aussi. » Il courba la tête un instant et ferma les yeux, puis les releva en souriant. « À la semaine prochaine, alors.

— J'aurai l'argent. D'une manière ou d'une autre. »

Ce soir-là, au cours du dîner, Sandy lui apprit qu'il avait réservé une table au Ritz pour leur anniversaire, le lendemain.

« Oh, fit-elle, d'un ton étonné.

— Cela ne te fait pas plaisir ? » demanda-t-il. Il ne lui avait toujours pas pardonné d'avoir oublié la date. « C'est le restaurant le plus cher de Madrid.

— Je sais, Sandy. Mais c'est toujours plein d'Allemands, et il y a aussi leurs amis italiens. Et tu sais que j'ai horreur de les côtoyer.

— Justement, faisons acte de présence », répondit-il en souriant. Elle se demanda s'il avait délibérément choisi cet endroit pour la contrarier. Elle le regarda, se rappelant la tendresse qu'il lui témoignait au début. Qu'était-elle devenue ? Il ne supportait pas qu'elle ne se montrât pas plus satisfaite de la vie qu'il avait choisie pour elle, elle le comprenait à présent. Et cette insatisfaction, qui grandissait en elle depuis longtemps, était devenue apparente depuis ce dîner avec Markby.

« Te souviens-tu de notre premier Noël ? reprit-il, une lueur dure et moqueuse dans les yeux.

— Oui. Tu étais en voyage d'affaires et tu n'avais pas pu rentrer à temps.

— Oui. Eh bien, je l'aurais pu. L'accord avait été signé plusieurs jours avant, j'aurais très bien pu revenir. Mais je savais que si je ne rentrais pas, tu t'apercevrais à quel point tu avais besoin de moi. Et c'est ce qui est arrivé. »

Elle le dévisagea, stupéfaite, puis laissa exploser sa colère. « Ainsi, tu m'as manipulée, dit-elle d'un ton glacial. Tu as joué avec mes sentiments.

— Je sais ce que veulent les gens, Barbara, répliqua-t-il, redevenu grave. Je sais lire en eux. C'est un don qui m'est très utile dans les affaires. Je vois ce qu'il y a sous la surface. Parfois c'est facile. Avec les Juifs, par exemple : ils veulent survivre, ils le veulent si fort qu'ils tremblent de désespoir. Les gens avec qui je travaille, eux, veulent généralement de l'argent, mais parfois c'est autre chose. Quoi que ce soit, je m'efforce toujours de le leur donner. Tu me voulais, et tu voulais la sécurité, mais tu ne pouvais pas te résoudre à le voir. Je t'ai aidée à en prendre conscience, c'est tout. » Il pencha la tête de côté et leva son verre.

« Et toi, Sandy ? Que veux-tu ?

— Le succès, l'argent, répondit-il en souriant. Savoir que j'ai de l'influence, que je peux obliger les gens à me donner ce que je veux.

— Tu es un vrai salaud, par moments, le sais-tu ? »

Elle ne lui avait encore jamais parlé ainsi, et il parut interloqué, l'espace d'un instant. Puis son visage se figea, et il répliqua :

« Tu te laisses aller, ces temps-ci. Tu as une mine affreuse. J'espère que ce travail à l'orphelinat t'aidera à te ressaisir. »

Ces mots produisirent sur elle l'effet d'une gifle, même si elle avait conscience qu'il les avait délibérément choisis pour l'atteindre en son point le plus vulnérable. Mais quelque chose de dur et de froid se glissa en elle, et elle se dit : ne réagis pas, ne perds pas ton sang-froid, il faut sauver les apparences pendant un moment encore. Elle se leva, après avoir replié soigneusement sa serviette, et quitta la pièce aussi dignement qu'elle le put. Mais ses jambes tremblaient.

DEUXIÈME PARTIE

Début de l'hiver

21

Le psychiatre était un homme grand et maigre aux cheveux argentés et portant des lunettes. Il était vêtu d'un costume gris à fines rayures. Il y avait trois ans et demi que Bernie n'avait pas vu d'homme habillé en civil – seulement des prisonniers en combinaison de coutil et des gardiens en uniforme, le tout d'une terne couleur vert olive.

Le médecin avait été installé dans la pièce qui se trouvait sous la baraque du *comandante* et était assis derrière une table éraflée provenant d'un des bureaux du dessus. On ne lui a sans doute pas dit à quel usage cette pièce est normalement réservée, supposa Bernie. L'avoir mis là était encore un exemple typique de l'humour macabre d'Aranda.

Agustín, l'un des gardes, attendait Bernie à son retour de la carrière où lui et les autres prisonniers de son équipe avaient effectué leur corvée quotidienne ; il l'informa qu'il avait reçu l'ordre de le conduire devant le *comandante.* « Ne vous inquiétez pas, ce n'est rien de grave », lui chuchota le garde pendant qu'ils traversaient la place, et Bernie le remercia d'un hochement de tête. Agustín était l'un des gardiens les plus gentils, un jeune homme à l'apparence négligée qui tenait à sa tranquillité. Le soleil était bas sur l'horizon et un vent froid soufflait des montagnes. Bernie veillait à garder la notion du temps, et il savait que c'était aujourd'hui le 1er novembre ; l'hiver serait bientôt là. Les bergers commençaient à redescendre leurs troupeaux des pâturages d'altitude. Le travail dans la carrière était pénible, mais au moins il lui permettait de rester en contact avec le monde extérieur, avec le cycle des saisons. Il frissonna dans sa combinaison de toile, en jetant un regard envieux sur l'épais poncho qu'Agustín avait enfilé par-dessus son uniforme.

Le *comandante* Aranda était assis à son bureau. Il leva vers Bernie ses yeux au regard dur, une expression amusée sur son long visage orné d'une luxuriante moustache noire.

« Ah, Piper. Il y a une visite pour toi.

— *¿ Señor ?* » répondit Bernie, en se mettant au garde-à-vous, ainsi qu'Aranda l'attendait de lui. Un spasme de douleur lui traversa le bras ; sa vieille blessure l'élançait souvent, après une journée passée à transporter des pierres.

« Te rappelles-tu que tu avais été examiné par un psychiatre, à San Pedro de Cardeña ?

— *Sí, señor.* » Cela avait été un intermède grotesque, une farce infernale. San Pedro était un monastère médiéval abandonné à proximité de Burgos. Des milliers de prisonniers républicains y avaient été entassés après la bataille du Jarama. Un jour, on leur avait donné d'épais formulaires à remplir, en leur disant que c'était pour une étude sur la psychologie du fanatisme marxiste. Deux cents questions portant sur des sujets aussi divers que leur réaction devant certaines couleurs ou leur degré de patriotisme.

Le *comandante* alluma une cigarette et le fixa de ses yeux noisette dépourvus de chaleur, à travers les volutes de fumée. Il y avait presque un an qu'Aranda avait pris le commandement du camp de Tierra Muerta. C'était un colonel, un vétéran de la guerre civile et, avant cela, de la Légion étrangère. Il se délectait dans la cruauté, et même Bernie n'aurait pas osé se montrer insolent envers lui. Comme toujours, le *comandante* était impeccablement vêtu, les plis de son pantalon d'uniforme soigneusement repassés. Les prisonniers connaissaient chaque ligne, chaque courbe de son beau visage bronzé à la moustache cirée. S'il fronçait les sourcils ou arborait sa moue d'enfant boudeur, ils savaient que l'un d'eux risquait d'être sévèrement battu.

Ce soir-là, pourtant, Aranda semblait de bonne humeur. Il souffla sa fumée au visage de Bernie, qui sentit se raviver son envie désespérée de tabac et se surprit à se pencher en avant pour inhaler une nouvelle bouffée.

« Ils veulent procéder à une étude supplémentaire sur les cas présentant un intérêt particulier. Le Dr Lorenzo t'attend en bas. Et, Piper, veille à te montrer coopératif, *¿ vale ?*

— *Sí, señor comandante.* »

Le cœur battant, Bernie suivit Agustín au sous-sol, dans une pièce fermée par une lourde porte de bois. Il n'y était encore jamais allé, mais certains de ses camarades lui en avaient fait une description aussi précise que sinistre.

Le visage du psychiatre était fermé, glacial. « Vous pouvez nous laisser », dit-il à Agustín.

— J'attendrai dehors, *señor.* »

Le psychiatre indiqua à Bernie une chaise d'acier face à son bureau. « Asseyez-vous. » Bernie s'y laissa tomber lourdement ; il était épuisé. Un réchaud à pétrole avait été placé dans un coin, et la pièce était surchauffée. Le psychiatre fit courir un stylo en argent le long des colonnes d'un questionnaire sur lequel Bernie reconnut sa propre écriture. Dans sa barbe, les poux s'agitèrent, réveillés par la chaleur.

« Vous êtes bien Piper Bernard, anglais, âgé de trente-trois ans ? s'enquit le psychiatre en relevant la tête.

— Oui.

— Je suis le Dr Lorenzo. Il y a trois ans, quand vous étiez à San Pedro, vous aviez rempli un questionnaire. Vous en souvenez-vous ?

— Oui, docteur.

— Le but de cette étude était de déterminer les facteurs psychologiques qui poussent les gens à embrasser le marxisme, poursuivit le psychiatre d'une voix monotone. La plupart des marxistes sont des ouvriers ignorants, dépourvus de culture et d'intelligence. Nous souhaitons étudier de plus près ceux qui ne correspondent pas à ces critères. Vous, par exemple, avait-il ajouté en le scrutant avec curiosité.

— Ce qui pousse les gens vers le marxisme est très simple, répondit calmement Bernie. La pauvreté et l'oppression.

— Oui, dit le psychiatre en hochant la tête, c'est la réponse à laquelle j'aurais dû m'attendre de votre part. Pourtant, vous n'avez pu subir ni l'une ni l'autre ; je vois que vous avez fréquenté une *public school* anglaise.

— Mes parents étaient pauvres. J'ai obtenu une

bourse pour étudier à Rookwood. » Les yeux de Bernie se portèrent machinalement vers un coin de la pièce où un objet de grande taille était dissimulé sous une bâche. Lorenzo abattit sèchement son stylo sur le bureau.

« Un peu d'attention, s'il vous plaît. Parlez-moi de vos parents. Que faisaient-ils ?

— Ils travaillaient dans un magasin dont quelqu'un d'autre était propriétaire.

— Et vous aviez de la peine pour eux ? Vous étiez proche d'eux ? »

Une image surgit alors à l'esprit de Bernie : sa mère, plantée au milieu du salon, se tordant les mains. « Bernie, Bernie, pourquoi faut-il que tu ailles te battre dans cette horrible guerre ? » Il haussa les épaules.

« Ils sont peut-être morts, pour ce que j'en sais. On ne m'a jamais autorisé à leur écrire.

— Vous leur écririez, si vous le pouviez ?

— Oui. »

Lorenzo nota quelque chose. « Cette école, Rookwood, a dû vous mettre en contact avec des garçons d'une culture supérieure. Je trouve très intéressant que vous ayez rejeté ces valeurs.

— Il n'y avait aucune culture, là-bas, répliqua Bernie avec un rire amer. Et la classe à laquelle ils appartenaient était l'ennemie de la mienne.

— Ah oui, la métaphysique marxiste, dit le psychiatre, d'un ton pensif. Nos études montrent que lorsque des gens intelligents et privilégiés sont attirés par le marxisme, c'est en raison d'une déficience morale. Ils sont incapables de comprendre les valeurs élevées comme la spiritualité et le patriotisme. Ils sont congénitalement asociaux et agressifs. Le *comandante* m'a dit, Piper, que vous repoussez toutes les tentatives qui sont faites pour vous rééduquer, par exemple.

— Vous voulez parler de l'instruction religieuse obligatoire ? » s'enquit Bernie avec un petit rire.

Lorenzo l'observa comme s'il avait été un rat de laboratoire enfermé dans une cage. « Oui. Naturellement, vous haïssez le christianisme, une religion d'amour et de réconciliation ; c'est assez évident.

— On nous enseigne aussi d'autres choses.

— Que voulez-vous dire ?

— Cette pièce est une salle de torture. Le placard derrière vous doit être rempli de matraques en caoutchouc et de seaux pour la torture par l'eau.

— Fantasmes, murmura Lorenzo, en secouant doucement la tête.

— Alors, soulevez la bâche qui recouvre cette chose derrière vous, reprit Bernie. Allez-y ! » Prenant conscience de la violence de son ton, il se mordit la lèvre. Il ne voulait surtout pas que le médecin allât se plaindre auprès d'Aranda.

Le psychiatre fit entendre un petit bruit agacé, puis se leva et repoussa la bâche. Son visage se figea quand il découvrit le poteau de bois et la chaise métallique, les sangles et le collier, la lourde vis de bronze avec ses poignées.

« Le *garrote vil*, docteur. Il y a eu six exécutions depuis que je suis ici. Ils nous font mettre en rang dans la cour, ils sortent le *garrote* et nous obligent à regarder. On entend le cou de l'homme se briser : il se produit un craquement sonore, pareil à un coup de feu. »

Le psychiatre se rassit. Il regarda Bernie et secoua de nouveau la tête. D'une voix toujours aussi calme, il déclara : « Vous êtes un asocial, un psychopathe. Les hommes comme vous ne peuvent pas être rééduqués. Votre cerveau est anormal, incomplet. Le garrot est nécessaire, j'en ai peur, pour tenir en respect les gens de votre espèce. » Il griffonna une nouvelle note sur le questionnaire, puis appela Agustín. « Garde ! J'en ai terminé avec le prisonnier. »

Agustín l'escorta au-dehors. Le soleil était descendu sous l'horizon, et une lumière rouge baignait les cahutes de bois bordant la place en terre battue. Bientôt, on allumerait les projecteurs sur le mirador surplombant la clôture de barbelés. Contre le bâtiment du réfectoire se dressait une croix de deux mètres de haut environ, des bras de laquelle pendaient d'épaisses cordes. Cela ressemblait à un symbole religieux, mais c'était tout autre chose : on s'en servait pour y châtier des hommes en les suspendant au moyen de ces cordes. Bernie regretta de ne pas en avoir parlé au psychiatre.

C'était l'heure de l'appel. Trois cents prisonniers étaient en train de se rassembler, la démarche traînante, autour de la petite estrade de bois au centre de la place. Agustín s'arrêta et déplaça son lourd fusil sur son épaule.

« Je dois encore conduire cinq autres hommes chez le médecin des fous, dit-il. La soirée va être longue. »

Bernie lui lança un regard étonné. Les gardes n'étaient pas censés adresser la parole aux prisonniers.

« Le docteur n'avait pas l'air content », reprit Agustín.

Bernie le regarda de nouveau, mais le garde avait détourné son visage maigre. « Soyez prudent, ajouta-t-il à voix basse. Des temps meilleurs viendront peut-être, Piper. Je ne peux pas vous en dire plus pour l'instant. Mais faites attention. Ce n'est pas le moment de vous faire punir, ou tuer. »

Bernie alla se placer à côté de son ami Vicente. Le visage maigre de l'avocat, encadré par sa tignasse grise et sa barbe emmêlée, avait l'air tendu, maladif. Il sourit à Bernie et toussa – un gargouillement liquide montant du fond de sa poitrine. Vicente souffrait d'infections pulmonaires à répétition depuis l'été ; elles semblaient guérir, puis revenaient, chaque fois plus sérieuses. Certains gardes l'autorisaient à n'accomplir que des tâches légères, lui demandant en retour de remplir des papiers pour eux, mais, cette semaine, c'était le sergent Ramírez qui surveillait leur équipe, une brute qui avait obligé Vicente à trier des pierres toute la journée. Le malheureux donnait l'impression de tenir à peine sur ses jambes.

« Que s'est-il passé ? demanda-t-il à Bernie, en chuchotant.

— Il y a un psychiatre qui est venu ici pour interroger certains de ceux qui se trouvaient à San Pedro. Il m'a dit que j'étais un asocial psychotique.

— Alors, cela prouve, comme je l'ai toujours dit, que tu es un homme bien, même si tu es bolcheviste, rétorqua Vicente avec un sourire sarcastique. C'est quand un de ces types-là te trouve normal que tu dois commencer à t'inquiéter. Tu as loupé le dîner.

— Ça ira », lui assura Bernie. Il devrait veiller à bien dormir cette nuit s'il voulait être en état de travailler le lendemain. Le riz qu'on servait aux prisonniers était abominable – des balayures en provenance d'un entrepôt de Valence, mêlées à de la poussière graveleuse, mais, pour pouvoir effectuer la corvée dans la carrière, il fallait manger autant que possible.

Il repensa à ce qu'avait dit Agustín. Cela lui paraissait incompréhensible. Des temps meilleurs ? Un changement politique était-il en train de se produire dans le pays ? Le *comandante* leur avait annoncé que Franco avait rencontré Hitler et que l'Espagne entrerait bientôt en guerre, mais ils ne savaient rien de ce qui se passait vraiment à l'extérieur du camp.

Aranda sortit de sa baraque, tenant à la main sa cravache, dont il se tapotait machinalement la jambe. Ce soir, il était souriant, et les prisonniers se détendirent légèrement. Il bondit souplement sur l'estrade et commença à faire l'appel de sa voix claire et incisive.

Le cérémonial dura à peu près une demi-heure, durant laquelle les hommes devaient rester au garde-à-vous, absolument immobiles. Vers la fin, un prisonnier s'effondra, quelques rangées plus loin, et ses voisins se penchèrent pour le relever.

« Laissez-le ! cria Aranda. Regardez droit devant vous. »

Quand il eut terminé, le *comandante* fit le salut fasciste. « *¡Arriba España!* »

Quand Bernie était encore à San Pedro, dans les premiers temps de sa captivité, beaucoup de prisonniers avaient refusé d'y répondre, mais, après que quelques-uns eurent été fusillés, ils avaient obéi, et ce soir comme les autres ils reprirent le slogan, en un chœur assourdi et dénué d'ensemble. Bernie avait enseigné aux autres un mot anglais qui sonnait à peu près comme « *arriba* », et certains clamaient désormais comme lui « *Grieve España* », « Pleure, Espagne ».

Les prisonniers reçurent enfin l'ordre de se disperser.

L'homme qui s'était écroulé fut relevé par ses camarades, qui le transportèrent jusqu'à son baraquement. C'était un Polonais. Il remua faiblement. De l'autre côté des barbelés, une silhouette, à peine visible dans l'obscurité avec sa longue robe noire, l'observait attentivement.

« Le père Eduardo est venu chercher sa proie », murmura Vicente.

Ils regardèrent le jeune prêtre franchir le portail et se diriger vers la baraque des Polonais, sa longue soutane soulevant sur son passage des petits tourbillons de poussière, ses lunettes miroitant dans les dernières lueurs du jour. « Le salaud, marmonna Vicente. Il vient voir s'il peut réussir à terroriser suffisamment un bon athée de plus, en le menaçant des flammes de l'enfer, pour le convaincre de recevoir les derniers sacrements. »

Vicente était un vieux républicain de gauche, partisan d'Azaña. Il avait été avocat à Madrid, offrant ses services aux plus pauvres pour des honoraires dérisoires, avant de rejoindre la milice en 1936. Un geste romantique, avait-il expliqué à Bernie. « J'étais trop vieux, mais même les Espagnols rationalistes comme moi sont romantiques au plus profond d'eux-mêmes. » Comme tous les membres de son parti, Vicente éprouvait une haine viscérale envers l'Église. C'était presque une obsession chez les républicains de gauche – un divertissement de bourgeois libéraux, affirmaient les communistes. Vicente méprisait les communistes et disait qu'ils avaient détruit la République. Establo, le chef des communistes de la baraque de Bernie, désapprouvait l'amitié qui existait entre lui et l'avocat.

« Dans ce camp, tu n'as que tes convictions pour

t'aider à survivre, avait dit Establo à Bernie un jour, d'un ton de réprimande. Si tes convictions s'affaiblissent, tu perdras également ta force, tu renonceras à lutter et tu mourras. » Establo lui-même semblait ne rester en vie que par la seule force de ses idées. Il était âgé d'une quarantaine d'années, mais en paraissait soixante ; sa peau était jaune et flasque, marquée de cicatrices laissées par la gale. Ses yeux, toutefois, brûlaient encore d'une flamme ardente.

Bernie avait haussé les épaules et répondu à Establo qu'il finirait par convertir Vicente, que l'avocat possédait en lui les germes nécessaires pour devenir un partisan de la lutte des classes. Il n'éprouvait aucun respect pour l'individu et n'avait pas voté pour lui quand les vingt communistes de la baraque avaient élu leur responsable. Establo était intransigeant et ne supportait pas la contradiction. Pendant la guerre, les gens comme lui étaient un mal nécessaire, mais ici ce n'était pas pareil. À la fin de la guerre civile, les différents partis constituant la République s'étaient entre-déchirés ; ici, les prisonniers devaient absolument s'entraider pour survivre. Toutefois, Establo essayait de préserver chez les communistes le sens d'une identité distincte ; il leur disait qu'ils étaient toujours l'avant-garde de la classe ouvrière et que, un jour, leur heure sonnerait de nouveau.

Quelques jours plus tôt, Pablo, un des autres camarades, avait chuchoté à l'oreille de Bernie : « Tu devrais arrêter de fréquenter l'avocat, *compadre*. Establo en fait tout un plat.

— Qu'il aille se faire foutre. Que représente son autorité ici, de toute façon ?

— À quoi bon chercher les ennuis, Bernardo ?

L'avocat va mourir bientôt, tout le monde peut s'en rendre compte. »

De la même démarche traînante, les prisonniers regagnèrent leurs baraquements et s'affalèrent sur les matelas de paille couvrant leurs lits de planches, chacun garni d'une couverture militaire de couleur brune. Bernie avait pris la couchette voisine de celle de Vicente après la mort du précédent occupant. C'était, en partie du moins, un acte de défi à l'encontre d'Establo, qui le regardait fixement, allongé sur son lit, dans la rangée d'en face.

Vicente se remit à tousser. Son visage s'empourpra, et il retomba sur son matelas, haletant.

« Je vais mal. Je vais être obligé de demander à être dispensé de travail, demain.

— Tu ne peux pas faire ça. C'est Ramírez qui est de surveillance, cette semaine. Tout ce que tu récolteras, c'est une raclée.

— Je ne sais pas si je serai capable de travailler un jour de plus.

— Allez, tâche de tenir jusqu'au retour de Molina, il t'affectera à un travail facile.

— J'essaierai. »

Ils restèrent un instant silencieux, puis Bernie se redressa sur un coude et reprit à voix basse : « Écoute ; Agustín, le garde, m'a dit une chose bizarre tout à l'heure.

— Le garçon si calme, qui vient de Séville ?

— Oui. » Bernie répéta les paroles du garde à Vicente, qui fronça les sourcils.

« Qu'est-ce que ça peut bien vouloir dire ?

— Je n'en sais rien. Et si les monarchistes avaient

renversé la Phalange ? On ne nous en aurait rien dit, c'est sûr.

— Notre sort ne serait pas plus enviable sous les monarchistes. » Vicente réfléchit un instant, puis poursuivit : « "Des temps meilleurs viendront peut-être." Pour qui ? Il est possible que ces propos n'aient été destinés qu'à toi, pas à l'ensemble du camp.

— Pourquoi me ferait-on une faveur ?

— Je l'ignore. » Vicente se rallongea avec un soupir qui se transforma en toux. Il avait l'air très malade et faisait vraiment pitié à voir.

« Écoute, dit Bernie, dans le but de le distraire, j'ai tenu tête à ce salopard de charlatan. Il m'a traité de dégénéré parce que je refuse de me convertir au catholicisme, alors je lui ai raconté la scène de l'année dernière, à la *Navidad*. Tu te souviens de la poupée ?

— Qui pourrait l'avoir oubliée ? » répondit Vicente, en émettant un bruit qui tenait à la fois du rire et du gémissement.

C'était un jour de grand froid, le sol était couvert de neige. Les prisonniers avaient été rassemblés sur la place où le père Jaime, le plus vieux des deux prêtres du camp, se tenait vêtu d'une chape vert et jaune. Dans cette tenue de cérémonie, au milieu de la cour nue et blanche, il avait l'air d'un visiteur surgi d'un autre monde. À côté de lui, le père Eduardo, dans son habituelle soutane noire, paraissait mal à l'aise, son visage juvénile rougi par le froid. Le père Jaime tenait dans ses bras un jouet, une poupée de bois enveloppée d'un châle. Le cercle d'argent peint sur le front du poupon avait intrigué Bernie jusqu'à ce qu'il eût compris que c'était censé représenter une auréole.

Comme toujours, le visage du père Jaime était dédaigneux, courroucé, et il levait bien haut son nez en bec d'aigle surmonté de poils raides, comme s'il était offensé par bien autre chose que l'aigre odeur corporelle des prisonniers. Aranda avait fait mettre en rangs les hommes grelottant de froid, puis était monté sur l'estrade, se tapotant la cuisse de sa cravache.

« C'est le jour de l'Épiphanie, avait-il commencé, son haleine formant des panaches gris dans l'air glacé. Aujourd'hui, nous honorons l'Enfant Jésus qui est venu sur terre pour nous sauver. Vous allez lui rendre hommage, et peut-être alors le Seigneur prendra-t-il pitié de vous et fera-t-il entrer la lumière dans votre âme. Vous allez chacun à votre tour embrasser cette image du petit Jésus que le père Jaime vous présente. Ne vous inquiétez pas si celui qui vous précède est atteint de tuberculose, le Seigneur ne permettra pas que vous soyez contaminé. »

Le vieux prêtre avait semblé ne pas apprécier cet humour. Le père Eduardo avait contemplé ses pieds, et le père Jaime avait brandi le poupon d'un air menaçant, comme si c'était une arme.

Un à un, les hommes avaient défilé devant lui et embrassé la poupée. Certains avaient évité de poser leurs lèvres sur le bois et le prêtre les avait rappelés à l'ordre d'un ton autoritaire. « Recommencez ! Embrassez l'Enfant Jésus comme il faut ! »

C'était un anarchiste qui avait refusé, Tomás, un ancien ouvrier des chantiers navals de Barcelone. Il s'était planté en face du prêtre et l'avait regardé droit dans les yeux. C'était un homme grand et fort, et le père Jaime avait imperceptiblement reculé.

« Je n'embrasserai pas ce symbole de superstition,

avait-il déclaré. Je crache dessus ! » Et il l'avait fait, maculant le front de bois d'une traînée de salive blanche. Le père Jaime avait poussé un cri outragé, comme s'il s'agissait d'un bébé de chair et d'os. L'un des gardes avait assené à Tomás un violent coup sur le front, qui l'avait fait tomber à terre. Le père Eduardo avait fait mine de s'interposer, mais un regard réprobateur de son aîné l'en avait dissuadé. Puis le vieux prêtre avait essuyé le front de la poupée au moyen d'un mouchoir blanc.

Aranda avait bondi de l'estrade et s'était avancé vers le prisonnier gisant sur le sol. « Tu insultes Notre-Seigneur ! s'était-il écrié. La Vierge qui est au ciel a dû pleurer en te voyant cracher sur son enfant ! »

Si les mots exprimaient l'indignation, le ton, lui, était resté moqueur. Aranda avait saisi sa cravache et s'était mis à en cingler méthodiquement l'anarchiste, commençant par les jambes et terminant par un coup à la tête qui avait fait jaillir le sang. Puis il avait ordonné à deux gardes d'emporter le prisonnier et s'était tourné vers le père Jaime. Celui-ci avait reculé à distance prudente, serrant la poupée contre son cœur comme pour lui épargner ce spectacle.

Aranda s'était incliné en disant : « Désolé pour cette insulte, mon père. Veuillez continuer, je vous prie. Nous amènerons ces hommes à la religion, même si nous devons nous tuer à la tâche, n'est-ce pas ? » Le *comandante* avait fait signe au prisonnier suivant d'avancer, et Bernie avait été satisfait de lire un peu de peur et de colère dans les yeux du prêtre, tandis que le détenu s'approchait et inclinait sa tête vers la poupée. Personne d'autre n'avait refusé de s'exécuter.

« Je me rappelle encore l'odeur de cette poupée, dit Bernie à Vicente. Un mélange de peinture et de salive.

— Ces maudits corbeaux, ils sont tous pareils. Le père Jaime est une brute, mais cet Eduardo est plus rusé. Il doit être dans la baraque des Polonais en ce moment, en train de renifler ce pauvre type pour savoir s'il va mourir, s'il est assez affaibli pour se laisser persuader de recevoir l'absolution.

— Eduardo n'est pas un mauvais bougre, répondit Bernie en secouant la tête. Rappelle-toi, il a essayé d'obtenir qu'un médecin soit affecté au camp. Et les croix pour le cimetière ? » Il pensait à ce flanc de colline, non loin du camp, où l'on enterrait les morts dans des tombes anonymes. À son arrivée, l'été précédent, le père Eduardo avait demandé que l'on plaçât sur chaque fosse une croix portant le nom du défunt. Le *comandante* avait refusé ; les prisonniers avaient été condamnés à des décennies d'emprisonnement par des cours martiales, ils étaient déjà pratiquement morts. Un jour, le camp fermerait, les baraquements et les barbelés seraient détruits, et il ne resterait, sur la colline dénudée et battue par les vents, aucune trace de son existence.

« Quelle importance ? répliqua Vicente. Les croix ne sont que d'autres symboles de la superstition religieuse. La bonté du père Eduardo n'est qu'un simulacre, elle n'a qu'un seul objet. Ils sont tous pareils, ces ratichons, ils essaient de te récupérer quand tu es au plus faible, à l'article de la mort. »

Il faisait nuit au-dehors, à présent. À l'intérieur de la baraque, certains jouaient aux cartes ou reprisaient leur uniforme en lambeaux à la faible lueur des chandelles. Bernie ferma les yeux et essaya de dormir. Ses pensées se reportèrent sur Tomás l'anarchiste ; il était mort quelques jours après cet épisode, des suites des coups. Lui-même avait pris un gros risque en défiant le psychiatre cet après-midi ; heureusement, l'homme n'avait semblé le voir que comme un spécimen curieux. Bernie était divisé entre deux sentiments : une partie de lui-même aurait voulu accomplir un geste héroïque comme celui de Tomás, l'autre avait envie de vivre. S'ils le tuaient, ils remporteraient sur lui une victoire définitive, irrévocable.

Il finit par s'endormir et fit un rêve étrange. Il entrait dans la baraque avec une multitude d'élèves de Rookwood, conduits par M. Taylor. Les garçons examinaient les lits de bois, puis s'assemblaient autour de la table construite avec de vieilles caisses, au milieu de la salle, en disant que si c'était là leur nouveau dortoir, il n'était pas confortable et ne leur plaisait pas. « Ne vous laissez pas abattre, leur dit M. Taylor d'un ton de reproche. Ce n'est pas une attitude digne de Rookwood. »

Bernie se réveilla en sursaut. La baraque était plongée dans le noir ; il ne voyait rien. Il avait froid et rabattit la mince couverture sur ses pieds. C'était la première nuit vraiment glaciale. Septembre et octobre étaient les mois les plus cléments : la chaleur accablante de l'été diminuait de quelque degrés chaque jour, et, la nuit, la température était assez fraîche pour permettre le sommeil. À présent, l'hiver était là.

Il resta étendu, pleinement éveillé, dans l'obscurité, écoutant les toux et les murmures des autres prisonniers. De temps à autre, une planche grinçait sous le poids d'un homme s'agitant sur sa paillasse, sans doute en proie au froid, lui aussi. Bientôt viendraient les gelées matinales et, d'ici Noël, certains seraient morts.

Un chuchotement s'éleva de la couchette voisine. « Bernardo, es-tu réveillé ? demanda Vicente, avant de se remettre à tousser.

— Oui.

— Écoute », poursuivit l'avocat d'un ton pressant. Bernie se tourna vers lui mais ne put le distinguer dans l'obscurité épaisse.

« Je ne crois pas que je survivrai au froid.

— Mais si, bien sûr.

— Si je n'y arrive pas, je veux que tu me promettes une chose. Les corbeaux rappliqueront, à la fin, pour me donner l'absolution. Empêche-les. Je serai peut-être trop faible pour les repousser, tu vois, je sais que l'on s'affaiblit. Ce serait trahir tout ce pour quoi j'ai vécu. Je t'en prie, empêche-les, par tous les moyens.

— Entendu, répondit Bernie, les larmes aux yeux. Si l'on doit en arriver là, je te promets que je le ferai. » Vicente tendit la main, trouva le bras de Bernie et le serra de ses doigts maigres.

« Merci. Tu es un véritable ami. Tu m'aideras à les défier une dernière fois. »

22

À Madrid, le 1er novembre s'annonça par une aube froide et humide. L'appartement de Harry était sombre, malgré les aquarelles de paysages anglais qu'il avait empruntées à l'ambassade pour égayer les murs.

Parfois, il pensait à son prédécesseur disparu, le commissaire du peuple, et se demandait quelle sorte de commissaire Bernie aurait fait, s'il avait vécu, et si son parti avait gagné. La mission de Harry, lors de cette dernière rencontre, consistait à inciter Barbara à parler de Sandy, et c'était à peine s'ils avaient mentionné le nom de Bernie. Il se sentait étrangement honteux, comme s'ils l'avaient rayé de leur passé. Bernie aurait peut-être été efficace, se dit-il, il savait se montrer aussi dur que compatissant. Toutefois, il ne pouvait pas se l'imaginer pareil à un de ceux qui avaient fait fusiller des soldats pendant la guerre civile pour avoir osé se plaindre.

Il but son thé, du Lipton fourni par l'ambassade, assis près de la fenêtre. Il avait allumé le brasero et une agréable chaleur se diffusait sous la table. Sur les façades des maisons d'en face, la pluie ruisselait lentement des balcons. Il avait détesté poser des questions sur

Sandy à Barbara, fureter dans leurs affaires, et avait été soulagé de constater qu'elle ne savait rien. Sans doute n'était-il pas un bon espion…

Ce matin-là, il remplit son rôle d'interprète lors d'une réunion au ministère de l'Intérieur, et se rendit ensuite à son rendez-vous avec Sandy au Café Rocinante. Il lui avait téléphoné le lendemain de sa promenade avec Barbara, en disant qu'il n'avait pas beaucoup de travail à l'ambassade et qu'il serait heureux de le revoir. Sandy avait accepté avec empressement.

Harry descendit la rue et se dirigea vers le café. Comme d'habitude, il regarda attentivement autour de lui, mais rien ne semblait indiquer qu'Enrique eût été remplacé par un autre espion, plus compétent.

Sandy était déjà là quand il arriva, assis à une table, un pied sur un bloc de bois, tandis qu'un garçonnet de dix ans en guenilles cirait ses chaussures. Il agita le bras dans sa direction.

« Par ici ! Excuse-moi, je ne peux pas me lever. »

Harry s'installa près de lui. Le café était calme cet après-midi-là ; peut-être les gens préféraient-ils rester chez eux en raison de la pluie et du brouillard.

« Sale temps, hein ? dit Sandy d'un ton enjoué. On se croirait chez nous.

— Excuse-moi d'être en retard.

— Ce n'est rien. Je ne suis là que depuis quelques minutes. L'hiver est arrivé, j'en ai peur. » Le petit garçon s'accroupit et Sandy inspecta son œuvre.

« C'est bien, *niño*, dit-il en tendant une pièce à l'enfant, qui leva ses grands yeux tristes vers Harry.

— Je nettoie vos souliers, *señor* ?

— *No, gracias.*

— Oh, allons, Harry, ça ne coûte que dix centimes. »

Harry hocha la tête. Le garçon plaça le bloc de bois sous son pied et entreprit de cirer les chaussures noires que Harry avait nettoyées lui-même avant de partir. Sandy appela le serveur et ils commandèrent du café. Quand l'enfant eut terminé sa besogne, Harry le paya et le gamin s'éloigna en direction des autres clients, en murmurant « *¿ Limpiabotas ?* » d'un ton à la fois triste et enjôleur.

« Pauvre gosse, dit Harry.

— Il a essayé de me vendre des cartes postales cochonnes la semaine dernière. Des choses épouvantables, des putains d'âge mûr soulevant leur culotte. Il ferait bien de faire attention, car si jamais les *civiles* l'attrapent... »

Le serveur leur apporta leurs cafés. Sandy dévisagea pensivement Harry et reprit : « Dis-moi, comment as-tu trouvé Barbara, la dernière fois ?

— Très bien. Nous sommes allés nous promener à la Casa de Campo. » Il ne l'avait pas trouvée bien du tout, en réalité. Il avait senti en elle une réserve, une méfiance qu'il ne lui connaissait pas, mais il n'allait certainement pas en parler à Sandy. C'était au moins une trahison qu'il ne commettrait pas.

« Elle ne t'a pas paru soucieuse, préoccupée ?

— Pas vraiment.

— Hmm, fit Sandy en allumant un cigare. Il y a quelque chose qui la tracasse depuis quelques semaines. Elle prétend que ce n'est rien, mais je n'en suis pas si sûr. Oh, bon, peut-être ce travail bénévole lui changera-t-il les idées, ajouta-t-il en souriant. T'en a-t-elle parlé ?

— Oui, je pense que c'est une bonne chose.

— Et vous avez eu un problème avec des

phalangistes, au restaurant, je crois ? poursuivit Sandy en haussant les sourcils.

— Oh, rien de grave, ils se sont juste montrés impolis. »

Sandy se mit à rire. « Hitler a dit un jour que le fascisme pouvait transformer un ver de terre en dragon. C'est ce qui est arrivé à pas mal de vers de terre, ici. Ma foi, il n'y a qu'à les laisser cracher leurs flammes et leur fumée tant qu'ils veulent. Mais je reconnais que cela finit par être lassant. » Son regard s'emplit brusquement d'affection, et il ajouta : « C'est bon de voir une bonne bouille d'Anglais flegmatique, de temps à autre.

— Cela doit être assez bizarre de collaborer avec ces gens-là. Tu travailles surtout avec le ministère des Mines, n'est-ce pas ? Il me semble que c'est ce que tu m'as dit l'autre soir. »

Sandy acquiesça et passa une main sur sa moustache. « C'est exact. La chasse aux fossiles a fini par se révéler utile, en fin de compte. Plus utile que le latin dont on nous farcissait la tête. J'ai quelques connaissances en géologie. J'ai rencontré un ingénieur des Mines à une réception, il y a quelque temps, et nous avons décidé de monter un projet en commun.

— Vraiment ? » Il parle d'Otero, se dit Harry, en s'efforçant de dissimuler son intérêt.

« La politique économique de Franco consiste à rendre l'Espagne aussi autosuffisante que possible, en comptant sur ses propres ressources au lieu de dépendre des puissances étrangères. Le truc classique des fascistes. Alors, quand on travaille dans la prospection minière, cela offre des possibilités infinies. Ils financeront même les frais de prospection si l'on fournit l'expertise. » Il s'interrompit et observa Harry pendant un instant, avec une intensité telle que celui-ci craignit d'avoir été démasqué.

« Tu te rappelles, l'autre soir, quand je t'ai dit que je pouvais te donner quelques tuyaux financiers ?

— Oui.

— Tu peux gagner énormément d'argent ici, si tu sais investir. »

Harry l'encouragea d'un hochement de tête. « J'ai économisé pas mal d'argent au fil des années. Parfois, je me dis que je devrais en faire quelque chose, plutôt que de le laisser dormir dans une banque. »

Sandy se pencha et lui administra une tape cordiale sur le bras. « Dans ce cas, je suis ton homme. Je serais ravi de t'aider à t'enrichir. Et surtout dans l'industrie minière. Ce serait ta récompense pour m'avoir accompagné dans toutes ces expéditions à la recherche de fossiles, autrefois. Cela ne t'ennuyait pas, n'est-ce pas ? s'enquit-il en penchant la tête de côté.

— Non, au contraire, ça me plaisait beaucoup.

— Cela continue à me fasciner – toutes ces choses enfouies sous terre... Bien, je vais voir ce que je peux faire. Il faudra être prudent ; les phalangistes du ministère des Mines font une exception pour moi, mais ils n'aiment pas les Britanniques. Je trouverai bien un moyen, poursuivit-il en souriant. J'aimerais te montrer que j'ai réussi. » Il lança à Harry un regard insistant, avant de poursuivre : « Tu en doutais quelque peu, non ?

— Ma foi...

— Je l'ai lu sur ton visage, Harry. Tu te demandes ce que je fais avec ces gens-là. Barbara se pose la question, elle aussi, je m'en suis rendu compte. Mais, en affaires, on ne peut pas se montrer difficile.

— Il faut du temps pour comprendre à quel point tout est… compliqué, ici. »

Sandy lui décocha un bref sourire ironique. « Tu peux le dire. Es-tu allé à cette réception chez le général Maestre ?

— Oui. Je suis censé emmener sa fille au Prado. » Il devrait lui téléphoner dans la soirée, il avait sans cesse différé cette obligation.

« Une gentille fille ?

— Très jeune. Il n'y avait que des monarchistes à cette soirée. Ils ne semblaient pas du tout aimer la Phalange.

— Ils veulent une monarchie absolue, les aristocrates au pouvoir comme il y a cinquante ans. Mais cela n'aboutirait qu'à un nouveau désastre.

— Ils sont pour les Alliés.

— Ne t'y trompe pas, Harry. Ils sont d'une extrême dureté. Ils ont tous combattu aux côtés de Franco durant la guerre. Et c'est l'ami des monarchistes, Juan March, qui a financé la rébellion de l'armée, au départ.

— J'ai beaucoup entendu ce nom, ces derniers temps.

— Les phalangistes pensent qu'il conspire avec les monarchistes et qu'il est en relation avec les Alliés. Ils affirment qu'il soudoie les généraux, qu'il achète leur soutien afin que l'Espagne reste en dehors du conflit. »

Ce fut alors que Harry comprit tout, comme si une lumière s'était brusquement allumée dans son esprit. La corruption ! C'était de cela que parlaient Hillgarth et Maestre, l'autre jour. Les « chevaliers de St. Georges » étaient des mots de code pour désigner les souverains, la monnaie d'or ; l'avers des pièces représentait saint

Georges tuant le dragon. Les généraux seraient payés en souverains. Il prit une profonde inspiration.

« Ça va ? s'enquit Sandy.

— Oui. Je viens juste de… de me rappeler quelque chose. » Harry but une gorgée de café et se contraignit à revenir au présent. « Dis-moi, demanda-t-il, faute de trouver autre chose à dire, as-tu quelquefois des nouvelles de ton frère ?

— Cela fait neuf ans que je suis sans nouvelles de Peter. Après mon renvoi de Rookwood, père n'a plus voulu de moi. Il disait que j'étais une âme perdue, qu'il ne comprenait pas comment l'on pouvait commettre un acte aussi odieux que celui que j'avais commis. » Il émit un ricanement avant de poursuivre : « Mettre des araignées dans le bureau d'un professeur. Seigneur, s'il voyait certaines des choses qui se sont produites ici… Quoi qu'il en soit, après avoir quitté la maison, je n'ai plus jamais entendu parler de père ni de Peter, le fils modèle, ajouta-t-il, une note d'amertume dans la voix. Je suis sûr que Peter se comporte en héros, comme aumônier de l'armée, quelque part.

— Excuse-moi, je ne voulais pas…

— Ce n'est rien. Écoute, en ce qui concerne nos affaires, je vais en parler à une ou deux personnes, voir ce que je peux faire.

— Ce serait bien. » Harry hésita brièvement avant de s'enquérir : « Pourrais-tu m'en dire un peu plus long sur ce projet ?

— Pas encore, répondit Sandy, souriant et secouant la tête. C'est assez confidentiel, tu comprends. » Il regarda sa montre et reprit : « Je dois partir, à présent. J'ai une réunion de mon comité d'aide aux Juifs.

— Barbara m'a appris que tu t'occupais de réfugiés.

— Oui, il en arrive sans cesse. Ils franchissent clandestinement les Pyrénées, dans l'espoir de pouvoir gagner le Portugal, au cas où Franco déciderait d'entrer en guerre et de les livrer à Hitler. Certains sont dans un sale état à leur arrivée. Nous essayons de les remettre sur pied et de les aider à se procurer des papiers. » Il eut un petit sourire, comme embarrassé par cette preuve de charité. « Je suis content de leur venir en aide, sans doute parce que j'ai toujours eu moi-même le sentiment d'être un Juif errant… Bon, je dois y aller. L'addition est pour moi. Mais il faudra se revoir. Je suis presque toujours ici, à cette heure-ci. »

Harry reprit le chemin de son appartement. Le temps était encore froid et humide. Il n'arrêtait pas de repenser à la conversation entre Hillgarth et Maestre, à la façon dont Hillgarth lui avait sèchement ordonné d'oublier Juan March et les chevaliers de St. Georges. Était-il possible que l'ambassade cherchât également à corrompre des ministres ? Non, en y réfléchissant, cela paraissait invraisemblable – et trop dangereux aussi, si Franco l'apprenait.

Il secoua la tête ; il percevait de nouveau cette espèce de bourdonnement agaçant dans son oreille gauche. Peut-être était-ce dû à l'humidité… Il se remémora les paroles de Mlle Maxse, affirmant qu'ils ne pourraient pas gagner cette guerre en jouant franc-jeu. Qu'avait-elle dit d'autre, au sujet des gens qui s'engageaient dans des partis extrémistes ? « Parfois, le goût du risque est un mobile aussi puissant que les convictions politiques. » Sandy avait toujours aimé prendre des risques ; était-ce pour cela qu'il avait abouti ici ? Mais il a également ses bons côtés, se dit Harry, songeant aux réfugiés juifs. Il aimait prendre les gens en charge, leur venir en aide, comme il l'avait fait avec lui en l'initiant à la recherche des fossiles, ou avec Barbara, en gouvernant sa vie – il semblait d'ailleurs continuer à le faire.

Il aurait dû retourner à l'ambassade pour faire son rapport. Hillgarth serait enchanté d'apprendre que Sandy lui avait proposé de prendre une participation financière dans son projet. Bien sûr, il pouvait s'agir d'une autre entreprise, sans rapport avec l'or. Mais ses pensées revenaient sans cesse aux chevaliers de St. Georges et à leur possible signification. Et s'ils échouaient, si les phalangistes faisaient prévaloir leurs idées auprès de Franco et que l'Espagne entrait dans le conflit ? Les gens comme Maestre seraient alors en danger. C'était peut-être pour cette raison qu'il cherchait à faire sortir sa fille du pays…

Harry s'aperçut alors que ses pas l'avaient amené à proximité de la Puerta de Toledo. Il s'arrêta, indécis, regardant les charrettes et les automobiles cabossées circulant autour de lui. Certains des véhicules avaient l'air de rouler depuis plus de vingt ans, et c'était probablement le cas. Un gazogène passa dans un bruit de ferraille. Sofía ne lui avait pas fait parvenir la facture du médecin pour Enrique, et l'incident remontait à plus d'une semaine, à présent. Et si Enrique attrapait la rage ? Harry avait entendu dire que, selon les Chinois, quand on sauvait la vie de quelqu'un, on était à tout jamais lié à lui, mais il savait bien que c'était surtout à Sofía qu'il pensait. Il hésita brièvement, puis traversa la rue pour se diriger vers Carabanchel.

La rue de Sofía, comme toutes les autres dans le *barrio*, était silencieuse et déserte. Le soir commençait à tomber quand il parvint devant l'immeuble. Deux enfants qui faisaient rouler une vieille roue de charrette comme si c'était un cerceau s'arrêtèrent pour l'observer. Leurs pieds nus étaient rouges de froid, et Harry se sentit gêné d'être bien au chaud dans son épais manteau.

Il s'engouffra dans l'entrée humide, hésita encore un instant, gravit les marches vermoulues et frappa à la porte. À cet instant, la porte de l'appartement voisin s'ouvrit et une femme d'âge mûr passa la tête par l'entrebâillement. Elle avait un visage rond et ridé, des yeux froids et perçants. Harry souleva son chapeau en murmurant : « *Buenas tardes*.

— *Buenas tardes* », répondit-elle en lui lançant un regard soupçonneux, au moment même où Sofía ouvrait la porte. La jeune fille le contempla d'un air surpris, et ses immenses yeux bruns s'agrandirent encore.

« Oh. *Señor* Brett.

— *Buenas tardes*, dit Harry, en soulevant de nouveau son chapeau. Excusez-moi de vous déranger, je voulais seulement savoir comment va Enrique. »

Sofía jeta un regard oblique à sa voisine, qui continuait à les épier. « *Buenas tardes, señora Ávila*, dit-elle d'un ton cinglant.

— *Buen'dia* », bougonna la vieille, avant de refermer sa porte et de descendre l'escalier en hâte. Sofía la suivit un instant des yeux, puis se tourna de nouveau vers Harry.

« Je vous en prie, entrez, *señor* », dit-elle d'un air cérémonieux, sans sourire.

Harry la suivit dans le petit salon froid et humide. La vieille dame alitée se servait de sa main valide pour jouer aux dames avec le petit garçon. À la vue de Harry, celui-ci se recroquevilla, frémissant de peur, et elle lui passa son bras autour des épaules.

« *Buenas tardes*, lui dit Harry. Comment allez-vous ?

— Pas trop mal, *señor*, je vous remercie. »

Enrique était assis devant la table, la jambe appuyée sur un coussin, tout entourée de bandages. Son long visage maigre paraissait fiévreux, mais il s'illumina à la vue de Harry.

« *Señor*, quel plaisir de vous revoir, dit-il en se penchant pour lui serrer la main.

— Comment va cette jambe ?

— Elle me fait encore mal. Sofía la nettoie tous les jours mais ça ne s'améliore pas vraiment. »

Sa sœur prit un air gêné. « Cela prend du temps », murmura-t-elle.

Il y avait des dessins d'enfant sur la table. Harry les contempla avec effarement. Deux gardes civils, leur uniforme vert à sangles jaunes coloré avec précision, tiraient sur une femme, du corps de laquelle jaillissaient de petits jets rouges. À côté, un autre dessin représentait un autre *civil* pendu à un réverbère, et un petit garçon tirant sur la corde. Mais l'image avait été barrée de gros traits noirs, avec une telle force que le papier avait été déchiré.

« C'est Paco, expliqua Sofía à voix basse. Il fait ces dessins, puis il les rature et se met à pleurer. *Mamá* est la seule qui parvienne à le calmer. Ce matin, il a fait un tel bruit que j'ai cru que la *señora* Ávila allait venir voir ce qui se passait. »

Harry regarda le jeune garçon, sans rien trouver à dire.

« *Señor* Brett, reprit Sofía d'un air hésitant. Je me demandais si je pourrais vous parler un moment dans la cuisine.

— Bien sûr. »

Il la suivit dans la pièce au sol de ciment meublée d'armoires bon marché. Elle alluma la lumière, et l'ampoule à faible puissance éclaira la cuisine d'une terne lueur jaune. Tout était propre, mais l'évier débordait de vaisselle sale. Surprenant son regard, Sofía dit d'un ton d'excuse :

« Je dois cuisiner et faire la vaisselle pour tout le monde, à présent.

— Non, je ne voulais pas, euh…

— Je vous en prie, asseyez-vous », l'interrompit-elle en lui montrant une chaise. Elle s'installa face à lui, ses mains délicates croisées devant elle sur la table. Elle le dévisagea pensivement et reprit :

« Je ne m'attendais pas à vous revoir.

— Je n'ai jamais reçu la facture du médecin, répondit-il en souriant.

— J'espérais que la jambe d'Enrique guérirait toute seule, soupira-t-elle. Mais l'infection ne diminue pas. Je crois qu'il a vraiment besoin d'un docteur.

— Ma proposition tient toujours. »

Elle fronça les sourcils. « Veuillez m'excuser, *señor*, mais pourquoi nous aideriez-vous ? Surtout en sachant qu'Enrique vous a espionné ?

— J'ai le sentiment que c'est mon devoir. S'il vous plaît, ce n'est que le prix d'une consultation, je puis me permettre de le payer.

— La vieille d'à côté… Si jamais elle apprend que je reçois de l'argent d'un diplomate étranger, je sais bien ce qu'elle pensera. »

Harry s'empourpra. Était-ce également ce que pensait Sofía ? « Je suis désolé, je ne voulais pas vous mettre dans l'embarras, bredouilla-t-il en se levant à demi. Je voulais seulement vous aider.

— Non, s'il vous plaît, restez. Je le vois bien », s'empressa-t-elle de répondre d'un ton d'excuse. Elle alluma une cigarette avant de poursuivre : « Mais c'est étonnant qu'un étranger soit disposé à nous aider, après ce qu'a fait Enrique. Je crois que mon frère a besoin de ce nouveau remède, ajouta-t-elle en se mordant la lèvre. La pénicilline.

— Dans ce cas, acceptez mon aide. Je me rends compte que les choses sont… difficiles.

— Très bien. Merci, dit-elle, avec un sourire radieux.

— Faites venir le médecin, achetez tous les médicaments dont votre frère a besoin, et envoyez-moi la note. C'est tout ce que vous avez à faire. »

Elle prit un air embarrassé. « Je suis désolée, *señor* Brett, vous avez sauvé mon frère et je ne vous ai même pas remercié comme il se doit.

— Ce n'est rien.

— Tout le monde se méfie de tout le monde, aujourd'hui. » Elle se leva en demandant : « Voulez-vous du café ? Il n'est sans doute pas aussi bon que celui auquel vous êtes habitué, mais…

— Oui, merci. »

Elle alla remplir une grosse bouilloire noire à l'évier et reprit : « Cette vieille sorcière que vous avez vue sur le palier, maintenant qu'Enrique est malade, elle veut que nous placions Paquito à l'orphelinat. Mais c'est hors de question. Les orphelinats sont des endroits affreux.

— Vraiment ? » Il fut sur le point de dire qu'il connaissait quelqu'un qui travaillait comme bénévole dans un de ces établissements, mais se ravisa. Sofía lui tendit une tasse de café, et il la regarda. Où avait-elle acquis un tel sang-froid, une telle énergie ? Ses cheveux étaient d'un noir de jais, mais, sous la lumière, ils prenaient des reflets bruns…

« Travaillez-vous à l'ambassade depuis longtemps ? demanda-t-elle.

— Quelques semaines seulement, en fait. J'ai été démobilisé pour invalidité.

— Oh, vous avez combattu ? dit-elle, une nouvelle nuance de respect dans la voix.

— Oui, en France.

— Que s'est-il passé ?

— Mon ouïe a été endommagée quand un obus a explosé près de moi. Mais ça va mieux, à présent, répondit-il, bien qu'il ressentît toujours cette pression à l'intérieur de son crâne.

— Vous avez eu de la chance.

— Oui, sans doute. » Il hésita un peu, puis ajouta : « J'ai souffert de commotion également. Mais c'est terminé.

— Ainsi, vous vous êtes battu contre les fascistes, poursuivit-elle.

— Oui, en effet. Et je suis prêt à recommencer, déclara-t-il en la fixant dans les yeux.

— Pourtant, beaucoup de gens admirent El Generalísimo. J'ai connu un Anglais, pendant la guerre civile, un volontaire. Il disait que beaucoup d'Anglais pensent que Franco est un parfait gentleman espagnol.

— Ce n'est pas mon avis, *señorita.*

— Il venait de Leeds, ce garçon. Connaissez-vous Leeds ?

— Non. C'est dans le nord du pays.

— Mon père l'a connu pendant les combats à la Casa de Campo. Ils sont morts là-bas tous les deux.

— Je suis navré, murmura-t-il, en se demandant si cet Anglais avait été son amant.

— Nous devons nous accommoder de la situation, soupira-t-elle en allumant une cigarette.

— Existe-t-il une chance pour que vous repreniez vos études de médecine ?

— Avec *Mamá* et Paquito à ma charge ? Et Enrique aussi, à présent ? répondit-elle en secouant la tête.

— Peut-être pourra-t-il retravailler, après avoir reçu le traitement.

— Oui, mais il fera autre chose, répondit-elle en secouant la cendre de sa cigarette dans une soucoupe d'un geste irrité. Je lui avais dit de ne pas accepter ce travail. » Elle dévisagea de nouveau Harry avec attention, puis s'enquit : « Comment se fait-il que vous parliez si bien notre langue ?

— Je suis enseignant, maître-assistant, en Angleterre ; du moins, je l'étais avant la guerre. Notre guerre, précisa-t-il. J'ai séjourné en Espagne en 1931, je vous l'ai déjà dit, et je crois que c'est à ce moment-là que j'ai commencé à me passionner pour votre pays.

— C'était le temps de l'espérance, dit-elle avec un sourire triste.

— L'ami avec qui j'étais venu en 31 est revenu ensuite pour participer à la guerre civile. Il a été tué pendant la bataille du Jarama.

— Étiez-vous partisan de la République, vous aussi ?

— C'était Bernie l'idéaliste. Moi, je croyais à la neutralité, à l'époque.

— Et maintenant ? »

Harry ne répondit pas, et Sofía se mit à sourire. « Vous me rappelez ce garçon de Leeds, d'une certaine façon. Il était aussi perplexe que vous face à l'Espagne. » Elle se leva et reprit : « À présent, je vais essayer de trouver un médecin. »

Ils regagnèrent le *salón*. « Enrique, dit Sofía, j'ai parlé au *señor* Brett, et je vais tout de suite te chercher un médecin. »

Le jeune homme laissa échapper un soupir de soulagement. « Dieu merci. Ma jambe n'est pas belle à voir. Merci, *señor*. Ma sœur est une entêtée.

— Vous êtes bon pour nous, ajouta la vieille femme en essayant de se redresser.

— *De nada* », bredouilla Harry, confus. Le petit garçon le fixa d'un air craintif, et Harry promena une nouvelle fois son regard autour de lui, notant les taches d'humidité sous la fenêtre, l'odeur de moisi. Songeant à l'aisance et à la sécurité dont il jouissait, il se sentit submergé de honte.

« La *señora* Ávila était encore en train de nous épier, quand le *señor* Brett est arrivé, apprit Sofía à sa mère.

— Cette *beata*, grommela la vieille femme. Elle croit que si elle rapporte suffisamment de commérages aux prêtres, elle deviendra une sainte. »

Rougissante, Sofía s'enquit : « Cela vous dérangerait-il de partir le premier, *señor* Brett ? Si l'on nous voit sortir ensemble, cela fera jaser.

— Bien sûr, répondit Harry, mal à l'aise.

— Merci encore, *señor* », dit Enrique en se dressant à demi.

Après leur avoir fait ses adieux, Harry se dirigea à pas lents vers l'arrêt de tram de la Puerta de Toledo, les yeux rivés au sol pour éviter de tomber dans une ornière ou dans un des égouts non couverts qui empuantissaient la rue de leur odeur nauséabonde. Si l'on ne faisait pas attention, on risquait de se casser une jambe. Il se sentait triste à l'idée que, dès qu'il aurait payé la facture du médecin, l'histoire serait terminée. Enrique et sa famille comptaient sans doute ne plus entendre parler de lui par la suite. Toutefois, il était fermement décidé à revoir Sofía, d'une manière ou d'une autre.

23

Le lundi suivant, Harry eut énormément de travail à l'ambassade. Il devait retrouver Milagros au Prado à quatre heures, mais, au dernier moment, on lui avait demandé de traduire un communiqué de presse sur les victoires britanniques en Afrique du Nord, et il arriva avec un quart d'heure de retard.

Il lui avait téléphoné en fin de semaine, à contrecœur – mais ne pas le faire eût été impoli, et Tolhurst lui avait recommandé de ne pas contrarier Maestre. Milagros avait paru ravie de l'entendre et avait aussitôt accepté son invitation.

Il avait déjà visité le Prado, avec Bernie, en 1931. À l'époque, le musée était rempli de monde, mais aujourd'hui l'immense bâtiment était étrangement calme. Harry acheta son ticket et pénétra dans la salle principale. Il y avait très peu de visiteurs – moins que de gardiens, en fait. Ces derniers déambulaient lentement, leurs trousseaux de clés cliquetant à leur ceinture, et leurs pas résonnant sur les dalles avec un bruit caverneux. L'éclairage était pauvre et, dans la faible lumière hivernale, le musée avait un air lugubre, presque abandonné. Harry dévala les marches menant au café où il avait donné rendez-vous à Milagros. La jeune fille était assise à la seule table occupée, tout au fond de la salle, et, à sa surprise, il s'aperçut qu'un homme se trouvait en face d'elle. Celui-ci se retourna, et il reconnut l'officier qu'il avait vu en compagnie de Maestre au bal, le lieutenant Gómez. Son visage carré aux traits durs arborait une expression maussade. Milagros, quant à elle, accueillit Harry avec un sourire de soulagement.

« Ah, *señor* Brett, dit Gómez d'un ton réprobateur. Nous commencions à nous demander si vous alliez venir.

— Je suis vraiment désolé, j'ai été retenu à l'ambassade. Je vous prie de m'excuser, dit Harry en se tournant vers Milagros.

— Ce n'est rien. Je vous en prie, Alfonso, ce n'est rien. » Elle portait un manteau de fourrure coûteux et sa chevelure brune était permanentée de frais. Elle est certes vêtue comme une femme, mais son visage grassouillet est celui d'une enfant, songea Harry une nouvelle fois.

Gómez émit une sorte de grognement, puis écrasa sa cigarette et se leva. « Je vais vous laisser, Milagros. Je vous retrouverai dans l'entrée à cinq heures et demie. Bon après-midi, *señor* Brett », dit-il d'un air froid en lui serrant la main. Harry se rappela l'histoire de la corbeille de roses que Maestre avait, paraît-il, offerte aux religieuses, avec des têtes de Marocains en son centre, et se demanda si Gómez était déjà présent aux côtés du général.

« Je crains de l'avoir offensé, dit-il en s'asseyant en face de la jeune fille.

— Don Alfonso est trop protecteur vis-à-vis de moi, répondit-elle en secouant la tête. Il m'escorte partout, c'est mon chaperon. Les jeunes filles ont-elles encore des chaperons, en Angleterre ?

— Non, pas vraiment. »

Elle sortit un paquet de cigarettes de sa poche. Des cigarettes de luxe, pas le poison que fumait Sofía, ne put-il s'empêcher de remarquer. Il avait sans cesse pensé à elle, au cours du week-end.

« En voulez-vous une, *señor* Brett ?

— Non, merci, répondit-il en souriant. Et appelez-moi Harry, je vous en prie. »

Milagros aspira une longue bouffée et s'exclama : « Ah, ça va mieux ! Ils n'aiment pas que je fume, ils me trouvent trop jeune. Et ils pensent que c'est pour les femmes de mauvaises mœurs, ajouta-t-elle en rougissant.

— Toutes les femmes que je connais fument.

— Voulez-vous un café ?

— Pas tout de suite, merci. Peut-être après que nous aurons vu les tableaux ?

— Entendu. Je vais finir ma cigarette, alors. C'est un vrai plaisir pour moi de fumer en public », expliqua-t-elle avec un sourire timide, avant d'exhaler un nuage de fumée bleue en détournant la tête.

Harry appréciait les galeries d'art, à condition que la visite ne durât pas trop longtemps, car il n'avait rien d'un enthousiaste. Le sentiment de malaise que lui inspirait le Prado sombre et désert grandit en lui à mesure qu'ils parcouraient les salles où le bruit de leurs pas résonnait avec force dans le silence ambiant. La plupart des salles étaient vides, des espaces plus clairs sur les murs marquant l'emplacement des œuvres perdues ou volées pendant la guerre civile. Dans les coins, des gardiens en uniforme noir étaient assis sur leur chaise, plongés dans la lecture d'*Arriba*.

Milagros était encore plus ignorante que Harry en matière d'art. Ils s'arrêtaient devant un tableau, l'un ou l'autre émettait un commentaire sentencieux, puis ils se remettaient en marche.

Dans la salle consacrée à Goya, la noirceur horrifique des *Pinturas Negras* sembla mettre Milagros mal à l'aise. « Il peint des choses cruelles, dit-elle à voix basse, devant le *Sabbat des sorcières.*

— Il a connu beaucoup de guerres. Je crois que nous avons presque tout vu, à présent. Voulez-vous boire un café ?

— Oh oui, merci », répondit-elle avec gratitude.

Si les galeries étaient glaciales, la cafétéria était surchauffée. Quand Harry apporta deux tasses de mauvais café à leur table, Milagros avait ôté son manteau, emplissant l'air de son parfum luxueux, fortement musqué. Elle en avait mis beaucoup trop, et Harry se sentit navré pour elle.

« J'aimerais voir les musées de Londres, déclara-t-elle. J'aimerais voir tout ce qu'il y a à Londres. Ma mère dit que c'est une ville magnifique.

— Y est-elle déjà allée ?

— Non, mais elle sait tout ce qu'il y a à savoir sur le sujet. Mes parents adorent l'Angleterre. »

Les Espagnols n'aimaient pas que leurs filles sortent avec des étrangers, Harry ne l'ignorait pas, mais, par les temps qui couraient, un endroit comme l'Angleterre devait sembler une destination attrayante aux yeux de quelqu'un comme Maestre. Fixant avec douceur le visage enfantin, il répondit :

« Un pays paraît toujours plus beau, vu de loin.

— Peut-être, murmura Milagros, l'air découragé. Mais c'est forcément mieux que l'Espagne. Ici, tout est si pauvre, si sale, si *inculto*.

— Votre père a une belle maison, objecta Harry, pensant au taudis où vivait Sofía et sa famille d'invalides.

— Mais nous ne sommes pas en sécurité. Nous avons été obligés de fuir Madrid pendant la guerre, vous le savez. Et maintenant, il y a une autre guerre qui menace. Qui sait si nous n'allons pas tout perdre de nouveau ? » Elle s'assombrit un instant, puis son sourire reparut ; « Parlez-moi encore de l'Angleterre. J'ai entendu dire que la campagne est très jolie.

— Oui, elle est très verte.

— Même en été ?

— Surtout en été. De l'herbe verte, beaucoup de grands et gros arbres.

— Madrid regorgeait d'arbres, autrefois. Quand nous sommes revenus, les rouges les avaient tous coupés pour faire du feu. J'étais plus heureuse à Burgos, soupira-t-elle.

— La vie en Angleterre n'est pas très sûre non plus, en ce moment. C'était différent avant-guerre. Je me rappelle, à l'école, ajouta-t-il en souriant, il n'y avait rien de plus agréable qu'une longue partie de cricket, les après-midi d'été. » Il eut la vision passagère des terrains de jeux verdoyants, des garçons en tenue blanche, et crut entendre le claquement de la batte contre la balle. Une image qui semblait sortie d'un rêve, d'un monde aussi lointain que celui de la photo du mariage de ses parents.

« J'ai entendu parler du cricket, reprit Milagros avec un petit rire nerveux, plus que jamais semblable à une écolière dodue. Mais je ne sais pas comment on y joue. »

Baissant les yeux, elle poursuivit : « Je suis désolée, cet après-midi… je ne connais rien non plus à la peinture.

— Moi non plus, à vrai dire, répondit-il, embarrassé.

— Vous comprenez, c'est seulement parce que je ne savais pas où nous pourrions aller. Mais si vous voulez, nous pourrions nous rendre à la campagne, un de ces jours, je vous montrerais la sierra de Guadarrama en hiver. Alfonso pourrait nous y emmener en voiture.

— Oui, peut-être. » Il la vit rougir. Il n'y a pas de doute, elle a le béguin pour moi, se dit-il. Oh, zut ! Regardant l'horloge murale, il reprit : « C'est l'heure de nous dire au revoir. Alfonso doit vous attendre, il ne faut pas le mécontenter de nouveau.

— Oui », murmura-t-elle, les lèvres tremblantes.

Le vieux soldat se tenait sur les marches du musée, une cigarette aux lèvres, contemplant le Ritz de l'autre côté de la rue, dans la lumière déclinante. Il se retourna et, cette fois, sourit à Harry.

« Ah, juste à l'heure. *Bueno*. Vous êtes-vous bien amusée, Milagros ?

— Oui, Alfonso.

— Vous raconterez tout cela à votre maman. La voiture est au coin de la rue. Peut-être nous reverrons-nous, *señor* Brett, déclara Gómez en tendant la main à Harry.

— Oui, lieutenant Gómez. » Harry serra ensuite la main de Milagros. Elle le contempla d'un air d'expectative, mais il ne fit aucune allusion à un prochain rendez-vous. Le visage de la jeune fille se décomposa. Il en éprouva un vif sentiment de culpabilité, mais il aurait été encore plus cruel d'entretenir ses illusions. En les regardant s'éloigner, il se demanda comment il pouvait lui plaire : ils n'avaient absolument rien en commun. « Oh, zut », répéta-t-il, à haute voix cette fois.

Harry devait retrouver Tolhurst au Café Gijón pour prendre un verre. Il passa devant le Parlement fermé, puis devant le ministère où il avait rencontré Maestre pour la première fois ; des *civiles* armés de mitrailleuses patrouillaient dans la rue. Il releva le col de son manteau. Le froid était revenu ; après la chaleur infernale de l'été et les mauvaises récoltes, il semblait qu'un hiver rigoureux s'annonçait.

La Gran Vía avait été rebaptisée Avenida José Antonio, en l'honneur du défunt fondateur de la Phalange, mais elle était restée telle qu'elle était en 1937, dans le souvenir de Harry – une longue rue très commerçante. Les magasins étaient en train de rouvrir, après la sieste, répandant sur la chaussée leur lumière jaune. Même ici, les vitrines étaient pauvrement garnies. Harry connaissait le Gijón de réputation mais n'y était encore jamais allé. En pénétrant dans le bar tapissé de miroirs, il observa la clientèle clairsemée. Certains affichaient des allures d'artistes, avec des barbes et des moustaches excentriques, mais c'étaient sans aucun doute des partisans du régime, comme Dalí. « Le fascisme, c'est le rêve devenu réalité, entendit-il un jeune homme déclarer avec enthousiasme à son compagnon, le surréel devenu réel. » Comme tu dis, railla Harry en lui-même.

Tolhurst était assis sur une banquette, son corps massif coincé entre le mur et la table. Harry lui adressa un signe de la main, puis alla chercher un cognac au comptoir avant de le rejoindre.

« Comment s'est passé ce rendez-vous ? » s'enquit Tolhurst.

Harry but une gorgée d'alcool avant de répondre. « Ha, ça va mieux. Eh bien, c'était assez pénible, à dire vrai. Elle est plutôt gentille, mais... ma foi, ce n'est qu'une gamine. Elle était accompagnée d'un chaperon, l'ex-ordonnance de Maestre, ou quelque chose comme ça.

— Ils ont des idées très vieux jeu sur les femmes, rétorqua Tolhurst en le regardant avec attention. Essayez de garder le contact avec elle, c'est un lien avec Maestre.

— Elle veut m'emmener faire une balade dans la Guadarrama.

— Ah, fit Tolhurst en souriant malicieusement. Elle désire vous voir en tête à tête, hein ?

— Avec Gómez comme chauffeur.

— Oh, dommage. » Tolhurst soupira lourdement avant de reprendre : « Oh, Seigneur, comme j'aimerais rentrer chez moi, parfois. J'ai le mal du pays.

— Votre famille vous manque ? »

Tolhurst alluma une cigarette et regarda la fumée dérouler ses volutes vers le plafond. « Pas vraiment. Mon père est dans l'armée, je ne l'ai pas vu depuis des siècles. » Il émit un nouveau soupir et poursuivit : « J'ai toujours voulu vivre à Londres, mener la grande vie. Mais je n'ai jamais réussi à le faire : d'abord, il y a eu l'école, puis le service diplomatique. Il est sans doute trop tard, à présent. Avec les bombardements et le black-out, il ne doit plus guère y avoir de vie nocturne. » Il secoua la tête d'un air résigné. « Avez-vous lu les journaux ? Ils continuent de s'extasier sur la merveilleuse entente qui s'est établie entre Franco et Hitler à

Hendaye. Et Sam joue la politique de la conciliation : il a déclaré à Franco que la Grande-Bretagne serait ravie de voir l'Espagne prendre le Maroc et l'Algérie aux Français.

— Vous voulez dire : qu'ils en fassent des colonies espagnoles ? s'exclama Harry, interloqué.

— Oui. Franco rêve de bâtir un empire, et Sam le caresse dans le sens du poil. D'une certaine façon, je comprends son raisonnement. La France est finie, en tant que puissance mondiale. »

Tolhurst parlait des menées secrètes de « Sam » comme s'il était son confident, mais Harry savait qu'il ne faisait en réalité que répéter des ragots de couloir.

« Nous pouvons toujours recourir au blocus, rétorqua-t-il. Nous pourrions leur couper totalement les vivres et le pétrole. Et le moment est peut-être venu de le faire, pour les dissuader de s'allier à Hitler.

— Ce n'est pas si simple que ça. S'il ne leur restait plus rien à perdre, ils pourraient très bien se coaliser avec les Allemands pour envahir Gibraltar. »

Harry but une nouvelle gorgée de cognac, puis demanda : « Vous rappelez-vous cette soirée au Ritz ? J'y avais entendu Hoare déclarer que les Britanniques ne devaient en aucun cas tolérer des opérations secrètes sur le territoire espagnol. Je me souviens d'un discours de Churchill, juste avant mon départ, dans lequel il disait que la résistance de la Grande-Bretagne faisait jaillir des étincelles d'espoir dans l'Europe occupée. Nous pourrions aider le peuple espagnol, au lieu de lécher les bottes de ses dirigeants.

— Du calme, l'exhorta Tolhurst avec un petit rire nerveux. Le cognac vous monte à la tête, on dirait. Les rouges reprendraient le pouvoir, si le régime franquiste tombait. Ce serait encore pire pour la population.

— Qu'en pense le capitaine Hillgarth ? Il semblait être d'accord avec sir Sam, l'autre soir, au Ritz. »

Tolhurst s'agita sur son siège, visiblement mal à l'aise. « À dire vrai, Harry, il serait très contrarié de savoir que vous avez surpris ces propos.

— Je ne l'ai pas fait exprès.

— Quoi qu'il en soit, je ne sais rien à ce sujet, je ne suis que l'homme à tout faire. J'organise les choses, je reçois les rapports de nos informateurs et vérifie leurs notes de frais.

— Dites-moi, insista Harry, avez-vous déjà entendu l'expression “les chevaliers de St. Georges” ? »

Tolhurst plissa les yeux et le scruta intensément. « Où avez-vous entendu cela ? s'enquit-il à voix basse.

— Maestre a utilisé cette expression en parlant au capitaine Hillgarth, la première fois que je leur ai servi d'interprète. C'est un code pour désigner des souverains, n'est-ce pas, Tolly ? »

Tolhurst pinça les lèvres sans répondre. Se souciant peu désormais d'enfreindre un quelconque protocole, Harry poursuivit : « Hillgarth a également fait allusion à Juan March. Serions-nous impliqués dans une entreprise de corruption des monarchistes, Tolly ? Est-ce là-dessus que nous misons pour maintenir l'Espagne en dehors du conflit ? Est-ce pour cela que Hoare ne veut rien avoir à faire avec l'opposition ?

— Vous savez, Harry, il n'est pas indiqué de se montrer trop curieux, répondit son collègue sans hausser le ton. Ce n'est pas notre tâche de nous mêler de… de *politique*. Et, bordel, ne parlez donc pas si fort.

— J'ai raison, n'est-ce pas ? Je le vois à votre

expression. » Harry se pencha vers Tolhurst et chuchota en le fixant intensément : « Et si cela venait à se savoir ? Si Franco l'apprenait ? Nous serions vraiment dans la merde, de même que Maestre et ses copains.

— Le capitaine sait ce qu'il fait.

— Et si le plan réussit ? Nous ne pourrons plus nous défaire de ces salopards, et ils gouverneront l'Espagne pendant des siècles. »

Tolhurst prit une profonde inspiration. Son visage s'empourpra, et son expression se fit courroucée. « Seigneur, Harry, depuis combien de temps ressassez-vous ces idées dans votre caboche ?

— Je n'ai compris que récemment ce que représentaient les chevaliers de St. Georges, répliqua-t-il en se renfonçant dans son siège. Ne vous inquiétez pas, Tolly, je ne dirai rien.

— Vous feriez mieux, si vous ne voulez pas être inculpé de trahison. Voilà ce que c'est de recruter des universitaires, soupira Tolhurst. Vous êtes sacrément trop curieux. » Il rit, dans une faible tentative pour dissiper la tension. « Je ne peux rien vous dire, vous devez le comprendre. Mais le capitaine et Sam savent ce qu'ils font. Je vais être obligé de prévenir le capitaine que vous avez pigé la combine. Vous êtes sûr de n'en avoir parlé à personne ?

— Je le jure, Tolly.

— Dans ce cas, prenez un autre verre, et oubliez tout ça.

— D'accord », dit Harry. Il n'avait aucune intention d'oublier, mais il n'aurait servi à rien de s'attirer délibérément des ennuis, et il regrettait maintenant d'avoir cédé à son impulsion.

Tolhurst se leva pesamment et grimaça de douleur au

moment où l'angle de la table lui heurta le ventre. Harry scruta le fond de son verre, en proie à une panique soudaine : une fois de plus, il avait l'impression que ses idées sur le monde, et sur la place qu'il y occupait, étaient en train de se désagréger, et que tout s'effondrait sous lui, comme du sable.

24

L'argent arriva le 5 novembre, la veille du jour où Barbara devait revoir Luis. Elle avait fini par désespérer qu'il lui parvînt et s'était préparée à implorer Luis d'attendre encore un peu. Elle avait également conscience que plus l'inquiétude grandissait en elle, plus elle devenait nerveuse et renfermée. Sandy commençait manifestement à se demander ce qui lui arrivait. Ce matin-là, elle avait fait semblant de dormir pendant qu'il s'habillait, mais ses yeux grands ouverts fixaient l'oreiller, et elle s'était brusquement rappelée que c'était le jour de Guy Fawkes. Toutefois, cette année, il n'y aurait pas de feux d'artifice en Angleterre ; les explosions nocturnes, bien réelles, celles-là, étaient suffisamment nombreuses. Selon la BBC, les Midlands n'avaient pas subi de nouveaux raids aériens, mais Londres était bombardée presque toutes les nuits. Les journaux madrilènes prétendaient que la ville était en ruine, mais Barbara pensait que ce n'était que de la propagande.

Après le départ de Sandy, elle descendit prendre le courrier. Il y avait sur le paillasson une enveloppe portant son adresse tapée à la machine et un timbre à l'effigie du souverain britannique, et non pas de Franco, avec son regard froid. Elle l'ouvrit fébrilement. En termes secs, d'une politesse conventionnelle, la banque l'informait que son épargne avait été transférée sur le compte qu'elle avait ouvert à Madrid ; la somme s'élevait à plus de cinq mille pesetas. Le ton laissait transparaître la désapprobation du banquier ; sans doute jugeait-il que transférer son argent à l'étranger en temps de guerre n'était pas une attitude patriotique.

Elle regagna la chambre et rangea la lettre dans le tiroir de son bureau, où se trouvaient également deux ou trois guides sur Cuenca, qu'elle avait achetés et soigneusement étudiés en secret. Elle referma le tiroir à clé, puis s'habilla en hâte ; elle devait être à l'orphelinat à neuf heures. C'était sa deuxième matinée là-bas. La veille, elle avait mis ses vêtements habituels, mais sœur Inmaculada lui avait dit que ce serait dommage de salir une belle robe, et ce fut avec soulagement que Barbara enfila une vieille jupe et un pull-over déformé. Elle regarda sa montre : il était temps d'y allcr.

Il était convenu que Barbara travaillerait à l'orphelinat deux fois par semaine, toutefois, elle se demandait déjà si elle allait pouvoir continuer. Jamais, de toute sa carrière d'infirmière, elle n'avait eu à exercer dans de telles conditions.

En s'approchant de l'établissement, elle repensa avec nostalgie aux couloirs propres et aseptisés de l'hôpital municipal de Birmingham. Un gazogène passa, et la fumée pestilentielle s'échappant de sa cheminée la fit tousser. Elle frappa à la porte et une religieuse lui ouvrit.

Le bâtiment gris était un ancien monastère du XIXe siècle, construit autour d'une cour centrale encadrée d'une galerie à colonnes. Les parois du cloître étaient couvertes d'affiches anticommunistes : un ogre aux babines retroussées coiffé d'une casquette à étoile rouge se dressant de façon menaçante au-dessus d'une jeune mère et de ses enfants ; un montage représentant une faucille et un marteau auxquels on avait adjoint une tête de mort, avec cette légende : « Le communisme, c'est ça. » Hier, Barbara avait demandé à sœur Inmaculada si ces affiches n'effrayaient pas les enfants, et la grande femme avait secoué la tête d'un air triste.

« Presque tous ces enfants viennent de familles de rouges. Il faut leur rappeler qu'ils ont vécu dans l'ombre du diable. Sinon, comment leurs petites âmes pourront-elles être sauvées ? »

Une badine passée sous la ceinture de son habit, sœur Inmaculada finissait de procéder à l'appel quand Barbara arriva dans la cour centrale, sa voix claire et haut perchée résonnant entre les murs du cloître. Cinquante garçons et filles âgés de six à douze ans se tenaient alignés en rangs devant elle. Relevant les yeux de son registre, elle leur cria « Rompez ! », puis leva le bras pour faire le salut fasciste. « *¡ Viva Franco!* » Les enfants reprirent la phrase en un chœur manquant d'unité, agitant vaguement le bras de haut en bas. Barbara se remémora le concert, et Franco réprimant un bâillement. Elle se dirigea vers l'infirmerie, sur la porte de laquelle on avait peint l'inscription : « L'Espagne reconquise pour le Christ ! »

Sa première tâche de la journée consistait à vérifier l'état de santé des enfants nouvellement admis, pour voir si certains d'entre eux devaient être envoyés chez le médecin. Dans la petite salle glaciale meublée de lits en fer, où des instruments en acier étaient accrochés aux murs, l'attendait son assistante, la *señora* Blanco.

C'était une cuisinière retraitée, une *beata* – une vieille femme qui consacrait sa vie à la religion. Ses cheveux gris étaient coiffés en boucles serrées et elle portait un tablier marron ; son visage joufflu était ridé et semblait de prime abord bienveillant.

« *Buenas tardes, señora* Forsyth. J'ai mis de l'eau à chauffer.

— Merci, *señora*. Combien en avons-nous, aujourd'hui ?

— Seulement deux, que les *civiles* nous ont amenés. Un garçon qu'on a surpris en train de cambrioler une maison, et une fillette à l'état sauvage. » Elle secoua la tête d'un air de pitié hypocrite.

Barbara se lava les mains. Les enfants qui arrivaient ici étaient souvent de vrais sauvageons, vivant d'aumônes et de rapines. La mendicité était devenue un véritable fléau, et quand les policiers attrapaient des petits vagabonds ils les conduisaient directement chez les religieuses.

La *señora* Blanco agita une clochette et une religieuse fit entrer un garçonnet aux cheveux roux, âgé d'environ huit ans, vêtu d'un manteau brun et graisseux trop grand pour lui. Sœur Teresa était jeune, avec un visage carré de paysanne. « On l'a surpris en train de voler, cet animal, dit-elle d'un ton de réprimande.

— Quel méchant garçon, dit la *señora* Blanco d'un air chagrin. Déshabille-toi, petit, l'infirmière va t'examiner. » L'enfant obéit avec une expression renfrognée ; il avait les côtes saillantes, les bras pareils à des allumettes. Il baissa la tête pendant que Barbara le palpait. Il sentait la sueur et l'urine, et sa peau était aussi froide que celle d'un poulet plumé.

« Il est très maigre, dit-elle à voix basse. Et il a des

poux, bien sûr. » Elle remarqua une longue entaille, rouge et suintante, sur le poignet du garçon. « C'est une vilaine coupure, *niño.* Comment t'es-tu fait ça ? s'enquit-elle d'une voix douce.

— C'est un chat, murmura l'enfant en levant vers elle de grands yeux terrifiés. Il est entré dans ma cave. J'ai essayé de l'attraper et il m'a griffé.

— Méchant chat, dit Barbara en souriant. Nous allons mettre un peu de pommade là-dessus. Et puis, nous te donnerons à manger, qu'en dis-tu ? Est-ce que cela te plairait ? »

Le garçon hocha la tête.

« Quel est ton nom ? reprit Barbara.

— Ivan, *señora.*

— Qui t'a donné ce nom ? demanda la *señora* Blanco, les lèvres pincées.

— Mes parents.

— Où sont tes parents, à présent ?

— Les *civiles* les ont emmenés.

— Ivan est un vilain nom, un nom russe, ne le sais-tu pas ? Les sœurs t'en trouveront un plus convenable. »

Le garçon courba la tête sans répondre.

« Je pense que ce sera tout », dit Barbara. Elle écrivit quelques lignes sur une fiche et la tendit à la *señora* Blanco, qui emmena le garçonnet. Sœur Teresa sortit par l'autre porte pour aller chercher le deuxième enfant. La *beata* revint au bout d'un instant, en s'essuyant les mains sur son tablier. « Seigneur, qu'il sentait mauvais ! » s'écria-t-elle.

Il y eut un bruit de bousculade à l'extérieur. Barbara entendit des hurlements perçants, et la porte s'ouvrit à la volée, laissant apparaître sœur Teresa traînant une fillette brune d'environ onze ans, d'une maigreur squelettique et qui se débattait avec frénésie. Avec son visage cramoisi de colère et sa coiffe de travers, la religieuse avait l'air d'une ivrogne.

« *Madre de Dios*, elle se débat comme un cochon qu'on égorge, dit sœur Teresa en enserrant avec force les bras de l'enfant pour l'immobiliser. Arrête, ou tu vas recevoir des coups de baguette ! Elle a le diable au corps, celle-là. Elle vivait dans une maison abandonnée à Carabanchel, les *civiles* ont dû la pourchasser dans toute la rue. »

Barbara se pencha vers la fillette. Celle-ci haletait, les lèvres retroussées sur des dents gâtées, les yeux écarquillés de terreur. Elle portait une robe bleue crasseuse et serrait contre elle un petit âne en peluche, si sale et déchiré qu'il était à peine identifiable.

« Comment t'appelles-tu ? lui demanda Barbara avec douceur.

— Vous êtes une religieuse ? s'enquit la petite d'une voix étranglée.

— Non, je suis infirmière. Je veux simplement t'examiner pour voir si tu as besoin d'un médecin.

— Laissez-moi partir, dit la fillette en levant vers elle des yeux implorants. Je ne veux pas qu'on me transforme en soupe.

— Quoi ?

— Les religieuses font de la soupe avec les enfants, pour nourrir les soldats de Franco. S'il vous plaît, s'il vous plaît, laissez-moi partir ! »

Sœur Teresa se mit à rire. « On voit bien par qui elle a été élevée.

— Ce sont des mensonges inventés par les rouges, renchérit la *señora* Blanco d'un air sévère. Tu devrais avoir honte de dire des choses pareilles. À présent, déshabille-toi, que l'infirmière t'examine. Et donne-moi ça ! » ordonna-t-elle en tendant la main vers l'âne en peluche. Mais la fillette serra le jouet plus fort contre elle, et le visage de la *beata* s'empourpra de rage.

« Donne-moi ça. Ne me nargue pas, petite rouge ! » La vieille empoigna l'âne et tira avec force. Le tissu se déchira, répandant la bourre de laine qui se trouvait à l'intérieur. La *señora* Blanco perdit l'équilibre et la fillette détala en hurlant. Elle alla se cacher sous un lit, appuyant contre son visage la tête de l'âne, tout ce qui lui restait du jouet, et sanglotant bruyamment. La *beata* jeta les lambeaux à terre, en grommelant : « Sale petite garce, je…

— Taisez-vous ! » lui lança Barbara. La vieille prit un air outragé. Sœur Teresa croisa les bras, observant la scène d'un air intéressé. Barbara s'agenouilla près du lit.

« Je suis désolée, murmura-t-elle à la fillette. C'était un accident. Peut-être pourrais-je réparer ton *burro*.

— Fernandito, Fernandito, pleurnicha l'enfant en frottant la tête du jouet contre sa joue. Elle l'a tué !

— Donne-le-moi, je le recoudrai, je te le promets. Comment t'appelles-tu ? »

La petite fille la dévisagea d'un œil suspicieux, comme si elle n'était pas habituée à une telle gentillesse. « Carmela, chuchota-t-elle. Carmela Mera Varela. »

Barbara eut l'impression de recevoir un coup dans l'estomac. Mera ! C'était le nom des amis de Bernie, et ils vivaient à Carabanchel. Elle se rappela ses visites là-bas, trois ans plus tôt – le père, un colosse débonnaire, la mère épuisée, le garçon tuberculeux, et une petite fille, qui devait avoir huit ans à l'époque…

« As-tu… as-tu une famille ?

— Il y a eu une grosse bombe, répondit-elle en

secouant la tête. Après, j'ai trouvé une cave vide, pour Fernandito et moi. » Elle se remit à pleurer, des pleurs étouffés emplis de désespoir.

Barbara voulut la prendre dans ses bras, mais la fillette se dégagea, pleurant toujours. Barbara se releva.

« Seigneur, elle doit vivre seule dans la rue depuis des années », soupira-t-elle. Elle savait qu'elle ne devait pas révéler qu'elle la connaissait, qu'elle connaissait sa famille – une famille de rouges.

« Peut-être pourrions-nous la faire sortir de là ? » s'enquit froidement la *señora* Blanco.

Barbara s'accroupit de nouveau. « Carmela, je te promets que les religieuses ne te feront pas de mal. Elles vont te nourrir, te donner des vêtements chauds. Tout ira bien si tu fais ce qu'elles te disent, mais elles vont se fâcher si tu ne sors pas de là. Si tu obéis, je te promets que je recoudrai ton *burro*. Mais il faut que tu sortes. »

Cette fois, la fillette laissa Barbara l'extraire de sa cachette avec douceur. « Bien, Carmela. Maintenant, reste tranquille, et enlève ta robe afin que je puisse te regarder. Oui, c'est ça, donne-moi Fernandito, je vais m'occuper de lui. »

Les bras et les jambes de l'enfant étaient couverts d'eczéma, et Barbara se demanda comment elle avait pu survivre. « Elle est gravement sous-alimentée. Comment trouvais-tu de quoi manger, Carmela ?

— Je mendie, répondit-elle, une lueur de défi dans les yeux. Je prends des choses.

— Viens, ordonna sœur Teresa avec brusquerie. Rhabille-toi, nous allons effectuer les formalités d'inscription. Et arrête ta comédie. Tu auras à manger si tu te tiens bien, sinon, ce sera la baguette. »

L'enfant remit sa robe, et la religieuse l'empoigna

fermement par l'épaule de sa main rouge et dodue. Tandis qu'elle l'emmenait, Carmela se retourna et lança à Barbara un regard éperdu. « Je rapporterai Fernandito dans un jour ou deux, c'est promis », lui cria Barbara, avant que la porte ne se referme.

La *señora* Blanco émit un reniflement de dédain. « Cette saleté. » Elle se pencha pour ramasser les bouts de laine qui s'étaient échappées du jouet, et en fit une boule serrée qu'elle jeta dans une corbeille à papier, en même temps que les morceaux de tissu qui formaient le corps de l'âne. Barbara s'avança d'un pas déterminé et repêcha les débris pour les fourrer dans sa poche.

« Je lui ai promis de le réparer. »

La *beata* renifla de nouveau. « Cet objet répugnant ? On ne l'autorisera pas à le garder, de toute façon. » Elle se rapprocha de Barbara, étrécissant les yeux. « *Señora* Forsyth, en toute charité, je me demande si vous êtes vraiment faite pour ce travail. Nous ne pouvons pas nous permettre de nous montrer sentimentaux, dans l'Espagne d'aujourd'hui. Peut-être devriez-vous en discuter avec sœur Inmaculada. » Et, avec un signe hautain de sa tête frisottée, elle sortit dignement de la pièce.

Chez elle, cet après-midi-là, Barbara tenta de rapiécer l'âne. L'étoffe était sale et graisseuse, et il lui fallut beaucoup de temps pour remettre le rembourrage en place et lui rendre une forme passable. Elle utilisa son fil le plus solide, en doutant toutefois que les coutures résistent bien longtemps aux manipulations incessantes de l'enfant. Elle n'arrêtait plus de penser à Carmela. Était-elle vraiment la fille des amis de Bernie ? Les autres membres de la famille étaient-ils tous morts ?

Quand elle eut terminé, elle posa l'âne sur la

cheminée, assez satisfaite de son travail. Elle se versa un gin tonic, alluma une cigarette et contempla le jouet. Il avait l'expression humble et patiente des vrais ânes.

À sept heures, Sandy rentra et se réchauffa les mains devant le feu en lui adressant un sourire. Elle ne s'était pas donné la peine d'allumer la suspension et, hormis la flaque de lumière émanant de la lampe de bureau, la pièce était plongée dans l'obscurité.

« Il fait bon, ici, après le froid du dehors », déclara Sandy. Ses yeux se posèrent sur l'âne et il s'exclama, surpris : « Qu'est-ce que c'est que ça ?

— C'est Fernandito.

— Qui ça ?

— Il appartient à une fillette de l'orphelinat. Il a été déchiré par accident.

— Tu ne devrais pas trop t'impliquer auprès de ces enfants.

— Je croyais que mon travail là-bas pouvait t'être utile. Te faire bien voir de la *marquesa* », répliqua Barbara, en se versant une autre dose de gin. Sandy la regarda d'un air effaré.

« Combien en as-tu bu ?

— Un seul. Tu en veux un ? »

Sandy prit un verre et s'assit en face d'elle. « Je revois Harry Brett après-demain. Je pense être en mesure de le convaincre de s'associer à mon projet.

— Ne l'embarque pas dans une affaire louche, pour l'amour du ciel. Cela ne lui plairait pas du tout. De plus, il travaille à l'ambassade, il doit faire très attention.

— Je lui donne simplement l'occasion de faire un bon investissement, rien de plus, rétorqua Sandy en fronçant les sourcils.

— Si tu le dis… » Elle ne lui parlait jamais sur ce

ton, d'habitude, mais ce soir elle se sentait déprimée, exténuée.

« Tu ne parais pas t'intéresser beaucoup à Harry, reprit Sandy. Je croyais pourtant qu'il t'avait été d'un grand secours, quand Piper a cassé sa pipe. »

Elle le dévisagea en silence. L'espace d'un instant, elle crut voir une étincelle mauvaise dans ses yeux, un éclair de colère et de cruauté. Dans la lueur des flammes, ses traits lourds étaient ceux d'un homme âgé, miné par la débauche. Il se tortilla sur son siège, puis sourit.

« Je lui ai dit que tu te joindrais à nous pour le café, après le repas. Rien que nous trois.

— Entendu.

— Drôle de type, ce Harry, poursuivit-il d'un ton pensif. Parfois, on ne sait pas ce qu'il pense. Il prend un air méditatif, et on devine qu'il rumine quelque chose.

— Je l'ai toujours trouvé d'une grande franchise. Veux-tu que j'allume ? »

Il leva vers elle ses yeux noirs et scrutateurs. « Qu'est-ce que tu as, ces temps-ci, Barbara ? Je croyais que ce travail te remonterait le moral, mais tu es plus morose que jamais. »

Elle le contempla. Il ne paraissait pas soupçonneux, seulement irrité. « Si tu voyais ce que je vois à l'orphelinat, tu serais morose, toi aussi. Ou peut-être pas, soupira-t-elle.

— Il faut que tu te reprennes. J'ai suffisamment de soucis, en ce moment.

— Je suis fatiguée, Sandy, c'est tout.

— Tu te laisses aller, regarde-moi ce vieux pull-over !

— Je l'ai mis pour aller à l'orphelinat.

— Eh bien, tu n'es plus à l'orphelinat, maintenant,

n'est-ce pas ? Tu as la même allure négligée que tu avais lors de notre première rencontre. Tu as besoin d'une mise en plis. Je comprends pourquoi les filles de ta classe t'appelaient Frisette. Et tu t'obstines à porter ces lunettes… »

Barbara sentit la colère et la douleur monter en elle avec tant de force qu'elle en fut étonnée. Très rarement, quand elle le contrariait, Sandy lui lançait ces piques sarcastiques. Il avait l'art de toucher les points vulnérables. Elle se leva et, maîtrisant avec difficulté le tremblement de sa voix, déclara : « Je monte me changer. »

Sandy lui décocha son sourire séducteur. « À la bonne heure. J'ai des documents à examiner, dis à Pilar que nous dînerons à huit heures. »

En gravissant l'escalier, elle se dit résolument : quand j'aurai fait évader Bernie, je rentrerai en Angleterre, loin de cet horrible endroit, loin de lui.

Luis n'était pas encore là quand elle arriva devant le café, le lendemain, par un après-midi gris et froid. Elle regarda par la fenêtre et ne vit que quelques clients accoudés au comptoir. Elle entra et commanda un café. La grosse tenancière la dévisagea d'un air calculateur. « Un autre rendez-vous, *señora* ? » s'enquit-elle en lui faisant un clin d'œil. Barbara rougit et ne répondit pas.

« Votre *amigo* est beau garçon, *señora, sí* ? Voici votre café. »

Barbara remarqua un couple âgé assis à une table. Ils étaient déjà là la dernière fois, se dit-elle en s'installant à sa place habituelle. Elle alluma une cigarette et les observa. Ils ne ressemblaient pas à des espions, seulement à deux pauvres vieux passant leur temps dans un café parce qu'il y faisait chaud. Elle but une gorgée du breuvage qui avait un goût d'eau sale. Elle attendit dix minutes, de plus en plus anxieuse, avant que Luis n'apparaisse, à bout de souffle. Il s'excusa profusément, alla commander un café et revint s'asseoir près d'elle.

« *Señora*, je suis désolé, *discúlpeme*. J'ai déménagé et…

— Aucune importance. Avez-vous des nouvelles ? »

Il hocha la tête et se pencha vers elle avec empressement. « Oui. Nous avons fait des progrès. Agustín s'est fait affecter à la surveillance de l'équipe qui travaille à la carrière. Le soir venu, votre ami devra demander à aller aux latrines, en disant qu'il a… la diarrhée, expliqua-t-il avec une toux embarrassée. Puis il frappera Agustín sur la tête, lui prendra sa clé pour ouvrir ses fers et s'enfuira.

— Ils leur mettent des fers ? » s'exclama Barbara, bien qu'elle n'en fût pas surprise. C'était l'une des horreurs qu'elle s'était imaginées concernant le traitement des prisonniers.

« Pour aller aux toilettes, toujours. »

Barbara réfléchit un instant avant d'acquiescer. « Très bien », dit-elle en allumant une nouvelle cigarette. Elle lui tendit le paquet et reprit : « Quand prévoyez-vous de faire ça ? Plus nous attendrons, plus le risque sera important, et pas seulement à cause de la situation politique. Je ne supporte plus de vivre ainsi, mon… mari s'est rendu compte que je ne suis plus moi-même. »

Luis s'agita sur son siège, mal à l'aise. « Il y a un problème, je le crains. Agustín doit partir trois semaines en permission, à compter de la semaine prochaine. Il ne rentrera pas avant le début de décembre. Il faudra attendre jusque-là.

— Mais c'est dans un mois ! Ne peut-il pas changer la date de sa permission ?

— *Señora*, je vous en prie, ne parlez pas si fort. Cela paraîtrait louche qu'Agustín annule la permission qu'il a demandée depuis des mois, et qu'il soit justement de garde le jour de l'évasion.

— C'est très ennuyeux. Et si l'Espagne entrait en guerre dans l'intervalle, et que je sois obligée de partir ?

— On parle d'entrer en guerre depuis le mois de juin, et rien ne s'est passé, même après la rencontre entre le Caudillo et Hitler. Ce sera fait dès que possible après le retour d'Agustín, *señora*, je vous le promets. Et ce sera plus facile quand la nuit tombera plus tôt, l'obscurité aidera votre ami à s'échapper.

— Il s'appelle Bernie. Bernie. Pourquoi n'utilisez-vous jamais son prénom ?

— Bien sûr. Bernie, oui. »

Elle réfléchit de nouveau. « Comment pourra-t-il arriver à Cuenca sans se faire repérer ? Il sera en tenue dc prisonnier.

— C'est une région montagneuse et peu habitée, jusqu'à la gorge de Cuenca, il n'aura aucun mal à se cacher. Et il y a un endroit à Cuenca où vous pourrez le retrouver. Agustín se chargera de tout organiser.

— À quelle distance de Cuenca le camp se trouve-t-il ?

— Environ huit kilomètres. *Señora*, votre Bernie est aussi robuste que les autres prisonniers. Ils sont habitués à travailler dur et à marcher longtemps dans le froid. Il y arrivera.

— Est-il au courant ? Sait-il que… que j'essaie de l'aider ?

— Pas encore, ce ne serait pas prudent. Agustín lui a

seulement dit que des temps meilleurs viendraient pour lui, et il veille sur lui.

— Il ne pourra pas veiller sur lui pendant qu'il sera à Séville.

— Il n'y a pas moyen de faire autrement. Je suis désolé, mais on n'y peut rien.

— D'accord », soupira-t-elle, en se passant une main sur le visage. Comment allait-elle pouvoir endurer les semaines à venir ?

« Tout est arrangé, maintenant, *señora*, reprit Luis, en lui lançant un regard éloquent. Nous étions convenus que je recevrais la moitié de l'argent quand tout aurait été organisé.

— Pas tout à fait, rétorqua Barbara. J'ai dit que je vous paierai la moitié de la somme quand nous aurions arrêté un plan. C'est-à-dire quand je saurai exactement comment et *quand* cela aura lieu. »

Elle vit une lueur de colère s'allumer dans ses yeux. « Mon frère va devoir se faire assommer pour de bon par votre ami, s'il veut qu'on croie à son histoire. Puis il devra rester là-haut sur la Tierra Muerta pendant des heures, peut-être, pour lui laisser le temps de s'enfuir. Il y a déjà de la neige sur les sommets.

— Quand je connaîtrai la date, Luis, répéta-t-elle en fixant sur lui un regard dur. Pas avant.

— Mais… »

Il s'interrompit brusquement. Deux *civiles* venaient d'entrer dans le café, leur bicorne et leur cape luisant comme des carapaces d'insecte dans la lumière. Des pistolets dépassaient des étuis jaunes accrochés à leur ceinture. Ils se dirigèrent vers le comptoir.

« *¡Mierda!* » marmonna Luis. Il fit mine de se lever, mais Barbara lui posa une main sur le bras.

« Asseyez-vous. Que penseraient-ils s'ils nous voyaient détaler à leur arrivée ? »

Il se rassit. La grosse femme servit un café aux gardes civils, en faisant un commentaire sur le temps.

« Oui, il fait trop froid pour rentrer directement à la maison après le travail, *señora* », répondit l'un d'eux. Ils prirent leurs tasses et allèrent s'installer à une table. L'un d'eux regarda Barbara avec curiosité, et murmura quelque chose à son collègue. Ils s'esclaffèrent bruyamment.

« Venez, *señora*, partons maintenant, insista Luis, se tortillant d'angoisse sur son siège.

— D'accord. Mais sans nous presser. » Ils se levèrent et sortirent. Tous deux poussèrent un soupir de soulagement en se retrouvant sur le trottoir.

« Je suis déçu, au sujet de l'argent, *señora*, reprit Luis d'un ton boudeur. Il y a des choses qui échappent à mon contrôle, voyez-vous. »

Avait-il déménagé en comptant sur cet argent ? se demanda Barbara. Eh bien, tant pis pour lui.

« Quand je connaîtrai la date, vous recevrez votre dû. »

Luis haussa les épaules, d'un geste agacé. « Je retourne à Cuenca à la fin de la semaine, pour voir Agustín avant son départ pour Séville. Nous pouvons nous retrouver ici dans une semaine. » Puis, à la surprise de Barbara, il lui serra la main, avec son habituelle solennité, tourna les talons et disparut dans la grisaille. Des semaines encore à attendre, songea-t-elle en serrant les poings, des semaines à supporter cela... En s'éloignant, elle évita de regarder les *civiles* par la vitre, mais vit les deux vieux se tasser sur leurs sièges, visiblement effrayés. Eux aussi ont peur de la police, se dit-elle, rassurée. Ce ne sont pas des espions.

25

Déjà, la première neige était tombée sur les pics de la sierra Valdemeca, loin vers le nord-est. Ce matin-là, pour la première fois, il y avait une croûte de givre blanchâtre sur le sol de la cour, une pellicule de glace sur les flaques. Le soleil matinal colora de rose la neige des cimes lointaines, et Bernie s'émerveilla de la beauté du paysage, bien qu'il grelottât dans sa combinaison de coutil en attendant l'appel.

À côté de lui, Vicente se moucha dans sa manche et grimaça en regardant la traînée de mucus jaune vif. Il se passait quelque chose d'anormal avec son nez, à présent ; sa tête lui faisait atrocement mal et cet écoulement répugnant ne s'arrêtait pas.

Aranda émergea de sa baraque, portant une épaisse capote et des gants. Il s'avança vers l'estrade, ôta ses gants et souffla sur ses mains, en promenant sur les prisonniers un regard courroucé. Un vent glacial se mit à souffler des montagnes, ébouriffant les cheveux des détenus de ses doigts brutaux, tandis qu'Aranda commençait à égrener les noms de sa voix vibrante. Il y avait une demi-douzaine de nouveaux arrivants, des républicains qui avaient fui vers la France à la victoire de Franco, et que les nazis avaient expulsés vers l'Espagne. Ils contemplaient leur nouvelle prison d'un air dépourvu d'intérêt. L'un d'eux avait annoncé que le leader catalan, Companys, avait été renvoyé à Madrid, où il avait été fusillé.

Pendant le petit déjeuner, dans le réfectoire, Bernie s'assit à la table où se trouvaient quelques-uns des communistes. Pablo, l'ancien mineur des Asturies, lui fit une place. « *Buenos días, compañero. ¿ Hoy hace frío, no ?*

— Très froid. L'hiver commence tôt, cette année. »

Bernie plongea avidement sa cuillère dans le brouet de pois chiches aqueux. De l'autre bout de la table, Establo lui lança un regard mauvais. Sa gale avait encore empiré, son visage était marqué de sillons rouges aux endroits où il s'était gratté. Sur son poignet, un coin de peau rouge et durcie indiquait que la maladie avait atteint le stade croûteux, et que les parasites avaient creusé sous l'épiderme des tunnels remplis d'œufs et de larves.

« *Compadre Piper*, tu as décidé de te joindre à nous aujourd'hui ?

— Tu sais que j'aime changer de place, *compadre*, c'est le meilleur moyen d'avoir des informations.

— Et quelles informations as-tu recueillies ? s'enquit Establo en le scrutant de ses yeux gris et durs.

— L'un des gardes a dit à Guillermo que la pierre de la carrière est destinée à un monument que Franco construit dans la sierra de Guadarrama. Apparemment, il a l'intention d'en faire son tombeau, les travaux dureront vingt ans.

— S'ils le construisent dans la Guadarrama, grommela Establo, pourquoi prennent-ils le calcaire ici ?

— Parce qu'il convient mieux pour les parties ornementales du monument, d'après Guillermo.

— Ça m'a tout l'air d'être de la propagande. Les gardes nous racontent ces histoires pour nous faire croire que Franco est au pouvoir pour toujours. Tu devrais analyser un peu ce qu'on te dit, *compadre*.

— C'est ce que je fais toujours, *compadre* Establo », répliqua Bernie en lui rendant son regard. Avec son crâne chauve et ovoïde et les plis sur son cou formant des sortes de caroncules, il lui faisait penser aux lézards qu'on voyait détaler entre les rochers, en été. Establo lui sourit avec froideur.

« J'espère que tu analyses particulièrement ce que te dit ce bourgeois de Vicente.

— Oui. Et il analyse ce que je lui dis.

— Tu travailles toujours dans la carrière ? s'enquit Pablo, sentant qu'il valait mieux changer de sujet.

— Oui, toute la semaine. J'aimerais mieux être affecté aux cuisines, comme toi. »

Le garde donna un coup de sifflet. « Allez, dépêchez-vous de finir. C'est l'heure d'aller au travail ! »

Bernie engloutit en hâte la dernière cuillerée et se leva. Establo grattait la croûte sur son poignet, en grimaçant.

Les prisonniers s'assemblèrent en longues files dans la cour. Le soleil s'était levé sur les collines brunes et dénudées, à présent, et il faisait un peu moins froid ; la glace couvrant les flaques commençait à fondre. On ouvrit les grilles et l'équipe de Bernie sortit du camp en colonne par deux, surveillée par des gardes armés postés à intervalles réguliers. Le sergent Ramírez remonta lentement la colonne, l'air maussade, dévisageant les prisonniers un à un. C'était un gros homme d'une cinquantaine d'années, avec une moustache grise et peu fournie, un visage rouge et un nez bulbeux d'ivrogne. Malgré son aspect décrépit, il était dangereux, bouillonnant d'une haine toujours prête à déborder. C'était un vieux soldat de métier, et ceux-là étaient souvent les plus cruels ; les conscrits, quant à eux, préféraient accomplir leur temps sans s'attirer de problèmes. Le fouet qu'il portait toujours à sa ceinture formait un renflement visible sous sa capote. Parvenu en tête de la file, il donna un coup de sifflet, et la procession s'ébranla vers les collines.

C'était une marche d'à peu près cinq kilomètres. La Tierra Muerta portait bien son nom. C'était un lieu aride et caillouteux, avec quelques rares champs abrités par des chênes nains au creux des vallons. Les prisonniers passèrent devant une famille de paysans labourant le sol pierreux au moyen d'une charrue à soc tirée par un bœuf. Ils ne levèrent pas les yeux au passage de la colonne ; par une convention tacite, les détenus étaient invisibles.

Un peu plus loin, ils parvinrent au sommet d'une colline, et Ramírez siffla de nouveau pour ordonner la pause. Vicente s'affala sur un gros rocher. Son visage était blême et sa respiration hachée. Bernie jeta un regard en direction du garde le plus proche et fut surpris de constater que c'était Agustín, celui qui lui avait fait cette étrange remarque après sa visite au psychiatre, la semaine précédente.

« Je vais mal aujourd'hui, Bernardo, dit Vicente. J'ai l'impression que ma tête va exploser.

— Molina sera de retour la semaine prochaine, les choses redeviendront plus faciles pour toi. Nous allons rester ensemble, tu pourras te reposer, ajouta-t-il en se penchant vers son compagnon.

— Tu es bien trop bon envers un vicux bourgeois comme moi, plaisanta l'avocat, son front ridé emperlé de sueur. Je commence à me demander : à quoi bon continuer à lutter ? Les fascistes finiront par nous tuer tous. C'est ce qu'ils veulent, nous tuer au travail.

— Ils seront vaincus un jour. Nous devons tenir bon.

— Ils ont triomphé partout. Ici, en Pologne, en France. Bientôt, ce sera le tour de l'Angleterre. Et Staline a signé un pacte de non-agression avec Hitler, parce qu'il en a peur.

— Le camarade Staline a signé ce pacte pour gagner du temps. » C'était ce qu'Establo avait déclaré quand les gardes leur avaient appris la nouvelle. Bernie n'admettait pas l'idée que cette guerre contre le fascisme fût désormais présentée comme une guerre entre deux puissances impérialistes. C'était d'ailleurs à ce moment qu'il avait commencé à remettre en cause la ligne du parti.

« Le camarade Staline », répéta Vicente, avec un rire caverneux qui se mua en toux.

Dans le lointain, là où la Tierra Muerta s'estompait sur l'horizon brumeux, Bernie aperçut soudain une chose extraordinaire. Au-dessus d'une couche de brouillard blanc se dressait une falaise sur le bord de laquelle étaient perchées des maisons dont les fenêtres miroitaient sous le soleil. Elles paraissaient incroyablement proches et avaient l'air de flotter sur la brume. C'était une illusion d'optique due à la lumière, comme les mirages dans le désert. Bernie poussa doucement son compagnon du coude. « Regarde, *amigo*, ce spectacle ne vaut-il pas la peine de rester en vie ? Ce n'est pas si souvent qu'on a la chance de voir ça.

— Je ne vois rien, je n'ai pas mes lunettes, répondit Vicente en plissant les yeux. Est-ce qu'on aperçoit Cuenca, aujourd'hui ?

— Oui, et même les maisons suspendues. Elles semblent posées sur le brouillard qui s'élève de la gorge. C'est une vision qui a l'air tout droit sortie d'un autre monde », soupira Bernie.

En tête de la colonne, Ramírez donna un coup de sifflet. « En marche ! » cria Agustín. Bernie aida Vicente à se relever. Le garde vint se placer à côté d'eux, et Bernie s'aperçut qu'il l'observait à la dérobée. Il se demanda si le jeune homme en voulait à son cul – ce genre de choses arrivait fréquemment, dans les camps de prisonniers.

La carrière était une immense cuvette ronde creusée au flanc de la colline. Au cours des dernières semaines, ils avaient travaillé là chaque jour, détachant de gros blocs de calcaire et les brisant en morceaux plus petits avant de les charger dans des camions. Bernie se demanda si l'histoire sur le mausolée de Franco était véridique ; parfois, tout comme Vicente, il se disait que ce travail n'était qu'un prétexte pour les tuer à petit feu.

Agustín et un autre garde firent un feu à côté de l'appentis qui avait été érigé à l'entrée de la carrière, mais au lieu d'aller s'y réchauffer comme l'aurait fait Molina, Ramírez alla se camper sur un tas de pierres, mains derrière le dos, tandis qu'un des gardes installait le fusil-mitrailleur. D'autres entreprirent de distribuer les pelles et les pioches rangées dans l'appentis. Il n'y avait aucun risque que les prisonniers s'en servissent pour les attaquer : le fusil-mitrailleur les aurait aussitôt taillés en pièces.

Bernie et Vicente se postèrent devant un tas de pierres à demi dissimulé par un contrefort. Bernie commença à casser les blocs à l'aide de sa pioche, tandis que son compagnon triait les morceaux à gestes lents. Ils travailleraient ainsi jusqu'au coucher du soleil, avec seulement une courte pause à midi. Au moins les jours étaient-ils plus courts à présent ; en été, les journées de travail duraient treize heures. Partout autour d'eux résonnaient les claquements secs du métal contre la pierre.

Au bout d'une heure, Vicente chancela et s'assit pesamment. Il se moucha de nouveau, maculant sa manche d'un filet de pus et gémit de douleur. « Je n'en peux plus. Appelle le garde.

— Repose-toi un peu, ça va aller.

— C'est trop dangereux, Bernardo. On doit appeler les gardes quand quelqu'un est malade.

— Tais-toi donc, espèce de bourgeois. »

Vicente resta assis, pantelant, et Bernie se remit à la tâche, l'oreille tendue, guettant un éventuel bruit de pas. Ses pieds lui faisaient mal, dans ses vieilles bottes craquelées, et il éprouvait les premiers symptômes de la soif, sa langue se promenant sans fin dans sa bouche en quête d'un peu d'humidité.

Le soldat surgit trop soudainement pour qu'il eût le temps de prévenir Vicente. C'était Rodolfo, un vétéran des guerres marocaines.

« Que fais-tu ? hurla-t-il. Toi, là, debout ! »

Vicente se redressa sur ses jambes tremblantes, et Rodolfo se tourna vers Bernie, l'air furieux.

« Pourquoi le laisses-tu tirer au flanc ? C'est du sabotage.

— Il s'est brusquement senti mal, *señor cabo*, j'étais sur le point de vous appeler. »

Rodolfo tira son sifflet de sa poche et souffla avec force. Vicente courba les épaules, accablé de désespoir.

Précédé d'un crissement de bottes, Ramírez apparut, bientôt suivi d'Agustín. Le sergent foudroya du regard les deux prisonniers.

« Qu'est-ce qui se passe ici, bordel ? »

Rodolfo étendit le bras pour faire le salut fasciste. « J'ai surpris l'*abogado* assis à ne rien faire, et l'*Inglés* le regardait.

— Je vous en prie, *señor sargento*, implora Vicente, je me suis senti mal, et Piper était sur le point d'appeler un garde.

— Tu te sentais mal, hein ? » fulmina Ramírez, les yeux exorbités de rage, en giflant violemment Vicente de sa main gantée. Le son se répercuta dans la carrière, pareil à une détonation, et l'avocat s'écroula. Ramírez se tourna vers Bernie.

« Tu l'as laissé tirer au flanc, n'est-ce pas ? Salopard d'Angliche communiste ! Tu fais partie de ceux qui refusent de s'avouer vaincus, hein ? Une journée sur la croix te fera du bien. » Il se tourna vers Rodolfo, qui hocha la tête avec un sourire sinistre. Bernie serra les lèvres, songeant à la douleur que ce simulacre de crucifixion ne manquerait pas de réveiller dans son épaule, qui lui faisait déjà mal au bout d'une journée de travail. Il plongea son regard dans celui de Ramírez, et ce dernier dut y lire quelque chose qui lui déplut. Rapide comme l'éclair, il leva son fouet et lui en cingla le cou. Bernie poussa un cri et chancela en portant la main à son épaule. Quand il la retira, elle dégoulinait de sang.

Agustín s'avança et effleura craintivement le bras de Ramírez, qui se retourna vivement.

« Qu'y a-t-il ? demanda-t-il d'un ton irrité.

— *Señor sargento*, le psychiatre est en train d'étudier cet homme, expliqua le garde d'une voix étranglée. Je… je ne crois pas que le *comandante* serait content s'il lui arrivait quelque chose.

— Tu en es sûr ? s'enquit Ramírez en fronçant les sourcils.

— *Por cierto, sargento.* »

Ramírez plissa la bouche en une moue boudeuse, comme un enfant privé de dessert, et acquiesça à contrecœur.

« Très bien. » Il se pencha sur Bernie, lui soufflant au visage une haleine chaude qui empestait l'ail. « Tu es prévenu, en tout cas. Et toi, ajouta-t-il en se tournant vers Vicente, remets-toi au travail. »

Il s'éloigna à grands pas, suivi de Rodolfo. Agustín détala derrière eux, sans le moindre regard pour Bernie.

Ce soir-là, tandis que les prisonniers, allongés sur leur paillasse, attendaient l'extinction des feux, Vicente se tourna vers Bernie. L'avocat avait passé la plus grande partie de la soirée à somnoler.

« Tu vas mieux ? s'enquit Bernie.

— Je me suis reposé un peu, au moins, soupira son ami, le visage hâve et creusé de profonds sillons. Et toi ?

— Ça va, ne t'inquiète pas », répondit Bernie en effleurant la longue entaille sur son cou. Il l'avait nettoyée comme il avait pu, et espérait qu'elle ne s'infecterait pas.

« Que s'est-il passé ce matin ? chuchota Vicente. Pourquoi t'ont-ils laissé tranquille ?

— Je ne sais pas, je me suis creusé la tête toute la journée pour essayer de comprendre. » Au campement, tout le monde s'étonnait de cette clémence, tout à fait inhabituelle de la part de Ramírez. Au dîner, Establo l'avait questionné à ce sujet, d'un ton soupçonneux. « Agustín a dit que j'étais suivi par le psychiatre, mais ce charlatan se fiche complètement de ce qui peut m'arriver.

— Peut-être qu'Agustín veut coucher avec toi ?

— Je me le suis demandé également, mais je ne le pense pas. Il ne me regarde pas de cette façon-là.

— Moi, en revanche, quelqu'un m'a regardé avec convoitise, quand nous sommes rentrés, reprit Vicente à voix basse. Je l'ai vu.

— Le père Eduardo ? Oui, je l'ai vu, moi aussi. »

Bernie avait dû soutenir son camarade pendant le trajet du retour, car celui-ci ne tenait plus sur ses jambes. En traversant la cour, il avait aperçu le jeune prêtre sortant de la salle de classe. L'ecclésiastique s'était arrêté et les avait suivis du regard, tandis qu'ils regagnaient leur baraque en clopinant.

« Il m'a déjà inscrit sur ses tablettes, murmura Vicente. Je ferais une belle prise à ajouter à son tableau de chasse. »

26

Le bureau de Sandy était situé sur une place sordide, bordée de boutiques et de petits entrepôts écoulant des stocks provenant de commerces en faillite. Il pleuvait, une petite pluie fine et froide. Depuis le kiosque où il s'abritait, un vieux marchand de journaux à l'air lugubre regarda Harry traverser la place. En face, des hommes en train de décharger des caisses d'une charrette l'observèrent avec curiosité. Pour autant qu'il pût s'en rendre compte, il n'était plus suivi, mais il ne s'en sentait pas moins surveillé.

Une rangée de sonnettes était nichée dans le linteau d'une lourde porte de bois non peint. Une plaque métallique apposée près de celle du haut portait l'inscription « Nuevas Iniciativas ». Harry sonna et attendit.

Sandy lui avait téléphoné à l'ambassade. « Désolé d'avoir tant tardé à t'appeler, mais, au sujet de cette affaire que je te proposais, pourrions-nous nous retrouver à mon bureau, plutôt qu'au café ? J'ai des choses à te montrer. Barbara nous rejoindra plus tard. »

Harry en avait discuté au cours de la matinée avec Hillgarth et Tolhurst, dans le bureau de ce dernier.

Hillgarth était de bonne humeur, son visage saturnien paraissait plus détendu, irradiant l'autosatisfaction.

« Peut-il s'agir d'or ? avait-il demandé, les yeux luisants.

— Il est resté très vague à ce propos », avait répondu Harry avec circonspection.

Hillgarth avait promené un doigt sur le pli de son pantalon, l'air songeur. « Nous avons entendu dire que Franco essaie de négocier un approvisionnement en vivres auprès des Argentins. Il sera bien obligé de les payer, hein, Tolly ?

— Oui, mon capitaine.

— Quoi qu'il vous offre, avait repris Hillgarth en s'adressant à Harry, je pense que vous devriez mordre à l'hameçon. Non, avait-il rectifié avec un petit rire, ce n'est pas l'expression qui convient : c'est vous l'hameçon, et lui le poisson. Bon, Tolly, donnez-lui l'argent. »

Tolhurst avait ouvert un dossier puis relevé vers Harry des yeux emplis de gravité. « Vous êtes autorisé à faire une offre d'investissement ne dépassant pas deux mille livres, dans toute affaire que vous proposera Forsyth. S'il demande plus, revenez nous consulter. Nous vous fournirons l'argent, mais vous devrez montrer à Forsyth votre propre livret bancaire, pour lui prouver que vous possédez bien ces fonds.

— Je l'ai sur moi », avait répondu Harry en tendant le livret cartonné.

Hillgarth l'avait examiné attentivement. « Il y a beaucoup d'argent.

— J'ai reçu le capital légué par mes parents à ma majorité. Je ne suis pas dépensier.

— Vous devriez profiter davantage de la vie. À votre

âge, j'exploitais une mine d'étain en Bolivie. Que n'aurais-je pas donné à l'époque pour posséder cinq mille livres !

— C'est une bonne chose que Harry ait gardé cet argent, était intervenu Tolhurst. Londres n'aime guère les faux documents bancaires. »

Les grands yeux bruns de Hillgarth étaient restés fixés sur Harry, qui s'était tortillé sur sa chaise, se rappelant soudain qu'il ne leur avait pas parlé d'Enrique. C'était stupide de sa part, mais après tout, quel mal cela pouvait-il faire ?

« Maestre m'a dit que vous avez brisé le cœur de sa fille en ne la rappelant pas depuis votre visite au Prado, avait repris le capitaine.

— Franchement, je préférerais ne pas la revoir », avait avoué Harry, après une brève hésitation.

Hillgarth avait allumé une cigarette en observant Harry par-dessus la flamme de son briquet. « Vous me surprenez, c'est pourtant une gentille petite *señorita.*

— Ce n'est qu'une enfant.

— Dommage. Cette relation aurait pu nous être utile, sur le plan diplomatique. »

Harry n'avait pas répondu. Il mentait déjà à Sandy et à Barbara, était-il nécessaire d'abuser également de la confiance de Milagros ?

« Je suppose que certains estimeraient que vous êtes un agent idéal, Brett, avait poursuivi Hillgarth d'un ton pensif. Totalement incorruptible. Vous n'êtes pas coureur et l'argent ne vous intéresse pas. Et vous n'êtes même pas un gros buveur, n'est-ce pas ?

— Oh, nous avons descendu quelques verres, l'autre soir, avait glissé Tolhurst avec un entrain forcé.

— Pourtant, presque tous les agents sont

corruptibles. Ils cherchent tous quelque chose, ne serait-ce que le frisson de l'excitation. Mais ce n'est pas non plus ce qui vous motive, hein ?

— Je fais cela pour mon pays », avait déclaré Harry. Il était conscient de ce que sa réponse avait de pompeux et de convenu, mais cela lui était égal. « On m'a dit qu'en acceptant cette mission je participerai à l'effort de guerre. C'est une autre façon de faire mon devoir de soldat. »

Hillgarth avait lentement hoché la tête. « D'accord, c'est très bien. La loyauté… avait-il murmuré, songeur. Jusqu'où iriez-vous, par loyauté ? »

Harry avait hésité, mais les manières méprisantes de Hillgarth l'avaient irrité, et poussé à la témérité. « Je ne sais pas, mon capitaine, tout dépend de ce que l'on me demanderait.

— Il pourrait donc y avoir des limites ?

— Tout dépend de ce que l'on me demanderait de faire, avait répété Harry.

— Je doute que Forsyth se fixe des limites. Qu'en pensez-vous ?

— Sandy ne se laisse pas facilement deviner. Je ne sais pas de quoi il est capable… De pratiquement n'importe quoi, sans doute », avait-il rétorqué, après une pause. Tout comme vous, avait-il ajouté in petto.

« L'avenir nous le dira. Pour aujourd'hui, voyez déjà ce qu'il vous propose, dites-lui que vous êtes d'accord, et venez nous faire votre rapport.

— Mais ne sautez quand même pas trop vite sur son offre, Harry, avait conseillé Tolhurst. Ayez l'air un peu sceptique, inquiet pour votre argent. Dites bien que vous avez besoin de tout savoir avant de vous engager.

— Oui, avait approuvé Hillgarth. C'est la meilleure

façon de procéder. Comme ça, vous en apprendrez davantage. »

Une femme grassouillette d'une cinquantaine d'années, avec un visage ridé et des cheveux gris noués en chignon, vint lui ouvrir la porte. « Oui ?

— J'ai rendez-vous avec le *señor* Forsyth. *Señor* Brett. »

Elle lui fit monter une étroite volée de marches puis l'introduisit dans un petit bureau où une machine à écrire trônait sur une table éraflée. Elle frappa à une porte et Sandy apparut, arborant un large sourire. Il portait un élégant costume à rayures avec un mouchoir rouge dans la poche de poitrine.

« Harry ! Bienvenue à Nuevas Iniciativas. » Il sourit à la secrétaire, qui rougit de façon inattendue. « Je vois que tu as fait la connaissance de María, elle fait le meilleur thé de tout Madrid. Deux thés et deux cafés, María. » La femme s'esquiva diligemment, et Sandy fit entrer Harry dans une pièce étonnamment vaste. Une longue table jonchée de cartes et de papiers occupait tout un mur. Harry fut surpris d'y voir également plusieurs boîtes cylindriques en métal luisant, pareilles à d'énormes bouteilles thermos. Au-dessus de la table était accrochée une reproduction d'une peinture du XIXe siècle : une mer tropicale grouillante d'une faune féroce, des reptiles géants s'entre-déchirant de leurs mâchoires sanglantes, tandis que des ptérodactyles tournoyaient au-dessus d'eux. En face, derrière un large bureau en chêne, deux hommes étaient assis, en train de fumer.

« Sebastián de Salas, tu l'as reconnu, bien sûr, dit Sandy.

— *Buenas tardes* », dit de Salas en se levant pour serrer la main de Harry. L'autre homme était petit, le teint jaune, vêtu d'un costume mal coupé. Par comparaison avec l'élégance stricte de son compagnon, il ressemblait à un petit employé mal fagoté.

« Alberto Otero, le cerveau de notre équipe. » Otero se leva et saisit brièvement la main de Harry dans sa paume moite, sans sourire, en posant sur lui un regard dénué d'expression.

« Je vois que tu as remarqué mon tableau, reprit Sandy. *Le Dorsetshire à la préhistoire*, par Henry de la Beche. Peint en 1830, à l'époque des premières études scientifiques sur les dinosaures.

— La représentation est tout à fait erronée, bien entendu, ajouta Otero. Les animaux sont peints de manière grossièrement exagérée.

— Certes, Alberto. Mais imagine ce que les gens ont dû ressentir en apprenant que leur jolie campagne anglaise était autrefois peuplée de reptiles gigantesques », répliqua Forsyth en souriant, avant de prendre place à côté de de Salas. Assis en face d'eux, Harry constata qu'ils portaient tous les trois de fines moustaches identiques – le signe de reconnaissance des phalangistes.

Sandy se cala dans son siège et croisa les bras sur son estomac. « Bien, Harry, tu as de l'argent à investir et nous, nous avons besoin de capitaux supplémentaires pour développer notre projet. Toutefois, Alberto souhaiterait en savoir un peu plus sur les fonds dont tu disposes. Ils sont prudents, ces Espagnols, poursuivit-il avec un clin d'œil. Et ils ont tout à fait raison de l'être, évidemment.

— J'ai une somme assez importante en banque, dit

Harry. Mais je ne veux pas placer trop d'argent dans une seule entreprise. »

De Salas hocha la tête, et Otero conserva son masque impassible. « Puis-je vous demander d'où provient cet argent ? s'enquit-il. Je ne veux pas paraître impertinent, mais il est nécessaire que nous le sachions.

— Certainement. C'est un capital dont j'ai hérité de mes parents, qui sont morts quand j'étais enfant.

— Harry est un vieux bonnet de nuit, expliqua Sandy. Il ne dépense pas grand-chose.

— Où se trouve cet argent ?

— Dans ma banque, en Angleterre, répondit Harry en sortant son livret. « Vous pouvez regarder, cela ne me dérange pas. J'avais pensé que vous me demanderiez des justificatifs. »

Otero étudia le livret, puis reprit : « Et les restrictions sur les changes ?

— Elles ne s'appliquent pas à lui, grâce à son poste à l'ambassade, n'est-ce pas, Harry ?

— Je suis autorisé à investir dans un pays neutre.

— Et vous ne voyez pas d'inconvénient à investir ici ? s'enquit de Salas en souriant. Je pense à la situation politique. Nous n'étions pas d'accord sur ce point, lors de notre dernière rencontre.

— Je soutiens mon pays contre l'Allemagne. Je n'ai aucun grief envers l'Espagne. Comme vous l'avez dit, elle doit se bâtir son propre avenir.

— Du moment qu'il y a de l'argent à gagner, eh *señor* ? s'exclama Sebastián en lui lançant un sourire complice, mais aussi quelque peu méprisant.

— Et si l'Espagne entre en guerre ? insista Otero. À tout le moins, les investissements britanniques dans le pays seraient alors gelés.

— À l'ambassade, tout le monde semble à peu près sûr que Franco ne prendra pas part au conflit. Suffisamment sûr, en tout cas, pour que je prenne le risque. »

Otero hocha de nouveau la tête. « Vos informations sont-elles fiables ? Est-ce l'opinion de l'ambassadeur ? »

Pareils renseignements pouvaient se monnayer à un prix élevé, Harry le savait. « Je vous répète seulement ce que m'ont dit les autres interprètes. Bien entendu, je n'ai pas accès aux dossiers confidentiels, répondit-il, en donnant à sa voix des inflexions hautaines. Et même si c'était le cas, il ne me viendrait pas à l'esprit d'en divulguer un seul mot. Je suis simplement au courant des bruits qui circulent. Les coursiers espagnols doivent probablement en savoir autant que moi.

— Bien sûr, *señor* Brett, se hâta de dire Sebastián, levant la main en un geste apaisant. Pardonnez-moi cette curiosité.

— Harry est loyal envers le roi, fit remarquer Sandy en souriant.

— Si nous vous exposons notre projet, vous devrez vous abstenir d'en parler à qui que ce soit, reprit Otero en scrutant Harry avec intensité.

— Bien entendu.

— Nous n'aimerions pas que notre conversation soit répétée ailleurs – et surtout pas à l'ambassade. Il y a là-bas des gens que cela pourrait intéresser, peut-être ?

— Je ne vois pas pourquoi, si c'est seulement un projet d'entreprise commerciale, répliqua Harry, l'air naïf. Il n'y a rien d'illégal là-dedans, n'est-ce pas ? poursuivit-il, simulant l'inquiétude.

— Loin de là, le rassura Otero. Mais c'est un sujet qui pourrait susciter… un considérable intérêt.

— Je n'en dirai rien à personne, je vous le promets.

— Pas même à Barbara, ajouta Sandy. Parole d'honneur, hein ?

— Bien sûr.

— Sandy nous a parlé de ce code d'honneur entre anciens élèves des *public schools*, intervint Sebastián en souriant.

— Un code que Harry n'enfreindrait pour rien au monde, renchérit Sandy.

— Un code d'honneur, comme celui qui existe entre soldats de la Légion ? poursuivit l'Espagnol.

— Oui, répondit Harry, c'est exact. »

Otero le fixa encore un instant, puis se tourna vers Sandy. « Très bien. Mais ce sera sous ton entière responsabilité, Forsyth.

— Je me porte garant de Harry.

— Quelle somme envisagez-vous d'investir ? demanda Otero à Harry.

— Cela dépend de ce que vous avez à me proposer. »

À ce moment, il y eut un coup léger frappé à la porte, et María entra, chargée d'un plateau. Elle leur versa du thé et du café et, dans le silence qui avait accompagné son entrée, Harry sentit brusquement la peur le gagner. Ses aisselles étaient trempées de sueur, et il avait du mal à ne pas trahir son angoisse, face à ces trois paires d'yeux braquées sur lui.

Dès que la secrétaire eut disparu, Sandy ouvrit un tiroir de son bureau et en sortit une fiole de verre remplie d'une poussière jaune. Puis il prit une feuille de papier, sur laquelle il déversa avec précaution une petite quantité de la substance.

« Regarde. Qu'est-ce que c'est, à ton avis ? Vas-y, touche. »

Harry fit couler la poudre entre ses doigts. Il savait ce que c'était, mais feignit l'ignorance. « C'est huileux au toucher », dit-il.

Otero laissa fuser un rire bref comme un aboiement et secoua la tête. Sandy sourit de toutes ses dents.

« C'est de l'or, Harry. De l'or espagnol. Il provient d'un champ pas très loin d'ici. Alberto farfouille dans ce coin depuis des années, prélevant des échantillons ici et là, et, au printemps dernier, il a décroché la timbale. L'Espagne possède quelques petits gisements aurifères, mais celui-ci est important. Très important. »

Harry laissa les grains retomber sur le papier. « C'est à cela que ressemble l'or quand il sort du sol ? »

Otero se leva et se dirigea vers la longue table au fond de la pièce. Il prit une des grandes boîtes métalliques, la déposa sur le bureau et ôta le couvercle. Elle était remplie d'une terre friable, de couleur jaune orangé.

« Voici le minerai. On utilise du mercure et de l'acide pour en extraire l'or. Deux boîtes comme celle-ci produiraient à peu près le contenu de cette fiole ; la teneur en or est très élevée. Imaginez-vous ce que peut valoir un champ de ce minerai ? Et vingt champs ? »

Harry toucha timidement la terre orangée. Ça y est, se dit-il. J'y suis enfin arrivé, bon sang.

« Ces récipients sont expédiés au ministère des Mines pour analyse », expliqua Sandy. Se tournant vers de Salas, il poursuivit : « Sebastián y travaille, c'est notre contact sur place.

— La politique économique de l'Espagne est basée sur l'autosuffisance, *señor*, opina de Salas, comme vous le savez. L'exploitation minière est une de nos priorités. Le ministère accorde des licences à des compagnies privées afin qu'elles prospectent des sites. Si l'on découvre des gisements exploitables et que les laboratoires gouvernementaux jugent les analyses satisfaisantes, la compagnie obtient alors une licence d'exploitation.

— Et ses actions montent en flèche, renchérit Sandy.

— Et c'est l'objet de votre société ? demanda Harry.

— Exactement. Nous en sommes les principaux actionnaires, tous les trois. Techniquement, Sebastián ne devrait pas être associé, puisqu'il est fonctionnaire au ministère, mais personne ne se soucie de ce genre de détail, ici. Et il a persuadé certains de ses collègues d'investir également.

— Les analyses ont-elles été concluantes ?

— Les choses ont pris du retard, répondit de Salas. Malheureusement, c'est devenu aussi une affaire politique. Avez-vous entendu parler du fiasco de Badajoz ?

— Cela me dit quelque chose, oui.

— D'immenses gisements d'or avaient été signalés l'année dernière, expliqua Sandy, mais il s'est révélé par la suite qu'il n'y avait absolument rien – après que El Generalísimo eut annoncé au pays, dans son discours de Noël à la radio, que l'Espagne disposerait bientôt de tout l'or nécessaire. C'était extrêmement embarrassant – comme avec ce savant autrichien à qui Franco avait accordé des subsides, et qui prétendait être en mesure de fabriquer du pétrole à partir de l'herbe. El Generalísimo désirait si désespérément parvenir à l'autosuffisance que cela l'a rendu, disons, quelque peu crédule. Maintenant, il est passé d'un extrême à l'autre, et il est devenu excessivement méfiant. Il a créé un comité qui examine toutes les demandes d'exploitation de gisements. Et ses membres sont, ma foi, assez hostiles, sur le plan politique, au ministère des Mines, qu'ils considèrent comme un repaire de phalangistes.

— Mais si ces ressources existent vraiment, n'est-il pas dans l'intérêt de tous de les exploiter ?

— C'est ce que l'on pourrait penser, effectivement », opina Sandy.

Otero haussa les épaules. « Certains font traîner les choses à plaisir, demandant sans cesse de nouvelles analyses, bien qu'on ait déjà procédé à suffisamment de tests pour satisfaire à toute exigence raisonnable. Des tests sur des échantillons prélevés sur le site devant des inspecteurs du gouvernement.

— Je n'ai rien contre les tests, poursuivit Otero. En fait, dans l'intervalle, j'ai prospecté les secteurs environnants, et ils recèlent un potentiel encore plus intéressant. Quand nous aurons surmonté tous ces obstacles bureaucratiques et que la chose sera portée à la connaissance du public, tous ceux qui sont associés à notre compagnie deviendront très riches. Mais cela coûte de l'argent, *señor*. Prélever des échantillons, les analyser… Et il y a un lopin de terre, à proximité, que nous souhaiterions acquérir. Le prix dépasse nos possibilités, dans l'immédiat.

— Ce n'est pas seulement une question politique, intervint de Salas. Ces généraux du comité aimeraient nous acculer à la ruine en demandant test sur test, afin de nous obliger à vendre à une autre société de prospection. Une société sous leur contrôle, bien entendu.

— Toujours l'appât du gain, ajouta Sandy, en arquant les sourcils. Mille livres, mettons, nous seraient très utiles pour l'instant. Cela nous permettrait de procéder à d'autres forages, de préparer les échantillons et d'acquérir les droits sur ce nouveau terrain. S'ils voyaient que nous possédons de réelles ressources financières, peut-être cesseraient-ils de faire obstruction. Et alors, nous ramasserions tous un sacré paquet.

— Mille ? répéta Harry. Cela fait beaucoup. Ça me paraît quelque peu… hasardeux.

— Cela n'a rien de hasardeux, riposta Otero d'un ton glacial. Je vous l'ai dit, nous avons des rapports attestant de la qualité du minerai. »

Harry fit semblant de réfléchir, en pinçant les lèvres. Son cœur battait à grands coups, mais il n'avait plus peur, il humait déjà le parfum du succès.

« Ces rapports sont-ils rédigés en termes compréhensibles pour un profane ?

— Bien sûr, s'esclaffa de Salas. Il fallait que les membres du comité puissent les comprendre.

— Tu devras venir ici pour les lire, reprit Sandy. Nous ne pouvons pas les laisser sortir de ce bureau. Mais nous te les montrerons tous.

— C'est un privilège, *señor* Brett, déclara gravement Otero. Très peu de gens sont dans le secret. »

Harry prit une profonde inspiration. Autant aller jusqu'au bout, se dit-il. « J'aimerais voir le site, également. Je ne veux pas me lancer là-dedans à l'aveuglette. »

Otero secoua lentement la tête. « L'emplacement doit rester secret, *señor*. Je ne suis pas disposé à aller aussi loin.

— Le gouvernement doit connaître l'emplacement du gisement, j'imagine ?

— Oui, Harry, répliqua Sandy, d'un ton brusquement agacé. Mais sur un principe de confidentialité absolue.

— C'est que, si je deviens partie prenante de cette entreprise… murmura Harry, en écartant les mains.

— Nous devrons en discuter », répondit Sandy, en se tapotant la moustache. Son regard alla de de Salas à Otero, qui paraissaient tous deux mécontents.

« Très bien », reprit Harry. Il n'aurait servi à rien d'insister davantage. Il éprouvait un certain plaisir devant leur anxiété manifeste. Le sourire satisfait s'était effacé du visage de Sandy. S'ils refusaient de lui montrer le terrain, il investirait quand même, mais voir le site serait pour lui le couronnement de sa mission.

On frappa à la porte, et Sandy leva un regard irrité vers María, qui passait la tête par l'entrebâillement.

« Qu'y a-t-il ?

— La *señora* Forsyth est arrivée, monsieur. Elle attend à côté.

— Elle est en avance, dit Sandy en se passant une main dans les cheveux. Écoute, Harry, nous devons discuter de tout ça, mes associés et moi. Si tu emmenais Barbara boire ce café ? Nous te téléphonerons plus tard.

— Comme tu voudras.

— Entendu. Je vais te raccompagner. » Sandy se leva, et les Espagnols l'imitèrent.

« Eh bien, à la prochaine fois », dit Sebastián en serrant la main de Harry. Otero fit de même, en lui décochant de nouveau un regard hostile.

Barbara était assise près du bureau de María, la tête couverte d'un foulard imprimé luisant de pluie. Elle était pâle et semblait préoccupée.

« Bonjour, Harry.

— Tu es en avance ! déclara Sandy d'un ton de reproche. Et pourquoi diable portes-tu ce machin ? ajouta-t-il en montrant le foulard d'un geste agacé. N'as-tu pas suffisamment de chapeaux à la maison ? »

Harry le dévisagea, étonné par son ton véhément.

Surprenant son regard, Sandy se mit à sourire et prit Barbara par le bras. « Il y a eu un changement de plan, ma chérie. Nous avons tenu une réunion, et je dois encore discuter de certaines choses avec mes amis. Si vous alliez boire un café sans moi, Harry et toi ?

— Entendu, répondit Barbara, avec un bref sourire à l'adresse de Harry.

— Il te reconduira à la maison ensuite, n'est-ce pas, Harry ? Merci, mon vieux. Je t'appellerai demain. Je vais voir si j'arrive à amadouer Otero », ajouta-t-il avec un clin d'œil.

Dehors, la pluie tombait sans trêve, glaciale et pénétrante. Barbara ajusta son fichu.

« Il n'aime pas que je mette ça, expliqua-t-elle. Il trouve que c'est vulgaire. » Elle eut un sourire pincé et dépourvu de gaieté, une expression que Harry ne lui avait encore jamais vue. « Que fabriquiez-vous donc ? Sandy essaie-t-il de t'entraîner dans une de ses combines ?

— Nous parlions de certaines possibilités d'investissement, répondit Harry, avec un petit rire embarrassé.

— Écoute, cela te dérange-t-il que nous n'allions pas au café ? Je préfère rentrer directement chez moi, je crois que je couve un rhume.

— Bien sûr », répondit Harry. Ils se mirent en marche à pas lents, et, observant son visage blême et crispé, il s'enquit : « Est-ce que tu vas bien, Barbara ?

— Non, pas vraiment, soupira-t-elle. Je suis allée au cinéma après le déjeuner, pour tuer le temps en attendant de vous retrouver. Ils ont passé les bandes d'actualité – l'habituelle propagande pro-allemande – et il y en avait une sur les bombardements, intitulée « La

Grande-Bretagne à genoux ». On y voyait le centre de Birmingham.

— Oh, je suis désolé. Était-ce aussi terrible que cela ?

— Épouvantable. Certains quartiers étaient en flammes, des centaines de gens ont été tués au cours du dernier raid, et le commentateur jubilait. » Elle s'immobilisa brusquement. « Oh, Seigneur, excuse-moi, je me sens mal. »

Harry promena son regard autour de lui, dans l'espoir d'apercevoir un café, mais il n'y en avait aucun, seulement une église. Saisissant le bras de Barbara, il lui dit : « Viens, entrons là-dedans pour nous asseoir un moment. »

L'intérieur de l'édifice était sombre et froid ; seul l'autel principal surchargé de dorures était éclairé. Quelques silhouettes indistinctes étaient tassées sur les bancs, certaines marmonnant des prières. Harry guida la jeune femme vers une rangée vide. Elle ôta ses lunettes, et il vit des larmes ruisseler sur ses joues.

« Je suis désolée, chuchota-t-elle en sortant un mouchoir de sa poche.

— Je comprends parfaitement. Je m'inquiète moi-même pour mon cousin Will.

— Celui dont la femme est un vrai dragon ?

— Oui. Toutefois, j'ai eu l'occasion de découvrir un autre aspect de sa personnalité, juste avant mon départ. Il y a eu un raid, et j'ai dû l'emmener dans un abri. Elle était terrifiée pour ses enfants. Je croyais qu'elle ne les aimait pas, mais je me trompais.

— J'ai vécu bon nombre de bombardements ici, pendant la guerre civile, mais voir cela en

Angleterre… » Barbara se mordit la lèvre. « Plus rien ne sera jamais pareil après ça, n'est-ce pas ? Où que ce soit ?

— Non, je le crains, répondit Harry, en contemplant son visage grave, qui paraissait encore plus pâle dans la pénombre.

— J'ai le sentiment que ma place est là-bas. Autrefois, je ne recherchais que la sécurité, après que Bernie… après sa disparition, reprit-elle après une hésitation. Et c'est ce que j'ai cru trouver auprès de Sandy. Mais il n'existe plus de sécurité nulle part, aujourd'hui. » Elle s'interrompit de nouveau, avant de poursuivre : « Je ne suis même plus sûre d'y attacher d'importance, de toute façon.

— Moi, si, déclara Harry avec un petit sourire triste. Je ne suis pas un héros. Pour être franc, je ne souhaite rien de plus au monde que rentrer me terrer chez moi et mener une vie tranquille.

— Mais tu ne le feras pas, n'est-ce pas ? rétorqua-t-elle en souriant. Ce serait contraire à ton sens de l'honneur.

— C'est drôle, ce terme a aussi été employé au cours de ma discussion avec Sandy et ses amis. L'honneur tel qu'on le conçoit dans nos écoles. Bien entendu, cela n'a jamais eu aucune signification pour lui. »

Ils restèrent un instant silencieux. Leurs yeux s'adaptèrent à l'obscurité, et Harry constata que la plupart des personnes présentes étaient des femmes pauvres, vêtues de noir. Certaines n'avaient que des bouts de chiffon pour se couvrir la tête. Barbara contempla le Christ en croix dans une chapelle latérale, et son regard se posa sur la peinture rouge figurant le sang s'écoulant des plaies.

« Quelle religion, murmura-t-elle d'un ton amer. Tout ce sang, ces tortures… Pas étonnant que les Espagnols aient fini par s'entre-tuer. La religion est un fléau, Sandy a raison sur ce point.

— Autrefois, je pensais qu'elle empêchait les gens de se laisser aller à leurs mauvais penchants. »

Barbara eut un rire sarcastique. « Elle a eu l'effet inverse, ici, et je crois que cela a toujours été le cas. » Chaussant ses lunettes, elle reprit : « Te rappelles-tu cette famille avec laquelle Bernie s'était lié d'amitié ? Les Mera ?

— Oui, j'étais avec lui quand il a fait la connaissance de Pedro. En fait, je suis allé… j'ai essayé de retrouver leur maison. » Il hésita, ne sachant s'il devait révéler à Barbara ce qu'il avait trouvé à Carabanchel. « Pourquoi ? Les aurais-tu revus ? s'enquit-il, saisi d'un subit espoir.

— Tu sais que je travaille bénévolement à l'orphelinat paroissial ? demanda-t-elle à voix basse.

— Oui, tu l'avais mentionné.

— C'est un endroit infernal. Les enfants y sont traités comme des animaux. La petite fille de Pedro et Inés, Carmela, a été amenée là-bas il y a deux jours. Elle vivait seule parmi les ruines. Je crois que les autres sont tous morts.

— Oh, mon Dieu ! » Harry se rappela la fillette qui le fixait d'un air solennel tandis qu'il essayait de lui enseigner quelques mots d'anglais. Son frère Antonio, avec qui ils avaient regardé les communistes poursuivant le fasciste, Bernie et lui, le jour de leur départ ; leur père, Pedro, le colosse au franc-parler, et Inés, la mère au dévouement inlassable. « Tous ?

— Je le crains, oui. » Barbara plongea la main dans

son sac et en sortit l'âne de chiffon recousu en son milieu. « La vieille garce qui travaille avec moi a arraché ce jouet des mains de la petite et l'a déchiré. C'était la seule chose au monde qu'il restait à Carmela, et je lui avais promis de le réparer. Mais ce matin, quand je suis retournée là-bas, on m'a dit qu'elle avait essayé à plusieurs reprises de s'échapper et qu'on l'avait transférée dans un établissement spécial pour les enfants récalcitrants. Tu peux imaginer ce que ça signifie. La religieuse qui dirige l'orphelinat a refusé de me donner l'adresse de cet établissement, en disant que cela ne me regardait pas. Sœur Inmaculada, ajouta-t-elle, d'une voix sardonique.

— Ne peux-tu pas arriver à te renseigner ?

— Comment ? Comment le pourrais-je, si on ne veut rien me dire ? » répliqua Barbara, levant soudain la voix. Puis elle soupira, et ses lèvres se crispèrent. « Laissons donc Fernando ici, en offrande au Seigneur. Peut-être prendra-t-il soin de Carmela. Peut-être. » Elle se leva et s'approcha de la grille fermant la chapelle. D'un geste plein de colère, elle jeta le jouet sur les fleurs déposées devant la croix, puis revint s'asseoir près de Harry.

« Je ne retournerai plus travailler au couvent. Sandy ne sera pas content, mais ça m'est égal.

— Est-ce que ça va, Sandy et toi ? demanda Harry d'un air hésitant.

— Mieux vaut ne pas en parler », répondit-elle, avec son petit sourire mélancolique. Un frisson la parcourut, et elle reprit : « Viens, sortons de ce mausolée.

— Barbara, si jamais tu as besoin de… de quelque aide que ce soit, déclara gravement Harry, tu peux toujours faire appel à moi. »

Elle lui effleura la main, et une vieille femme qui passait près d'eux fit claquer sa langue en signe de réprobation.

« Merci, Harry. Je vais bien, j'ai simplement passé une mauvaise journée, c'est tout. » Harry vit la vieille tirer un prêtre par la manche en les montrant du doigt. « Viens, répéta Barbara, avant que nous ne nous fassions arrêter pour conduite immorale dans un lieu saint. »

Une fois dehors, Barbara se reprocha cet instant de faiblesse. Elle devait à tout prix rester forte, en possession de tous ses moyens.

Elle laissa Harry l'emmener dans un bar, et en profita pour lui demander si l'on en savait un peu plus à l'ambassade sur l'éventuelle participation de Franco au conflit. Harry lui apprit que la rencontre entre celui-ci et Hitler ne s'était pas très bien passée, et elle s'en trouva quelque peu réconfortée.

De retour chez elle, elle se fit du thé et le but seule dans la cuisine tout en réfléchissant et en fumant. Pilar avait congé pour l'après-midi, et Barbara s'en réjouit ; sa présence la mettait mal à l'aise. À la radio, elle entendit les prévisions météorologiques : la température allait encore baisser à Madrid, et il neigerait dans la Guadarrama. Portant son regard vers le jardin battu par la pluie, elle songea : cela veut dire qu'il neigera également à Cuenca. Mais elle ne pouvait rien faire d'autre qu'attendre que le frère de Luis rentre de permission. Elle repensa à Harry et regretta de ne pas avoir pu lui parler de Bernie. Elle s'en voulait de lui laisser croire que son ami d'enfance était mort et brûlait de lui dévoiler la vérité – mais il était également l'ami de

Sandy, et ce qu'elle s'apprêtait à faire était illégal. Il aurait été imprudent d'en parler à quiconque.

Au bout d'un moment, elle passa dans le salon et écrivit une lettre à sœur Inmaculada, annonçant en termes froidement polis que ses obligations familiales l'empêchaient de poursuivre son travail à l'orphelinat. Elle venait tout juste de la terminer lorsque Sandy rentra, l'air fatigué. Il lui sourit en déposant sa serviette, qui produisit un bruit métallique sur le sol. Il vint vers elle et lui posa une main sur l'épaule.

« Comment vas-tu, chérie ? Écoute, je regrette de m'être énervé au bureau. J'ai eu une journée pénible. Je viens de passer une heure au comité de secours juif. » Il se pencha pour l'embrasser dans le cou. Autrefois, elle en aurait fondu de plaisir, mais, à présent, elle ne ressentait plus rien d'autre qu'un chatouillis désagréable. Elle se détourna, et il se rembrunit.

« Qu'est-ce que tu as ? Je t'ai déjà dit que je regrettais mes paroles.

— Moi aussi, j'ai eu une dure journée.

— À qui écris-tu ?

— À sœur Inmaculada, pour lui dire que je ne viendrai plus à l'orphelinat. Je ne supporte pas la manière dont on traite ces enfants.

— Tu ne lui dis pas ça dans ta lettre, au moins ?

— Non, Sandy, je parle d'obligations familiales. Ne t'inquiète pas, tu n'auras pas de problèmes avec la *marquesa*.

— Inutile de te montrer si hargneuse, dit-il en s'écartant d'elle.

— Excuse-moi, murmura-t-elle, s'exhortant au calme.

— Alors, que vas-tu faire de toi-même, à présent ? Tu as besoin d'une occupation. »

J'ai besoin de m'occuper pendant un mois, jusqu'à ce que je puisse faire évader Bernie, acquiesça-t-elle en elle-même. « Je ne sais pas, dit-elle à voix haute. Peut-être pourrais-je t'aider auprès des réfugiés juifs ? »

Sandy but une gorgée de whisky et secoua la tête. « Je viens d'en rencontrer quelques-uns. Ils sont très traditionalistes et n'apprécieraient pas qu'une femme leur dise ce qu'ils doivent faire.

— Je croyais qu'il s'agissait surtout de gens des professions libérales.

— Il n'empêche, ils sont très attachés à leurs traditions. » Changeant de sujet, il poursuivit : « Que t'a raconté Harry ?

— Nous avons parlé de la guerre. Il ne pense pas que Franco prendra part au conflit.

— Oui, c'est ce qu'il m'a dit. Tu sais, il est très astucieux en affaires. Plus que je ne l'aurais cru, ajouta-t-il avec un sourire pensif. Écoute, mon chou, je crois que tu commettrais une erreur en laissant tomber l'orphelinat. Tu dois t'adapter à leurs méthodes. Quand on est à Rome, on fait comme les Romains, je te l'ai assez souvent répété.

— En effet. Mais je n'y retournerai pas, Sandy, je refuse d'être complice de ce qu'on inflige à ces enfants. » Pourquoi semblait-il tout faire pour l'irriter, ces jours-ci, alors qu'elle devait au contraire veiller à garder une apparence de normalité, à ne pas troubler leur relation ? Elle savait qu'il s'était aperçu que quelque chose ne tournait pas rond. Elle refusait même de faire l'amour avec lui, à présent, et quand il insistait et qu'elle finissait par céder, elle ne se donnait pas la peine de simuler le plaisir.

« Ces enfants sont pratiquement revenus à l'état sauvage, tu l'as dit toi-même, poursuivit Sandy. Ils ont besoin de discipline, pas de jouets en peluche.

— Seigneur, Sandy, par moments j'ai l'impression que tu as une pierre à la place du cœur. » Les mots jaillirent de sa bouche avant qu'elle pût les réprimer.

Il s'empourpra de colère et fit un pas vers elle, les poings serrés. Barbara tressaillit, et son cœur se mit à battre à coups précipités. Elle avait toujours su qu'il pouvait se montrer cruel quand on le contrariait, mais, jusqu'à présent, il ne s'était jamais montré violent envers elle. Elle prit une inspiration frémissante, et il s'immobilisa.

« C'est moi qui t'ai faite, dit-il d'une voix froide. Ne l'oublie pas. Tu n'étais rien quand je t'ai connue, rien qu'une épave, parce que tu t'es toujours souciée de l'opinion des autres. Toi, c'est de la bouillie à l'eau de rose que tu as à la place du cœur. » En croisant son regard courroucé, Barbara comprit pour la première fois, dans un éclair de lucidité, qu'il n'avait jamais voulu d'elle autre chose que la dominer, la contrôler, et que toute leur relation était basée là-dessus depuis le début.

Elle se leva et sortit de la pièce sans un mot.

27

Quand Harry rentra chez lui, après avoir raccompagné Barbara, il trouva deux lettres qui l'attendaient. L'une d'elles était un message griffonné par Sandy, lui disant qu'il avait finalement persuadé Otero et de Salas de le laisser visiter la mine, et qu'il passerait le prendre dimanche matin de bonne heure pour l'emmener là-bas. Ce n'était qu'à quelques heures de route, précisait-il.

Sur la seconde enveloppe, l'adresse était rédigée d'une petite écriture soignée qu'il ne connaissait pas. La missive émanait de Sofía et contenait une facture pour des soins et des médicaments, établie par un médecin du centre de la ville, ainsi qu'une lettre en espagnol :

Cher señor *Brett,*

Ci-joint la facture du docteur. Je sais que ses tarifs sont raisonnables. Enrique va déjà mieux. Bientôt, il sera en état de retravailler, et les choses deviendront plus faciles pour nous tous. Il vous envoie ses remerciements, ainsi que maman. Vous avez sauvé la vie d'Enrique et nous nous souviendrons toujours de vous avec gratitude.

Le ton poliment guindé de la lettre lui causa une certaine déception ; il avait l'impression qu'on lui donnait congé. Il la tourna et la retourna entre ses mains, puis s'assit pour rédiger une réponse.

Je suis très heureux qu'Enrique aille mieux, et j'irai régler la facture demain matin. Je souhaiterais vous revoir pour vous donner le reçu et vous offrir un café. J'ai aimé bavarder avec vous, l'autre jour, et je n'ai pas souvent l'occasion de rencontrer des Espagnols en dehors de mon travail. J'espère que vous pourrez venir.

Il lui proposa un rendez-vous le surlendemain, dans un café qu'il connaissait près de la Puerta del Sol, à six heures, parce qu'il savait qu'elle commençait à travailler très tôt. Le reçu n'était qu'un prétexte, ainsi qu'elle ne manquerait pas de s'en rendre compte. Tant pis, se dit-il, il verrait bien si elle répondait. Il décrocha ensuite le téléphone et composa le numéro de l'ambassade. Il demanda à la réceptionniste de prévenir M. Tolhurst qu'il aimerait le voir pour discuter du communiqué de presse sur les importations de fruits. C'était le code dont ils étaient convenus pour les informations concernant Sandy. Harry avait trouvé au début que ces mots de code étaient ridicules et mélodramatiques, mais il reconnaissait à présent qu'ils étaient nécessaires, puisque les lignes étaient probablement sur écoute.

La réceptionniste le pria d'attendre un instant, et revint en disant que M. Tolhurst était disponible, s'il voulait venir immédiatement. Harry n'en fut pas surpris : Tolly semblait passer la plupart de ses soirées à l'ambassade. Il enfila son manteau et ressortit dans le froid.

Tolhurst se montra enchanté des nouvelles qu'il lui apportait, et déclara qu'il allait les transmettre sur-le-champ à Hillgarth. Celui-ci était en réunion, mais il serait content d'apprendre ces informations. Tolhurst revint dans le bureau quelques minutes après, rouge d'excitation.

« Le capitaine est ravi. Si le gisement d'or est important, je suppose qu'il avertira aussitôt Churchill, et que celui-ci ordonnera le renforcement de l'embargo. On laissera entrer moins de marchandises pour compenser toutes celles qu'ils pourront acheter avec l'or, expliqua-t-il en se frottant les mains.

— Que dira sir Sam ?

— Pour Churchill, tout ce qui compte, c'est l'opinion du capitaine. » Le visage de Tolhurst s'empourpra de plaisir en prononçant le nom du Premier ministre.

« Les Espagnols se demanderont pourquoi le blocus a été renforcé, objecta Harry.

— Nous le leur expliquerons sans doute, pour leur montrer qu'ils ne peuvent rien nous cacher. Ça leur fera les pieds, à ces satanés phalangistes ! Vous disiez que nous devrions être un peu plus fermes à leur encontre, Harry. Eh bien, nous allons peut-être nous y mettre. »

Harry hocha la tête d'un air songeur. « Cela mettra Sandy dans un sacré pétrin. Je présume qu'il pourrait même avoir de sérieux ennuis », murmura-t-il. Il avait été tellement concentré sur sa mission qu'il n'avait pas vraiment réfléchi jusqu'ici à ce qu'il adviendrait de Sandy, et en éprouvait un vague remords.

« Pas obligatoirement, répondit Tolhurst en clignant

de l'œil. Le capitaine a une autre idée derrière la tête, concernant Forsyth.

— Laquelle ? » Harry réfléchit un instant, puis reprit : « Vous n'allez quand même pas essayer de le recruter ?

— Je ne sais pas encore, répondit Tolhurst, avec un sourire suffisant qui irrita Harry. Au fait, cette histoire des chevaliers de St. Georges, vous n'en avez parlé à personne ?

— Non, bien sûr.

— C'est de la plus haute importance.

— Je sais. »

Le lendemain matin, Harry accompagna l'un des secrétaires d'ambassade à une nouvelle réunion avec Maestre ; il s'agissait cette fois encore d'examiner des certificats de navigation. Le jeune interprète de la Phalange était également présent, et ils se livrèrent de nouveau à ce jeu absurde consistant à faire comme si Maestre ne parlait pas anglais. Le général témoigna la plus grande froideur à Harry, qui comprit que Hillgarth avait eu raison, et que le fait de ne pas avoir rappelé Milagros avait été considéré comme un affront. Mais il n'allait quand même pas simuler une idylle entre la jeune fille et lui rien que pour faire plaisir aux services secrets ! Heureusement, c'est déjà vendredi, la fin de la semaine, se réjouit-il en lui-même. En rentrant chez lui, il découvrit une lettre de Sofía sur son paillasson – quelques lignes disant qu'elle acceptait son invitation pour le lendemain soir –, et il fut surpris de constater le bonheur que cette réponse lui procurait. Il avait l'impression que son cœur débordait d'une allégresse qu'il n'avait encore jamais connue.

Le café était un petit établissement moderne et brillamment éclairé. Abstraction faite du portrait de Franco accroché derrière le comptoir, il aurait pu se trouver n'importe où ailleurs en Europe. Harry arriva un peu en avance, mais Sofía était déjà là, assise au fond de la salle, une tasse de café à la main. Elle était vêtue de ce long manteau noir qu'elle portait le jour où il avait ramené Enrique à leur appartement – un manteau passablement râpé, comme il put le voir sous la lumière électrique. Avec son visage d'elfe, pâle et sans maquillage, elle paraissait beaucoup plus jeune et vulnérable que dans son souvenir. Elle leva les yeux à son approche et lui sourit.

« J'espère que je ne vous ai pas fait trop attendre, dit-il.

— Vous êtes à l'heure, c'est moi qui suis arrivée trop en avance. » Son sourire également lui sembla différent : il était sincère et amical, mais on y lisait aussi quelque chose d'entendu, une sorte de complicité.

« Permettez-moi d'aller vous chercher un autre café. »

Quand il revint avec les tasses, elle annonça : « Enrique va beaucoup mieux. Il se mettra à la recherche d'un travail dès la semaine prochaine.

— Un travail différent ? s'enquit Harry avec un petit sourire.

— Oh oui. Comme manœuvre, s'il trouve à s'embaucher.

— Est-ce que le… le ministère l'a payé pendant qu'il était malade ? »

Le sourire de la jeune fille se fit cynique. « Non.

— J'ai apporté le reçu, dit Harry en sortant le papier de sa poche.

— Merci, répondit Sofía en le pliant soigneusement avant de le ranger.

— Si jamais Enrique avait de nouveaux problèmes, je serais heureux de l'aider.

— Tout ira bien à présent.

— Parfait.

— Comme je le disais dans ma lettre, vous lui avez sauvé la vie. Nous vous serons toujours reconnaissants.

— Ce n'est rien, répondit Harry, en souriant d'un air gêné, brusquement à court de mots.

— A-t-il été… remplacé ? reprit Sofía en arquant les sourcils.

— Non, Dieu merci, on me laisse tranquille. Je ne suis pas quelqu'un d'important, vous savez, un simple traducteur. »

Elle alluma une cigarette puis s'adossa contre son siège pour le dévisager. Son expression était interrogative, mais ni hostile ni suspicieuse. Elle est beaucoup plus détendue en dehors de l'appartement, songea Harry.

« Allez-vous rentrer en Angleterre pour Noël ? s'enquit-elle.

— Noël ! Je n'y pensais même plus, répondit-il avec un petit rire.

— C'est dans six semaines. Je crois que c'est une fête très importante, dans votre pays ?

— Oui. Mais je doute de pouvoir rentrer chez moi. Ils ont besoin de tout le monde, à l'ambassade, vous comprenez, vu la situation diplomatique. » Il s'étonna en lui-même qu'elle eût entendu parler des festivités de Noël en Angleterre. Par ce garçon de Leeds, peut-être ? Il se demanda une nouvelle fois si celui-ci avait été son amant. Quel âge avait-elle ? Vingt-cinq ans ? Vingt-six ?

« Alors, vous ne passerez pas les fêtes avec vos parents.

— Mes parents sont morts.

— Oh. C'est triste.

— Mon père a été tué durant la Première Guerre. Ma mère est décédée peu après, au cours de l'épidémie de grippe.

— Oui, dit-elle en hochant la tête. L'Espagne n'a pas participé à cette guerre, mais nous avons également souffert de l'épidémie. C'est très triste de perdre ses deux parents.

— J'ai des tantes et un oncle, et aussi un cousin, qui m'écrit pour me raconter ce qui se passe là-bas.

— Les raids aériens ?

— Oui. Ils font beaucoup de dégâts, mais moins toutefois que ne le prétend la propagande. » Il la vit jeter un regard rapide autour d'elle en entendant ces mots, et se maudit d'avoir oublié qu'ils vivaient dans un pays rempli d'espions, où l'on devait surveiller ses paroles. « Je suis désolé », murmura-t-il.

Elle lui adressa une fois de plus ce petit sourire sarcastique, étrangement séduisant. « Il n'y a personne à portée de voix. J'ai choisi tout exprès une table au fond du restaurant.

— Je vois.

— Avez-vous quelqu'un d'autre en Angleterre ? Une épouse, peut-être ?

— Non, personne, répondit-il, déconcerté par cette question directe.

— Pardonnez-moi, je dois vous paraître bien

téméraire. Vous pensez sûrement que les femmes espagnoles ne posent généralement pas ce genre de questions.

— Je n'ai rien contre la franchise, rétorqua-t-il en scrutant les grands yeux sombres de Sofía. Cela me change agréablement de l'ambassade. Je suis allé dernièrement à une réception donnée par un ministre du gouvernement pour le dix-huitième anniversaire de sa fille. L'ambiance était tellement cérémonieuse que j'ai eu l'impression d'étouffer. Pauvre fille, ne put-il s'empêcher d'ajouter.

— Je viens d'un milieu tout à fait différent, reprit-elle en soufflant un panache de fumée. Nous sommes républicains par tradition. Mon père l'était, et sa famille avant lui. Pour les riches étrangers, l'Espagne, c'est les corridas, les vieilles églises et les femmes en mantille, mais il existe une autre forme de tradition. Dans ma famille, nous pensions que les femmes étaient les égales des hommes, et j'ai été élevée selon ce principe. Par ma mère, du moins, parce que mon père avait des idées un peu plus conservatrices sur la question, même s'il nous faisait parfois la bonne grâce d'en avoir honte.

— Que faisait-il ?

— Il était employé dans un entrepôt. Il travaillait pendant de longues heures pour un tout petit salaire, comme moi.

— Je crois que la famille que j'ai connue lors de mon premier séjour ici, en 31, venait de la même tradition. À l'époque, toutefois, je ne voyais pas les choses du même œil, ajouta-t-il, repensant soudain à l'histoire de Barbara : Carmela et son âne en peluche.

— Vous les aimiez bien.

— Oui, c'étaient de braves gens, acquiesça-t-il en

souriant. Était-on également socialiste, dans votre famille ?

— Nous avions des amis socialistes, répondit-elle en secouant la tête, et aussi des anarchistes et des républicains de gauche. Mais tout le monde n'était pas inscrit à un parti. Les partis parlaient des utopies communistes et anarchistes, mais tout ce que désirent la plupart des gens, c'est la paix, du pain sur la table et un peu de dignité. N'est-ce pas votre avis ?

— Oui. »

Elle se pencha en avant, le regard soudain plus animé. « Vous ne savez pas ce qu'a représenté l'avènement de la république, pour les gens comme nous. D'un seul coup, nous comptions pour quelque chose. J'ai pu m'inscrire dans une école de médecine. J'étais obligée de travailler en même temps dans un bar, mais j'étais comme tout le monde, pleine d'espoir en une vie meilleure. » Elle s'interrompit brusquement et sourit. « Excusez-moi, *señor* Brett, je jacasse comme une pie. Mais je n'ai pas souvent l'occasion de parler de cette époque.

— Ne vous excusez pas ; cela m'aide à comprendre.

— Comprendre quoi ?

— L'Espagne… et vous », ajouta-t-il après une brève hésitation.

Elle baissa les yeux, tendit la main vers son paquet de cigarettes et en alluma une autre. Quand elle releva la tête, il lut de l'incertitude dans son regard.

« Peut-être serez-vous obligé de quitter l'Espagne plus tôt que vous ne le prévoyez, si Franco entre en guerre.

— Nous espérons qu'il ne le fera pas.

— Tout le monde dit que l'Angleterre est prête à

donner à Franco tout ce qu'il demande, en échange de sa neutralité. Et qu'adviendra-t-il de nous, dans ce cas ?

— Mes supérieurs vous répondraient sans doute que nous devons tout faire pour éviter que l'Espagne prenne part au conflit, soupira Harry, mais… il n'y a pas de quoi en être fiers, je le sais. »

De façon inattendue, Sofía lui adressa un grand sourire. « Oh, je suis navrée, vous avez l'air si triste ! Vous nous avez tellement aidés, et je vous cherche querelle. Excusez-moi.

— Vous n'avez pas à vous excuser. Puis-je aller vous chercher un autre café ?

— Non, merci, il vaut mieux que je rentre à présent. Maman et Paco m'attendent, et je dois encore acheter de la nourriture. Je vais essayer de trouver de l'huile d'olive. »

Harry hésita. Il avait lu une publicité pour un spectacle dans le journal du soir, et avait décidé de l'inviter, si ce premier rendez-vous se passait bien. « Aimez-vous le théâtre ? » demanda-t-il sans préambule.

Sofía le dévisagea, interloquée, et il se hâta d'expliquer : « On donne une représentation de *Macbeth* demain soir au théâtre Zara, et je me demandais si ça vous plairait d'y assister. J'aimerais voir ce que cela donne en espagnol.

— Je vous remercie, *señor*, répondit-elle en le fixant de ses grands yeux bruns, mais je ne pense pas pouvoir accepter.

— C'est dommage, bredouilla Harry. C'est seulement que… j'aimerais que nous devenions amis. Je n'ai pas d'amis espagnols. »

Elle sourit tout en secouant de nouveau la tête.

« *Señor*, cela m'a fait plaisir de parler avec vous, mais nous vivons dans des mondes différents.

— Sommes-nous vraiment si différents ? Suis-je trop bourgeois à votre goût ?

— Tous les spectateurs seront en grande tenue, au théâtre, et je n'ai pas de vêtements appropriés. » Elle soupira et poursuivit : « Bien sûr, cela ne m'aurait pas dérangée, il y a quelques années encore.

— Eh bien, dans ce cas… murmura Harry en souriant.

— J'ai une robe qui pourrait faire l'affaire.

— Je vous en prie, venez.

— Entendu *señor* Brett, acquiesça-t-elle en rougissant. Je viendrai avec vous. Mais en amie, rien de plus, entendu ? »

28

Il avait plu énormément au cours de la semaine précédente, une pluie froide à laquelle se mêlait parfois de la neige. Pour se rendre à la carrière, les prisonniers devaient patauger dans une boue rougeâtre, et chaque jour la ligne d'enneigement, sur les montagnes lointaines, descendait un peu plus bas.

Ce matin-là, le temps était glacial et humide. Les hommes se tenaient en rang à l'entrée de la carrière, tapant des pieds pour se réchauffer pendant que deux sapeurs de l'armée posaient des bâtons de dynamite dans une crevasse courant sur une paroi rocheuse d'environ six mètres de long. Le sergent Molina, rentré de permission, était en train de parler au chauffeur du camion qui avait transporté les explosifs depuis Cuenca.

Bernie pensait à Agustín, parti lui aussi en permission, quelques jours plus tôt. Il avait quitté le camp au petit matin, au moment de l'appel ; Bernie l'avait vu traverser la cour, son sac à paquetage sur l'épaule. L'espace d'une seconde, leurs regards s'étaient croisés, puis le garde avait détourné la tête. On lui avait ouvert la grille et sa silhouette s'était progressivement estompée sur la route menant à Cuenca.

« C'est une sacrée charge », marmonna Pablo à côté de lui. Il faisait à présent partie de l'équipe travaillant à la carrière et, en tant qu'ancien mineur dans les Asturies, possédait une certaine connaissance des explosifs. « On devrait reculer davantage, sinon on risque de recevoir des éclats de roches.

— C'est à toi qu'ils auraient dû demander de poser la dynamite, *amigo*.

— Ils auraient bien trop peur que je la place sous leur camion, comme on l'avait fait à Oviedo, en 36.

— Ah, si seulement on pouvait mettre la main dessus, hein, Vicente ?

— Oui », murmura l'avocat, affalé sur un rocher. Il avait aidé Molina à remplir des papiers, un peu plus tôt dans la matinée – le sergent, un homme gras et paresseux qui avait été promu à un poste dépassant ses compétences, savait à peine écrire, et la présence d'un homme aussi instruit que Vicente parmi les prisonniers était pour lui une bénédiction –, mais on l'avait envoyé attendre avec les autres pendant qu'on installait les charges d'explosif. Vicente se tenait la tête entre les mains ; son problème nasal avait empiré. L'écoulement avait cessé, mais le pus semblait désormais lui obstruer les sinus. Il ne pouvait plus respirer par le nez, et renifler ou déglutir lui était douloureux.

« Reculez ! Plus loin ! » cria Molina. Les prisonniers obéirent, pendant que les sapeurs revenaient en courant s'abriter derrière le camion, où le sergent et le chauffeur les rejoignirent.

Il y eut une explosion sourde et Bernie tressaillit. Toutefois, au lieu de voler en éclats, le pan de roche s'effondra comme un château de sable heurté par une vague. Un nuage de poussière se répandit dans l'air, et les hommes se mirent à tousser. Un troupeau de ces petits daims qui peuplaient la Tierra Muerta détala sur le versant de la colline, terrifié, en faisant de grands bonds.

Quand la poussière se dissipa, ils découvrirent que l'éboulement avait mis au jour une grotte d'un mètre cinquante de haut environ : de toute évidence, la crevasse s'élargissait derrière la paroi pour s'enfoncer dans le flanc de la colline. Équipés de torches électriques, les sapeurs allèrent inspecter la grotte. Il y eut un instant de silence, puis, soudain, on entendit un hurlement, et les deux hommes reparurent. Sous le regard pareillement médusé des prisonniers et des gardes, ils s'élancèrent à toutes jambes vers le camion, une expression horrifiée sur le visage.

Ils dirent quelque chose à Molina, d'un ton bas et pressant, et le gros sergent se mit à rire.

« *¿ Qué decís ? ¡ No es possible ! ¡ Estáis locos !*

— C'est vrai ! C'est vrai ! Allez voir vous-même ! »

Molina fronça les sourcils, visiblement interloqué, puis se dirigea vers le groupe de détenus, suivi des deux sapeurs. Il adressa un signe de tête à Vicente, qui se releva avec difficulté.

« *Ay, abogado*, tu es un homme instruit, *no* ? Peut-être comprendras-tu quelque chose à ce que raconte cet idiot. Vas-y, poursuivit-il avec un geste à l'adresse d'un des deux sapeurs, un jeune homme couvert d'acné, dis-lui ce que tu as vu.

— Dans cette grotte, expliqua le jeune soldat d'une voix étranglée, il y a des peintures. Des hommes qui chassent des animaux, des cerfs et même des éléphants. C'est fou, mais nous les avons bel et bien vues ! »

Une expression d'intérêt passa sur le visage émacié de l'avocat. « Où ça ?

— Sur les murs, sur les murs !

— On a découvert des peintures similaires en France, il y a quelques années. Des peintures rupestres, faites par les hommes des cavernes.

— J'ai eu l'impression de regarder les murs de l'enfer ! reprit le jeune homme en se signant.

— Est-ce que ça peut avoir de la valeur ? demanda Molina, une lueur cupide dans les yeux.

— Seulement pour les scientifiques, je pense, *sargento.*

— Pourrais-je les voir ? s'enquit Bernie, ajoutant mensongèrement : Je suis diplômé de l'université de Cambridge. » Molina réfléchit un instant, puis acquiesça. Bernie et Vicente le suivirent jusqu'à la grotte. Les sapeurs les suivirent d'un air réticent. « Montre-leur », ordonna Molina au jeune homme, avec un geste brusque. Le soldat déglutit, puis prit la torche de son collègue et la passa à Bernie avant de le précéder dans la caverne.

Celle-ci était étroite et emplie d'une poussière épaisse, qui déclencha un accès de toux chez Vicente. À trois mètres de l'entrée, elle s'élargissait en une vaste grotte circulaire. Devant eux, dans la lumière des torches, ils distinguèrent des formes sur les parois, des hommes filiformes chassant des animaux gigantesques, des éléphants au pelage laineux et au crâne en forme de dôme, des rhinocéros, des cerfs. Peints dans des tons rouge vif et noir, les personnages semblaient danser dans la lueur des lampes. Une paroi entière en était recouverte.

« Bon sang ! souffla Bernie, sidéré.

— C'est exactement comme en France, déclara Vicente. J'avais vu des photos dans un magazine, mais je ne pensais pas que ces dessins pouvaient avoir l'air si… vivants. Vous avez fait une découverte importante, *señor*.

— Qui a peint ça ? demanda le soldat d'une voix craintive. Et pourquoi peindre ici, dans le noir ?

— Nul ne le sait, *soldado*. Peut-être pour leurs cérémonies religieuses. »

Le sapeur promena le rayon de sa torche autour de lui, éclairant des stalagmites et des pans de roche nue. « Mais il n'y a pas d'entrée », reprit-il, mal à l'aise.

Bernie montra un éboulis de rochers dans un angle. « Regardez, il y avait peut-être une entrée ici, autrefois, et elle a été obstruée.

— Et ces peintures sont restées dans les ténèbres pendant des milliers d'années, murmura Vicente. Elles sont plus anciennes que l'Église catholique, plus anciennes que le Christ.

— Elles sont magnifiques, déclara Bernie en les contemplant. On dirait qu'elles ont été peintes hier seulement. Regardez, un mammouth laineux ! Ils chassent le mammouth, s'exclama-t-il avec un rire émerveillé.

— J'aimerais ressortir, à présent », dit le sapeur en s'éloignant à grands pas vers l'entrée.

Bernie promena une dernière fois le faisceau de sa torche sur un groupe d'hommes pourchassant un énorme cerf, puis se détourna à regret.

Dehors, Vicente et le sapeur allèrent parler à Molina. Un garde, en agitant son fusil, fit signe à Bernie de rejoindre les autres prisonniers qui attendaient, toujours alignés en rangées inégales, certains grelottant de froid.

« *¿ Qué pasó ?* lui demanda Pablo.

— Ils ont trouvé des peintures rupestres, faites par des hommes préhistoriques.

— *¿ De verdad ?* Comment sont-elles ?

— Stupéfiantes. Elles datent de plusieurs milliers d'années.

— Du temps du communisme primitif, avant la formation des classes sociales. Il faudrait les étudier. »

Vicente regagna les rangs, la respiration rauque et haletante.

« Qu'a dit Molina ? s'enquit Bernie.

— Il va faire un rapport au commandant. Ils vont nous emmener de l'autre côté de la colline, pour faire sauter un autre pan de rocher. » Il toussa, et de nouvelles gouttes de sueur apparurent sur son front. « Aah, j'ai l'impression d'avoir la gorge en feu. Si seulement j'avais de l'eau. »

Un soldat alla passer la tête à l'intérieur de la grotte. Puis il fit le signe de croix et se posta devant l'entrée, montant la garde.

Le soir, à l'heure du dîner, l'état de Vicente avait encore empiré. Dans la lumière pâle des lampes à huile, Bernie vit qu'il suait abondamment et frissonnait. Il grimaçait de douleur à chaque bouchée de gruau qu'il avalait.

« Ça va ? » lui demanda-t-il.

Sans répondre, Vicente reposa sa cuillère sur la table et se prit la tête entre les mains.

La porte du réfectoire s'ouvrit, livrant passage à Aranda, escorté de Molina, qui arborait une mine de chien battu. Ils étaient suivis du père Jaime, à l'aspect imposant et sévère dans sa soutane, avec ses cheveux gris fer lissés en arrière qui découvraient son front haut.

« Aujourd'hui, à la carrière, commença Aranda de sa voix sonore, l'équipe du sergent Molina a fait une découverte. Le père Jaime souhaite vous en parler. »

Le prêtre acquiesça. « Ces gribouillis tracés par les hommes des cavernes sur les parois rocheuses sont des œuvres païennes, réalisées bien avant que la lumière du Christ ne vienne éclairer le monde. Il faut éviter d'y poser les yeux. Demain, on fera exploser des charges de dynamite dans cette grotte et les peintures seront détruites. Quiconque s'aviserait de mentionner leur existence sera puni. C'est tout. » Il adressa un signe de tête à Aranda, lança à Molina un regard réprobateur, et sortit d'un air majestueux, suivi des officiers.

« Le salaud ! murmura Pablo en se penchant vers Bernie. Ces peintures font partie du patrimoine espagnol.

— Ces gens-là sont pareils que les Goths et les Vandales, eh, Vicente ? » dit Bernie en donnant un léger coup de coude à l'avocat.

Celui-ci poussa une plainte et s'affaissa. Sa tête alla heurter la table, et son assiette en fer-blanc tomba sur le sol avec fracas, attirant l'attention du garde, qui se rua vers eux. C'était Arias, un jeune conscrit brutal et grossier.

« *¿ Qué pasa aquí ?* » s'écria-t-il en secouant Vicente par l'épaule. L'avocat émit un nouveau gémissement.

« Il s'est évanoui, expliqua Bernie. Il est malade, il a besoin de soins.

— Emmène-le au baraquement. Allez, soulève-le. Bon sang, je vais devoir ressortir dans ce froid ! » grommela le garde, en enfilant son poncho.

Bernie prit Vicente sous les aisselles. Il ne pesait pas lourd, ce n'était qu'un sac d'os. L'avocat tenta de se mettre debout, mais ses jambes tremblaient trop pour cela. Bernie dut le soutenir par la taille pour l'aider à gagner la sortie. Suivis du garde, ils traversèrent péniblement la cour, glissant sur les flaques gelées qui scintillaient dans la lumière tombant des projecteurs, en haut des miradors.

Dans le dortoir, Bernie étendit Vicente sur sa paillasse. Arias contempla l'avocat, qui gisait à demi inconscient, le visage ruisselant de sueur, respirant lourdement.

« Je crois qu'il est temps de faire venir le prêtre.

— Non. Il n'en est pas encore là, il a déjà eu ce genre de crise, se hâta de répondre Bernie.

— La consigne est d'appeler le prêtre quand un homme est mourant.

— Il est seulement malade. Appelez le père Jaime si vous voulez, mais vous avez vu dans quelle humeur il est… »

Arias hésita brièvement, puis reprit : « Très bien. Laisse-le, et retourne au réfectoire. »

Quand Bernie regagna le dortoir avec ses camarades, le repas fini, Vicente avait repris conscience, mais il semblait aller encore plus mal.

« Que s'est-il passé ? demanda-t-il. Je me suis évanoui ?

— Oui. Tu ferais mieux de te reposer, à présent.

— Ma tête est en feu, elle est pleine de poison. »

Sur la couchette d'en face, Establo les observait ; son visage jaune et grêlé paraissait monstrueux à la lueur des bougies. « *¡Ay, compadre!* lança-t-il à Bernie. Tu as vu les peintures des hommes préhistoriques. De quoi avaient-elles l'air ? Ils étaient bien, ces gens-là, hein ? Des communistes primitifs.

— Oui, Establo, ils étaient courageux. Ils chassaient l'éléphant à poil laineux.

— Les éléphants n'ont pas le poil laineux, répliqua Establo d'un ton tranchant. Ne te moque pas de moi, Piper. »

Le lendemain était un dimanche. Ils étaient obligés d'assister à l'office célébré dans la baraque qui tenait lieu d'église, où l'on avait disposé une table à tréteaux couverte d'une nappe blanche en guise d'autel. Comme de coutume, les prisonniers restèrent passivement assis pendant toute la durée de la messe, somnolant à demi pour la plupart. Si le célébrant avait été le père Jaime, il aurait demandé au garde de les réveiller à coups de crosse, mais aujourd'hui c'était le père Eduardo, et il les laissait dormir. Les sermons de Jaime parlaient généralement de vengeance et des feux de l'enfer, ceux d'Eduardo de la lumière du Christ et des joies que procurait le repentir, d'un ton presque implorant.

Après l'office, le prêtre recevait ceux qui souhaitaient s'entretenir avec lui. Ils n'étaient guère nombreux, la plupart du temps. Pendant que les prisonniers sortaient en file indienne, Bernie s'approcha du garde et lui murmura quelques mots à l'oreille. Le soldat le dévisagea d'un air étonné, puis le conduisit dans la petite pièce à l'arrière de la baraque.

Bernie se sentit gêné d'entrer ainsi dans la chambre du prêtre. Celui-ci avait ôté sa robe et revêtu sa soutane noire. Son visage joufflu et rasé de près avait quelque chose d'enfantin. Il désigna une chaise à Bernie, en lui souriant timidement.

« *Buenos días*. Je vous en prie, asseyez-vous. Quel est votre nom ?

— Bernie Piper, baraque numéro huit. »

Le prêtre consulta une liste. « Ah oui, l'Anglais. En quoi puis-je vous aider, mon fils ?

— J'ai un ami qui est très malade. Vicente Medina.

— Oui, je le connais.

— S'il pouvait voir un médecin, on aurait peut-être des chances de le sauver. »

Le père Eduardo secoua tristement la tête. « Les autorités n'admettront jamais qu'un médecin vienne ici, j'ai déjà essayé. Je regrette. »

Bernie s'était attendu à cette réponse. Il repassa dans sa tête le discours qu'il avait préparé pendant la messe.

« Pensez-vous qu'il soit mal de convertir les gens de force ?

— Oui, répondit le jeune prêtre, après une brève hésitation. L'Église nous enseigne que si la conversion au christianisme n'est pas sincère, si elle n'est que de pure forme, elle n'est pas valide.

— Vicente est un vieux républicain de gauche. Les républicains de gauche sont des athées convaincus, comme vous le savez.

— Certes, rétorqua le père Eduardo, le visage durci. Mon église a été brûlée par la populace en 1931. Les policiers avaient reçu l'ordre de laisser faire. Le chef des républicains de gauche, Azaña, avait déclaré que toutes les églises d'Espagne ne valaient pas une seule vie républicaine.

— Vicente est inoffensif, à présent. » Bernie prit une profonde inspiration et poursuivit : « Je vous demande de le laisser mourir en paix quand son heure sera venue. N'essayez pas de lui administrer les derniers sacrements. Ce ne serait qu'un simulacre, étant donné ses convictions.

— Vous pensez que nous contraignons les mourants à se convertir ? soupira le père Eduardo.

— N'est-ce pas le cas ?

— Vous nous jugez bien mal », dit le prêtre en scrutant Bernie d'un regard intense. Ses verres épais faisaient paraître ses yeux plus grands qu'ils n'étaient, si bien qu'ils semblaient flotter derrière ses lunettes. « Vous n'avez pas été élevé dans la religion catholique, Piper ?

— Non.

— Vous êtes communiste, à ce que je vois.

— Oui. Les chrétiens croient au pardon, n'est-ce pas ?

— C'est un point essentiel de notre foi.

— Dans ce cas, pourquoi ne pouvez-vous pardonner à Vicente ce que son parti a pu faire, et le laisser en paix ?

— Vous ne comprenez pas, rétorqua le père Eduardo en levant une main, du même ton implorant sur lequel il délivrait son sermon. Je vous en prie, faites un effort. Si un homme meurt en refusant de reconnaître l'autorité de l'Église, il ira en enfer. Mais s'il se repent et demande pardon, même à son dernier instant, après toute une vie de péchés, Dieu lui pardonnera. Quand un homme gît sur son lit de mort, c'est la dernière chance qui s'offre à nous de sauver son âme. L'homme se trouve alors au seuil de l'éternité et, parfois, il prend conscience pour la première fois de ses péchés et implore la grâce divine.

— C'est aussi le moment où il est le plus faible, le plus terrifié. Et vous savez en tirer profit. Que se passe-t-il si un homme accepte de recevoir les sacrements uniquement par peur ?

— Seul Dieu peut juger de l'authenticité de son repentir. »

Bernie comprit qu'il avait perdu la partie. Il avait sous-estimé la bêtise du prêtre, dont la compassion naturelle était étouffée sous d'épaisses couches de superstitions.

« Vous avez réponse à tout, n'est-ce pas ? Avec votre logique tordue ! » articula-t-il d'une voix sourde.

Le père Eduardo eut un sourire attristé. « Je pourrais en dire autant de votre propre foi, cet édifice bâti par Karl Marx.

— Mes convictions sont fondées sur des faits scientifiques.

— Vraiment ? J'ai entendu parler de cette grotte qu'on a découverte dans les collines, avec les peintures préhistoriques. Des hommes chassant des animaux aujourd'hui disparus, n'est-ce pas ?

— Oui. Ces peintures ont sans doute une valeur inestimable, et vous allez les détruire.

— Ce n'est pas moi qui ai pris cette décision. Mais vous croyez que ces hommes étaient des sortes de communistes, n'est-ce pas ? Le communisme primitif, le premier stade de la dialectique historique. Vous voyez, j'ai lu Marx, moi aussi. Mais ce n'est qu'une croyance, vous ne pouvez pas savoir vraiment comment vivaient ces gens. Vous aussi, vous vivez selon votre foi, une foi mensongère. »

On croirait entendre parler le psychiatre, se dit Bernie, qui éprouva une soudaine envie de blesser le prêtre, de le mettre en colère, comme il l'avait fait avec le médecin.

« Il ne s'agit pas d'une joute intellectuelle. Nous sommes dans un endroit où l'on empêche les malades de recevoir des soins médicaux et où l'on fait travailler les hommes jusqu'à ce qu'ils en meurent, sur ordre du gouvernement que votre Église soutient.

— Vous n'êtes pas espagnol, Piper, répondit le prêtre en soupirant. Comment pouvez-vous comprendre ce qu'a été la guerre civile ? J'ai eu des amis, des prêtres, qui ont été faits prisonniers en zone républicaine. Ils ont été fusillés, jetés du haut des falaises, torturés…

— Et c'est la raison pour laquelle vous vous vengez sur nous. Je croyais que les chrétiens étaient censés se conduire mieux que les autres hommes, dit Bernie avec un rire amer. Que dit la Bible à ce sujet ? Ah oui, c'est à leurs fruits que nous les reconnaîtrons. »

Le père Eduardo ne se mit pas en colère. Le visage triste et grave, il rétorqua calmement : « Croyez-vous que cela nous soit facile, au père Jaime et à moi, de travailler ici, parmi des gens qui ont tué nos amis ? Pourquoi le faisons-nous, à votre avis ? Par charité, pour tenter de sauver ceux qui nous haïssent.

— Vous savez très bien que si c'est le père Jaime qui vient voir Vicente, il prendra plaisir à lui administrer l'extrême-onction contre sa volonté. Ce ne sera pas un acte de charité, mais de vengeance. Puis-je partir, à présent, s'il vous plaît ? » dit Bernie en se levant.

Le prêtre leva la main, puis la laissa retomber d'un geste las. « Oui. Partez. »

Comme Bernie s'apprêtait à sortir, il ajouta : « Je prierai pour votre ami. Pour sa guérison. »

Ce soir-là, Establo convoqua une réunion de cellule. Les dix communistes se rassemblèrent autour du lit de Pablo, tout au fond de la baraque.

« Nous avons besoin de renforcer notre foi

marxiste », déclara Establo. En entendant ce mot, Bernie le dévisagea : l'expression de leur chef était solennelle, sévère. « La découverte de ces peintures m'a donné à réfléchir. Nous devrions donner des cours sur l'analyse marxiste de l'histoire, l'évolution de la lutte des classes à travers les âges. Ce serait un moyen de resserrer nos liens. Nous en avons bien besoin, avec un nouvel hiver à affronter. »

Un ou deux hommes hochèrent la tête, mais les autres prirent un air excédé. Miguel, un vieux traminot de Valence, objecta :

« Il fait trop froid pour rester assis à parler dans le noir.

— Et si les gardes s'en aperçoivent ? renchérit Pablo. Si quelqu'un nous dénonce ?

— Qui dirigera ces cours ? s'enquit Bernie. Toi ? » Il sentait que la proposition d'Establo était loin de remporter l'adhésion ; il aurait dû la faire avant que le froid ne s'installât, poussant les hommes à se replier en eux-mêmes.

La figure couverte de squames se tourna vers lui, le regard luisant de colère. « Oui. Je suis le chef de cellule.

— Le camarade Establo a raison, intervint Pepino, un jeune ouvrier agricole au visage décharné. Nous avons besoin de nous rappeler ce que nous sommes.

— Eh bien, pour ma part, je n'ai pas assez d'énergie pour écouter le camarade Establo discourir sur le matérialisme historique.

— J'ai pris une décision, camarade, déclara Establo d'une voix menaçante. J'ai été élu, c'est moi qui décide. C'est le centralisme démocratique.

— Non, absolument pas. J'obéirai à tes ordres, qui vont à l'encontre du sentiment majoritaire de notre groupe, quand un comité central du Parti communiste espagnol constitué selon les règles me le dira, et pas avant.

— Il n'y a plus de comité central, répondit tristement Pepino. Plus en Espagne, en tout cas.

— Exactement.

— Tu devrais surveiller tes paroles, *Inglés*, murmura Establo. Je connais ton histoire. Un fils d'ouvrier qui est allé dans une école pour aristocrates, un arriviste…

— Et toi, tu n'es qu'un petit bourgeois ivre de pouvoir, répliqua Bernie. Tu continues à te comporter en contremaître, à vouloir diriger les autres comme tu le faisais dans ton usine. Je suis loyal envers le parti, mais tu n'es pas le parti.

— Je peux t'exclure de la cellule. »

Bernie eut un petit rire. « Ça, une cellule ? » Il sut aussitôt qu'il avait eu tort de prononcer ces mots, que les autres allaient se retourner contre lui, mais l'épuisement et la colère lui chaviraient l'esprit. Il se leva et alla s'étendre sur son lit, écoutant les murmures qui lui parvenaient de l'autre bout de la pièce. Quelqu'un leur cria de se taire, qu'il y avait des gens qui voulaient dormir. Un instant après, il entendit la couchette voisine grincer sous le poids d'Establo, perçut qu'il se grattait, et sentit son regard fixé sur lui.

« Nous allons examiner ton cas, *compadre* », chuchota le chef de cellule. Bernie ne répondit pas. Il écouta la respiration gargouillante de Vicente, et eut envie de hurler de chagrin et de rage. Se rappelant les paroles énigmatiques d'Agustín lui prédisant des temps meilleurs, il songea : Non. Quoi que tu aies voulu dire par là, tu te trompais.

Il ne dormit pas de la nuit. Il resta allongé dans le

froid, sans bouger, les yeux grands ouverts sur l'obscurité. Il se souvenait comment, à Londres, les théories du Parti communiste sur la lutte des classes lui étaient apparues comme une révélation. Après avoir quitté Cambridge, il avait d'abord aidé ses parents au magasin, mais l'humeur dépressive de son père et les reproches permanents de sa mère avaient fini par lui donner le sentiment d'étouffer, et il avait pris un logement ailleurs dans le quartier.

Le contraste entre la richesse de Cambridge et la pauvreté sordide de l'East End, où les chômeurs traînaient aux coins des rues et où l'on percevait les premiers frémissements du fascisme local, l'indignaient plus que jamais. Les chômeurs se comptaient par millions, et le Parti travailliste ne faisait rien. Il avait gardé le contact avec les Mera. Ceux-ci étaient déçus par la République, par ce gouvernement qui refusait de lever des impôts pour financer les réformes, de crainte de s'attirer l'animosité des classes moyennes. Un ami l'avait emmené à une réunion publique du Parti communiste et, d'emblée, il s'était dit : c'est la vérité, c'est ainsi que fonctionne le système.

Il s'était mis à étudier Marx et Lénine ; leur prose âpre, si différente de tout ce qu'il connaissait, l'avait d'abord rebuté, mais, lorsqu'il avait mieux compris leurs analyses, il avait vu qu'elle recelait la réalité absolue de la lutte des classes : une réalité sans concession, dure comme fer, selon l'expression de son mentor au sein du parti. Seuls les communistes étaient assez impitoyables pour détruire le fascisme, cette ultime tentative du capitalisme de conjurer sa propre destruction. Bernie avait alors trimé pour le parti, vendu le *Daily Worker* à la sortie des usines sous la pluie, assuré le service d'ordre lors des meetings dans des salles à moitié vides. La plupart des membres du parti local appartenaient à la classe moyenne, intellectuels bohèmes ou artistes. Il savait que, pour beaucoup d'entre eux, le communisme était un engouement passager, un acte de rébellion, et en même temps il se sentait plus à l'aise parmi eux qu'avec les ouvriers. Avec son accent distingué, il n'avait eu aucun mal à se faire accepter dans leur cercle, et c'était l'un d'entre eux, un sculpteur, qui lui avait procuré son travail de modèle. Pourtant, au fond de lui-même, il continuait à se sentir solitaire, privé de racines, et il se disait que son éducation avait fait de lui un hybride marginal, ni bourgeois ni prolétaire.

En juillet 1936, l'armée espagnole s'était soulevée contre le gouvernement de Front populaire, et la guerre civile avait débuté. À l'automne, les communistes avaient commencé à recruter des volontaires pour l'Espagne, et il s'était rendu à King Street pour s'inscrire.

Il avait été obligé d'attendre. La formation des Brigades internationales, l'établissement des itinéraires et des points de rencontre, tout cela prenait du temps, et il avait commencé à s'impatienter. Puis, après une nouvelle visite infructueuse au quartier général, il avait désobéi au parti pour la première et unique fois : il avait fait ses bagages et, sans en aviser quiconque, était allé à Victoria pour prendre le train jusqu'à Douvres, et de là le ferry.

Il était arrivé à Madrid en novembre. Franco avait atteint la Casa de Campo, mais ses troupes n'avaient pas réussi à progresser depuis : la population madrilène tenait l'armée en échec. Il faisait un froid glacial, mais les citoyens, qui, cinq ans auparavant, lui avaient paru mornes et apathiques, semblaient animés d'une énergie nouvelle. L'air vibrait de ferveur révolutionnaire et d'enthousiasme. Des tramways et des camions remplis d'ouvriers en bleu de travail, un mouchoir rouge autour du cou, en partance vers le front, défilaient dans les rues avec le slogan : *¡Abajo el fascismo!* tracé à la craie sur leurs flancs.

Il aurait dû se rendre sans attendre au QG du parti, mais son train était arrivé en fin de journée, et il était allé tout droit à Carabanchel. Dans un angle de la place où habitaient les Mera, un groupe de femmes et d'enfants était en train de desceller les pavés pour construire une barricade. À la vue d'un étranger, ils avaient levé le poing en criant : « *¡Salud, compadre!*

— *¡Salud! ¡Uníos hermanos proletarios!* » avait-il répondu, en pensant : un jour, cela arrivera en Angleterre.

Il avait écrit à Pedro pour lui annoncer son arrivée, sans avoir pu toutefois préciser la date. C'était Inés qui lui avait ouvert. Elle paraissait fatiguée, et ses cheveux grisonnants pendaient autour de son visage las, qui s'était toutefois éclairé en l'apercevant. « Pedro ! Antonio ! avait-elle appelé. Il est là ! »

Il y avait un fusil démonté sur la table du *salón*, une arme d'aspect suranné avec un énorme canon. Pedro et Antonio tournaient et retournaient les différentes pièces entre leurs mains. Ils étaient couverts de poussière et mal rasés, leur bleu de travail maculé de terre. Francisco, le garçonnet phtisique, les observait, assis sur une chaise, plus maigre et pâle que jamais ; il ne semblait guère avoir grandi malgré les cinq ans écoulés. La petite

Carmela, âgée de huit ans à présent, était perchée sur ses genoux.

Pedro s'était essuyé les mains sur un morceau de journal et s'était levé d'un bond pour le serrer dans ses bras. « Bernardo ! Bon sang, tu as bien choisi le jour de ton arrivée ! » Il avait pris une profonde inspiration avant de poursuivre : « Antonio part pour le front demain.

— J'essaie de nettoyer ce vieux fusil qu'on m'a donné, avait fièrement expliqué le jeune homme.

— Il ne sait même pas comment le remonter ! avait dit Inés, l'air sombre.

— Peut-être puis-je vous aider », avait proposé Bernie. Il avait suivi la préparation militaire à Rookwood, et se rappelait avoir déclaré, au grand agacement de ses condisciples, que ces connaissances pourraient être utiles quand viendrait la révolution. En unissant leurs efforts, ils étaient parvenus à rassembler les pièces, puis ils avaient débarrassé la table et Inés avait servi un *cocido*.

« Es-tu venu pour nous aider à tuer les fascistes ? avait demandé Carmela, les yeux agrandis d'excitation et de curiosité.

— Oui, avait-il répondu en lui caressant la tête. Je dois me présenter au QG du parti demain, avait-il ajouté en se tournant vers Pedro.

— Les communistes ? avait grommelé celui-ci. Nous dépendons entièrement d'eux, à présent. Si seulement les Français et les Britanniques avaient accepté de nous vendre des armes !

— Staline sait comment mener une guerre révolutionnaire.

— Père et moi avons creusé des tranchées tout

l'après-midi, avait déclaré Antonio d'un ton grave. Et ensuite, ils m'ont donné ce fusil en me disant de prendre une bonne nuit de repos et de me présenter demain pour partir au combat. »

Bernie avait contemplé le visage maigre et si juvénile encore, puis avait demandé :

« Crois-tu qu'ils auraient un autre fusil pour moi ?

— Oui, avait acquiescé Antonio avec solennité. Ils recrutent tous les hommes assez valides pour porter une arme.

— À quelle heure dois-tu te présenter ?

— À l'aube.

— J'irai avec toi », avait déclaré Bernie, le cœur palpitant d'une étrange émotion, où la peur se mêlait à l'enthousiasme. Il avait serré la main d'Antonio avec force, et s'était mis à rire. Ils avaient ri tous deux, sans pouvoir s'arrêter, au bord de l'hystérie.

Mais c'était la peur qui dominait en lui quand il s'était levé à l'aurore, avec Pedro et Antonio. Dehors, ils avaient entendu des tirs d'obus au loin, et il avait frissonné dans le froid matin gris. Il était vêtu du blouson et du pantalon de toile qu'il portait à son arrivée, et Antonio lui avait donné un foulard rouge, qu'il avait noué autour de son cou.

À la Puerta del Sol, des officiers en tenue kaki les avaient fait mettre en rangs, avant de les diriger vers les tramways alignés les uns derrière les autres. Quand le convoi s'était ébranlé dans un bruit de ferraille, les hommes s'étaient brusquement tendus, serrant leur fusil entre leurs genoux. Au début, cela avait ressemblé à un voyage ordinaire, mais, à mesure qu'ils s'éloignaient vers l'est, ils avaient aperçu moins de gens dans les rues, et plus de miliciens et de camions militaires. Quand son tram s'était immobilisé devant les grilles de la Casa de Campo, Bernie avait entendu des tirs sporadiques ; son cœur s'était mis à battre la chamade quand le sergent leur avait ordonné de descendre.

C'était alors qu'il avait vu les corps – une demi-douzaine de cadavres étendus côte à côte sur le trottoir, arborant toujours leur foulard rouge. Ce n'était pas la première fois qu'il voyait un mort – sa grand-mère avait reposé dans la pièce qui se trouvait à l'arrière du magasin, avant d'être enterrée – mais ces hommes au visage aussi gris et figé que l'avait été celui de son aïeule étaient de tout jeunes gens. Un garçon avait un trou noir et rond en plein milieu du front, et une petite goutte de sang s'était coagulée juste en dessous, pareille à une larme. Bernie avait senti son cœur lui marteler les côtes, et une sueur froide lui avait inondé les tempes tandis qu'il se mêlait avec Pedro et Antonio à la cohorte désordonnée des miliciens.

Pedro avait été affecté à un détachement chargé de creuser les tranchées, tandis que Bernie, Antonio et une vingtaine d'autres, certains armés, d'autres pas, avaient reçu l'ordre de suivre un sergent dans une tranchée à moitié terminée, où des hommes munis de bêches s'étaient interrompus dans leur travail pour les laisser passer. Des sacs de sable étaient empilés du côté qui se trouvait face à la Casa de Campo, d'où des tirs partaient de temps à autre. Partout régnait la plus totale confusion : des hommes couraient en tous sens, des camions patinaient dans la boue. Les volontaires s'étaient adossés contre les sacs de sable, l'incertitude transparaissant sur leur visage.

« Jésus, avait murmuré Bernie à Antonio, ce n'est pas une armée !

— C'est tout ce que nous avons, avait rétorqué son compagnon. Tiens-moi ça, je vais jeter un coup d'œil. »

Il y avait une échelle à côté d'Antonio et, avant que Bernie eût pu l'en empêcher, il avait commencé à grimper.

« Arrête, espèce de cinglé, tu vas te faire tirer dessus ! » avait crié Bernie, se rappelant que son père lui avait raconté que des milliers de nouvelles recrues étaient mortes sur le front de l'Ouest pour avoir voulu jeter un coup d'œil par-dessus la tranchée.

« Ne t'inquiète pas, ils ne peuvent pas me voir, avait répondu Antonio, les bras en appui sur le sommet des sacs. Seigneur, ils ont toute une artillerie de campagne, là-dedans. Je ne vois rien bouger… »

Bernie avait poussé un juron, posé le fusil et gravi l'échelle à son tour pour agripper Antonio par la taille.

« Descends de là !

— Ne t'en fais pas, il n'y a pas de danger. »

Bernie avait gravi un nouvel échelon pour l'empoigner par l'épaule, et c'était à ce moment que le coup de feu était parti. La balle avait manqué la tête d'Antonio mais transpercé le bras de Bernie. Il avait poussé un cri et tous deux avaient dégringolé à bas de l'échelle. En voyant le sang rougissant son blouson, Bernie s'était évanoui.

Un commissaire du peuple espagnol était venu le voir à l'antenne chirurgicale.

« Tu es un imbécile, l'avait-il sermonné. Tu aurais dû te présenter d'abord au QG du parti, pour suivre un entraînement avant de monter au front.

— Mes amis m'ont dit qu'on avait besoin de tous les hommes valides à la Casa de Campo. Je suis désolé.

— Il va se passer des semaines avant que tu retournes au combat, maintenant, avait grommelé le commissaire. Et nous allons devoir te trouver un logement quand tu sortiras d'ici.

— Mes amis de Carabanchel s'occuperont de moi.

— Sont-ils au parti ? lui avait demandé l'homme, en lui lançant un regard oblique.

— Ils sont socialistes. »

Le commissaire avait poussé un grognement de dédain, et Bernie s'était alors enquis du déroulement des combats.

« Nous les tenons en échec. Nous sommes en train de former une brigade communiste, pour ramener un peu de discipline. »

Bernie s'agita sur sa couchette, pour tenter de se réchauffer les jambes. Près de lui, Vicente émettait dans son sommeil un horrible gargouillement. Bernie se remémora ses semaines de convalescence à Carabanchel, ses tentatives infructueuses pour convertir les Mera au communisme. Selon eux, les Russes étaient en train de détruire la République, parlant de coopérer avec la bourgeoisie progressiste tout en introduisant dans le pays leur police secrète et leurs espions. Bernie répliquait que les bruits qui couraient sur la brutalité des Russes étaient exagérés, et qu'après tout on devait faire preuve de dureté pour remporter la guerre. Mais ce n'était pas facile de discuter avec un vétéran de la lutte des classes tel que Pedro, qui avait derrière lui trente ans de militantisme. Parfois, il lui arrivait de penser que ce que les Mera disaient des Russes n'était peut-être pas entièrement faux, mais il s'empressait alors de repousser cette idée ; elle ne pouvait que le perturber, et c'était le moment ou jamais de garder l'esprit clair.

À présent, dans le froid de la nuit, les doutes revenaient l'assaillir. À l'époque, ils avaient eu besoin d'hommes capables de se montrer durs si nécessaire, mais que se serait-il passé s'ils avaient gagné ? Les individus tels qu'Establo seraient-ils au pouvoir ? Le prêtre avait dit que le marxisme était une foi mensongère. Bernie n'avait jamais bien compris le matérialisme dialectique, et il savait que c'était le cas de nombreux communistes. Mais le communisme n'était pas une religion, il n'était pas comparable au catholicisme ; il était fondé sur une compréhension de la réalité, du monde matériel.

Il se retourna une fois de plus sur sa paillasse. Il essayait de ne pas penser à Barbara, cela lui faisait trop mal, cependant son visage continuait de le hanter. Il ne pouvait songer à elle sans culpabilité : il l'avait abandonnée. Il l'imaginait en Angleterre, ou peut-être en Suisse, entourée désormais par des États fascistes. Il lui disait souvent qu'elle ne comprenait rien à la politique ; cette nuit, il commençait à se demander s'il y avait vraiment compris quelque chose lui-même. Il s'efforça de se concentrer sur une image réconfortante qu'il évoquait parfois quand il n'arrivait pas à dormir, une scène d'une vieille bande d'actualités soviétique qu'il avait vue autrefois à Londres : des tracteurs roulant à travers des champs de blé infinis, en Russie, suivis de travailleurs qui chantaient en récoltant la moisson abondante.

29

Le dimanche, Sandy passa prendre Harry au pied de son immeuble, comme ils en étaient convenus. La journée s'annonçait claire et froide, et le soleil était encore bas dans le ciel d'un bleu éclatant. Sandy descendit de sa Packard pour venir serrer la main de Harry. Il portait un pardessus en poil de chameau et une écharpe de soie ; ses cheveux calamistrés luisaient dans la lumière. Il avait l'air heureux, exultant même, d'être debout si tôt.

« Quelle matinée superbe ! dit-il en regardant le ciel. Nous n'en avons pas beaucoup comme celle-ci, en hiver. »

À la sortie de Madrid, ils prirent la direction du nord-ouest et suivirent la route qui gravissait les monts de la Guadarrama. « Que dirais-tu de revenir dîner à la maison un soir prochain ? s'enquit Sandy. Rien que toi, moi et Barbara. Elle est encore un peu déprimée, et je pense que cela pourrait lui remonter le moral.

— Oui, cela me ferait plaisir, répondit Harry, qui inspira profondément avant d'ajouter : Je te suis très reconnaissant de m'avoir fait bénéficier de cette occasion.

— Ce n'est rien », rétorqua Sandy d'un ton condescendant, avec un sourire.

Ils avaient atteint le sommet de la route ; au-dessus d'eux, les pics les plus hauts étaient déjà couverts de neige. Ils redescendirent ensuite vers la plaine brune et aride et traversèrent Ségovie avant d'obliquer vers l'ouest, en direction de Santa María la Real. Il y avait peu de circulation, et, en roulant dans la campagne calme et déserte, Harry se remémora son trajet vers Madrid dans la voiture de Tolhurst, le jour de son arrivée, et sa surprise devant cette absence de vie.

Au bout d'une heure, Sandy s'engagea sur un chemin poussiéreux serpentant entre des collines basses. « Ça va secouer un peu, je le crains. Il y en a encore pour une bonne demi-heure avant d'arriver à la mine. »

Sur la piste, les empreintes de sabots d'âne étaient recouvertes par de profondes ornières creusées par des véhicules lourds. La voiture cahotait et trépidait sur le sol accidenté, mais Sandy conduisait d'une main sûre, manifestement habitué à la route.

« Je n'arrête plus de penser à Rookwood, depuis nos retrouvailles, reprit-il d'un ton pensif. Piper était revenu dans notre salle d'étude, après mon renvoi, n'est-ce pas ? Tu me l'avais écrit.

— Oui.

— Il a dû savourer son triomphe, hein ?

— Je ne crois pas. Il n'a pratiquement plus mentionné ton nom par la suite, si je me souviens bien. »

Sandy se rembrunit. « Je ne suis pas étonné qu'il soit devenu communiste, il a toujours eu un côté fanatique. Il me regardait souvent comme s'il mourait d'envie de me coller contre un mur pour me fusiller. Les communistes demeurent le vrai danger pour le monde libre, tu sais. C'est la Russie que l'Angleterre devrait combattre, pas l'Allemagne. J'ai cru un temps que la situation allait se retourner dans ce sens, après Munich.

— Le fascisme et le communisme sont aussi mauvais l'un que l'autre.

— Oh, allons donc ! Au moins, dans une dictature de droite, les gens comme nous sont traités avec considération, dans la mesure où ils s'alignent sur la position du régime. Il n'y a pratiquement pas d'impôt sur le revenu, ici. J'admettrais toutefois que la bureaucratie est parfois pénible, mais le gouvernement doit bien montrer au peuple qui est le patron. C'est comme ça qu'ils voient les choses : obliger tout le monde à suivre les procédures, pour enseigner aux Espagnols la discipline et l'obéissance.

— La bureaucratie est totalement corrompue !

— C'est l'Espagne, que veux-tu, Harry, répliqua Sandy, avec un regard d'affectueuse ironie. Tu es toujours resté un élève de Rookwood, au fond, n'est-ce pas ? Tu crois encore à leur code d'honneur et à toutes ces balivernes ?

— J'y croyais, oui. À présent, je ne suis plus sûr de croire à quoi que ce soit.

— Je t'admirais à cause de ça, tu sais, autrefois. Mais ce sont des histoires de gamin, Harry, sans aucun rapport avec la vie réelle. Je présume toutefois que la carrière universitaire est elle aussi isolée de la réalité.

— C'est vrai, tu as raison. Venir ici m'a ouvert les yeux sur certaines choses.

— Tu vois enfin le monde tel qu'il est, hein ?

— On pourrait dire cela, en effet.

— Nous devons tous songer à assurer notre avenir, Harry, surtout en ce moment. Et je peux t'y aider, si tu me fais confiance, poursuivit Sandy, d'un ton qui semblait quémander l'approbation. Et de nos jours, crois-moi, il n'y a pas de valeur plus sûre que l'or. Regarde, nous sommes arrivés. »

Devant eux se dressait une haute clôture de barbelés entourant une vaste parcelle de terrain onduleux. De grands trous avaient été creusés dans la terre jaune, certains à demi remplis d'eau, et deux bulldozers étaient garés non loin de là. Le chemin s'arrêtait face à une barrière derrière laquelle se trouvait une cabane en bois. Un peu plus loin, on apercevait deux autres baraques, dont une de vastes dimensions, ainsi qu'un grand blockhaus de pierre. Près de l'entrée, une pancarte annonçait : « Nuevas Iniciativas S.A. Entrée interdite. Sous le patronage du ministère des Mines. »

Sandy klaxonna et un vieil homme maigre sortit de la cabane pour ouvrir la barrière, en saluant Sandy avec respect. En descendant de voiture, Harry sentit un vent froid lui piquer les joues, et il enfonça un peu plus son chapeau sur sa tête.

« Tout va bien, Arturo ? demanda Sandy au gardien.

— *Sí*, *señor* Forsyth. Le *señor* Otero est là, il vous attend dans le bureau. » L'attitude de l'homme était remplie de déférence, c'était celle d'un employé subalterne vis-à-vis de son patron, remarqua Harry. C'était étrange de penser à Sandy dans le rôle d'un chef d'entreprise, avec des gens sous ses ordres.

Sandy lui montra au loin une ferme entourée de peupliers, dans un repli entre deux collines. Du bétail noir paissait dans les prés alentour.

« C'est ce terrain que nous voulons acheter. Alberto est allé prélever des échantillons en douce. Il ne voit plus aucun inconvénient à ta visite, au fait. J'ai réussi à le faire changer d'avis du tout au tout. Il pensait qu'on ne pouvait pas faire confiance à quelqu'un qui travaille à l'ambassade britannique, mais je lui ai expliqué que tu étais un homme de parole et que tu ne dirais rien.

— Merci, murmura Harry, aiguillonné de nouveau par la culpabilité.

— La veine aurifère passe juste en dessous de cette ferme, le filon devient même plus riche à cet endroit. Le propriétaire élève des taureaux de combat. Il n'est pas très intelligent et n'a pas le moindre soupçon sur la nature de nos activités. Je crois que nous pourrons le persuader de vendre. » Il partit soudain d'un grand rire, en promenant son regard sur les champs. « N'est-ce pas merveilleux ? Tout cet or sous nos pieds… Par moments, je n'arrive pas moi-même à y croire. Et nous aurons cette ferme, ne t'inquiète pas. J'ai dit au fermier que je paierai comptant, et qu'il pourra ainsi aller vivre avec sa fille à Ségovie. J'arrive toujours à convaincre les gens, ajouta-t-il en se tournant vers Harry. Il suffit de deviner ce qu'ils désirent, et de le leur agiter sous le nez. »

Harry se baissa et ramassa une poignée de terre jaune, semblable à celle contenue dans la boîte de fer-blanc du bureau de Sandy. Elle était froide et friable au toucher. Sandy lui assena une tape sur le bras.

« Allons boire un café, pour nous réchauffer, dit-il en l'entraînant vers la cabane la plus proche. Il n'y a personne aujourd'hui, seulement les agents de sécurité. »

Le local était spartiate : une table et quelques chaises pliantes. Une image représentant une danseuse de flamenco était affichée sur un mur, et un portrait de Franco trônait au-dessus du bureau où Otero était assis, en train de lire un rapport. Il sourit, d'un air nettement plus amical que lors de leur dernière rencontre.

« *Señor* Brett, bienvenue, merci d'avoir fait tout ce chemin. Aimeriez-vous une tasse de café, tous les deux ?

— Merci, Alberto, répondit Sandy. On commençait en effet à se geler les *cojones*. Assieds-toi, Harry. »

Le géologue mit une bouilloire à chauffer sur le réchaud à gaz placé dans un coin de la pièce. Sandy se percha sur le bord du bureau et alluma une cigarette. Montrant l'épais rapport que feuilletait Otero à leur arrivée, il demanda à celui-ci :

— Ce sont les résultats des analyses sur les derniers prélèvements ?

— Oui. Ils sont excellents, le secteur situé près du ruisseau est l'un des meilleurs. Nous n'avons que du lait en poudre, *señor* Brett, dit-il à l'adresse de Harry. Je suis désolé.

— Cela ira très bien, merci. C'est un site très étendu.

— Oui. Mais le terrain qui nous appartient a déjà été expertisé de façon complète. Ces nouveaux échantillons proviennent de la ferme voisine. »

Après leur avoir servi le café, Otero se rassit derrière son bureau. « C'est extrêmement frustrant. Nous ne pouvons pas commencer le travail proprement dit tant que le ministère ne nous en pas donné l'autorisation. Selon la loi espagnole, les minerais enfouis dans le sol appartiennent au gouvernement, et ce n'est pas une mince affaire d'obtenir les droits d'exploitation et une patente. Le ministère exige sans cesse de nouveaux échantillons, ce qui nous coûte toujours davantage d'argent, et nous avons besoin de fonds pour acheter la ferme. Nous avons l'accord de principe du

Generalísimo, mais les gens du ministère lui conseillent la prudence, et il écoute leur avis, depuis le fiasco de Badajoz, l'année dernière.

— Si Madrid donnait son accord et que vous achetiez cette ferme, combien cela vous rapporterait-il par an ?

— C'est la grande question, s'exclama Sandy en riant.

— Il est difficile de l'évaluer avec précision, répondit Otero, mais je dirais vingt millions de pesetas, environ. Et quand le gisement de la ferme sera pleinement exploité, qui sait… trente, quarante ?

— Cela fait plus d'un million de livres pour la première année, ajouta Sandy. Si tu achètes seulement trois pour cent de parts, cela te rapportera quinze mille livres sterling pour un investissement de cinq cents livres, trente mille si tu en avances mille. »

Harry but une gorgée du café, qui était amer et parsemé de grumeaux de lait en poudre. Sandy et Otero l'observaient à travers les volutes de fumée de leurs cigarettes.

« Cela fait beaucoup d'argent, dit-il enfin.

— Vous autres, les Anglais, il faut toujours que vous parliez par euphémismes ! s'esclaffa Otero.

— Surtout Harry, opina Sandy en riant. Viens, poursuivit-il en se levant, nous allons te montrer les fouilles. »

Ils lui firent effectuer une visite complète du site, lui expliquèrent comment de subtiles variations de couleur dans la terre indiquaient des teneurs en or différentes. Les petits trous parfaitement ronds criblant le sol marquaient l'emplacement des prélèvements. Des nuages apparurent, se pourchassant à travers le ciel.

« Allons jeter un coup d'œil aux labos, proposa

Sandy. Comment vont tes oreilles, à présent ? Tu as l'air d'entendre parfaitement.

— Oui, tout est pratiquement rentré dans l'ordre.

— Harry a été blessé à Dunkerque, Alberto. Cette grande bataille qui a eu lieu en France, tu sais ?

— Vraiment ? » dit le géologue, en penchant la tête, l'expression emplie de sympathie.

À l'intérieur de la cabane qui faisait office de laboratoire, une âcre odeur chimique flottait dans l'air. Les paillasses étaient couvertes de filtres de verre, de grands récipients métalliques et de cuvettes remplis de liquide clair et de terre jaune.

« De l'acide sulfurique, dit Sandy. Tu te rappelles les cours de chimie, à l'école ? Ne touche à aucun de ces flacons. »

Harry eut droit à une visite guidée des installations, et Otero lui expliqua le processus d'extraction de l'or, auquel il ne comprit pas grand-chose. Quand ils sortirent, il regarda de nouveau le blockhaus, et s'aperçut que les petites fenêtres étaient munies de barreaux.

« Qu'est-ce que c'est ? s'enquit-il.

— C'est là que nous gardons le minerai avant le deuxième stade du processus de raffinement. Il a trop de valeur pour que nous l'entreposions n'importe où. La clé est restée dans le bureau, mais tu peux regarder par la fenêtre, si tu veux. »

Malgré la pénombre qui régnait à l'intérieur du bâtiment, Harry distingua du matériel de laboratoire et de grandes boîtes métalliques remplies à ras bord de terre jaune réduite en poudre fine.

Ils regagnèrent ensuite le bureau où Otero, toujours aussi amical, leur servit de nouveau du café.

« J'ai l'expérience des mines d'or d'Afrique du Sud,

déclara-t-il. C'était le pays rêvé pour un géologue, quand j'étais jeune. J'avais appris un peu d'anglais là-bas, mais je l'ai oublié depuis, ajouta-t-il avec un sourire d'excuse.

— Comment qualifieriez-vous ce gisement, par rapport à ceux que vous avez connus ?

— Il est beaucoup plus petit, évidemment. Les gisements de Witwatersrand sont les plus importants au monde. Mais la qualité du minerai y est assez médiocre et la veine est très profondément enfouie dans le sol. Ici, la qualité est très élevée, et le filon se trouve tout près de la surface.

— Cela serait-il suffisant pour assurer à l'Espagne d'importantes réserves d'or ?

— Oui. Cela suffirait en tout cas à améliorer considérablement la situation économique.

— Alors, qu'en dis-tu ? s'enquit Sandy, en regardant Harry par-dessus le bord de sa tasse.

— Cela m'intéresse. Mais j'aimerais d'abord consulter le directeur de ma banque à Londres, lui exposer l'affaire, en termes très généraux bien sûr. Je lui dirai que j'envisage d'investir dans une mine d'or, sans en préciser l'emplacement, et que je souhaite avoir son opinion sur ce placement, son rendement par comparaison à d'autres, ce genre de choses.

— Tu devras nous faire lire cette lettre, rétorqua Sandy. Je parle sérieusement, il s'agit d'un projet confidentiel. »

Otero le contempla de cet air scrutateur dont Harry avait gardé le souvenir. « Comme nous l'avons déjà dit, personne à l'ambassade ne doit être mis au courant. Et votre lettre risque d'être ouverte par le service de censure.

— Non, pas si je l'envoie par le courrier diplomatique. Mais je ne vois pas d'inconvénient à vous la faire lire, si vous y tenez.

— Un banquier te dira certainement que c'est un placement à risques, reprit Sandy.

— Je ne suis pas obligé de suivre son conseil, répondit Harry en souriant. Trois pour cent d'un million… soupira-t-il d'un ton rêveur.

— La première année », rectifia Sandy, qui se tut ensuite comme pour lui permettre de mieux se pénétrer du sens de ses paroles. Harry songea fugacement que cet argent aurait bel et bien pu lui revenir, s'il n'était pas venu ici dans le seul but de les espionner, et fut saisi d'une soudaine envie de rire.

« Bien ! s'écria Sandy en se levant et en lui administrant une tape amicale sur le genou. Il faut que je rentre, à présent. Je dîne avec Sebastián ce soir. »

Otero serra la main de Harry en souriant et dit : « J'espère vous compter bientôt parmi nos associés, *señor*. C'est le bon moment pour investir. Mille livres nous seraient très utiles actuellement, cela empêcherait le ministère de nous couler. Et pour vous, les possibilités seraient… » Il agita la main et haussa les sourcils sans terminer sa phrase.

Comme Harry et Sandy se dirigeaient vers la voiture, la porte de la cabane du gardien s'ouvrit, livrant passage à un homme différent de celui qui leur avait ouvert, petit et maigre. Stupéfait, Harry reconnut l'ancienne ordonnance de Maestre, le chaperon de Milagros.

« Lieutenant Gómez ! s'exclama-t-il sans réfléchir. *Buenas días.*

— *Buen'día* », marmonna Gómez. Son visage arborait l'expression impassible du soldat de métier, mais son regard implorant fit comprendre à Harry qu'il avait commis une grave erreur.

« Vous vous connaissez ? s'enquit Sandy d'un ton inquisiteur.

— Oui, nous nous sommes rencontrés lors d'une… d'une réception, il y a quelque temps, n'est-ce pas ?

— *Sí señor*, une réception, c'est bien cela », répondit Gómez qui s'éloigna aussitôt pour leur ouvrir la barrière, et détourna la tête quand la voiture passa devant lui. Sandy l'observa dans le rétroviseur tandis qu'il regagnait sa guérite.

« C'est notre nouveau gardien. Il vient de prendre son service, dit-il d'une voix calme, sur le ton de la conversation. Comment se fait-il que tu le connaisses ?

— Oh, je l'ai vu à une réception, une soirée quelconque.

— Tu rencontres des gardiens dans tes soirées mondaines ?

— Il était là en tant que domestique, bien sûr. Il travaillait au service de mes hôtes ; peut-être l'ont-ils renvoyé après l'avoir surpris en train de voler les petites cuillères », dit Harry avec un rire forcé.

Sandy observa un silence pensif, avant de reprendre : « C'était à cette soirée dont tu m'as parlé ? Celle que donnait le général Maestre pour l'anniversaire de sa fille ? »

Bon Dieu, se dit Harry, Sandy avait indéniablement l'esprit prompt. La réception donnée par Maestre était la seule qu'il avait mentionnée devant lui, et Sandy s'en était forcément souvenu, puisque le général était un ennemi.

« Oui. Quand j'ai emmené la fille de Maestre au Prado, quelque temps plus tard, c'était lui qui conduisait. Comme je l'ai dit, il a sans doute été flanqué à la porte.

— Peut-être, murmura Sandy d'un ton sceptique. Il nous a été recommandé par une relation et s'est présenté comme un vétéran sans emploi.

— S'il s'est fait renvoyer, il pouvait difficilement vous fournir des références de ses employeurs.

— Tu as revu la fille ? s'enquit Sandy d'une voix désinvolte.

— Non. Comme je te l'avais expliqué, elle n'est pas mon type. J'ai rencontré quelqu'un d'autre », ajouta-t-il, dans l'espoir de détourner la conversation. Mais Sandy ne releva pas cette dernière phrase et se contenta de hocher la tête, en fronçant les sourcils, visiblement absorbé dans ses pensées. Maestre a placé Gómez ici pour les espionner, se dit Harry, et je viens de le trahir. Oh, merde !

Comme ils traversaient un village, Sandy s'arrêta devant un bar. Deux ânes étaient attachés à la balustrade bordant la terrasse.

« Peux-tu m'attendre ici une minute, Harry ? Je dois passer un coup de fil en vitesse, un détail que j'avais oublié. »

Harry attendit dehors, en regardant les ânes qui évoquaient à son esprit des images de Far West, les chevaux attachés devant le saloon, les duels au pistolet à l'aube. Qu'allaient-ils faire à Gómez ? Les enjeux étaient considérables. Maestre l'avait-il vraiment envoyé ici en tant qu'espion ? Deux enfants déguenillés s'étaient plantés devant la grosse voiture américaine, bouche bée. Il leur adressa un signe de la main, et ils s'enfuirent, leurs pieds nus dérapant dans la boue.

Sandy ressortit de l'établissement, le visage crispé,

et, devant son expression glaciale, Harry repensa à ce jour où il avait reçu des coups de verge en classe, ce jour où il avait commencé à méditer sa revanche contre Taylor. Sandy ouvrit la portière et son visage se détendit immédiatement. « Parle-moi un peu de cette fille que tu as rencontrée », dit-il en souriant, avant de démarrer.

Harry lui raconta qu'il avait porté secours à un inconnu attaqué par des chiens et fait ainsi la connaissance de la sœur de cet homme. Les mensonges les plus convaincants sont ceux qui se rapprochent le plus de la vérité, comme ses instructeurs le lui avaient appris. Sandy hocha la tête, toujours souriant, mais cet air de cruauté impitoyable qu'il avait en sortant du bar restait gravé dans l'esprit de Harry. Il avait dû téléphoner à Otero, oui, c'était forcément cela… Le cœur serré, il comprit qu'il s'était lourdement trompé sur Sandy, qu'il avait eu tort de penser que celui-ci n'était pas vraiment conscient de toutes les choses horribles qui se passaient autour de lui, telles que Dunkerque. Non seulement il en était conscient, mais il était lui-même capable de commettre des atrocités. C'était comme autrefois, à l'école : il s'en fichait complètement.

30

Il avait été convenu que, sitôt revenu de la mine, Harry se rendrait tout droit à l'ambassade pour faire son rapport. Il demanda donc à Sandy de le déposer chez lui, en disant qu'il avait un document à traduire, puis, dès que la voiture eut disparu, il ressortit et prit un tram jusqu'à la Calle Fernando del Santo.

Tolhurst était dans son bureau, en train de lire un exemplaire du *Times* vieux de quatre jours. Il y avait une coupure de courant, et il portait un gros pull orné d'un motif criard pour se prémunir contre le froid. Ainsi vêtu, il paraissait plus jeune et ressemblait à un écolier grassouillet.

« Comment cela s'est-il passé ? s'enquit-il d'un ton fébrile.

— La mine existe bel et bien, répondit Harry en s'asseyant. Mais il y a un problème.

— Lequel ? s'écria Tolhurst, dont le visage rond parut soudain s'étrécir. Vous soupçonnerait-il ?

— Non. Il m'a fait visiter la mine. Elle se trouve un peu plus loin que Ségovie, et couvre une large superficie, bien que la production n'en soit encore qu'à son début. Otero était là aussi, il s'est montré très amical, cette fois-ci.

— Et ?

— Au moment où nous partions, le gardien est venu nous ouvrir la grille, et je l'ai reconnu. C'est un certain Gómez, qui travaille pour Maestre. Nous l'avions rencontré lors de la réception, vous rappelez-vous ?

— Oui, son ancienne ordonnance, ou quelque chose comme ça.

— Je l'ai salué sans réfléchir. Il m'a répondu, mais j'ai bien vu qu'il était terrifié.

— Zut ! Comment Forsyth a-t-il réagi ?

— Il a tout de suite flairé quelque chose et m'a demandé où j'avais connu Gómez.

— Le lui avez-vous dit ?

— Oui. Je suis désolé, Simon. J'ai été pris de court, je n'ai pas trouvé de mensonge plausible. J'ai dit qu'il travaillait chez Maestre et qu'il avait peut-être été renvoyé. Rien d'autre ne m'est venu à l'esprit.

— Bon sang. » Tolhurst s'empara d'un stylo qu'il tourna en tous sens entre ses doigts. Harry était à la fois furieux contre lui-même et horrifié en pensant aux conséquences que sa bévue risquait d'entraîner pour Gómez. « J'ai bien vu que Sandy était préoccupé, reprit-il. Il s'est arrêté dans un village en disant qu'il avait un coup de fil à passer. Il avait un air sinistre quand il est ressorti. Je crois qu'il a appelé Otero… Simon, en quoi Maestre est-il mêlé à cette histoire ?

— Je l'ignore, répondit Tolhurst en se mordant la lèvre. Il est mêlé à la plupart des intrigues opposant les monarchistes aux phalangistes. Nous savons qu'il faisait partie du comité qui a examiné le dossier concernant cette mine, mais le capitaine n'a pas réussi à lui tirer les vers du nez. Maestre sait être discret dès qu'il estime que les intérêts nationaux sont en jeu. »

Les chevaliers de St. Georges ne peuvent donc pas tout acheter, se dit Harry in petto.

« Vous n'auriez pas dû dire bonjour à ce type, sachant qu'il travaillait pour le général, poursuivit Tolhurst d'une voix coupante. Vous auriez dû deviner qu'il était là incognito.

— Je n'ai pas l'habitude de ce genre de situation, rétorqua Harry. Je suis navré. Je m'efforçais uniquement d'avoir l'air d'un investisseur crédible, mon esprit était trop concentré là-dessus.

— Forsyth va forcément comprendre que Maestre ne renverrait pas comme cela son ancienne ordonnance, un homme qu'il jugeait digne de servir de chaperon à sa fille, dit Tolhurst en reposant le stylo sur la table. Seigneur, Harry, vous nous avez mis dans un sacré merdier. » Plaçant ses mains en appui sur la table, il se releva en soupirant. « Je vais devoir en informer le capitaine. Il est avec sir Sam, il y a une valise diplomatique qui part ce soir. Attendez-moi ici. »

En proie à un profond désarroi, Harry regarda machinalement par la fenêtre et aperçut un colporteur qui passait dans la rue, chevauchant un petit âne. Les pieds de l'homme touchaient presque le sol, et sa monture était en outre chargée de lourds ballots de laine. Il se demanda comment la pauvre bête pouvait supporter un tel fardeau sans se rompre l'échine.

Des pas rapides résonnèrent dans le couloir, et Harry se leva en hâte. Tolhurst ouvrit la porte du bureau, pour s'effacer devant Hillgarth et l'ambassadeur. Le capitaine arborait une expression sévère, et le visage maigre de Hoare était rouge de colère. Il s'affala dans le fauteuil de Tolhurst et darda sur Harry un regard furibond.

« Vous n'êtes qu'un imbécile, Brett, commença Hillgarth. Qu'est-ce qui vous a pris, bon Dieu ?

— Je regrette, monsieur, je ne savais pas que Maestre… »

Hoare lui coupa la parole, pour s'adresser à Hillgarth d'un ton cinglant. « Alan, je vous avais prévenu que cette opération était trop risquée. Je l'ai toujours dit : pas d'opérations clandestines, nous devrions nous contenter de recueillir des renseignements et rien d'autre. Nous ne sommes pas le foutu Service des opérations spéciales, bon Dieu ! Mais non, Winston et vous, vous devez à tout prix vous lancer dans vos petites aventures ! Maintenant, nous avons peut-être compromis nos relations avec toute la faction monarchiste, grâce à cet idiot, ajouta-t-il en agitant la main en direction de Harry, comme s'il s'agissait d'un insecte importun.

— Voyons, Sam, Maestre aurait dû nous prévenir qu'il préparait quelque chose de son côté.

— Pourquoi l'aurait-il fait ? Pourquoi ? C'est son pays, bon sang ! Pourquoi n'introduirait-il pas un espion dans une entreprise contrôlée par les phalangistes ? » Hoare porta à son front une main tremblante de rage et poursuivit : « Maestre est l'une de nos sources les plus fiables. J'ai sué sang et eau, ces cinq derniers mois, pour convaincre les monarchistes que nous avions des intérêts communs et que l'Angleterre ne représente pas une menace pour eux. J'ai tenté de persuader Winston de calmer le jeu au sujet de Gibraltar et d'expulser Negrín et sa racaille. Et vous savez tout ce que j'ai fait d'autre. À présent, ils vont découvrir que nous avons monté une opération secrète qui a fait échouer une des leurs, malgré le soutien que je leur avais promis.

— S'il arrive quelque chose à ce Gómez, répondit Hillgarth, personne ne pourra établir un lien avec nous.

— Ne soyez pas stupide ! Si Maestre avait un homme à lui dans la place, celui-ci a forcément mis le nez dans leurs papiers. C'est même la première chose qu'il aura faite. Et s'il a trouvé une note au sujet d'un investisseur potentiel appelé Harry Brett, traducteur dans les services diplomatiques de Sa Majesté ? » Le visage décharné de Hoare s'affaissa ; il paraissait épuisé. « Je crois que je ferais mieux de téléphoner à Maestre pour le mettre au courant, et essayer de limiter les dégâts.

— Je suis désolé, monsieur, bredouilla Harry. Si j'avais su… »

Hoare le foudroya des yeux, et sa lèvre supérieure se retroussa sur ses petites dents blanches. « Si vous aviez su ? Personne ne vous demande de savoir. Tout ce que vous avez à faire, c'est d'avoir de bons réflexes et d'arrêter les balles. » Se tournant vers Hillgarth, il poursuivit : « Vous feriez mieux d'annuler tout le projet et de renvoyer ce fichu imbécile chez lui. Qu'il aille en Afrique du Nord, se battre contre les Italiens ! À mon avis, nous aurions mieux fait de contacter directement Forsyth et d'essayer de l'acheter, au lieu de nous lancer dans ces histoires de cape et d'épée.

— Monsieur l'ambassadeur, répliqua Hillgarth d'une voix calme où perçait toutefois une colère contenue, nous étions tombés d'accord sur le fait que ce procédé présentait trop de risques tant que nous ne savions pas si ce projet lui tenait vraiment à cœur. Nous savons désormais qu'il a pour lui une importance capitale. Et Brett n'a pas été démasqué ; au contraire, le fait d'avoir dit à Forsyth que cet homme travaillait pour Maestre pourrait même renforcer sa crédibilité.

— Il faut que je téléphone à Maestre. Nous en reparlerons plus tard. » Hoare se leva, et Tolhurst courut lui ouvrir la porte. L'ambassadeur lui lança au passage un regard courroucé. « Vous auriez dû faire plus attention, Tolhurst. Hillgarth, je veux que vous soyez présent pendant que je passe ce coup de fil. »

Tolhurst referma lentement la porte derrière eux, puis dit à Harry : « Vous feriez mieux de rentrer chez vous, à présent. Ils vont se quereller toute la soirée là-dessus.

— Je devais aller au théâtre, ce soir. Voir *Macbeth*. Croyez-vous que ce soit possible ?

— Je pense que oui.

— Tolly, pourquoi Hoare vous a-t-il dit que vous auriez dû faire plus attention ?

— Je suis votre surveillant, Harry, expliqua Tolhurst avec un sourire sarcastique. Je suis chargé de vous tenir à l'œil et de rapporter vos faits et gestes au capitaine Hillgarth. Tous les espions inexpérimentés ont un surveillant, et je suis le vôtre. »

Même si Harry s'en était plus ou moins douté, cette révélation lui causa néanmoins un certain désappointement.

« J'ai toujours affirmé au capitaine que vous vous en sortiez très bien ; il commençait à s'impatienter un peu, mais je lui ai dit que, avec Forsyth, mieux valait manœuvrer prudemment. Et vous vous en êtes effectivement très bien tiré, jusqu'à aujourd'hui. Mais, dans ce boulot, on ne peut pas se permettre la moindre erreur. Je n'aurais jamais pensé que vous seriez capable de commettre une bourde aussi monumentale. C'est le problème : quand quelqu'un vous est sympathique, vous avez un préjugé favorable envers lui, soupira Tolhurst, d'un ton plein de rancœur. Il vaut mieux ne plus vous montrer ici pendant quelque temps. Je vous appellerai quand nous aurons besoin de vous. »

Harry arriva en retard au théâtre. Il avait passé des heures à marcher de long en large dans son appartement en repensant à son erreur, à la colère de Hoare et de Hillgarth, à Tolhurst avouant l'avoir, en quelque sorte, espionné. Je ne suis pas taillé pour ce travail, se disait-il ; je n'ai jamais vraiment voulu le faire. S'ils le renvoyaient chez lui, il n'en éprouverait aucun regret, même si c'était une disgrâce à leurs yeux. Il serait heureux de ne plus jamais revoir Sandy. Cependant, il n'arrivait pas à oublier Gómez, et la terreur soudaine qui était apparue dans les yeux du vieux soldat.

En jetant un coup d'œil à sa montre, il avait été stupéfait de constater combien il était tard. Après avoir rêvé si longtemps de Sofía, il n'avait pratiquement pas pensé à elle de la journée. Il s'était changé en hâte et rué au-dehors.

Sofía l'attendait déjà devant le théâtre, petite silhouette coiffée d'un béret dans son vieux manteau noir, cachée dans l'ombre des portes, tandis que des couples élégants gravissaient les marches. Elle ne portait pas de sac à main ; peut-être n'avait-elle pas les moyens d'en acheter un. En la voyant si petite et vulnérable, Harry sentit son cœur tressaillir. Quand il s'approcha, il vit qu'un mendiant, un vieillard dans un fauteuil roulant bricolé avec des moyens de fortune, était en train de la harceler.

« Je ne peux pas vous donner davantage, disait-elle.

— Je vous en prie, rien qu'un tout petit peu plus, pour me permettre de manger demain. »

Harry se rua vers eux. « Sofía, s'écria-t-il, hors d'haleine. Excusez ce retard. » Elle leva vers lui des yeux emplis de soulagement, et il donna cinquante centimes au mendiant, qui s'éloigna dans son fauteuil.

« Il y a eu un… problème au bureau, poursuivit Harry. Êtes-vous là depuis longtemps ?

— Non. Mais, en me voyant ici, cet homme a cru que j'avais de l'argent.

— Oh, Seigneur, que puis-je dire pour m'excuser ? Je suis content de vous voir, reprit-il en souriant.

— Moi aussi.

— Comment va Enrique ?

— Il est presque guéri, répondit-elle dans un sourire.

— Très bien. Si nous entrions ? » proposa-t-il en lui offrant timidement son bras. Elle le prit, et la tiédeur de son corps contre le sien le réconforta.

Sofía avait fait un gros effort de toilette : ses longs cheveux étaient élégamment bouclés à leurs extrémités, elle avait mis de la poudre et du rouge à lèvres. Elle était ravissante. Les spectateurs grouillant dans le hall étaient tous des bourgeois bien vêtus, les femmes arboraient des perles à leurs oreilles ou bien en sautoir, et Sofía les considérait d'un air de mépris amusé.

Harry avait réservé des places dans le milieu de la salle. Celle-ci était pleine ; quelqu'un à l'ambassade avait dit que la vie culturelle commençait à renaître, et ceux qui pouvaient se le permettre étaient manifestement avides de sorties, après en avoir été si longtemps privés.

Sofía ôta son manteau. En dessous, elle portait une longue robe blanche bien coupée qui mettait en valeur sa peau brune, avec un décolleté un peu plus profond que ne l'autorisaient les règles puritaines désormais en vigueur. Harry détourna hâtivement le regard, et elle lui sourit en disant :

« Qu'il fait chaud ici ! Comment font-ils ?

— Le chauffage central, je pense. »

Pendant l'entracte, ils allèrent boire un verre au bar. Sofía paraissait mal à l'aise parmi cette foule, et elle toussa en avalant sa première gorgée de vin.

« Ça va ? » s'enquit anxieusement Harry.

Elle eut un petit rire nerveux, qui détonnait avec son assurance coutumière.

« Je suis désolée. Je ne suis pas habituée à voir tant de monde, comprenez-vous. Quand je ne suis pas à la laiterie, je suis à la maison. En fait, je suis plus habituée aux vaches qu'aux gens », ajouta-t-elle avec un sourire ironique. Une femme la regarda en haussant les sourcils d'un air offusqué.

« Parlez-moi un peu de votre travail », demanda Harry. Les quartiers populaires de Madrid, il le savait, étaient pleins de petites laiteries artisanales, aménagées dans des lieux exigus et dépourvus d'hygiène.

« C'est un travail pénible, mais au moins on me donne du lait pour ma famille.

— Vous devez finir par vous en lasser.

— Cela nous permet de survivre. Les employés de l'agence gouvernementale passent chaque jour prendre leurs cent litres. Avec l'eau qu'ils rajoutent dedans, ils obtiennent deux cents litres pour la distribution des parts de rationnement.

— C'est terrible, dit Harry en secouant la tête.

— Vous êtes un homme étrange, déclara-t-elle soudain.

— Pourquoi donc ?

— Parce que vous semblez vous intéresser à ma vie. La laiterie puante où je travaille n'est certainement pas le genre d'endroit auquel vous êtes habitué, je pense. Écoutez les gens autour de nous, poursuivit-elle en se penchant vers lui. Ils parlent des choses qu'ils ont achetées au marché noir et des problèmes qu'ils ont avec leurs domestiques. N'est-ce pas le sujet de conversation habituel des gens de votre classe ? murmura-t-elle, en lui adressant de nouveau son petit sourire teinté de moquerie.

— Oui, mais je suis fatigué de ces conversations oiseuses. »

La sonnerie retentit alors, et ils regagnèrent leurs places.

Durant la seconde partie de la représentation, Harry se tourna une ou deux fois vers Sofía pour la regarder, mais elle était tellement absorbée par le spectacle qu'elle ne lui accorda pas un regard, ni même le sourire qu'il espérait. Ils en étaient arrivés au moment où lady Macbeth marche dans son sommeil, tourmentée par le remords du meurtre qu'elle a poussé son mari à commettre. « Ces mains seront-elles jamais propres ? » Harry fut brusquement submergé de panique à l'idée qu'il avait peut-être provoqué la mort de Gómez et qu'il avait lui aussi du sang sur les mains. Il agrippa les bras de son fauteuil en poussant une plainte étouffée, et Sofía lui lança un regard surpris. Quand la pièce fut terminée, les haut-parleurs diffusèrent l'hymne national. Harry et Sofía se levèrent mais, à la différence de la plupart des spectateurs, ne tendirent pas le bras pour faire le salut fasciste.

Dehors, dans le froid, Harry éprouva un brusque

malaise, comme cela ne lui était plus arrivé depuis plusieurs mois. Ses oreilles bourdonnaient, son cœur battait à tout rompre et ses jambes flageolaient. Il supposa que c'était le contrecoup des événements de la journée. Tandis qu'ils se dirigeaient vers l'arrêt de tramway, il essaya de faire la conversation, conscient du tremblement dans sa voix. Il s'abstint de prendre le bras de Sofía afin qu'elle ne s'aperçut pas de son état.

« Avez-vous aimé la pièce ?

— Oui, répondit Sofía en souriant. Je ne savais pas qu'il pouvait y avoir autant de passion dans une œuvre de Shakespeare. Les meurtriers ont tous reçu leur juste châtiment, n'est-ce pas ?

— Oui.

— Ce n'est pas ainsi que cela se passe dans la réalité. »

Il n'avait pas bien entendu et fut obligé de lui demander de répéter. « Non, en effet », reconnut-il.

Ils étaient arrivés à l'arrêt de tram. Harry tremblait de tout son corps, à présent, et souhaitait désespérément se retrouver au chaud. L'absence de tramway en vue et le fait qu'ils étaient seuls à attendre signifiaient sans doute qu'une voiture venait tout juste de partir. Harry ressentit le besoin de s'asseoir, et il maudit intérieurement sa faiblesse. S'il devait avoir un nouvel accès de panique, pourquoi fallait-il que cela se produisît maintenant, et non chez lui, quand il était seul ?

« Est-ce que vous allez bien ? » entendit-il Sofía interroger d'une voix inquiète.

Il aurait été inutile de mentir ; il sentait une sueur froide inonder son visage, à présent. « Non, je ne me sens pas très bien, je suis désolé. Je suis parfois sujet à de petits malaises, depuis que j'ai participé aux combats, en

France. Ça va passer, excusez-moi, c'est vraiment stupide.

— Non, ce n'est pas stupide, répondit-elle d'un ton empreint de sollicitude. Cela arrive souvent aux hommes qui ont fait la guerre, je l'ai vu ici. Vous devriez prendre un taxi, je vais vous reconduire chez vous. Vous ne devez pas rester ici à attendre dans le froid.

— Ça ira, je vous assure, protesta-t-il, gêné qu'elle le vît dans un tel état de faiblesse.

— Non, je vais chercher un taxi. » D'un seul coup, c'était elle qui prenait les choses en main, ainsi qu'elle l'avait fait la première fois, dans l'appartement familial. « Puis-je vous laisser seul un moment, le temps que j'aille jusqu'au carrefour ? J'ai aperçu des taxis, là-bas.

— Oui, mais…

— J'en ai pour une minute », dit-elle en souriant. Elle lui effleura le bras d'un geste rassurant et s'éloigna. Harry s'adossa contre la froide barre métallique et respira profondément à plusieurs reprises, inspirant par le nez et expirant par la bouche comme on le lui avait enseigné à l'hôpital. Quelques instants plus tard, un taxi s'arrêta devant lui.

Il se sentit immédiatement mieux, une fois assis au chaud. « Quelle fin de soirée, hein ? dit-il à Sofía avec un sourire triste. Déposez-moi à mon domicile, et je paierai la course jusque chez vous.

— Non, je veux m'assurer que tout va bien. Vous êtes très pâle », déclara-t-elle en le contemplant d'un œil professionnel.

Quand ils se retrouvèrent au pied de son immeuble, Harry craignit d'abord d'être obligé de demander l'aide de Sofía pour gravir l'escalier. Mais il avait repris des forces et put se passer de son assistance. Il la fit entrer dans le salon, et elle déclara avec autorité : « Asseyez-vous sur le canapé. Avez-vous de l'alcool ?

— Il y a du whisky dans l'armoire. »

Elle alla chercher un verre dans la cuisine et lui servit une dose généreuse. « Là, murmura-t-elle en souriant. Vous avez repris des couleurs. » Elle alluma le brasero et s'installa à l'autre bout du canapé.

« Prenez un peu de whisky, vous aussi, dit-il.

— Non, merci ; je n'aime pas beaucoup ça. » Comme elle regardait la photo de ses parents, il expliqua : « Mon père et ma mère, le jour de leur mariage.

— C'est une jolie photo.

— Votre mère m'a montré la photo de son mariage, le jour où j'ai ramené Enrique chez vous.

— Oui. Elle, papa, et l'oncle Ernesto.

— Votre oncle était prêtre, n'est-ce pas ?

— Oui, à Cuenca. Nous n'avons plus de nouvelles de lui depuis le début de la guerre civile. Peut-être est-il mort ; Cuenca se trouvait en zone républicaine. Cela vous dérange-t-il si je fume, Harry ?

— Non, bien sûr », répondit-il en lui tendant le cendrier posé sur la table basse. Ce faisant, il constata que sa main tremblait encore.

« C'était terrible, n'est-ce pas, cette guerre, en France ?

— Oui. Un obus est tombé juste à côté de moi, tuant l'homme qui m'accompagnait. Je suis resté sourd pendant un certain temps, et j'étais sans cesse en proie à ces maudits accès de panique. Cela allait beaucoup mieux, ces derniers temps, et je croyais avoir réussi à les surmonter. Mais voilà que, ce soir, cela a recommencé…

— Je me demande si vous prenez suffisamment soin de vous.

— Je vais bien, je n'ai aucun droit de me plaindre. Je reçois de bonnes rations alimentaires et je vis dans ce grand appartement.

— Oui, il est très confortable, acquiesça-t-elle en promenant son regard autour de la pièce. Mais l'atmosphère a quelque chose de lugubre.

— Il est trop grand pour moi, à dire vrai. Je m'y sens un peu perdu. Il appartenait à un dignitaire du Parti communiste.

— Ces gens-là ne se privaient de rien, soupira-t-elle.

— Parfois, il me semble sentir sa présence, avoua Harry avec un petit rire gêné.

— Madrid est une ville remplie de fantômes, désormais. »

Les lumières s'éteignirent brusquement, et ils se retrouvèrent plongés dans une obscurité totale, hormis la faible lueur du brasero. Ils poussèrent simultanément une exclamation de surprise, puis Sofía murmura : « Ce n'est qu'une nouvelle coupure de courant.

— Bon sang, ils ne pouvaient pas mieux choisir leur moment ! » s'écria Harry, et ils se mirent tous deux à rire.

« Il y a des bougies dans la cuisine, reprit-il. Donnez-moi une allumette, je vais aller les chercher. À moins que vous ne préfériez rentrer chez vous ?

— Non. Cela me fait plaisir de discuter avec vous. »

Harry alluma les bougies et les disposa sur des soucoupes. Dans la lumière jaune de leur flamme, il remarqua une nouvelle fois que les cheveux de Sofía n'étaient pas vraiment noirs mais qu'ils se teintaient de reflets bruns changeants.

« Il y a sans cesse des coupures, dit-elle tristement. Nous finissons par en avoir l'habitude. »

Harry demeura un instant silencieux, puis murmura : « J'ai vu ici une misère plus grande que je n'aurais jamais pu l'imaginer.

— Oui, répondit-elle, en poussant un nouveau soupir. Vous vous souvenez de notre *beata*, la *señora* Ávila ? Elle est venue nous voir, aujourd'hui. Elle dit que le prêtre craint que nous ne puissions nous occuper correctement de Paco, et que nous devrions le placer à l'orphelinat. Le prêtre ne vient pas nous voir lui-même parce que nous n'allons pas à l'église. C'est bien entendu la véritable raison pour laquelle ils veulent nous enlever Paco. Mais ils ne nous le prendront pas, dit-elle d'un ton farouche, le pli de sa bouche se durcissant passagèrement. Enrique sera bientôt en mesure de retravailler. Il y a peut-être une place pour lui à la laiterie.

— J'ai une amie anglaise qui a travaillé un moment dans un orphelinat. Elle m'a dit que c'était un endroit épouvantable. Elle a d'ailleurs démissionné.

— J'ai entendu raconter que certains enfants se tuaient. C'est ce que je redoute pour Paco. Il est toujours tellement effrayé… Il parle à peine, et seulement à nous.

— N'y a-t-il personne qui pourrait… je ne sais pas, l'aider ?

— Qui ? riposta-t-elle avec un rire amer. Il n'a que nous.

— Excusez-moi. »

Elle se pencha vers lui, ses grands yeux luisant dans la lueur dansante des bougies. « Vous n'avez aucune raison de vous excuser. Vous nous avez témoigné une grande bonté. Vous vous préoccupez des autres. Les étrangers, et tous ceux ici qui ont de l'argent, préfèrent fermer les yeux sur nos conditions de vie. Et ceux qui n'ont rien sont abattus, apathiques. C'est réconfortant de rencontrer quelqu'un qui s'intéresse à nous… Même si cela vous rend triste, ajouta-t-elle avec un petit sourire. Vous êtes un homme bon. »

Harry repensa à Gómez, à son regard terrifié, et secoua la tête. « Non, je ne suis pas bon. J'aimerais l'être, mais je ne le suis pas. » Il se prit la tête entre les mains, poussa un profond soupir, puis releva les yeux vers elle. Elle lui sourit ; alors, lentement, il tendit la main pour prendre la sienne. « C'est vous qui êtes bonne », souffla-t-il.

Elle ne retira pas sa main, et son regard s'adoucit. Il s'inclina vers elle et, doucement, posa ses lèvres sur les siennes. Sa robe produisit un bruissement léger quand elle se pencha vers lui pour lui rendre un baiser long et profond, rendu plus excitant encore par le goût piquant de la fumée.

« Je suis désolé, dit Harry en s'écartant soudain. Vous êtes seule chez moi, et je ne voulais pas…

— Non, je suis contente, répondit-elle en souriant. Ce n'était pas difficile de voir ce que vous ressentiez. De mon côté, je n'ai pas cessé de penser à vous depuis la première fois que je vous ai vu, assis dans notre *salón*, l'air complètement perdu et en même temps si désireux de nous aider… » Elle baissa la tête un instant, puis reprit : « Je ne voulais pas obéir à mes sentiments, notre vie est déjà assez compliquée comme cela. C'est pourquoi je refusais d'appeler un docteur, au début. Pauvre Enrique ! Vous voyez, je ne suis qu'une égoïste, au fond. »

Il s'empara de sa main, si menue, si chaude, palpitante de vie.

« Vous êtes la personne la moins égoïste que j'aie jamais connue. » Quelque chose en lui hésitait encore : il n'arrivait pas tout à fait à croire que c'était réellement en train d'arriver.

« Harry, murmura-t-elle.

— Vous prononcez mon prénom comme je ne l'ai encore jamais entendu prononcer, dit-il avec un rire étranglé.

— C'est plus facile à prononcer que David.

— Le garçon de Leeds ?

— Oui. Nous avons vécu ensemble quelque temps. Dans un pays en guerre, il faut profiter de la vie tant qu'on le peut. Je vous choque peut-être ? Les catholiques me jugeraient sans doute immorale.

— Non, vous ne me choquez pas le moins du monde. »

Il hésita brièvement, puis approcha son visage du sien pour l'embrasser de nouveau.

31

Barbara avait entendu dire que, lorsque l'on cessait d'aimer quelqu'un, l'amour que l'on avait autrefois éprouvé pour cette personne pouvait parfois se transformer en haine. Elle n'y avait pas cru jusque-là, et pourtant c'était vrai. Sandy lui avait reproché d'avoir le cœur rempli de bouillie à l'eau de rose, mais, en fait, c'était de dégoût envers lui qu'il débordait à présent.

Elle devait toutefois continuer à dissimuler ses sentiments. C'était aujourd'hui mercredi, et elle avait revu Luis ; Agustín rentrerait de permission dans trois semaines, le 4 décembre. Dès son retour, Luis se rendrait à Cuenca pour mettre au point les derniers détails. La date de l'évasion dépendrait de l'emploi du temps des gardes, mais cela devait pouvoir se faire avant Noël. Dans l'intervalle, elle devait faire en sorte que Sandy ne se doutât de rien.

L'atmosphère de la maison, avec ses vastes pièces et son mobilier imposant, d'une propreté immaculée, lui semblait de plus en plus oppressante. Par moments, elle avait envie de décrocher les miroirs soigneusement astiqués et de les fracasser sur les tables cirées. Tout en déambulant sans but d'une pièce à l'autre ou en contemplant par la fenêtre le jardin hivernal, elle commençait à se demander si elle n'était pas en train de devenir folle.

Après sa dispute avec Sandy au sujet de l'orphelinat, elle s'était efforcée de redevenir aussi aimable et docile envers lui que cela lui était possible. Le dimanche qui avait suivi leur querelle, il avait pris la voiture et s'était absenté toute la matinée, pour affaires, avait-il déclaré. Barbara était allée se promener et avait acheté des roses d'Andalousie chez un fleuriste réputé ; leur prix était exorbitant, mais c'étaient les fleurs préférées de Sandy. Elle les avait mises dans un vase pour en orner la table du dîner. Il en avait pris une pour la renifler.

« Délicieux, avait-il commenté sèchement. Tu as fini de bouder, alors ? avait-il ajouté d'un ton où perçait encore la colère.

— Cela ne sert à rien de se disputer, avait-elle répondu calmement.

— Ta lettre à sœur Inmaculada a suscité un certain émoi. Une ou deux personnes ont demandé si je n'abritais pas chez moi une ennemie du régime.

— Écoute, Sandy, je ne veux pas te causer de problèmes avec tes relations d'affaires. Et si je travaillais bénévolement dans une autre branche, un hôpital pour vétérans, par exemple ?

— Ces hôpitaux sont pour la plupart administrés par les phalangistes, avait-il grommelé. Je ne veux pas que tu t'attires encore des ennuis avec eux.

— Du moment que je ne vois pas d'enfants maltraités, tu n'as pas de souci à te faire. »

Il avait posé sur elle un regard morne et froid.

« Les enfants sont tous plus ou moins maltraités, à

moins d'avoir de la chance, comme mon frère. Le monde est ainsi fait. Tu as été maltraitée, et moi aussi.

— Pas de cette manière-là.

— Cela revient au même, avait-il répliqué en haussant les épaules. Je toucherai un mot à Sebastián au sujet des vétérans.

— Merci », avait-elle répondu, en essayant de paraître reconnaissante. Sandy avait émis un grognement indistinct et s'était penché sur son assiette.

Ils n'avaient pas eu de relations sexuelles depuis leur dispute. Le lendemain après-midi, Barbara était descendue dans la cuisine pour parler à Pilar. Dans l'escalier, elle avait entendu des rires. Sandy était là, appuyé à la table, en train de fumer une cigarette, un sourire lubrique aux lèvres. Pilar se tenait devant l'évier, occupée à laver la vaisselle. Elle riait également ; en apercevant Barbara, elle s'était empourprée et avait baissé la tête.

« J'ai apporté la liste des commissions, Pilar, avait-elle dit d'un ton froid. Je la laisse sur la table. »

Elle n'avait fait aucune réflexion à Sandy à ce sujet, mais lui, en revanche, ne s'en était pas privé. Comme ils étaient assis dans le *salón*, il s'était nonchalamment renfoncé dans son fauteuil en faisant tourner son verre de whisky entre ses doigts et avait murmuré en souriant : « Gentille fille, cette Pilar. Elle peut se montrer assez effrontée, parfois. »

Barbara avait continué à enfiler son aiguille sans trahir la moindre réaction. Il fait cela pour me punir, avait-elle pensé – comme si cela pouvait encore me blesser, à présent. « Vous, les hommes, vous adorez flirter avec les domestiques, avait-elle répliqué d'un ton léger. Je suppose que c'est un fantasme très répandu parmi les membres de la bourgeoisie.

— Si tu connaissais certains de mes fantasmes, tu serais sans doute choquée. » Quelque chose dans l'intonation de Sandy l'avait incitée à relever vivement les yeux. Il l'avait dévisagée d'un air glacial avant de boire une autre gorgée de whisky.

« Je dois aller chercher ce patron que maman m'a envoyé », avait-elle déclaré en se levant. Une fois dans le couloir, elle avait inspiré profondément plusieurs fois de suite. Parfois, elle éprouvait un besoin impérieux de le fuir. Elle se disait : bon, je vais rester près de lui pendant une heure, puis je sortirai quelques minutes, et ce sera encore une heure de passée avant mon départ définitif.

Elle était montée dans leur chambre. Bien qu'elle n'eût pas besoin de ce patron, elle le prit, par souci de vraisemblance. Pendant qu'elle était dans la pièce, elle avait ouvert le tiroir de son bureau et effleuré son livret bancaire, comme pour se rassurer. Heureusement, le tiroir était muni d'une serrure robuste, et elle gardait toujours la clé dans sa poche.

Elle avait pris une nouvelle inspiration, s'exhortant au calme. Elle allait devoir redescendre, à présent, et tenter de détendre l'atmosphère. Elle pouvait lui demander comment cela se passait avec Harry, s'il allait ou non s'associer à ce projet, quel qu'il fût. Et s'il persistait à se servir de Pilar pour se moquer d'elle, grand bien lui fasse. Elle ferait semblant d'en être chagrinée, et ce serait un nouveau prétexte pour refuser de faire l'amour avec lui, s'il tentait de l'approcher.

À son grand soulagement, Sandy n'avait plus reparlé de Pilar ce soir-là. Quand elle l'avait interrogé sur Harry, il l'avait informée qu'il l'avait de nouveau invité à dîner le jeudi suivant. Puis il s'était levé en disant qu'il avait des paperasses à classer, et elle avait soupiré de soulagement quand la porte s'était refermée derrière lui.

Un instant plus tard, elle avait entendu la sonnerie du téléphone retentir à deux reprises, puis s'arrêter soudain. Sandy avait dû prendre l'appel sur le poste qui se trouvait dans son bureau. Le bruit l'avait fait tressaillir, et elle avait de nouveau sursauté peu de temps après quand on avait sonné à la porte d'entrée. Qui cela peut-il bien être, à cette heure de la soirée ? s'était-elle demandé en reposant son ouvrage.

Elle avait entendu Pilar monter l'escalier de l'office, ses talons claquant sur les marches carrelées. Une minute après, la jeune fille avait frappé à la porte du salon, et, même si la conduite de Sandy lui importait peu à présent, Barbara avait néanmoins éprouvé une brusque bouffée de colère. « Qui est-ce ? avait-elle demandé d'un ton sec.

— S'il vous plaît, *señora*, avait expliqué Pilar en évitant de croiser son regard, c'est un homme qui veut voir le *señor* Forsyth. Il a l'air d'un… étranger, avait-elle ajouté, après une hésitation. Je sais que le *señor* Forsyth n'aime pas être dérangé dans son bureau.

— Je vais voir de quoi il s'agit », avait répondu Barbara. Un souffle d'air froid balayait le vestibule ; Pilar avait laissé la porte d'entrée ouverte. Un homme âgé, de petite taille, vêtu d'un manteau taché et d'un chapeau de feutre déformé se tenait sur le seuil. Il portait des lunettes rafistolées en leur milieu par du ruban adhésif. En la voyant, il avait ôté son chapeau.

« *¿ Perdón, señora, está el señor Forsyth en casa ?* » avait-il demandé, dans un espagnol lent et laborieux, teinté d'un fort accent français. Et c'était en français que Barbara avait répondu :

« Oui. Que pouvons-nous faire pour vous ? »

Une expression de soulagement était apparue sur le visage du vieil homme. « Ah, vous parlez français ! Mon espagnol n'est pas très bon. Je suis désolé de vous déranger. Je m'appelle Blanc, Henri Blanc, et j'ai quelque chose à remettre au *señor* Forsyth. » Il avait alors sorti de son manteau un petit sac de toile qui produisait un cliquetis métallique. Barbara l'avait fixé sans comprendre.

« Excusez-moi, je vous dois des explications, avait repris le vieillard devant son air ahuri. Je suis l'un des réfugiés dont s'occupe le *señor* Forsyth.

— Oh, je vois. » Cela expliquait les vêtements usagés et l'accent français. C'était un des Juifs qui avaient fui la France occupée. « Je vous en prie, entrez, avait-elle dit en ouvrant plus largement la porte.

— Non, non, merci, avait répondu l'homme en secouant la tête. Je ne veux pas vous importuner à une heure aussi tardive. Mais j'ai appris aujourd'hui que j'avais obtenu mon sauf-conduit pour Lisbonne. » Il avait souri, incapable de cacher son ravissement. « Je pars très tôt demain matin, avec ma famille. Je ne pouvais pas m'en aller sans avoir apporté ce que j'avais promis, avait-il poursuivi en lui tendant le sac. Je vous en prie, prenez-le. Dites-lui qu'ils sont tous de qualité supérieure, comme promis. Ils appartenaient à ma famille depuis très longtemps, mais pour aller à Lisbonne cela vaut la peine de s'en séparer.

— Entendu, avait-elle répondu en prenant le sac.

Vous avez dû marcher longtemps pour venir ici, ne voulez-vous pas entrer un instant ? » Elle avait abaissé son regard sur les chaussures du vieillard ; les talons étaient éculés, presque entièrement usés. Il a dû venir de France à pied, avait-elle pensé.

« Non, merci, il faut que je rentre, avait-il expliqué en souriant. Je voulais simplement tenir ma promesse. Remerciez le *señor* Forsyth pour moi. Nous étions très inquiets, car nous avons entendu dire que les Allemands expulsent les réfugiés républicains de France pour les renvoyer ici, et nous craignions qu'ils n'exigent notre expulsion en retour. Mais, bientôt, nous serons en sécurité, grâce à votre mari. » Il lui avait serré la main et avait remis son chapeau, puis s'était éloigné en boitillant.

En refermant la porte, Barbara avait aperçu une ombre en haut de l'escalier menant à l'office, et compris que Pilar avait écouté leur conversation. Cette fille se croyait-elle donc tout permis, désormais ?

« Pilar, avait-elle lancé d'une voix impérieuse, peux-tu me préparer un chocolat, s'il te plaît ? »

L'ombre avait tressailli, et la jeune fille avait répondu : « *Sí, señora* », avant de dévaler les marches à toute vitesse. Barbara avait soupesé le sac dans sa main, pensivement. Il était trop léger pour contenir des pièces d'or. Elle l'avait emporté dans le salon et avait dénoué le cordon qui le fermait pour en verser le contenu au creux de sa paume.

Il y avait là des bagues et des colliers, deux ou trois broches et des objets à la forme singulière, qui semblaient revêtir une fonction religieuse. Tous ces bijoux étaient en or massif, étincelant de mille feux. Elle avait froncé les sourcils, de plus en plus intriguée.

Sans doute est-il préférable de les apporter à Sandy

tout de suite, avait-elle pensé. Lentement, elle avait commencé à gravir l'escalier. Le chauffage central sifflait et gargouillait dans le couloir désert. Un trait de lumière apparaissait sous la porte du bureau. Elle avait entendu la voix de Sandy ; manifestement, il était toujours au téléphone. Au moment où elle s'apprêtait à frapper à la porte, quelque chose dans le ton de cette voix l'en avait empêchée, et, sans savoir pourquoi, elle avait aussitôt repensé au regard cruel qu'il lui avait lancé quand il avait évoqué ses fantasmes.

« Il devrait être plus bavard, à présent que tu l'as travaillé toute la journée ! Que lui as-tu fait ? » Un bref silence, puis de nouveau la voix de Sandy : « Ces vieux légionnaires sont coriaces. Il affirme toujours que Gómez est son véritable nom ? Bon, je présume que cela se peut. Ils auraient été obligés de fabriquer des faux papiers pour lui donner une autre identité, et ça, c'est le domaine réservé de la Gestapo. » Un nouveau silence avait suivi, entrecoupé de murmures d'acquiescement, puis Sandy avait repris, d'un ton âpre, courroucé : « Tu n'as qu'à t'en occuper. Je te fais confiance. » Après une pause, il avait ajouté : « Ce ne sont pas les endroits qui manquent autour de Santa María. Écoute, je dois raccrocher à présent. J'ai les papiers de Brett à examiner. Non, il me fait confiance. Oui. *Adiós.* » Elle avait perçu le déclic signalant qu'il avait reposé le combiné sur son socle, mais elle était restée plantée là, le cœur battant, les paroles de Sandy résonnant dans sa tête. « Que lui as-tu fait ? » « Le domaine réservé de la Gestapo. » Et Harry qui était mêlé à cette sombre histoire, d'une façon ou d'une autre… Elle avait entendu Sandy ouvrir un tiroir et grommeler quelque chose. La gorge nouée, elle s'était alors éloignée sans faire de bruit, serrant étroitement le sac de toile entre ses doigts. Elle le lui donnerait plus tard.

Dans le *salón*, Pilar avait laissé une tasse de chocolat sur la table à ouvrage. Barbara s'était laissée choir lourdement dans son fauteuil, le sac sur ses genoux. Dans quelle affaire louche Sandy se trouvait-il donc impliqué ? Sa remarque sarcastique à propos de ses fantasmes lui était une fois encore revenue en mémoire. Il est capable de tout, avait-elle pensé brusquement. Je ne le connais pas vraiment. Elle avait posé le sac sur la table et le regardait fixement, le corps tendu, guettant les pas de Sandy dans le couloir.

32

Sofía et Harry avançaient à pas lents parmi la foule dense du Rastro. En ce dimanche froid et nuageux, c'était la cohue dans le grand marché aux puces madrilène. Les étals de bois branlants abrités sous des auvents de toile s'étendaient jusque dans les ruelles étroites entourant la Plaza de Cascorro, jonchés d'un bric-à-brac invraisemblable : bijoux de pacotille, pièces détachées, canaris en cage. Harry aurait aimé tenir la main de Sofía, mais c'était désormais considéré comme immoral, sauf pour les couples mariés. Ici et là, des *guardias* étaient embusqués deux par deux sous des portes cochères, scrutant les promeneurs de leurs yeux durs et froids.

Il s'était écoulé exactement une semaine depuis qu'ils avaient fait l'amour pour la première fois dans l'appartement de Harry. Ils avaient réussi à se voir presque tous les jours : Harry avait tout son temps libre, désormais. Il n'avait reçu aucune nouvelle instruction de la part des espions. Sofía venait chez lui le soir, mais ne restait pas longtemps, car elle commençait son travail très tôt à la laiterie.

Il était heureux d'être amoureux pour la première fois

de sa vie, heureux que son univers bien ordonné se retrouvât sens dessus dessous. Quand il avait lu la dernière lettre de Will, évoquant la difficulté de trouver une femme de ménage à la campagne et les problèmes soulevés par l'éducation des enfants, il s'était senti incroyablement éloigné du monde de son cousin et, en même temps, avait ressenti envers lui un vif élan d'affection.

Mais Sofía et lui avaient des secrets, chacun de son côté. Harry souhaitait plus que tout révéler à sa compagne la véritable nature de son travail, lui confier à quel point il le détestait, lui raconter comment son seul ami à l'ambassade s'était révélé être en fait chargé de le surveiller. Mais il ne le pouvait pas et ne le devait pas. Sofía, pour sa part, n'avait pas parlé à sa famille de leur relation. Elle prétendait que le moment n'était pas encore venu. Quand elle sortait en début de soirée, en laissant à Enrique le soin de veiller sur leur mère et sur Paco, elle lui racontait qu'elle allait rendre visite à l'une des employées de la laiterie. Mentir ainsi à son frère ne semblait pas lui poser de problème, et cela avait incité Harry à se demander si les familles aussi étroitement unies que celle de Sofía ne parvenaient à supporter cette promiscuité qu'en préservant jalousement quelques secrets. Aujourd'hui, c'était le jour de congé hebdomadaire de la jeune fille, et elle s'était arrangée pour qu'Enrique restât à la maison afin de s'occuper de Paco et de leur mère.

Ils avaient fait l'amour chez lui, puis Sofía avait suggéré cette promenade au Rastro. Tout en se frayant un passage parmi la foule, Harry chuchota : « Tu ne sens jamais le lait. Pourquoi ?

— Et qu'est-ce que je sens ? répliqua-t-elle en riant.

— Tu sens le propre. Toi, tout simplement.

— Quand j'ai commencé à travailler là-bas, je me suis promis de ne jamais sentir le lait suri, comme les autres. Il y a une douche dans le vestiaire. L'eau est glacée, le sol est en béton avec un trou d'écoulement couvert d'une grille toute cassée à travers laquelle il faut faire attention de ne pas passer. Mais je me douche quand même tous les soirs.

— Nul n'aura jamais raison de toi, n'est-ce pas ?

— Non, répondit-elle en souriant. Non, je l'espère. »

Ils s'enfoncèrent plus profondément au sein de la foule, riant de la bizarrerie de certaines des marchandises proposées, et atteignirent la partie du marché réservée à l'alimentation. La plupart des étals étaient vides, avec quelques rares légumes flétris çà et là. Un boucher vendait des abats dont Harry perçut l'odeur fétide à des mètres de distance, mais les acheteurs faisaient pourtant la queue devant la boutique. Surprenant son regard dégoûté, Sofía murmura :

« Les gens achètent n'importe quoi, à présent. La ration qu'on nous alloue ne suffirait pas à nourrir un chien.

— Je sais.

— Tout le monde est désespéré. C'est pour ça qu'Enrique avait pris ce travail, tu comprends. C'est un homme profondément bon, il ne voulait pas devenir espion.

— Je me demande si le fait de n'être pas doué pour l'espionnage fait de vous un homme meilleur ?

— Peut-être. Les gens habiles à tromper les autres ne peuvent pas être bons, n'est-ce pas ? Enrique est plus heureux dans son nouvel emploi de balayeur municipal.

— Comment va sa jambe ?

— Bien. Il est fatigué en fin de journée, mais cela finira par s'arranger. La *señora* Ávila est déçue. Maintenant qu'il y a un salaire de plus dans la famille, elle ne peut plus aller raconter au prêtre que nous n'avons pas les moyens de nous occuper de Paco.

— Et ton oncle, le prêtre ? Comment était-il ? » s'enquit Harry en la regardant.

Sofía eut un sourire triste. « Maman et papa ont quitté Tarancón pour venir à Madrid chercher du travail quand j'étais petite, et oncle Ernesto a été envoyé dans une paroisse de Cuenca. Mes parents étaient républicains, mais ils sont toujours restés en contact avec mon oncle. En Espagne, la famille est tout. Nous avions l'habitude d'aller passer quelques jours avec oncle Ernesto chaque été, quand j'étais enfant. Je me souviens que j'étais toujours étonnée par sa soutane, ajouta-t-elle avec un petit rire. Je demandais à maman pourquoi mon oncle portait une robe. Mais il était gentil. Il m'autorisait à nettoyer les chandeliers de l'église. Je laissais de grosses empreintes de doigts sur toute leur surface, mais il disait que cela ne faisait rien. Il devait demander à une *beata* de les astiquer de nouveau ensuite. » Tournant son regard vers Harry, elle poursuivit : « Depuis la fin de la guerre, maman dit que l'un de nous devrait aller à Cuenca voir s'il est encore en vie. Mais, même si nous en avions les moyens, je pense que ce ne serait pas une bonne idée. J'ai entendu des histoires affreuses sur ce qui est arrivé aux prêtres et aux religieuses, là-bas.

— Je suis navré. »

Elle lui prit la main un instant, profitant de la foule qui les dissimulait. « Au moins, j'ai grandi entourée par ma famille. Je n'ai pas été envoyée en pension comme toi. »

Devant eux, la rue s'élargit tout à coup. Le marché était particulièrement animé à cet endroit, et Harry vit un nombre inhabituel de gens bien mis se presser autour d'un étal, le visage crispé, l'expression concentrée. Deux *civiles* surveillaient la scène de loin, sous un porche.

« Que se passe-t-il ? s'enquit-il.

— C'est là qu'aboutissent tous les objets volés dans les maisons des riches en 1936, expliqua Sofía. Ceux qui les ont pris ont besoin d'argent pour manger, alors ils les vendent aux brocanteurs. Les riches Madrilènes viennent ici pour tenter de retrouver leurs biens de famille. »

Ils passèrent lentement devant les étals, où étaient exposés des vases de prix, des services de table, des figurines en porcelaine et même un vieux phonographe à pavillon d'argent. Harry déchiffra l'inscription qui y était gravée : « À don Juan Ramírez Dávila, de la part de ses collègues de la Banque de Santander, 12.7.19. » Une femme d'âge mûr fouillait dans un tas de broches et de colliers de nacre. « Nous ne le retrouverons jamais, Dolores, murmura son mari d'un ton las. Tu ferais mieux de ne plus y penser. »

Harry s'empara d'une statuette de porcelaine représentant une femme en costume du XVIIIe siècle, au nez ébréché, et dit à Sofía : « Ces objets ont sans doute eu une grande valeur sentimentale pour quelqu'un, autrefois.

— Ils ont été achetés avec de l'argent volé au peuple », répondit-elle, avec dans la voix une dureté qu'il ne lui connaissait pas.

Ils arrivèrent devant une table couverte d'un amas de photographies. Les gens se bousculaient autour d'elle, triant fébrilement les clichés, l'air triste, affligé, avec des gestes parfois empreints de frénésie.

« D'où viennent toutes ces photos ? demanda Harry.

— Elles ont dû être retirées de leur cadre quand ceux-ci ont été vendus. Les gens viennent ici dans l'espoir de retrouver leurs photos de famille. »

Certains des clichés étaient récents, d'autres vieux d'un demi-siècle – photos de mariage, portraits de famille, en noir et blanc ou sépia. Un jeune homme en uniforme souriant à l'objectif ; un jeune couple assis à la terrasse d'une taverne, main dans la main. Beaucoup de ces personnes doivent être mortes, à présent, se dit Harry. Il n'était pas étonnant que ces gens fouillent avec une telle fébrilité : c'était ici qu'ils trouveraient peut-être la seule image qui existait encore d'un fils ou d'un frère disparu.

« Tant de morts, murmura-t-il. Tant de morts.

— Harry, connais-tu cet homme, là-bas ? demanda Sofía à voix basse, en se penchant vers lui. Je crois qu'il nous observe. »

Harry se retourna et poussa une exclamation étouffée. Le général Maestre se tenait devant l'étal de porcelaine en compagnie de sa femme et de Milagros. Il était vêtu en civil, d'un lourd pardessus et d'un chapeau mou ; sans son uniforme, ses traits basanés paraissaient plus vieux, plus durs. La *señora* Maestre était en train d'examiner un chandelier d'argent, mais le général dardait sur Harry un regard désapprobateur. Milagros le fixait également, une expression chagrinée sur son visage joufflu. Quand leurs regards se croisèrent, elle rougit et baissa les yeux. Harry salua le général d'un signe de tête ; le vieux militaire arqua imperceptiblement les sourcils et le salua sèchement en retour, d'une inclinaison saccadée de la tête.

« C'est un ministre du gouvernement, le général Maestre, chuchota Harry à l'oreille de Sofía.

— Comment se fait-il que tu le connaisses ? s'enquit-elle, la voix incisive, les yeux écarquillés de stupeur.

— J'ai été son interprète. C'est très embarrassant, vois-tu, je suis sorti une fois avec sa fille, on m'y a plus ou moins forcé. Viens, allons-nous-en. »

Mais la foule était si dense autour de l'étal de photos qu'ils furent obligés de se diriger de l'autre côté, et de passer devant Maestre. Celui-ci se planta en travers de leur chemin et salua Harry sans sourire.

« Bonjour, *señor* Brett. Milagros se demandait si vous aviez disparu.

— Je suis désolé, général, j'ai été très occupé, je… »

Il se tourna vers Sofía, qui lui lança un regard empli d'une colère froide. « Milagros espérait que vous la rappelleriez, poursuivit le général. Mais elle a fini par renoncer. » Avec un geste de la tête en direction de sa famille, il reprit : « Mon épouse aime venir ici, pour tenter de retrouver les biens de famille emportés par les pillards. Je lui dis qu'elle finira par attraper quelque chose, à force de côtoyer ces putains des bas quartiers. » Il toisa Sofía d'un regard méprisant, détaillant son vieux manteau noir de bas en haut, puis tourna les talons pour rejoindre sa femme et sa fille, qui faisait semblant d'être absorbée dans la contemplation d'une bergère en porcelaine de Dresde. Sofía le suivit des yeux, les poings crispés, la respiration haletante. Harry lui effleura l'épaule.

« Sofía, je suis désolé… »

Elle le repoussa vivement et s'enfonça dans la foule. Mais la cohue était telle qu'elle ne pouvait marcher bien vite, et Harry eut tôt fait de la rattraper.

« Sofía, Sofía, pardonne-moi… » Il la fit pivoter avec douceur, l'obligeant à le regarder. « C'est un porc, une brute, pour t'insulter ainsi. »

À sa grande surprise, elle partit d'un rire amer. « Crois-tu que les gens comme moi ne sont pas habitués à être insultés par les gens comme lui ? Crois-tu que je me soucie de ce que peut dire ce vieux tas de merde ?

— Alors, pourquoi… ?

— Oh, tu ne comprends pas, répliqua-t-elle en secouant la tête d'un air exaspéré. Nous avons mille fois parlé de tout ça, mais tu ne comprends pas. »

Il lui prit les mains, les serra avec force. Les gens les regardaient avec curiosité, mais il n'en avait cure. « Je *veux* comprendre. Explique-moi. »

Elle prit une profonde inspiration et se dégagea de son étreinte. « Il vaut mieux partir d'ici avant qu'on ne nous arrête pour outrage aux bonnes mœurs. »

Ils se remirent à cheminer côte à côte, et, au bout d'un moment, elle leva les yeux vers lui.

« J'ai entendu parler de cet homme, le général Maestre. C'était l'un des noms qui nous inspiraient le plus de peur, pendant le Siège. On racontait que, dans un village, il avait demandé que toutes les femmes des conseillers socialistes soient amenées sur la place de la mairie, et qu'il avait ensuite ordonné aux Maures de les ligoter et de leur trancher les seins sous les yeux de leurs époux. Je sais qu'il y a une grande part de propagande dans ces histoires, mais j'ai soigné un homme qui venait de ce village, et il m'a affirmé que c'était vrai. Et quand ils ont occupé Madrid, l'année dernière, Maestre a joué un grand rôle dans l'arrestation des opposants. Pas seulement des communistes, mais aussi de ceux qui voulaient simplement vivre en paix, recevoir leur juste part des richesses de ce pays. » Harry s'aperçut soudain qu'elle pleurait ; de grosses larmes ruisselaient le long de ses joues. « Le "nettoyage", c'est ainsi qu'ils appelaient ça. Nuit après nuit, on entendait des coups de feu en provenance du cimetière de l'Est. On en entend encore, parfois. Ils ont pris Madrid comme l'aurait fait une armée d'occupation, et c'est ainsi qu'ils continuent à se comporter. Et la Phalange qui se pavane partout, saccageant *notre* ville… »

Ils avaient atteint un quartier plus paisible. Sofía s'arrêta brusquement, respira longuement et s'essuya le visage au moyen de son mouchoir. Harry l'observa en silence. Qu'aurait-il pu dire ? Elle lui posa une main sur le bras en murmurant : « Je sais que tu fais de ton mieux pour comprendre. Mais quand je t'ai vu parler à cette créature malfaisante… Tu viens d'un autre monde, Harry, tu n'es qu'un visiteur ici, dans ce… cet enfer. Tu ne resteras qu'un moment, et puis tu repartiras dans ton pays. » Elle baissa la tête, puis reprit d'un ton pressant : « Ramène-moi chez toi, Harry, allons faire l'amour. Il nous reste au moins ça, faire l'amour. Je n'ai plus envie de parler, pour le moment. »

Ils poursuivirent leur route sans échanger un mot et se retrouvèrent sur la Plaza de Cascorro, là où commençait le marché. Tout en se frayant un passage parmi les badauds, Harry se dit : et si je pouvais la sortir d'ici, l'emmener en Angleterre ? Mais comment ? Jamais elle n'acceptera de quitter sa mère, Enrique et Paco, et comment pourrais-je les emmener eux aussi ? Elle marchait devant lui, jouant des coudes, bousculant les gêneurs, forte et indomptable, mais si petite aussi, si vulnérable dans cette ville qui était sous la férule des généraux – ces généraux sur lesquels Hoare et Hillgarth faisaient pleuvoir leur or, leurs chevaliers de St. Georges.

33

Dans la Tierra Muerta, le temps était devenu épouvantable. Un matin, au réveil, les prisonniers s'aperçurent que la neige avait entièrement recouvert le camp durant la nuit, même les toits pentus des miradors. Le sentier de montagne menant à la carrière disparaissait sous une épaisse couche neigeuse qui détrempait leurs vieux godillots percés. Bernie se rappela sa mère lui recommandant, quand il était enfant, de ne jamais se mouiller les pieds en hiver, car c'était le plus sûr moyen d'attraper un rhume. Il rit tout haut, et Pablo se tourna vers lui pour le regarder bizarrement.

Ils observèrent comme de coutume une courte pause dans le pli entre les deux collines d'où l'on pouvait distinguer Cuenca au loin, quand les conditions étaient favorables. Aujourd'hui, toutefois, on ne voyait rien ; c'était tout juste si l'on discernait la paroi brune et escarpée de la gorge entre les collines blanches et le ciel froid et laiteux.

« Avancez, tas de fainéants ! » cria le garde. Les hommes battirent la semelle pour rétablir la circulation dans leurs pieds engourdis et se remirent en file.

Vicente était mourant. Les militaires avaient vu

suffisamment de morts pour savoir quand quelqu'un était sur le point de rendre son dernier soupir, et n'essayaient même plus de l'obliger à travailler. Ces deux derniers jours, il était resté étendu sur sa paillasse, plongé dans un état d'inconscience dont il émergeait parfois pour un bref instant. Il suppliait alors qu'on lui donnât de l'eau, en disant que sa tête et sa gorge étaient en feu.

Cette nuit-là, un vent fort souffla de l'ouest, apportant avec lui une pluie torrentielle qui fit fondre la neige. Elle tombait encore en abondance le lendemain matin, formant une muraille liquide que le vent chassait en oblique à travers la cour. On annonça aux détenus qu'ils étaient exemptés de corvée, aujourd'hui : sans doute les gardes n'ont-ils pas envie de sortir par un temps pareil, se dit Bernie. Le déluge ne s'arrêta pas ; les hommes restèrent dans leur baraquement, jouant aux cartes, reprisant leurs vêtements, ou lisant les tracts catholiques et les exemplaires d'*Arriba* – la seule littérature autorisée au camp.

Bernie savait que le groupe communiste avait tenu une réunion pour discuter de son cas quelques jours plus tôt. Depuis, tous l'évitaient ostensiblement, même Pablo, mais ils ne lui avaient pas fait part de leur décision. Bernie supposait qu'ils attendaient la mort de Vicente, lui accordant un bref délai de grâce.

L'avocat somnola la plus grande partie de la matinée et se réveilla vers midi, en émettant une sorte de croassement. Bernie, qui était allongé sur sa paillasse, se leva aussitôt et se pencha sur lui. Vicente était d'une maigreur squelettique, à présent, et ses yeux profondément enfoncés dans leurs orbites étaient cernés de noir. « De l'eau, gémit-il d'une voix rauque.

— Je vais en chercher, attends une minute. » Bernie enfila sa vieille capote de l'armée toute rapiécée et sortit, grimaçant sous la pluie mêlée de neige qui lui cinglait le visage. Il n'y avait pas d'eau dans les baraquements, et il avait soigneusement nettoyé son seau hygiénique avant de le laisser dehors toute la nuit pour recueillir la pluie. Le récipient était presque plein. Il le rapporta à l'intérieur, prit un peu d'eau dans une tasse en fer-blanc, puis souleva doucement la tête de l'avocat pour lui permettre de boire. Establo, étendu sur la couchette d'en face, laissa échapper un rire rauque. « *Ay, Inglés*, tu fais boire ta pisse à ce pauvre homme ? »

Vicente se rallongea, déjà épuisé par ce simple effort. « Merci, murmura-t-il.

— Comment te sens-tu ?

— J'ai très mal. J'aimerais que cela se termine. Comme ça, plus de carrière, plus de messe du dimanche. Je suis tellement fatigué… prêt pour le silence éternel. »

Bernie ne répondit pas, et Vicente reprit, avec un sourire las : « J'étais en train de rêver à notre arrivée ici. Tu te souviens, comme on était secoués, dans ce camion ?

— Oui. »

Après sa capture, Bernie avait passé plusieurs mois dans la prison de San Pedro de Cardeña, où il avait subi les premiers tests psychiatriques. À cette époque, la plupart des prisonniers anglais avaient déjà été rapatriés par voie diplomatique, mais pas lui. Puis, à la fin de 1937, il avait été transféré, en compagnie de détenus espagnols et étrangers considérés comme dangereux, vers le camp de Tierra Muerta. Il se demandait si c'était en raison de son appartenance au parti que l'ambassade n'avait rien fait pour lui venir en aide ; pourtant, sa mère avait sûrement essayé de le faire libérer, en apprenant qu'il était prisonnier…

Ils avaient été transportés vers la Tierra Muerta à bord de vieux camions militaires ; Vicente était enchaîné à côté de lui sur le banc. Il avait demandé à Bernie d'où il venait, et ils n'avaient pas tardé à entamer une discussion sur le communisme. Bernie appréciait le sens de l'humour sarcastique de Vicente ; il avait toujours eu un faible pour les intellectuels bourgeois de sa sorte.

Quelques jours après leur arrivée au camp, Vicente était venu le trouver. L'avocat avait été délégué pour aider l'administration à remplir la montagne de formulaires liés au transfert des prisonniers. Bernie était assis sur un banc dans la cour. Vicente s'était installé près de lui et avait dit à voix basse :

« Tu te souviens, tu m'as dit l'autre jour que les autres prisonniers anglais avaient été renvoyés chez eux, et que tu pensais que ton ambassade ne s'était pas occupée de toi parce que tu es communiste ?

— Oui.

— Eh bien, ce n'est pas ça. J'ai jeté un coup d'œil à ton dossier aujourd'hui. Les Anglais te croient mort.

— Quoi ? s'était exclamé Bernie, interloqué.

— Quand tu as été capturé, pendant la bataille du Jarama, que s'est-il passé exactement ?

— Je suis resté inconscient pendant un certain temps. Puis j'ai été fait prisonnier par une patrouille fasciste.

— T'a-t-on posé les questions habituelles ? Nom, nationalité, appartenance politique ?

— Oui, le sergent qui m'a capturé a pris des notes. C'était un vrai salopard. Il était sur le point de m'abattre, mais son caporal l'en a dissuadé, en disant qu'ils risquaient d'avoir des ennuis, comme j'étais étranger. »

Vicente avait lentement hoché la tête. « Je crois qu'il était encore plus salaud que tu ne le pensais. Les ambassades doivent normalement toujours être informées de l'arrestation de leurs ressortissants, en tant que prisonniers de guerre. Mais, d'après ton dossier, tu as été enregistré comme combattant espagnol. Tu as été condamné à vingt-cinq ans de détention par un tribunal militaire, sous ce nom espagnol, avec un certain nombre d'autres. Les autorités se sont aperçues de l'erreur par la suite, mais elles ont décidé de laisser les choses en l'état. »

Bernie avait contemplé fixement l'horizon, puis avait murmuré : « Alors, mes parents me croient mort ?

— Tu as sans doute été porté disparu et présumé mort. Jc suppose que le sergent qui t'a fait prisonnier a donné de faux renseignements justement pour que ton ambassade ne soit pas informée de ta capture, par pure malveillance.

— Mais pourquoi cette erreur n'a-t-elle jamais été rectifiée ?

— Sans doute à cause de l'inertie bureaucratique, tout simplement, avait répondu Vicente, écartant les mains dans un geste fataliste. Plus il s'écoulait de temps avant qu'on notifie la chose à ton ambassade, et plus celle-ci risquait de faire du foin. Tu étais devenu pour eux un casse-tête, une anomalie. Alors, ils ont décidé de t'enterrer ici.

— Et si je faisais une réclamation ?

— Cela ne serait plus d'aucune utilité, maintenant, avait déclaré l'avocat en posant sur lui un regard grave. Ils seraient capables de te fusiller pour se débarrasser du problème. Nous n'avons aucun droit, ici, nous ne sommes plus rien. »

Vicente dormit le reste de la journée, se réveillant de temps à autre pour demander de l'eau. Et puis, le soir, le père Eduardo lui rendit visite. Bernie le vit traverser la cour, courbé sous les rafales de vent et de pluie, serrant sa lourde cape noire autour de lui. Quand il entra dans la baraque, l'eau imprégnant ses vêtements dégoulina sur le plancher en bois brut.

Le père Jaime se serait dirigé tout droit vers le lit du malade, ignorant les autres, mais le père Eduardo, lui, recherchait le contact avec les prisonniers. Promenant autour de lui un sourire hésitant, il déclara : « *Ay*, quelle tempête ! » Certains des hommes le dévisagèrent d'un air glacial, les autres reprirent leur lecture ou leur raccommodage. Puis le prêtre s'approcha de la paillasse de Vicente. Bernie se leva alors, lui barrant le passage.

« Il ne veut pas vous voir, mon père, dit-il calmement.

— Je dois lui parler. C'est mon devoir. Écoutez, Piper, poursuivit le prêtre en se penchant vers lui, le père Jaime voulait venir, mais je lui ai expliqué que je considérais que cet homme était sous ma responsabilité. Préférez-vous que j'aille le chercher ? Je ne le souhaite pas, mais si vous faites obstruction je serai obligé de le lui signaler, puisqu'il est mon supérieur. »

Bernie s'écarta sans un mot, se demandant s'il ne serait pas en fin de compte préférable d'avoir affaire au père Jaime. Vicente résisterait peut-être plus facilement à cette vieille brute.

Le bruit avait réveillé l'avocat, qui leva les yeux vers le prêtre penché au-dessus de lui. Des gouttes d'eau ruisselant de la cape du père Eduardo s'écrasèrent sur la toile de sac qui lui servait de drap.

« Est-ce de l'eau bénite, mon père ?

— Comment allez-vous ?

— Je ne suis pas encore mort. Bernardo, *amigo*, veux-tu me donner encore un peu d'eau ? »

Bernie plongea la tasse dans le seau et la tendit à Vicente, qui but avidement. Le prêtre regarda le seau hygiénique d'un air dégoûté. « *Señor*, vous êtes très malade, dit-il. Vous devriez vous confesser. »

Un silence total s'établit dans la baraque. Tous les détenus les observaient avec attention, à présent, et leurs visages tournés vers eux étaient autant de cercles blancs et flous dans la faible lumière des bougies. Chacun ici savait que Vicente haïssait les prêtres, chacun attendait avec curiosité cette ultime confrontation.

« Non ! » Vicente réussit à se redresser un peu, et la lueur dansante éclaira la barbe grisonnante qui lui mangeait les joues et ses yeux hagards, étincelants de colère. « Non.

— Si vous mourez sans vous être confessé, votre âme ira en enfer », poursuivit le père Eduardo, visiblement mal à l'aise, en tripotant un bouton de sa soutane. Ses lunettes reflétaient la lueur des bougies, transformant ses yeux tristes en petites flammes.

Vicente passa sa langue sur ses lèvres desséchées. « Pas d'enfer, haleta-t-il. Seulement… le silence. » Il toussa, puis un gargouillement monta du fond de sa gorge, et il se rallongea, épuisé. Le père Eduardo soupira et se détourna. Il se pencha vers Bernie pour lui parler à l'oreille. Il se dégageait de lui une odeur d'encens et d'huile.

« Je crois que cet homme n'a plus qu'un jour ou deux

à vivre. Je reviendrai demain. Mais, dites-moi, n'avez-vous pas d'autre récipient que ce seau hygiénique, pour lui donner à boire ?

— Je l'ai nettoyé.

— Quand même, se servir de ça… Et où avez-vous pris l'eau ?

— C'est de l'eau de pluie.

— La pluie ne va pas tomber éternellement. Écoutez, il y a un robinet dans l'église, et un seau. Venez demain, je vous donnerai de l'eau.

— N'espérez pas l'amadouer par ce moyen.

— Je ne veux pas le voir souffrir davantage qu'il ne le devrait ! s'écria le prêtre, dans un soudain accès de colère. Libre à vous de venir ou non, mais il y a de l'eau potable si vous en désirez. » Sur ces mots, il tourna les talons et sortit en trombe, pour s'éloigner à grands pas sous l'averse.

« Il est parti, dit Bernie en revenant vers Vicente.

— Je lui ai tenu tête, n'est-ce pas, Bernardo ? fit l'avocat avec un sourire amer.

— Oui, tu as été très bien. Je regrette de n'avoir pas réussi à l'arrêter.

— Tu m'as aidé à lui faire perdre ses moyens. Je sais qu'il n'y a rien d'autre que le néant devant moi, j'accepte cette idée avec joie. » Vicente reprit sa respiration avant de poursuivre : « J'essayais de faire remonter suffisamment de glaire pour lui cracher dessus. S'il revient, je ne le louperai pas. »

Cette nuit-là, le vent changea de direction, se mettant à souffler de l'est, et il neigea de nouveau. Le lendemain matin, il faisait un froid de loup. Le vent était tombé ; une couche de neige épaisse recouvrait le camp, étouffant les bruits et crissant sous les pieds des hommes pendant qu'ils se mettaient en rang pour l'appel. Aranda n'aimait pas le froid et s'était affublé d'un passe-montagne qui formait un contraste incongru avec son uniforme impeccable.

C'était dimanche et il n'y avait pas de corvée ce jour-là. Après l'appel, certains prisonniers furent désignés pour déblayer la neige accumulée dans la cour, qu'ils entassèrent contre les murs des baraques. Vicente s'était réveillé assoiffé. Bernie avait placé le seau dehors avant de se coucher et il constata en allant le chercher que le récipient était rempli de neige. Il s'écoulerait des heures avant qu'elle ne fondît, dans la baraque glaciale, et même alors le seau ne serait rempli qu'au quart. Il demeura immobile, grelottant dans le froid matinal qui réveillait les anciennes blessures de sa cuisse et de son épaule. Il regarda la baraque faisant office d'église, de l'autre côté de la cour, hésita encore un instant, puis se dirigea vers elle.

Aranda se tenait sur le seuil de son bureau, surveillant l'équipe chargée de déblayer la neige. Quand Bernie passa devant lui, il le regarda avec insistance. Bernie traversa l'église et alla frapper à la porte du fond. Un gros réchaud à bois était allumé dans la pièce, et l'air chaud sur sa peau lui fit l'effet d'un baume. Le père Jaime se réchauffait les mains, debout devant le poêle, tandis que le père Eduardo, assis à la table, était en train d'écrire. Le vieux prêtre dévisagea Bernie d'un air suspicieux.

« Que veux-tu ?

— Cet homme et moi avons à débattre de certaines questions », expliqua le père Eduardo. Son aîné haussa ses sourcils broussailleux.

« Celui-là ? C'est un communiste. S'est-il confessé ?

— Pas encore. »

Le père Jaime fronça le nez d'un air de dégoût. « J'ai laissé mon missel dans ma chambre. Je vais aller le chercher. Il y a une mauvaise odeur ici, tout à coup. » Il sortit en hâte, claquant la porte derrière lui. Bernie tourna vers le jeune prêtre un regard étonné.

« Mentir à votre supérieur, n'est-ce pas un péché véniel ou quelque chose comme ça ?

— Ce n'était pas un mensonge. Nous avons bien eu une discussion, n'est-ce pas ? Vous êtes sans pitié, Piper, ajouta le père Eduardo en soupirant.

— Je suis venu chercher de l'eau.

— Là-bas », répondit le prêtre, montrant un robinet dans un coin de la pièce. Un seau métallique d'une propreté éclatante était placé en dessous. Bernie le remplit puis se retourna vers le prêtre.

« Je ne serais pas surpris que vous ayez versé une goutte d'eau bénite dans le fond du seau ce matin et que vous l'ayez ensuite consacrée.

— Vous connaissez bien mal notre religion, répondit le père Eduardo en secouant la tête. Vous savez lancer des remarques blessantes, mais ce n'est pas nécessairement un signe d'intelligence.

— Moi, au moins, je ne harcèle pas les gens à l'article de la mort, mon père. *Adiós*. »

La cour était presque entièrement dégagée, à présent ; les hommes étaient en train de déposer leurs pelles contre le mur de la baraque du *comandante*. À mi-chemin, Bernie entendit ce dernier vociférer :

« Toi là-bas ! *¡Inglés!* »

Aranda descendit les marches du perron et s'avança vers lui. Bernie posa le seau et se mit au garde-à-vous.

Le commandant s'arrêta devant lui, l'expression courroucée.

« Qu'y a-t-il dans ce seau ?

— De l'eau, *señor comandante*. Il y a un malade dans ma baraque. Le père Eduardo a dit que je pouvais prendre de l'eau au robinet.

— Cette espèce de pédale ! Plus vite l'*abogado* mourra, mieux ce sera. »

Bernie comprit qu'Aranda s'ennuyait et cherchait à le provoquer. Il baissa les yeux vers le sol.

« Je ne crois pas en la compassion », poursuivit Aranda en donnant un grand coup de pied dans le seau. L'eau se répandit sur le sol, et il reprit en souriant : « *¡ Viva la muerte !* Voilà ce que je dis. Rapporte ce seau à ce pédé de prêtre. J'en parlerai au père Jaime. Allez, grouille-toi ! »

Bernie ramassa le seau et repartit lentement vers l'église, à la fois furieux et soulagé. Il s'en était tiré à bon compte, vu l'humeur massacrante d'Aranda.

Il raconta au prêtre ce qui s'était passé, en ajoutant : « Il dit qu'il va rapporter le fait au père Jaime.

— C'est un homme très dur », répondit le père Eduardo avec un haussement d'épaules résigné.

Alors que Bernie s'apprêtait à ressortir, le prêtre lui cria : « Attendez ! » Regardant par la fenêtre, il poursuivit : « Il rentre dans sa baraque. Tel que je le connais, il va aller se réchauffer devant le poêle, maintenant, et celui-ci se trouve tout au fond du bureau. Remplissez le seau et dépêchez-vous de traverser la cour pendant qu'il ne peut pas vous voir.

— Pourquoi faites-vous cela ? s'enquit Bernie en étrécissant les yeux d'un air soupçonneux.

— J'ai vu à quel point votre ami souffrait de la soif, et j'ai voulu l'aider. C'est tout.

— Alors, laissez-le tranquille. Ne venez pas troubler ses derniers instants dans l'espoir de l'amener à se repentir, vous avez une chance sur un million d'y réussir. »

Le prêtre ne répondit pas. Bernie remplit le récipient et sortit sans ajouter un mot. Son cœur se mit à battre à grands coups pendant qu'il traversait la cour. Ils étaient complètement insensés, le prêtre et lui. Si Aranda s'apercevait qu'ils lui avaient désobéi, il deviendrait fou furieux.

Il atteignit le baraquement sans encombre et referma soigneusement la porte derrière lui avant de se diriger vers le lit de Vicente. « De l'eau, *amigo*, dit-il. Gracieusement offerte par l'Église. »

Le prêtre revint dans l'après-midi. La plupart des hommes valides, lassés de rester enfermés, étaient sortis dans la cour pour disputer sans conviction une partie de football. Vicente délirait, à présent, se croyant apparemment revenu dans son étude madrilène, et ne cessait de demander à un assistant invisible de lui apporter un dossier et d'ouvrir la fenêtre, car il avait très chaud. Il était couvert de sueur, bien qu'il régnât une température glaciale à l'intérieur de la baraque. Assis près du lit, Bernie lui essuyait de temps à autre le visage avec un coin du drap. Sur la couchette d'en face, Establo les observait en fumant. Il ne sortait plus guère, désormais.

Entendant un bruissement d'étoffe derrière lui, Bernie se retourna et découvrit le père Eduardo. Il ne l'avait pas entendu arriver ; le prêtre avait dû marcher sur la pointe des pieds.

« Il est en train de rêver, chuchota Bernie. Fichez-lui la paix, il est loin d'ici. »

Le prêtre déposa une boîte sur le lit – la boîte contenant les saintes huiles, supposa Bernie. Le battement de son cœur s'accéléra : le moment tant redouté était enfin arrivé. Le père Eduardo se pencha sur Vicente et lui effleura le front. L'avocat grimaça et fit un geste brusque pour repousser sa main. Puis il ouvrit les yeux et inspira bruyamment.

« *Mierda*. Encore vous.

— Je crois que votre heure est proche. Vous étiez parti dans le monde des rêves, et la prochaine fois, vous n'en reviendrez peut-être pas. Mais il n'est pas trop tard, *señor* Vicente, pour que Dieu vous accorde la vie éternelle.

— Ne l'écoute pas », murmura Bernie.

Vicente eut un sourire qui n'était guère plus qu'un rictus macabre, découvrant ses gencives livides. « Ne t'inquiète pas, *compadre*. Donne-moi de l'eau. »

Bernie lui souleva la tête et porta la tasse à ses lèvres. L'avocat but à grands traits, sans quitter des yeux le prêtre, puis se recoucha, la respiration saccadée.

« Je vous en prie, insista le père Eduardo, d'une voix implorante. Il vous reste une chance d'accéder à la vie éternelle. Ne la refusez pas. »

Une sorte de gargouillis monta de la gorge de Vicente.

« Si vous ne saisissez pas cette dernière chance, reprit le prêtre, vous irez en enfer. C'est ce qui est écrit. »

Vicente toussota et se racla la gorge avec effort. Bernie savait ce qu'il essayait de faire. Le prêtre s'inclina davantage vers le lit, et Vicente prit une profonde inspiration, mais le mucus qu'il avait accumulé dans sa bouche retomba dans sa gorge. Il toussa et se mit à suffoquer, en s'efforçant frénétiquement de reprendre son souffle. Il se redressa sur son séant, le visage cramoisi, haletant bruyamment. Bernie donna une tape dans le dos. Les yeux de Vicente s'exorbitèrent, et il fut secoué par un violent haut-le-cœur. Puis un spasme parcourut son corps décharné et il retomba sur sa paillasse. Un long soupir frémissant sortit de sa gorge, un son qui exprimait une terrible lassitude. Bernie vit ses yeux se vider de toute expression. Il était mort. Le prêtre tomba à genoux et commença à prier.

Bernie s'assit sur le lit, les jambes tremblantes. Au bout d'une minute, le père Eduardo se releva et se signa. Bernie lui lança un regard hostile.

« Il essayait de cracher sur vous, mon père, vous en êtes-vous rendu compte ? »

Le prêtre eut un geste de dénégation.

« Vous l'avez menacé de l'enfer, il a essayé de vous cracher dessus et s'est étouffé avec ses glaires. Vous l'avez tué. »

Le prêtre regarda le corps de Vicente puis secoua la tête et s'éloigna sans rien dire.

« Ne vous inquiétez pas, mon père ! lui cria Bernie. Il n'ira pas en enfer, il vient au contraire de s'en évader ! »

Vicente fut enterré le lendemain. Comme il n'avait pas reçu les derniers sacrements, il ne pouvait y avoir de cérémonie religieuse. Vicente en aurait été satisfait, se dit Bernie en avançant péniblement dans la neige épaisse, derrière les prisonniers chargés de porter le corps, enveloppé dans un vieux drap, jusqu'au flanc de colline où l'on ensevelissait les morts. Le cadavre fut ensuite déposé dans la tombe peu profonde qui avait été creusée le matin même. « *Adiós, compadre* », murmura tout bas Bernie, accablé par un soudain sentiment de solitude.

Le garde qui les accompagnait esquissa un signe de croix, puis, du bout de son fusil, fit signe à Bernie de regagner le camp. Les prisonniers qui faisaient fonction de fossoyeurs se mirent en devoir de combler la tombe, enfonçant laborieusement leurs pelles dans la terre gelée. La neige recommença à tomber, à gros flocons. Le père Eduardo te croit sans doute en proie aux flammes éternelles, pensa Bernie, alors qu'en réalité tu vas être enseveli sous la glace. Ce paradoxe aurait sans doute amusé Vicente.

Dans l'après-midi, alors que Bernie se tenait adossé au mur de la baraque, fumant une cigarette qu'un des fossoyeurs lui avait donnée par gentillesse, Pablo s'approcha de lui, l'air gêné.

« J'ai été désigné pour venir te parler au nom de la cellule », commença-t-il.

Parce que tu étais mon ami, pensa Bernie en lui-même, et qu'Establo veut me montrer qu'il a mis tout le monde au pas.

« Tu as été déclaré coupable d'individualisme bourgeois incorrigible et de résistance à l'autorité, poursuivit Pablo d'un ton contraint. Tu es exclu du parti, et nous t'avertissons que, si tu tentes de quelque façon que ce soit de saboter notre cellule, nous prendrons des mesures à ton encontre. » Bernie savait ce que signifiait cette menace : un coup de couteau, à la faveur de la nuit. Cela s'était déjà produit à plusieurs reprises.

« Je suis un communiste loyal et l'ai toujours été, répondit-il. Mais je ne reconnais pas l'autorité d'Establo. Un jour, je porterai l'affaire devant le comité central.

— Pourquoi faire tant d'histoires ? dit Pablo en baissant la voix. Pourquoi te montrer si obstiné ? Tu es obstiné, Bernardo. Les autres disent que tu es devenu ami avec l'avocat rien que pour nous embêter. »

Bernie eut un sourire empli d'amertume : « Vicente était un honnête homme, et je l'admirais.

— À quoi bon faire toutes ces histoires au sujet du prêtre ? Ça ne peut que nous attirer des ennuis. Ça ne sert à rien de discuter avec les prêtres ; Establo a raison, ce n'est que de l'individualisme bourgeois.

— Alors, que faire ? Comment résister ?

— En restant forts et unis. Un jour le fascisme sera vaincu. » Pablo grimaça et se gratta le poignet. Peut-être avait-il attrapé la gale – c'était le risque qu'on courait à trop fréquenter Establo.

« Encore une chose. Establo veut que tu quittes la baraque. Il veut que tu demandes ton transfert, en disant que c'est trop pénible pour toi de rester là après la mort de ton ami.

— On ne m'y autorisera peut-être pas, rétorqua Bernie en haussant les épaules.

— Establo a décrété que tu devais absolument partir.

— Je vais en faire la demande, *camarade* », dit Bernie, en accentuant ironiquement le dernier mot.

Pablo s'éloigna. Bernie le suivit pensivement des yeux. Et si je n'obtiens pas mon transfert, se dit-il, ce qui est fort probable, Establo déclarera que je continue à faire des histoires, que je reste là pour les ennuyer. Il a tout prévu… À travers les barbelés, il contempla la colline où était enterré Vicente, balafre brune sur la neige immaculée, et songea qu'il le rejoindrait volontiers sous terre. Puis il serra les lèvres avec détermination. Tant qu'il serait en vie, il se battrait, comme un vrai communiste.

34

Le dîner se déroula dans une atmosphère de malaise. Sandy et Barbara n'arrêtaient pas de fumer, allumant une nouvelle cigarette entre chaque plat. Contrairement à son habitude, Sandy ne se montrait guère loquace, se murant même de temps à autre dans un silence total, et les tentatives de Barbara pour relancer la conversation paraissaient timides et dénuées de conviction. À une ou deux reprises, elle jeta un regard étrange à Sandy, et Harry eut l'impression qu'ils étaient totalement éloignés l'un de l'autre, bizarrement désunis. Lui-même se sentait inquiet et gêné. Il ne pouvait s'empêcher de regarder constamment le visage préoccupé et légèrement boudeur de Sandy, en se demandant : qu'est-il arrivé à Gómez ? Que lui as-tu fait ?

Les espions savaient que Sandy l'avait de nouveau invité à dîner, et Hillgarth l'avait fait venir dans son bureau au cours de l'après-midi. Harry ne l'avait pas vu depuis plus d'une semaine. Le bureau du capitaine se trouvait à l'arrière de l'ambassade, et Harry n'y était encore jamais entré. Une secrétaire à l'air compétent l'avait introduit dans une vaste pièce avec de hauts plafonds ornés de moulures. Des photos de vaisseaux de guerre sobrement encadrées ornaient les murs ; sur une étagère, à côté du *Whitaker's Almanac* et du *Jane's Fighting Ships*, étaient rangés des exemplaires reliés des œuvres de Hillgarth. Harry avait reconnu certains des titres des romans que Sandy lisait à l'école : *La Princesse et le Parjure, Le Fauteur de guerre.*

Hillgarth était assis derrière une grande table de chêne. Il arborait une expression revêche, et l'on pouvait lire de la colère dans ses grands yeux expressifs, même si sa voix était calme. « Nous avons des ennuis avec Maestre, avait-il déclaré sans autre préambule. Il est dans une rage folle. Lui et quelques-uns de ses copains monarchistes avaient chargé Gómez d'espionner ce qui se passait dans cette foutue mine. C'est vraiment dommage que ce soit justement vous qui ayez malencontreusement trahi ce type. Maestre n'était déjà pas très content que vous ayez laissé sa fille en plan. Et maintenant, leur combine tombe à l'eau par votre faute.

— Puis-je vous demander ce qui est arrivé à Gómez, monsieur ? Est-il…

— Maestre l'ignore, mais il n'a aucun espoir de le revoir. Gómez travaillait pour lui depuis des années.

— Je vois, avait murmuré Harry, l'estomac noué.

— En tout cas, Forsyth ne semble pas avoir le moindre soupçon à votre sujet, avait poursuivi le capitaine, en le regardant fixement. Alors, continuez à le faire marcher, acceptez d'investir dans sa société, et prévenez-moi dès que vous aurez reçu ces rapports qu'ils vous ont promis. Je tiens absolument à les voir.

— Oui, monsieur.

— Sir Sam est actuellement à Londres, pour faire un peu de lobbying. Ils vont peut-être décider d'annuler toute l'opération, là-bas. Si c'est le cas, ou si les choses tournent mal, j'ai un plan de rechange pour Forsyth. » Hillgarth s'était tu un instant avant de poursuivre : « Nous essaierons de le recruter. Nous ne pouvons pas lui offrir l'équivalent de ce qu'il espère gagner avec cette mine, mais nous disposons peut-être d'autres moyens de pression. Il n'a toujours pas renoué avec sa famille ?

— Non.

— Rien à faire de ce côté-là, dans ce cas, avait grommelé Hillgarth. Oh, tant pis, nous verrons bien. » Il avait dévisagé Harry, et repris : « Vous paraissez soucieux. C'est l'idée de faire pression sur Forsyth qui ne vous plaît pas, hein ? Il me semblait pourtant que vous ne l'aimiez guère. »

Harry n'avait pas répondu. Hillgarth avait continué à le fixer et lui avait lancé : « Vous n'êtes pas vraiment taillé pour ce genre de boulot, n'est-ce pas, Brett ?

— Non, monsieur, avait répondu Harry d'une voix lasse. J'ai fait ce qu'on m'a dit de faire, c'est tout. Je suis désolé de ce qui est arrivé au lieutenant Gómez.

— Il y a de quoi. Mais il est nécessaire que vous poursuiviez votre mission, pour le moment. Ensuite, nous vous renverrons chez vous, sans doute très bientôt. Je pense que ce sera un soulagement pour vous, hein ? » avait-il ajouté avec un demi-sourire.

Pilar apporta le mets principal, une paella cuisinée dans les règles de l'art : moules, crevettes et anchois sur un lit de riz. Elle déposa le plat sur la table et se retira aussitôt, en évitant leurs regards. Barbara servit à chacun une portion généreuse.

« Du poisson frais, quel régal ! s'écria Sandy, que l'odeur de la nourriture parut ramener à la vie. C'est de plus en plus difficile à trouver, expliqua-t-il à Harry en souriant.

— Comment cela se fait-il ?

— Le pétrole est rationné ; les pêcheurs se voient allouer une certaine quantité de carburant pour leur bateau, mais l'essence atteint un prix si astronomique au marché noir qu'ils préfèrent la revendre avec un gros bénéfice plutôt que de sortir en mer. C'est une des conséquences de l'embargo que nous avons mis en place, tu vois.

— Le gouvernement ne peut-il pas les obliger à utiliser le carburant pour pêcher ? »

Sandy éclata de rire. « Non. Même quand il fait passer des lois, il n'arrive pas à les faire appliquer. La plupart des ministres se livrent eux-mêmes au marché noir, de toute manière.

— Où en est ce projet dans lequel tu veux investir ? demanda Barbara à Harry, en le regardant d'un air bizarre.

— Eh bien…

— Il avance tout doucement, l'interrompit Sandy. Il ne se passe pas grand-chose pour le moment. »

Elle les observa tour à tour pendant un long moment, sans rien dire.

« J'ai reçu une lettre de Will, hier, reprit Harry pour rompre ce silence pesant. Il a l'air très heureux de sa nouvelle vie à la campagne.

— Sa femme doit être contente de ne plus avoir à subir les bombardements, dit Barbara.

— Oui, c'était trop dur pour elle. As-tu appris ce qui s'est passé à Coventry ? » s'enquit Harry d'un ton grave.

Elle aspira une bouffée de sa cigarette avant de lui

répondre. Derrière les lunettes, ses yeux étaient fatigués, et Harry remarqua pour la première fois les petits cernes sombres qui les soulignaient. « Oui. Cinq cents morts, d'après les rapports. Le centre de la ville a été pulvérisé.

— Les rapports publiés dans *Arriba* sont toujours exagérés, intervint Sandy. Ils veulent faire paraître les bombardements plus meurtriers qu'ils ne le sont en réalité. Ils écrivent leurs articles sous la dictée des Allemands.

— Ce sont les chiffres donnés par la BBC.

— Oui, ils sont exacts, acquiesça Harry.

— Coventry n'est qu'à vingt-cinq kilomètres de Birmingham, poursuivit Barbara. Chaque fois que j'écoute la BBC, j'ai peur d'apprendre qu'il y a eu de nouveaux raids aériens. D'après le ton de ses lettres, ma mère semble ne plus supporter cette tension constante. » Elle soupira et adressa à Harry un petit sourire triste. « Cela fait une drôle d'impression de se représenter tout à coup ses parents comme des vieillards effrayés.

— Tu devrais aller les voir », dit Sandy.

Elle tourna vers lui un regard étonné.

« Pourquoi pas ? insista Sandy. Il y a des années que tu n'es pas retournée chez toi. Noël sera bientôt là, ce serait une jolie surprise pour tes parents.

— Je… Je ne crois pas que le moment soit approprié, répondit Barbara en se mordant la lèvre.

— Pourquoi donc ? Je pourrais te procurer un billet d'avion.

— Je vais y réfléchir.

— Comme tu veux. »

Harry regarda Barbara, en s'interrogeant sur la raison de son refus. Elle se tourna vers lui et s'enquit : « Et toi, Harry, t'accordera-t-on un congé pour Noël ?

— Je ne le pense pas. À l'ambassade, ils aiment garder les traducteurs sous la main, au cas où surviendrait une urgence.

— Je présume que tu souhaiterais aller retrouver ton oncle et ta tante.

— Oui, bien sûr.

— Sandy m'a dit que tu avais une petite amie, poursuivit-elle, avec un enjouement forcé. Que fait-elle dans la vie ? »

Une fois de plus, Harry regretta d'avoir parlé de Sofía à Sandy, le jour de leur visite à la mine. « Elle… elle travaille dans le secteur laitier.

— Depuis combien de temps la connais-tu ?

— Pas longtemps. » Harry repensa au soir précédent, dans l'appartement de Carabanchel. Sofía lui avait révélé, de façon tout à fait inattendue, qu'elle avait annoncé à sa mère et à son frère qu'ils sortaient ensemble, et Harry appréhendait un peu leur réaction. Mais Enrique et la vieille dame avaient accueilli la nouvelle avec effusion. Sans doute se réjouissent-ils que Sofía ait trouvé un homme riche, avait-il pensé, même s'il s'agit d'un étranger. Paco avait paru un peu plus à l'aise en sa présence et lui avait adressé la parole pour la première fois. Il avait eu le sentiment de se voir accorder un rare privilège.

« Il faudra l'amener ici, un de ces soirs, reprit Barbara de ce même ton de gaieté feinte. Nous ferons un petit dîner à quatre.

— C'est pour ça que tu ne rentres pas chez toi pour Noël, hein ? s'exclama Sandy en pointant sur lui un doigt accusateur. Espèce d'hypocrite ! » Il s'essuya la bouche avec sa serviette avant de s'enquérir : « Où est le poivre ? Pilar a oublié de le mettre sur la table.

— Je vais aller le chercher, dit Barbara en se levant. Excusez-moi. »

Dès qu'elle fut sortie, Sandy prit une mine grave et expliqua : « Je voulais me débarrasser d'elle pendant une minute, pour pouvoir te parler tranquillement. Je crains qu'il n'y ait un problème, à la mine.

— Lequel ? demanda Harry, le cœur battant.

— Sebastián n'est plus du tout emballé par l'idée de voir des capitaux étrangers entrer dans notre société. Je crains qu'il n'y ait rien à faire, déclara Sandy, l'air découragé.

— Quel dommage ! » répondit Harry. Ainsi, Hillgarth ne lirait jamais ces fameux rapports, en fin de compte... « C'est étonnant, reprit-il. Je croyais que c'était Otero qui se méfiait de moi.

— Il a peur que le comité de surveillance ne voie d'un mauvais œil l'arrivée d'un investisseur anglais. Ils... ils font pression sur nous, ajouta-t-il, après une hésitation.

— Tu parles du comité du général Maestre ?

— Oui. Ils nous surveillent de plus près que nous ne l'imaginions. Nous pensons qu'ils savent que tu t'intéresses au projet. »

Harry eut envie de l'interroger sur Gómez, mais ne l'osa pas. « Vous risquez d'avoir des problèmes pour le financement, alors ? »

Sandy hocha la tête. « Le comité parle de prendre plus ou moins le contrôle du projet. Et, dans ce cas, adieu nos bénéfices. Tout ira dans la poche des membres du comité, bien sûr.

— Je suis désolé.

— Oh, nous arriverons bien à nous en sortir, je présume. Mais je suis navré de te causer cette déception », ajouta Sandy en levant vers lui ses yeux marron, tristes et liquides comme ceux d'un chien. Harry fut une fois de plus stupéfait de voir à quelle vitesse ils pouvaient changer d'expression.

« Ce n'est pas grave. Peut-être même est-ce mieux ainsi, après tout. Je ne suis pas sûr d'être fait pour ce genre de choses.

— C'est gentil à toi de le prendre ainsi. Dommage, j'aurais été content de te rendre service, en souvenir de l'ancien temps. »

À cet instant, la sonnerie du téléphone retentit dans l'entrée, et Harry tressaillit. Il entendit des pas, puis la voix de Barbara, s'exprimant en anglais. Peu après, elle entra dans la salle à manger, l'air anxieux.

« Harry, c'est une femme de l'ambassade qui veut te parler. Elle dit que c'est urgent. J'espère que ce ne sont pas de mauvaises nouvelles au sujet de ta famille, ajouta-t-elle d'un ton plein de sollicitude.

— Tu leur as donné notre numéro ? s'enquit Sandy en lui lançant un regard perçant.

— J'y étais obligé, je suis de garde ce soir. Je dois me tenir prêt à aller là-bas s'il faut traduire un texte de toute urgence. Excusez-moi. »

Dans l'entrée, un petit brasero placé sous la table du téléphone jetait sur le sol une lueur jaune, lui réchauffant les pieds.

« Allô, ici Harry Brett.

— Oh, monsieur Brett, répondit une voix de femme à l'accent cultivé. Je suis très heureuse que nous ayons pu vous contacter. J'ai un appel à vous transmettre, d'une demoiselle Sofía Roque Casas. Elle affirme que c'est extrêmement urgent, ajouta-t-elle d'un ton plus hésitant.

— Sofía ?

— Elle attend sur une autre ligne. Dois-je vous la passer ?

— Oui, s'il vous plaît. »

Il y eut un déclic et, l'espace d'un instant, Harry crut que la communication avait été coupée. Puis la voix de Sofía résonna dans le combiné, et cela lui fit un effet étrange d'entendre cette voix ici, dans l'entrée de la maison de Sandy.

« Harry, Harry, c'est toi ? » Il y avait de la panique dans son ton d'ordinaire si posé.

« Oui. Sofía, que se passe-t-il ?

— C'est maman. Je crois qu'elle a eu une nouvelle attaque. Enrique est sorti, je suis seule. Paco est dans un état épouvantable, il a tout vu. Harry, peux-tu venir ? implora-t-elle, des larmes dans la voix.

— Une attaque ?

— Je crois. Elle a perdu conscience.

— J'arrive tout de suite. D'où m'appelles-tu ?

— J'ai dû aller à deux rues de chez moi pour trouver un téléphone. Excuse-moi, je ne savais pas quoi faire. Oh, Harry, elle va très mal. »

Il réfléchit brièvement. « Bon. Retourne chez toi, je viens aussi vite que je peux. À quelle heure Enrique doit-il revenir ?

— Il rentrera sans doute très tard, il est sorti avec des amis.

— Écoute, je suis dans le quartier de Vigo. Je vais essayer de trouver un taxi, pour être là le plus rapidement possible. Retourne auprès de ta mère et de Paco.

— Fais vite, je t'en prie, fais vite, supplia-t-elle, avec un tel accent de panique que Harry en fut effrayé. Je savais que tu viendrais », ajouta-t-elle aussitôt. Puis il y eut un déclic : elle avait raccroché.

La porte du *salón* s'ouvrit, et Barbara passa la tête par l'entrebâillement. « Que se passe-t-il ? J'ai cru entendre que quelqu'un avait eu une attaque. S'agit-il de ton oncle ?

— Non, c'est la mère de Sofía, ma... ma petite amie. » Il rejoignit Barbara dans la salle à manger et lui expliqua : « Elle a téléphoné à l'ambassade, et on m'a transmis l'appel ici. Elle est seule avec sa mère et un petit garçon qu'ils ont pris en charge. Il faut que j'aille là-bas tout de suite.

— Ne peuvent-ils pas appeler un médecin ? demanda Sandy, en tournant vers lui un regard empli de curiosité.

— Ils n'en ont pas les moyens, répondit-il, d'un ton sans doute plus sec qu'il ne l'aurait voulu, car Sandy leva les mains en signe d'apaisement.

— D'accord, d'accord, mon vieux.

— Puis-je appeler un taxi ? reprit Harry, qui était venu en tramway.

— À cette heure-ci, tu risques d'attendre des heures. Où habitent ces gens ?

— À Carabanchel, répondit Harry, après un temps d'hésitation.

— Carabanchel ? » répéta Sandy en arquant les sourcils.

Barbara intervint alors, d'un ton empli de détermination. « Je vais t'y conduire. Si cette pauvre femme a eu une attaque, je pourrais peut-être lui être utile.

— Sofía était étudiante en médecine, autrefois. Mais ton aide lui sera sans doute utile. Cela ne te dérange pas ?

— Ce n'est pas prudent d'aller en voiture là-bas, objecta Sandy. Nous ferions mieux d'appeler un taxi.

— Ne t'inquiète pas, il ne m'arrivera rien, rétorqua Barbara en se dirigeant vers la porte. Viens, Harry, je vais chercher les clés. »

Harry lui emboîta le pas. Sur le seuil, il se retourna et regarda Sandy. Celui-ci était toujours assis à la table, l'air vexé. Il a toujours détesté qu'on ne lui prête pas attention, songea Harry.

La nuit était froide et claire. Barbara conduisait vite et bien, et ils mirent peu de temps pour traverser le centre et gagner les ruelles étroites et sombres des quartiers ouvriers. Elle paraissait soulagée de se retrouver hors de la maison. Tournant vers Harry un regard intrigué, elle dit : « J'ignorais que Sofía vivait à Carabanchel.

— Tu pensais qu'elle était issue de la bourgeoisie ?

— Je suppose que oui, de façon subconsciente. J'aurais dû savoir que l'on ne peut jamais prévoir de qui l'on tombera amoureux. » Elle lui jeta un autre coup d'œil et s'enquit : « Tiens-tu beaucoup à elle ?

— Oui. Je me suis demandé pendant quelque temps si c'était… oh, je ne sais pas, de la culpabilité ou quelque chose comme ça, le désir de voir comment vivaient les Espagnols ordinaires, expliqua-t-il avec un rire gêné.

— L'envie de t'encanailler ?

— Oui, si tu veux. Mais c'est tout simplement… de l'amour. Tu comprends ?

— Oui, acquiesça-t-elle à voix basse. Qu'en pense l'ambassade ? demanda-t-elle, d'un ton hésitant.

— Je ne leur ai rien dit. Cette partie de ma vie m'appartient. Tourne ici, dans la prochaine rue. »

Ils garèrent l'Hispano-Suiza devant l'immeuble de Sofía et se ruèrent dans l'entrée, gravissant les marches quatre à quatre. Sofía les avait entendus arriver et les attendait sur le seuil de l'appartement, dont la faible lumière jaune se répandait sur le palier. Des pleurs d'enfant hystériques leur parvinrent de l'intérieur. La jeune fille était pâle, ses cheveux étaient mous et décoiffés. « Qui est-ce ? demanda-t-elle en fixant Barbara.

— Barbara, la femme d'un de mes amis. Nous étions en train de dîner tous les trois quand j'ai reçu ton appel. Elle est infirmière, elle pourra peut-être t'aider. »

Les épaules de Sofía s'affaissèrent. « C'est trop tard. Maman n'est plus. Elle était déjà morte quand je suis revenue. »

Elle les fit entrer. La vieille femme était étendue sur le lit. On lui avait fermé les yeux et son visage livide semblait paisible et serein. Paco était couché sur le corps, l'étreignant étroitement, en poussant des plaintes bruyantes, une sorte de mélopée funèbre, suraiguë. Il leva les yeux à leur entrée et dévisagea Barbara avec crainte. Sofía s'approcha et lui caressa les cheveux.

« N'aie pas peur, Paco, cette dame est une amie de Harry. Elle est venue pour nous aider. Ce n'est pas le curé qui l'envoie. S'il te plaît, descends de là. » Avec une infinie douceur, elle le détacha du cadavre et le prit dans ses bras, puis s'assit avec lui au bord du lit. Elle pleurait elle aussi, à présent. Harry les rejoignit et passa un bras autour des épaules de Sofía.

Paco se leva et jeta à Barbara un regard encore

inquiet. Elle alla vers lui et, doucement, prit sa petite main sale dans la sienne.

« Bonjour, Paco, dit-elle en espagnol. Tu veux bien que je t'appelle Paco ? » Il acquiesça muettement. « Écoute, Paco, poursuivit-elle, Sofía a beaucoup de chagrin. Tu dois essayer de te conduire comme un grand garçon, si tu le peux. Je sais que c'est difficile. Tiens, viens donc t'asseoir là-bas, près de moi. » Le gamin se laissa docilement entraîner loin du lit. Barbara le fit asseoir sur l'une des chaises aux pieds grêles, puis s'installa à côté de lui.

Sofía, toujours blottie contre Harry, regarda le corps de sa mère. « Je savais que cela arriverait tôt ou tard, et je me disais que cela vaudrait mieux pour elle, mais c'est quand même dur. Je devrais appeler une ambulance, on ne peut pas la laisser ici, soupira-t-elle.

— Enrique voudra sans doute la voir, objecta Harry.

— Je crois qu'il est préférable qu'il ne la voie pas », répondit-elle. Elle se leva et alla prendre son manteau accroché derrière la porte.

« Laisse-moi m'en occuper, proposa Harry.

— Non, reste ici avec Sofía, intervint Barbara. J'ai aperçu une cabine téléphonique pas très loin d'ici, en venant. Je vais y aller.

— Vous ne devriez pas sortir seule, dit Sofía.

— Je me suis déjà trouvée dans des endroits plus dangereux que celui-ci. S'il vous plaît, laissez-moi m'en charger », répliqua Barbara d'un ton résolu, très professionnel, sincèrement désireuse de se rendre utile. « Je n'en ai que pour une minute. » Sans leur laisser le temps de soulever d'autres objections, elle sortit en hâte, et ils entendirent ses pas claquer dans l'escalier. Sofía prit Paco par la main et le ramena vers le lit, où ils s'assirent tous trois. Contemplant le visage immobile de sa mère, elle murmura : « Elle était très fatiguée, dernièrement. Et puis ce soir, après le dîner, elle a poussé un cri, une sorte d'affreux gémissement. Quand je suis venue voir, elle était inconsciente. Et à mon retour ici, après t'avoir téléphoné, elle était morte. J'ai laissé ce pauvre Paco seul avec elle. Je n'aurais pas dû, poursuivit-elle en déposant un baiser sur la tête de l'enfant. J'aurais dû rester ici.

— Tu as fait ce que tu pouvais.

— Cela vaut mieux ainsi, répéta-t-elle d'une voix sourde. Parfois, elle mouillait son lit. Cela la bouleversait, elle se mettait à pleurer… Tu aurais dû la connaître avant sa maladie, ajouta-t-elle en secouant la tête. Elle était si forte, elle prenait soin de nous tous. Papa ne voulait pas que j'aille à l'université, mais maman m'a toujours soutenue. » Elle tourna son regard vers la photo où l'on voyait sa mère en robe de mariée, posant entre son mari et son frère le prêtre. Tous trois souriaient à l'objectif.

Harry la serra contre lui. « Pauvre Sofía. Je ne sais pas comment tu as pu endurer tout ça. » Elle lui rendit son étreinte. Enfin, des pas ébranlèrent de nouveau l'escalier. « C'est Barbara, dit Harry. Elle aura sûrement réussi à prendre les dispositions nécessaires.

— Tu la connais bien ? demanda Sofía.

— Depuis très longtemps, répondit-il en lui déposant un baiser sur le front. Mais ce n'est rien d'autre qu'une amie. »

Barbara entra, le visage rougi par le froid. « J'ai réussi à joindre l'hôpital. Ils nous envoient une ambulance, mais cela risque de demander un certain temps. » Elle sortit de sa poche un sac en papier, et ajouta : « Je me suis arrêtée dans une *bodega* pour acheter du cognac. J'ai pensé que cela nous ferait du bien à tous.

— Oui, c'est une bonne idée », répondit Harry.

Sofía alla chercher des verres et Barbara leur servit à tous trois de larges rasades. Paco, curieux, demanda à y goûter, et ils lui en donnèrent une goutte mélangée à de l'eau. « Pouah, dit-il en faisant la grimace. *¡Es horroroso!* » Ces mots suffirent à relâcher la tension qui régnait dans la pièce, et tous se mirent à rire, de façon légèrement hystérique.

« Ce n'est pas respectueux de rire ainsi, murmura Sofía d'un air coupable.

— Parfois, on ne peut pas faire autrement », déclara Barbara. Elle promena son regard autour d'elle, notant les murs tachés d'humidité, les meubles délabrés, puis baissa les yeux, comme prise en faute, en s'apercevant que Sofía l'observait.

« Vous êtes infirmière, *señora* ? reprit Sofía. Exercez-vous votre métier ici ?

— Non, plus maintenant. Je suis... mariée à un homme d'affaires britannique, un ancien camarade d'école de Harry.

— Barbara a travaillé comme bénévole dans un orphelinat catholique, ajouta Harry. Elle n'a pas pu le supporter.

— Non, c'était un endroit horrible, expliqua Barbara en souriant à Sofía. Harry m'a dit que vous avez fait des études de médecine.

— Oui, jusqu'à ce que la guerre civile éclate. Y a-t-il des femmes médecins, en Angleterre ?

— Quelques-unes, oui. Pas beaucoup.

— Nous étions trois en première année, à la faculté. Parfois, les professeurs ne savaient que faire de nous. On voyait bien qu'ils étaient gênés de nous montrer certaines choses.

— Des choses que les dames ne devraient pas connaître, acquiesça Barbara avec un sourire.

— Oui. Et pourtant, pendant la guerre, tout le monde a pu voir bien pire.

— Je sais. J'ai travaillé quelque temps à Madrid, pour la Croix-Rouge. » Se tournant vers Paco, Barbara lui demanda : « Quel âge as-tu, *niño* ?

— Dix ans.

— Vas-tu à l'école ? »

Il secoua la tête.

« Il ne pouvait pas suivre, expliqua Sofía. De plus, il n'apprendrait rien dans ces nouvelles écoles remplies de vétérans nationalistes sans aucune expérience de l'enseignement. J'essaie de l'éduquer moi-même. »

C'est alors que des pas résonnèrent dans l'escalier, des pas lourds, masculins. Sofía sursauta. « Ce doit être Enrique, dit-elle en se levant. Laissez-moi lui parler seule à seul, s'il vous plaît. Voulez-vous emmener Paco dans la cuisine ?

— Viens avec moi, jeune homme », dit Barbara en prenant la main de l'enfant. Harry les suivit et alluma le réchaud. Barbara montra à Paco un livre abandonné sur la table, pour détourner son attention des voix qui leur parvenaient du dehors ; le livre avait une couverture verte représentant un garçon et une fille en route pour l'école.

« C'est à toi ? »

Paco se mordit la lèvre sans répondre, écoutant ce qui se disait dans l'autre pièce. Harry entendit la voix d'Enrique, puis un brusque cri de détresse.

« Qu'est-ce que c'est ? insista Barbara, pour distraire l'enfant.

— Mon ancien livre d'école, quand j'allais en classe, avant qu'on emmène maman et papa. Je l'aimais bien. »

Barbara ouvrit le livre et le poussa vers lui. Des pleurs leur parvinrent de la pièce d'à côté, un homme sanglotant bruyamment. Paco regarda de nouveau la porte. « Montre-moi, dit doucement Barbara. Juste quelques minutes. Il vaut mieux laisser Sofía et Enrique seuls un moment. Je me souviens de ce livre, ajouta-t-elle. Les Mera me l'avaient montré, un jour. Carmela en avait un exemplaire. » Ses yeux se remplirent de larmes, et Harry comprit que, sous cet entrain affiché, elle était en fait au bout du rouleau. Se tournant vers Paco, elle reprit : « Il y a toutes les matières : histoire, géographie, arithmétique.

— J'aimais bien la géographie, avant, dit Paco. Regarder les images, tous les pays du monde. »

À l'extérieur, le silence était retombé. Harry se leva. « Je vais voir comment ils vont. Reste avec Paco », murmura-t-il en pressant l'épaule de Barbara.

Enrique était assis sur le lit à côté de Sofía. Il leva les yeux vers Harry, avec une expression amère que celui-ci n'avait encore jamais vue sur son visage pâle et strié de larmes, et qui l'enlaidissait.

« Vous êtes témoin de tous nos drames familiaux, *Inglés*.

— Je suis désolé, Enrique.

— Ce n'est pas la faute de Harry, intervint Barbara.

— J'aimerais simplement pouvoir lui offrir un spectacle un peu plus digne. Car nous avions de la dignité autrefois, *señor*, vous saviez ça ? »

On cogna à la porte. Sofía soupira. « Ce doit être l'ambulance. » Mais comme elle s'avançait vers la porte, celle-ci s'ouvrit, laissant apparaître le visage maigre de la *señora* Ávila. Elle avait la tête couverte d'un châle noir, dont elle serrait étroitement les extrémités dans sa main.

« Excusez-moi, j'ai entendu pleurer. Est-il arrivé quelque chose... oh ! » Apercevant le corps, elle fit le signe de la croix. « Oh, pauvre *señora* Roque, pauvre dame ! Mais elle est en paix à présent, près de Dieu », ajouta-t-elle en posant sur Harry un regard intrigué.

Sofía se leva. « *Señora* Ávila, nous préférons rester seuls, s'il vous plaît. Nous attendons qu'on vienne emporter maman. »

La *beata* promena ses yeux autour de la pièce. « Où est Paco ? *Pobrecito.*

— Dans la cuisine, avec une amie.

— Vous avez besoin d'un prêtre, dans un moment pareil, déclara la vieille d'un ton patelin. Je vais aller chercher *padre* Fernando. »

À cet instant, quelque chose parut se rompre en Sofía. Harry le perçut de manière presque physique, comme s'il avait entendu un craquement. Elle s'avança vers la *señora* Ávila, l'allure si belliqueuse que celle-ci, bien que nettement plus grande, recula d'un air apeuré.

« Écoute-moi, espèce de vieux vautour, nous ne voulons pas du *padre* Fernando ici ! hurla-t-elle. Tu peux toujours essayer de l'introduire dans notre maison, tu peux toujours essayer de nous prendre Paco, tu n'y arriveras jamais ! Tu n'es pas la bienvenue ici, vas-tu enfin le comprendre ? Et maintenant, va-t'en ! »

La *señora* Ávila se redressa de toute sa taille, et ses joues blêmes s'empourprèrent.

« C'est ainsi que vous accueillez une voisine venue vous aider, c'est ainsi que vous accueillez la charité chrétienne ? Le *padre* Fernando a raison, vous êtes des ennemis de l'Église… »

Enrique se leva d'un bond et marcha vers elle, les poings serrés. La *beata* battit en retraite.

« Va donc nous dénoncer au prêtre, espèce de vieille garce desséchée ! Toi qui as un grand appartement pour toi toute seule, parce que ton prêtre est un ami du chef d'îlot !

— Mon père a été tué par les communistes, répliqua la vieille d'une voix tremblante. Je n'avais nulle part où aller.

— Je crache sur ton père ! Sors d'ici ! » cria Enrique en levant le poing. La *señora* Ávila poussa un cri de frayeur et se rua hors de la pièce, claquant la porte derrière elle. Enrique se rassit au pied du lit, la respiration saccadée. Sofía se laissa choir à son côté, toute son attitude trahissant une profonde lassitude. Barbara apparut sur le seuil de la cuisine.

« Je regrette, murmura Enrique. Je n'aurais pas dû lui hurler dessus comme je l'ai fait.

— Ce n'est pas grave. Si elle porte plainte, nous pourrons toujours dire que tu étais rendu fou par la douleur. »

Enrique baissa la tête et croisa ses mains osseuses sur ses genoux. Au-dehors, Harry entendit monter une sorte de plainte, faible au début, puis de plus en plus forte, et paraissant venir d'une dizaine d'endroits à la fois.

« Qu'est-ce que c'est ? s'enquit Barbara d'une voix frémissante.

— Les chiens, répondit Sofía. Les chiens errants. À cette époque de l'année, ils se mettent parfois à hurler de froid. C'est le signe que l'hiver a vraiment commencé. »

TROISIÈME PARTIE

Grand froid

35

La neige recouvrait la Tierra Muerta depuis près d'un mois, à présent. Elle était tombée précocement, mais elle était restée. Les gardes disaient que, selon les gens de Cuenca, l'hiver n'avait pas été aussi rude depuis des années. Les journées claires et glaciales alternaient avec les chutes de neige, et le vent soufflait constamment du nord-est. Parfois, la nuit, les petits daims des collines en quête de nourriture venaient à quelque distance du camp. S'ils s'approchaient trop, les gardes leur tiraient dessus du haut des miradors, afin d'améliorer leur ordinaire d'un ragoût de venaison.

On était maintenant au début de décembre, et il y avait désormais un chemin bien visible à travers les congères, entre le camp et la carrière. Chaque matin, les hommes de corvée foulaient le sol gelé d'un pas traînant pour s'enfoncer dans les collines où seules les branches maigres et dénudées des chênes de montagne venaient rompre la blancheur uniforme du paysage.

Bernie souffrait d'un vif sentiment de solitude. Vicente lui manquait, et aucun des communistes ne lui adressait plus la parole. Le soir, il restait étendu sur sa paillasse, silencieux. Même à Rookwood, j'ai toujours eu quelqu'un à qui parler, se disait-il, pensant à Harry Brett. Vicente lui avait parfois rappelé Harry : le même caractère accommodant, les mêmes principes élevés, mais désespérément bourgeois.

Les prisonniers étaient en butte aux rigueurs de l'hiver. Tous étaient enrhumés ou toussaient ; il y avait déjà eu des morts, et de nouvelles processions vers le cimetière et ses tombes anonymes. L'ancienne blessure au bras de Bernie avait recommencé à l'élancer ; en milieu d'après-midi, le maniement de la pioche devenait atrocement douloureux. Et celle du Jarama, à la jambe, qui avait cicatrisé rapidement et ne l'avait jamais tracassé jusque-là, commençait également à lui faire mal.

Il n'avait pas réussi à obtenir son transfert comme Establo le lui avait ordonné. Il avait fait sa demande des semaines auparavant, mais n'avait toujours pas obtenu de réponse. Et puis, un soir, au retour de la carrière, on lui annonça qu'Aranda voulait le voir.

Bernie se mit au garde-à-vous devant le *comandante*, dans le bureau bien chauffé. Aranda était calé dans son fauteuil de cuir, sa cravache appuyée contre le flanc du siège. À la grande surprise de Bernie, il lui sourit et l'invita à s'asseoir. Puis il ouvrit un dossier posé devant lui et le parcourut rapidement.

« J'ai ici le rapport du Dr Lorenzo, expliqua-t-il d'un ton jovial. Il dit que tu es un psychopathe asocial. D'après lui, tous les rouges cultivés sont atteints d'une forme congénitale de folie asociale.

— Oui, *comandante* ?

— Pour moi, c'est un ramassis de foutaises. Pendant la guerre, ton parti s'est battu pour défendre ses intérêts et nous, pour défendre les nôtres. L'Espagne nous appartient, à présent, nous l'avons conquise légitimement. Qu'en penses-tu ? s'enquit-il, haussant les sourcils d'un air interrogateur.

— Je suis de votre avis, *comandante*.

— Bien, nous sommes *de acuerdo*, opina Aranda, prenant une cigarette dans un coffret en argent. En veux-tu une ? » s'enquit-il après l'avoir allumée. Bernie hésita. « Vas-y, prends-en une, insista le commandant en lui tendant le coffret. C'est un ordre. »

Bernie obéit et Aranda avança vers lui la flamme de son briquet en or. Puis il se renfonça dans son fauteuil, en faisant crisser le cuir.

« Bien. Qu'est-ce que c'est que cette demande de transfert ?

— Depuis que mon ami est mort, le mois dernier, il m'est devenu difficile de rester dans ce dortoir.

— J'ai également entendu dire que tu étais brouillé avec tes amis communistes, particulièrement avec Establo Cabo. C'est un homme fort ; je l'admire, d'une certaine manière. Ne prends donc pas cet air étonné, Piper, ajouta Aranda en souriant. J'ai des informateurs parmi les prisonniers. »

Bernie garda le silence. Il savait qu'il y avait des mouchards dans chaque baraque. Dans la sienne, il s'était toujours méfié d'un petit Basque, un catholique qui assistait à tous les offices. Mais l'homme était mort de pneumonie deux semaines auparavant.

« Ce n'est pas facile d'être prisonnier et impopulaire auprès de ses camarades par-dessus le marché. Tes amis communistes t'ont abandonné, pourquoi ne pas te venger ? poursuivit le commandant. Tu aurais droit à autant de cigarettes que tu le voudrais, et à bien d'autres privilèges. Je pourrais te faire dispenser du travail à la carrière. Il doit faire froid, là-haut. Je suis gelé rien qu'en allant dans la cour, le matin. Si tu devenais l'un de mes amis, comme d'autres prisonniers, je ne te demanderais pas grand-chose, juste quelques renseignements de temps en temps – me signaler ceux qui enfreignent le règlement, des informations de ce genre. Avoir des amis dans le camp ennemi peut rendre la vie plus facile. »

Bernie se mordit la lèvre, se doutant qu'un refus tranché lui attirerait des ennuis. Il répondit calmement, d'un ton aussi respectueux que possible.

« Cela ne marcherait pas, *comandante*. Establo me soupçonne déjà d'être déloyal. Il me surveille. »

Aranda soupesa un instant cette réponse, puis il dit : « Oui, je comprends, mais peut-être tes problèmes avec les communistes seraient-ils justement une bonne excuse pour te trouver de nouveaux amis. De cette façon, tu pourrais apprendre des choses.

— *Comandante*, rétorqua Bernie après une courte hésitation, vous parliez tout à l'heure de la bataille entre nos deux camps...

— Tu vas me dire que tu ne peux pas trahir ton camp, c'est cela ? » l'interrompit Aranda, sans cesser de sourire, mais en étrécissant les yeux.

Bernie ne répondit rien.

« Je pensais que tu réagirais ainsi, Piper. Vous autres, les idéologues, vous cherchez vraiment les ennuis, déclara l'Espagnol en secouant la tête. Bon, tu peux partir, maintenant, j'ai à faire. »

Bernie se leva, passablement surpris de s'en tirer à si bon compte. Toutefois, avec Aranda, il fallait se méfier, car l'officier pouvait très bien remettre sa vengeance à plus tard, et lui tomber dessus au moment où il s'y attendrait le moins. Sa cigarette était presque entièrement consumée et il l'écrasa dans le cendrier, en redoutant qu'Aranda ne s'emparât de sa cravache pour lui en cingler le visage. Mais l'officier ne bougea pas. Il le fixa avec un sourire cynique, se délectant de sa peur, puis leva le bras pour faire le salut fasciste. « *¡Arriba España!* »

« *¡Pleure España!* » pensa Bernie en refermant la porte derrière lui, les jambes tremblantes.

Establo était malade. Sa gale avait encore empiré, et il souffrait aussi de maux de ventre, à présent ; il avait la diarrhée presque tous les jours. Il dépérissait à vue d'œil et n'avait plus que la peau sur les os ; il devait s'aider d'une canne pour marcher, et, néanmoins, plus son corps s'affaiblissait, plus il se montrait brutal et autoritaire.

Pablo avait pris la couchette de Vicente, mais avait reçu la consigne d'ignorer Bernie. Il détourna la tête lorsque Bernie revint de son entrevue avec Aranda et se laissa tomber sur sa paillasse. Establo, qui à son entrée était en train de discuter avec ses camarades de cellule au fond de la baraque, s'approcha de Bernie en faisant sonner sa canne sur le plancher, dans la pénombre trouée par la lueur des bougies. Se campant au pied du lit, il s'enquit, d'une voix réduite à un sifflement rauque :

« Que te voulait Aranda ?

— C'était au sujet de ma demande de transfert. Sa réponse est non. »

Establo lui lança un regard suspicieux. « Il te traite avec indulgence. Comme il le fait avec tous les mouchards, dit-il d'une voix forte, qui attira l'attention des autres prisonniers.

— Il m'a demandé en effet de devenir son

informateur, Establo, répliqua Bernie en élevant la voix à son tour. Il m'a dit qu'il me transférerait si j'acceptais. Te doutais-tu qu'il me demanderait ça, maintenant que tu as fait de moi un paria ? Je lui ai déclaré qu'un communiste ne trahit pas ses camarades.

— Tu n'es pas un communiste, siffla Establo. Fais attention, Piper, on te tient à l'œil », ajouta-t-il d'un ton menaçant, avant de s'éloigner en clopinant.

Le lendemain, Bernie travaillait avec un groupe chargé de dégager le terrain autour de la grotte. On avait fait exploser à l'intérieur de celle-ci une charge de dynamite considérable qui l'avait complètement détruite, et il n'en restait plus qu'un énorme tas de gravats. Les prisonniers avaient reçu l'ordre de trier ces débris en fonction de leur taille, et de casser ceux qui étaient trop gros pour être manipulés. Un camion viendrait les enlever en fin de journée et les emporterait vers le site de construction du monument de Franco, selon la rumeur persistante.

Pablo se tenait à côté de Bernie. Brusquement, il posa sa pioche et ramassa quelque chose en s'exclamant : « *Ay*, regarde ça ! »

Bernie se retourna, se demandant ce qui avait pu inciter Pablo à enfreindre la consigne. Après avoir jeté un regard en direction du garde le plus proche pour s'assurer qu'on ne le voyait pas, il se pencha vers le morceau de pierre plat que son compagnon brandissait entre ses mains crevassées. La surface de la pierre était d'un rouge foncé ; une tête de mammouth peinte en noir apparaissait entre deux personnages filiformes brandissant des javelots.

« Tu vois, chuchota Pablo, quelque chose a quand même survécu à l'explosion. »

Avec précaution, Bernie passa un doigt sur la surface. Au toucher, elle était exactement comme de la pierre ordinaire, la peinture ayant durci depuis des millénaires. « C'est beau », murmura-t-il.

Pablo hocha la tête et glissa le fragment de roche dans la poche de son vieux poncho en toile cirée. « Je vais la cacher en lieu sûr. Un jour, je montrerai aux gens ce que ces salauds ont détruit ici.

— Sois prudent, souffla Bernie. Ils seront furieux s'ils s'en aperçoivent. » Les petites victoires comme celle-ci rendaient la vie en captivité un peu plus supportable, il le savait. Mais elles pouvaient aussi coûter très cher.

Au moins, en hiver, les journées de travail étaient-elles plus courtes. Le sifflet retentit à quatre heures et demie, à la tombée du jour. Le temps avait été clair et froid, et un gros soleil rouge ne dispensant aucune chaleur sombrait déjà à l'horizon, rosissant les montagnes au loin. Le tas de gravats avait presque disparu, laissant un trou au bord déchiqueté au flanc de la colline. Tandis que le camion dévalait le sentier, emportant son chargement de pierre, les hommes déposèrent leurs outils et, d'un pas las, se remirent en marche vers le camp.

On ne voyait pas Cuenca aujourd'hui, il y avait trop de brume. Ces derniers temps, ils avaient pu distinguer nettement la ville, le matin, en venant. Bernie se demandait si les gardes faisaient délibérément halte à cet endroit, pour torturer les prisonniers en leur donnant un aperçu de la liberté. Il lui arrivait parfois de penser aux maisons suspendues. Quel effet cela faisait-il de vivre dans l'une d'elles, de contempler la gorge depuis sa fenêtre ? Avait-on le vertige ? N'ayant pratiquement personne à qui parler, son esprit se réfugiait de plus en plus dans l'imaginaire. Même ceux de ses camarades qui n'étaient pas communistes l'évitaient, à présent ; sans doute Establo leur avait-il raconté qu'il était un mouchard.

Dans la cour, les hommes se mirent en rang pour l'appel ; le soleil touchait presque l'horizon, baignant le camp d'une lumière rouge. Aranda monta sur l'estrade et commença d'énumérer les noms d'une voix sonore.

Il était arrivé à peu près à la moitié de la liste quand Bernie entendit un bruit sec dans la rangée devant lui, comme si quelque chose était tombé par terre. Il vit Pablo porter une main à sa poche et fixer le sol. Le fragment de roche avait déchiré le tissu élimé et était passé au travers. L'un des gardes s'approcha vivement de lui, et Aranda leva les yeux de son registre.

« Que se passe-t-il, là-bas ? »

Le garde se baissa pour ramasser la pierre. Il l'examina, puis regarda Pablo et se dirigea vers l'estrade. Il apporta l'objet à Aranda, et Pablo, le visage livide, observa leurs deux têtes courbées au-dessus de sa trouvaille.

Sur un signe du commandant, le garde bondit à bas de l'estrade. Un autre soldat se joignit à lui, et ils obligèrent Pablo à sortir du rang, en lui ramenant brutalement les bras derrière le dos. Brandissant la pierre à la vue de tous, Aranda hurla : « Nous avons parmi nous un collectionneur de souvenirs ! Cet homme a trouvé un fragment de ces peintures blasphématoires qu'il y avait dans la carrière, et l'a rapporté ici. Y en a-t-il d'autres parmi vous qui ont rapporté une jolie petite peinture pour décorer leur dortoir ? demanda-t-il en promenant son regard sur les rangées de prisonniers. Non ? Eh bien, vous serez tous fouillés ce soir, ainsi que vos baraquements. » Il secoua la tête d'un air chagriné avant de poursuivre : « Pourquoi refusez-vous d'apprendre à obéir ? Je vais être obligé de faire un exemple, et de mettre cet homme au cachot pour la nuit. Mais vous le reverrez tous dès demain. »

Pablo fut emmené, encadré par les deux gardes. « Il veut dire que nous le reverrons sur la croix », marmonna quelqu'un.

Sans autre commentaire, Aranda poursuivit l'appel, de sa voix âpre et claire.

Ce soir-là, dans le dortoir, après la fouille, Establo s'avança vers le lit de Bernie, flanqué de quatre autres communistes. Il s'assit sur la paillasse de Pablo et croisa les mains sur le pommeau de sa canne. On pouvait voir les tendons jouer sur les os à travers sa peau desséchée.

« On m'a dit que tu avais parlé à Pablo, aujourd'hui, à la carrière. Est-ce toi qui as raconté aux gardes qu'il avait pris cette pierre ? *¿ Eh, hombre ?* »

Bernie se redressa et le regarda droit dans les yeux. « Tu sais très bien que ce n'est pas moi, Establo. Tout le monde a vu ce qui s'est passé : la pierre est tombée de sa poche.

— Que lui as-tu dit ? Je lui avais interdit de te parler.

— Il m'a montré la pierre qu'il venait de trouver. Je lui ai dit de faire attention ; demande-lui toi-même.

— Je crois que tu l'as dénoncé.

— C'est tombé de sa poche, intervint Miguel, le

vieux traminot. Allons, *compadre*, nous l'avons tous vu. »

Establo lui lança un regard mauvais, et Bernie se mit à rire. « Tu vois, les gens commencent à te voir tel que tu es, *hijo de puta*. Un homme qui ne pense qu'à tirer profit de ce qui arrive à Pablo.

— Laisse-le tranquille, Establo », reprit Miguel, avant de tourner les talons. Les trois autres hésitèrent brièvement puis l'imitèrent. Bernie sourit à Establo d'un air moqueur.

« À présent que tu es si maigre, on voit ton cœur à travers ta peau, et ce n'est pas beau. »

Establo se leva avec difficulté en s'appuyant sur sa canne. « Je finirai bien par t'avoir, *cabrón*, murmura-t-il.

— Si tu ne meurs pas avant », riposta Bernie tandis qu'il s'éloignait d'un pas traînant.

Le lendemain matin, après l'appel, on ordonna aux prisonniers de rester en rang. Bernie remarqua qu'Agustín avait repris son service. Il semblait avoir froid, à demeurer ainsi immobile au garde-à-vous – la différence de climat devait se faire sentir, au retour de Séville. Le garde croisa son regard l'espace d'un instant, puis détourna la tête ; mais Bernie avait eu l'impression qu'il l'observait. Il se demanda une nouvelle fois si l'homme avait des vues sur lui, si c'était pour cela qu'il l'avait aidé, l'autre jour, sur la colline. « Des temps meilleurs », avait annoncé Agustín. Bernie faillit rire tout haut.

Deux gardes sortirent Pablo du cachot et le poussèrent avec brutalité vers la croix qui se dressait à côté du réfectoire. Bernie vit Agustín soupirer, comme par lassitude. Les gardes immobilisèrent Pablo sous l'instrument de supplice, leurs respirations dessinant des panaches dans l'air. Aranda s'avança vers eux, tapotant sa cravache contre sa cuisse. Il était suivi du père Jaime et du père Eduardo, frileusement enveloppés dans leurs lourdes capes noires. Ils s'étaient tenus sur l'estrade derrière le capitaine tout le temps qu'avait duré l'appel – le père Jaime l'air froid et sévère, le père Eduardo baissant la tête. Ils s'arrêtèrent devant Pablo ; Aranda se retourna pour s'adresser aux prisonniers.

« Votre camarade Pablo Jiménez va passer un jour sur la croix pour avoir essayé d'introduire ici un objet en fraude. Mais d'abord, je veux vous montrer ceci. » Le *comandante* sortit le fragment de pierre peinte de sa poche et le posa sur le sol. Le père Jaime s'approcha alors et, extirpant un petit marteau des plis de sa cape, l'abattit avec force sur la pierre, qui se fracassa aussitôt, projetant des éclats dans toutes les directions. Puis le vieux prêtre adressa un signe de tête au père Eduardo, qui se pencha pour ramasser les morceaux. Le père Jaime rempocha son marteau, en promenant un regard satisfait sur les prisonniers.

« C'est ainsi que l'Église militante a traité le paganisme depuis les premiers temps, déclara-t-il d'une voix sonore. À coups de marteau ! Souvenez-vous-en – si toutefois une idée quelconque peut rentrer dans vos crânes obtus d'athées. » Sur ces mots, il s'éloigna à grands pas, suivi du père Eduardo tenant dans ses mains les éclats de pierre.

Les gardes saisirent les bras de Pablo et les attachèrent à la croix au moyen de cordes, de manière que seul le bout de ses orteils effleurât le sol. Puis ils reculèrent. Pablo s'affaissa une seconde avant de se hausser sur la pointe des pieds. Le supplice résidait dans le fait qu'il était difficile de respirer avec les bras étirés au-dessus de la tête, à moins de pouvoir se redresser. Au bout de quelques heures dans cette position, chaque mouvement devenait une torture, mais c'était la seule façon de continuer à respirer : en fléchissant et en redressant continuellement les jambes, au prix d'une souffrance atroce.

Aranda contempla un moment le supplicié, puis eut un hochement de tête approbateur. Adressant un sourire féroce aux prisonniers, il leur cria : « Rompez ! » et regagna sa baraque. Les gardes ordonnèrent alors aux hommes de se constituer en équipes. Agustín était affecté à la surveillance de celle de Bernie. Sitôt la grille franchie, il s'approcha de lui.

« J'ai à vous parler, murmura-t-il. C'est important. Sortez de votre baraque ce soir après le dîner, comme pour aller pisser. Je vous attendrai derrière.

— Que voulez-vous ? » chuchota Bernie d'un ton méfiant. L'expression anxieuse du garde ne semblait pas trahir la moindre concupiscence à son égard.

« Plus tard. J'ai quelque chose à vous dire », souffla Agustín en s'éloignant.

En fin d'après-midi, il se mit à neiger abondamment, et les gardes donnèrent l'ordre d'arrêter le travail plus tôt que de coutume. Sur le chemin du retour, Agustín demeura en queue de la colonne, évitant le regard de Bernie. Quand ils regagnèrent le camp, Pablo était toujours ligoté sur la croix, les flocons de neige tourbillonnant autour de sa tête. « *Mierda*, marmonna l'homme le plus proche de Bernie. Ils ne l'ont toujours pas détaché. » Pablo était pâle et immobile, et, pendant un instant, Bernie le crut mort, mais le malheureux se redressa alors, appuyant ses orteils contre le sol. Il prit une profonde inspiration, puis exhala une longue plainte sonore. Les gardes refermèrent la grille et s'éloignèrent, laissant les prisonniers réintégrer seuls leurs baraques. Bernie et quelques autres s'approchèrent de Pablo.

« De l'eau, gémit celui-ci d'une voix rauque. De l'eau, s'il vous plaît. »

Les prisonniers se mirent en devoir de ramasser des poignées de neige pour les porter ensuite à ses lèvres, en un processus lent et laborieux. Soudain, la porte du bureau d'Aranda s'ouvrit, et des traits de lumière jaune transpercèrent l'épais rideau de neige. Les hommes se raidirent, s'attendant à voir surgir le *comandante* leur ordonnant de se disperser. Mais ce fut le père Eduardo qui apparut. En voyant les détenus assemblés autour de la croix, il hésita un instant, puis s'avança vers eux. Ils s'écartèrent pour le laisser passer. « Je croyais que c'étaient les Romains qui crucifiaient des innocents », dit quelqu'un à voix haute. Le prêtre s'immobilisa brièvement, puis se remit en marche et leva les yeux vers Pablo.

« J'ai parlé au *comandante*, annonça-t-il. Tu seras bientôt libéré. » Pour toute réponse, Pablo émit un souffle rauque, en se dressant de nouveau sur la pointe des pieds. Le prêtre se mordit la lèvre et s'éloigna.

Bernie se plaça en travers de son chemin. Le père Eduardo le regarda en clignant des yeux derrière ses verres couverts d'une pellicule de neige à demi fondue.

« Est-ce de cela que tu voulais parler, *cura*, en disant que les chrétiens devaient partager les souffrances du Christ sur la croix ? »

Le prêtre détourna les yeux et se remit en marche, à

pas lents, courbant la tête sous la tempête de neige. « *¡ Hijo de puta !* » cria un prisonnier.

Quelqu'un tapa sur l'épaule de Bernie, le faisant sursauter. Se retournant vivement, il découvrit Miguel.

« Bravo, Bernardo. Je crois que tu as fait honte à ce salopard. » Toutefois, alors qu'il regardait le dos du prêtre disparaître peu à peu derrière les flocons drus, Bernie se sentit lui-même honteux. Il n'aurait jamais osé insulter le père Jaime de cette manière, aucun d'entre eux ne l'aurait osé. Il s'en était pris au plus faible des deux, au plus vulnérable. Où était le courage là-dedans ?

Bernie sortit de la baraque après le dîner, prétextant qu'il avait besoin de pisser et que son seau était plein. C'était autorisé jusqu'à l'extinction des feux. Agustín le mettait mal à l'aise, mais il avait envie de savoir ce qu'il lui voulait. Il laissa donc Pablo étendu sur la paillasse voisine, sous un amas de couvertures offertes par les autres prisonniers. Le malheureux était gelé et ses épaules le faisaient horriblement souffrir. Bernie avait posé sa couverture sur le dessus de la pile. Voyant le visage livide de Pablo, Miguel avait chuchoté à l'oreille de Bernie : « Il est jeune et robuste ; avec un peu de chance, il va s'en sortir. » Manifestement, il avait décidé d'ignorer l'ostracisme prononcé contre lui par Establo. Peut-être d'autres l'imiteront-ils, se dit Bernie.

Dehors, la neige avait enfin cessé de tomber. Bernie se rendit à l'arrière du dortoir, où le clair de lune projetait des ombres allongées sur le sol gelé. Dans l'obscurité, il discerna le rougeoiement d'une cigarette et s'avança vers Agustín. Le garde écrasa son mégot sous sa semelle.

« Que diable me voulez-vous, à la fin ? s'enquit

Bernie d'un ton brusque. Ça fait des semaines que vous me lancez des regards en coin.

— J'ai un frère à Madrid, qui était garde ici lui aussi, vous vous souvenez de lui ? Un grand maigre comme moi, qui s'appelait Luis.

— Il est parti depuis plusieurs mois, non ? répondit Bernie en fronçant les sourcils. Qu'a-t-il donc à voir avec moi ?

— Il est allé chercher du travail à Madrid, parce qu'il n'en trouvait pas à Séville. Là-bas, il a rencontré un journaliste anglais qui connaît une de vos relations. » Agustín hésita, regarda Bernie un instant, puis reprit : « Ils ont projeté de vous faire évader.

— Quoi ? s'exclama Bernie, en le fixant d'un air ahuri. Quelle relation ?

— Une Anglaise. La *señora* Forsyth.

— Qui ? Je ne connais aucune *señora* Forsyth. J'ai connu un garçon appelé Forsyth, autrefois, à l'école, mais ce n'était pas un ami.

— Parlez plus bas, *señor*, pour l'amour de Dieu, dit le garde en levant une main. Cette femme est mariée à votre ancien camarade d'école. Vous l'avez connue à Madrid pendant la guerre, sous le nom de Barbara Clare. »

Bernie demeura un instant bouche bée. « Barbara est encore en Espagne ? Elle a épousé Sandy Forsyth ?

— *Sí*. C'est un homme d'affaires influent. Il n'est au courant de rien, elle ne lui a rien dit. C'est elle qui nous paie. *Señor*, je serai bientôt démobilisé, et je ne veux pas rempiler. Je déteste cet endroit, le froid et l'isolement.

— Seigneur, murmura Bernie en le dévisageant. Depuis combien de temps préparez-vous cela ?

— Plusieurs semaines. Ça n'a pas été facile. *Señor*,

je vous observe depuis mon retour. Vous devriez faire attention, vous vous êtes fait des ennemis. L'hiver est une sale période au camp ; tout le monde a froid et, à force de rester enfermés, les gens ont l'esprit qui s'aigrit. »

Bernie passa une main sur sa barbe inégale. « Barbara. Oh, mon Dieu, Barbara. » Soudain pris de faiblesse, il s'adossa au mur. « Barbara », répéta-t-il à voix basse, les yeux mouillés de larmes. Puis il inspira avec force et se rapprocha d'Agustín, qui tressaillit imperceptiblement.

« C'est vrai ? Vous ne me racontez pas de mensonges ?

— Non, c'est la vérité.

— Elle a épousé Forsyth ! s'exclama Bernie avec un rire incrédule. Et il ne sait rien de tout cela ?

— Non, je vous l'ai dit, elle a agi à son insu. »

Bernie prit une profonde inspiration, puis s'enquit : « Comment comptez-vous faire ? Quel est votre plan ?

— Je vais vous l'expliquer », dit Agustín en se penchant vers lui.

36

Depuis le début de décembre, il faisait très froid à Madrid et, le 6 du mois, à son réveil, Harry découvrit la ville ensevelie sous un épais manteau neigeux. C'était étrange de voir de la neige ici. Elle dissimulait les laideurs, les cicatrices laissées par la guerre, mais, tandis qu'il se rendait à pied à l'ambassade, il se demanda, en observant les visages pincés et rougis par le froid des passants, comment survivrait la population déjà à demi morte de faim si ce temps persistait.

La chute avait été si abondante que les tramways ne circulaient pas. Harry marchait dans une ville bizarrement silencieuse, où tous les sons étaient étouffés, sous un ciel gris ardoise annonçant de nouvelles neiges. En traversant la Castellana, il vit un gazogène arrêté au milieu de la chaussée, éructant des nuages de fumée épaisse pendant que son conducteur essayait frénétiquement de le faire redémarrer. Un vieil homme passa lentement, tirant un âne chargé de bidons d'huile d'olive. Les chaussures usées et toutes craquelées du vieillard étaient imbibées d'eau.

« *Hace mal tiempo*, dit Harry.

— *Sí, muy mal.* »

Il devait voir Hillgarth à dix heures. Non seulement il appréhendait cette rencontre, mais en plus il allait être en retard. Au cours de la quinzaine qui s'était écoulée depuis le dîner interrompu par l'appel téléphonique de Sofía, Harry avait continué sa « mission de surveillance » auprès de Sandy, l'avait retrouvé par deux fois au café et était retourné dîner chez lui, sans récolter d'autres informations. Sandy ne parlait plus de la mine, et, quand Harry l'interrogeait là-dessus, il répondait que la situation était difficile et changeait de sujet. Il semblait préoccupé et ne parvenait à conserver sa bonhomie coutumière qu'au prix d'un effort visible. Lors de leur dernier rendez-vous au café, il avait demandé à Harry comment se passaient les choses en Angleterre, si le marché noir y était développé et si les trafiquants gagnaient bien leur vie. Harry avait essayé de savoir s'il envisageait de rentrer au pays, mais Sandy s'était contenté de hausser les épaules. Harry avait hâte que tout cela se terminât ; il était las des mensonges et de la tromperie. L'idée que Gómez avait sans doute été tué ne quittait pas son esprit.

Barbara se montrait toujours inquiète, elle aussi, et distante vis-à-vis de lui. Toutefois, en le raccompagnant jusqu'à la porte après leur dernier dîner, elle lui avait demandé des nouvelles de Sofía. Celle-ci avait dit à Harry qu'elle aimerait revoir son amie anglaise, et il avait donc suggéré qu'ils déjeunent tous les trois ensemble au cours de la semaine ; Barbara avait paru hésiter, puis avait finalement accepté.

Les espions n'avaient pas été contents d'apprendre l'existence de Sofía. Tolhurst avait harcelé Harry de questions au sujet du coup de fil qu'elle avait passé à l'ambassade ; probablement la standardiste avait-elle pour consigne de lui signaler tous les appels qu'il recevait.

« Vous auriez dû nous dire que vous vous étiez trouvé une poule espagnole, avait déclaré Tolhurst d'un ton de reproche. Comment avez-vous fait sa connaissance ? »

Harry lui avait alors relaté comment il avait porté secours au frère de la jeune femme, sans préciser qu'Enrique était chargé de le filer.

« Ce pourrait être une espionne, avait repris Tolhurst. On n'est jamais trop prudent avec les femmes, ici. Vous affirmez n'être plus suivi. Cependant, si vous l'avez rencontrée par hasard…

— Tout à fait par hasard. Et Sofía déteste le régime.

— Oui, Carabanchel a toujours été un nid de rouges. Mais ils ne nous aiment pas non plus. Soyez prudent, Harry, c'est tout ce que je puis vous conseiller.

— Je lui ai dit que j'étais traducteur. Elle ne me pose pas de questions sur mon travail.

— Est-elle jolie ? Avez-vous déjà couché avec elle ?

— Oh, sacré bon sang, Tolly, ce n'est pas une de vos putains ! » avait répliqué Harry, sous le coup d'une exaspération soudaine.

Le visage replet de Tolhurst avait pris une expression blessée. Il avait repoussé une mèche tombant sur son front et redressé sa cravate d'Eton. « Du calme, mon vieux, avait-il dit en arquant les sourcils. Ne vous emballez pas trop vite. »

On avait déblayé la neige devant l'ambassade. Il n'y avait pas de vent, et l'Union Jack pendait mollement au bout de sa hampe. Harry passa devant les deux *civiles* postés à l'entrée, recroquevillés sous leur cape. La réunion devait se tenir une fois de plus dans le bureau de Tolhurst. Hillgarth, revêtu de son uniforme naval, s'y trouvait déjà, assis derrière la table, en train de fumer des Players. Tolhurst était penché sur des papiers. Sur le mur, le visage maigre et sombre du roi contemplait la scène dans son cadre ornementé.

« Bonjour, Harry, dit Tolhurst.

— Bonjour. Désolé de ce retard, les trams ne circulent pas aujourd'hui, à cause de la neige.

— Ce n'est pas grave, répondit Hillgarth. Je souhaiterais voir où nous en sommes avec Forsyth. J'ai lu les rapports sur vos dernières rencontres avec lui. Il ne parle plus de la mine, mais semble soucieux, d'après vous.

— En effet, monsieur. »

Le capitaine pianota sur le bureau d'un air pensif. « Nous n'arrivons plus à obtenir aucune information de Maestre à ce sujet. Nous savons qu'il fait maintenant partie du comité de surveillance, mais il reste bouche cousue, quelle que soit la somme que nous lui offrons. Il n'a toujours aucune nouvelle de son aide, Gómez, et nous en veut beaucoup de cette disparition. Particulièrement à vous, Harry, poursuivit Hillgarth, avant d'allumer une autre cigarette et d'exhaler une longue bouffée. Vous feriez mieux de l'éviter, désormais.

— Je l'ai vu au Rastro il y a deux semaines environ. Il ne s'est pas montré très amical.

— Je l'imagine aisément. » Hillgarth réfléchit un instant, puis poursuivit : « Dites-moi, pensez-vous que Forsyth soit capable de participer activement à un acte criminel ?

— Oui, je l'en crois capable, répondit lentement Harry, s'il sent ses intérêts menacés. »

Hillgarth hocha la tête. « Nous devons absolument

savoir ce qu'il en est de cette mine et quelles quantités d'or le régime espère en retirer. Et pour cela, notre seul recours, à présent, c'est Forsyth, déclara-t-il en posant sur Harry un regard scrutateur. J'aimerais vous donner une chance de vous racheter. Nous envisageons de recruter Forsyth, puisque Maestre refuse de coopérer. Expliquez-lui, Tolly. »

Tournant vers lui un visage grave, celui-ci déclara : « Cette information est classée secrète, Harry. Vous vous souvenez de m'avoir interrogé sur les chevaliers de St. Georges, n'est-ce pas ? »

Harry acquiesça.

« Notre gouvernement nous a alloué des sommes considérables pour soudoyer des gens ici – des monarchistes occupant des fonctions importantes, et toute personne qui a son mot à dire dans la politique du pays et peut faire en sorte que l'Espagne reste en dehors du conflit.

— La plupart des ambassades reçoivent des fonds spéciaux destinés à corrompre ceux qui peuvent l'être, ajouta Hillgarth. Mais ici, cela se passe à une tout autre échelle. Ce n'est pas uniquement par haine envers les fascistes que Maestre a accepté de nous donner des renseignements – et pas seulement lui, mais un nombre non négligeable de personnages haut placés. Si Forsyth changeait de camp, nous pourrions lui accorder une partie de ces fonds, et la protection diplomatique, si nécessaire. J'ai décidé que c'était le seul moyen de connaître la vérité sur ces gisements d'or. Les actions de sa société sont en train de dégringoler. Je suppose que Maestre et son comité cherchent à faire pression sur lui, pour ravir aux phalangistes la mainmise sur l'or.

— Cela semble plausible, monsieur.

— Londres veut savoir s'il y a réellement de l'or, et en quelle quantité. Ils harcèlent Sam, mais le pauvre n'arrive même pas à obtenir une entrevue avec Franco, en ce moment. El Generalísimo se donne beaucoup de mal pour nous témoigner son dédain, afin de plaire aux Allemands. Et ce que nous avons appris sur la personnalité de Forsyth me fait penser qu'il acceptera sans mal de monter à bord de notre bateau si son projet prend l'eau. Qu'en dites-vous, Harry ? s'enquit Hillgarth en se penchant vers lui.

— Si Sandy a des ennuis, répondit-il après un court instant de réflexion, je présume qu'il acceptera, effectivement. » Malgré l'aversion que son ancien camarade avait fini par lui inspirer, il se sentait soulagé d'apprendre que Hillgarth était prêt à lui tendre une planche de salut.

« S'il a besoin d'une sortie de secours, intervint Tolhurst, il se contentera d'une somme moins importante. Nous ne devons pas dépasser notre budget. »

Levant vers Hillgarth un regard empreint de gravité, Harry reprit : « Je ne sais pas jusqu'à quel point on peut faire confiance à Sandy, toutefois. Il joue selon ses propres règles.

— Oh, j'en suis conscient, rétorqua le capitaine en souriant. En fait, je crois que Forsyth ferait un très bon espion. C'est quelqu'un qui aime avoir des secrets, et que le danger semble exciter. Cette description vous paraît-elle lui convenir ?

— Je répondrais que oui, tant que le danger n'est pas trop proche. Mais peut-être commence-t-il à en avoir assez. » Regardant Hillgarth droit dans les yeux, Harry ajouta : « Vous risquez de recruter un homme qui s'est rendu complice d'un meurtre.

— Il ne serait pas le premier, répliqua l'officier. Nous ne pouvons pas nous montrer difficiles. »

Il y eut un silence, que Tolhurst rompit par une question. « Forsyth a-t-il des opinions politiques ?

— Je pense qu'il soutiendrait n'importe quel système qui lui laisserait les mains libres pour gagner de l'argent comme il l'entend. C'est pour cela qu'il apprécie Franco. Et qu'il déteste les communistes, évidemment. » Harry se tut un instant, avant d'ajouter : « Mais il n'éprouve aucun sentiment de loyauté envers la Grande-Bretagne. Absolument aucun.

— Son père est évêque, n'est-ce pas ? demanda Hillgarth. Les fils des membres du clergé ont souvent tendance à mal tourner.

— Sandy pense que l'Église et toutes les anciennes traditions ne servent qu'à réprimer les gens comme lui.

— Il n'a pas entièrement tort, opina Hillgarth, en joignant l'extrémité de ses doigts devant lui. Bien, voici ce que nous allons faire. Vous allez revoir Forsyth et lui dire que quelqu'un à l'ambassade a une proposition à lui faire. Ne lui donnez pas davantage d'explications, encouragez-le seulement à venir. Vous pouvez lui laisser entendre que vous avez des contacts dans les services secrets, si vous le jugez utile. Si vous réussissez, tout sera pardonné, et vous pourrez rentrer chez vous tête haute.

— Je ferai mon possible. Je dois déjeuner avec Barbara, aujourd'hui, j'essaierai d'organiser une nouvelle rencontre avec Sandy. » Dieu merci, c'est la dernière chose qu'ils me demandent, songea-t-il à part lui.

« Bien. Comment va la femme de Forsyth ?

— Je crois qu'elle n'est pas très heureuse avec lui.

— Elle ne sait toujours rien sur ses affaires ?

— Non, je suis pratiquement sûr qu'il ne lui dit rien.

— Nous craignions que vous ne vous soyez entiché d'elle, jusqu'à ce que vous vous amourachiez de cette laitière », dit Hillgarth en lançant à Harry un clin d'œil aussi inattendu que déplaisant.

Tout en se dirigeant vers le centre, à l'heure du déjeuner, Harry repensait à cette réunion. La façon désinvolte dont Hillgarth réagissait face à la disparition de Gómez, et à l'implication de Sandy dans celle-ci, lui faisait froid dans le dos. Tolhurst et lui ne se rendaient-ils donc pas compte de ce que cela faisait à une personne normale d'être obligée d'effectuer un tel travail ? Des petits groupes d'hommes déblayaient sans entrain la neige sur les trottoirs à l'aide de balais et de pelles, et machinalement il chercha du regard Enrique parmi eux, mais ne le vit pas.

Barbara avait proposé que Sofía et lui la retrouvent au Café Gijón. Un choix qu'il jugeait passablement étrange, sachant qu'elle avait l'habitude d'y aller avec Bernie pendant la guerre civile. C'était à peine si elle avait mentionné son nom, depuis qu'il l'avait revue. Pauvre Bernie, se dit-il, au moins, il ne voit pas ce que l'Espagne est devenue.

Le bar était rempli de riches Madrilènes dégustant du café en se plaignant de la neige. Il flottait dans l'air une odeur d'huile et d'humidité. Harry commanda un *café con leche* qu'il emporta dans un recoin désert. Il s'aperçut qu'il était arrivé très en avance.

Sandy et les espions sont faits pour s'entendre, pensa-t-il. Eh bien, il allait les laisser à leurs petits jeux et rentrer chez lui. Mais qu'est-ce que cela signifiait,

« chez lui » ? Il allait retrouver Cambridge, et sa solitude… Levant les yeux vers le miroir qui lui faisait face, il contempla son reflet. Il avait maigri, depuis son arrivée, et cela lui allait bien. Pourrais-je emmener Sofía avec moi ? se demanda-t-il. Existe-t-il un moyen d'y parvenir ? Il devrait emmener Paco, également, elle n'accepterait jamais de l'abandonner. Les faire sortir de ce pays, les ramener en Angleterre… Et si cela se révélait impossible ? Une autre partie de son esprit murmurait que c'était de la folie, qu'il ne la connaissait que depuis six semaines.

Le barman avait déposé la monnaie dans sa soucoupe – une de ces nouvelles pièces de cinq pesetas à l'effigie de Franco. Il repensa à Hillgarth évoquant calmement la possibilité de recruter un homme qui était peut-être un meurtrier, lui racontant comment ils soudoyaient les monarchistes. Hoare avait dit qu'il avait sué sang et eau pour persuader ceux-ci qu'ils avaient un langage commun. Il a sué de l'or, également, songea Harry. Les gens comme Maestre parlaient haut et fort de l'honneur espagnol, des traditions qu'ils protégeaient, tout en empochant des pots-de-vin d'un ennemi potentiel… Et la Grande-Bretagne ne s'intéressait à l'Espagne qu'en raison de sa valeur stratégique : même si les Allemands étaient vaincus, l'Espagne serait abandonnée aux mains de Franco, oubliée une fois de plus.

Penché sur sa tasse, il se dit qu'il vaudrait peut-être mieux que Hitler envahît l'Espagne. Sandy lui-même critiquait la faiblesse du régime. Et si le peuple se soulevait contre les Allemands, comme il l'avait fait contre Napoléon… Mais alors, Gibraltar tomberait, et la Grande-Bretagne se retrouverait encore plus affaiblie. Il se rappela la photo qu'il avait aperçue le jour de son arrivée, les soldats allemands et espagnols fraternisant à la frontière. Le Führer et le Caudillo se jurant une amitié éternelle, après avoir vaincu le reste de l'Europe... C'était une pensée horrifiante. Fixant son visage crispé dans le miroir, il songea : c'est la dernière mission que j'accomplirai pour eux – essayer de recruter Sandy.

Il sursauta quand une main se posa sur son épaule. Sofía se tenait près de lui, dans son vieux manteau noir. Son visage était empourpré – par le plaisir de le voir, comprit-il, et cette idée lui réchauffa le cœur. « À quoi pensais-tu ? demanda-t-elle en souriant.

— À rien, des problèmes de travail. Assieds-toi.

— Barbara n'est pas encore là ?

— Non », répondit-il en regardant sa montre. Il est presque une heure, constata-t-il avec étonnement. « Elle est en retard. Je vais aller te chercher un café. »

Elle accepta, après une hésitation. Ils avaient déjà eu des discussions sur le fait que Harry payait toujours tout et lui offrait des cadeaux par-dessus le marché. « J'ai de l'argent, avait-il déclaré. Je ne le mérite peut-être pas, mais c'est comme ça. Pourquoi n'en dépenserais-je pas un peu pour toi ?

— Les gens vont dire que je suis une femme entretenue », avait-elle rétorqué en rougissant, et Harry avait pris conscience qu'elle n'était pas aussi dénuée qu'elle aimait à le croire de « susceptibilités bourgeoises », ainsi qu'elle les appelait.

« Tu sais que ce n'est pas vrai, c'est tout ce qui compte. »

Elle refusait toutefois qu'il donnât de l'argent à sa famille, en prétendant qu'ils se débrouillaient très bien comme ça. Harry regrettait qu'elle ne l'autorisât pas à les aider davantage, tout en admirant son orgueil. En lui rapportant son café, il s'enquit : « Comment va Paco ?

— Il est très calme. Enrique est resté avec lui aujourd'hui. C'est son jour de repos. » Depuis la mort d'Elena, quand Sofía et Enrique étaient tous deux au travail, le petit garçon restait seul dans l'appartement la plus grande partie de la journée. Il refusait de sortir sans être accompagné par l'un ou l'autre.

« Il aime beaucoup les crayons de couleur que tu lui as apportés. Il veut savoir si la dame aux cheveux rouges va revenir. Elle a fait une forte impression sur lui. Il l'appelle "la gentille dame".

— Nous pourrions lui demander de vous rendre visite.

— Oui, ce serait bien. » Se rembrunissant, Sofía poursuivit : « J'ai peur qu'un jour il ne laisse entrer la *señora* Ávila. Je sais qu'elle vient quelquefois frapper à la porte. J'ai dit à Paco de ne pas répondre. Les coups à la porte l'effraient, cela lui rappelle l'arrestation de ses parents. Mais je crains qu'il ne finisse par lui ouvrir et qu'elle profite de ce qu'il est seul pour l'emmener.

— Il ne lui ouvrira pas, s'il a peur d'elle.

— Nous ne pouvons pas continuer ainsi, le laisser seul toute la journée.

— Non, c'est sûr, reconnut Harry.

— Je ne veux pas le perdre, soupira Sofía. Nous trouves-tu stupides de nous encombrer ainsi de ce gamin ? Enrique le pense parfois, je le sais, mais il a fini par s'attacher à Paco. »

Elle a perdu sa mère, songea Harry en se rembrunissant. À présent, elle a peur de perdre le garçon, et si je pars elle me perdra aussi…

« Qu'y a-t-il, Harry ?

— Rien. » Levant la tête, il vit Barbara s'avancer vers eux, son foulard et ses lunettes parsemés de flocons de neige, et agita la main.

« Désolée d'être en retard. C'est à cause de cette neige.

— Je n'ai jamais rien vu de tel, affirma Sofía. Cet été, la sécheresse, et à présent ceci. »

Harry se leva et aida Barbara à ôter son manteau. « Si nous demandions la carte ?

— Non, répondit-elle en levant la main pour le retenir. Écoutez, je suis vraiment navrée, mais je ne peux pas rester. J'ai un rendez-vous à deux heures à l'autre bout de la ville, et, comme il n'y a pas de tramways, je vais devoir y aller à pied. Pourrais-tu me commander simplement un café, s'il te plaît ?

— Entendu », répondit Harry en la dévisageant, étonné de la voir faire preuve d'une telle autorité. Quand il revint, les deux jeunes femmes conversaient avec gravité.

« Barbara pense que Paco devrait voir un médecin, expliqua Sofía.

— En effet, peut-être qu'un médecin serait en mesure de faire quelque chose pour lui. Je pourrais payer… »

Harry s'interrompit en voyant Sofía se rembrunir. Il n'aurait pas dû dire cela devant Barbara.

« Si cela pouvait aider ce pauvre petit bout de chou, dit celle-ci. Mais je sais combien c'est difficile.

— As-tu commencé ton travail à l'hôpital pour vétérans ? s'enquit Harry, désireux de changer de sujet.

— Oui. C'est moins terrible que l'orphelinat, mais ces blessures de guerre, ces mutilations atroces… Toutes les choses que la Croix-Rouge essayait d'éviter.

Oh, soupira-t-elle, il est trop tard à présent pour ce genre de considérations. » Se tournant vers Harry, elle poursuivit : « Je vais peut-être retourner chez moi pour Noël, en fin de compte.

— En Angleterre ?

— Oui. Tu te rappelles que Sandy me l'avait proposé ? Et je me suis dit : pourquoi pas ? Au moins, je verrai par moi-même ce qui se passe réellement là-bas.

— Vous laissera-t-on ensuite revenir en Espagne ? demanda Sofía. Je suppose que oui, puisque votre mari travaille ici.

— Oui, je pense », répondit Barbara d'un ton hésitant.

Le hic, c'est que Sandy et elle ne sont pas mariés, se dit Harry. Une autre idée lui vint alors à l'esprit. « Cela marche aussi dans l'autre sens, n'est-ce pas ? Je veux dire, admettons qu'un Anglais ait une fiancée espagnole. Il pourrait avoir des problèmes pour l'emmener en Angleterre, mais s'il l'épousait on les laisserait entrer tous les deux dans le pays sans difficulté.

— Oui, acquiesça Barbara. Ou du moins en allait-il ainsi avant la guerre. J'ai eu suffisamment d'occasions d'étudier les règlements quand je travaillais à la Croix-Rouge, et qu'il fallait transférer des réfugiés d'un pays à l'autre… » Elle parut s'absorber un moment dans ses pensées, puis soupira : « Il y a moins de cinq ans de cela, mais cela semble une éternité.

— Il y a toujours un risque que Franco ne déclare la guerre », objecta Sofía en baissant la voix.

Barbara ôta ses lunettes, qui s'étaient embuées, et les essuya à l'aide de son mouchoir. Sans elles, son visage paraissait plus séduisant, mais plus vulnérable également. Elle remua soigneusement son café, puis releva la tête.

« Je ne reviendrai sans doute pas, déclara-t-elle d'un ton résolu. Je ne crois pas que cela puisse continuer entre Sandy et moi.

— Je suis désolé, murmura Harry. J'ai bien vu que tu n'étais pas heureuse. »

Barbara tira une bouffée de sa cigarette avant de reprendre : « Je lui dois beaucoup. Il m'a ramenée à la vie, après… après Bernie. Mais je n'aime plus cette vie-là. » Avec un rire gêné, elle ajouta : « Excusez-moi de vous ennuyer avec ces histoires, tous les deux. C'est seulement que je n'ai personne à qui parler, voyez-vous. Est-ce que vous comprenez ?

— Il arrive toujours un moment où il faut savoir affronter la réalité et ôter ses œillères », répondit Harry. Il secoua la tête et regarda Sofía : « C'est ce qui m'est arrivé en Espagne. J'ai pris conscience que le monde est bien plus compliqué que je ne le pensais.

— Oui, sans aucun doute », opina Barbara, en le fixant de nouveau de cet air bizarre.

Un silence passa, que Sofía rompit en demandant à Barbara : « Lui avez-vous dit que vous ne reviendrez pas ?

— Non. Il s'en fiche, de toute façon. J'ai une… affaire à régler, et puis je partirai avant Noël, du moins, je l'espère.

— Je pense que Sandy a des problèmes professionnels, glissa Harry.

— Sais-tu quelque chose à ce sujet ? s'enquit Barbara.

— Il souhaitait me faire entrer dans une… une de ses sociétés. Mais le projet est tombé à l'eau.

— Quelle société ?

— Je l'ignore. Je sais très peu de choses, en fait. »

Barbara hocha la tête. « Excuse-moi si je te parais déloyale, mais je t'ai observé, quand tu étais avec lui. Tu ne l'aimes plus vraiment, n'est-ce pas ? Tu ne continues à le voir qu'en raison de votre ancienne camaraderie.

— Ma foi, oui, plus ou moins.

— C'est étrange, la façon dont il recherche ton approbation », poursuivit Barbara. Se tournant vers Sofía, elle poursuivit : « Les liens qui existent entre les hommes ayant fréquenté les *public schools* anglaises n'ont pas d'équivalent ici, me semble-t-il. » Elle laissa échapper un rire légèrement hystérique, et Sofía prit un air gêné. Barbara est sur le point de craquer, pensa Harry.

« Vous garderez cela pour vous, n'est-ce pas ? reprit-elle en se mordant la lèvre. Je suis désolée.

— Bien sûr.

— Paco parle sans cesse de vous, intervint Sofía en souriant. Peut-être pourriez-vous venir le voir, avant de rentrer en Angleterre ?

— Avec plaisir, répondit Barbara, souriant en retour. Merci. Nous pourrions l'emmener quelque part, lui offrir une petite sortie. »

Harry prit une profonde inspiration, puis lança : « Je dois absolument parler à Sandy, au sujet de cette transaction. Sais-tu s'il est à son bureau, aujourd'hui ?

— Il devrait l'être, normalement », répondit Barbara. Après un coup d'œil à sa montre, elle s'écria : « Oh, Seigneur, je dois m'en aller. Excusez-moi encore de vous avoir privés de déjeuner et de vous avoir fait subir le récit de mes malheurs.

— Ce n'est rien. Téléphone-moi, nous conviendrons d'une date pour rendre visite à Paco.

— C'est promis. J'ai été heureuse de vous voir, tous les deux. » Barbara se pencha au-dessus de la table pour embrasser Sofía sur la joue, selon l'usage espagnol, puis se leva et se dirigea vers la sortie, s'arrêtant un instant pour nouer son foulard sur sa tête. Harry la suivit des yeux, mais ses pensées étaient ailleurs. Le mariage… Oserait-il franchir le pas ? Et Sofía accepterait-elle ? Il pourrait se renseigner sur les formalités à l'ambassade, mais il devait d'abord faire de son mieux pour recruter Sandy, et rentrer en grâce aux yeux de Hillgarth.

Sur le seuil, Barbara se retourna et leur adressa un signe de la main, avant de disparaître parmi les tourbillons de neige.

37

Tout en s'éloignant, Barbara se maudit intérieurement. Elle n'avait pas eu l'intention, en arrivant au café, de leur ouvrir son cœur comme elle l'avait fait. Mais, quand elle les avait vus tous les deux ensemble, ils lui avaient paru tellement familiers, tellement rassurants, qu'elle n'avait pu résister au besoin de s'épancher.

Elle avait craint pendant quelque temps, après avoir surpris cette conversation téléphonique, que Harry ne fût impliqué dans les combines louches de Sandy, quelles qu'elles fussent. Par la suite, en l'observant, elle avait compris que c'était impossible, et qu'on devait se servir de lui comme d'un pion. Dieu merci, le projet avait avorté. Elle éprouvait une vive culpabilité chaque fois qu'elle voyait Harry, parce qu'il continuait à croire que Bernie était mort. C'était avec Luis qu'elle avait rendez-vous dans l'après-midi, et elle espérait pouvoir enfin mettre au point l'évasion de Bernie. Agustín, elle le savait, était rentré de permission. Elle avait suggéré de retrouver Harry et Sofía au Café Gijón parce que la perspective de revoir Bernie bientôt lui donnait envie de revisiter tous les lieux qu'ils avaient fréquentés ensemble, ces lieux qu'elle avait si longtemps évités.

Comment sera-t-il, se demandait-elle, après trois ans passés dans un camp de prisonniers ? Comment réagira-t-il face à moi ? Je ne dois rien attendre de ces retrouvailles, se disait-elle. Sans doute avons-nous changé tous les deux au point d'être méconnaissables. Je dois seulement espérer l'arracher à sa prison.

La neige continuait à tomber dru, recouvrant les voitures et les manteaux des gens qui se déplaçaient sous la tempête telles des apparitions drapées d'un linceul blanc. Les flocons, en fondant, imprégnaient son foulard ; elle aurait dû mettre un chapeau. Le vent chassait la neige contre ses lunettes, et elle était obligée de les essuyer sans cesse de ses mains gantées.

Elle passa devant deux *civiles* en faction devant un édifice public ; avec leurs lourdes capes et leurs bicornes blanchis, ils ressemblaient à des bonshommes de neige à l'expression sévère. C'était la première fois que la vue d'un garde civil lui donnait envie de rire.

Elle avait conscience de frôler souvent l'hystérie, ces jours-ci. Il lui devenait de plus en plus difficile de tout garder en elle-même. Mais il ne lui restait peut-être plus que quelques jours avant d'échapper enfin à tout ça. Depuis cette soirée, deux semaines plus tôt, où elle avait surpris la conversation téléphonique, elle essayait d'analyser les paroles de Sandy. « Ces vieux légionnaires sont coriaces. Il affirme toujours que Gómez est son véritable nom ? » Elle avait envisagé une dizaine d'interprétations différentes, avant d'en revenir toujours à la même conclusion : on était en train de torturer quelqu'un. Et elle avait commencé à penser que, si Sandy découvrait ce qu'elle projetait de faire, elle serait sans doute en danger elle aussi.

Quand il était redescendu, après le coup de fil, elle lui

avait remis le sac apporté par le vieux Juif, mais cela n'avait guère paru l'intéresser. Il l'avait posé sur le sol à côté de son fauteuil et avait contemplé le feu dans l'âtre, ignorant complètement sa compagne. Il paraissait plus soucieux qu'elle ne l'avait jamais vu jusque-là, et sa moustache noire était humectée de sueur. Depuis, il s'était chaque jour davantage replié sur lui-même, et c'était à peine s'il paraissait s'apercevoir de sa présence – même si cela était loin de la chagriner. Si seulement elle arrivait à tenir bon jusqu'à ce que Bernie fût tiré d'affaire, elle pourrait ensuite s'enfuir vers l'Angleterre, et Sandy ne saurait peut-être jamais rien de ce qui s'était passé.

L'avant-veille, il était rentré tard. Bien qu'il fût habitué à boire beaucoup, il était rarement soûl, car il savait se contrôler de façon remarquable. Pourtant, ce soir-là, il titubait un peu en entrant dans le *salón*, qu'il avait inspecté d'un regard trouble, comme s'il le voyait pour la première fois.

« Qu'est-ce que tu regardes ? avait-il demandé à Barbara d'une voix pâteuse.

— Rien, mon chéri, avait-elle répondu, tandis que son cœur se mettait à battre plus vite. Est-ce que tu vas bien ? » s'était-elle enquise, optant instinctivement pour une politique d'apaisement. Elle avait reposé son tricot – une occupation qui lui prenait désormais la plupart de ses soirées, et dont les gestes réguliers l'apaisaient.

« Tu ressembles à une vieille femme, toujours en train de tricoter, avait-il bougonné. Où est Pilar ?

— C'est son soir de sortie, tu te rappelles ? » Il avait sans doute envie d'aller la retrouver ; ce ne serait pas très agréable pour cette pauvre fille de se faire peloter par un homme dans cet état, ne put s'empêcher de songer Barbara.

« Ah oui, c'est vrai », avait acquiescé Sandy avec un sourire lubrique, avant de se diriger vers l'armoire à alcools et de se verser un whisky. Il s'était ensuite assis en face d'elle et avait bu une grande gorgée du breuvage, avant de faire remarquer : « Il fait encore sacrément froid, ce soir.

— Le gel a tué beaucoup de plantes dans le jardin.

— Les plantes, avait-il répété d'un ton moqueur. Les plantes. J'ai eu une journée épouvantable. J'avais une grosse affaire en vue, et crac ! c'est foutu, terminé. » L'espace d'un instant, il avait retrouvé ce sourire qui la séduisait tant, autrefois, pour s'enquérir : « Ça te plairait d'être pauvre, Barbara ?

— Les choses n'en sont pas encore là, n'est-ce pas ?

— Pas encore là ? Pauvre Barbara. » Il avait eu un petit rire avant d'ajouter : « Pauvre Barbara, c'est ce que je me disais toujours en pensant à toi, quand je t'ai connue. »

Elle lui avait adressé un sourire tremblant, en songeant : si seulement il pouvait s'endormir, ou tomber dans le feu. Il l'avait de nouveau regardée, la mine grave, cette fois. « Nous ne serons jamais pauvres. Je ne permettrai pas que cela arrive. Compris ?

— Oui, Sandy.

— Je rebondirai. Comme toujours. Nous resterons dans cette maison. Toi et moi. Et Pilar. » Une lueur était apparue dans ses yeux. « Viens te coucher. Allez, viens, je vais te montrer que je ne suis pas encore au bout du rouleau. »

Elle avait pris une profonde inspiration, se rappelant qu'elle avait prévu de lui lancer à la figure sa liaison avec Pilar pour repousser ses avances. Mais elle avait bien trop peur, à présent.

« Sandy, tu as trop bu.

— Ce n'est pas ça qui va m'arrêter. Allez, viens. » Il s'était levé et approché d'elle en chancelant, pour lui plaquer sur la bouche un baiser puant la bière. Réprimant son envie de le repousser, elle l'avait laissé la prendre par la taille et l'entraîner vers l'escalier. Une fois dans la chambre, au lieu de s'écrouler sur le lit comme elle l'avait espéré, il avait paru au contraire reprendre ses esprits. Il avait commencé à se dévêtir, et elle avait ôté sa robe, le cœur au bord des lèvres. Il avait enlevé sa chemise, exposant le corps lourd et musclé qui l'excitait tellement autrefois, mais qui à présent lui faisait penser à un animal robuste et méchant. Sans trop savoir comment, elle avait réussi à ne pas lui montrer sa répugnance quand il l'avait prise, en poussant d'étranges petits grognements qui semblaient exprimer une sorte de désespoir. Après, il avait roulé sur le matelas et s'était mis à ronfler au bout d'une minute. Barbara s'était demandée comment elle y était arrivée, comment elle avait fait pour ne pas crier, ne pas le frapper pour s'arracher à son étreinte. La peur, s'était-elle dit. La peur peut vous anéantir, mais elle peut aussi vous donner de la force et du sang-froid. Sur la pointe des pieds, elle s'était dirigée vers la salle de bains, et, à peine la porte refermée, avait vomi longuement, le corps secoué de spasmes violents.

Le petit café était plein de gens venus chercher refuge contre la neige. Tous les sièges étaient occupés, et une double rangée de clients se pressait devant le comptoir. Il régnait dans la salle une odeur de moisi et d'humidité.

La vieille femme courait sans cesse du comptoir à la machine à café, son plateau chargé de tasses. Les vitres étaient embuées ; même le portrait de Franco était couvert d'une pellicule de condensation. Les lunettes de Barbara se voilèrent aussitôt. Elle les essuya sur sa manche et chercha Luis du regard. Leur table habituelle était prise, mais elle l'aperçut dans un coin, tout au fond de la salle, coincé derrière une table pour deux, son manteau posé sur la seconde chaise. Les yeux fixés sur sa tasse de café, il paraissait fatigué. Il releva la tête et son expression lasse se fit souriante en voyant Barbara s'avancer vers lui. Elle s'assit et retira son foulard trempé, passant une main dans ses cheveux humides.

« Quel temps épouvantable !

— Cela vous ennuie-t-il de ne pas boire de café ? s'enquit Luis en se penchant au-dessus de la table. Il y a trop de monde devant le comptoir.

— Ne pourrions-nous pas aller dans un endroit plus tranquille ?

— Ce sera pareil partout, aujourd'hui, rétorqua-t-il avec une brusquerie inhabituelle.

— Quelque chose ne va pas ? murmura-t-elle d'une voix inquiète.

— Non, c'est cette foule qui me rend nerveux. » Baissant la voix, Luis ajouta : « Tout est prêt. Avez-vous apporté l'argent ?

— Oui. Sept cents pesetas quand vous m'aurez dit où et quand. Le reste quand il sera libre. »

Il hocha la tête, l'air soulagé. Elle sortit son paquet de Gold Flake et lui en offrit une.

« Merci. Maintenant, écoutez-moi attentivement. » Il se pencha davantage, et sa voix se réduisit à un chuchotement rauque. « Je reviens tout juste de Cuenca. J'ai vu

Agustín hier. Il a parlé à votre ami de l'évasion. Il lui a dit que c'était vous qui aviez tout organisé.

— Comment a-t-il réagi ? s'enquit Barbara avec anxiété. Qu'a-t-il dit ?

— Il était très content, *señora*. Très heureux.

— Sait-il que je… je suis avec quelqu'un d'autre ? reprit-elle d'un ton hésitant.

— Agustín ne me l'a pas dit. »

Elle se mordit la lèvre avant de demander : « Alors, quel est le plan ?

— L'évasion aura lieu le 14 décembre. Un samedi. »

Huit jours, pensa Barbara. Encore huit jours. « Ne pourrait-on pas avancer la date ?

— Ce sera un jour propice. Les festivités de Noël auront commencé, l'ambiance sera plus détendue au camp comme en ville. Et Agustín ne veut pas que ça se produise trop tôt après son retour, ça pourrait paraître suspect – et je suis d'accord avec lui. Avec un peu de chance, la neige aura disparu, d'ici là. Un homme courant dans la neige se ferait vite repérer.

— Elle aura sûrement fondu. Des chutes de neige aussi abondantes ne sont pas habituelles, si tôt en hiver.

— Espérons-le.

— Cela va se passer comme vous me l'aviez dit ? Pendant la corvée ?

— Oui. Le *señor* Piper fera semblant d'avoir la diarrhée, et Agustín l'emmènera à l'écart, dans les broussailles. Le *señor* Piper le frappera sur la tête, assez fort pour lui faire une bosse, il lui prendra ses clés et ouvrira ses chaînes. Puis il s'enfuira vers Cuenca par les collines. Arrivé à une certaine distance, il devra se cacher dans les buissons et attendre qu'il fasse nuit pour gagner la ville.

— Mais les soldats ne vont-ils pas le chercher, à Cuenca ? Ne se douteront-ils pas qu'il est allé là-bas ?

— Si. En fait, c'est le seul endroit où il peut aller. Dans les autres directions, il n'y a que des forêts et des montagnes. Donc, ils le chercheront effectivement à Cuenca. Mais nous lui avons trouvé une cachette sûre, expliqua Luis en souriant.

— Où ?

— Il y a des arbres et des buissons sur la route qui longe la gorge, près du pont, de l'autre côté de la ville. Il s'y cachera jusqu'à votre arrivée. Il faudra lui apporter des vêtements de rechange.

— Entendu.

— Vous devrez vous rendre en voiture à Cuenca le 14, et arriver là-bas vers trois heures de l'après-midi. Il est essentiel d'arriver avant qu'il fasse nuit – une femme se promenant seule en ville éveillerait la curiosité. Il y a un endroit peu fréquenté en dehors de la ville où vous pourrez laisser la voiture. » La fixant d'un regard grave, il ajouta : « Agustín a passé tous ses jours de repos à arpenter Cuenca et ses alentours pour s'assurer que tout se passera bien.

— Donc, j'attendrai en ville jusqu'à ce qu'il fasse nuit ?

— Non, rectifia Luis en secouant la tête. Vous devrez attendre dans la cathédrale. Vous pourrez d'ailleurs dire que vous êtes venue tout exprès pour la visiter, si l'on vous interroge. C'est là que vous conduirez votre ami, ensuite. Une fois qu'il se sera changé dans les buissons, vous traverserez tranquillement le pont, comme deux touristes anglais venus admirer la cathédrale. À l'intérieur, il pourra se raser – il a une barbe, à présent – et se laver un peu.

— Et s'il y a des gens dans la cathédrale ?

— Il n'y aura pas de visiteurs, un samedi soir, en plein hiver. Mais quelqu'un sera là pour vous aider.

— Agustín ? Il sera là ?

— Non, répondit Luis avec un sourire retors. Il va en effet parfois à la cathédrale de Cuenca le dimanche, une excuse qu'il a trouvée pour se rendre en ville. Ses camarades pensent qu'il est devenu dévot. Mais il y a une sorte de bedeau là-bas, un homme employé par l'église pour surveiller les lieux. Il s'est proposé pour nous aider.

— Un employé de l'église ? s'étonna Barbara. Pourquoi voudrait-il nous aider ?

— Pour l'argent, *señora.* » L'espace d'une seconde, le visage de Luis laissa transparaître l'agacement et la colère. « Sa femme est vieille et malade et il n'a pas d'argent pour payer le médecin. Il vous aidera pour la même raison que nous. Il demande trois cents pesetas.

— Entendu, soupira-t-elle.

— Donc, vous arrivez à Cuenca le 14, vers trois heures. Vous laissez la voiture où je vous l'indiquerai et vous vous rendez dans la cathédrale. Le vieux bedeau, Francisco, vous y attendra. Restez là jusqu'au soir, puis allez jusqu'aux maisons suspendues. Vous savez où elles se trouvent ?

— Oui. J'ai étudié les cartes et les guides tant de fois que je trouverais mon chemin les yeux bandés.

— Bien. Apportez des vêtements pour votre ami, un costume, si vous pouvez en trouver un.

— D'accord. Je prendrai une grande taille, Bernie est grand et solidement bâti.

— Il ne l'est sûrement plus après trois ans dans ce camp. Prenez un costume pouvant convenir à quelqu'un de maigre. Et un nécessaire à raser.

— Et si j'apportais un chapeau ? Un chapeau à large bord, qui cacherait son visage et ses cheveux blonds ?

— Oui, c'est une bonne idée.

— Acheter les vêtements ne posera pas de problème. Je raconterai que ce sont des cadeaux pour Noël. Pour la voiture, en revanche, ce sera moins facile. Mon… mon mari peut en avoir besoin.

— C'est à vous de vous en occuper, *señora*, répliqua Luis en fronçant les sourcils avec sévérité.

— Oui, oui, je me débrouillerai. Et que devrai-je faire, quand j'arriverai près des maisons suspendues ?

— Au pied de la Tierra Muerta, il y a une gorge très profonde, impossible à escalader. De l'autre côté de cette gorge se trouve la vieille ville, d'où part la route de Madrid. On y accède par un grand pont métallique. Du côté de la ville se trouvent les maisons suspendues, de l'autre côté, il y a une route. Un peu plus loin sur cette route, il y a un bouquet d'arbres où votre ami vous attendra.

— Et s'il y a des gardes postés sur le pont ? S'ils savent qu'un prisonnier s'est échappé ?

— C'est une possibilité, en effet. Les autorités du camp peuvent prévenir la police de la ville. Dans ce cas, attendez dans la cathédrale. Le *señor* Piper traversera la gorge plus loin et s'arrangera pour vous y rejoindre. Ensuite, retournez à votre voiture, comme un couple de touristes venus passer la journée à Cuenca. N'oubliez pas qu'ils chercheront un prisonnier, pas un homme bien rasé vêtu d'un costume. Avec de la chance, ils ne placeront pas de barrages sur les routes, ils ne penseront pas qu'il ait pu s'enfuir en voiture. » Fixant sur Barbara ses yeux durs couleur d'olive, il ajouta : « Votre richesse sera votre meilleur camouflage, *señora.*

— Quelle est la distance entre Cuenca et le camp, déjà ? Huit kilomètres ?

— Oui.

— Sera-t-il en état de parcourir tout ce chemin à pied ? s'enquit Barbara d'une voix tremblante.

— Il devrait l'être. Avec ce froid, beaucoup de prisonniers sont tombés malades, mais, jusqu'à présent, votre ami se porte bien. Et le chemin descend tout le temps.

— Mais s'ils l'attrapent ?

— Nous pouvons seulement espérer qu'ils ne l'attraperont pas », rétorqua sèchement Luis. Prenant une autre cigarette dans le paquet qu'elle avait laissé sur la table, il poursuivit : « Nous devons également espérer qu'il n'y aura pas de neige et pas de clair de lune. » Il alluma sa cigarette et aspira une longue bouffée. « Il saura se montrer prudent et demeurer dans l'ombre. »

Barbara fut soudain assaillie de doutes. « S'il est capturé…

— Le choix lui appartient, *señora*, rétorqua Luis en la regardant dans les yeux.

— Oui, murmura-t-elle en se mordant la lèvre. Oui, il est prêt à courir le risque, je le sais. Je dois faire ça pour lui. »

Luis la dévisagea avec curiosité. « Quand vous l'aurez retrouvé, que ferez-vous ?

— Je le conduirai à l'ambassade britannique, répondit-elle, le visage crispé. Il est citoyen britannique et ils seront obligés de lui accorder l'asile. Ils ont rapatrié tous les autres combattants des Brigades internationales.

— Et vous ?

— Je verrai, se borna-t-elle à dire, peu désireuse de lui faire des confidences.

— Je vous fais confiance pour me verser le reste de l'argent à votre retour.

— Je vous retrouverai ici, le 16, à midi. Mais si jamais nous devions modifier notre plan, si Agustín n'est pas de service ce jour-là, ou si Bernie tombe malade, que ferons-nous ?

— Mon frère me fera parvenir un message et je vous téléphonerai. Il faut que vous me donniez votre numéro.

— C'est risqué », murmura-t-elle. Elle réfléchit un instant et reprit : « Si je suis sortie, dites que vous êtes le pâtissier, que c'est au sujet du gâteau que j'ai commandé pour Noël et que vous rappellerez plus tard. Je viendrai alors directement ici. Entendu ? » Elle écrivit le numéro sur le paquet de cigarettes et le lui donna. Il sourit, ravi de ce cadeau, puis reprit brusquement son air las.

« Vous avez préparé tout cela avec minutie, vous et votre frère, dit Barbara.

— Ne nous remerciez pas, répondit-il, évitant son regard. S'il vous plaît, ne nous remerciez pas.

— Pourquoi donc ?

— Nous le faisons uniquement pour l'argent. Nous avons besoin d'argent pour maman. » Une expression de profonde lassitude apparut de nouveau sur son visage. Ils restèrent un moment silencieux.

« Dites-moi, s'enquit-elle soudain, avez-vous des nouvelles de ce journaliste, Markby ?

— Non, répondit Luis en secouant la tête. Il m'a contacté par l'intermédiaire d'un ami, parce qu'il voulait écrire un article sur les camps, mais il ne m'a plus donné signe de vie par la suite. Je crois qu'il est rentré en Angleterre.

— J'ai essayé de le joindre à plusieurs reprises, mais il n'était jamais là.

— Les journalistes… Ce sont des gens qui ne tiennent pas en place. » Luis promena son regard autour de lui puis se mit à tousser. « *Señora*…

— Oh, bien sûr. » Barbara ouvrit son sac à main et lui passa sous la table une épaisse enveloppe. Il la prit, demeura complètement immobile pendant une minute, puis hocha la tête. C'est alors seulement que Barbara remarqua que les épaules de sa veste élimée étaient mouillées ; elle en conclut qu'il n'avait pas de manteau. « *Gracias*. Bon, je propose que nous nous retrouvions ici mercredi prochain, le 11, pour mettre au point les derniers préparatifs. Seulement pour nous assurer que tout se passera bien.

— D'accord », acquiesça Barbara, qui se sentait transportée de joie. Cela était en train d'arriver, finalement, cela allait arriver.

Luis fourra l'enveloppe dans sa poche, en jetant des regards à la dérobée pour vérifier qu'on ne l'observait pas. Barbara se sentit soudain oppressée par la foule qui les entourait et ressentit un besoin impérieux de sortir. « Si nous partions ? dit-elle en se levant.

— Je vais rester encore un moment, jusqu'à ce qu'il ne neige plus. À la semaine prochaine, *señora*. » Levant les yeux vers elle, il ajouta de manière inattendue : « Vous êtes une femme bien.

— Moi ? s'exclama Barbara en riant. Je ne le crois pas. Je ne fais qu'attirer les ennuis.

— Non, ce n'est pas vrai. *Adiós, señora.*

— *Hasta luego*. »

Elle se fraya un chemin jusqu'à la porte, et ressentit un vif soulagement en se retrouvant enfin à l'air frais. La neige tombait avec moins de force, à présent. Elle alluma une cigarette et repartit vers le Centro. Il y avait peu de monde dans les rues ; tous ceux qui le pouvaient restaient calfeutrés chez eux. Les gens n'avaient pas envie d'abîmer leurs souliers ; même quand on en trouvait dans le commerce, le prix était astronomique.

Elle traversa la Plaza Mayor, dont les palmiers avaient pris un aspect bizarre sous la neige. À côté d'une des fontaines, un vendeur de journaux battait la semelle à côté de son kiosque. Un titre griffonné sur le panneau d'affichage accrocha le regard de Barbara : UN VÉTÉRAN TORTURÉ ET TUÉ À ALCALÁ. LES TERRORISTES ROUGES SOUPÇONNÉS.

Elle acheta un exemplaire de *Ya*, le journal catholique, et s'abrita sous l'auvent d'une boutique fermée pour parcourir la première page. Sous la photo d'un homme maigre en uniforme militaire, figé au garde-à-vous, elle lut :

Le corps du lieutenant Alfredo Gómez Romero, âgé de 59 ans, a été découvert hier dans un fossé près du village de Paloblanco, aux environs de Santa María la Real. Le lieutenant Gómez, un vétéran des guerres marocaines qui avait pris part à la libération de Tolède en 1936, avait été horriblement torturé, ses pieds et ses mains brûlés et son visage défiguré. On soupçonne l'une des bandes de rouges qui sévit encore dans une partie des sierras d'être responsable de ce meurtre. L'employeur de Gómez, son ancien commandant, le général Santiago Maestre Miranda, secrétaire d'État au Commerce, a déclaré que le lieutenant Gómez était un ami de trente ans et qu'il veillerait personnellement à ce que ses assassins soient retrouvés. « Les ennemis de l'Espagne ne seront nulle part en sécurité », a-t-il affirmé.

Barbara sentit ses genoux fléchir et crut qu'elle allait s'évanouir. Elle froissa le journal entre ses mains, et un prêtre qui passait près de là lui jeta un regard curieux. Voilà, elle savait, maintenant. Sandy avait mentionné ce nom au téléphone, Gómez, et elle avait entendu ses amis phalangistes parler de Maestre comme d'un de leurs principaux adversaires. Sandy était impliqué dans la torture et le meurtre de cet homme. Quand il avait dit à son interlocuteur de « s'en occuper », il lui ordonnait simplement de le tuer. Et c'était cet homme à qui elle mentait, à l'insu duquel elle s'apprêtait à venir en aide à celui qu'il avait toujours détesté ! Elle se cramponna à la poignée de la porte de la boutique, respirant à grandes goulées, pour combattre le vertige qui s'était emparé d'elle.

38

Après avoir vu Barbara et Sofía, Harry retourna à l'ambassade. Il appela Sandy à son bureau de la petite pièce où se trouvait un téléphone privé à l'usage des espions. La secrétaire le mit aussitôt en communication.
« Sandy ? Ici Harry. Pourrions-nous nous voir ? Il y a quelque chose dont j'aimerais discuter avec toi.

— Je suis très occupé, Harry, répondit Sandy d'une voix où perçait l'impatience. Cela ne peut-il pas attendre la semaine prochaine ?

— C'est assez urgent.

— Bon. Demain, c'est samedi, mais j'irai quand même au bureau. Retrouvons-nous au café, dit Sandy, et Harry crut l'entendre réprimer un soupir. À trois heures ?

— Merci. »

Harry se rendit ensuite au service de l'état civil, pour se renseigner sur les visas d'entrée en Grande-Bretagne. Quand il regagna son bureau, Tolhurst l'y attendait. Appuyé contre la table, il était plongé dans la lecture de *Ya*.

« Salut, Harry, dit-il d'une voix éteinte.

— J'ai téléphoné à Forsyth. Nous devons nous retrouver demain au café.

— Bien. Vous devriez lire ceci », dit Tolhurst en lui tendant le journal.

Harry lut l'article relatant la découverte du corps de Gómez, puis reposa la publication sur le bureau. « Ainsi, ils l'ont tué, dit-il, la mine sombre.

— On le dirait bien, acquiesça Tolhurst. C'est ce que nous soupçonnions. Mais cela ne change rien à notre projet de recruter Forsyth », ajouta-t-il d'un ton placide. Harry se rappela leur première rencontre. Tolhurst lui était alors apparu comme un gros type jovial et bon enfant. Il le découvrait aujourd'hui sous un tout autre jour.

« Même si vous savez qu'il a trempé dans ce meurtre ? s'enquit-il.

— Qu'il est suspecté d'y avoir trempé, Harry, seulement suspecté. Et nous ne sommes pas la police.

— Non. Très bien, Tolly, je vais faire ce que je peux pour l'embobiner.

— Bravo, mon vieux, répondit Tolhurst avec un sourire, en retrouvant un peu de son ancienne cordialité. Comment va votre oreille, au fait ?

— Très bien. Je crois que c'était en partie psychologique, comme les accès de panique. » Il n'avait pas eu de nouvelle crise depuis l'autre soir, à la sortie du théâtre. Sa relation avec Sofía semblait l'avoir guéri.

« Tant mieux. Bon, je dois y aller. Bonne chance. »

Après son départ, Harry s'assit à son bureau pour relire l'article, et la description de ce que l'on avait infligé à Gómez. Pauvre bougre, se dit-il. Sandy avait-il participé à cette séance de torture ? Non, bien sûr, songea-t-il avec amertume. Il laissait la sale besogne aux autres.

Sofía paraissait fatiguée quand elle arriva chez lui ce soir-là ; il y avait des ombres noires sous ses yeux.

« Quelque chose ne va pas ? » s'enquit Harry en l'aidant à ôter son manteau.

Elle lui adressa son petit sourire d'enfant stoïque. Elle paraît si jeune, par moments, constata-t-il une fois de plus. « Je ne veux pas retourner travailler demain. J'en ai marre des vaches, déclara-t-elle. Ce travail est trop ennuyeux, et je déteste l'odeur du lait.

— Assieds-toi. Je vais servir le dîner. J'ai préparé un *cocido.* »

Il avait mis un disque sur le phonographe, Vera Lynn chantant « Quand les lumières se rallumeront partout dans le monde » d'un ton languissant, mais Sofía le suivit dans la cuisine et s'adossa au mur pour le regarder touiller le contenu des casseroles qu'il avait mises à chauffer sur la cuisinière.

« De tous les hommes que je connais, tu es le seul qui sache faire la cuisine.

— On est bien forcé d'apprendre à la faire, quand on vit seul.

— Tu sembles préoccupé, reprit-elle en inclinant la tête. Des problèmes au bureau ? »

Il inspira profondément, puis répondit : « Non. Écoute, j'ai quelque chose à te dire.

— Quoi donc ? demanda-t-elle, d'un ton empreint d'inquiétude, et il comprit que, dans sa famille, depuis de nombreuses années, toute nouvelle était forcément mauvaise.

— Attends que nous soyons assis. »

Il avait acheté une bouteille de bon vin rouge et il lui en versa un verre dès qu'ils furent installés. La faible lumière électrique éclairait seulement la table, et le reste de la pièce était plongé dans la pénombre.

« Sofía, commença-t-il, l'ambassade veut me renvoyer chez moi. »

Elle parut se recroqueviller sur elle-même, et son visage pâlit. « Mais pourquoi ? Ils ont sûrement besoin de toi ici, rien n'a changé, à moins que… » Elle inhala avec force, comme si elle manquait d'air. « À moins que Franco ne soit sur le point de déclarer la guerre. Oh, mon Dieu, ils vous font évacuer…

— Non, non, se hâta-t-il de dire en levant une main apaisante. Ce n'est pas ça. Ils pensent simplement que je serai plus utile en Angleterre.

— Harry, demanda-t-elle à voix basse, as-tu des ennuis ?

— Non, je t'assure. C'est seulement que… je faisais un autre travail, vois-tu, pas seulement des traductions, et ma mission touche à sa fin.

— Quelle sorte de travail ?

— Pour les services de renseignements, répondit-il, après une courte hésitation. S'il te plaît, ne me pose pas de questions, je ne peux pas t'en dire plus, je n'aurais pas dû t'en parler. Mais c'est presque terminé, et je m'en réjouis, car je déteste ça.

— Tu travaillais contre le régime ?

— Oui.

— C'est bien. Je suis contente », dit-elle d'une voix calme. Elle inspira profondément, puis reprit : « Et quand pars-tu ?

— Je ne le sais pas exactement, peut-être avant la fin de l'année. » Plongeant son regard dans le sien, il poursuivit : « Sofía, veux-tu venir avec moi ? Tu n'es pas obligée de répondre tout de suite, mais, écoute, j'ai réfléchi tout l'après-midi. Tu te rappelles ce que Barbara a dit tout à l'heure ? Que les étrangers étaient autorisés à entrer en Angleterre quand ils étaient mariés à un Anglais ? »

Elle le dévisagea, le visage figé, puis répondit d'une voix tremblante : « Harry, ne me demande pas ça. Je ne peux pas abandonner Paco. Enrique est capable de se débrouiller seul, mais il ne peut pas se charger en plus de Paco. La *beata* mettrait vite la main sur lui. » Elle saisit la main de Harry et répéta : « Ne m'oblige pas à faire un tel choix.

— J'ai également réfléchi à ça. Si tu pouvais légalement adopter Paco…

— Impossible, déclara-t-elle en secouant la tête avec lassitude. C'est l'Église qui contrôle ce genre de choses, à présent, et on ne me donnera jamais l'autorisation.

— Non, pas en Espagne, en Angleterre. Si nous disions que tu as pris soin de l'enfant depuis que ses parents sont morts, et que nous réussissions à l'emmener en Angleterre, nous pourrions alors l'adopter là-bas, tous les deux. Je crois que c'est possible. Cette mission dont je te parlais, tu vois… il ne me reste plus qu'une petite chose à faire, et si j'y parviens je rentrerai dans les bonnes grâces des types de l'ambassade. Ils pourront peut-être nous aider.

— Est-ce une mission dangereuse ? demanda-t-elle en le regardant bien en face.

— Non, non, rétorqua-t-il en riant. Absolument pas, je te le jure. J'essaie simplement de soutirer des renseignements à des hommes d'affaires. Il n'y a aucun danger. Oublie ça. Alors, Sofía, qu'en penses-tu ?

— Quel effet cela fera-t-il à Paco de se retrouver en Angleterre ? Une langue qu'il ne comprend pas, les bombardements… Je dois penser à lui. »

Harry ne put s'empêcher de se sentir blessé. Le petit garçon était-il donc plus important que lui à ses yeux ? « Nous pourrions aller à Cambridge. Il n'y a pas de bombardements là-bas. Nous pourrions y vivre confortablement. On trouve encore de tout en Angleterre, quand on a de l'argent, et j'en ai suffisamment. Paco serait en sécurité, il n'aurait plus à avoir peur quand on frappe à la porte. J'essaierai de faire venir Enrique par la suite, mais cela risque d'être plus difficile.

— Oui. Paco aurait sans doute de meilleures chances de s'en sortir là-bas. Sauf si les Allemands envahissent le pays, mais ils peuvent aussi envahir l'Espagne. On dit que nous sommes en train de traverser le pire, mais l'Espagne mettra des années, des décennies peut-être, à se remettre de ce que Franco lui a fait – si jamais elle y arrive. » Levant vers lui un regard émerveillé, elle reprit : « Tu es prêt à te charger de Paco, à assumer cette responsabilité ?

— Oui. Moi non plus, je ne veux pas l'abandonner. Je suis persuadé qu'un traitement médical approprié pourrait le guérir.

— Il doit y avoir beaucoup de médecins, à Cambridge.

— Des quantités. Sofía, si nous pouvons emmener Paco, accepteras-tu de m'épouser ? Tu… tu ne m'as pas encore dit ce que tu en pensais. Si tu ne veux pas…

— Tu accepterais de vivre avec Paco et moi ? Connaissant les problèmes que cela implique ? demanda-t-elle en le fixant intensément.

— Oui, oui. C'est la seule responsabilité que je souhaite désormais. Sofía, veux-tu m'épouser ? »

Elle se leva et s'approcha de lui. Elle s'agenouilla pour l'embrasser, puis releva la tête et sourit.

« Oui. Oui, je le veux, bien que je me demande si tu n'es pas complètement fou. »

Il rit tout haut, de joie et de soulagement.

« Peut-être le suis-je un peu, mais j'aime ça. Je n'ai cessé de me creuser la tête toute la journée, depuis qu'ils m'ont annoncé que j'allais rentrer… »

Elle lui posa un doigt sur les lèvres. « Tu trouveras une solution, j'en suis sûre. Oui, Harry, je veux bien t'épouser.

— Je sais bien que nous ne nous connaissons que depuis quelques semaines. Mais, dans les temps que nous vivons, il faut saisir le bonheur quand il passe à votre portée.

— Ces quelques semaines ont été les meilleures de toute ma vie », murmura Sofía, et il se pencha pour la prendre dans ses bras.

« Je dois penser à Paco, reprit-elle. Je ne pourrais jamais le laisser, tu le comprends bien. Il est tout ce que j'ai pu sauver de nos espoirs d'autrefois, ajouta-t-elle, d'une voix qui n'était plus qu'un souffle.

— Je comprends. Peut-être que tu pourrais reprendre tes études, en Angleterre, devenir médecin ?

— Il me faudra d'abord apprendre l'anglais. Ce sera difficile. Mais rien ne me semble impossible, si je suis avec toi. Quand je pense que, sans Enrique, nous ne nous serions jamais rencontrés… Le hasard est une chose étrange, et le bonheur ne tient parfois qu'à un fil. »

La prostituée que Harry avait prise pour une espionne, la première fois, était attablée dans le Café Rocinante quand il y entra, le lendemain après-midi. Sandy n'était pas encore arrivé. La femme était assise tout au fond de la salle, en compagnie d'un homme d'affaires corpulent parlant espagnol avec un fort accent germanique. Il se vantait de l'argent qu'il avait amassé depuis son arrivée en Espagne, des affaires qu'il avait faites. La femme souriait et hochait la tête, mais son visage arborait une expression lointaine. Elle était assise de biais, exposant des jambes remarquables pour son âge. Elle y avait peint une ligne simulant une couture, constata Harry. Elle voulait avoir l'air de porter des bas nylon dernier cri, mais on voyait bien, à la façon dont la lumière se reflétait sur sa peau, qu'elle avait les jambes nues. Elle doit être gelée, se dit-il, à marcher ainsi dans la neige.

L'Allemand surprit le regard de Harry et arqua ses sourcils broussailleux. Il alla s'asseoir aussi loin d'eux que possible. La porte s'ouvrit, laissant pénétrer dans la salle un souffle d'air froid, et Sandy apparut. Il portait un épais manteau noir et un chapeau mou ; ses épaules et son couvre-chef étaient parsemés de flocons, car il avait recommencé à neiger. Sachant ce qu'il avait fait, Harry s'était demandé s'il ressentirait de la peur en le revoyant, mais il n'éprouva que du dégoût et de la colère.

Sandy s'avança vers lui, s'arrêtant en chemin pour échanger des commentaires sur le temps avec une de ses relations. Harry leva le bras pour attirer l'attention du vieux serveur en train de converser dans un coin avec le petit cireur. Ce n'était pas celui que Harry connaissait ;

peut-être l'autre était-il parti, ou était-il mort de froid quelque part sous une porte cochère.

« Salut, Harry, dit Sandy en lui tendant une main glacée.

— Salut. Du café ?

— Un chocolat, plutôt, par un temps pareil. » Levant les yeux vers le serveur qui était accouru, il demanda : « *Un café con leche y un chocolate, Alfredo.* »

Harry observa son visage avec attention. Il arborait son large sourire habituel, mais ses traits étaient tendus, fatigués. Il alluma une cigarette.

« Comment vont les affaires ? s'enquit Harry.

— J'ai connu mieux. Quel est ce problème urgent dont tu veux me parler ? Je dois dire que tu as excité ma curiosité. »

Harry respira à fond avant de se lancer. « Sandy, j'ai dit à certaines personnes de l'ambassade que j'avais un ami anglais qui rencontrait des difficultés. Quelques-unes de ces personnes aimeraient te rencontrer. Tu pourrais peut-être travailler avec elles. »

Sandy le dévisagea longuement, le regard dur, et Harry eut presque l'impression d'entendre tourner les rouages de son cerveau. Il prit une autre cigarette et l'alluma. « Ferais-tu allusion aux services de renseignements ? » s'enquit-il d'une voix sèche.

Bon sang, il comprend vite, se dit Harry. Il ne répondit pas, et Sandy plissa les yeux.

« Ces gens dont tu parles sont-ils des espions ? » Il s'interrompit et laissa échapper un petit hoquet de surprise. « Es-tu un espion, Harry ? » reprit-il à voix basse. Il hésita encore un instant, et poursuivit : « Bon Dieu, c'est ça, hein ? Le poste de traducteur est une bonne couverture, je présume. As-tu farfouillé dans les corbeilles à papier de Franco ? » Il émit un rire incrédule, regarda Harry, et s'esclaffa de nouveau.

« Je ne peux rien te dire de plus pour le moment, Sandy, je regrette. J'ai vu que tes affaires ne marchaient pas très bien, et j'ai eu envie de t'aider, c'est tout, répondit Harry, étonné de voir avec quelle facilité les mensonges lui venaient à la bouche. C'est une simple prise de contact avec un ou deux fonctionnaires de l'ambassade, sans aucun engagement.

— Je suppose qu'ils veulent me recruter », murmura Sandy, toujours à voix basse. Le serveur reparut à cet instant et Sandy lui prit le plateau des mains. « Ah. *Muy bien*, Alfredo. Du sucre, Harry ? » Il s'appliqua à servir les boissons avec des gestes minutieux, pour se donner le temps de réfléchir. Puis il se renfonça dans son siège, souffla un nuage de fumée vers le plafond et donna un coup de pied taquin dans le mollet de Harry. « Tu es sûr de ne pas pouvoir m'en dire plus, mon vieux ?

— Non, désolé. »

Le visage de Sandy fut soudain traversé d'un spasme et, l'air atterré, il s'exclama, en fixant sur Harry des yeux écarquillés : « Seigneur, il ne s'agit pas de la mine d'or, n'est-ce pas ? »

Pour la première fois, Harry sentit la peur lui étreindre le cœur. « Je te le répète, je ne peux rien te dire. »

Le visage de Sandy se vida de toute expression, mais on décelait encore dans ses yeux une lueur de panique.

« On dit que l'ambassade britannique est un nid d'espions, et qu'il y en a plus là-bas que partout ailleurs, excepté l'ambassade d'Allemagne. Non que j'aie jamais fréquenté celle-ci, mais je connais des gens qui y sont allés. J'ai entendu raconter que Hoare est furieux parce que Franco prétend toujours être trop occupé pour le voir, alors que von Stohrer ne fait qu'entrer et sortir d'El Pardo. »

Harry ne répondit pas, et Sandy respira profondément.

« Oh, après tout, le moment est peut-être venu de changer de bord. Mon frère est mort, le savais-tu ?

— C'est vrai ? Je suis désolé.

— J'ai reçu une lettre la semaine dernière. Il était en Égypte, un obus italien est tombé sur sa tente. C'était sans doute Wavell[1] qui était visé, ajouta-t-il avec un sourire sarcastique. Ça ressemble bien à ces foutus Ritals d'atteindre l'aumônier par erreur.

— Je suis navré, Sandy. C'est une triste nouvelle.

— Je ne l'avais pas vu depuis des années, rétorqua Sandy en haussant les épaules. On ne s'est jamais entendus, Peter et moi, tu le sais.

— C'est ton père qui t'a écrit ?

— Non, une de mes anciennes connaissances à Londres a lu la nouvelle dans le journal et m'en a informé. Ce cher vieux pater ne m'écrirait pas, même s'il connaissait mon adresse. Il m'a banni à tout jamais. Je suis voué aux flammes de l'enfer ; mais Peter, lui, doit être au paradis, bien en sécurité dans les bras de Jésus. » Il laissa fuser un rire amer. « Tu sembles mal à l'aise, Harry. Tu ne crois quand même pas à tout ce fatras religieux, n'est-ce pas ?

— Non. Et encore moins après avoir vu ce que j'ai vu ici. »

Sandy tira pensivement sur sa cigarette, puis fit de

1. Wavell : maréchal britannique qui combattit les Italiens en Égypte et en Libye pendant la Seconde Guerre mondiale.

nouveau entendre son rire âpre. « Parfois, tout cela me semble tellement drôle !

— Quoi donc ?

— La vie, la mort. Tout ce foutu bazar. Regarde cette pute, là-bas, avec ses bas dessinés au crayon. Des milliers d'années d'évolution pour arriver à ça. Je me dis souvent que les dinosaures étaient plus impressionnants. Ils ont duré cent soixante millions d'années. » Il vida sa tasse de chocolat, puis reprit tranquillement : « Tu m'espionnais depuis le début, Harry, n'est-ce pas ?

— Je te le répète, je ne peux rien te dire pour le moment.

— Je cherchais ton approbation, tu sais, dit Sandy en secouant la tête. Je le faisais déjà, à Rookwood. Je ne sais pas pourquoi. C'était si étrange de te revoir ici, si étrange… » Le regard de Sandy se perdit un instant au loin, puis se tourna de nouveau vers Harry, brillant d'un éclat dur. « Je voulais t'aider à gagner de l'argent. Je voulais faire ça pour mon vieil ami Harry. Quel crétin j'étais, hein ? »

Harry garda le silence. Il n'y avait rien à répondre. Sandy hocha la tête.

« J'irai voir tes types des services secrets. Tu peux me donner leur numéro de téléphone ? » demanda-t-il en poussant vers Harry son paquet de cigarettes. Celui-ci y inscrivit le numéro qui le mettrait directement en contact avec Tolhurst. Sandy rangea le paquet dans sa poche, puis les coins de sa bouche se tordirent en un demi-sourire étrange. « Je leur apporterai peut-être une information qui les surprendra.

— Laquelle ?

— Tu verras bien, répondit Sandy en penchant la tête. Au fait, Barbara n'est pas au courant, pour mon frère. Je n'ai pas envie de la voir pleurnicher. Ne lui dis rien, si tu la vois.

— Entendu.

— Sait-elle que tu es un espion ?

— Non, Sandy, elle ne sait rien.

— Je me suis demandé un instant si ce n'était pas pour cela qu'elle était si bizarre, ces derniers temps, expliqua-t-il, en lui adressant de nouveau son petit sourire en coin. C'est drôle, quand j'étais petit, je voulais être sage, mais je n'y suis jamais arrivé. Et quand on n'est pas sage, les gens sages vous jettent aux lions. Alors, autant être méchant. » Il scruta un moment le fond de sa tasse, puis il prit son manteau.

« Bon, allons-y. »

Comme ils se dirigeaient vers la sortie, Sandy héla le vendeur de cigarettes. Ils s'immobilisèrent sur le seuil. La neige continuait à tomber, s'accumulant en couche épaisse contre les bâtiments. De l'autre côté de la rue, des gens sortaient d'une église, saluant le prêtre sur le perron et resserrant frileusement leur manteau autour d'eux en descendant les marches.

Sandy remit son chapeau et marmonna : « Oh, zut, on va encore se faire tremper.

— Oui.

— Ne te fais pas prendre en train de fouiller dans les poubelles. Au revoir, Harry. » Il s'éloigna d'un pas vif, courbant la tête sous les rafales de neige. Harry relâcha sa respiration, puis se dirigea vers l'ambassade, pour aller annoncer à Tolhurst qu'il avait ferré sa proie.

39

Le taxi roulait lentement dans les rues tortueuses de Carabanchel. À la suite d'une coupure d'électricité, le quartier était plongé dans une obscurité totale, seulement trouée çà et là par la lueur des bougies derrière les fenêtres des hauts immeubles. Le véhicule cahotait sur la chaussée inégale et couverte de neige. Une charrette arrêtée dans un virage apparut soudain dans le double faisceau des phares, et le chauffeur donna un brusque coup de volant pour l'éviter, manquant faire déraper la voiture. « *¡Mierda!* marmonna-t-il. C'est vraiment l'enfer, ici, *señor.* »

Lorsque Harry l'avait hélé à la Puerta del Sol, l'homme avait d'abord refusé de le conduire à Carabanchel, en pleine coupure de courant. La neige s'était arrêtée de tomber le soir venu, et la lune était apparue ; l'absence de lumière aux réverbères, la seule lueur des flammes dansantes des bougies aux fenêtres donnaient une impression de ville morte et tombant en ruine, abandonnée aux éléments.

Le matin, Harry avait été convoqué dans le bureau de Tolhurst. La coupure de courant avait affecté le chauffage central et la silhouette replète de l'attaché était emmitouflée dans d'épais pull-overs.

« Forsyth a déjà appelé, annonça-t-il. Il doit avoir vraiment envie de travailler pour nous.

— Parfait. » C'est fait, avait pensé Harry, c'est terminé.

« Nous aimerions que vous assistiez à l'entrevue.

— Quoi ? s'était exclamé Harry, en fronçant les sourcils. Est-ce vraiment nécessaire ?

— Nous pensons que cela faciliterait les choses. En fait, nous souhaiterions que la rencontre ait lieu chez vous.

— Je croyais que ma tâche était terminée.

— Elle le sera, après cela. C'est la dernière chose que nous vous demandons. Je sais que vous êtes impatient de partir, avait poursuivi Tolhurst d'un ton désapprobateur, presque offensé. Le capitaine a dit que vous pourrez rentrer chez vous tout de suite après, il devrait même y avoir une place pour vous sur le vol qui ramène les employés en Angleterre pour Noël. Mais il pense que Forsyth se montrera plus raisonnable en territoire ami. Ce genre de détail peut parfois tout changer, vous savez. Et s'il nie vous avoir dit quelque chose, vous serez là pour le contredire. »

Harry avait senti la colère monter en lui, et un nœud douloureux s'était formé dans son estomac. « Ce sera humiliant. Pour moi comme pour lui. Au moins, faites cela dans un bureau, ne nous infligez pas cette brimade.

— Désolé, avait répondu Tolhust en secouant la tête. Ce sont les ordres du capitaine. »

Harry était demeuré silencieux, et Tolhurst l'avait regardé d'un air attristé. « Je regrette que cela ne se soit pas passé aussi bien que nous l'espérions. C'est l'ennui, dans ce genre de boulot : un mot de travers, et vous êtes coulé.

— Je sais, avait murmuré Harry en le dévisageant avec attention. Écoutez, Tolly, vous savez que je fréquente une jeune fille ?

— Oui.

— Je veux l'épouser et la ramener en Angleterre.

— La petite laitière ? » avait interrogé Tolhurst d'un air effaré.

De nouveau, Harry avait senti la rage s'emparer de lui. Mais il devait se contenir, et essayer de se faire un allié de Tolly. Il avait donc poursuivi d'une voix calme : « Elle a accepté de m'épouser.

— Êtes-vous sûr de le vouloir vraiment ? avait repris Tolhurst en fronçant les sourcils. Si vous l'emmenez en Angleterre, vous l'aurez sur les bras pour de bon… Vous ne l'avez pas mise enceinte, au moins ? s'était-il enquis en se frottant le menton.

— Non. Toutefois, il y a un enfant dont elle et son frère s'occupent, un orphelin de guerre. Nous aimerions l'emmener avec nous. »

L'attaché avait fixé Harry d'un air sagace. « Écoutez, je sais que cela n'a pas été facile pour vous, mais le moment est-il objectivement bien choisi pour prendre des décisions comme celles-ci ? Si vous me permettez de vous poser cette question.

— C'est ce que je désire le plus au monde. Pouvez-vous m'aider ? Intervenir auprès des services d'immigration, peut-être ?

— Je ne sais pas. Il faudra que j'en parle au capitaine.

— Le ferez-vous ? Je vous en prie, Simon, je sais

que c'est une énorme responsabilité, mais c'est ce que je veux, vous comprenez ? »

Tolhurst s'était de nouveau massé le menton, l'air pensif.

« La fille ou son frère appartiennent-ils à un quelconque parti politique ?

— Non. Ils sont contre le régime, mais cela n'a rien d'inhabituel.

— Chez les gens de leur classe, non, avait rétorqué Tolhurst en pianotant du bout des doigts sur son bureau.

— Si vous pouviez faire quelque chose pour nous, Tolly, je vous en serais vraiment reconnaissant.

— Entendu. Je vais essayer », avait-il acquiescé, l'expression radoucie.

Harry et Sofía étaient convenus qu'il viendrait dîner chez elle, à Carabanchel, et qu'ils informeraient Enrique et Paco de leurs projets. Quand le taxi le déposa enfin devant l'immeuble de Sofía, il ouvrit la porte d'entrée au moyen de la clé qu'elle lui avait remise, puis gravit prudemment l'escalier. L'obscurité était telle qu'il ne distinguait même pas sa main quand il la mettait à hauteur de ses yeux, et il dut enflammer une allumette. C'était un des conseils que lui avait donnés Tolhurst : avoir toujours des allumettes sur soi, en prévision des coupures de courant.

Il frappa à la porte de l'appartement, et une lumière pâle se répandit sur le palier quand Sofía lui ouvrit. Elle portait la robe qu'elle avait mise pour aller au théâtre, l'autre soir. Derrière elle, la pièce était illuminée d'une quantité de bougies. Leur douce clarté dissimulait l'humidité sur les murs et le délabrement du mobilier. Le lit de sa mère était toujours à la même place, contre le mur du fond. Il se pencha vers elle pour l'embrasser. Elle paraissait fatiguée.

« *Hola*, murmura-t-elle.

— Où sont Enrique et Paco ?

— Ils sont sortis acheter du café. Ils ne tarderont pas à rentrer.

— Se doutent-ils de quelque chose ?

— Paco a deviné que nous avions une nouvelle importante à leur annoncer. Entre, enlève donc ton manteau. »

Il y avait une couverture en patchwork toute propre sur le lit qui avait appartenu à la morte, et une nappe blanche sur la table. Vu la chaleur agréable qui régnait dans la pièce, le brasero devait être allumé depuis un certain temps. Ils s'assirent côte à côte sur le lit, et Harry expliqua qu'il avait parlé à un collègue au sujet des visas.

« Je pense qu'il va faire son possible pour nous aider. Nous pourrons peut-être partir avant Noël.

— Si tôt que cela ? Comme ce sera dur pour Enrique ! soupira-t-elle.

— Nous pourrons lui envoyer de l'argent. Au moins, comme cela, il pourra conserver l'appartement. Tu es toujours décidée ? s'enquit-il en lui prenant la main.

— Oui. Et ta mission ? Est-elle terminée ?

— Presque. Écoute, ne crois-tu pas qu'il vaut mieux attendre d'être sûrs que nos projets vont marcher pour les mettre au courant ? »

Elle secoua la tête d'un air résolu. « Non. Nous ne pouvons pas attendre le dernier moment. Il faut tout leur expliquer dès à présent.

— D'accord. J'en suis très heureux. »

Des pas résonnèrent dans l'escalier et Enrique entra,

suivi de Paco. Il semblait fatigué, mais l'enfant, lui, avait les joues inhabituellement roses. Le jeune homme serra la main de Harry en disant : « *Buenas tardes. Madre de Dios*, il fait plus froid que jamais. » Se tournant vers Sofía, il poursuivit : « Regarde, nous avons trouvé du café. Enfin, quelque chose qui y ressemble. » Paco sortit de dessous son manteau une bouteille d'extrait de chicorée et la brandit tel un trophée, avec un sourire comme Harry ne lui en avait encore jamais vu.

Sofía prépara le dîner – des pois chiches avec de petits morceaux de chorizo. Pendant le repas, Enrique parla de son travail de balayeur, et des femmes riches qui s'obstinaient à marcher en escarpins à talons hauts dans la neige et tombaient sans cesse. Lorsqu'ils eurent fini, Sofía repoussa son assiette et prit la main de Harry dans la sienne.

« Nous avons quelque chose à vous dire. »

Enrique les contempla d'un air intrigué et Paco, dont la tête dépassait à peine le niveau de la table, plissa anxieusement le front.

« J'ai demandé à Sofía de m'épouser, commença Harry. Je vais bientôt rentrer en Angleterre et Sofía a accepté de m'accompagner, à condition que nous puissions emmener Paco. »

Le visage d'Enrique se décomposa. Regardant sa sœur, il s'écria : « Je vais rester ici tout seul ? » Puis il haussa les épaules et se força à sourire. « Ma foi, qu'irais-je faire en Angleterre ? Je sais à peine lire et écrire. Tu as toujours été la plus intelligente. »

Paco, dont le regard inquiet allait sans cesse de l'un à l'autre, se mit soudain à hurler : « Non ! Non ! Je ne veux pas quitter Enrique, non ! » Il jeta ses bras autour du cou du jeune homme et enfouit sa tête dans son épaule, en poussant des petits gémissements de désespoir. Enrique le souleva de terre et déclara : « Je vais l'emmener dans la cuisine. » Il se leva, emportant l'enfant toujours agrippé à son cou. Quand la porte se fut refermée derrière eux, Sofía soupira : « Enrique est courageux. Lui annoncer cela, si tôt après la mort de maman. »

Harry lui prit les mains et les pressa tendrement, tout en murmurant :

« Quand nous serons installés, nous pourrons essayer de le faire venir… » murmura Harry en lui pressant tendrement la main.

Il s'interrompit en entendant quelqu'un tambouriner contre la porte. Sofía se leva précipitamment, l'air excédé. « Si c'est encore la *señora* Ávila… »

Elle se dirigea d'un pas vif vers la porte et l'ouvrit d'un geste brusque. Barbara se tenait devant elle, le visage pâle et les yeux rougis.

« Qu'y a-t-il ? s'écria Harry, alarmé. Qu'est-il arrivé ?

— Puis-je entrer ? S'il vous plaît ? Je suis d'abord allée à ton appartement, et, comme je ne t'y ai pas trouvé, je me suis dit que tu étais peut-être ici. Excuse-moi, mais je n'ai personne d'autre vers qui me tourner. » Elle paraissait désespérée, effrayée.

Sofía la contempla un moment, puis lui prit le bras et la fit entrer. Elle la guida vers une chaise, sur laquelle Barbara se laissa tomber pesamment.

« Prends un peu de vin, proposa Harry. Tu sembles frigorifiée.

— Merci. Je suis désolée, vous étiez en train de manger ?

— Nous avions terminé, répondit Sofía. Paco était

bouleversé, et Enrique l'a emmené dans la cuisine pour le calmer. »

Barbara se mordit la lèvre. « Il vaut mieux qu'il n'entende pas ce que j'ai à vous dire », murmura-t-elle, en sortant de son sac un paquet de cigarettes. Elle en offrit une à Sofía, lui tendit son briquet puis alluma la sienne. Avec un soupir de soulagement, elle reprit ensuite :

« Vous n'avez aucune idée du bien que cela me fait, de me retrouver parmi des amis.

— Que se passe-t-il ? demanda Harry. Qu'est-ce qui t'a mise dans un tel état ? »

Elle joignit étroitement ses mains sur la table et prit une profonde inspiration. « Vous savez que Sandy et moi, nous ne nous entendons plus. Je vous ai déjà dit que j'envisage de rentrer en Angleterre.

— Oui. »

Elle déglutit avant de poursuivre : « Il y a quelque temps, alors qu'il était en train de téléphoner dans son bureau, j'ai surpris ses propos. C'était un accident, je n'étais pas en train d'écouter aux portes. Mais ce qu'il disait était si étrange que j'en ai eu froid dans le dos. Il a d'abord parlé de l'investissement que tu voulais faire, Harry, puis il a demandé à son interlocuteur ce qu'il avait fait à un homme, en disant que c'était quelqu'un de coriace. » Elle frissonna. « Je n'arrêtais pas de retourner ces paroles dans ma tête. Il a mentionné un nom : Gómez. »

Harry ouvrit des yeux effarés. Barbara sortit de son sac à main un exemplaire de *Ya* et reprit : « Et puis, avant-hier, j'ai lu ça. »

Sofía se pencha pour déchiffrer l'article. Harry se

laissa aller contre le dossier de sa chaise et regarda fixement Barbara, les pensées en tumulte.

Sofía releva la tête. « Vous pensez que votre mari a quelque chose à voir là-dedans ? » s'enquit-elle d'une voix pressante.

La porte de la cuisine s'ouvrit alors, et Enrique passa la tête par l'entrebâillement, le regard interrogateur. Sofía le rejoignit, et ils s'entretinrent à voix basse. Barbara demeura prostrée sur sa chaise, silencieuse.

« Je leur ai dit de rester dans la cuisine, déclara Sofía en revenant s'asseoir. *Señora* Barbara, êtes-vous sûre de ce que vous dites ? Excusez-moi de vous demander cela, mais vous semblez à bout de nerfs.

— Tout concorde », affirma Barbara avec un geste véhément de la tête. Élevant la voix, elle martela : « Sandy est impliqué dans la torture et le meurtre de cet homme. Après avoir lu le journal, je n'osais plus rentrer chez moi, mais je m'y suis pourtant forcée ; je lui ai dit que j'avais une terrible migraine et je suis montée directement me coucher. Je ne supporte même plus de lui parler, désormais, ajouta-t-elle, tremblant de tout son corps. Je l'ai entendu rire dans le couloir avec la bonne, il a une liaison avec elle. Je me sentais tellement terrorisée, étendue là, dans mon lit… Jamais je n'ai eu aussi peur de ma vie. Et puis, ce matin, je suis partie de très bonne heure, pour me rendre à l'hôpital pour vétérans. En sortant du travail, je n'ai pas pu rentrer à la maison. Je devrais le faire, il faut que je le fasse, mais je ne m'en sens pas le courage.

— Barbara », commença Harry d'une voix à peine audible. Il toussa ; sa gorge était si contractée qu'il avait du mal à parler. « Barbara, je suis au courant de tout ça.

— Quoi ? » s'écria-t-elle, interloquée, tandis que Sofía le dévisageait d'un air stupéfait.

« Je fais partie des services secrets ; je suis un espion. C'est par ma faute que cet homme est mort. »

L'expression de Barbara reflétait à présent l'effroi et la consternation.

« Tu m'avais dit que ton travail n'était pas dangereux, dit Sofía d'une voix cinglante.

— Je n'ai jamais voulu le faire, jamais. »

Il raconta tout aux deux femmes : la façon dont il avait été recruté, à Londres, sa rencontre préméditée avec Sandy, sa visite à la mine, et la bévue qui avait coûté la vie à Gómez. Elles l'écoutèrent dans un silence horrifié. De la cuisine leur parvenaient par intervalles les sanglots de Paco et les murmures apaisants d'Enrique.

« Une mine d'or… », murmura Barbara, quand il eut achevé son récit. Plongeant son regard dans celui de Harry, elle poursuivit, sans hausser le ton, d'une voix basse et attristée : « Espèce de salaud ! Ces deux derniers mois, chaque fois que tu venais dîner chez moi, ou que l'on se retrouvait pour déjeuner, c'était uniquement pour espionner Sandy ! Et moi aussi, sans doute ?

— Non ! À mon arrivée en Espagne, j'ignorais que tu vivais avec lui. Cela me répugnait de te mentir, toute cette combine me répugnait, si tu veux le savoir ! s'écria-t-il d'un ton si véhément et si amer que Sofía le regarda d'un air étonné.

— Et cela ne te dérangeait pas que je sois en danger ? reprit Barbara. Tu étais au courant pour Gómez, et tu ne m'as pas prévenue ?

— Je ne l'ai su avec certitude que vendredi. Mais je t'ai bien dit que tu devais rentrer chez toi.

— Oh, merci, Harry, merci mille fois ! » Barbara ôta ses lunettes et se passa la main sur le visage. « Sandy a mentionné ton nom, au cours de cette fameuse conversation. Je n'arrivais pas à croire que tu puisses être impliqué dans un meurtre. Dire que, pendant tout ce temps, tu n'étais qu'une saloperie d'espion ! »

Harry regarda Sofía, qui détournait obstinément la tête.

« C'est terminé, crois-moi. Ils m'ont sacqué, à cause de Gómez, et j'en suis bigrement content. » Il inhala avec force et reprit : « Ils essaient de recruter Sandy, à présent. » Contemplant les visages bouleversés des deux femmes, il pensa : Oh, Dieu, que leur ai-je fait ?

Sofía se retourna enfin. « Ce Gómez était à Tolède, là où des ruisseaux de sang républicain ont coulé dans les rues, et où les Maures ont coupé des têtes pour en faire des trophées. Tu n'as pas à déplorer sa mort. »

Barbara leva vers elle des yeux épouvantés. Croisant son regard, Sofía lui lança : « Vous devriez rentrer en Angleterre, *señora*, partir d'ici au plus vite. Vous pourriez rester dans un hôtel, jusqu'à ce que vous trouviez une place à bord d'un bateau ou d'un avion. Nous vous aiderons, n'est-ce pas, Harry ? ajouta-t-elle, en le fixant d'un air empli de détermination.

— Oui, oui, se hâta-t-il d'acquiescer, éperdu de gratitude pour ce "nous" qu'elle avait employé. Sofía a raison, Barbara, tu devrais rentrer chez toi dès que possible.

— Crois-tu que je ne le sais pas ? » À leur effarement, elle partit alors d'un rire amer. « Je ne peux pas rentrer tout de suite. Seigneur ! Vous ne connaissez même pas la moitié de l'histoire.

— Que veux-tu dire ? » s'enquit Harry, glacé par le ton de sa voix.

Elle inspira longuement, redressa les épaules et répondit : « Tu n'es pas au courant, pour Bernie. Il est vivant. Il est prisonnier dans un camp de travail à proximité de Cuenca, et j'ai monté un plan avec un ancien garde pour le faire évader. Samedi prochain, dans six jours. » Elle se tut et le dévisagea. « Eh bien, c'est ton tour d'être stupéfait, hein ? »

Harry la fixa, bouche bée, et elle éclata de ce rire aigu, frôlant l'hystérie, qu'il avait déjà entendu à plusieurs reprises. Une image de Bernie lui vint brusquement à l'esprit, Bernie marchant à côté de lui dans une rue de Madrid, rieur, ses yeux verts remplis d'enthousiasme et de malice.

« Qui est Bernie ? demanda Sofía, perplexe. Vous parlez de cet ami qui était venu se battre ici ?

— Oui, répondit Harry, son regard planté dans celui de Barbara. Seigneur, c'est vrai, n'est-ce pas ?

— Oh, oui. »

Sofía le regardait, ses grands yeux bruns brillant d'émotion. Bon sang, pensa-t-il, j'ai tout gâché. Elle ne me pardonnera jamais d'avoir traité Barbara de la sorte.

« Donc, voilà où j'en suis, conclut Barbara. Je dois rester ici jusqu'à samedi prochain.

— Cela ne vous empêche pas de quitter cet homme, dit Sofía.

— Si. Il ne me laisserait pas partir comme ça, il me chercherait partout, il ferait du scandale. Il ne faut absolument pas qu'il découvre mon plan, ajouta-t-elle, la bouche crispée en un pli dur. S'il l'apprenait, il serait capable de dire à ses amis de faire du mal à Bernie, par pure malveillance.

— Vous pourriez envoyer quelqu'un d'autre à Cuenca, reprit Sofía, en adressant à Harry un regard scrutateur. Nous, peut-être ?

— Pourquoi vous mettriez-vous en danger de la sorte ? s'écria Barbara, étonnée.

— Pour aider quelqu'un qui s'est battu pour nous. Et défier ces salauds qui nous gouvernent à présent. » Se tournant vers Harry, Sofía ajouta : « Je reste fidèle à mes idées. C'est important.

— Non, cela ne marcherait pas, déclara Barbara. Si Luis, l'ancien garde, voyait arriver un étranger, il s'enfuirait, il est déjà assez inquiet comme cela. » Elle leur exposa alors son plan, en commençant par sa rencontre avec le journaliste, en octobre. Ils l'écoutèrent en silence. À la fin, elle conclut d'une voix calme : « Non, il va falloir que je retourne auprès de Sandy. Je ferai semblant d'être malade, je dirai que j'ai la grippe et qu'il vaut mieux faire chambre à part. Il n'y verra pas d'inconvénient, il en profitera sans doute pour mettre cette fille dans notre lit.

— La semaine qui vient risque d'être difficile pour toi, dit Harry. Devoir constamment jouer la comédie…

— Tu es bien placé pour savoir ce que c'est ! rétorqua-t-elle avec colère. J'ai presque de la peine pour Sandy, maintenant que je sais comment tu l'as berné. » Elle soupira et se prit la tête dans les mains. « Non, j'ai tort, reprit-elle d'un ton plus calme. Il l'a bien cherché. Je crois que je peux y arriver, si c'est le prix à payer pour libérer Bernie. » Abaissant son regard sur le journal, elle murmura : « C'est la lecture de cet article qui m'a causé un choc, voilà tout, je n'arrivais plus à penser clairement. »

Sofía regardait les photos sur le mur, sa mère avec

son père et son oncle le prêtre. « Vous ne devriez pas aller à Cuenca toute seule, déclara-t-elle. Une étrangère non accompagnée, dans une petite ville comme celle-là, se fera tout de suite remarquer.

— Vous connaissez Cuenca ?

— J'y allais souvent quand j'étais enfant. Nous sommes originaires de Tarancón, à l'autre bout de la province, mais j'avais un oncle qui vivait là-bas. Vous ne devez pas y aller seule, répéta-t-elle.

— Je n'ai même pas de voiture pour m'y rendre, soupira Barbara, à moins de prendre celle de Sandy. C'est le second problème.

— Sur ce point, je suis peut-être en mesure de t'aider, intervint Harry. Je pourrais emprunter un véhicule de l'ambassade et te le passer.

— Ne serait-ce pas contraire au règlement ? »

Harry se contenta de hausser les épaules. Il n'en avait cure. Si Bernie était vivant…

Sofía se pencha vers Barbara. « Nous pourrions vous conduire là-bas, Harry et moi. Oui, ce serait parfait, un diplomate emmenant des amies en excursion, dans sa voiture portant la plaque diplomatique. »

Elle le regarda, et il sentit les battements de son cœur s'accélérer. Il pensa que c'était de la folie, que s'ils étaient pris Sofía n'aurait plus aucune chance de pouvoir quitter l'Espagne. Lui et Barbara seraient sans doute expulsés, mais elle… Il la dévisagea, et sentit qu'elle souhaitait l'entendre dire oui, le voir se racheter. Et si Bernie était en vie, s'ils pouvaient le libérer… Se tournant vers Barbara, il lui demanda : « Es-tu sûre que ce Luis sait vraiment ce qu'il fait ?

— Bien entendu, répliqua-t-elle d'un ton agacé. Crois-tu que je ne l'ai pas interrogé en détail, pendant toutes ces semaines ? Luis n'est pas idiot, son frère et lui ont tout préparé minutieusement.

— Très bien. J'irai avec toi. Mais pas toi, Sofía, tu as trop à y perdre.

— Et si l'ambassade l'apprenait ? objecta Barbara. Tu pourrais avoir des ennuis, n'est-ce pas, surtout avec… tes activités ?

— Les types de l'ambassade peuvent tous aller au diable. Tu as raison, Sofía, de dire que l'on doit rester fidèle à ses idées. Mais toi, tu m'as aidé à me débarrasser d'un certain nombre des miennes, le savais-tu ?

— Il fallait t'en débarrasser, répliqua-t-elle, un éclair de colère dans les yeux.

— Je suis resté fidèle à mon amitié envers Bernie, quoi qu'il en soit. Cela remonte à si longtemps… Je suis au courant des rumeurs qui circulent sur ces camps secrets », ajouta-t-il en secouant la tête.

Barbara plissait le front sous l'effet de la réflexion. « Nous pourrions ramener Bernie dans la voiture, et le laisser dans une cabine téléphonique à proximité de l'ambassade. Ils enverraient quelqu'un le chercher, n'est-ce pas ? »

Harry réfléchit un instant et acquiesça.

« Il pourrait raconter qu'il a fait de l'auto-stop depuis Cuenca, et personne ne saurait jamais que tu as participé à l'évasion.

— Oui, ça pourrait marcher », soupira-t-il. Il risquait de tout perdre dans cette aventure insensée, mais il devait néanmoins le faire, pour Sofía. Et pour Bernie. Bernie, vivant…

— Je vous accompagnerai, déclara Sofía avec détermination. Je vous servirai de guide.

— Non, dit Harry en posant une main sur son bras. Non, il ne faut pas que tu viennes.

— Écoute, Harry, ce sera beaucoup moins risqué si nous sommes tous ensemble. Je te l'ai dit, je connais la ville. Nous pourrons nous rendre directement là où nous devons aller, sans consulter des cartes routières et attirer l'attention.

— Sofía, pense à… »

Elle se redressa sur son siège. Sa voix demeurait calme, mais on pouvait déceler une lueur combative dans son regard, à présent. « Je me sentais coupable à l'idée de fuir mon pays. Je ne te l'ai pas dit, mais cela me rongeait. Maintenant, j'ai l'occasion de faire quelque chose. Quelque chose contre *eux*. »

40

De temps à autre, on forçait les prisonniers à passer la soirée à regarder des films de propagande dans l'église. C'est ainsi que, l'année précédente, ils avaient eu droit à la parade célébrant la victoire de Franco, cent mille hommes défilant devant le Caudillo tandis que les avions de la légion allemande Condor manœuvraient dans le ciel au-dessus d'eux. Il y avait eu des films sur la renaissance de l'Espagne, où l'on voyait des bataillons des jeunesses phalangistes participer aux travaux des champs, ou un évêque bénir la réouverture des usines à Barcelone. Plus récemment, on leur avait montré un reportage sur la rencontre d'Hendaye, Franco marchant au côté de Hitler entre deux haies d'honneur, le visage rayonnant.

Le temps glacial se poursuivait sans répit. Les daims, affamés, continuaient à venir à proximité du camp, attirés par l'odeur de nourriture. Les gardes avaient plus de gibier que nécessaire, à présent, et ne tiraient plus sur les bêtes que pour tromper l'ennui.

Les hommes s'engouffrèrent dans l'église, se réjouissant à défaut d'autre chose de la chaleur diffusée par le poêle. Ils s'assirent sur les chaises de bois dur, toussant et raclant le sol de leurs pieds, pendant que deux gardes mettaient en place le projecteur vétuste. Aranda se tenait devant l'écran qui avait été tendu contre le mur, vêtu d'un uniforme impeccablement repassé et faisant tournoyer sa badine entre ses mains, tout en jetant des regards impatients vers le projectionniste.

Bernie se massait l'épaule, recroquevillé dans son manteau. C'était aujourd'hui le 9 décembre ; plus que cinq jours avant l'évasion, se disait-il en prenant soin de ne pas regarder Agustín, en faction près de la porte.

Sur un signe de tête du projectionniste, Aranda fit un pas en avant, tout sourire. « Beaucoup d'entre vous, les prisonniers étrangers, aimeraient certainement savoir ce qui se passe dans le monde extérieur. C'est pourquoi notre Noticiario Español est fier de vous offrir un film sur les événements d'Europe. » Agitant sa badine en direction de l'écran, il poursuivit : « Je vous présente… l'Allemagne victorieuse ! » C'est un comédien ; chacun de ses actes, qu'il s'agisse de jouer les bonimenteurs ou de torturer des gens, n'est pour lui qu'un prétexte à occuper le devant de la scène, pensa Bernie en veillant à ne pas croiser le regard d'Aranda, une précaution qu'il observait constamment depuis qu'il avait refusé de devenir un mouchard.

La séance débuta par une bande d'actualités montrant les troupes allemandes entrant dans Varsovie, puis des tanks fonçant à travers la campagne française, et enfin Hitler contemplant Paris. Bernie n'avait encore rien vu de tout cela, et l'ampleur prise par les événements le terrifia. Des images d'un Londres bombardé et jonché de décombres fumants apparurent ensuite sur l'écran. « Seule la Grande-Bretagne ne s'est pas encore rendue. Elle a fui le champ de bataille en France, et maintenant

Churchill boude dans son coin à Londres, refusant à la fois le combat et la reddition honorable qu'on lui propose, parce qu'il se croit en sécurité dans son île. Mais la vengeance s'abat du ciel pour détruire les villes anglaises. Si seulement Churchill avait suivi l'exemple de Staline et accepté une paix qui bénéficierait autant à son pays qu'à l'Allemagne… »

La séquence suivante montrait le ministre soviétique des Affaires étrangères, Molotov, assis à un bureau en train de signer un document, tandis que Staline administrait une tape amicale dans le dos d'un Ribbentrop hilare. Cette vision fut un véritable choc pour Bernie. Il s'était souvent demandé pourquoi Staline avait conclu ce pacte avec Hitler l'année précédente au lieu de se joindre aux Alliés, tant cela lui avait paru insensé. Les communistes disaient que seul Staline connaissait la réalité concrète et qu'il fallait se fier à son jugement, mais le voir fêter ce traité avec Ribbentrop lui fit froid dans le dos.

« Grâce à ce pacte, désormais la Russie occupe non seulement la moitié de la Pologne, mais peut aussi procéder à des échanges commerciaux lucratifs avec l'Allemagne, et recevoir des devises étrangères en échange de ses matières premières. »

Ce commentaire fut accompagné d'un plan montrant un immense train de marchandises en cours d'inspection à une frontière, et des soldats allemands coiffés de casques en forme de seau à charbon examiner les manifestes que leur présentaient des Russes vêtus de capotes militaires. Le film continua à énumérer les succès remportés par les Allemands dans les pays occupés, mais Bernie cessa d'écouter au moment où Vidkun

Quisling accueillait à Oslo une troupe d'opéra germanique.

À la carrière, cet après-midi-là, il s'était plaint à Agustín d'être atteint de diarrhée. C'était une répétition, une sorte de galop d'essai visant également à établir que Bernie souffrait réellement d'un dérangement intestinal. « Il vaut mieux que tu ailles derrière les buissons, dans ce cas », avait déclaré le garde d'une voix forte. Passant les fers aux pieds de Bernie, il l'avait ensuite emmené sur l'autre versant de la colline. De là, le terrain descendait en pente douce, et l'on avait une vue panoramique sur les vallons et les reliefs blanchis. La journée était nuageuse et la lumière commençait déjà à décliner.

Bernie avait regardé Agustín. Le visage étroit du garde arborait l'expression soucieuse et morose qui lui était coutumière, mais ses yeux scrutaient le paysage avec acuité. « Allez d'abord vers ce pli entre les collines, avait-il dit à voix basse, en tendant le doigt. Il y a un chemin qu'on distingue tout juste dans la neige. Je l'ai parcouru pendant mes jours de congé. Vous verrez un bouquet d'arbres. Cachez-vous dedans jusqu'à ce qu'il fasse nuit. Puis continuez à descendre tout droit, en suivant les sentiers de berger. Vous finirez par atteindre la route qui longe la gorge. »

Bernie avait contemplé l'étendue neigeuse d'aspect immaculé. « Ils trouveront mes traces.

— Peut-être la neige aura-t-elle fondu, d'ici là. Mais, dans le cas contraire, si vous vous enfuyez en fin d'après-midi, ils ne pourront pas commencer vraiment les recherches avant la nuit, et vos traces seront alors plus difficiles à repérer. Les gardes enverront quelqu'un au camp pour donner l'alarme, mais, le temps qu'Aranda organise une patrouille, vous serez presque arrivé à Cuenca. »

Bernie s'était mordu la lèvre, dubitatif. Il s'imaginait dévalant la colline, et croyait déjà entendre un coup de feu claquer, l'envoyant rouler au sol. Tout serait alors fini pour lui… « Attendons de voir quel temps il fera samedi.

— Vous n'aurez peut-être pas d'autre chance », avait répliqué Agustín en haussant les épaules. Il avait consulté sa montre et promené ses yeux autour de lui d'un air inquiet. « Nous ferions mieux de retourner là-bas. Observez attentivement le paysage, Piper. Si nous revenions ici une deuxième fois avant le jour dit, ça risquerait dc paraître bizarre. » Il avait remis son fusil à l'épaule en lui lançant un regard chagriné et embarrassé, et Bernie lui avait décoché un sourire malicieux.

« Peut-être penseraient-ils que nous nous sommes mariés, Agustín. »

Le jeune garde s'était rembruni et, d'un geste brusque de son arme, lui avait enjoint de regagner la carrière.

Les images continuaient à défiler, monotones. À présent, on voyait des ingénieurs allemands s'employant à moderniser les usines polonaises. Une odeur d'humidité et de corps mal lavés emplissait la salle. Certains prisonniers s'étaient endormis sous l'effet de cette chaleur à laquelle ils n'étaient pas habitués, d'autres fixaient l'écran d'un air maussade. Il en allait toujours ainsi pendant les films de propagande comme pendant les messes : une morosité chargée de tristesse et de rancune pesait sur l'auditoire. Comment le père Eduardo pouvait-il même croire que les offices obligatoires eussent une valeur quelconque ? Ils n'étaient, à l'instar de ces séances de cinéma, qu'une autre forme de revanche, de châtiment. Bernie lança un coup d'œil en direction de Pablo, assis un peu plus loin dans la même rangée. Depuis la crucifixion, il était comme replié sur lui-même, le regard vide, et ses bras le faisaient continuellement souffrir. Parfois, il prenait l'expression de celui qui a définitivement renoncé – Vicente avait une expression semblable, vers la fin. Establo faisait montre à son égard d'une surprenante bienveillance. Ses forces défaillaient, et il demandait souvent à Pablo de l'aider, peut-être, soupçonnait Bernie, pour lui donner une occupation et l'empêcher de sombrer dans la dépression.

Le père Eduardo avait également été affecté par la crucifixion. Bernie l'avait vu observer Pablo quand celui-ci traversait la cour enneigée d'une démarche traînante. Le prêtre semblait renfermé et préoccupé, et son expression était emplie de douleur quand il regardait Pablo. Bernie évitait le père Eduardo, désormais, car il avait encore honte de l'avoir tourmenté. Toutefois, la veille, le prêtre était venu le voir après l'appel.

« Comment va Pablo Jiménez ? avait-il demandé. Il est dans votre baraque, je crois.

— Pas très bien.

— J'en suis désolé, avait déclaré le prêtre en regardant Bernie dans les yeux.

— C'est à lui que vous devriez le dire.

— Je l'ai fait, ou du moins j'ai essayé, mais il m'a ignoré. Je voulais que vous le sachiez aussi. » Puis le père Eduardo s'était éloigné d'un pas lent, la tête rentrée dans les épaules, à la façon d'un vieillard.

Il y eut un vrombissement, un cliquetis, puis l'écran s'éteignit. Un garde alluma les lampes à pétrole et

Aranda revint se placer face à l'auditoire, les mains croisées derrière le dos, souriant. Il jouit de notre humiliation, se dit Bernie.

« Alors, messieurs, ce film vous a-t-il convaincus ? Il montrait bien quels poltrons sont les communistes. Ils préfèrent signer un traité avec leur ennemi, l'Allemagne, plutôt que de se battre. Ce ne sont pas de vrais guerriers, pas plus que ces embusqués d'Anglais. » Agitant sa badine, il poursuivit : « Allons, j'aimerais savoir ce que vous en pensez. Qui a quelque chose à dire ? »

Répondre à ces défis verbaux était un jeu dangereux : Aranda pouvait considérer toute réponse qui lui déplaisait comme une insolence, et punir son auteur. Pourtant Establo, qui était assis à côté de Pablo, se leva péniblement en s'appuyant sur son bâton. Son visage était à présent d'un jaune bilieux qui contrastait hideusement avec les sillons rouges creusés par la gale. Mais Establo ne renoncerait jamais à la lutte.

« Le camarade Staline est plus sage que vous ne le pensez, *señor comandante*. » Sa voix n'était qu'un râle, et il fut obligé de s'interrompre pour reprendre son souffle. « Il attend simplement que les puissances impérialistes aient épuisé leurs forces dans cette guerre. Ensuite, quand l'Empire britannique et l'Allemagne se seront mutuellement anéantis, les travailleurs des deux pays se soulèveront, et l'Union soviétique les aidera. »

Aranda prit un air ravi et contempla en souriant le visage ravagé d'Establo. « Mais la Grande-Bretagne semble au bord de la défaite, alors que l'Allemagne est plus puissante que jamais. Il n'y aura pas de bataille jusqu'à épuisement, seulement une victoire allemande.

Qu'en pense notre communiste anglais ? » ajouta-t-il en pointant sa badine vers Bernie.

Ce n'est pas le moment de s'attirer des ennuis, pensa celui-ci. Ma destinée en dépend. Il se leva et répondit : « Je ne sais pas, *comandante*.

— Tu as vu dans ce film que la Grande-Bretagne refuse de livrer une guerre ouverte à l'Allemagne. N'espères-tu pas qu'ils vont se battre, afin que les classes dirigeantes des deux pays s'entre-détruisent, comme l'a dit ton camarade ? »

Establo lui lança un regard empli de défi. Bernie ne répondit pas. Aranda sourit de plus belle, puis, au grand soulagement de Bernie, lui fit signe de se rasseoir.

« Les Britanniques savent qu'ils seront vaincus, c'est pourquoi ils se terrent chez eux. Mais, au printemps prochain, le chancelier Hitler les envahira, et tout sera terminé. » Souriant à la ronde, il lança une dernière flèche : « Et ensuite, qui sait, peut-être reportera-t-il son attention sur la Russie. »

Plus tard, dans le dortoir, Bernie réfléchissait, étendu sur sa paillasse. Une épaisse couche de neige recouvrait le sol depuis des semaines, cela ne pouvait plus durer bien longtemps encore. Mais il ne restait plus que cinq jours… Entendant le tapement d'un bâton sur le plancher, il leva les yeux. Establo ne pouvait plus se déplacer seul, à présent, et Pablo lui donnait le bras. Il se planta au pied de la couchette et contempla Bernie d'un regard plus vif et plus intense que jamais dans la lueur des bougies. C'était la seule partie de lui encore non rongée par la maladie.

« Tu n'avais pas grand-chose à dire au *comandante*, ce soir, Piper.

— Ça ne sert à rien de discuter avec des fous.

— La Grande-Bretagne continue à se battre sur les mers. Elle reste un adversaire redoutable pour l'Allemagne.

— Je l'espère.

— Parce que la Grande-Bretagne et l'Allemagne peuvent s'affaiblir mutuellement à un point tel que les travailleurs seront alors en mesure de se soulever, non ? Tu as vu comment le camarade Staline a roulé les Allemands en leur faisant croire qu'ils sont ses amis.

— S'il s'était joint à la Grande-Bretagne et à la France l'année dernière, l'Allemagne aurait peut-être été vaincue.

— Alors, tu es d'accord avec Aranda ? Le camarade Staline est un lâche ?

— Je ne sais pas plus que toi pourquoi il a signé ce pacte.

— Il a eu raison. C'est une guerre impérialiste.

— C'est une guerre contre le fascisme. C'est pour cela que je me suis battu en 36. Va-t'en, Establo, je ne veux pas me quereller avec un homme malade. » Bernie regarda Pablo. Il avait les traits tirés par la souffrance, et s'appuyait d'une main contre le bois du lit, tout en soutenant Establo de l'autre.

« Un jour, déclara calmement Establo, quand les Soviets auront gagné, tu regretteras de ne pas avoir été fidèle à tes convictions. Je ne serai plus là pour te dénoncer comme ennemi de la classe ouvrière, mais d'autres le feront à ma place. Ces gens-là seront ma mémoire, poursuivit-il en désignant Pablo d'un geste de la tête.

— Oui, camarade », répliqua Bernie en se levant. Il devait mettre fin à cette conversation, avant que les choses ne s'enveniment. « À présent, si tu veux bien m'excuser, je dois aller pisser. » Il sortit et se rendit derrière la baraque pour se soulager, tout en contemplant le paysage blanc à travers les barbelés. Faites qu'il n'y ait pas de clair de lune ce soir-là, pensa-t-il. Puis il sursauta et faillit pousser un cri en sentant une main se poser sur son épaule. Il se retourna en hâte. Agustín se tenait devant lui.

« Bordel, qu'est-ce que vous faites là ? chuchota-t-il, d'un ton irrité.

— J'attendais ici depuis une heure, dans l'espoir que vous sortiriez. » Agustín prit une profonde inspiration, puis expliqua : « Les tours de garde ont été changés. Je ne travaillerai plus le samedi, désormais. Vous ne pourrez pas partir. »

41

Hillgarth et Tolhurst devaient arriver à sept heures chez Harry, Sandy à la demie. En apprenant à Harry qu'il accompagnerait Hillgarth, Tolhurst s'était empourpré de fierté. « Le capitaine m'a demandé de venir l'aider, cette fois-ci, parce que je sais tout de l'affaire », avait-il déclaré d'un ton suffisant, comme si cela avait une quelconque importance pour Harry.

Quand il rentra chez lui, tard dans l'après-midi, il régnait un froid glacial dans l'appartement. Il n'y avait pas eu de nouvelle chute de neige, mais d'épais doigts de givre s'accrochaient aux fenêtres. Harry alluma le brasero, passa dans la cuisine, et déposa ses clés dans la soucoupe où il les rangeait habituellement. Elles étaient glacées, après avoir séjourné dans la poche de son pardessus. Il se rappela un vers de *Richard III* – il avait joué dans une représentation de la pièce, à l'école : Gloucester cherchant l'assurance que le duc de Clarence était bien mort et s'entendant répondre que celui-ci était « froid comme clé ».

De retour dans le *salón*, il redressa l'une des aquarelles accrochées au mur. Attendre était ce qu'il y avait de plus pénible, et il n'allait faire que cela, jusqu'au samedi où ils se rendraient à Cuenca.

Dans la pièce flottait encore le parfum légèrement piquant de Sofía. Étrange, la façon dont les parfums prenaient une senteur musquée dans l'air chaud, acidulée dans l'air froid… Ils étaient restés très tard la veille au soir, à discuter de l'évasion. Ce qu'ils s'apprêtaient à faire constituait un grave délit. S'ils étaient pris, Harry bénéficierait de l'immunité diplomatique, et Barbara serait protégée par son statut d'étrangère, mais Sofía, en tant qu'Espagnole, encourrait une longue peine de prison. Harry avait passé la moitié de la soirée à essayer de la dissuader de l'accompagner, mais elle était demeurée intraitable.

« J'ai affronté suffisamment de dangers pendant le Siège, avait-elle déclaré. Si je dois quitter mon pays, au moins puis-je accomplir une dernière chose, secourir quelqu'un.

— Bernie compte beaucoup pour moi, sinon je ne ferais pas ça. Mais toi, tu ne lui dois rien.

— J'ai une dette envers tous ceux qui sont venus ici pour soutenir la République. Je veux faire quelque chose avant mon départ. » Avec un petit sourire triste, elle avait ajouté : « Cela doit te paraître terriblement romantique, espagnol et stupide ?

— Non, non. C'est un beau geste. » Il s'était un instant demandé si elle voulait le mettre à l'épreuve, voir si lui aussi était capable d'un tel geste, après toutes ces histoires sordides dans lesquelles il avait trempé, ces trahisons. S'il avait offert son aide à Barbara, c'était en partie parce que son cœur avait bondi de joie à la nouvelle que Bernie était vivant, en partie pour racheter ses mensonges, mais aussi pour prouver à Sofía qu'il pouvait se comporter dignement. Car quelque chose avait changé entre eux deux, il le sentait – un léger retrait de la part de Sofía, une infime hésitation que seul un amant pouvait déceler.

Elle n'avait pas hésité toutefois lorsque Harry lui avait annoncé qu'il avait pris des dispositions pour qu'ils se marient à l'ambassade. Ce serait une cérémonie civile, puisqu'il n'était pas catholique, mais l'ambassade pouvait parfaitement célébrer un mariage selon les lois anglaises. Tolhurst avait glissé un mot à certaines personnes, pour faciliter les démarches au couple.

« La seule chose qui m'inquiète, avait-il ajouté, c'est que je ne suis pas sûr que Barbara soit assez forte pour supporter tout ça.

— Je pense que si. Elle est bien arrivée à monter ce plan toute seule… Ce Bernie doit être quelqu'un de spécial. La plupart des communistes espagnols étaient des gens peu recommandables.

— C'était mon meilleur ami. Bernie ne vous laissait jamais tomber, il était solide comme un roc. » Tout le contraire de moi, n'avait-il pu s'empêcher de penser. « Il suffit de voir comment il est resté fidèle à ses idées, au socialisme, avait-il poursuivi avec un petit rire. Ce n'était pas très bien vu à Rookwood, je peux te le garantir. » Il avait eu un sourire sarcastique avant de reprendre : « Paco n'ira jamais dans une de ces écoles. Soit on se rebelle, soit elles font de vous une sorte de somnambule, qui avance dans la vie sans rien voir. »

La sonnette fit entendre son bruit strident, arrachant Harry à sa rêverie. Il prit une profonde inspiration et alla ouvrir à Hillgarth et Tolhurst, pareillement vêtus d'un gros pardessus et d'un feutre. Quand il les en débarrassa, il constata qu'ils portaient par-dessous un costume élégant. Hillgarth se frotta les mains.

« Bon sang, Brett, il fait froid là-dedans !

— La pièce met un certain temps à se réchauffer. Désirez-vous boire quelque chose ? »

Il servit du whisky à Hillgarth, puis du cognac à Tolhurst et à lui-même. Il regarda anxieusement sa montre : sept heures moins le quart. Tolhurst s'assit sur le canapé, l'air nerveux, et Hillgarth fit le tour de la pièce, examinant les gravures. « Elles viennent de l'ambassade ?

— Oui, les murs étaient nus quand j'ai emménagé.

— Avez-vous trouvé des souvenirs appartenant au communiste qui habitait ici autrefois ? poursuivit le capitaine en souriant. Des directives de Moscou dissimulées dans le dossier des chaises ?

— Non, absolument rien.

— Les franquistes ont dû fouiller les lieux de fond en comble. À propos, vous n'êtes toujours pas suivi, n'est-ce pas ?

— Non. Plus depuis des semaines.

— Ils ont sans doute décidé que vous occupiez un poste trop peu important pour que cela en vaille la peine. »

Seigneur, songea Harry, s'ils savaient tout ce que je leur ai caché ! Et ce n'était rien, comparé à ce qu'il s'apprêtait à faire samedi. Mais il ne devait pas y penser ; il lui fallait au contraire rester maître de lui. Froid comme clé.

« Au fait, reprit Tolhurst, votre fiancée doit se présenter à l'ambassade demain, pour répondre à quelques questions. Une simple vérification de ses opinions politiques, pour nous assurer qu'elle n'est pas un agent de Franco. Je peux vous indiquer les réponses à donner.

— D'accord, merci.

— Le petit garçon ne devrait pas poser de problème, mais votre fiancée devra fournir la preuve qu'il est à sa charge, poursuivit Tolhurst, en fixant Harry de cet air de vieux sage qu'il prenait parfois.

— C'est elle qui perçoit ses tickets de rationnement depuis un an et demi.

— Cela devrait aller », acquiesça Tolhurst.

Hillgarth les observait tout en sirotant son whisky. « Vous pouvez être reconnaissant envers Tolly, Brett. Il a passé la moitié de l'après-midi d'hier au service de l'immigration. »

À cet instant, la sonnette retentit une nouvelle fois, un coup bref et impérieux. Pendant une seconde, ils restèrent tous trois silencieux, comme pour rassembler leurs forces. Puis Hillgarth dit : « Allez lui ouvrir, Brett. »

Sandy se tenait sur le seuil, souriant, la posture avachie. « Salut, Harry. Ils sont là ? s'enquit-il, en regardant par-dessus son épaule.

— Oui. Entre. »

Il l'introduisit dans le *salón*. Sandy adressa un signe de tête aux deux hommes, puis examina la pièce. « Pas mal, ton appartement. Je vois que tu possèdes des gravures anglaises. »

Hillgarth, s'avança, la main tendue. « Capitaine Alan Hillgarth. Et voici Simon Tolhurst.

— Enchanté.

— Un verre, Sandy ? s'enquit Harry.

— Du whisky, s'il te plaît. » Regardant la bouteille posée sur le buffet, il s'exclama d'un ton appréciateur :

« Oh, du Glenfiddich ! Je me demande si tu te fournis au même endroit que moi, cette officine de marché noir derrière le Rastro ?

— Cela provient des réserves de l'ambassade, en fait, répondit Hillgarth. Arrivage direct d'Angleterre. Ce sont les avantages du métier…

— Le confort du foyer, hein ? » approuva Sandy, avec un large sourire, en prenant son verre des mains de Harry, qui frémit intérieurement.

« Si nous nous asseyions ? » suggéra Hillgarth.

Sandy prit un siège et tendit au capitaine son étui à cigarettes en argent. « Vous fumez ?

— Merci. » Sandy offrit ensuite une cigarette à Tolhurst, puis dit en refermant l'étui : « Je sais que Harry ne fume pas. » S'adossant à son siège, il poursuivit : « Bien, que puis-je faire pour vous ?

— Nous vous tenons à l'œil, Forsyth, déclara Hillgarth d'une voix onctueuse. Nous savons que vous avez une participation dans cette mine des environs de Ségovie, que c'est un projet d'une importance considérable, et que le comité du colonel Maestre vous donne du fil à retordre. Nous pensons que la faction monarchiste à laquelle il appartient veut ravir le contrôle de cette ressource majeure aux phalangistes actuellement en place au ministère des Mines. »

Le visage de Sandy perdit toute expression, et il fixa Hillgarth avec des yeux ronds. Il va comprendre que c'est par mon intermédiaire qu'ils ont appris tout cela, se dit Harry. Hillgarth aurait pu me prévenir qu'il avait l'intention de se montrer aussi direct.

« Les actions de votre société, Nuevas Iniciativas, sont en train de dégringoler », poursuivit Hillgarth en regardant Sandy bien en face.

Sandy se pencha en avant et secoua soigneusement la cendre de sa cigarette au-dessus du cendrier. Puis il se renfonça dans sa chaise et haussa un sourcil. « C'est la Bourse, que voulez-vous.

— Et, bien entendu, les choses doivent commencer à devenir vraiment difficiles, maintenant que le corps du lieutenant Gómez a été retrouvé. »

Sandy conserva son expression impassible et ne répondit pas. Il s'écoula ainsi quelques secondes qui parurent durer une éternité. Puis il jeta un coup d'œil en direction de Tolhurst, avant de reporter son regard sur Hillgarth.

« Vous semblez très bien informé, dit-il d'une voix calme. Ainsi, Harry m'espionnait ? Un vieux copain comme lui ? » Il tourna lentement la tête et regarda Harry, ses grands yeux bruns emplis de chagrin. « Tu as vraiment fait les choses à fond, hein ?

— Ces renseignements sont exacts, n'est-ce pas ? insista le capitaine.

— Quelques-uns, peut-être, répondit Sandy en se retournant vers lui.

— Ne jouez pas à ce petit jeu avec moi, Forsyth, dit Hillgarth d'un ton incisif, en se penchant vers lui. Vous allez bientôt devoir vous trouver une porte de sortie. Si l'État prend le contrôle de la mine, vous subirez une lourde perte financière. Quelqu'un pourrait même décider de vous poursuivre pour le meurtre de Gómez.

— Ce n'est pas ma faute si certains de mes collaborateurs ont eu la main un peu lourde.

— Selon nos informations, ils ont agi sur votre ordre. »

Sans répondre, Sandy avala un long trait de whisky. Hillgarth se renfonça dans son siège. Pendant cet échange, Tolhurst n'avait cessé de fixer Sandy de son regard de faux sage. S'il espérait le mettre mal à l'aise, se dit Harry, il en est pour ses frais. Sandy ne paraissait même pas s'en être aperçu.

« Tout cela est en dehors de notre juridiction, reprit Hillgarth, avec un petit geste de la main, et ne nous intéresse pas vraiment. Voici où je veux en venir : si vous rencontrez des difficultés, vous devriez peut-être envisager de changer de métier, et de venir travailler pour nous.

— De quel genre de travail s'agirait-il ?

— D'un travail de renseignement. Nous vous rapatrierions en Angleterre. Mais d'abord, il faudrait que vous nous disiez tout sur cette mine. C'est pour avoir ces informations que nous avons embauché Brett. Quelle est sa taille ? Quand va-t-elle commencer à produire ? Fournira-t-elle à l'Espagne les réserves d'or nécessaires pour importer de la nourriture ? Pour le moment, le gouvernement dépend des prêts que les Américains et nous lui accordons, ce qui nous donne un moyen de pression. »

Sandy hocha lentement la tête. « Donc, si je vous livre des informations complètes sur la mine, vous m'aiderez à quitter le pays ?

— Oui. Nous vous rapatrierons en Angleterre, et, si vous le désirez, nous vous formerons et vous enverrons en mission dans un pays où vos talents pourraient nous être utiles. L'Amérique latine, par exemple. Nous pensons que cela vous conviendrait parfaitement. Et vous seriez bien payé. » De nouveau, Hillgarth s'inclina légèrement vers lui. « Si vous souhaitez continuer ainsi, libre à vous. Mais si vous voulez vous sortir de là, il faut nous dire tout ce qu'il y a à savoir sur cette mine. Absolument tout.

— C'est une promesse ?

— Vous avez ma parole. »

Sandy pencha la tête de côté, en faisant tournoyer le whisky dans son verre. Hillgarth reprit d'une voix basse et ferme : « À vous de choisir. Vous pouvez nous rejoindre, ou retourner à votre mine d'or. Toutefois, c'est un jeu dangereux, même s'il vous a autrefois paru profitable. »

À la stupéfaction de Harry, Sandy rejeta la tête en arrière et se mit à rire.

« Vous m'avez espionné constamment, et vous n'avez toujours pas compris. Oh, nom d'un chien ! Vous n'avez rien pigé.

— Quoi ? demanda Harry, intrigué.

— Quoi ? le singea moqueusement Sandy. Toujours pas guéri de ta surdité, ou bien était-ce une couverture, ça aussi ?

— Non, c'était vrai. Mais de quoi parles-tu ? Qu'y a-t-il à comprendre ?

— Qu'il n'y a pas de mine d'or, répliqua Sandy d'un ton calme mais chargé d'un mépris écrasant. Qu'il n'y en a jamais eu.

— Mais je l'ai vue ! » s'écria Harry, effaré.

Sandy l'ignora et, se tournant vers Hillgarth, expliqua : « Tout ce qu'il a vu, c'est un bout de terrain, un peu de matériel et des cabanes. Oh, le terrain est effectivement du type susceptible de renfermer un gisement aurifère, seulement, il n'en contient pas le moindre gramme. » Il rit de nouveau et secoua la tête. « L'un de vous sait-il en quoi consiste le salage ?

— Moi, répondit Hillgarth. On prend un échantillon

de sol approprié, et l'on y ajoute de la poudre d'or, pour lui donner l'aspect du minerai. » Sa mâchoire s'affaissa, et il s'exclama : « Oh, bon Dieu, c'est ce que vous avez fait ?

— Eh oui, acquiesça Sandy. Bon sang, poursuivit-il en allumant une autre cigarette, cela vaut presque la peine d'être trahi par Brett, rien que pour voir vos têtes !

— J'ai travaillé moi-même dans l'industrie minière, reprit Hillgarth. Le salage n'est pas si facile à réaliser, il faut être un géologue expérimenté.

— Exactement. Comme mon ami Alberto Otero. Il a travaillé en Afrique du Sud, et m'a raconté certaines des combines qui se pratiquent là-bas. Je lui ai suggéré que cela pourrait également marcher ici. Le gouvernement a désespérément besoin d'or, et le ministère des Mines est plein de phalangistes qui cherchent à accroître leur influence. Il s'est mis en quête d'un terrain approprié, et nous l'avons acheté. J'avais déjà noué des contacts utiles au ministère.

— Le nommé de Salas ? demanda Tolhurst.

— Oui, de Salas. Il a eu beaucoup de mal à tenir Maestre en respect. Il croit qu'il y a bel et bien un gisement, et que cela va aider l'Espagne à devenir une grande nation fasciste. » Se tournant vers Hillgarth, il ajouta en souriant : « Nous utilisons nos laboratoires pour répartir la poussière d'or dans le minerai, ou ce qu'on appelle la brèche, puis nous l'expédions vers les labos gouvernementaux. Cela dure depuis six mois. Ils n'arrêtent pas de nous demander de nouveaux échantillons, et nous les leur donnons.

— Il doit vous falloir une grande quantité d'or pour y parvenir, intervint Hillgarth en plissant les yeux. Et il atteint un prix exorbitant au marché noir. Un achat en grande quantité attirerait l'attention sur vous.

— Pas si l'on est membre d'un comité qui aide de pauvres Juifs plongés dans le désespoir à s'enfuir de France. Ils ne peuvent pas prendre grand-chose avec eux, et la plupart emportent de l'or. Nous les en soulageons et, en échange, leur procurons des visas pour Lisbonne. Puis Alberto fait fondre cet or et le transforme en minuscules particules. Nous avons autant d'or qu'il nous en faut, et personne ne se doute de rien. Le comité juif est une idée à moi, à vrai dire. » Il exhala un nuage de fumée avant de poursuivre : « Quand j'ai appris que les Juifs français débarquaient en foule à Madrid, fuyant les nazis, je me suis dit que je pourrais les aider. Harry ne le croira peut-être pas, mais ils me font de la peine, ces gens qui ne trouvent jamais grâce aux yeux de personne et que l'on condamne à errer sans fin. Pour leur obtenir des visas, il me fallait de l'argent, et eux n'avaient que leur or. C'est ce qui m'a poussé un jour à dire à Otero que l'or était une valeur éternelle, qui, depuis toujours, fait briller de convoitise les yeux des hommes. Et c'est ainsi qu'a germé notre idée. » Il adressa un sourire à Hillgarth, refusant obstinément de regarder Harry.

Tout cela n'était donc qu'une supercherie, pensa Harry. Toute cette histoire, la mission, les trahisons, la mort de Gómez, tout cela pour rien. Des miroirs et de la fumée, un tour de passe-passe.

Hillgarth contempla longuement Sandy, puis éclata d'un rire sonore.

« Bon Dieu, Forsyth, vous avez été sacrément malin. Vous avez roulé tout le monde. »

Sandy inclina la tête.

« Que comptiez-vous faire ? Attendre que les actions de la société aient suffisamment grimpé, puis les fourguer et disparaître dans la nature ?

— C'était plus ou moins mon idée. Mais quelqu'un au ministère des Mines a fait courir le bruit que la société allait probablement être rachetée ; c'est leur dernière tactique pour prendre le contrôle d'une entreprise. Ces salopards ne manquent pas d'astuce. Seulement, ce qu'ils ignorent, c'est qu'ils prendront le contrôle de trois fois rien, une ou deux fermes dénuées de valeur. Mais ensuite, Maestre a introduit son espion chez nous. L'homme possédait les clés des locaux, et, s'il n'était pas complètement obtus, il aurait vite découvert la vérité.

— Vous risquiez donc de vous retrouver sans le sou, dit Hillgarth, les yeux froids comme des pierres. Et votre tête aurait peut-être même été mise à prix.

— Cela aurait pu se produire à tout instant. Un coup de couteau bien ajusté dans une ruelle sombre… Je n'aime guère l'idée de devoir surveiller sans cesse mes arrières.

— Vous avez joué un jeu dangereux.

— Oui. Je croyais que Harry pouvait être un atout, déclara Sandy, toujours sans le regarder. Je savais qu'il avait de l'argent et, si nous avions investi davantage de capitaux et acheté de nouveaux terrains, cela aurait renforcé notre crédibilité et il aurait été plus difficile de prendre le contrôle de la société. Harry aurait également empoché un gros bénéfice. J'y aurais veillé, je lui aurais dit de vendre au bon moment. Et puis, quand Gómez a été démasqué, nous avons d'abord été terrifiés à l'idée qu'il ait découvert le pot aux roses. Mais il n'en a sans doute pas eu le temps, car il ne s'est rien passé. Gómez n'était pas très intelligent. Toutefois, Maestre continue à intriguer pour mettre la main sur l'or. Le moment est venu pour moi de filer. »

Sandy se tourna enfin vers Harry, le visage dénué d'expression, mais les yeux pleins de chagrin et de colère. « Je te faisais confiance, Harry, tu étais la dernière personne au monde à qui je me fiais encore. Aucune importance, hein ? ajouta-t-il avec un mince sourire. Tout s'arrange pour le mieux, finalement. » Il se renfonça dans son siège et s'absorba dans la réflexion. Harry remarqua que sa paupière gauche était agitée d'un infime tressaillement. En dépit de ce que Sandy avait fait, il se sentit honteux, trop honteux pour répondre. S'adressant de nouveau à Hillgarth, Sandy reprit : « Vous êtes l'Alan Hillgarth qui écrivait des romans d'aventures, n'est-ce pas ?

— C'est exact.

— Et aujourd'hui, vous vivez ces aventures pour de vrai, hein ? Je lisais vos bouquins, à l'école. Harry ne les aimait pas, mais moi j'en raffolais. Les aventures... Vous êtes comme moi, vous aimez les aventures. »

Hillgarth garda le silence.

« Vous romanciez un peu trop les choses, toutefois. Vous souvenez-vous de cette histoire qui se passait au Maroc espagnol ? Vous ne montriez pas à quoi ressemblent vraiment les guerres coloniales, leur sauvagerie.

— Si je les avais décrites de façon véridique, la censure n'aurait pas autorisé la publication.

— C'est fort possible. Il y a des censeurs partout, n'est-ce pas ? Des gens qui nous font croire que le monde est meilleur et plus sûr qu'il ne l'est réellement.

— Revenons-en à notre sujet, Forsyth. Je pense que vous pouvez toujours nous être utile. Un homme capable de monter une telle escroquerie... Mais si nous vous sortons de ce pétrin, nous fixerons nous-mêmes les conditions ; pour commencer, vous devrez raconter tout cela aux gens qui se trouvent à Londres. Nous vous accompagnerons là-bas en avion. Compris ? »

Sandy hésita un instant, puis inclina la tête. « Parfaitement.

— Bien. Soyez à l'ambassade demain matin à dix heures. Vous vivez avec une Anglaise je crois ? »

Sandy acquiesça.

« Que sait-elle sur la mine ?

— Rien, répondit Sandy avec un petit sourire cynique. Rien du tout. » Regardant Harry, il poursuivit : « Barbara est aussi innocente que l'agneau qui vient de naître, n'est-ce pas, Harry ?

— Vous devrez inventer quelque chose pour lui expliquer votre départ, grommela Hillgarth.

— Oh, je crois qu'elle sera ravie de rentrer en Angleterre. De plus, je doute que nous restions ensemble encore bien longtemps. Elle n'est pas un élément déterminant dans cette histoire.

— Bien. » Hillgarth se leva et, toisant Sandy, lui lança : « Ce sera tout pour aujourd'hui. Vous avez l'étoffe d'un bon agent, Forsyth. Mais n'essayez pas de nous rouler », conclut-il en souriant.

Sandy hocha la tête, se leva à son tour et tendit la main à Hillgarth, qui la prit.

« Et votre maison ? s'enquit Tolhurst.

— Je la loue à l'un des ministères. Gratis, à vrai dire », expliqua Sandy, en lui offrant une main que Tolhurst serra, après une brève hésitation. Harry se mit debout. Sandy le regarda une seconde, puis tourna le dos et se dirigea vers la porte. Tolhurst lui emboîta le pas.

« Bon sang, ce type ne manque pas de sang-froid ! s'écria Hillgarth en fixant Harry. Quand je pense à tout le travail que nous avons fait pour nous renseigner sur cette mine… Je suppose qu'il ne nous a quand même pas menti, hein ?

— Non, il disait la vérité, acquiesça Harry à voix basse.

— Oui, si ce foutu machin avait été réel, il aurait été en position de force pour négocier, et il s'en serait servi. C'est sans doute pour cela qu'il nous a tout de suite avoué la vérité. Ce n'est probablement plus qu'une question de temps avant que l'affaire n'éclate au grand jour. » Hillgarth se tut et parut réfléchir.

Tolhurst revint et se laissa choir sur une chaise en déclarant : « Sir Sam sera fou furieux, mon capitaine. Toutes ces dépenses, Maestre qui nous en veut à mort, tout ça pour une mine qui n'a jamais existé. Mon Dieu !

— Oui. Je vais devoir choisir soigneusement le moment pour le lui annoncer », répondit Hillgarth, qui secoua la tête et s'esclaffa. « Rouler Franco lui-même ! Ma foi, Forsyth a des couilles, il faut le reconnaître. » Pour la première fois, il considéra Harry avec une certaine sympathie. « Désolé d'avoir dû lui révéler le rôle que vous avez joué dans l'histoire, mais je n'avais pas d'autre solution. »

Harry hésita, puis rétorqua : « Ce n'est pas grave, monsieur. Rien ne me surprend plus, à présent. Ni les chevaliers de St. Georges, ni le fait que notre gouvernement pratique la corruption en masse, auprès des monarchistes.

— Harry… », murmura Tolhurst d'un ton gêné. Hillgarth arqua un sourcil offusqué, mais Harry poursuivit sur sa lancée. Tout était terminé, à présent, et plus rien ne lui importait.

« Je me demande simplement pourquoi il était nécessaire de les soudoyer. Ils ne veulent pas entrer en guerre contre nous, ajouta-t-il d'une voix amère, ils savent que nous nous fichons pas mal de ce qu'ils infligent à leur peuple. »

Il s'attendait à voir Hillgarth perdre son calme, il le souhaitait au fond de lui, mais le capitaine se contenta de sourire dédaigneusement.

« Partez, Brett. Accomplissez toutes les formalités pour emmener votre petite amie, puis rentrez chez vous. Laissez l'Espagne à ceux qui comprennent ce dont elle a besoin. »

42

Ce soir-là, Barbara resta à la maison pour soigner son rhume. Elle était réellement malade depuis la veille, et, avec son nez qui coulait et ses yeux rouges, il ne lui avait pas été difficile d'exagérer les symptômes pour simuler une grippe. Elle avait proposé à Sandy de dormir dans l'une des chambres inoccupées pour réduire le risque de contagion, et il avait accepté. Il avait l'air plus soucieux que jamais et semblait à peine prêter attention à ce qu'elle lui disait, de toute façon.

Il lui avait déclaré qu'il rentrerait tard. Elle avait passé l'après-midi dans sa chambre, en continuant devant Pilar à faire semblant d'être grippée. Elle avait écouté la radio, et essayé de capter la BBC, mais la réception était mauvaise. Puis elle s'était assise près de la fenêtre et avait contemplé la rue enneigée. Au bout d'un moment, elle avait pris conscience d'un bruit de ruissellement au-dehors et avait ouvert la fenêtre. L'air était nettement plus chaud et la neige fondue dégoulinait des arbres. Déjà, un carré d'herbe verte était visible sous l'orme du jardin. Un immense soulagement l'avait envahie à cette vue. Si la neige disparaissait, l'évasion de Bernie en serait facilitée.

Demain, elle emmènerait Harry et Sofía à son dernier rendez-vous avec Luis. Ils étaient convenus qu'elle le verrait d'abord seule à seul. Barbara craignait que Luis ne prît peur et ne déguerpît en la voyant arriver escortée de deux personnes. Une fois qu'elle lui aurait expliqué la situation, ils se rejoindraient. Elle ne pensait pas que Luis pût soulever d'objection. Sofía avait raison : sa présence et celle de Harry ne pourraient qu'augmenter les chances de réussite du projet. Elle leur en était reconnaissante, mais conservait le sentiment d'avoir été trahie par Harry. Que de complexités il dissimulait, en fin de compte, sous son apparence tranquille !…

Ses réflexions furent interrompues par un coup contre la porte de la chambre. Elle se leva d'un bond et referma la fenêtre. Tout en se dirigeant vers la porte, elle se moucha bruyamment et s'efforça de prendre l'air languissant d'une malade. Pilar se tenait sur le seuil, la mine revêche, les cheveux plus frisés que jamais sous sa coiffe.

« Puis-je vous dire un mot, *señora* ?

— Entre », répondit Barbara d'un ton sec. La fille ne pouvait guère s'attendre à plus d'amabilité ; c'était à peine s'ils avaient pris la peine de se cacher, Sandy et elle. Elle se campa au centre de la pièce et fit face à Pilar.

« Qu'y a-t-il ? »

Pilar croisa les mains sur son tablier blanc. Il y avait dans son regard une sourde colère. Les gens haïssent toujours ceux à qui ils ont fait du mal, sans doute pour combattre leur sentiment de culpabilité, se dit Barbara.

« Je suis venue vous donner mon congé, *señora*.

— Ah oui ? s'exclama Barbara, avec une réelle surprise.

— Je voudrais partir à la fin de la semaine prochaine, si cela vous convient. »

Cela ne lui laissait guère de temps pour lui trouver une remplaçante, mais Barbara serait néanmoins contente de la voir partir. La femme de ménage accepterait sans doute d'effectuer des tâches supplémentaires… Elle se demanda ce qui était arrivé. Les deux amants s'étaient-ils querellés ?

« C'est une décision bien soudaine, Pilar.

— Oui, *señora*. Ma mère est malade, là-bas, à Saragosse. Je dois aller m'en occuper. »

C'était un mensonge flagrant : Barbara savait que les parents de la jeune femme étaient originaires de Madrid. Elle ne put s'empêcher de lui lancer une pointe.

« J'espère que ce n'est pas le travail que tu fais pour mon mari et moi qui a cessé de te plaire.

— Non, *señora*, répondit Pilar en continuant à la fixer de ses yeux plissés de colère. Ma mère est malade, répéta-t-elle.

— Dans ce cas, tu dois y aller. Pars ce soir, si tu veux. Je te paierai jusqu'à la fin de la semaine.

— Merci, *señora*, dit la jeune femme d'un air soulagé. C'est gentil de votre part.

— Va faire ta valise, je prépare l'argent. »

Pilar fit une petite révérence et sortit en hâte. Barbara prit la clé du bureau dans lequel elle gardait l'argent, en songeant : bon débarras.

Une heure plus tard, Pilar avait quitté les lieux. De sa fenêtre, Barbara la regarda descendre l'allée avec sa grosse valise cabossée, ses pieds laissant de profondes empreintes dans la neige en train de fondre, et elle se demanda où elle allait. Puis elle descendit dans la cuisine. Celle-ci était dans un désordre total : la vaisselle s'empilait dans l'évier, et le sol n'avait pas été balayé. Barbara se dit qu'elle devrait y remédier, mais ne s'en sentit pas le courage. Elle s'assit et resta là à fumer en regardant tomber le soir. Ensuite, pour tuer le temps, elle prépara un *cocido* pour le dîner.

Il était plus de neuf heures quand elle entendit les pas de Sandy dans le *salón*. Elle remonta sans bruit l'escalier, en espérant regagner sa chambre sans qu'il s'en aperçût, mais il appela par la porte entrouverte : « Barbara, c'est toi ?

— Oui, répondit-elle en s'immobilisant sur les marches.

— Viens ici une minute. »

Il se tenait devant le foyer éteint, une cigarette à la main, encore vêtu de son manteau et de son chapeau. « Comment te sens-tu ? » s'enquit-il. Il semblait un peu ivre, et il y avait dans son regard une tristesse qu'elle ne lui avait jamais vue.

« J'ai toujours le nez bouché.

— Il fait froid ici. Pourquoi Pilar n'a-t-elle pas allumé le feu ?

— Elle est partie, Sandy. Elle est venue me voir cet après-midi et m'a donné sa démission. Elle se rend à Saragosse auprès de sa mère malade, du moins c'est ce qu'elle m'a dit.

— Oh, bon, fit Sandy en haussant les épaules. J'étais avec des types de l'ambassade britannique, poursuivit-il en la regardant. Et après, je suis allé boire un coup.

— Que te voulaient ces gens ? » demanda-t-elle. Elle connaissait la réponse, bien sûr. Harry avait expliqué que les services secrets désiraient le recruter.

« Assieds-toi », dit Sandy. Elle se percha sur le bord

du canapé, et il alluma une nouvelle cigarette. « Dis-moi, quand tu voyais Brett, te posait-il des questions sur moi ? Sur mon travail ? »

Oh, mon Dieu, pensa-t-elle, il a découvert la vérité au sujet de Harry. C'est pour cela qu'il l'appelle Brett. « Une fois ou deux, répondit-elle, lors de nos premières rencontres. Mais je n'ai pas pu lui dire grand-chose. »

Sandy hocha pensivement la tête, et reprit : « Harry n'est pas le moins du monde interprète. C'est un espion. Il m'espionnait pour le compte de ces foutus services secrets. »

Feignant la surprise, elle s'exclama : « Quoi ? En es-tu sûr ? Pourquoi t'espionnerait-on ?

— J'étais impliqué dans un projet extrêmement important. » Il secoua la tête avec colère et poursuivit : « C'est fini, à présent. Je suis grillé, ici.

— Comment ? Pourquoi ?

— Il y avait trop d'opposants à ce projet. Les amis de Brett m'offrent une sortie de secours, mais… Harry m'a bien eu. J'aurais dû m'en rendre compte, murmura-t-il, davantage pour lui-même que pour elle. J'aurais dû rester sur mes gardes. Mais je lui faisais confiance, et c'était probablement là-dessus qu'ils comptaient.

— Qui cela ?

— Hein ? Ses employeurs, ces espèces de petits fouille-merde sournois. J'aurais dû le voir, répéta-t-il en secouant de nouveau la tête. J'aurais dû le voir. On ne devrait jamais baisser sa garde, marmonna-t-il. Jamais se fier à personne. » Son regard était flou, et elle crut y voir briller des larmes.

« Es-tu certain de ne pas te tromper ? demanda-t-elle. Pourquoi… pourquoi donc t'espionnerait-il ?

— Il me l'a avoué lui-même, répondit Sandy d'une

voix plate, dénuée de toute émotion. Ou plutôt, ses patrons me l'ont dit, devant lui. On voyait bien qu'il n'avait pas envie que ça se sache. Ils s'intéressaient à mes activités professionnelles. Maintenant, ils veulent que je travaille pour eux. Là-bas, en Angleterre. L'Angleterre… soupira-t-il, avec un hochement de tête. Le crachin, la réglementation et cette hypocrisie larmoyante. Sans parler des bombardements. À moins qu'ils ne me jettent en prison ou ne me flanquent un coup sur la tête une fois que je serai rentré là-bas. Sous escorte. » Il lui lança un regard scrutateur. « Tu as envie de rentrer, n'est-ce pas ?

— Oui. Mais tes affaires ? s'enquit-elle, après une hésitation.

— Je te l'ai dit, c'est foutu, répondit-il, en crispant les lèvres. Définitivement fini. Le plus gros coup de ma vie. »

Elle éprouva une soudaine envie de tout lui révéler, de lui parler de Bernie et du plan d'évasion. C'était sans doute en raison de la tension, cette tension constante qu'elle ne supportait plus. Mais Sandy déclara abruptement : « Je monte dans mon bureau, j'ai des choses à faire. Et puis je ressortirai un moment.

— À cette heure ?

— Oui », répliqua-t-il d'un ton cassant avant de quitter la pièce.

Elle alla jusqu'à l'armoire à alcools et se versa une bonne dose de whisky, puis s'assit et alluma une cigarette. Ainsi, Harry avait été démasqué. Cela avait dû le contrarier énormément, mais peut-être le méritait-il.

La sonnerie stridente du téléphone résonna dans le vestibule. « Zut, maugréa-t-elle, qu'y a-t-il encore ? » Elle attendit que Pilar répondît, puis se souvint que la jeune bonne était partie. La sonnerie ne s'arrêtait pas. Pourquoi Sandy ne prenait-il pas la communication sur son poste ? Excédée, elle alla décrocher l'appareil.

« *Señora* Forsyth ? » Elle reconnut aussitôt la voix de Luis, rauque et essoufflée, et promena autour d'elle un regard éperdu, terrifiée à l'idée de voir Sandy surgir en haut de l'escalier.

« Oui, chuchota-t-elle. Qu'y a-t-il ? Pourquoi téléphonez-vous ici ?

— Excusez-moi, mais il le fallait. Puis-je vous parler sans risque ? reprit-il après une courte pause.

— Oui. Mais si vous entendez un déclic, c'est qu'il aura décroché sur l'autre poste, et qu'il vaudra mieux vous taire. Que se passe-t-il ? reprit-elle, d'un ton bas et pressant. Soyez bref.

— Je viens de recevoir des nouvelles d'Agustín. Il était convenu qu'il pouvait me téléphoner dans un bar où je vais le soir…

— Oui, oui, je vous en prie, soyez bref.

— La liste de service a été modifiée. Agustín ne sera pas avec Piper à la carrière samedi.

— Quoi ? Oh, mon Dieu…

— Il faudra faire ça vendredi. Pourrez-vous venir à Cuenca un jour plus tôt ? Le plan est toujours le même, vous retrouverez Piper dans les buissons près du pont à sept heures. Agustín est allé à Cuenca, pour prévenir le vieux, à la cathédrale.

— Oui, oui, entendu, oui. » Barbara plissa anxieusement le front. Harry arriverait-il à se libérer de son travail vendredi ?

« Je sais que nous nous voyons demain, mais je voulais vous en informer le plus vite possible, au cas où vous devriez prendre de nouvelles dispositions.

— Très bien, oui, c'est entendu. À demain.

— Au revoir. » Il y eut un déclic, et la communication fut coupée ; seule la tonalité bourdonnait à l'oreille de Barbara à présent. Elle reposa le combiné, et regagna le *salón*. Mais elle ne tenait pas en place et ressortit aussitôt pour monter dans sa chambre. Le palier n'était pas éclairé, et elle se rappela sa peur du noir en haut de l'escalier, quand elle était petite, en montant se coucher. Subitement, elle pensa à Carmela et à l'âne en peluche qu'elle avait déposé en offrande dans l'église.

Il y avait un trait de lumière sous la porte de leur chambre. Sandy était en train d'ouvrir et de refermer des tiroirs. Que cherchait-il donc ?

Elle redescendit au *salón* et demeura là, à boire et à fumer pour apaiser sa nervosité. Au bout d'un moment, elle perçut les pas de Sandy dans l'escalier, et se raidit, s'attendant à le voir apparaître. Puis elle entendit la porte d'entrée claquer, et la voiture démarrer. Dès que le bruit du moteur se fut éloigné, elle remonta en hâte vers la chambre. Il avait emporté des vêtements, un costume et une chemise. Elle regarda par la fenêtre. Un brouillard épais était tombé, et c'était à peine si l'on distinguait la faible lueur jaune des réverbères. Où Sandy était-il allé ? Que faisait-il ? C'était imprudent de conduire par ce temps…

Elle resta assise près de la fenêtre pendant des heures, fumant cigarette sur cigarette, seule dans la maison.

43

Le restaurant près du Palais royal était calme et presque désert. Barbara commanda un café au petit homme replet qui en était le propriétaire ; elle vit qu'il se souvenait d'elle et de sa précédente visite ici en compagnie de Harry. Cela remontait à quelques semaines seulement, mais elle avait l'impression que toute une vie s'était écoulée depuis.

Il était un peu plus de deux heures de l'après-midi. Harry et Sofía n'arriveraient que dans une heure, mais Barbara ne supportait plus de rester dans la grande maison vide. Sandy n'était toujours pas rentré. La femme de ménage était arrivée à neuf heures et Barbara lui avait demandé de nettoyer la cuisine. Puis elle avait déambulé à travers les pièces silencieuses, où ne résonnaient que le bruit de ses propres pas et le ruissellement incessant au-dehors. La neige avait presque disparu à présent. Barbara était entrée dans le bureau de Sandy. Tout avait l'air normal ; les tableaux et les ornements étaient à leur place. Elle avait ouvert le tiroir où il gardait ses livrets de banque. Celui-ci était vide. Il est parti pour de bon, avait-elle pensé, il m'a quittée. Bizarrement, cela l'avait déprimée de se voir ainsi abandonnée. Elle avait vite chassé ce sentiment, en se disant que c'était stupide de réagir de cette façon, puisque c'était ce qu'elle avait souhaité. Elle avait songé, avec un étrange détachement, qu'il n'y avait pas si longtemps de cela la liaison de Sandy avec la bonne et, plus encore, cette soudaine désertion l'auraient plongée dans une prostration totale, et auraient détruit le peu d'estime qu'elle avait pour elle-même.

Le restaurant commençait à se remplir au moment où Harry et Sofía arrivèrent. Tous deux avaient l'air grave.

« Tout va bien ? s'enquit-elle.

— Oui, répondit Harry en s'asseyant, excepté que Sandy était censé venir à un rendez-vous ce matin à l'ambassade, et qu'il ne l'a pas fait.

— Je crois qu'il est parti, expliqua-t-elle en soupirant. Qu'il a déguerpi. » Elle leur raconta ce qui s'était passé le soir précédent. « Sur le moment, certains de ses propos m'ont paru bizarres, mais tout devient clair à présent. Je pense qu'il a filé avec Pilar.

— Mais où seraient-ils allés ? demanda Sofía.

— À Lisbonne, peut-être, rétorqua Harry. Il nous a parlé l'autre soir d'un comité d'aide aux émigrants juifs venus de France. Ces réfugiés leur donnaient de l'or en échange de visas pour le Portugal.

— C'était donc ça, murmura Barbara. C'était uniquement pour cela qu'il les aidait.

— Lui et son complice réduisaient en poudre les bijoux de famille qu'ils recevaient ainsi, pour falsifier les échantillons de sol. » Harry lui révéla alors ce qu'il avait appris la veille : la fameuse mine d'or n'était qu'une escroquerie.

Barbara le fixa sans rien dire, puis soupira. « Alors,

tout cela n'était qu'une supercherie, dit-elle à voix basse. Absolument tout.

— Je pense que Sandy a quitté le pays avec un faux passeport, reprit Harry.

— Mon Dieu…

— Hillgarth a dit qu'il s'y attendait plus ou moins. Sandy ne lui a pas fait l'impression de quelqu'un qui se plierait facilement aux ordres.

— C'est vrai, déclara Barbara, avec un nouveau soupir. Je me demande ce qu'il va faire, à présent. »

Harry haussa les épaules. « Monter une nouvelle affaire quelque part, sans doute. En Amérique, peut-être. Je m'étonne quand même qu'il n'ait pas saisi l'occasion qu'on lui offrait de retourner en Angleterre.

— Il a dit qu'il avait l'impression d'étouffer, là-bas. Et il craignait aussi de se retrouver derrière les barreaux.

— Non, il ne risquait rien. Ils étaient trop désireux d'exploiter ses… talents, dit Harry avec une grimace. Et pourtant… il a affirmé que tout avait commencé parce qu'il s'était mis en tête d'aider les Juifs. Bizarrement, je crois qu'il disait vrai. »

Barbara garda le silence.

« Que va devenir votre maison ? s'enquit Sofía.

— Sandy la louait gratuitement à un ministère. Je suppose que celui-ci va vouloir la récupérer. Je vais continuer à y habiter en attendant, sans doute plus pour très longtemps. » Le serveur apparut, et ils commandèrent des cafés. Il restait près d'une heure à tuer avant le rendez-vous avec Luis, et le bar n'était qu'à un quart d'heure de marche de là. Sofía observa Barbara avec attention.

« Le départ de votre… ami vous a-t-il contrariée ?

— Je l'aurais quitté dans quelques jours, de toute

façon, répondit Barbara en allumant une cigarette. Je me demande combien de temps Pilar va durer. Ils devaient préparer leur coup depuis un certain temps, ajouta-t-elle en exhalant un nuage de fumée.

— Cela nous facilite les choses, reprit Sofía, hésitante.

— Oui. » Barbara prit une profonde inspiration avant d'annoncer : « Écoutez, il y a un autre problème. Luis m'a téléphoné hier soir. Son frère ne sera pas affecté à la surveillance ce samedi, et il va falloir avancer la date d'un jour. Cela devra se faire vendredi.

— Pourquoi a-t-on changé son affectation au dernier moment ? demanda Sofía en fronçant les sourcils.

— La liste de service a été modifiée. Je n'ai pas demandé de détails. J'étais dans l'entrée, et je mourais de peur à l'idée que Sandy descende d'un moment à l'autre, répliqua Barbara, non sans irritation. Nous pourrons interroger Luis quand nous le verrons. »

Harry se frotta le menton. « Je vais devoir prévenir le service du parc automobile. J'ai retenu pour samedi une de ces petites Ford que l'ambassade alloue aux employés, en racontant que je voulais partir en excursion dans la campagne ce week-end. Mais cela ne devrait pas poser de problème, je dirai que j'ai modifié mes plans. Je suis de service demain. Les interprètes sont invités à l'Académie espagnole pour fêter Noël et, comme je n'ai pas envie d'y aller, je me suis proposé pour assurer la permanence au bureau. Mais je serai libre vendredi.

— Quant à moi, je me ferai porter malade à la laiterie vendredi au lieu de samedi, voilà tout, déclara Sofía.

— Excusez-moi d'avoir été un peu sèche, tout à

l'heure, dit Barbara en la regardant. Nous sommes tous plus ou moins sur les nerfs.

— Ce n'est rien », répondit la jeune femme avec bienveillance.

Ils restèrent silencieux un moment. Puis Harry prit la main de Sofía et annonça en souriant : « Nous avons obtenu la dispense de bans. Nous nous marierons le 19, dans huit jours. Et nous nous envolerons vers l'Angleterre le 23. On nous a accordé un visa pour Paco.

— C'est merveilleux, dit Barbara avec un grand sourire. Je suis heureuse pour vous.

— Ils ont donné à Paco notre nom de famille, sur le document, ajouta Sofía. Cela m'a fait une drôle d'impression de voir ça. Francisco Roque Casas.

— Dieu merci, cela fait au moins un enfant de sauvé. Comment va-t-il ?

— Il ne comprend pas vraiment ce que représente ce départ. » Une ombre passa sur le visage de Sofía, et elle ajouta : « Mais il est triste qu'Enrique ne vienne pas avec nous.

— Tu ne peux pas lui obtenir un visa ?

— Non, répondit Harry. Nous réessaierons, une fois que nous serons en Angleterre. Je pense toutefois que ce sera impossible tant qu'il y aura la guerre. Nous avons déjà eu de la chance qu'il reste des places dans l'avion.

— Je suis vraiment très contente pour vous.

— Et toi ? As-tu réservé ton billet ?

— Non. Je me fie à ma chance. Je ne planifierai rien avant que Bernie soit en sécurité à l'ambassade britannique, et que les dispositions aient été prises pour le rapatrier. Je crains qu'on ne lui fasse des difficultés, en raison de son appartenance au Parti communiste.

D'après ce que tu m'as dit de Hoare, je le juge capable de livrer Bernie aux Espagnols. »

Harry secoua vigoureusement la tête. « Non, Barbara, l'ambassade est tenue de lui donner refuge. Quelle que soit l'opinion de Hoare, Bernie était prisonnier de guerre et a été détenu illégalement, au mépris des lois internationales. À mon avis, les autorités espagnoles chercheront plutôt à étouffer l'affaire. Cela ferait mauvais effet si l'histoire venait à se savoir. Mais tu dois rester en dehors de ça. » Il réfléchit un instant, et poursuivit : « Ne fais pas entrer Bernie par la porte principale. Les *civiles* en faction devant l'immeuble auront peut-être reçu son signalement, et ils pourraient alors l'arrêter ; il ne sera pas sur le sol britannique tant qu'il n'aura pas pénétré à l'intérieur de l'ambassade.

— Je l'emmènerai dans une cabine téléphonique du centre. De là, il pourra appeler l'ambassade et demander qu'on vienne le chercher. Il pourra raconter qu'il a volé des vêtements et fait de l'auto-stop pour venir à Madrid, comme tu l'avais suggéré. Ils ne pourront jamais prouver le contraire. »

Harry se mit à rire, et Barbara se dit que c'était la première fois, depuis leurs retrouvailles, qu'elle l'entendait rire avec une joie réelle. « On ne parlera que de ça, le lendemain, à l'ambassade ! Je dirai que je l'ai connu à l'école, et tout le monde trouvera normal que je l'aide à rentrer en Angleterre… Peut-être même pourra-t-il partir sur le même vol que nous, ajouta-t-il en secouant la tête d'un air émerveillé.

— Tu as l'air de croire que tout marchera comme sur des roulettes, intervint Sofía. Mais n'oublie pas que les choses peuvent aussi tourner de travers, et, dans ce cas, nous devrons improviser. » Elle scruta une nouvelle fois

Barbara de son regard aigu. « Êtes-vous certaine que ça va ? Vous avez l'air enrhumée.

— Ce n'est rien. C'est presque passé, répondit Barbara, étonnée de voir Sofía prendre les choses en main avec une telle autorité.

— J'ai un pistolet, reprit Sofía. Au cas où.

— Un pistolet ! répéta Harry, en se penchant vers elle. Où l'as-tu trouvé ?

— Il appartenait à mon père, pendant la guerre civile. Il est resté dans l'appartement depuis. Il y a des armes partout dans Madrid, Harry, ajouta-t-elle en haussant les épaules.

— Mais pourquoi voulez-vous emporter un pistolet ? s'enquit Barbara, l'air horrifié.

— Pour nous couvrir, au cas où nous devrions prendre la fuite. Comme je l'ai dit, nous serons peut-être obligés d'improviser. »

Barbara eut un geste véhément de la tête. « Les armes ne font qu'aggraver les choses, les rendre plus dangereuses…

— Nous ne l'utiliserons qu'en cas d'urgence absolue. Je préfère ne pas avoir à m'en servir.

— As-tu des balles ? demanda Harry d'une voix hésitante.

— Oui, et je sais tirer. Pendant la guerre, toutes les femmes ont appris le maniement des armes.

— M'autoriseras-tu à le prendre ? Moi aussi, je sais tirer.

— D'accord », répondit Sofía, après une brève hésitation. Se tournant vers Barbara, elle poursuivit : « L'entreprise dans laquelle nous nous lançons comporte des risques, vous savez.

— Oui. Oui, je sais », soupira Barbara en se passant

une main sur le front. Se munir d'une arme allait à l'encontre de tous ses instincts, mais Sofía avait raison : elle était la mieux placée pour savoir comment les choses se passaient, ici.

« Je persiste à penser que tu ne devrais pas nous accompagner, dit Harry à Sofía. Tu cours un plus grand danger que nous.

— Ma présence vous facilitera les choses, rétorqua-t-elle d'un ton ferme. Cuenca est une vieille ville médiévale, il n'est pas facile de s'y repérer. N'est-il pas l'heure pour vous d'aller retrouver le garde, à présent ? s'enquit-elle en regardant Barbara.

— Oui. Attendez un quart d'heure, puis rejoignez-nous », répondit celle-ci.

Quand elle se leva, elle s'aperçut que ses jambes tremblaient.

L'après-midi était humide et froid, les rues détrempées de neige fondue. Quelques lambeaux de la brume nocturne subsistaient encore, et certaines boutiques avaient déjà allumé leurs lumières. Les premières décorations de Noël étaient apparues dans les vitrines – les trois Mages chargés de présents entourant la crèche. Barbara se demanda quelle sorte de Noël Sandy offrirait à Pilar, à Lisbonne.

Le Real Madrid disputait un match, et, à l'intérieur du café, une petite foule se pressait devant le comptoir, pour suivre la retransmission à la radio. Luis était assis à sa table habituelle. Son air anxieux, ce jour-là, irrita Barbara.

« Vous m'avez fait peur, hier soir, déclara-t-elle sans ambages en s'asseyant.

— Il fallait bien vous prévenir.

— Pourquoi la liste de service a-t-elle été modifiée ?

— Ce sont des choses qui arrivent, répondit-il en haussant les épaules. Un des gardes était malade et il a fallu réaménager l'emploi du temps. Cela ne change rien à notre plan ; simplement, ce sera vendredi au lieu de samedi.

— Vendredi 13, reprit Barbara avec un rire grêle, et Luis la regarda sans comprendre.

— C'est un jour qui porte malheur, en Angleterre, expliqua-t-elle.

— Je l'ignorais, répondit-il avec un sourire incertain. En Espagne, c'est le mardi 13, *señora*, alors, ne vous inquiétez pas.

— Aucune importance. Écoutez, savez-vous si la fonte des neiges a commencé aussi, à Cuenca ?

— Je pense que oui. À la radio, ils ont parlé d'un dégel général. » Luis regarda autour de lui, puis se pencha vers elle. « L'évasion aura lieu à quatre heures, comme prévu. Votre ami devrait atteindre le pont vers sept heures. S'il se remet à neiger et qu'il n'est pas encore là à neuf heures – ou bien dans la cathédrale, si le pont est surveillé –, vous saurez qu'ils ont décidé d'annuler à cause du temps.

— Ou qu'il a été repris.

— Dans un cas comme dans l'autre, vous ne pourrez rien y faire, et vous devrez rentrer à Madrid. Ne passez pas la nuit à Cuenca. Les hôtels transmettent les fiches de leurs clients aux *civiles*, et une Anglaise voyageant seule se fera forcément remarquer. Comprenez-vous ?

— Oui, bien sûr. » Elle lui offrit une cigarette et posa le paquet sur la table.

« Je crois que vous aurez de la chance, malgré le vendredi 13. La neige restera en altitude, mais, dans la partie basse de la Tierra Muerta, elle devrait avoir disparu.

— J'ai de la chance sur un autre plan également, dit-elle en le regardant dans les yeux. Un vieil ami de Bernie, un compatriote, se trouve à Madrid en ce moment, et va me procurer une voiture. C'est lui qui me conduira là-bas, avec sa fiancée espagnole. Elle connaît bien Cuenca.

— Quoi ? s'exclama Luis, l'expression horrifiée. *Señora*, vous étiez censée garder le secret. Combien de personnes sont-elles au courant ?

— Seulement ces deux-là. On peut leur faire confiance. Je connais Harry depuis des années.

— *Señora*, il était entendu que vous iriez seule. Tout cela va nous compliquer les choses.

— Pas du tout, répliqua Barbara avec calme. Cela va les faciliter, au contraire. Trois personnes en balade attireront moins l'attention qu'une femme seule. De toute manière, je n'aurais pas pu trouver de voiture sans Harry. De quoi avez-vous donc si peur ? »

Luis parut totalement déconcerté. À travers la vitre, Barbara aperçut Harry et Sofía traversant la rue. « Cela ne sert à rien de discuter, ils seront ici dans une minute.

— *¡Mierda!* pesta Luis avec l'expression féroce d'un animal aux abois. Vous auriez dû me prévenir.

— Il y a seulement deux jours que je me suis décidée à les mettre au courant.

— Vous auriez dû m'en parler d'abord ! Très bien, vous en assumerez la responsabilité, *señora.* » Il darda un regard furibond en direction de Harry et Sofía qui faisaient leur entrée dans le café. Devant le comptoir, une clameur monta de la foule, indiquant qu'un but avait été marqué.

Sofía et Harry s'approchèrent de leur table, et Luis leur serra la main d'un air maussade.

« Luis n'est pas content, expliqua Barbara. Mais je lui ai dit que tout était réglé.

— Vous vous lancez dans une aventure dangereuse, déclara Luis d'un ton rageur.

— Nous le savons, rétorqua Harry, l'air assuré et empli d'autorité. Pourquoi ne pas en discuter ensemble, examiner tout le plan en détail et voir si le fait d'être trois peut compliquer les choses d'une manière quelconque ? Bien. Donc, nous prenons la route de Cuenca, arrivons là-bas vers quatre heures et dissimulons la voiture quelque part, c'est ça ?

— Agustín a passé tout un après-midi à parcourir les chemins pour chercher l'endroit le plus approprié. Il y a une ferme collective abandonnée juste à la lisière de la ville, avec un champ bordé d'arbres qui le dissimulent aux regards, depuis la route, juste après le panneau annonçant que l'on entre dans Cuenca. Vous laisserez la voiture dans ce champ, personne ne la verra. » Il se pencha davantage en avant et reprit : « Il est important que vous laissiez la voiture à cet endroit, c'est la cachette la plus proche de la ville. Très peu de gens possèdent une voiture, à Cuenca, et la vôtre risquerait d'attirer l'attention des *civiles*, si vous la gariez dans une rue.

— Oui, c'est juste », acquiesça Harry.

Luis se tourna vers Barbara en étrécissant les yeux. « Agustín a consacré beaucoup de temps à organiser tout ça. Et, si le plan échoue, il risque le peloton d'exécution.

— Nous le savons, Luis, répondit Barbara d'une voix douce.

— Et après, nous nous rendons à pied dans la vieille ville, jusqu'à la cathédrale ? poursuivit Harry.

— Oui. Il fera nuit quand vous y arriverez. Vous attendez à l'intérieur de l'église jusqu'à sept heures, ensuite, vous prendrez le pont pour traverser la gorge, jusqu'au bouquet d'arbres. Il n'y aura sans doute personne dans les parages, à une heure pareille, en plein hiver. Mais le vieux bedeau, Francisco, n'attend personne d'autre que la *señora* Forsyth.

— Nous lui expliquerons, répondit Harry. Je crois que c'est moi qui devrais aller chercher Bernie. Vous nous attendrez dans la cathédrale, toutes les deux.

— Non, rétorqua vivement Barbara, c'est moi qui irai le chercher, c'est moi qu'il s'attend à voir.

— Vous voyez ce que je voulais dire ? s'exclama Luis en écartant les mains. Vous n'arrivez même pas à vous mettre d'accord.

— C'est un point que nous pourrons régler plus tard, répliqua Harry. Barbara, tu t'es procuré des vêtements pour Bernie ?

— Tout est prêt. Il se change derrière les buissons, nous retraversons le pont pour regagner la cathédrale, puis retournons tous ensemble à l'endroit où nous avons garé la voiture.

— Comme deux couples en excursion, acquiesça Harry. Oui, cela paraît tout à fait plausible.

— Peut-on faire confiance à ce vieil homme qui travaille dans la cathédrale ? demanda Sofía.

— Il a désespérément besoin d'argent. Sa femme est malade.

— La cathédrale… reprit Sofía, d'une voix incertaine. Je présume que, comme dans la plupart des églises qui se trouvaient en zone républicaine, on y trouve une plaque portant le nom des prêtres tués pendant la guerre.

— Sans doute, dit Luis en lui lançant un regard intrigué. Pourquoi ?

— Un de mes oncles était prêtre dans cette paroisse.

— Je suis désolé, *señorita.* » S'adressant à Harry, Luis poursuivit : « Que faites-vous en Espagne, *señor* ? Êtes-vous dans les affaires, comme le mari de la *señora* Forsyth ?

— Oui, exactement », mentit Harry, le visage impassible. Comme tu joues bien la comédie, pensa Barbara.

« Votre époux ne sait toujours rien ? demanda Luis à Barbara.

— Absolument ricn. »

Luis les observa tour à tour, puis haussa les épaules. « Ma foi, comme je l'ai dit, à vous d'assumer les responsabilités. Je vous retrouverai ici le lendemain, *señora* ?

— Oui, comme prévu.

— Et votre frère ? demanda Harry. Il se laissera assommer, et s'en tiendra à son histoire devant ses supérieurs ?

— Bien sûr ! Jc vous l'ai dit, il pourrait être fusillé pour avoir aidé un détenu à s'évader !

— Très bien. Bon, je crois que tout est réglé. Il ne semble pas y avoir le moindre problème.

— Et ensuite, vous rentrerez à Séville, votre frère et vous ? s'enquit Sofía.

— Oui, répondit Luis en exhalant un épais nuage de fumée. Nous pourrons enfin oublier la guerre, l'armée et le danger.

— Vous avez été enrôlés quand les fascistes ont pris Séville, au début de la guerre ?

— Oui, dit-il en la fixant droit dans les yeux. Nous

n'avions pas le choix. Ceux qui refusaient étaient aussitôt fusillés.

— Alors, vous étiez là quand Franco a marché sur Madrid en 1936, avec les troupes marocaines ? »

La voix de Luis se durcit. « Je vous le répète, *señorita*, nous n'avions pas le choix. J'ai participé au Siège, cet hiver-là, pas du même côté que vous, sans doute. Mais il n'y a guère de rue, en Espagne, où ne se côtoient pas des gens ayant combattu dans des camps opposés.

— C'est vrai, Sofía, intervint Barbara. Regardez ce qui s'est passé avec votre oncle. »

Un hurlement de déception s'éleva brusquement de la foule. Le match était terminé ; le Real Madrid avait perdu. Les hommes rassemblés autour du comptoir commencèrent à s'égailler pour regagner leurs tables.

« Si vous n'avez plus d'autres questions à me poser, annonça Luis, je vais m'en aller.

— Je crois que nous avons fait le tour, répondit Harry en regardant les deux femmes, qui hochèrent la tête.

— Dans ce cas, je vous souhaite bonne chance », conclut Luis en se levant.

« Je n'aime pas cet homme, déclara Sofía dès qu'il fut parti.

— Ce qu'il a dit au sujet de la guerre était vrai, déclara Harry en lui prenant la main. Souvent, les gens n'avaient pas la possibilité de choisir leur camp.

— Il n'a jamais caché qu'il faisait tout cela uniquement pour l'argent, ajouta Barbara. S'il avait seulement voulu m'escroquer, il aurait empoché la somme que je lui ai déjà avancée, et qui est assez considérable, et se serait volatilisé.

— Bon, bon, d'accord », admit Sofía à contrecœur.

À cet instant, deux hommes à la table voisine se mirent à parler d'une voix forte. « Le Real a encore perdu.

— *Ay*, c'est la malchance, répondit l'autre. Et tu connais la nouvelle ? On annonce de nouvelles gelées. Il va recommencer à faire froid, peut-être même à neiger. »

Barbara se mordit la lèvre. Vendredi 13, pensa-t-elle. Même les plans les plus soigneusement étudiés reposent avant tout sur la chance, en définitive.

44

Le lendemain matin, Harry et Sofía descendirent la Castellana pour se rendre à l'ambassade. Harry aurait aimé donner le bras à la jeune femme, mais la présence de deux *civiles* à proximité l'en dissuada.

Pendant la nuit, la température avait de nouveau baissé ; des plaques de glace noircie jonchaient les trottoirs, de la boue gelée emplissait les caniveaux. Les gens se rendant au travail étaient recroquevillés dans leurs manteaux. Toutefois, il n'avait pas neigé, et le ciel était d'un bleu électrique lumineux.

« Pas trop nerveuse ? s'enquit Harry.

— Non, répondit Sofía en souriant. Il s'agit seulement de remplir des formulaires, et les Espagnols y sont habitués. J'ai déjà passé avec succès l'examen politique, hier. » Il restait à préparer des documents en vue du mariage, et, dans la matinée, elle devait rencontrer le juriste de l'ambassade. Celui-ci désirait la voir seule, mais elle rejoindrait ensuite Harry dans son bureau.

« Demain à la même heure, nous serons en route vers Cuenca, dit-il.

— Es-tu sûr que l'ambassadeur renverra Bernie en Angleterre ?

— Il y est obligé. Il ne peut pas aller contre la loi.

— Ils le font constamment, ici.

— C'est différent, en Angleterre. Tout n'y est pas parfait, mais, de ce point de vue, les choses sont bien différentes.

— Je l'espère.

— Demande à la réception de me prévenir quand tu auras terminé. Je te montrerai mon bureau. Les heures ne vont pas passer vite aujourd'hui. Quand dois-tu prendre ton travail à la laiterie ?

— À midi. Je suis de l'équipe de l'après-midi.

— J'ai reçu une lettre de Will. Il a loué une maison pour nous. Elle est située à la lisière de Cambridge et comporte quatre chambres. »

Sofía se mit à rire et secoua la tête d'un air incrédule à l'idée d'un tel luxe.

« Nous pourrons y emménager dès que nous le voudrons. Ensuite, je chercherai un poste d'enseignant et me mettrai en quête d'un médecin pour Paco.

— Et moi, je prendrai des cours d'anglais.

— Tu devras veiller à bien te tenir, répondit Harry en souriant. Et à ne pas te montrer insolente envers le professeur.

— J'essaierai. » Promenant son regard sur les hauts immeubles qui les entouraient et le ciel madrilène d'un bleu si pur, elle reprit : « C'est étrange de penser que dans deux semaines nous serons loin d'ici.

— L'Angleterre te surprendra sans doute au début. Tu devras t'habituer à nos manières guindées et à notre façon de ne jamais dire ce que nous pensons vraiment.

— Tu le fais pourtant.

— Uniquement avec toi. Bien, nous sommes arrivés. Tu vois le drapeau ? »

Il lui fit remplir le registre des visiteurs et attendit avec elle l'arrivée du juriste. Ce dernier, un homme aux façons carrées et joviales, se présenta et leur serra la main à tous deux, avant d'emmener Sofía vers son bureau. Harry les suivait des yeux quand une autre porte s'ouvrit, livrant passage à Weaver.

« Salut, Brett. Vous n'allez pas à la réception de l'Académie espagnole ? Nous ferions bien de nous grouiller, sinon nous allons être en retard.

— Je suis de permanence.

— Oh oui, j'avais oublié. Il y a tellement de réceptions, à cette période de l'année ! Mais vous serez en congé demain, n'est-ce pas ?

— Oui. J'ai réservé une voiture, j'ai envie d'aller faire un tour à la campagne.

— Ne fait-il pas un peu froid pour cela ? Enfin, amusez-vous bien. À la semaine prochaine. »

Tolhurst était assis à son bureau, encombré d'une pile de dossiers. Devant lui s'étalaient des feuilles couvertes de calculs tracés de son écriture ronde et précise.

« Les dépenses des agents ? s'enquit Harry.

— Oui, il faut que je termine tout ça avant Noël. Irez-vous à la réception de l'ambassade américaine demain ? Leurs fêtes sont généralement assez réussies.

— Non, je prends un jour de congé. J'emmène Sofía faire une balade à la campagne. » Sentant renaître en lui une étincelle de son ancienne affection pour l'attaché, Harry poursuivit : « Écoutez, Tolly, au sujet du mariage… Je vous remercie pour votre aide.

— Oh, ce n'est rien.

— Je suis navré que cela n'ait pas marché comme vous le souhaitiez, avec Forsyth. »

Tolhurst croisa les mains sur son ventre rebondi. Il a encore grossi, constata Harry.

« Ma foi, au moins, nous savons désormais qu'ils ne possèdent pas d'or.

— D'autres nouvelles à ce sujet ? demanda Harry d'un ton mal assuré.

— D'après le capitaine, Sam envisagerait de dévoiler la supercherie à Maestre. Celui-ci apprendra du même coup que nous étions impliqués dans cette affaire, mais cela lui donnera quand même des informations dont il pourra tirer profit. Les phalangistes vont se ridiculiser.

— Je vois, répondit Harry, que cette histoire rendait désormais indifférent.

— Vous partez bientôt, à ce que j'ai entendu dire ? reprit Tolhurst en souriant.

— Oui, après le mariage. »

Tolhurst le dévisagea un instant puis s'enquit : « Vous avez un garçon d'honneur ?

— Oui, le frère de Sofía », répondit Harry, avant de comprendre que l'attaché espérait se voir demander de remplir cette fonction. Tolhurst, son « surveillant »... Malgré sa gratitude à son égard pour l'aide qu'il leur avait apportée, Harry n'avait même pas pensé à le lui proposer.

« Rentrerez-vous en Angleterre pour les fêtes ? s'enquit-il pour changer de sujet.

— Non, répliqua Tolhurst d'un air vexé. Je dois assurer la permanence, rester ici au cas où surviendrait un problème avec l'un de nos agents. » À cet instant, le téléphone sonna. Tolhurst décrocha, puis hocha la tête. « C'est la réception. Les services juridiques en ont terminé avec votre petite amie. Elle vous fait dire que tout est réglé et qu'elle vous attend en bas.

— J'y vais, dans ce cas. »

Tolhurst le contempla une nouvelle fois avec insistance, puis reprit : « À propos, avez-vous revu Mlle Clare ? La bonne amie de Forsyth ?

— J'ai pris un café avec elle hier, répondit Harry, circonspect.

— Il semble que Forsyth ait filé pour de bon. Je suppose que la fille va rentrer en Angleterre, à présent. »

On frappa à la porte, et un vieux secrétaire en redingote fit son apparition. D'un air anxieux, il scruta Harry derrière un pince-nez doré. « C'est vous, Brett ?

— Oui.

— L'ambassadeur aimerait vous voir dans son bureau.

— Comment ? À quel sujet ?

— Si vous voulez bien me suivre, monsieur. C'est urgent. »

Harry regarda Tolhurst, mais celui-ci se contenta de hausser les épaules, la mine perplexe.

Au bord de la panique, Harry emboîta le pas au secrétaire. Aurait-on découvert leur projet de faire évader Bernie ?

Le fonctionnaire l'introduisit dans le bureau de Hoare. Harry n'était plus jamais entré dans cette pièce luxueuse depuis le jour de son arrivée. L'ambassadeur était debout derrière sa table, vêtu d'un habit à queue-de-pie, son visage maigre rose de colère. Il tourna vers Harry un regard courroucé.

« Est-ce le seul que vous ayez trouvé ? demanda-t-il sèchement au secrétaire.

— Oui, monsieur l'ambassadeur.

— Je n'arrive pas à croire que tous les traducteurs aient été autorisés à se rendre à cette réception.

— M. Weaver vient juste de partir, monsieur, il était le dernier. J'ai essayé d'appeler l'Académie espagnole, mais leur téléphone est en panne. »

Hoare dévisagea Harry d'un air glacial. « Eh bien, je devrais me contenter de vous, Brett. Pourquoi n'êtes-vous pas allé à cette réception ?

— Ma fiancée est ici, elle est venue effectuer les formalités en vue du mariage. »

Hoare grommela, puis renvoya le secrétaire d'un geste irrité de la main. « Où est votre habit ? s'enquit-il d'un ton cassant.

— Chez moi.

— Dans ce cas, vous allez devoir en emprunter un. Maintenant, écoutez. J'essaie depuis des semaines d'obtenir une entrevue avec El Generalísimo. Il me fait attendre et refuse de me voir alors que von Stohrer et les Italiens entrent et sortent du Pardo à tout bout de champ, expliqua l'ambassadeur d'une voix pleine de rage contenue. Et puis, tout à coup, je reçois un message me disant qu'il me recevra ce matin. Je dois absolument y aller, j'ai des questions importantes à lui poser, et puis je dois faire sentir ma présence. » Il s'interrompit un instant, puis reprit : « Je comprends l'espagnol, bien sûr, mais ne le parle pas couramment. »

Harry faillit éclater de rire, à la fois soulagé de voir le danger s'éloigner, et amusé par cette outrecuidance : il était en effet de notoriété publique que Hoare connaissait à peine un mot d'espagnol.

« Oui, monsieur.

— J'ai donc besoin d'un interprète. Soyez prêt d'ici une demi-heure, s'il vous plaît. Nous nous rendrons au palais d'El Pardo. Vous avez déjà servi d'interprète auprès de secrétaires d'État, n'est-ce pas ?

— En effet, monsieur. Et j'ai aussi traduit certains des discours de Franco.

— Ne parlez pas de lui ainsi, le reprit Hoare avec irritation. Vous devez dire El Generalísimo Franco. C'est le chef de l'État. C'est pour cela que j'avais besoin d'un interprète expérimenté, ajouta-t-il en secouant la tête. Allez vous préparer. » Là-dessus, il chassa Harry d'un geste de la main, comme un insecte importun.

Le trajet était long jusqu'au palais dont Franco avait fait sa résidence, au nord de Madrid. La voiture quitta la ville pour prendre une route de campagne longeant le Manzanares, dont les eaux froides et grises s'écoulaient entre de hautes rangées d'arbres squelettiques. Assis à l'arrière avec Hoare, Harry regarda le ciel, toujours vierge de nuages et d'un bleu de glace, en souhaitant avec ferveur qu'il ne reneige pas d'ici le lendemain.

Il avait emprunté l'un des habits de secours que l'on conservait à l'ambassade en prévision de telles circonstances, et avait rejoint Hoare pour descendre avec lui à la réception. Assise sur un banc, Sofía les avait regardés arriver d'un air stupéfait. Il lui avait rapidement expliqué la situation, pendant que Hoare les observait avec impatience. À la mention du nom de Franco, Sofía avait serré les lèvres, et, en sortant de l'ambassade, Harry avait senti le regard de sa fiancée peser sur lui et l'ambassadeur.

Hoare feuilletait un dossier, qu'il annotait au moyen d'un stylo à plume noir. Il daigna enfin se tourner vers Harry.

« En traduisant, prenez soin de bien transmettre le

sens exact de mes paroles. Et ne regardez pas El Generalísimo dans les yeux, ce serait considéré comme de l'impertinence.

— Bien, monsieur.

— Il y a des photos de Hitler et de Mussolini sur son bureau. Surtout, ne leur accordez aucune attention, ignorez-les purement et simplement. » Passant une main dans ses cheveux clairsemés, Hoare poursuivit : « Je vais devoir prendre un ton très dur pour parler de toute cette propagande en faveur de l'Axe dans la presse nationale. Mais vous, gardez une voix neutre et dépourvue d'émotion, comme un majordome. Compris ?

— Oui, monsieur.

— Si El Generalísimo était raisonnable, il me remercierait d'avoir réussi à persuader Winston de l'autoriser à importer des quantités de blé supplémentaires. Mais il est loin de l'être. Tout ça est tellement soudain... » grommela Hoare en sortant un peigne de sa poche pour lisser ses cheveux.

Des images traversèrent l'esprit de Harry : la femme fouillant les poubelles, qu'on avait arrêtée parce que le vent avait soulevé sa jupe ; les chiens sauvages attaquant Enrique, et Paco s'accrochant au cadavre de la vieille femme. À présent, il allait rencontrer en chair et en os l'artisan de cette nouvelle Espagne.

La voiture arriva dans un petit village transformé en caserne : il y avait des militaires partout. Des soldats jetèrent des regards curieux à l'intérieur du véhicule, tandis que celui-ci longeait un haut mur. Le chauffeur s'arrêta devant d'imposantes grilles de fer gardées par des sentinelles armées de mitrailleuses. Les soldats examinèrent les papiers des deux hommes, puis ouvrirent le portail, en faisant le salut fasciste.

El Pardo était un édifice de trois étages en pierre jaune, entouré de vastes pelouses blanchies par le givre. Des gardes marocains équipés de lances se tenaient en haut du perron. L'un d'eux descendit pour ouvrir la portière. Quelque part, un paon lança son cri plaintif, et Harry frissonna. Il avait l'impression qu'il faisait encore plus froid, ici.

Un conseiller en civil les accueillit en haut des marches, et leur fit traverser une série de salles remplies de meubles du XVIIIe siècle, opulents mais poussiéreux. Le cœur de Harry se mit à battre plus vite. Ils arrivèrent devant une large porte flanquée de gardes maures au visage brun et impassible. L'un d'eux frappa à la porte, puis le conseiller les fit entrer, l'ambassadeur et lui.

Le bureau de Franco était spacieux, encombré d'un mobilier massif de couleur sombre, qui donnait à la pièce un aspect lugubre malgré le soleil se déversant par les hautes fenêtres. Les murs étaient ornés de lourdes tapisseries d'époque représentant des scènes de bataille médiévales. El Generalísimo était campé devant son bureau, sur lequel trônaient, bien en évidence, les photos de Hitler et de Mussolini – ainsi que celle du pape, à la grande surprise de Harry. Franco portait son uniforme de général, et son ventre bedonnant était ceint d'une large ceinture rouge. Son visage jaunâtre arborait une expression hautaine. Harry s'était attendu à voir un homme dégageant une certaine prestance, mais Franco en était totalement dénué. Avec son crâne dégarni, son double menton et sa petite moustache grise, il ressemblait à un directeur de banque, ainsi que l'avait dit Sandy le premier jour, au Café Rocinante. Et il était petit, minuscule même. Baissant les yeux comme il en avait reçu l'ordre, Harry découvrit qu'El Generalísimo portait des chaussures à semelles compensées.

« Generalísimo, *buenos días* », dit Hoare. Il sait dire au moins ça, pensa Harry.

« *Su Excelencia* », répondit Franco d'une petite voix aiguë. Il serra la main de Hoare et ignora Harry. Le conseiller vint se placer à son côté.

« Vous avez demandé à me rencontrer, *Su Excelencia*, reprit Franco d'une voix douce.

— Je suis heureux de pouvoir enfin le faire », rétorqua Hoare d'un ton de reproche. Il ne se laisse pas facilement intimider, il faut lui reconnaître au moins cela, se dit Harry. « Le gouvernement de Sa Majesté s'inquiète du soutien qui est manifesté à l'Axe dans les journaux. La presse incite pratiquement le peuple espagnol à la guerre. »

Harry traduisit, en veillant à garder une voix impassible. C'est alors que Franco se retourna pour le dévisager, de ses grands yeux liquides bizarrement dépourvus d'expression. Puis le général se tourna de nouveau vers Hoare et haussa les épaules.

« Je ne suis pas responsable de ce que dit la presse, Votre Excellence. Vous ne voudriez certainement pas que j'intervienne dans ce domaine ? demanda-t-il avec un sourire glacial. N'est-ce pas justement le genre de reproche que nous font les puissances libérales ?

— La presse est soumise à la censure d'État, comme vous le savez très bien, Generalísimo. Et une bonne partie de ces articles proviennent en droite ligne de l'ambassade d'Allemagne.

— Je ne m'occupe pas de la presse. Vous devriez vous adresser au ministre de l'Intérieur.

— Je n'y manquerai pas, répliqua Hoare d'une voix

incisive. C'est une question que mon gouvernement prend très au sérieux. »

Le général secoua la tête et lui adressa une nouvelle fois son sourire froid. « Ah, Votre Excellence, comme cela m'attriste, tous ces obstacles à l'amitié entre nos deux pays. Si seulement vous vouliez faire la paix avec l'Allemagne ! Le chancelier Hitler ne souhaite pas la destruction de l'Empire britannique.

— Nous ne permettrons jamais aux Allemands de dominer l'Europe, déclara Hoare, d'un ton catégorique.

— Mais ils la dominent pourtant, monsieur l'ambassadeur. Ils la dominent déjà. » Tendant une main étonnamment petite et délicate vers une énorme mappemonde ancienne, Franco la fit tourner doucement. « Les Anglais sont un peuple fier, je le sais, comme nous autres Espagnols. Mais il faut regarder la réalité en face. » Secouant la tête une fois de plus, il poursuivit : « Il y a seulement deux ans, quand il a signé le traité de Munich, j'espérais que votre vieil ami M. Chamberlain se joindrait aux Allemands pour combattre le véritable ennemi – les bolcheviks. Mais il est trop tard, à présent », soupira-t-il.

À mesure que Harry traduisait ces paroles, Hoare se raidissait de colère. « Inutile de poursuivre cette discussion, fulmina-t-il. La Grande-Bretagne ne se rendra *jamais*. »

Franco se redressa de toute sa petite taille, avec un regard froid qui rappela à Harry celui qu'on lui voyait sur les pièces de monnaie. « Dans ce cas, je crains que vous ne soyez vaincus.

— Je voulais discuter avec vous des importations de blé, reprit Hoare. Votre gouvernement devra obtenir des certificats pour que les cargos puissent franchir le blocus. Nous contrôlons toujours les mers, ajouta-t-il avec hargne. Et nous voulons avoir l'assurance que ce blé ne sera pas réexporté vers l'Allemagne, et qu'il sera entièrement payé par le gouvernement espagnol. »

Franco eut un nouveau sourire, d'amusement véridique celui-là. « Il le sera. Les Argentins ont accepté de nous accorder des facilités de paiement. Après tout, nous ne possédons pas de réserves d'or, et nous n'en produisons pas. » Il se retourna alors lentement vers Harry et le regarda. Bien que le général lui sourît, celui-ci discerna dans ses yeux quelque chose qui le terrifia. « J'en parlais encore hier avec le général Maestre », poursuivit Franco d'une voix doucereuse.

Oh, Seigneur, pensa Harry, il sait ! Hoare l'a dit à Maestre, et Maestre s'est empressé de le lui répéter.

Hoare posa sur El Generalísimo un regard médusé.

« J'espère que tout se passera sans problème, reprit Franco. Dans le cas contraire – il haussa de nouveau les épaules –, nous ne souhaitons pas devoir considérer l'Angleterre comme un ennemi, mais tout dépend de sa conduite envers nous. Dans les transactions officielles comme dans les tractations secrètes », ajouta-t-il en arquant les sourcils à l'adresse de Hoare, qui s'empourpra. Harry se demanda ce qu'aurait dit Franco s'il avait appris l'existence des chevaliers de St. Georges, et il dut s'appuyer contre la table placée derrière lui pour ne pas chanceler.

Dans la voiture qui les ramenait vers Madrid, Hoare laissa éclater sa fureur. L'entrevue s'était poursuivie une demi-heure de plus. Ils avaient discuté des accords commerciaux et des rumeurs selon lesquelles des camions remplis de nourriture étaient acheminés vers la

France pour ravitailler l'armée allemande, mais Hoare n'était plus en position dominante. Franco s'était comporté comme la partie lésée face à un négociateur trop insistant.

« Hillgarth va m'entendre ! tempêta l'ambassadeur en dardant sur Harry un regard furibond. J'ai été humilié, oui, humilié ! C'est uniquement pour cela qu'il m'a fait venir, pour pouvoir me jeter cette maudite mine à la figure. Et c'est bien ma veine que vous ayez été le seul interprète disponible ! Toutes ces manigances doivent cesser ! J'ai eu l'air d'un idiot ! » Hoare sifflait davantage qu'il ne parlait, et ses traits aigus exprimaient une fureur noire. Harry sentit des postillons lui éclabousser le visage.

« Je suis désolé, monsieur.

— Maestre a dû tout raconter à Franco, après avoir appris de Hillgarth que cette entreprise n'était qu'une escroquerie. Maestre a tourné la Phalange en ridicule, mais nous bien davantage. » Hoare poussa un profond soupir avant de reprendre : « Encore heureux que vous partiez bientôt. Nous devrons faire en sorte qu'El Generalísimo soit informé de votre départ. Épouser une Espagnole de basse extraction : je ne vois pas comment vous pouvez penser un instant que cela puisse être utile à votre carrière, Brett. En fait, je dirais même que celle-ci est quasiment terminée », ajouta l'ambassadeur d'un ton venimeux. Puis il détourna la tête et ouvrit sa mallette d'un geste brusque, pour en extraire un dossier. À travers la vitre, Harry regarda défiler les premières banlieues de Madrid. À la même heure, le lendemain, ils seraient presque arrivés à Cuenca, et, quelques jours après, ils partiraient d'ici. Allez au diable, pesta-t-il en lui-même, allez donc au diable, tous tant que vous êtes.

45

Il y avait encore de la neige en altitude, dans la Tierra Muerta, mais, en dessous de la carrière, elle avait presque entièrement fondu durant la brève période de réchauffement qui avait transformé le camp en un océan de boue.

La veille, pendant la pause sur le chemin de la carrière, Agustín s'était approché de Bernie alors que celui-ci regardait en direction de Cuenca, au bas de la colline. « Êtes-vous prêt pour demain ? » avait-il chuchoté.

Bernie avait hoché la tête.

« Ramassez une pierre pointue demain matin et mettez-la dans votre poche.

— Pourquoi ? » avait demandé Bernie, étonné.

Agustín avait inspiré bruyamment. Il paraissait effrayé. « Pour me frapper avec. Il faut m'entailler le front, me faire saigner, ça paraîtra plus vraisemblable. » Bernie avait acquiescé en se mordant la lèvre.

Le soir, allongé sur sa paillasse, il avait massé son épaule brûlante de douleur après la journée de labeur. Sa jambe était raide, également, et il espérait qu'elle ne le lâcherait pas quand il descendrait la montagne le lendemain. Quand il descendrait… Cela semblait incroyable, et pourtant c'était vrai. Il tourna les yeux vers le lit face au sien. Establo était mort deux soirs auparavant, dans de grandes souffrances, et les autres prisonniers s'étaient partagé ses couvertures. Tous les communistes de la baraque étaient tristes, abattus.

Quand le matin arriva, Bernie se sentait mal en point, les jambes en coton. Il se leva et jeta un coup d'œil par la fenêtre. Il faisait plus froid que jamais, lui semblait-il, et pourtant il n'avait toujours pas neigé. Son cœur se mit à battre à grands coups. Cela allait marcher, il allait réussir. Prudemment, il fit jouer sa jambe raide pour échauffer ses muscles.

Au cours du petit déjeuner, il évita de croiser le regard des communistes. Une fois de plus, il éprouva de la honte à l'idée d'abandonner ses camarades. Mais il ne pouvait rien pour eux. Si je m'en sors, vont-ils s'en réjouir, ou me condamner ? se demanda-t-il. S'il rentrait en Angleterre, il révélerait au monde entier les conditions de détention ici, il irait le crier sur les toits.

Il s'aligna avec les autres dans la cour boueuse pour répondre à l'appel. La boue avait formé des replis onduleux qui étaient à présent recouverts de givre, si bien que le sol ressemblait à une mer gelée. Aranda prit la liste. Depuis que Bernie avait refusé de lui servir d'informateur, il sentait parfois le regard du commandant se poser sur lui en appelant son nom : Aranda s'interrompait brièvement et souriait méchamment, comme s'il lui gardait un mauvais tour en réserve. Un jour, il le punirait sans doute sous un prétexte quelconque, mais ce ne serait pas encore aujourd'hui : le commandant passa au nom suivant, et Bernie poussa un soupir de soulagement. Tu as laissé passer ta dernière chance, espèce de salopard, pensa-t-il.

Le père Eduardo sortit de l'église, avec cet air las et misérable qu'il arborait généralement ces derniers temps. Bernie fut brusquement frappé par l'idée que les cheveux du prêtre, d'un roux foncé, étaient presque de la même couleur que ceux de Barbara. Il ne l'avait jamais remarqué jusqu'à présent, et cependant il pensait souvent à elle, depuis qu'il avait appris qu'elle était l'instigatrice de ce plan d'évasion. Le prêtre s'avança jusqu'à la grille et leva le bras en réponse au salut que lui adressa le garde en le laissant passer. Sans doute se rendait-il à Cuenca. Aucun des deux prêtres n'était venu au chevet d'Establo, dans les derniers instants. Peut-être ne l'avaient-ils pas osé ; Establo, contrairement à ce pauvre Vicente, était un homme redouté.

L'appel terminé, l'équipe des carriers se rassembla devant la grille. Agustín n'eut pas un regard pour Bernie. Le portail s'ouvrit et la colonne s'ébranla en direction des collines. Au début, le sentier grimpa à travers une herbe brune et desséchée, puis des plaques de neige apparurent sur les bas-côtés et ils atteignirent finalement le monde uniformément blanc des hauteurs. Agustín marchait devant Bernie, à distance prudente ; il ne voulait sans doute pas que quelqu'un se rappelât les avoir vus ensemble avant l'évasion.

Bernie fut affecté à un groupe chargé de casser de gros rochers. Il avait espéré qu'il n'aurait pas trop à se fatiguer, pour économiser son énergie, mais il faisait si froid que, dès qu'il arrêtait de travailler, il se mettait aussitôt à grelotter. En fin de matinée, il trouva une pierre qui ferait une arme appropriée : plate et ronde, avec un rebord tranchant qui entamerait la peau et donnerait à la plaie un aspect plus inquiétant. Il la glissa dans sa poche, en chassant de son esprit le souvenir de Pablo sur la croix.

Durant la courte pause du repas de midi, il prit dans la marmite autant de pois chiches et de riz qu'il le put. Au cours de l'après-midi, tout en travaillant, il observa le ciel, qui demeurait sans nuages. Le soleil commença à décliner, jetant une lueur rose sur les pentes nues des collines et les blanches montagnes à l'est. Son cœur se mit à battre plus vite à la pensée que, quelle que fût l'issue de cette aventure, c'était de toute façon la dernière fois qu'il contemplait ce panorama.

Et enfin il vit Agustín s'approcher. C'était le signal que le moment décisif était venu. Bernie inspira à fond et compta jusqu'à trois pour se préparer à l'action. Puis il laissa tomber sa pioche et se tint le ventre à deux mains, en poussant un cri de douleur. Il se plia en deux et gémit une nouvelle fois, avec plus de force. Ses compagnons le regardèrent, intrigués. Il n'y avait pas d'autre garde à proximité : la chance était avec eux.

« Qu'y a-t-il, Bernardo ? s'enquit Miguel.

Agustín ôta son fusil de l'épaule et s'avança vers eux.

« *¿ Qué pasa aquí ?* demanda-t-il d'un ton brusque.

— J'ai la diarrhée. Aaah, je ne peux plus tenir.

— Tu ne vas quand même pas faire ça ici ! Je vais t'emmener derrière les buissons, dit le garde en élevant la voix. *Dios mío*, ce que vous pouvez être embêtants, vous autres. Tiens-toi tranquille pendant que je te passe les chaînes. »

Il est bon comédien, pensa Bernie. Agustín posa son fusil et sortit de la sacoche accrochée à sa ceinture une longue et mince chaîne munie de fers à chaque extrémité. Il entrava les chevilles de Bernie.

« Je vous en prie, faites vite ! » implora celui-ci, le visage tordu en une grimace de souffrance.

« C'est bon, viens ! » Agustín ramassa son fusil et lui fit signe de marcher devant lui. Ils gravirent rapidement le petit sentier qui s'enroulait au flanc de la colline. Au bout d'une minute, ils se retrouvèrent hors de vue, dans les broussailles. Bernie pantelait sous l'effet du soulagement.

« Nous avons réussi », haleta-t-il. Le garde s'accroupit et déverrouilla les fers, les mains tremblantes. Il jeta les clés sur le sol, puis posa son arme et s'agenouilla dans la neige, levant vers Bernie des yeux emplis de peur et de supplication : il était désormais à sa merci.

« Vous n'allez pas me tuer, n'est-ce pas ? dit-il d'une voix étranglée. Je ne me suis pas confessé. J'ai des péchés sur la conscience…

— Mais non, juste un coup sur la tête, le rassura Bernie en brandissant la pierre.

— Faites-le, tout de suite ! le pressa Agustín. Mais ne frappez pas trop fort. » Il ferma les yeux et serra les dents. L'espace d'une seconde, Bernie hésita : il était difficile de mesurer la violence du coup. Puis il abattit la pierre sur la tempe du jeune garde. Sans un cri, celui-ci roula sur le flanc et demeura immobile. Bernie le contempla avec effarement. Il n'avait pas voulu l'assommer. Un mince filet de sang s'écoulait de l'entaille faite par le rebord tranchant de sa massue improvisée. Il se pencha vers Agustín, et constata avec soulagement qu'il respirait encore.

Il se redressa et scruta le sentier derrière lui, puis le flanc de la colline. Il envisagea brièvement d'emporter le fusil d'Agustín, mais cela n'aurait fait que l'encombrer. Prenant une longue inspiration, il commença à dévaler la pente, conscient d'être dangereusement visible sur la neige à demi fondue, avec sa capote marron en guenilles et sa salopette verte. Son dos était parcouru de tressaillements, dans l'attente de la balle qui le transpercerait. C'était comme pendant la bataille du Jarama, la même peur irrépressible…

Quand il eut atteint la limite des neiges, il s'arrêta et se retourna pour contempler les traces qu'il avait laissées derrière lui. Il avait obliqué vers la droite et se dirigea donc vers la gauche, dans l'espoir de tromper les gardes. Le terrain formait des plis dans chaque direction : autant de possibilités d'échapper aux regards. C'était terrifiant de courir ainsi, seul dans cette étendue désertique ; bizarrement, il se surprit à regretter désespérément l'espace clos de sa baraque. Puis il dérapa sur une touffe d'herbe givrée, et roula plusieurs fois sur lui-même, le souffle coupé. Son épaule heurta un obstacle, et il réprima un cri de douleur.

Il s'immobilisa au pied de la première butte et se redressa sur son séant, haletant. Il leva la tête. Rien. Personne. Il sourit. Il était arrivé là où il voulait aller beaucoup plus vite qu'il ne s'y était attendu, en fin de compte. Il se releva et courut se cacher derrière l'éminence. Il repéra le bouquet de petits chênes verts signalé par Agustín, s'y enfonça et se coucha contre un tronc, respirant par saccades. Bien joué, se dit-il. Jusqu'ici, tout va bien.

Il écouta mais ne perçut aucun bruit, rien qu'un silence qui semblait vibrer à ses oreilles. Il en fut troublé, car il n'avait pas connu pareil silence depuis plus de trois ans. Il fut tenté de reprendre la fuite. Toutefois, Agustín avait raison : mieux valait attendre le soir pour aller plus loin. Molina ne tarderait pas à s'apercevoir de leur absence. Il s'adossa au tronc, en remuant ses orteils glacés. Peu après, il crut entendre un cri assourdi au loin, mais cela ne se répéta pas.

Une lune à demi pleine se leva dans le ciel et les étoiles apparurent. Bernie fut surpris de constater qu'elles s'allumaient réellement une à une. Quand la nuit fut complètement tombée, Bernie se hissa sur ses pieds. Il était temps de repartir. Brusquement, il se figea. Il avait entendu un bruissement, quelques mètres plus loin, à l'entrée du bosquet. Oh, mon Dieu, pensa-t-il, oh mon Dieu ! Le son se fit entendre de nouveau, émanant de la même direction. Doucement, en serrant les dents, il écarta les branches d'un buisson et risqua un œil. Un petit daim broutait l'herbe rêche à quelques pas de lui. Il était très jeune ; peut-être sa mère avait-elle été tuée par les gardes. Maintenant que la neige avait fondu, les bêtes allaient regagner les hauteurs pour trouver leur nourriture. Subitement, l'émotion submergea Bernie ; des larmes lui montèrent aux yeux et il les essuya d'un revers de la main. Le daim l'entendit et releva la tête en sursaut, puis détala à toutes pattes vers le bas de la colline. Bernie retint son souffle et tendit l'oreille. Si les gardes lancés à sa poursuite se trouvaient dans les parages, le bruit allait les attirer ici. Mais rien ne vint troubler le silence. Il émergea du taillis. Un vent très froid s'était mis à souffler. Bernie s'accroupit, se sentant une nouvelle fois terriblement vulnérable, exposé aux regards. Puis il se força à se relever et à se remettre en marche. Encore sept kilomètres. Quatre miles.

Il fut étonné de constater qu'il y voyait parfaitement dans la clarté lunaire, une fois que ses yeux s'y furent accoutumés. Il prit soin de demeurer dans l'ombre, suivant les étroites sentes tracées par les bergers, descendant la colline d'un pas régulier. Il devait avoir quitté Agustín depuis maintenant deux heures, mais il n'avait aucun moyen d'en être sûr. Il continua à descendre, s'arrêtant de temps à autre pour reprendre haleine et tendre l'oreille, derrière l'un des petits chênes qui devenaient plus nombreux à mesure qu'il se rapprochait de la vallée. Son épaule l'élançait et ses pieds commençaient à le faire souffrir. Il avait l'impression de dévaler la colline depuis une éternité, mais sa jambe tenait bon.

Puis, en arrivant sur la crête d'une butte, il aperçut les lumières de Cuenca droit devant lui, étonnamment proches : les petites flammes jaunes de fenêtres éclairées. L'un de ces essaims lumineux était situé un peu plus bas que les autres – les maisons suspendues au bord de la falaise. Il inspira une grande goulée d'air. Il avait eu de la chance de déboucher juste en face de la ville.

Il se déplaçait plus lentement, à présent, en passant d'un recoin d'ombre à l'autre. Des nuages étaient apparus, voilant par instants la lune, et il accueillit avec gratitude ces précieuses minutes d'obscurité. Désormais il distinguait la gorge, et les poutrelles noires du pont de fer qui l'enjambait. La structure paraissait singulièrement fragile, avec son tablier de bois tout juste assez large pour permettre à trois personnes de passer de front. Il constata qu'il n'y avait en fait qu'un tout petit nombre de maisons sur la falaise, de l'autre côté, et qu'elles étaient beaucoup plus petites qu'il ne l'avait imaginé.

La route parallèle à la gorge était visible une centaine de mètres plus bas. Bernie se cacha derrière un buisson. Personne en vue. Les autorités du camp avaient déjà dû prévenir les *civiles* ; peut-être allaient-ils envoyer quelqu'un surveiller le pont. Il se rappela alors qu'Agustín lui avait dit qu'il existait d'autres ponts un peu plus loin, d'autres moyens d'accès à la ville. Si le pont principal était surveillé, Barbara l'attendrait dans la cathédrale.

Il entendit des voix et se pétrifia. Des voix de femmes. Elles étaient quatre, vêtues de noir et la tête couverte d'un châle, accompagnées de deux ânes chargés de bois. Il les regarda passer en dessous de lui ; il ne distinguait pas leurs visages, mais ces timbres rauques semblaient appartenir à des vieilles. Il n'avait pas vu de femme depuis trois ans. Il se rappela Barbara couchée sur son lit, lui tendant les bras ; son cœur battit plus fort et sa bouche s'emplit de salive. Il déglutit et respira à fond.

Les femmes et les ânes traversèrent le pont et disparurent. Bernie sortit de sa cachette et inspecta la route. À quelque distance du pont, il aperçut un petit bois ; ce devait être celui dont Agustín lui avait parlé. Pour y arriver, il allait devoir marcher à découvert, face à la ville. Il commença à avancer avec précaution, se glissant d'arbre en arbre.

C'est en émergeant de derrière un fût qu'il entendit un bruit au-dessus de lui, un cliquetis métallique. Il se jeta au sol, dans l'attente du coup de feu qui allait suivre. Rien ne se produisit. Il rouvrit les yeux : le versant de la colline était désert. À quelque distance en hauteur se dressait un chêne solitaire, plus grand que les autres. Le bruit était venu de là, lui semblait-il, mais, s'il y avait eu un garde ou un *civil* en embuscade, il aurait certainement déjà tiré. Il reprit son chemin, en jetant constamment des regards vers l'arbre, mais n'entendit plus rien.

Peut-être s'agissait-il encore d'un daim, ou d'une chèvre.

Il atteignit enfin le boqueteau et s'y enfonça. Des broussailles lui cinglèrent les jambes de leurs branches raides.

Il ne voyait plus la route, d'où il était, mais il devait rester caché. Il entendrait Barbara arriver. Elle savait où le trouver. Barbara… Il frissonna, prenant soudain conscience du froid, maintenant qu'il n'était plus en mouvement. De sa fatigue, aussi : ses jambes et ses bras tremblaient d'épuisement. Il se frotta vigoureusement les mains et souffla dessus pour les réchauffer. Il ne lui restait plus qu'à prendre son mal en patience. Et à attendre – attendre que Barbara vînt le sauver.

46

Harry s'était réveillé tôt, ce matin-là. Ses oreilles bourdonnaient de nouveau, pour la première fois depuis des semaines, mais il resta étendu un moment sans bouger et la sensation finit par se dissiper. En ouvrant les rideaux, il constata que la rue était toute blanche, et son cœur se serra pendant un instant. Bon sang, se dit-il, il a encore neigé ! Puis il s'aperçut que ce n'était que du givre, une épaisse couche de gelée blanche recouvrant la chaussée et les trottoirs. Il gonfla les joues et laissa échapper un gros soupir de soulagement.

Sofía arriva à neuf heures, comme il avait été convenu. Il se mit en devoir de préparer le petit déjeuner. Ils étaient tous deux extrêmement calmes, maintenant que le moment décisif était enfin venu.

« As-tu bien dormi ? demanda-t-elle.

— Pas très. J'ai la voiture, une vieille Ford. Elle est dehors. Et toi ?

— Très bien.

— Tu n'as pas eu trop de mal à t'esquiver ?

— Enrique n'est pas content de devoir rester à la maison avec Paco. Je lui ai dit que nous partions en excursion et il voulait que je l'emmène. Je déteste être obligée de leur mentir, ajouta-t-elle en secouant la tête.

— À partir d'aujourd'hui, fini les mensonges, dit-il en lui prenant la main. Viens, il faut manger un peu », poursuivit-il en emportant leurs deux assiettes garnies d'œufs brouillés vers le *salón*.

« Comment va Barbara ? s'enquit Sofía tout en mangeant.

— Bien. » La veille au soir, après avoir récupéré la voiture à l'ambassade, Harry s'était rendu chez Barbara. Il lui avait appris que l'affaire de la fausse mine d'or était remontée jusqu'aux oreilles de Franco lui-même. Il était probable que Sandy fût désormais recherché par la police.

Des pas résonnèrent dans l'escalier, et tous deux se figèrent. « Je crois que c'est elle », murmura Harry.

Barbara portait un sac à dos volumineux. Son visage était pâle et tendu.

« Désolée d'être un peu en retard, dit-elle d'une voix essoufflée. J'ai eu de la visite à six heures du matin, alors que j'étais encore au lit. Deux *civiles* et quelqu'un du gouvernement. J'étais terrifiée à l'idée qu'ils aient eu vent de notre projet. Ils voulaient seulement que je leur dise tout ce que je savais sur Sandy. J'ai joué les petites femmes frivoles, et déclaré que je n'étais au courant de rien. » Elle s'assit et alluma une cigarette. « Je leur ai expliqué qu'il m'avait quittée. Je n'ai eu aucun mal à les embobiner, ils pensent que les femmes sont des idiotes. Ils ont emporté tout ce qu'il y avait dans son bureau, même sa collection de fossiles. J'en ai presque eu de la peine pour lui.

— Il n'a que ce qu'il mérite, Barbara », rétorqua Harry, en s'apercevant brusquement qu'il n'éprouvait plus rien à l'égard de Sandy. C'était comme s'il l'avait déjà effacé de sa mémoire.

« Oui, acquiesça Barbara. Oui, il l'a bien cherché.

— Nous devrions partir, si nous sommes prêts », intervint Sofía. Elle alla prendre son manteau et en sortit un gros pistolet allemand, un Mauser, qu'elle tendit à Harry en disant : « Prends-le.

— D'accord. » Il inspecta l'arme. Elle avait été nettoyée et graissée, et le magasin était chargé. Il la glissa dans sa poche. Barbara frémit et se tourna vers Sofía, qui lui adressa un regard impassible. « Bien, dit Harry en se levant. Vérifions tout une dernière fois, puis nous pourrons partir. »

Dehors, il faisait si froid qu'ils eurent du mal à respirer, dans les premières minutes. Ils durent racler le pare-brise de la Ford incrusté de givre. Harry craignait que le moteur ne refusât de démarrer, mais il se mit à vrombir au quart de tour. Les voitures de l'ambassade britannique étaicnt bien entretenues. Barbara et Sofía prirent place à l'arrière, et ils se dirigèrent vers la route de Valence. Ils étaient silencieux ; l'histoire du pistolet semblait avoir dressé une barrière entre eux. Toutefois, au bout d'un certain temps, Sofía prit la parole.

« J'ai réfléchi à ce que nous devrions raconter, au cas où l'on nous demanderait ce que nous sommes venus faire dans un endroit aussi reculé que Cuenca. Nous pourrions dire que vous m'avez amenée là parce que je veux savoir ce qui est arrivé à mon oncle. Et ce serait aussi un bon prétexte pour aller dans la cathédrale, afin de voir la liste des prêtres tués pendant la guerre.

— Pensez-vous que celui de votre oncle y figurera ? demanda Barbara.

— Oui, s'il a été tué. » Sofía détourna la tête et, dans le rétroviseur, Harry la vit cligner des yeux pour refouler ses larmes. Et pourtant, elle était prête à utiliser cette tragédie familiale afin de les aider… Il sentit son cœur se gonfler d'amour et d'admiration pour elle.

Ils roulèrent toute la matinée. En de nombreux endroits, la route était en mauvais état, ralentissant la conduite. Il y avait très peu de circulation, et peu de villes à traverser dans ce coin aride du cœur de la Castille. En début d'après-midi, le paysage devint moins uniformément plat, et de hautes collines commencèrent à surgir dans la campagne brune. Sur leurs flancs sombres, des ruisseaux gelés dessinaient des balafres blanches. Froid comme clé, songea Harry, froid comme clé.

Vers trois heures de l'après-midi, ils aperçurent à l'horizon une chaîne de montagnes basses aux sommets arrondis. Le paysage devint différent ; il y avait davantage de cultures, des parcelles d'un vert vif dans les terres irriguées. Une grosse agglomération se dessina au loin, un fouillis de bâtisses blanc-gris escaladant un flanc de colline si escarpé qu'elles semblaient s'empiler les unes au-dessus des autres, de plus en plus haut vers le ciel. Ils arrivèrent devant un panneau indiquant qu'ils entraient dans Cuenca. Barbara se pencha et effleura le bras de Harry, pour lui montrer un chemin tortueux s'enfonçant dans un champ en friche et disparaissant derrière un bosquet qui soustrairait la voiture aux regards.

« Ce doit être ici. »

Harry hocha la tête et s'engagea sur la piste de terre. La voiture cahota en passant sur les ornières gelées. Il se gara derrière le bouquet d'arbres. De l'autre côté, le pré s'élevait en pente douce jusqu'à l'horizon.

« Qu'en penses-tu ? demanda-t-il à Barbara.

— Cela prendra du temps pour revenir ici à pied.

— Il vaut mieux suivre le conseil de Luis. D'après lui, c'est l'endroit le plus approprié.

— Entendu. »

Ils descendirent et, aussitôt, Harry se sentit vulnérable, dangereusement exposé. Un vent froid et mordant ébouriffa leurs cheveux tandis qu'ils cheminaient vers la route. Harry passa le sac rempli de vêtements et de nourriture sur ses épaules. Sofía s'immobilisa sur le bord de la route et regarda Cuenca.

« Je ne vois pas la cathédrale, dit Harry.

— Elle est perchée tout en haut de la colline. La gorge est juste derrière.

— Et la Tierra Muerta se trouve de l'autre côté de cette gorge ? demanda Barbara.

— Oui. » Sofía aspira une grande bouffée d'air, puis se remit en marche. Ses deux compagnons la suivirent le long de la route déserte.

Ils ne croisèrent que deux charrettes et une automobile avant d'atteindre un pont enjambant une rivière aux eaux tumultueuses d'un gris verdâtre. Le soleil d'hiver était déjà bas sur l'horizon. Ils passèrent devant les maisons pauvres et délabrées de la ville nouvelle, puis devant la gare. Il y avait peu de gens dans les rues et personne ne leur prêta attention. Ils redoutaient de rencontrer des *civiles* en patrouille, mais n'eurent pas d'autre danger à affronter que quelques roquets galeux qui aboyèrent méchamment dans leur direction, et détalèrent à leur approche. Pensant aux chiens sauvages de

Carabanchel, Harry posa la main sur son Mauser pour se rassurer.

À la tombée du jour, ils étaient en train de gravir une voie aux pavés usés qui serpentait à travers un dédale de pierre vertigineux et n'en finissait plus de monter. Les ruelles étroites s'enroulaient en colimaçon autour d'immeubles de quatre ou cinq étages, vieux de plusieurs siècles et dont les façades dépourvues de peinture s'effritaient. À chaque nouveau détour, ils voyaient un pâté de maisons se dresser au-dessus d'eux, puis, dans la rue suivante, pouvaient en contempler les toits. Des mauvaises herbes poussaient entre les tuiles fissurées – la seule verdure dans toute cette pierre. De minces filets de fumée s'élevaient des cheminées ; l'odeur de feu de bois et de crottin était plus forte qu'à Madrid. La plupart des fenêtres étaient cachées derrière des volets clos, mais parfois ils entrevoyaient un visage les épiant à travers une vitre puis disparaissant en hâte.

« De quand datent ces constructions ? demanda Harry.

— Je ne sais pas, répondit Sofía. Cinq ou six cents ans, peut-être. Personne ne sait qui a bâti ces maisons suspendues. »

Sur une petite place, à mi-distance du sommet, ils s'arrêtèrent pour laisser passer un vieil homme et son âne. Le *burro* disparaissait presque sous son chargement de bois.

« *Gracias* », dit le vieux en les dévisageant avec curiosité. Ils s'attardèrent encore un instant pour reprendre leur souffle, et Sofía dit :

« Je me rappelle parfaitement cet endroit. J'avais un peu peur de ne plus savoir retrouver le chemin.

— C'est assez sinistre », murmura Barbara. Le soleil

couchant baignait les rues d'une lumière froide, donnant une couleur rose aux petits tas de neige durcie dans les caniveaux.

« Pas pour des enfants, répondit Sofía avec un sourire triste. C'était plutôt amusant, toutes ces rues en pente. » Elle passa son bras sous celui de Harry, et ils poursuivirent leur ascension.

Ils débouchèrent enfin sur la vieille Plaza Mayor qui couronnait le sommet de la colline, encadrée de bâtiments municipaux sur deux de ses côtés. Le troisième côté, bordé d'un parapet, surplombait en à-pic la rue du dessous. L'absence de constructions permettait d'avoir une vue dégagée sur la cathédrale, qui occupait le dernier côté, dominant l'ensemble de sa façade carrée et massive à l'aspect intimidant. Une large volée de marches conduisait à son immense porte surmontée d'un porche sous lequel se blottissait un groupe de mendiants. Il y avait un bar juste à côté, mais il était fermé ; hormis les mendiants, la place était déserte.

Ils s'immobilisèrent devant l'entrée du bar, promenant leur regard sur les fenêtres aux persiennes fermées qui les entouraient. Une vieille femme qui portait un énorme ballot de vêtements sur la tête traversa la place, le bruit décroissant de ses pas résonnant dans la pénombre glacée.

« Pourquoi les rues sont-elles aussi vides ? demanda Harry.

— Cuenca a toujours été une ville très paisible. Par une journée comme celle-ci, les gens ont dû rester chez eux, pour essayer de se réchauffer. » Sofía scruta le ciel où s'amoncelaient des nuages en provenance du nord.

« Je crois que nous ferions mieux d'entrer dans la cathédrale, déclara Barbara en regardant la porte marron ornée d'énormes clous. Nous y serons moins en vue, ajouta-t-elle, avec un geste de la tête en direction des mendiants qui les observaient en silence.

— Vous avez raison, acquiesça Sofía. Essayons de trouver le bedeau. » Elle les précéda dans l'escalier de pierre, les épaules voûtées et les mains enfoncées dans les poches de son vieux manteau, ignorant les mains tendues des mendiants. Elle poussa le lourd vantail, qui s'ouvrit lentement.

La vaste cathédrale était déserte, éclairée seulement par la lumière jaune et froide qui filtrait à travers les vitraux. La respiration de Harry dessina un panache dans l'air. À son côté, Barbara murmura : « On dirait qu'il n'y a personne. »

Sofía s'avança à pas lents entre les immenses piliers, vers le chœur où se dressait un grand retable orné d'or, derrière de hautes grilles. Elle s'immobilisa et le contempla en fronçant les sourcils, minuscule silhouette enfouie dans son manteau noir. Harry s'approcha d'elle et lui passa un bras autour des épaules.

« Tout cet or, chuchota-t-elle. L'Église n'en a jamais été à court.

— Où est le gardien ? s'enquit Barbara en les rejoignant.

— Essayons de le trouver », répondit Sofía. Elle se dégagea de l'étreinte de son compagnon puis s'avança dans la nef, et ils lui emboîtèrent le pas. Les bretelles du sac à dos commençaient à mordre douloureusement les épaules de Harry.

À droite, sous un large vitrail qui laissait entrer la lumière déclinante, se trouvait un confessionnal, une sorte de cabine en bois sombre, haute et étroite. À mesure qu'ils s'enfonçaient à l'intérieur de la cathédrale, l'obscurité s'épaississait. Harry tressaillit violemment en apercevant une silhouette dans une chapelle latérale, et Barbara s'agrippa à son bras.

« Qu'est-ce que c'est ? »

En regardant de plus près, Harry découvrit qu'il s'agissait d'un groupe sculpté représentant la Cène grandeur nature. C'était Judas qui lui avait causé une telle peur, un Judas d'un réalisme surprenant, en train de se lever de table. Son visage, légèrement tourné vers le maître qu'il s'apprêtait à trahir, arborait une expression froidement brutale et calculatrice, sa bouche était entrouverte dans un rictus féroce. À côté de lui, un Christ en robe blanche était assis, le dos tourné à la nef.

« Hideux, n'est-ce pas ? » murmura Barbara.

Harry hocha la tête et regarda Sofía, à quelques pas devant eux, les mains si profondément enfouies dans ses poches que les coutures de son manteau menaçaient de craquer aux épaules. Quand ils arrivèrent à sa hauteur, elle se retourna et chuchota : « Il est là, sur ce banc. »

Un homme était assis près d'un autel consacré à la Vierge ; c'était à peine si on le distinguait dans l'ombre. Ils s'avancèrent lentement vers lui. Brusquement, Harry entendit Sofía étouffer une exclamation. Elle fixait une plaque murale visiblement récente. Des cierges étaient allumés dans les niches voisines, et un bouquet de roses d'hiver avait été déposé juste en dessous. L'inscription « Morts pour l'Église » surmontait une liste de noms.

« Il y est, murmura-t-elle. Mon oncle… » Ses épaules s'effondrèrent, et Harry l'entoura de son bras, ému de la sentir si fragile.

De nouveau, elle se dégagea. « Nous devons parler au bedeau », dit-elle à voix basse.

L'homme se leva à leur approche. Il était vieux, petit

et trapu, vêtu d'un costume graisseux et hors d'âge, et d'une chemise élimée. Il les observa de ses yeux bleus et perçants, une expression hostile sur son visage ridé.

« Vous venez de la part de Luis, le frère d'Agustín ? demanda-t-il à Barbara.

— Oui. Vous êtes Francisco ?

— On m'avait dit que vous seriez seule. Pourquoi êtes-vous venus à trois ?

— Nous avons pris de nouvelles dispositions. Luis est au courant.

— Agustín n'a parlé que d'une personne, s'entêta l'homme en les dévisageant à tour de rôle d'un air anxieux.

— J'ai l'argent, déclara Harry. Alors, pouvons-nous attendre ici en toute sécurité, avant de faire venir notre ami ?

— En principe, oui. Il n'y a pas de messe ce soir. Il fait froid, personne n'est venu de tout l'après-midi à part la sœur du père Belmonte, pour apporter des fleurs, expliqua-t-il avec un bref signe de tête en direction de la plaque commémorative. L'un des martyrs qui sont morts pour l'Espagne, ajouta-t-il d'un ton mordant, quand les rouges ont massacré les prêtres et violé les religieuses rien que pour le plaisir. »

C'est un nationaliste, pensa Harry, avant de redire à haute voix : « Nous avons les trois cents pesetas.

— Donnez-les-moi, alors, fit le vieux en tendant la main.

— Quand celui que nous sommes venus chercher sera là, répliqua Harry en adoptant un ton sec et autoritaire, un ton d'officier s'adressant à un subalterne. C'était ce qui était convenu. » Plongeant la main dans sa poche, il montra au vieil homme la liasse de billets, en se penchant de façon à lui laisser également voir son arme. Le vieillard écarquilla les yeux et hocha la tête.

« *Sí, sí.* »

Harry regarda sa montre et reprit : « Nous sommes en avance. Nous allons devoir attendre un peu.

— Eh bien, attendez », marmonna le vieillard. Il regagna son banc d'un pas traînant et resta là à les observer.

« Pouvons-nous lui faire confiance ? chuchota Barbara. Il n'a pas l'air très amical.

— Évidemment, répliqua sèchement Sofía. Il est de *leur* côté. Vous imaginiez-vous que l'Église embauchait des républicains ?

— Le frère de Luis doit le juger digne de confiance, tempéra Harry. Et il court le risque d'être fusillé si les choses tournent mal. »

Ils choisirent pour s'asseoir un banc qui leur permettait de surveiller à la fois le bedeau et la porte. « Il est six heures dix, dit Harry. Sofía, combien de temps faut-il pour aller d'ici jusqu'au pont ?

— Pas très longtemps, une quinzaine de minutes. Nous allons attendre encore un quart d'heure. Puis je vous conduirai là-bas. En contournant la cathédrale, on arrive très vite à la gorge et au pont qui la traverse.

— Vous me montrerez le chemin, Sofía, puis vous reviendrez ici, dit Barbara. Bernie s'attend à me voir seule.

— Je sais, dit Sofía, en se penchant pour lui presser la main. Tout se passera bien, vous verrez. »

Ce geste inattendu fit légèrement rougir Barbara. « Merci. Je suis navrée pour votre oncle. »

Sofía hocha la tête d'un air attristé.

Harry pensa au vieux prêtre qu'on avait collé contre

un mur avant de le fusiller. Il se demanda si les mêmes images emplissaient l'esprit de la jeune femme à cet instant, et lui entoura une fois de plus les épaules de son bras.

« Sofía, reprit Barbara à voix basse, je voulais vous dire… combien je vous suis reconnaissante d'être venue ici. Vous n'y étiez pas obligés, ni l'un ni l'autre.

— Moi, si, objecta Harry. J'y étais obligé, pour Bernie.

— J'aimerais pouvoir en faire plus, déclara Sofía avec une soudaine véhémence. Je voudrais qu'il y ait de nouvelles barricades, et, cette fois-ci, je prendrais les armes. Ils n'auraient jamais dû gagner. Mon oncle ne serait pas mort s'ils n'avaient pas déclenché la guerre. Vous me trouvez dure, n'est-ce pas ? s'enquit-elle en se tournant vers Barbara.

— Non, soupira celle-ci. Mais il est parfois difficile, pour quelqu'un comme moi, de se rendre pleinement compte de ce que vous avez eu à subir. »

Serrant la main de Sofía dans la sienne, Harry murmura : « Tu fais de ton mieux pour paraître dure, mais tu n'as pas réellement envie de l'être.

— On ne m'a pas laissé le choix.

— Tout sera différent, en Angleterre. »

Ils restèrent silencieux un moment, puis Sofía remonta la manche de Harry pour vérifier l'heure sur sa montre. « Six heures et demie. Nous ferions bien d'y aller. » Jetant un regard en direction du bedeau, elle ajouta : « Reste ici, Harry, garde l'œil sur lui. Donne le sac à Barbara.

— Nous devrions y aller tous ensemble, protesta-t-il, répugnant à les laisser seules.

— Non. L'un de nous doit rester ici. »

Harry lui lâcha la main et les deux femmes se levèrent. Tournant le dos au vieux sacristain, il sortit le revolver.

« Vous devriez l'emporter, en cas de problème. Pas pour vous en servir, juste pour intimider. » Tenant l'arme par le canon, il la tendit à Sofía, mais celle-ci paraissait à présent réticente à l'accepter. Ce fut Barbara qui avança la main et s'en empara avec précaution.

Elle la rangea dans sa poche, puis Harry lui donna le sac à dos. « C'est drôle, dit-elle avec un sourire sarcastique, mais ça donne réellement un sentiment de sécurité. » Inspirant profondément, elle lança : « Allons-y, Sofía. »

Les deux femmes se dirigèrent vers la porte, qui s'ouvrit en grinçant, puis se referma derrière elles. À être ainsi séparé de Sofía, Harry éprouva une douleur physique. Il se tourna vers le vieillard et sentit peser sur lui son regard hostile.

47

Dehors, il faisait presque nuit. Barbara ajusta les bretelles du lourd sac contenant les vêtements et les vivres, de façon à bien répartir la charge. Les mendiants avaient disparu. Des nuages cachaient la lune, mais les réverbères étaient allumés, dispensant leur faible lumière. Sofía la guida vers une ruelle étroite située sur le côté de la cathédrale et donnant sur une voie plus large à l'arrière de l'édifice. De l'autre côté de cette rue, un parapet de pierre surplombait directement un vaste et profond canyon. Barbara se pencha vers l'abîme. Elle distinguait à peine les contours des collines se découpant sur le ciel, et, tout au fond, la ligne blanche d'une route. Un peu plus loin, une passerelle de bois soutenue par des poutres métalliques enjambait la gorge.

« Alors, c'est là, dit-elle.

— Oui. Le pont de San Pablo. Il n'est pas surveillé, répondit Sofía d'une voix satisfaite. Les autorités n'ont sans doute pas encore été prévenues de l'évasion.

— Si toutefois il a réussi à s'évader. »

Montrant les collines, Sofía poursuivit : « Regardez, voilà la Tierra Muerta. C'est de là qu'il va arriver. »

Sur sa droite, Barbara aperçut les lumières des

maisons bâties tout au bord du précipice, avec leurs balcons dominant le gouffre béant.

« Les maisons suspendues, expliqua Sofía.

— C'est extraordinaire », murmura Barbara, qui se tendit soudain au bruit de pas lourds résonnant dans une rue latérale. Un homme apparut, vêtu d'une longue cape noire, la gorge enserrée dans un col blanc. Un prêtre. Il était jeune – une trentaine d'années – avec des lunettes et un visage doux et rond sous des cheveux roux presque de la même couleur que les siens. Son expression était soucieuse, mais il sourit en les voyant.

« *Buenas tardes, señoras.* Il est bien tard pour se promener. » Barbara jura en elle-même. Elle savait que les prêtres pouvaient interroger les femmes qu'ils trouvaient dans les rues à des heures indues et leur ordonner de rentrer chez elles. Sofía baissa les yeux avec une feinte modestie.

« Nous étions justement sur le point de rentrer, *señor.* »

Dévisageant Barbara d'un air curieux, l'ecclésiastique reprit : « Excusez-moi, *señora*, seriez-vous étrangère ?

— Je suis anglaise, monsieur, répondit Barbara d'une voix enjouée. Mon mari travaille à Madrid, précisa-t-elle, consciente du poids du pistolet contre son flanc.

— *¿ Inglesa ?* répéta-t-il, en la scrutant intensément.

— Oui, *señor.* Connaissez-vous l'Angleterre ?

— Non. » Il parut sur le point d'ajouter quelque chose, mais se ravisa. « Il fait nuit, reprit-il d'une voix douce, comme s'il s'adressait à des enfants. Je crois que vous feriez mieux de rentrer chez vous, toutes les deux.

— Nous nous apprêtions à le faire.

— Êtes-vous d'ici ? demanda le prêtre en se tournant vers Sofía.

— Non, de Madrid. » Elle prit une profonde inspiration, et poursuivit : « Je suis venue voir le mémorial dans la cathédrale. Mon amie a accepté de me conduire jusqu'ici. J'avais un oncle à Cuenca, un prêtre...

— Ah. Il a été martyrisé en 1936 ?

— Oui. »

Le jeune prêtre hocha tristement la tête. « Tous ces morts... Ma fille, je vois sur votre visage que vous en concevez de l'amertume, mais je crois que nous devrions commencer à pardonner, pour le bien de la nouvelle Espagne. Il y a déjà eu trop de cruauté.

— Peu de gens partagent ce sentiment, répliqua Sofía.

— C'est vrai », acquiesça le prêtre d'un air navré. Un silence passa, puis il reprit, sur le ton de la conversation : « Où logez-vous ?

— Au couvent de San Miguel, répondit Sofía, après une hésitation.

— Ah. Moi aussi. Juste pour ce soir. Peut-être vous reverrai-je au dîner, alors ? Je suis le père Eduardo Alierta. » Il les salua d'un signe de tête et s'éloigna en direction de la cathédrale, ses pas s'éteignant peu à peu. Les deux femmes échangèrent un regard.

« Nous avons eu de la chance, déclara Sofía. Certains prêtres auraient insisté pour nous raccompagner au couvent.

— Quand il rentrera là-bas, il découvrira vite que les sœurs n'ont jamais entendu parler de nous.

— Nous serons parties, d'ici là, rétorqua Sofía en haussant les épaules.

— Il avait l'air triste. La plupart des prêtres ont un air sévère, mais celui-là semblait triste.

— Toute l'Espagne est triste. Allez, venez. »

En arrivant à proximité du pont, Barbara sentit les battements de son cœur s'accélérer. Sa bouche s'assécha. Son esprit était empli d'images de Bernie – Bernie tel qu'il était autrefois. Comment serait-il, à présent ? Elle s'agrippa à la poutrelle métallique à l'entrée du pont et contempla le tablier de bois, des planches posées sur un treillis d'acier. L'extrémité de la passerelle était noyée dans l'obscurité.

« Retournez auprès de Harry, dit-elle à Sofía. Je serai de retour dans une heure, j'espère.

— Bien, répondit la jeune femme en l'étreignant brièvement. Tout se passera bien, vous verrez. Dites au *brigadista* qu'une amie espagnole a hâte de le rencontrer.

— Promis. »

Sofía lui déposa un rapide baiser sur la joue, puis s'éloigna. Elle se retourna une fois, avant de disparaître dans la ruelle que le prêtre avait empruntée un peu plus tôt.

Barbara était maintenant seule dans la rue déserte et silencieuse. Dans les veines de son cou, les pulsations s'intensifièrent sous l'effet de l'anxiété. Elle se mit en marche en se tenant au garde-fou ; le métal était froid au toucher. De l'autre main, elle saisit l'arme au fond de sa poche. Fais attention, s'admonesta-t-elle intérieurement. Ne va pas appuyer sur la détente et te tirer une balle dans la jambe. Ce n'est pas le moment. Elle s'avança à pas lents, précautionneux, au cas où il y aurait eu de la glace sur les planches. Elle ne distinguait toujours pas l'extrémité du pont, seulement la masse sombre de la colline, d'une nuance plus foncée que le ciel. Une brise légère et glaciale parcourait la gorge. Tout était silencieux, aucun bruit n'émanait de la rivière loin en dessous d'elle. En baissant les yeux, elle ne voyait que les ténèbres, les ténèbres tout autour de l'étroit pont métallique. L'espace d'un moment, elle se sentit en proie au vertige.

Ressaisis-toi ! se morigéna-t-elle. Elle aspira quelques longues goulées d'air et pressa le pas. Quelque chose de froid lui effleura la joue – de la neige…

C'est alors qu'elle entendit des pas résonner sur le pont, venant de la direction opposée. Elle retint sa respiration. Se pouvait-il que ce fût Bernie ? Se pouvait-il qu'il les eût aperçues sur l'autre rive, Sofía et elle, et qu'il eût décidé d'aller à sa rencontre ? Non, il ne se risquerait sûrement pas à sortir de sa cachette avant de s'être débarrassé de sa tenue de prisonnier. Il devait s'agir d'un habitant de la ville.

Les pas s'approchèrent ; elle percevait les vibrations sur les planches, à présent. Elle reprit sa marche, agrippée au garde-fou, en tentant de se composer une expression détendue.

Une haute silhouette masculine apparut, vêtue d'un gros manteau. Elle marchait au centre de la passerelle, sans se tenir à la rambarde. Petit à petit, elle discerna les traits de l'individu, et vit qu'il la regardait fixement. Son cœur s'arrêta de battre une seconde, puis se mit à cogner avec force.

Sandy s'immobilisa à trois mètres d'elle, au centre du pont, une main dans la poche de son manteau, l'autre crispée contre son flanc. Il avait rasé sa moustache, et son visage paraissait changé, bouffi et jaunâtre. Il sourit, de ce large sourire qu'elle lui connaissait.

« Salut, mon chou. Surprise de me voir ? Tu attendais peut-être quelqu'un d'autre ? »

Dans la cathédrale, le vieil homme se leva et se dirigea, le pas traînant, vers un interrupteur mural. Un déclic sonore fit sursauter Harry, et une lampe au sodium s'alluma au-dessus de l'autel, sa lumière blanche ternissant les ors éclatants du retable. Harry regarda le vieillard regagner son siège, regrettant de ne plus sentir dans sa poche le poids rassurant du pistolet. Comme autrefois, pendant la guerre. Une image de la plage de Dunkerque traversa son esprit, une vision brève mais étonnamment précise.

Il se leva et se mit à marcher de long en large pour se réchauffer. Que faisait donc Sofía ? Elle aurait déjà dû être de retour. Elle avait sans doute été très éprouvée de découvrir le nom de son oncle sur cette plaque…

La porte s'ouvrit en grinçant, et il se retourna vivement. Ce n'était pas Sofía, mais un grand prêtre aux cheveux roux. Harry se laissa choir sur le banc le plus proche, joignit les mains et courba la tête comme pour prier. À travers ses doigts entrecroisés, il épia le prêtre, qui alla s'agenouiller devant l'autel avant de se signer et de s'avancer vers Francisco. Le vieux se leva, l'air affolé. Les mains de Harry se crispèrent. Et si l'homme les trahissait, sous le coup de la panique ?

« *Buenas tardes, señor*, dit le prêtre d'une voix tranquille. Je suis ici en visite, je loge au couvent pour deux nuits. J'aimerais prier ici un moment.

— Bien sûr, *señor*.

— C'est bien calme, ce soir.

— Il y a peu de visiteurs, par ce temps.

— *Ay*, il fait froid. Mais pas trop froid pour prier, cependant. »

Le prêtre alla s'asseoir sur un banc, à quelques rangées devant Harry. Il paraissait préoccupé et ne semblait pas avoir remarqué la présence d'un autre pénitent dans la pénombre. Francisco se rassit pesamment, son regard inquiet allant et revenant sans cesse de Harry jusqu'au prêtre, qui s'était mis à genoux, la tête entre les mains.

La porte s'ouvrit de nouveau. Harry jeta un coup d'œil en direction du prêtre, mais ce dernier ne releva pas la tête à l'entrée de Sofía. À sa grande surprise, la jeune femme se faufila prestement jusqu'au hideux confessionnal en dessous du vitrail, et se plaqua contre la paroi pour se dissimuler. Harry se leva, déconcerté. Son genou heurta violemment le banc et il serra les dents de douleur, et de colère contre lui-même. Il s'avança vers le confessionnal, en essayant de marcher d'un pas mesuré, et de faire le moins de bruit possible. Le prêtre se serait sûrement retourné s'il avait entendu quelqu'un courir dans la nef. Mais il demeura immobile, plongé dans la prière.

« Qu'y a-t-il ? chuchota Harry d'un ton anxieux. Est-il arrivé quelque chose à Barbara ?

— Non. Je l'ai quittée à l'entrée du pont. Mais ce prêtre roux… Nous l'avons rencontré en chemin. Je lui ai dit que nous séjournions au couvent, et que nous y retournions tout de suite. Il ne faut pas qu'il me voie ici avec toi. Et quand Barbara va revenir avec Bernie…

— Je vais dire au vieux de se débarrasser de lui. »

Sofía secoua vivement la tête, l'air effrayé. « Jamais il ne demandera à un prêtre de quitter la cathédrale.

— Il doit le faire. » Harry lui pressa le bras en un

geste rassurant, et se dirigea vers Francisco d'un pas assuré.

Barbara se cramponnait à la rampe métallique, comme pétrifiée.

« Tu as perdu ta langue ? » railla Sandy. Il sourit de nouveau, se délectant de sa stupeur. « Tu te rappelles, ce coup de fil que t'a passé le garde ? J'ai tout entendu. J'avais décroché le poste dans mon bureau, en même temps que tu décrochais en bas, expliqua-t-il d'une voix égale, sur le ton de la conversation. Après, j'ai ouvert les tiroirs de ton secrétaire, et j'ai trouvé ce que tu y cachais. Notamment la carte marquée d'une croix à l'emplacement de ce petit bois, près du pont.

— Comment as-tu ouvert ? Les tiroirs n'ont pas été forcés.

— J'ai gardé une clé du secrétaire, quand je l'ai acheté. Je garde toujours un double de toutes les clés des meubles, ajouta-t-il en souriant. Surtout si j'acquiers ces meubles pour quelqu'un d'autre. C'est une vieille habitude. »

Barbara ne répondit pas, mais continua à le fixer, respirant avec difficulté.

« Depuis combien de temps sais-tu que Piper est vivant ? poursuivit-il. Depuis combien de temps préparais-tu ton coup ?

— Environ deux mois », rétorqua-t-elle calmement, en le dévisageant. Qu'allait-il faire ? Ses yeux étaient emplis de fureur et, en dépit du froid, son front était en sueur.

Un muscle tressauta sur la joue de Sandy. « Brett était-il au courant ?

— Non », mentit-elle. Visiblement, il ignorait que

Harry était ici. Elle baissa les yeux vers la main qu'il gardait enfouie dans sa poche. Une bosse se dessinait sous l'étoffe. Était-il armé, lui aussi ?

« Des policiers sont venus à la maison », reprit-elle, le cœur battant. Elle avait du mal à garder une voix calme, mais elle devait pourtant y parvenir à tout prix. « Ils te cherchaient. Ils ont emporté tout ce qu'il y avait dans ton bureau.

— Oui, je m'en doutais. J'ai un passeport qui va me permettre d'embarquer sur un bateau, à Valence. Il appartenait à un Juif français, mais c'est ma photo qui s'y trouve à présent. Je mc suis dit que je pouvais faire une halte ici en cours de route. »

Elle resserra sa prise sur le pistolet, posant ses doigts sur la détente. « Où est Pilar ? s'enquit-elle d'une voix plus ferme.

— Partie. Je lui ai payé ses gages. Ce n'était qu'un petit divertissement bien anodin, comparé à ta trahison », siffla-t-il, saisi d'une colère subite. Puis il inspira profondément et reprit, d'une voix narquoise : « Eh bien, le vermisseau s'est effectivement transformé en dragon, dirait-on. Et dire que c'est moi qui t'ai faite ! J'aurais dû te laisser pourrir à Burgos. »

Elle garda le silence, se contentant de l'observer. Il désigna l'extrémité du pont d'un mouvement de tête.

« Il t'attend là-bas, dans le bois près de la route. Je l'ai vu. Je t'attendais, moi aussi, caché derrière un arbre. J'avais l'intention de le tuer. Je voulais que tu le trouves mort. Mais il m'a entendu allumer un cigare et cela lui a donné l'alerte, alors j'ai préféré venir ici. Après tout, rien n'est plus dangereux qu'un homme aux abois. Je ne pense pas qu'il puisse nous voir, sur cette partie-ci du pont. » Inclinant la tête, il ajouta en montrant sa poche : « J'ai un revolver, à propos. »

Barbara pouvait à peine distinguer le boqueteau, à quelques centaines de mètres de là. Bernie s'y trouvait-il vraiment ? « Pourquoi, Sandy ? demanda-t-elle. À quoi bon, à présent ? Tout est fini. »

D'un ton bas et glacial, Sandy répondit : « Il me traitait comme de la merde, à l'école, il me méprisait exactement comme mon salopard de père. Il a essayé de monter Harry contre moi. Et maintenant, il t'a poussée à me trahir pour le faire sortir de prison. Eh bien, je vais me venger. » Il sourit de nouveau, d'un sourire étrange, presque enfantin. « J'aime la vengeance. C'est une des rares choses vraies en ce monde. »

Elle recula malgré elle. Elle sentait quelque chose de féroce dans la voix de Sandy à présent, une rage démente.

« Ne me regarde pas comme ça, bordel ! Ai-je fait pire que ce qu'ont fait Piper et tous ces foutus idéologues, en Espagne ? Hein, dis-moi ?

— Ce n'est pas Bernie qui m'a poussée à faire ça, Sandy. J'en ai eu l'idée toute seule. Il n'était même pas au courant, dans les premiers temps.

— Tu ne m'en as pas moins trahi. Mais je ne permettrai pas que ça se reproduise. Je refuse d'être rejeté, mis au rebut. Si c'est là mon destin, je lutterai jusqu'au bout, je le jure. » Les grands yeux noirs de Sandy étaient exorbités et brillaient d'une lueur de folie. Barbara ne répondit pas. Ils restèrent immobiles, face à face, pendant un moment, sous les flocons épars. Puis Sandy respira profondément et ferma les yeux une seconde. Quand il reprit la parole, ce fut de nouveau sur le ton de la conversation.

« Comment es-tu venue ici ? Par le train ?

— Oui. » Il ignorait tout de la présence de Harry et de Sofía, il la croyait seule. Mais comment auraient-ils pu lui venir en aide, alors qu'ils l'attendaient dans la cathédrale ?

« Je suppose que tu lui as apporté des vêtements de rechange, dans ton sac ?

— Oui.

— Eh bien, je vais te dire ce qu'il te reste à faire. Tu peux faire demi-tour et retourner d'où tu viens. Rentrer en Angleterre. Et moi, je m'occuperai de lui, dit Sandy en désignant sa poche. Je te tuerais volontiers, toi aussi, mais un coup de feu ici risquerait d'attirer l'attention. » Il se pencha vers elle, le visage menaçant. « N'oublie jamais une chose, cependant : c'est moi qui ai *gagné*. Souviens-t'en pendant le reste de tes jours, puisque je te laisse la vie sauve. C'est moi qui ai gagné. » Il prononça ces paroles d'une voix sifflante, l'air buté. Agitant l'objet qu'il tenait dans sa poche, il ordonna : « Maintenant, retourne-toi, et mets-toi en marche. »

Elle lâcha le garde-fou et inspira avec force.

« Vas-y, reprit-il en haussant le ton. Va-t'en tout de suite, sinon je te tue, bon Dieu ! Trois ans, j'ai passé trois ans à faire de toi quelqu'un, alors que tu n'étais rien, et tout ça pour que tu me trahisses. Garce ! Allez, fais demi-tour, fiche le camp d'ici. »

Barbara plongea sa main dans sa poche et sortit le Mauser. Le brandissant à bout de bras, elle ôta le cran de sûreté et visa la poitrine de Sandy.

« Jette ton arme par-dessus le pont », dit-elle, d'une voix qui l'étonna elle-même par sa fermeté. Elle écarta les jambes, pour mieux assurer son équilibre. « Fais-le. Fais-le immédiatement, ou je te tue. » Au moment où elle prononça ces mots, elle comprit qu'elle serait capable de le faire, si elle y était obligée.

Sandy recula d'un pas, l'air stupéfait. « Tu… tu as un pistolet ?

— Sors le tien de ta poche, Sandy. Très lentement.

— Garce ! cracha-t-il en serrant les poings.

— Jette ton arme par-dessus le pont ! »

Sandy la regarda dans les yeux, puis sortit lentement sa main de sa poche. Et s'il tirait ? pensa-t-elle. S'il était plus rapide que moi ? Non, elle l'abattrait d'abord. Il ne tuerait pas Bernie, elle ne le permettrait pas.

Sandy tendit sa main ouverte ; une grosse pierre reposait sur sa paume. Il la regarda, puis sourit à Barbara et haussa les épaules. « Je n'ai pas eu le temps de me procurer une arme. Je comptais casser le crâne de Piper avec ça. » Il laissa tomber la pierre sur les planches. Elle roula et passa par-dessus le rebord, pour disparaître dans le vide. Ils n'entendirent pas le bruit qu'elle fit en touchant l'eau. Le pont était trop haut.

Barbara promena son regard sur les autres poches du manteau de Sandy. « Mets tes mains sur ta tête », ordonna-t-elle.

Le visage de Sandy s'assombrit, mais il obéit. « Que vas-tu faire ? » demanda-t-il. Il y avait de la peur dans sa voix, à présent, quelque chose qu'elle n'y avait encore jamais perçu, et elle s'en réjouit. Il la prenait au sérieux. Réfléchissant à toute allure, elle répondit :

« Nous allons traverser le pont pour retrouver Bernie. »

Le visage de Sandy parut se décomposer. « Non, pas comme ça…

— Tourne-toi », commanda-t-elle, en agitant le revolver sous son nez.

Il tressaillit. « D'accord », dit-il en opérant un demi-tour. Lentement, il commença à avancer vers l'autre rive. Barbara le suivit à distance prudente, au cas où il tenterait de lui prendre son arme. Ils atteignirent l'extrémité du pont, et foulèrent l'herbe bordant la route ; la neige avait cessé de tomber, et la lune avait émergé de derrière les nuages.

« Arrête-toi », dit-elle. Il obéit. Il a l'air ridicule, planté là, les mains sur la tête, songea-t-elle, en se demandant ce qu'elle devait faire à présent. Elle se tourna vers le bouquet d'arbres. Bernie peut-il nous voir ? se demanda-t-elle. Qu'allons-nous faire de Sandy ? Elle se savait incapable de l'abattre de sang-froid, mais Bernie, lui, n'hésiterait peut-être pas.

Puis elle entendit un bruit de course et, se retournant, vit Sandy s'enfuir sur la route. Il avait réagi à la vitesse de l'éclair, profitant de ces quelques secondes d'inattention.

« Stop ! »

Il se mit à décrire des zigzags d'un côté de la route à l'autre. Elle essaya de le viser, mais c'était impossible. Elle se rappela ce qu'il avait dit tout à l'heure : un coup de feu ferait trop de bruit. Elle abaissa son arme. Sandy, parvenu de l'autre côté de la route, se mit à gravir la colline, en continuant à décrire des zigzags. Il disparut entre les arbres, et elle entendit craquer des branches.

Laisse-le partir, se dit-elle. Inutile de prendre le risque de tirer, et de rameuter tout le monde. Il n'était pas armé et ne s'aventurerait pas à aller la dénoncer à la police, puisqu'il était lui-même recherché.

Elle remonta rapidement la route, en levant constamment la tête vers la colline ; elle se sentait terriblement seule et vulnérable. Elle regarda les lumières de la ville, de l'autre côté de la gorge, et distingua la masse sombre de la cathédrale, où l'attendaient Harry et Sofía.

Elle arriva enfin au pied de la butte où se dressait le bouquet d'arbres. Tout était sombre et silencieux. Sandy avait-il menti ? Bernie était-il vraiment ici ? Elle contempla un moment la butte, puis commença à la gravir. S'apercevant qu'elle tenait toujours le Mauser, elle le glissa dans sa poche. Ses pieds dérapèrent sur l'herbe gelée. Elle regarda la route et le pont derrière elle ; ils étaient toujours déserts. Elle se demanda comment ces ordres qu'elle avait lancés à Sandy lui étaient venus aussi facilement à la bouche : « Jette ton arme… Mets tes mains sur ta tête… » À force d'écouter ces feuilletons à la radio, sans doute. Tout le monde connaissait ces expressions, maintenant.

« Bernie », appela-t-elle en direction des arbres, à voix basse mais pressante. Pas de réponse.

« Bernie », répéta-t-elle, plus fort.

Des branches bruissèrent à l'intérieur du bosquet. Elle se raidit et saisit son arme en voyant apparaître un homme à la silhouette décharnée, vêtu d'une capote en lambeaux, un homme à la barbe hirsute, traînant la jambe comme un vieillard. Pensant qu'il s'agissait d'un vagabond, elle brandit son pistolet.

« Barbara. » Elle l'entendit crier son prénom ; elle entendit sa voix pour la première fois depuis plus de trois ans. Il s'avança vers elle. Elle ouvrit les bras et il s'y précipita.

Le vieux Francisco avait sorti son rosaire, le tournant et le retournant sans cesse entre ses mains fébriles. Harry se pencha vers lui, approchant sa bouche de l'oreille poilue du vieillard.

« Vous devez demander au prêtre de partir. Il a rencontré mes amies dehors. Elles lui ont dit qu'elles allaient au couvent. S'il les voit ici, il va leur poser des questions.

— Je ne peux pas demander à un prêtre en train de prier le Seigneur de quitter la cathédrale, murmura Francisco d'un ton indigné.

— Il le faut, répliqua Harry en le regardant dans les yeux. Ou nous serons tous en danger. Et vous n'aurez pas l'argent. »

Le vieillard passa une main calleuse sur sa joue hérissée de barbe. « *Mierda*, pesta-t-il entre ses dents. Pourquoi ai-je accepté de faire ça ? »

Les marmonnements du prêtre s'étaient tus. Il avait relevé la tête et les observait. Il n'avait pas pu entendre leurs paroles, mais le ton impératif de Harry avait dû l'intriguer. Bon Dieu, pensa celui-ci, bon Dieu de bon Dieu ! Réduisant sa voix à un chuchotement, il reprit :

« Il a cessé de prier. Dites-lui que vous avez un problème familial et que vous devez rentrer chez vous et fermer la cathédrale. »

Le prêtre se redressa et se dirigea vers eux, sa cape virevoltant autour de ses jambes. Francisco se leva.

« Quelque chose ne va pas, *viejo* ? s'enquit le prêtre en lui souriant avec bonté.

— Je crains que sa femme n'ait eu un malaise, répondit Harry, en s'efforçant de prendre l'accent d'un Espagnol de souche. Je suis médecin. Vous lui feriez une grande faveur, monsieur, en l'autorisant à fermer la cathédrale afin qu'il rentre auprès de son épouse. Je pourrais aller chercher l'autre sacristain pendant ce temps. »

Le prêtre le dévisagea intensément, et Harry se

demanda s'il serait facile à maîtriser. Il était jeune, mais paraissait mou et gras.

« D'où êtes-vous, *doctor* ? Je n'arrive pas à situer votre accent.

— De Catalogne, *señor*. J'ai atterri ici après la guerre. »

Pointant Harry du doigt, Francisco bredouilla : « Père, il a, il a… » Mais il baissa la tête sans terminer sa phrase.

« Si vous voulez, je puis rester ici pendant que vous irez chercher l'autre gardien, proposa le prêtre.

— S'il vous plaît, *señor*, le règlement stipule que la cathédrale doit rester fermée quand il n'y a personne pour la surveiller.

— Oui, il vaut mieux fermer, déclara Harry. Je vais ramener Francisco chez lui. La maison du doyen est sur le chemin, et j'irai prévenir l'autre sacristain.

— Très bien, acquiesça le prêtre. De toute façon, il est temps que je regagne le couvent. Quel est le nom de votre femme ?

— María, *señor*.

— Je prierai la Vierge pour sa guérison, dit l'ecclésiastique.

— Oui, priez pour nous. » Le vieillard fondit brusquement en larmes et enfouit son visage au creux de ses mains. Harry adressa un signe de tête rassurant au prêtre.

« Je m'occupe de lui, *señor*.

— *Vaya con Dios, viejo*.

— *Vaya con Dios, señor* », murmura le sacristain, écrasé de honte. Le prêtre lui effleura l'épaule, puis s'éloigna enfin.

Quand il fut sorti, Francisco s'essuya le visage. Sans regarder Harry, il siffla rageusement : « Vous m'avez couvert de honte. *Cabrón rojo*. Vous m'avez couvert de honte dans ce lieu saint. »

Bernie et Barbara s'étreignaient farouchement. Elle sentait sur sa peau l'étoffe rugueuse de son manteau, pareille à de la toile de sac, respirait son odeur fétide, mais le corps tiède sous ces haillons était le sien, le sien ! « Bernie, Bernie », murmura-t-elle encore et encore.

Il se dégagea et la contempla. Il avait le visage maigre et incrusté de crasse, mangé par une barbe en broussaille.

« Mon Dieu, dit-il. Comment t'y es-tu prise ?

— Il le fallait. Il fallait que je te retrouve. Mais, écoute, nous devons partir d'ici. » Levant les yeux vers la colline, elle expliqua : « Sandy était ici, tout à l'heure.

— *Forsyth* ? Il est au courant ?

— Oui. » Elle lui exposa rapidement la situation. Il écarquilla les yeux en apprenant que Harry les attendait dans la cathédrale avec sa fiancée espagnole.

« Harry et Sandy ! » s'exclama Bernie en secouant la tête. Il laissa échapper un rire incrédule. « Et Sandy rôde par ici, fou furieux, d'après ce que tu m'as dit.

— Il n'osera pas revenir ; il sait que je suis armée.

— Toi, armée ! » Il secoua de nouveau la tête. « Oh, Barbara, que n'as-tu pas fait pour moi… » Sa voix se brisa d'émotion. Barbara prit une profonde inspiration. Elle devait garder la tête froide. Sandy était parti, mais il y avait bien d'autres dangers.

« J'ai apporté des vêtements. Il faut que tu te changes et que tu rases ta barbe. Non, il n'y a pas assez de lumière ici pour cela. Nous attendrons d'être à l'intérieur de la cathédrale. Mais change-toi tout de suite. »

Il lui prit les mains. « Seigneur, tu as pensé à tout.

Comme tu as changé, ajouta-t-il en la scrutant dans la pénombre.

— Toi aussi.

— Ces vêtements… Et tu mets du parfum. Tu ne le faisais jamais, autrefois. Je ne reconnais plus ton odeur. »

Barbara se pencha et se mit en devoir d'ouvrir le sac. On n'y voyait pas grand-chose dans ce sous-bois, elle aurait dû apporter une torche électrique. « J'ai un manteau bien chaud là-dedans.

— Es-tu passée par la ville ?

— Oui. Tout était très calme.

— Le camp a dû prévenir les *civiles* par radio, à l'heure qu'il est.

— Nous n'en avons vu aucun.

— As-tu une voiture ?

— Oui, avec une plaque du corps diplomatique. C'est celle de Harry. Elle est cachée à la lisière de la ville. Nous allons te conduire à l'ambassade, ils seront obligés de te donner asile.

— Cela ne risque-t-il pas d'attirer des ennuis à Harry ?

— Ils ne sauront pas qu'il était impliqué. Nous te laisserons dehors, et tu pourras raconter que tu as volé ces vêtements en t'introduisant dans une maison, ou quelque chose comme ça, puis que tu as fait de l'auto-stop. »

Bernie la regarda, puis éclata brusquement en sanglots. « Oh, Barbara, je croyais que c'en était fini pour moi. Et puis on m'a dit que tu allais venir à mon secours. Et moi qui t'ai abandonnée pour partir à la guerre… Barbara, je regrette tellement…

— Non, il ne faut pas. Écoute, mon chéri, dépêche-toi. Quelqu'un pourrait arriver. Tu dois te changer. »

Bernie commença à se dévêtir. Il étouffa un grognement de douleur en ôtant la chemise qu'il portait depuis des jours et qui était collée à son corps par la crasse. Dans l'obscurité, Barbara devina les contours de ce corps qu'elle avait tant aimé, réduit à l'état de squelette et couvert de cicatrices.

Quelques minutes plus tard, il se tenait devant elle, vêtu du costume qu'elle avait pris dans la garde-robe de Sandy, ainsi que le chapeau mou et le pardessus. Les vêtements étaient froissés après être restés si longtemps dans le sac, mais ils lui conféraient une apparence presque normale, n'eût été son visage et sa barbe de vagabond. Elle lissa quelques plis du revers de la main. « Voilà, dit-elle à voix basse, luttant contre une subite et frénétique envie de rire. Cela pourra aller. »

La demi-heure qui s'écoula après le départ du prêtre fut pour Harry la plus longue de toute sa vie. Sofía et lui marchaient de long en large avec nervosité, en épiant tour à tour le vieillard et la porte de la cathédrale. Ils avaient frôlé la catastrophe, à cause de ce prêtre, alors qu'ils étaient si près de connaître enfin le bonheur, Sofía et lui, et peut-être Paco. Faites que tout se passe bien, implora-t-il en silence le Dieu auquel il ne croyait pas. Je ne vous demande rien de plus.

La porte s'ouvrit enfin. Harry et Sofía se figèrent. Le vieil homme leva un regard craintif vers Bernie et Barbara, qui s'avancèrent lentement dans la nef. Barbara devait soutenir Bernie, qui boitait fortement à cause de l'épuisement. Tout d'abord, Harry ne reconnut pas cet homme squelettique à la barbe hirsute. Puis il se rua vers eux, suivi de Sofía.

« Bernie, murmura-t-il. Seigneur, tu as l'air d'avoir traversé de rudes épreuves.

— Harry, c'est toi ? » fit Bernie avec un rire incrédule. Il clignait sans arrêt des yeux, comme s'il ne comprenait rien à ce qui lui arrivait. « Bon Dieu, je ne voulais pas le croire ! »

Harry sentit son cœur se serrer à la vue du visage décharné de son ami. « Que diable as-tu fabriqué ? Regarde dans quel état tu es. Ils n'apprécieraient guère cela, à Rookwood. »

Bernie se mordit la lèvre, et Harry comprit qu'il était au bord des larmes. « J'ai fait la guerre, Harry. » Il se pencha et lui donna l'accolade à la manière espagnole. Harry s'abandonna à son étreinte, et ils demeurèrent un long moment enlacés, jusqu'à ce que Harry finisse par se dégager, gêné. Bernie vacilla sur ses pieds.

« Vous ne vous sentez pas bien ? s'enquit Sofía d'un air inquiet.

— Je crois que je ferais mieux de m'asseoir. Vous devez être Sofía, répondit-il en souriant.

— Oui.

— *Viva la República*, reprit-il à voix basse.

— *Viva la República.*

— Êtes-vous communiste ?

— Non, répondit-elle gravement. Je n'aimais pas certaines des choses que faisaient les communistes.

— Nous les estimions nécessaires, soupira-t-il.

— Viens, dit Barbara en lui prenant le bras, il faut que tu te rases. Sers-toi des fonts baptismaux. » Elle lui donna un nécessaire de rasage, et il se dirigea en boitant vers le bassin de pierre. Francisco lui lança au passage un regard mauvais, le visage baigné de larmes. Harry lui tendit la liasse de billets, en disant : « Votre argent, *señor.* »

Francisco les serra dans son poing, en un geste rageur. Harry crut qu'il allait les jeter à terre, mais il les glissa dans sa poche et se rassit lourdement. Bernie reparut bientôt, avec encore quelques traces de barbe sur son visage amaigri et profondément ridé, mais désormais plus reconnaissable.

« Il faut que je m'asseye un peu, déclara-t-il. Je suis sacrément crevé.

— Oui, bien sûr », répondit Barbara avec empressement. Se tournant vers les autres, elle ajouta : « Il est très fatigué, mais nous devons pourtant partir d'ici dès que possible.

— Y a-t-il eu un imprévu ? » s'enquit Sofía, d'un ton si brusque que Harry lui lança un regard étonné. Barbara leur narra alors sa rencontre avec Sandy.

« Seigneur ! s'exclama Harry. Il a perdu la tête ! Il est devenu fou.

— À moitié fou en tout cas, de colère, opina Barbara.

— Nous devrions partir au plus vite, dit Sofía. Je crains que le prêtre n'aille raconter au couvent que le vieux a fermé l'église, et qu'ils n'envoient quelqu'un voir de quoi il retourne.

— Tu as raison. » Harry regarda Francisco qui les observait d'un regard dénué d'expression, puis posa une main sur l'épaule de Bernie. « La voiture est à quelques kilomètres d'ici, en dehors de la ville. Penses-tu pouvoir marcher jusque-là ? La route descend, ce sera plus facile.

— Je vais essayer. Je devrais y arriver, en ne marchant pas trop vite.

— Tu as repris figure humaine, plaisanta Harry.

— Merci. Est-ce vrai que l'Angleterre continue à résister ?

— Oui. Les bombardements sont terribles, mais nous tenons le coup. Bernie, nous devons partir, à présent », déclara Barbara.

Bernie se leva, en grimaçant de douleur. Il est à bout de forces, pensa Harry.

« Que disiez-vous, tout à l'heure, en parlant d'un prêtre ? demanda Bernie.

— Sofía et Barbara l'ont croisé en allant vers le pont. Ensuite, il est entré ici pour prier, mais j'ai réussi à persuader le gardien de se débarrasser de lui. J'en ai eu des sueurs froides. Je crois que, toute ma vie, je le reverrai agenouillé là, avec sa soutane noire et ses cheveux roux.

— Des cheveux roux ? répéta Bernie d'un air songeur. Décris-le-moi.

— Grand, jeune… Un peu gras.

— Bon sang, ce devait être le père Eduardo, l'un des prêtres qui officient au camp.

— Oui, c'est le nom qu'il nous a donné, murmura Barbara. Seigneur ! Il n'avait pourtant pas l'air méchant.

— Il ne l'est pas, répondit Bernie. C'est une sorte de saint innocent. » Il serra les lèvres et poursuivit : « Mais s'il nous découvre, nous sommes fichus. Il nous dénoncera quand même. » Prenant une longue inspiration, il reprit d'un ton déterminé : « Venez, allons-y. »

Harry ramassa le sac désormais vide, et suivit ses compagnons vers la sortie. Il éprouvait un énorme soulagement à l'idée de quitter enfin l'édifice. Il se retourna une dernière fois pour contempler le vieil homme ; celui-ci était toujours assis sur son banc, la tête entre les mains, silhouette minuscule au milieu de tous ces gigantesques monuments à la foi.

48

Il leur fallut du temps pour redescendre les rues escarpées et mal éclairées. Bernie était exténué. Les rares personnes qu'ils croisèrent se retournèrent pour le regarder, et il se dit qu'elles devaient le croire soûl, à cause de sa démarche titubante. Lui-même se sentait un peu ivre, grisé de bonheur et de stupéfaction.

Il s'était demandé ce qu'il éprouverait en revoyant Barbara, après tout ce temps. La femme qui lui était apparue sur ce coteau glacial était plus dure et plus sophistiquée que dans son souvenir, mais c'était toujours Barbara, cependant. Toutes les choses qu'il avait aimées en elle étaient encore présentes sous cette apparence différente. Il avait l'impression que leur séparation ne datait que d'hier, que la bataille du Jarama et les trois années de captivité n'avaient été qu'un rêve. Mais la douleur dans son épaule était bien réelle, et ses pieds, qui avaient gonflé dans ses bottes crevassées et craquelées de toutes parts, lui faisaient souffrir le martyre.

À mi-côte, ils arrivèrent sur une petite place où se trouvait un banc de pierre, en dessous de la statue d'un général. « Puis-je m'asseoir, rien qu'une minute ? » demanda Bernie à Barbara.

Sofía se retourna et les regarda d'un air grave. « Ne pouvez-vous vraiment pas continuer ? » Elle lança un coup d'œil inquiet en direction du bar de l'autre côté de la place. Les fenêtres étaient éclairées, et des voix leur parvenaient de l'intérieur.

« Rien que quelques instants ? » implora Barbara.

Bernie s'effondra sur le banc. Barbara s'assit près de lui et les deux autres demeurèrent à quelques pas de distance. Comme des anges gardiens, pensa Bernie. « Je suis désolé, dit-il à voix basse. J'ai la tête qui tourne un peu. Ça ira mieux dans un petit moment.

— Tu as de la fièvre », murmura Barbara en lui effleurant le front. Elle sortit ses cigarettes et lui en offrit une.

« Une vraie cigarette ! s'exclama-t-il avec un rire émerveillé. Des Gold Flake.

— C'était Sandy qui me les procurait. »

Il lui prit la main et la dévisagea avec intensité. « J'ai essayé de t'oublier, au camp.

— Y es-tu parvenu ? s'enquit-elle avec une feinte désinvolture.

— Non. Il fallait qu'on s'efforce d'oublier toutes les bonnes choses qu'on avait connues, car elles ne servaient qu'à se torturer inutilement. Mais elles me revenaient sans cesse. C'est comme ces maisons suspendues. Nous les apercevions parfois à travers le brouillard, en nous rendant à la carrière. Cela ressemblait à un mirage. Elles m'ont paru si petites quand nous sommes passés près d'elles tout à l'heure…

— Je regrette ce qui est arrivé avec Sandy. Mais

vois-tu… quand je t'ai cru mort, j'étais anéantie. Et il était si gentil – au début, du moins, il le paraissait…

— Je n'aurais jamais dû te quitter, reprit-il en lui serrant la main avec force. Quand Agustín m'a appris que c'était toi qui avais organisé mon évasion, quand il a prononcé ton nom, ça a été le meilleur moment de toute ma vie. Le meilleur, répéta-t-il, en proie à une vive émotion. Je ne te quitterai plus jamais. »

La porte du bar s'ouvrit, laissant échapper des effluves de vin aigre et de tabac. Deux ouvriers sortirent et remontèrent la rue en pente, en lançant au passage un regard surpris à leur quatuor près de la fontaine. Harry et Sofía s'approchèrent.

« C'est trop dangereux de s'attarder ici, dit Harry. Te sens-tu en état de repartir ? »

Bernie acquiesça. En se redressant, il eut l'impression que son pied était en feu, mais il se força à ignorer la douleur. Ils étaient tellement près du but…

Ils reprirent leur route à pas lents, en n'échangeant que de rares paroles. Malgré la souffrance, Bernie s'aperçut que tous ses sens paraissaient plus aiguisés, qu'il percevait tout de manière plus intense : l'aboiement d'un chien, le parfum de Barbara – les mille et une petites choses dont il avait été privé depuis 1937.

Ils atteignirent les limites de la ville, traversèrent le fleuve, puis redescendirent la longue route déserte menant au champ dans lequel ils avaient laissé la voiture. Il avait recommencé à neiger légèrement, de petits flocons qui, dans le silence, produisaient d'infimes crépitations en tombant sur l'herbe. Bernie était bien au chaud dans ses vêtements neufs, et la douceur de leur étoffe contre sa peau était pour lui une sensation entièrement nouvelle, tant il en avait perdu l'habitude.

« Nous sommes presque arrivés, chuchota enfin Barbara. La voiture se trouve derrière ces arbres. »

Ils poussèrent la barrière fermant le chemin et s'avancèrent sur la piste creusée d'ornières. Bernie grinça des dents en dérapant sur la surface inégale. Harry et Sofía marchaient en tête, et Barbara cheminait à son côté. Il discerna la forme sombre d'une automobile devant lui.

« Je vais conduire, déclara Barbara.

— Tu es sûre ? demanda Harry.

— Oui. C'est toi qui as conduit à l'aller. Bernie, si tu t'assieds à l'arrière, tu pourras étendre tes jambes.

— D'accord. » Il s'adossa au métal froid de la carrosserie tandis que Barbara ouvrait la portière côté conducteur. Elle jeta le sac à dos sur le plancher et s'installa au volant avant de déverrouiller les autres portes. Harry tint la portière grande ouverte et dit, avec son bon sourire rassurant d'autrefois : « Votre carrosse est avancé, monsieur. » Bernie lui pressa le bras d'un geste affectueux.

Brusquement, Sofía leva une main pour leur intimer le silence. « J'ai entendu un bruit dans les arbres, chuchota-t-elle.

— Ce doit être un daim, dit Bernie, se remémorant celui qui lui avait causé une brève frayeur quelques instants plus tôt.

— Attendez. » Sofía se dirigea lentement vers le bouquet de chênes verts qui projetaient sur l'herbe de longues ombres noires. Elle s'arrêta à la lisière du bois et scruta l'obscurité.

« Je n'entends rien », murmura Bernie.

Toujours assise au volant, Barbara tourna vers eux un regard interrogateur.

« Reviens, Sofía, appela Harry.

— Oui, j'arrive », répondit-elle en faisant demi-tour.

Le faisceau d'un projecteur troua la frondaison. Le crépitement brutal d'une mitrailleuse déchira le silence et Bernie vit des petites branches voler dans l'air, tandis que Sofía, prise dans le halo cru du projecteur, tressautait sous les balles qui la transperçaient. Des ruisseaux de sang jaillirent de son corps menu, qui s'affaissa au sol.

Harry fit mine de se précipiter vers elle, mais Bernie le retint par le bras et, avec une force dont il ne se serait pas cru capable, le plaqua contre la carrosserie. Harry se débattit brièvement, puis s'immobilisa lorsque deux *civiles* émergèrent du bosquet, leurs bicornes noirs luisant dans le faisceau lumineux. L'un des deux, un homme mûr au visage buté, pointa sur eux sa mitrailleuse avec une expression froide, dénuée de toute émotion. L'autre, plus jeune et visiblement apeuré, brandissait un revolver.

Bernie en eut le souffle coupé. Il haleta pour tenter d'aspirer une bouffée d'air, tout en maintenant Harry plaqué par les épaules. Le plus vieux des deux *civiles* souleva du pied la tête de Sofía et poussa un grognement satisfait en la voyant retomber, inerte. Harry essaya de se dégager, mais Bernie ne relâcha pas sa pression, malgré la douleur qui lui élançait l'épaule.

« Il est trop tard », souffla-t-il.

Il se tourna vers Barbara ; penchée par la portière, elle observait la scène d'un air terrifié. Les deux gardes civils demeurèrent à distance, leurs armes braquées dans leur direction, et deux autres hommes s'avancèrent à découvert. L'un d'eux n'était autre qu'Aranda. Un sourire cruel était affiché sur ses traits séduisants. L'autre était plus âgé, plus maigre, avec de fines mèches de cheveux noirs peignées en travers de son crâne dégarni. Un air de satisfaction féroce s'étalait sur son visage anguleux.

« Maestre ! s'exclama Harry. Bonté divine, c'est le général Maestre. Oh, mon Dieu, Sofía… » Sa voix se brisa et il se mit à sangloter désespérément.

Les officiers se dirigèrent vers eux d'un pas déterminé. Maestre lança à Harry un regard méprisant.

« Restez où vous êtes, vous deux. *Señorita* Clare, poursuivit-il en levant la voix, descendez de cette voiture. »

Barbara obéit. Elle paraissait sur le point de défaillir et s'appuya contre la portière, en tournant un visage affligé vers le corps de Sofía. Aranda adressa à Bernie un sourire réjoui.

« Eh bien, nous avons repris le petit oiseau échappé de sa cage. »

Harry fixait Maestre d'un air abasourdi. « Comment avez-vous su ? Est-ce Forsyth qui vous a prévenu ?

— Non, répondit le ministre, glacial. C'est nous qui avons monté toute cette opération, *señor* Brett. Le colonel Aranda et moi sommes de vieux amis, nous avons servi ensemble au Maroc. Un soir, lors d'une réunion, il m'a parlé d'un Anglais détenu dans son camp de Tierra Muerta, et dont la petite amie anglaise résidait à Madrid. Ce nom me disait quelque chose, poursuivit-il en enfonçant ses mains dans ses poches. Nous avons des fichiers sur tous ceux qui ont été mêlés de près ou de loin à la République, et quand j'ai vu que

Mlle Clare se faisait passer pour l'épouse de Forsyth, nous avons décidé, mon ami et moi, que c'était un excellent moyen pour le mettre dans l'embarras. Aujourd'hui nous semblait être le jour le mieux choisi pour cela – demain doit avoir lieu une réunion importante concernant la mine d'or.

— Oh, non », gémit Barbara.

Maestre prit une cigarette et l'alluma. Il souffla un nuage de fumée vers le ciel puis regarda de nouveau Harry d'un air d'intense concentration, comme s'il le haïssait, pensa Bernie. Toutefois, ce fut d'une voix toujours calme et polie qu'il reprit :

« Mais, en fin de compte, il n'y avait pas de mine d'or, n'est-ce pas ? Nous le savons maintenant. »

Harry ne répondit pas. Il semblait au demeurant ne plus écouter. Il tenta une nouvelle fois de se libérer de l'étreinte de Bernie, mais celui-ci tint bon, même si l'effort le faisait grimacer de douleur.

« Nous avons soudoyé Markby, le journaliste anglais, reprit Maestre, pour mettre les choses en route – oh, ne prenez donc pas cet air surpris, *señorita* Clare, les Anglais aussi peuvent se laisser acheter –, et ensuite le colonel Aranda a contacté l'un de ses anciens gardes qui se trouvait à Madrid, sans emploi. Il savait que lui et son frère avaient besoin d'argent pour leur mère malade.

— Luis ? s'écria Barbara. Luis travaillait pour vous ? Oh, Seigneur…

— Lui et Agustín vont bel et bien recevoir de l'argent pour aider leur mère, mais c'est nous qui le leur verserons. Nous les autoriserons néanmoins à garder la somme que vous leur avez déjà versée. » Il secoua la tête avant de poursuivre : « Luis a voulu se désister à plusieurs reprises. Je crois que cela les dérangeait, lui et son frère, de vous tromper ainsi. Mais nous devons être durs si nous voulons reconstruire l'Espagne. »

Maestre se mit à marcher de long en large, tel un militaire réfléchissant à sa stratégie, son grand corps svelte entrant et sortant constamment du cercle de lumière dans lequel tourbillonnaient des flocons de neige de plus en plus nombreux. Les boutons de son uniforme scintillaient sous le feu du projecteur. Aranda l'observait en souriant. À quelques mètres de là, la neige se déposait peu à peu sur le manteau noir de Sofía, sur ses cheveux. Les sanglots de Harry s'étaient tus, il s'était affaissé entre les bras de Bernie.

« Nous avons prévu depuis le début de vous arrêter ici. Bien sûr, Forsyth ne compte plus, désormais. Nous avons pensé un instant à empêcher l'évasion, et à tout annuler, purement et simplement, mais nous savions que vous iriez faire des histoires auprès de votre ambassade au sujet de ce camp, mademoiselle Clare, et peut-être même rameuter vos amis de la Croix-Rouge. Et puis le *señor* Brett est lui aussi impliqué, et cela embarrasserait énormément l'ambassadeur Hoare, qui est déjà mal vu du Generalísimo à cause de sa manie de nous espionner et de son compatriote Forsyth, qui a essayé de le rouler. Soit dit en passant, nous mettrons la main sur Forsyth : tous les ports et les frontières sont surveillés. Nous avons besoin de Hoare, il nous aide à maintenir l'Espagne en dehors de la guerre, afin que ceux qui ont toujours gouverné ce pays reprennent le pouvoir des mains de cette racaille phalangiste.

— Qu'allez-vous faire de nous ? demanda Barbara, et Bernie perçut un tremblement dans sa voix.

— Vous mettre sous les verrous, pour le moment, répondit Maestre en haussant les épaules. Il serait sans doute plus commode pour tout le monde que Piper se fasse abattre en tentant de s'évader, et que vous-même et le *señor* Brett trouviez la mort – dans un accident de voiture, peut-être. »

Aranda s'avança vers le général, son sourire effacé. « Nous devrions les tuer tout de suite, déclara-t-il.

— Non, fit Maestre en secouant la tête. Nous allons les enfermer pour l'instant. J'ai besoin de réfléchir. Je dois assister à cette réunion capitale, demain. Mais je vous remercie, Manuel, d'avoir avancé l'évasion d'un jour. Je tenais à les voir de mes yeux », ajouta-t-il en souriant.

Toutes les têtes se tournèrent soudain vers Barbara, qui avait poussé une plainte avant de s'écrouler sur le sol. Aranda s'esclaffa. « Cette stupide putain s'est évanouie. Ranimez-la », ordonna-t-il au plus jeune des deux gardes civils.

L'homme s'agenouilla près d'elle et la secoua par l'épaule. « Que… gémit-elle faiblement.

— Vous vous êtes évanouie, *señorita*, répondit-il avec une douceur surprenante.

— Oh. Oh, mon Dieu », dit-elle en se redressant sur son séant, les mains entre les genoux. Bernie voulut s'avancer vers elle, mais le *civil*, agitant son pistolet, lui ordonna de rester à sa place. Harry, libéré de son étreinte, s'éloigna en vacillant. Courbé en deux comme un vieillard, il s'approcha lentement du cadavre de Sofía, traversant le halo lumineux sans paraître y prêter attention. Le *civil* à la mitrailleuse pivota vers lui, mais Maestre l'arrêta d'un geste autoritaire de la main, tout en observant Harry. Celui-ci s'était agenouillé près de la morte et caressait ses cheveux saupoudrés de neige. Levant les yeux vers Maestre, il cria :

« Pourquoi l'avez-vous tuée ? Pourquoi ?

— Elle a enfreint la loi, répliqua l'officier en agitant un doigt menaçant. Nous ne tolérons plus ce genre de choses, désormais. Les fauteurs de troubles doivent être rappelés à l'ordre, et nous savons comment le faire. À présent, retournez à la voiture.

— Assassins, dit Harry, continuant à caresser les cheveux de Sofía. Assassins.

— Quand je pense que ma fille voulait sortir avec toi ! cracha Maestre. Petit con ! C'est à cause de toi qu'Alfonso est mort. »

Barbara se releva et s'appuya contre la portière ouverte, le visage livide. « S'il vous plaît, dit-elle d'une voix faible, puis-je m'asseoir dans la voiture ? Je tremble tellement que je ne peux pas tenir debout.

— Elle a l'air mal en point, *mi general* », ajouta le jeune garde.

Maestre hocha la tête, en jetant un regard dédaigneux à Barbara. Elle s'assit derrière le volant, et le *civil* referma la portière. Aranda sourit à Bernie, en lui lançant d'un ton railleur : « Les femmes anglaises n'ont pas de cran, hein ?

— C'est un peuple décadent, amorphe, grommela Maestre. S'ils gagnaient la guerre, nous pourrions nous débarrasser de la Phalange, mais je doute qu'ils en soient capables. »

Bernie tourna la tête. Il vit la nuque de Barbara, agitée d'un léger tremblement. Harry, secoué de sanglots, était toujours accroupi auprès de Sofía, et la neige le recouvrait peu à peu, lui aussi.

« Il est temps de partir, reprit Maestre. Toi ! appela-t-il en direction de Harry. Reviens ici ! »

Harry se redressa et revint à pas lents vers Bernie.

Celui-ci lui prit le bras et le contempla : il avait une mine épouvantable, le visage décomposé par le choc et le chagrin.

Avec un geste à l'adresse du jeune garde civil, Maestre ordonna : « Retourne à notre voiture et envoie un message radio au poste de police pour prévenir que nous arrivons. »

L'homme le salua et répondit : « Je serai de retour dans un quart d'heure, *mi general.* »

Il s'éloigna au pas de course ; son collègue demeura immobile, tenant toujours Harry et Bernie en respect avec sa mitrailleuse.

Aranda agita un doigt sous le nez de Bernie. Il semblait avoir recouvré sa bonne humeur. « Le général Maestre est venu de Madrid exprès pour me rejoindre. Nous savions que vous étiez dans la cathédrale, évidemment ; le sacristain et les autorités religieuses étaient dans le coup. Je t'ai observé, ces derniers temps, Piper. Tu t'attendais à ce que je te punisse pour avoir refusé de me servir d'informateur. C'est un petit jeu auquel je m'amusais avec toi. Eh bien, la voilà, ta punition ! » Il se mit à rire. « Sais-tu que le père Eduardo est allé enquiquiner les *civiles*, en affirmant que deux femmes avaient disparu, qu'elles n'étaient pas arrivées au couvent où elles séjournaient. Quel crétin ! »

Barbara n'avait pas vraiment été victime d'un accès de faiblesse, bien qu'elle eût failli se trouver mal quand le général avait parlé de les tuer. C'était d'ailleurs ce qui lui avait donné l'idée de simuler un évanouissement, pour pouvoir retourner s'asseoir dans la voiture. Les deux officiers se tenaient juste derrière. Ils devaient penser qu'elle ne savait pas conduire, car très peu de femmes possédaient un permis, en Espagne. Elle regarda dans le rétroviseur la scène derrière elle, en essayant d'éviter le corps de Sofía, et réfléchit intensément. Quand elle vit le jeune *civil* repartir vers le bois, elle pensa : c'est maintenant ou jamais. Le risque était immense, mais elle devait le prendre. Ils allaient probablement tous être tués, de toute façon, et elle n'avait pas accompli tout cela pour, finalement, ne pas repartir avec Bernie, ne pas partager sa vie. Elle ne l'abandonnerait pas entre leurs mains.

Lentement, en vérifiant dans le rétroviseur qu'elle n'était pas observée, elle referma ses doigts sur la clé de contact. Il était bien sûr essentiel que le moteur démarât du premier coup. Mais c'était une bonne voiture : elle avait démarré sans problème le matin, après toute une nuit dehors. Si elle faisait marche arrière à toute vitesse, les deux officiers seraient renversés. Avec de la chance, elle pourrait faire une embardée et écraser aussi le garde armé d'une mitrailleuse s'il lui en laissait le temps. Elle reporta son regard vers le *civil*. Il avait les yeux fixés sur Harry et Bernie, le visage dur et dénué d'expression.

Elle prit une profonde inspiration et tourna la clé. Le moteur se mit à vrombir et elle enclencha la marche arrière. Bernie et Harry, qui se tenaient appuyés contre le flanc du véhicule, perdirent l'équilibre, et Bernie hurla : « Non ! » Le plus vieux des deux officiers, celui qui avait nargué Harry, réussit à faire un bond de côté, mais tomba à la renverse. L'espace d'une seconde, dans le rétroviseur, elle entrevit une expression de surprise outragée sur le visage de l'autre militaire, le colonel qui dirigeait le camp. Puis il disparut sous la voiture. Elle entendit un hurlement et perçut un cahot, un craquement horrible, quand les roues lui passèrent sur le corps.

Le *civil* demeura un instant pétrifié sur place, l'air ahuri, puis il se tourna et pointa sa lourde mitrailleuse vers la voiture. Mais ces quelques secondes donnèrent à Barbara le temps d'opérer un tête-à-queue ; l'angle arrière du véhicule heurta l'homme avec force, et la mitrailleuse vola dans les airs, rebondissant bruyamment sur le toit de la voiture tandis que l'homme s'écroulait. Barbara redressa vivement le frein à main et bondit hors du véhicule, en sortant le pistolet de la poche de son manteau. Le moteur tournait toujours.

Harry et Bernie s'étaient relevés. Harry avait l'air hébété, mais Bernie avait gardé toute sa présence d'esprit. « Attention ! » cria-t-il à Barbara.

Le garde civil était en train de se redresser, chancelant, et portait la main à son pistolet. Sans prendre la peine de réfléchir, Barbara leva le Mauser et tira. Il y eut une forte détonation, un éclair, et une fontaine de sang jaillit de la poitrine de l'homme. Il tomba en arrière et demeura inerte. Elle resta clouée sur place, horrifiée de ce qu'elle venait de faire. Elle se tourna vers Aranda. Lui aussi était mort, ses yeux incrédules dirigés vers le ciel, sa bouche grande ouverte découvrant ses dents blanches dans une dernière grimace de rage. Un filet de sang s'écoulait le long de son menton.

« Oh, mon Dieu », murmura-t-elle.

Maestre se redressa, à demi groggy, l'expression abasourdie ; les maigres mèches noires collées en travers de son crâne retombaient à présent d'un seul côté, lui donnant un aspect grotesque. « Ne me tuez pas ! » implora-t-il d'une voix changée, rauque et terrifiée. Il leva un bras, comme pour repousser les balles. « Je vous en supplie. »

Barbara sentit Bernie lui retirer le Mauser de la main.

Le braquant sur Maestre, il lui jeta d'une voix pressante : « Remonte dans la voiture. Fais monter Harry. Tu sais conduire ?

— Oui.

— Nous n'avons pas beaucoup de temps. L'autre garde ne va pas tarder à revenir. »

Maestre était étendu sur le dos dans l'herbe, appuyé sur ses coudes. Barbara regarda Bernie s'avancer lentement vers lui, le visant à la tête. Le général battit des paupières pour chasser les flocons de neige, qui tombaient avec plus de force à présent, recouvrant son uniforme. Non loin de là, le corps de Sofía n'était plus qu'un petit monticule blanc.

Barbara ne supportait pas l'idée d'entendre un autre coup de feu, de voir un autre homme mourir. « Ne le tue pas, Bernie », dit-elle d'un ton suppliant.

Bernie tourna la tête vers elle, et elle vit alors la main de Maestre se glisser vers sa poche, rapide comme un serpent. « Attention ! » hurla-t-elle, tandis qu'il sortait un revolver. Bernie se retourna d'un bond et fit feu en même temps que Maestre. L'un et l'autre sursautèrent sous l'impact. Barbara vit la tête de Maestre exploser, le sang et la cervelle jaillir, tandis que Bernie, titubant, allait s'effondrer contre la voiture. Elle entendit un hurlement fou, animal, puis comprit qu'il s'agissait de sa propre voix.

« Bernie !

— Bon Dieu ! cria-t-il. Barbara, aide-moi à monter dans la voiture. » Il grinçait des dents de douleur en s'agrippant la cuisse. Du sang sourdait entre ses doigts.

Harry avait assisté à la scène sans bouger, avec une expression de désarroi total. Mais il parut soudain reprendre ses esprits, et regarda Bernie. « Oh, non, Seigneur, gémit-il.

— Aide-moi à l'installer à l'intérieur », ordonna Barbara. À eux deux, ils parvinrent tant bien que mal à hisser Bernie sur le siège arrière.

« Prends le volant, Harry, s'il te plaît, poursuivit-elle. Je vais m'occuper de lui. Nous devons partir tout de suite, avant le retour de l'autre garde. Harry, peux-tu y arriver ? »

Les yeux fixés sur le cadavre de Sofía derrière elle, il murmura : « Elle est morte, n'est-ce pas ? Nous ne pouvons plus rien pour elle.

— Non. Harry, peux-tu conduire ? » répéta-t-elle, en lui saisissant la tête entre ses deux mains pour l'obliger à la regarder, terrifiée à la pensée que le moteur pouvait caler d'un instant à l'autre.

Il inspira avec force, et son regard se posa enfin sur elle. « Oui. Oui, je vais conduire. »

Bernie sentait une vive douleur palpiter dans sa cuisse. Il ne pouvait plus bouger la jambe et le sang s'écoulait entre ses doigts, en grande quantité. Barbara avait ôté son manteau et déchirait la doublure. Devant lui, il voyait la nuque de Harry et ses mains enserrant fermement le volant. Dans la lumière des phares, la neige dansait en tourbillons épais.

« Où allons-nous ? demanda-t-il.

— À Madrid. L'ambassade est notre seul espoir.

— Mais la police ne va-t-elle pas dresser des barrages sur les routes, dès que le garde aura donné l'alerte ?

— Nous devons essayer à tout prix de regagner Madrid. Ne parle pas, mon chéri. » Elle l'appelait

« chéri », comme autrefois… Il lui sourit, puis grimaça quand elle découpa la jambe de son pantalon avec une paire de ciseaux à ongles.

« Ta jambe est cassée, Bernie. Je crois que la balle s'est logée dans l'os. Je vais poser un pansement, et nous te conduirons chez un médecin dès que nous arriverons à Madrid. Essaie de te redresser, maintenant. » Elle commença à enrouler les bandes de tissu autour de sa cuisse avec des gestes experts.

Quand elle eut terminé, il se laissa aller contre le siège. Il avait du mal à garder les yeux ouverts. Il chercha à tâtons la main de sa compagne, la trouva et la pressa dans la sienne. Il perdit conscience pendant quelques instants ; quand il revint à lui, il serrait toujours la main de Barbara. La neige ne cessait de tourbillonner dans la lueur des phares. Sa jambe était totalement engourdie, à présent, il ne la sentait plus. Barbara lui sourit tendrement.

« Rappelle-toi ce que je vais dire, Barbara, murmura-t-il. Tu me promets de t'en souvenir ?

— Je te promets que tu vas t'en sortir.

— Mais si je ne m'en sors pas, tu t'en souviendras ?

— Oui, tout ce que tu voudras.

— Les gens, les gens du peuple, ils semblent pour le moment avoir perdu la guerre, mais un jour, un jour, ils ne se laisseront plus manipuler et harceler par les patrons, les curés et les soldats ; un jour, ils se libéreront de leurs liens, ils vivront dans la liberté et la dignité, comme ils y étaient de tout temps destinés.

— Tu vas t'en sortir.

— S'il te plaît…

— Je m'en souviendrai. Oui, je m'en souviendrai. »

Il ferma les yeux et se rendormit.

49

Harry conduisait vite, d'une main sûre, comme un automate. Il essayait de se concentrer uniquement sur le pinceau de lumière émanant des phares. Au-delà de cette clarté blanche, tout était d'un noir d'encre. Au bout d'un certain temps, la neige cessa de tomber, mais la conduite demeurait cependant difficile, de nuit, sur cette chaussée inégale. Et il ne pouvait se départir de l'impression horrible d'avoir un énorme trou sombre à la place de l'estomac, comme s'il avait été lui aussi transpercé par des projectiles. L'image du corps de Sofía, criblé de balles, revenait sans arrêt le hanter, lui donnant envie de crier, mais il se forçait à la repousser et à se concentrer sur la route, la route, la route. Dans le rétroviseur, il voyait le visage anxieux de Barbara penché sur Bernie. Celui-ci était endormi, ou inconscient, mais du moins le bruit de sa respiration, lourde et laborieuse, indiquait-il qu'il était encore en vie.

Dans chaque ville ou village, il craignait de voir surgir des *civiles* lui faisant signe de s'arrêter, mais c'est à peine s'ils croisèrent âme qui vive pendant tout le trajet. Peu après onze heures, ils arrivèrent aux abords de

Madrid, et Harry ralentit pour traverser les rues blanchies en direction de l'ambassade.

« Comment il va ? demanda-t-il à Barbara.

— Toujours inconscient, répondit-elle à voix basse. Ça m'inquiète, car il était déjà très affaibli, et il a perdu beaucoup de sang. » Elle souleva une main rougie pour consulter sa montre. « Tu as roulé vite.

— Pourquoi n'ont-ils pas cherché à nous intercepter ? s'enquit-il d'un ton soucieux.

— Je ne sais pas. Peut-être le garde civil a mis du temps à revenir.

— Il était en possession d'une radio. Et la police est la seule chose qui fonctionne efficacement dans ce pays. » Une pensée qui lui trottait dans la tête depuis le départ de Cuenca s'imposa alors à lui. « Il est possible qu'ils nous attendent ici même, à Madrid. » Il contempla le visage pâle et tiré de Barbara dans le miroir, et demanda : « Où est le pistolet ?

— Dans la poche de Bernie. Je ne veux pas le déranger. Le moindre mouvement pourrait déclencher une nouvelle hémorragie. »

Harry observa les bâtiments qui défilaient derrière les vitres ; ils approchaient du centre. « Nous serons peut-être obligés d'utiliser notre arme pour nous frayer un passage, dit-il. Donne-la-moi. » Elle hésita un instant puis plongea la main dans la poche de Bernie. Elle passa à Harry le revolver, noirci de sang séché, et il le posa sur ses genoux. Il se revit alors, brièvement, assis avec Sofía dans la cathédrale, et fit une brusque embardée pour éviter un gazogène venant en sens inverse, à une allure de tortue, toussant et crachotant. Le conducteur donna un coup de klaxon courroucé.

L'ambassade apparut enfin devant eux. Harry passa

devant l'entrée, attirant le regard de l'unique *civil* en faction, et tourna à l'angle de la rue pour gagner le parking. Celui-ci était pratiquement vide. Harry se gara tout près de l'entrée à l'arrière du bâtiment. Ils étaient maintenant en territoire britannique. Au premier étage, il aperçut de la lumière derrière une unique fenêtre, voilée de rideaux – celle du fonctionnaire de permanence. Il klaxonna. Le rideau s'écarta et une tête se pencha vers eux.

Harry se tourna vers Barbara. Une traînée de sang maculait la joue blême de la jeune femme. « Quelqu'un sera ici dans une minute. Sortons Bernie de la voiture. Oh, Seigneur, il a l'air au plus mal. » Les yeux du blessé étaient fermés, sa respiration était faible, ses joues plus creuses que jamais. De larges bandes de doublure provenant du manteau de Barbara étaient enroulées étroitement autour de sa jambe.

« Peux-tu le réveiller ? demanda-t-il.

— Je ne suis pas sûre qu'il soit sage de le déplacer.

— Il faut absolument l'amener à l'intérieur de l'ambassade. Essaie. »

Barbara pressa l'épaule de Bernie, doucement d'abord, puis avec plus de force. Il gémit, mais ne bougea pas. « Il va falloir que tu m'aides à le porter », dit-elle.

Harry descendit de la voiture, ouvrit la portière arrière et saisit Bernie par les épaules. Il fut surpris de le trouver aussi léger. Aidé de Barbara, il le redressa en position assise. Du sang suintait à travers le bandage de fortune. La banquette arrière en était imprégnée, de même que les vêtements de Barbara.

Ils entendirent des verrous coulisser. Une porte s'ouvrit, des pas crissèrent sur la neige. Ils se retournèrent et rencontrèrent le regard éberlué de Chalmers, un homme grand et maigre d'une trentaine d'années à la pomme d'Adam proéminente. Même à cette heure de la nuit, il était vêtu d'un costume strict. Il braqua sur eux une torche électrique et écarquilla les yeux en découvrant les taches de sang maculant leurs vêtements. « Bonté divine, que se passe-t-il ? Qui êtes-vous ?

— Je m'appelle Brett, je travaille ici comme interprète. Nous avons avec nous un blessé qui a besoin de soins médicaux. »

Chalmers dirigea le faisceau de sa torche sur Bernie et s'écria : « Seigneur ! » Il promena sa lampe sur la banquette, contemplant le sang d'un air horrifié. « Dieu du ciel, que s'est-il passé ? C'est une de nos voitures ! »

Harry aida Barbara à traîner Bernie jusqu'à la porte entrouverte. Dieu merci, celui-ci respirait encore ; il gémit de nouveau, et Chalmers se rua derrière eux.

« Qu'est-il arrivé ? Qui est cet homme ? Y a-t-il eu un accident ?

— Il a reçu une balle. C'est un citoyen britannique. Pour l'amour de Dieu, mon vieux, arrêtez de vous agiter ainsi et appelez un médecin. » Harry poussa la porte et ils pénétrèrent à l'intérieur du bâtiment, titubant sous leur charge. Un long couloir s'étendait devant eux. D'une poussée, Harry ouvrit la porte du premier bureau qu'il aperçut. Barbara et lui étendirent précautionneusement Bernie sur le sol, tandis que Chalmers décrochait le téléphone.

« Le Dr Pagall, dit-il. Passez-moi le Dr Pagall.

— Dans combien de temps sera-t-il ici ? demanda Harry d'un ton brusque, quand Chalmers reposa le combiné.

— Il ne va pas tarder. Écoutez, Brett, allez-vous m'expliquer ce qui est arrivé, à la fin ? »

L'image du corps de Sofía tressautant sous les balles surgit une fois plus à l'esprit de Harry. Il tressaillit et inspira avec force. Chalmers lui lança un regard intrigué.

« Téléphonez à Simon Tolhurst, des Opérations spéciales, murmura Harry. Son numéro est dans l'annuaire. Il faut que je lui parle.

— Les Opérations spéciales ? Seigneur... » Chalmers se rembrunit ; comme tous les membres du personnel régulier, il détestait les espions. Il composa néanmoins le numéro et tendit le combiné à Harry. Une voix somnolente marmonna : « Allô, oui ?

— Ici Harry. Il s'agit d'une urgence. Je suis à l'ambassade avec Barbara Clare et un Anglais blessé par balle. Non, pas Forsyth. Un prisonnier de guerre. Oui, de la guerre civile. Il est gravement blessé. Il y a eu un... un incident. Le général Maestre a été tué. »

Tolhurst réagit avec une rapidité et une décision surprenantes. Il déclara à Harry qu'il arrivait immédiatement et qu'il allait prévenir Hillgarth et l'ambassadeur. « Restez où vous êtes », dit-il pour conclure. Comme si on pouvait aller où que ce soit, pensa Harry en raccrochant. Soudain, il songea à Enrique et à Paco, en train d'attendre Sofía dans l'appartement. Ils devaient se demander où elle était. Sa mort serait probablement la fin de tout, pour Paco. « Je lui avais dit de ne pas nous accompagner », murmura-t-il à voix haute.

Tolhurst et le médecin arrivèrent en même temps. Le médecin était un Espagnol d'âge mûr, au regard encore lourd de sommeil. Barbara lui expliqua ce qui s'était passé. D'un air flegmatique, Tolhurst contempla tour à tour le blessé étendu sur le sol et leurs vêtements tachés de sang.

« Est-ce là Mlle Clare ? demanda-t-il à Harry d'une voix calme.

— Oui.

— Qui est cet homme ? »

Harry prit une profonde inspiration, puis expliqua : « C'est un membre des Brigades internationales qui était détenu illégalement depuis trois ans dans un camp de travail. Un vieil ami à nous. Nous avions monté un plan pour le faire évader, mais cela a mal tourné.

— Ça, vous pouvez le dire. » Jetant un regard vers Barbara, Tolhurst ajouta : « Vous feriez mieux de venir dans mon bureau, tous les deux.

— Non, rétorqua-t-elle. Je suis infirmière, je peux aider le docteur. »

Ce dernier leva vers elle des yeux emplis de compassion et déclara d'un ton calme : « Non, *señorita*, il vaut mieux que je sois seul. » Il avait commencé à dérouler les bandages de fortune ; Harry aperçut en dessous une pulpe sanglante et de l'os blanc. Barbara regarda elle aussi la blessure et déglutit avec effort.

« Pouvez-vous… pouvez-vous le soigner ?

— J'y réussirai mieux si vous voulez bien me laisser seul, répondit le médecin en levant les mains. Sortez tous, s'il vous plaît.

— Viens, Barbara », dit Harry en la prenant par le coude pour l'aider à se relever. Ils suivirent Tolhurst hors de la pièce et gravirent à sa suite un escalier sombre. Partout dans le bâtiment, des lumières s'allumaient et des voix murmuraient : l'équipe de nuit se préparait à affronter la crise.

Tolhurst ouvrit la porte de son bureau, appuya sur l'interrupteur et leur indiqua des sièges. J'étais ici hier, pensa Harry, oui, seulement hier. Dans un autre temps, un autre monde, où Sofía était encore vivante. Tolhurst prit place derrière sa table de travail, et son visage replet revêtit une expression attentive et sévère.

« Bien, Harry. Racontez-moi exactement ce qui est arrivé. Qu'est-ce que c'est, cette histoire à propos de Maestre ? Il a été tué ? »

Harry lui narra les événements dans leur totalité, depuis l'instant où Barbara avait débarqué à l'improviste chez Sofía et leur avait dévoilé son projet, jusqu'au sauvetage mouvementé de l'après-midi. Tolhurst tournait sans cesse les yeux vers Barbara, qui était affalée sur sa chaise, le regard vitreux et fixe.

« Vous avez organisé tout cela sans en parler à Forsyth ? lui demanda-t-il d'un ton brusque, à un moment du récit de Harry.

— Oui », répondit-elle d'un air indifférent.

Harry décrivit l'embuscade dans la clairière. « Ils ont tué Sofía, dit-il, et sa voix se brisa pour la première fois. Quand j'ai demandé pourquoi à Maestre, il m'a répondu que les Espagnols avaient besoin d'être rappelés à l'ordre. »

Tolhurst poussa un lourd soupir. Aide-nous, Tolly, l'implora Harry en lui-même, aide-nous. Quand il reprit son récit, décrivant leur fuite, Tolhurst ouvrit des yeux effarés et contempla de nouveau Barbara.

« Vous avez écrasé un homme et en avez abattu un autre ?

— Oui, répondit-elle en soutenant son regard. Je n'avais pas le choix.

— L'arme est-elle encore en votre possession ?

— Non, c'est Harry qui l'a. »

Tolhurst tendit la main. « Donnez-la-moi, mon vieux, s'il vous plaît. »

Harry obéit. Tolhurst rangea le pistolet dans son tiroir, grimaçant de dégoût au contact du sang séché. Il s'essuya soigneusement les mains sur un mouchoir, puis se pencha en avant.

« C'est *très* grave, déclara-t-il. Un ministre tué, et un fonctionnaire de l'ambassade impliqué dans ce meurtre. Après ce que Franco a dit à Hoare hier… merde, fit-il en secouant la tête.

— Ce n'était pas un meurtre, dit Barbara d'un ton catégorique. C'était de la légitime défense. Sofía est la seule qui ait été assassinée. »

Tolhurst la foudroya du regard, comme s'il avait affaire à quelqu'un de stupide qui ne comprenait pas ce qui était vraiment important. Harry sentit une profonde déception s'ajouter au poids du chagrin qui l'accablait déjà. Il avait cru que Tolhurst leur viendrait en aide, intercéderait en leur faveur. Mais qu'aurait-il pu faire ?

Tolhurst tressaillit quand le téléphone posé sur son bureau se mit à sonner. Il prit le combiné. « Entendu », dit-il. Il inspira avec force et expliqua : « Le capitaine et l'ambassadeur sont ici. Je vais aller les informer de ce qui s'est passé. »

Quand il fut sorti, Barbara regarda Harry. « Je veux voir Bernie », dit-elle d'une voix résolue. Il remarqua alors qu'il y avait du sang sur ses lunettes.

« Le médecin avait l'air de savoir ce qu'il faisait.

— Je veux le voir. »

Harry sentit monter en lui une soudaine bouffée de rage. Pourquoi avait-elle survécu, alors que Sofía était morte ? C'était bizarre ; ils auraient dû se réconforter mutuellement, mais il n'éprouvait qu'une terrible colère. Quand il s'était agenouillé auprès de Sofía, elle avait les paupières entrouvertes sur son regard aveugle, et la bouche également à demi ouverte ; il avait entrevu ses dents blanches, qu'elle avait serrées convulsivement quand on lui avait arraché la vie. Il cligna des yeux pour tenter de chasser cette vision. Ils restèrent assis là, en silence. Leur attente parut durer des heures. De temps à autre, ils entendaient des ordres secs au-dehors, des bruits de pas. Harry s'aperçut que son oreille gauche s'était remise à bourdonner.

Des voix résonnèrent dans le couloir. Il reconnut le timbre grave de Hillgarth et les glapissements stridents de Hoare, et se raidit quand la porte s'ouvrit. Hillgarth, en costume civil, paraissait aussi frais et dispos que de coutume, ses cheveux noirs soigneusement peignés en arrière, ses grands yeux bruns pétillants de vivacité. Hoare faisait piètre figure à côté de lui, avec ses vêtements enfilés à la va-vite, ses yeux rouges et ses fins cheveux blancs tout hérissés. Il darda sur Harry un regard furieux, et blêmit à la vue de Barbara couverte de sang. Il s'assit derrière le bureau de Tolhurst ; ce dernier et Hillgarth se postèrent debout de chaque côté de lui. Ils étaient à l'étroit dans cette pièce exiguë, et le malaise de Harry s'accentua encore.

Hillgarth regarda Barbara. « Êtes-vous blessée ? s'enquit-il avec une douceur surprenante.

— Non, je n'ai rien. Dites-moi comment va Bernie, je vous en prie. »

Sans répondre, le capitaine se tourna vers Harry. « Brett, Simon m'a appris que votre fiancée est morte.

— Oui, monsieur. Les *civiles* l'ont abattue d'une rafale de mitrailleuse.

— Vous m'en voyez navré. Mais vous nous avez trompés. Pourquoi avez-vous fait ça ?

— Ils l'ont tuée avec une mitrailleuse, répéta Harry. Elle avait enfreint la loi. Il faut rappeler les gens à l'ordre. »

Hoare se pencha au-dessus de la table, le visage déformé par la fureur. « Ils veulent vous arrêter pour meurtre, Brett ! » Pointant le doigt sur Barbara, il vociféra : « Et vous aussi ! » Elle cligna des yeux, surprise. La voix aiguë de l'ambassadeur s'éleva encore d'un ton. « J'ai téléphoné à un de nos amis au gouvernement. Ils sont au courant de tout. Le deuxième garde civil, en revenant dans la clairière, a découvert un véritable carnage. Ses supérieurs se sont rendus au palais d'El Pardo. Il a fallu réveiller El Generalísimo ! Merde ! aboya-t-il. Je devrais vous livrer à eux, tous les deux, les laisser vous coller contre un mur et vous fusiller ! Un ministre tué par balle ! ajouta-t-il d'une voix frémissante.

— C'est l'autre, le dénommé Piper, qui a fait le coup, objecta Hillgarth calmement. Ils ne tiennent pas vraiment à arrêter Brett et Mlle Clare, Sam. Franco n'a pas envie de déclencher un incident diplomatique en ce moment. Réfléchissez un peu : ils auraient pu les arrêter en route, mais ils les ont laissés arriver jusqu'ici. »

Hoare se tourna de nouveau vers Harry, la joue agitée d'un tic qui le faisait cligner spasmodiquement d'un œil. « Je pourrais vous faire inculper de trahison, jeune homme, je pourrais vous renvoyer en Angleterre pour y être jeté en prison ! » Il se passa une main dans les cheveux avant de poursuivre : « J'aurais dû être vice-roi des Indes, Winston me l'avait pratiquement promis ! J'aurais dû être vice-roi, au lieu de me retrouver dans cette histoire de fous, au milieu de toute cette racaille, ces idiots ! C'est un sacré sac de nœuds que va devoir démêler ce nouveau délégué aux affaires madrilènes à Londres, comment s'appelle-t-il déjà ?

— Philby, glissa Hillgarth. Kim Philby.

— Un sacré sac de nœuds pour Philby ! Et c'est sur moi que Winston va faire porter le blâme !

— Tout va bien, Sam, fit Hillgarth d'un ton apaisant.

— Non, ça ne va pas bien du tout ! »

Barbara s'enquit soudain d'une voix sourde : « S'il vous plaît, pouvez-vous me dire comment va Bernie ? S'il vous plaît. C'est son sang que vous voyez sur moi, nous l'avons ramené de Cuenca, je vous en prie, dites-moi. »

Hoare bougonna, manifestant son impatience d'un geste de la main : « Le docteur l'a fait transporter à l'hôpital, il a besoin d'une transfusion de sang. Espérons qu'ils seront munis de l'équipement nécessaire, je veux bien être damné si je l'envoie dans une clinique privée. S'il en réchappe, il ne pourra peut-être plus jamais se servir de sa jambe gauche, les nerfs sont atteints, ou quelque chose de ce genre. » Dardant sur elle un regard courroucé, l'ambassadeur ajouta : « Et s'il n'en réchappe pas, en ce qui me concerne, ce sera un bon débarras ! Un incident diplomatique d'une telle gravité à cause d'un foutu terroriste rouge ! Au moins, nous n'avons plus à nous préoccuper de l'autre, l'Espagnole qu'ils ont abattue. »

Barbara rejeta la tête en arrière, comme s'il l'avait frappée. Un air de satisfaction fugace passa sur le visage de l'ambassadeur, et, pour Harry, ce fut la goutte qui fit déborder le vase. Toute la douleur, le chagrin et la colère qui bouillonnaient en lui affluèrent d'un coup. Poussant un cri de rage, il se jeta sur Hoare et noua ses mains autour du cou maigre de l'ambassadeur. Comprimer cette peau sèche, sentir les tendons fléchir sous ses doigts lui procura un soulagement intense. Le visage de Hoare s'empourpra et sa bouche s'ouvrit toute grande. Harry put voir le fond de la gorge de l'ambassadeur de Sa Majesté britannique en mission spéciale auprès de la Cour du Generalísimo Francisco Franco. Hoare battit faiblement des bras pour tenter de saisir les épaules de Harry.

Puis Harry entendit Barbara crier : « Attention ! » et sentit un coup formidable s'abattre sur sa nuque. À demi assommé, il relâcha son étreinte. Promenant un regard hébété autour de lui, il vit que c'était Tolhurst qui l'avait frappé, Tolhurst qui l'entraînait avec une force surprenante, une expression horrifiée sur le visage. Hoare était retombé sur sa chaise, suffocant et secoué de haut-le-cœur. Deux marques rouge vif étaient apparues sur son cou.

Harry fut pris de vertige et ses jambes se dérobèrent sous lui. En s'écroulant au sol, il saisit une étrange expression sur le visage de Hillgarth, quelque chose qui ressemblait presque à de l'admiration. Peut-être tout cela n'est-il pour lui qu'une aventure, se dit-il avant de perdre conscience.

Épilogue

Croydon, mai 1947

L'école était située dans une banlieue verdoyante, parmi des maisons de style simili-Tudor. En sortant de la gare, Barbara traversa une succession de rues bordées d'arbres, sous le soleil printanier. Elle portait en bandoulière la sacoche contenant les papiers destinés à la réunion qui aurait lieu en fin d'après-midi. C'est une banlieue aisée, pensa-t-elle. Cependant, même ici, on distinguait encore les cicatrices des bombardements, des cratères tapissés de mauvaises herbes.

Elle entendit l'école avant même de la voir – une cacophonie de voix juvéniles, s'amplifiant à mesure qu'elle s'approchait. Longeant un haut mur de brique, elle arriva devant une grille. Sur une plaque frappée d'un écusson, un nom était gravé en lettres noires : ÉCOLE HAVERSTOCK. Dans la cour de récréation bitumée, face à l'imposante bâtisse victorienne, des dizaines de garçons bavardaient, couraient, braillaient. Ils portaient des blazers à rayures noires et blanches et des casquettes ornées de l'écusson de l'établissement. Elle se rappela que Bernie lui avait raconté un jour que les blasons des écoles étaient des faux, que seuls les aristocrates avaient le droit d'arborer des armoiries.

Elle se fraya un passage à travers la cohue, en direction de la porte principale. Les garçons ne lui accordèrent aucune attention ; elle fut obligée de s'écarter pour éviter un ballon. « Passe-le-nous, Chivers », cria quelqu'un. Ils parlaient tous avec l'accent traînant propre à la haute bourgeoisie. Barbara se demanda si c'étaient des élèves dociles. Dans un coin se déroulait une bagarre, deux gamins se roulant au sol et se bourrant de coups de poing sous les encouragements d'une petite foule. Elle détourna les yeux.

Elle pénétra dans un vaste hall d'entrée à poutres de chêne, au fond duquel se trouvait une estrade. L'endroit était désert ; apparemment, tout le monde était sorti pour profiter du soleil. Le cadre était grandiose, très différent des étroits vestibules aux peintures ternes de son ancien collège, même si l'odeur âcre de désinfectant qui l'imprégnait était identique. Une plaque commémorative visiblement neuve était fixée d'un côté de l'estrade, une plaque de cuivre rutilant portant l'inscription 1939-1945 au-dessus d'une liste de noms. La liste était plus courte que celle de la plaque à la mémoire des morts de 1914-1918, apposée de l'autre côté – mais bien assez longue cependant.

Dans sa lettre, Harry lui avait indiqué avec précision l'emplacement de sa classe. Une fois qu'elle eut trouvé le bon couloir, elle n'eut plus qu'à regarder les numéros des portes jusqu'à ce qu'elle découvre la 14-A. Elle aperçut Harry à travers une vitre, assis à son bureau, en train de corriger des devoirs. Elle frappa et entra.

Il se leva et lui adressa un grand sourire. « Barbara, quelle joie de te revoir ! » Il portait une veste de tweed avec des pièces de cuir aux coudes, comme une caricature de maître d'école, et il semblait avoir énormément grossi. Il avait un double menton, à présent. Ses cheveux noirs étaient parsemés de gris ; il approchait de la quarantaine, tout comme elle.

« Bonjour, Harry, dit-elle en lui serrant la main. Seigneur, cela fait bien longtemps, n'est-ce pas ?

— Près d'un an, acquiesça-t-il. Bien trop longtemps. »

Elle examina du regard la salle de classe : des affiches de la tour Eiffel, des tableaux des verbes français irréguliers, des rangées de pupitres éraflés. « Alors, c'est ici que tu enseignes.

— Oui, c'est l'antre du prof de français. Les profs de français ont la réputation d'être des cibles faciles, le savais-tu ?

— Vraiment ?

— Oui. » Montrant la baguette posée sur son bureau, Harry ajouta : « Je dois parfois avoir recours à ça pour leur rappeler qui commande, malheureusement. Viens, sortons d'ici et allons déjeuner. Il y a un petit pub assez agréable, pas très loin. »

Ils se dirigèrent vers le centre de la ville. Les arbres étaient en fleur. Comme ils passaient sous un cerisier, la brise tiède fit choir autour d'eux une pluie de pétales blancs, et Barbara pensa fugacement à la neige.

« Enseignes-tu aussi l'espagnol ? demanda-t-elle.

— Non, ce n'est pas une matière très demandée. Uniquement le français. Ils en apprennent juste assez pour baragouiner quelques phrases usuelles. » Il désigna en souriant le sac qu'elle portait à l'épaule. « C'est toi l'hispaniste, à présent. Qui dois-tu rencontrer à l'aéroport de Croydon ?

— Oh, un groupe d'hommes d'affaires argentins. Ils accompagnent Eva Perón dans sa tournée européenne, et arrivent de Paris pour trouver des débouchés commerciaux à leurs produits. Conserves de bœuf et viandes, rien de très passionnant. »

À leur retour en Angleterre, en 1940, Barbara avait assez vite trouvé un emploi comme interprète et traductrice d'espagnol. L'argent que lui rapportait ce travail avait été fort utile, durant la longue convalescence de Bernie. Les médecins avaient déclaré qu'il ne marcherait plus jamais normalement, mais Bernie leur avait prouvé qu'ils se trompaient, grâce à sa détermination inébranlable. Quand ils s'étaient mariés, fin 1941, il avait réussi à s'avancer seul vers l'autel, sans aucune aide, et sans boiter, malgré la balle logée dans son fémur. Barbara avait alors senti se dissiper quelque peu le sentiment de culpabilité qui l'accablait, car elle se répétait sans cesse que, si elle n'avait pas détourné l'attention de Bernie en l'appelant, Maestre n'aurait jamais eu le temps de dégainer son arme.

« Tu travailles toujours avec les réfugiés ? reprit Harry.

— Oui, ce sont surtout des universitaires, à présent, la résistance a été pratiquement écrasée. Pour le moment, je donne des cours d'anglais à un écrivain originaire de Madrid. As-tu des nouvelles d'Enrique et de Paco ? » s'enquit-elle en l'observant à la dérobée.

Le visage de Harry s'éclaira d'un sourire. « J'ai reçu une lettre, le mois dernier ; Enrique m'écrit moins souvent ces derniers temps. Paco va commencer à travailler comme ouvrier agricole chez un fermier du coin.

— Quel âge a-t-il, à présent ?

— Seize ans. Je ne croyais pas qu'il réussirait à s'en sortir, mais, d'après Enrique, il va plutôt bien. Il ne parle toujours pas beaucoup, mais il aime travailler.

— C'est Enrique qui l'a sauvé.

— Oui. »

Après la tuerie, Barbara, Bernie et Harry avaient été embarqués en toute hâte sur le premier avion à destination de l'Angleterre. Dès son arrivée, Harry avait écrit à Enrique. Il ne savait même pas si le jeune homme avait été prévenu de la mort de sa sœur. Quelques semaines plus tard, une réponse lui était parvenue des Asturies, dans le nord de l'Espagne : les *guardias* étaient venus informer Enrique de ce qui était arrivé à Sofía et, la nuit même, il avait fait ses valises, emmené Paco à la gare et pris un train en partance vers le nord. Il avait demandé secours à de lointains parents qui possédaient une petite ferme près de Palencia. Ceux-ci les avaient accueillis, et c'était là que les deux garçons vivaient depuis lors. Harry leur envoyait de l'argent de temps en temps. Ils gagnaient tout juste de quoi vivre, mais Enrique disait que la campagne était paisible, et que c'était ce dont Paco avait besoin. Il allait bien mieux, affirmait Enrique, mais il était peu probable qu'il quittât un jour le village. Il avait échappé à l'orphelinat, contrairement à Carmela Mera. Elle doit avoir près de vingt ans, à présent, songea Barbara. Si toutefois elle a survécu… C'était l'une des choses auxquelles elle s'efforçait de ne pas penser, et elle secoua la tête pour la chasser de son esprit.

« Ce serait dommage que tu oublies la langue, dit-elle à Harry. Tu devrais te remettre à la pratiquer.

— Oh, le français me suffit, répondit-il avec un petit sourire triste. J'ai dû renoncer à pas mal de choses, quand on m'a empêché de réintégrer mon poste à Cambridge.

— C'était vraiment injuste.

— La revanche de Hoare, dit Harry d'une voix monocorde. Ils avaient pourtant un besoin criant d'enseignants, à l'époque.

— Oui. Et ils n'ont pas apprécié que Bernie essaie de persuader les journaux de révéler l'existence des camps espagnols.

— Il était naïf. Il aurait dû savoir que le gouvernement interdirait la parution de ces articles.

— As-tu envisagé de faire une nouvelle tentative auprès de l'université ? Près de sept ans se sont écoulés, à présent. » Barbara hésita, et ajouta : « En ce qui me concerne, je crois que je ne suis plus surveillée. » Pendant des années, après son retour, elle avait constaté que son courrier avait été ouvert et que l'on avait recollé grossièrement les enveloppes, et, parfois, elle avait entendu des bruits bizarres sur sa ligne téléphonique. Harry avait vécu la même expérience.

« Will prétend que, une fois qu'on est sur une liste noire, on y reste », dit-il. Il se tut un instant et reprit : « De plus, je me trouve assez bien à Haverstock.

— Parfois, je me demande… murmura-t-elle sans terminer sa phrase.

— Quoi donc ?

— En voyant la plaque commémorative, là-bas, je me suis demandé s'ils ont inscrit le nom de Bernie sur une plaque du même genre, à Rookwood. »

Bernie avait été mobilisé en 1943, après avoir été déclaré apte au service. Avec toutes les blessures qu'il avait reçues, il aurait sans doute pu se faire réformer, mais cela ne lui était même pas venu à l'idée. Il voulait poursuivre le combat contre les fascistes. Il était mort le jour du Débarquement, le 6 juin 1944, à Juno Beach. Dans la voiture, sur la route de Madrid, il avait dit à Barbara qu'il ne la quitterait plus jamais, pourtant il l'avait fait. Elle comprenait à présent qu'un homme comme lui, en des temps comme ceux-là, ne pouvait faire autrement que de se battre. Mais il continuait à lui manquer, tout comme l'enfant qu'ils n'avaient jamais eu.

« Sais-tu que Hoare a publié ses Mémoires ? reprit Harry.

— C'est vrai ?

— Il s'appelle désormais vicomte Templewood, bien sûr, poursuivit Harry avec un rire amer. *Ambassadeur en mission spéciale*. Il affirme que c'est uniquement grâce à lui, à sa fermeté et à son sens aigu de la diplomatie que Franco s'est abstenu de participer au conflit. Sans jamais mentionner Hillgarth, évidemment. *Les Mémoires du Trouillard*... »

Ils étaient arrivés devant le pub, un établissement spacieux servant des repas le midi. La salle était emplie de représentants de commerce. Tout en guidant Barbara vers une table, Harry adressa un signe de tête à quelques personnes accoudées au bar.

« La nourriture n'est pas mauvaise. À quelle heure dois-tu être à l'aéroport ?

— Pas avant quatre heures. Nous avons tout notre temps. »

Ils commandèrent une tourte au bifteck et aux rognons. La viande était nerveuse et trop cuite, mais Harry ne parut pas s'en apercevoir.

« Alors, quoi de neuf ? s'enquit-il. J'ai l'impression

que ton travail occupe la plus grande partie de ton temps, non ?

— Oui, mon travail salarié, et aussi celui que j'effectue bénévolement auprès des réfugiés. »

Elle le dévisagea. Il avait une vilaine entaille sur la joue, qu'il s'était sans doute faite en se rasant. « Et toi, que fais-tu, en dehors de l'enseignement ? Qu'est devenue cette collègue avec laquelle tu t'étais lié ?

— Oh, ça s'est terminé en queue de poisson, répondit-il en haussant les épaules. Je ne fais pas grand-chose en dehors de mon boulot, à vrai dire.

— Ma vie se résume également à mon travail, je suppose. Mon travail, et l'aide aux réfugiés. Je songe à passer une licence d'espagnol, en suivant des cours à mi-temps.

— Bonne idée, approuva Harry. Tu n'auras probablement aucune difficulté à l'obtenir.

— Mais je devrais consacrer moins de temps aux réfugiés. » Elle laissa fuser un petit rire. « Je suis devenue une de ces vieilles filles qui se dévouent aux bonnes œuvres. J'avais toujours pensé que je finirais ainsi.

— Au moins, il nous reste nos souvenirs », répondit Harry, mais ses yeux étaient emplis de tristesse. Il esquissa une fois de plus un petit sourire crispé. « J'envisage de quitter mon appartement pour m'installer dans un logement de fonction à Haverstock. Le fils de Will est pensionnaire de l'établissement, te l'avais-je dit ? Ronnie, un garçon brillant. Il va entrer en première. Il ressemble beaucoup à son père. Ils n'ont pas eu les moyens de l'inscrire à Rookwood, en fin de compte.

— Et Will et Muriel ? Sont-ils toujours en Italie ?

— Oui. Will me manque, surtout depuis la mort de l'oncle James. » De nouveau, ce petit sourire triste. « Muriel déteste Rome, il y a trop de chaleur et de poussière à son goût, elle voudrait qu'il obtienne un poste à Paris. »

Promenant du bout de sa fourchette l'infecte nourriture autour de son assiette, Barbara demanda : « Mais si tu logeais à l'école, ne serais-tu pas un peu… coupé du monde ?

— Et qu'a donc le monde de si merveilleux ? De toute façon, ma vie se réduit à l'enseignement, désormais, alors autant aller jusqu'au bout. C'est parfois un peu ennuyeux, mais je m'y suis habitué. Et si, de temps à autre, je peux aider un élève, alors cela en vaut la peine.

— Bernie disait tout le temps que les *public schools* étaient des mondes clos, des mondes privilégiés.

— Je sais, répliqua-t-il en relevant vivement les yeux. Sofía ne les aurait pas appréciées, elle non plus. »

Elle prit une profonde inspiration : « Non, sûrement, mais ce n'est pas ce que je voulais dire. Tu étais tellement en colère à notre retour d'Espagne, tu voulais *faire* quelque chose… Et maintenant, on dirait que… eh bien, que tu t'es complètement replié sur toi-même.

— Qu'y a-t-il à faire ? répondit Harry avec son sourire amer. Qu'avons-nous fait, l'un et l'autre ?

— Moi, au moins, j'aide les réfugiés. À mon retour ici, j'ai songé à militer dans un parti politique, à cause de quelque chose… quelque chose que Bernie m'avait dit dans la voiture, cette nuit-là. » Elle entendit résonner dans sa tête les mots qu'il lui avait murmurés, et soupira. « Il n'avait pas repris sa carte du Parti communiste. Le parti l'avait déçu, pourtant il n'a jamais renoncé à ses convictions. Mais… ce n'est pas comme si nous pouvions changer quoi que ce soit à la situation en Espagne. Je suppose qu'ici les choses se sont un peu améliorées, avec le Parti travailliste au pouvoir.

— Crois-tu ? fit Harry avec une petite grimace. Qui possédait toutes les richesses du pays avant la guerre ? Les gens qui fréquentaient des écoles comme Haverstock. Qui les possède aujourd'hui ? Les mêmes.

— Dans ce cas, pourquoi restes-tu ici ? » s'enquit-elle, sans dissimuler son agacement. Et c'était vrai qu'il l'irritait, assis là à manger stoïquement cette nourriture infâme, et ressemblant déjà à un vieux garçon encroûté dans ses habitudes.

« Parce qu'on ne pourra jamais y changer quoi que ce soit, répondit-il d'un ton las. Ils sont trop forts, ils finissent toujours par triompher.

— Je ne le crois pas. Il faut se battre.

— J'ai perdu la bataille », se borna-t-il à répliquer.

Ils ne parlèrent pratiquement plus pendant le reste du repas. Harry s'excusa de ne pas pouvoir la raccompagner jusqu'à l'arrêt de bus, car il avait un cours. Ils se serrèrent la main en promettant de se revoir bientôt, mais Barbara savait qu'ils n'en feraient rien, et que c'était sans doute leur dernière rencontre. Ces réunions étaient certainement la seule occasion qu'ils avaient de parler intimement de Bernie et de Sofía avec quiconque, et cela semblait raviver leur chagrin, au lieu de l'atténuer à mesure que le temps passait. Dans le bus, elle sentit des larmes lui piquer les yeux, mais elle les refoula. Ouvrant sa sacoche, elle se força à lire les informations concernant les personnes qu'elle allait rencontrer – leurs noms et les sociétés qu'elles représentaient.

Señor Gómez, *señor* Barrancas, *señor* Grazziani. Beaucoup d'Argentins avaient des noms italiens – sans doute des immigrants, supposa-t-elle.

À l'aéroport, elle fut accueillie par un représentant de la Chambre de commerce londonienne, un homme de haute taille aux manières courtoises, portant une cravate aux couleurs de la garde royale, qui se présenta à elle sous le nom de Gore-Brown. Une demi-douzaine d'hommes d'affaires l'accompagnaient. « Seigneur, dit-elle, j'ignorais que vous seriez si nombreux. Les Argentins ne sont que quatre. Il faudra parler chacun à votre tour, je ne pourrai pas traduire pour tout le monde en même temps.

— On m'a dit qu'un ou deux d'entre eux parlaient anglais. Beaucoup d'Argentins connaissent notre langue, je crois.

— Oh, ma foi, nous verrons bien », répondit Barbara, avec ce ton jovial de vieille fille sûre d'elle qu'elle adoptait toujours face à des hommes comme ceux-là. Elle espéra en elle-même qu'elle n'aurait pas trop de difficulté à comprendre les Argentins, avec leur accent chuintant.

« L'avion est annoncé, je crois, reprit Gore-Brown. Nous pourrions monter dans la salle de départ pour assister à l'atterrissage.

— Oh, bonne idée ! s'exclama l'un des hommes d'affaires. Je n'ai encore jamais vu d'avion atterrir.

— Vous n'étiez pas dans la RAF, alors, rétorqua un homme au teint rougeaud arborant une moustache en guidon de vélo.

— J'ai passé cinq ans sur un cuirassé, mon vieux. Des avions, j'en ai abattu quelques-uns, mais je n'en ai jamais vu atterrir. »

Riant de cette repartie, le groupe gravit l'escalier menant à la terrasse panoramique dont la haute baie vitrée donnait sur le tarmac. Deux appareils s'y trouvaient déjà, leurs passagers étaient en train de débarquer.

« Le voilà », dit l'homme qui avait servi dans la marine. Barbara vit un bimoteur d'une taille étonnamment petite se poser en douceur sur la piste et rouler lentement vers eux. Elle sortit les papiers de sa sacoche. Gore-Brown se pencha vers elle. « Lequel d'entre eux représente la Fray Bentos ? demanda-t-il.

— Barrancas.

— Très bien. Arrangez-vous pour me placer près de lui. Je pourrai peut-être conclure une ou deux bonnes affaires avec ce type. Je suis dans la distribution, et il y a de gros bénéfices à faire sur les rations de viande », expliqua-t-il en clignant de l'œil.

L'avion s'était immobilisé. Deux hommes en combinaison poussèrent une passerelle mobile jusqu'à la porte de l'appareil. Celle-ci s'ouvrit, et un petit groupe d'hommes descendit les marches. Tous avaient le visage hâlé, portaient des chapeaux et de gros pardessus. Le climat de l'Angleterre doit leur paraître très froid, pensa Barbara.

Elle battit des paupières et remonta ses lunettes sur son nez. Le dernier homme à émerger de l'avion avait une allure familière. Il s'attarda en haut de la passerelle, promenant son regard autour de lui, comme s'il était fasciné par ce qu'il voyait. Elle s'approcha de la vitre et l'observa plus attentivement.

Gore-Brown la rejoignit. « C'est lui, Barrancas. On m'a envoyé sa photo. C'est l'un de ceux qui parlent anglais, je pense. »

Mais l'homme ne s'appelait pas vraiment Barrancas, Barbara le savait. Elle reconnaissait cette silhouette trapue, plus massive à présent et légèrement voûtée, ce visage dur aux traits épais, cette moustache à la Clark Gable. Elle regarda Sandy Forsyth traverser la piste et s'avancer dans leur direction, souriant comme un collégien enthousiaste et curieux de tout, la tête levée vers le ciel ensoleillé de ce printemps anglais.

NOTE HISTORIQUE

Près de trois quarts de siècle après sa fin, la guerre civile d'Espagne continue à soulever des controverses.

Dans les toutes premières années du XXe siècle, le régime monarchique et oligarchique de l'Espagne se heurta à l'opposition croissante des réformateurs républicains des classes moyennes, des régionalistes basques et catalans, et par-dessus tout des classes ouvrières appauvries, tant rurales qu'urbaines. Le cycle résistance-répression engendra une lutte des classes et une bipolarisation comme il n'en existait nulle part en Europe, en dehors de la Russie.

En 1931, le roi Alphonse XIII abdiqua et la Seconde République fut proclamée. Les gouvernements, d'abord libéral-socialiste, puis conservateur, se succédèrent sans plus de succès, jusqu'à ce que, en 1936, le Front populaire remportât les élections. Les travailleurs commencèrent à prendre les choses en main, s'emparant des grandes propriétés et des institutions.

On ne saura jamais si ce gouvernement de Front populaire aurait pu réussir, car en 1936 se produisit l'insurrection militaire que l'on redoutait depuis longtemps, avec l'appui des forces conservatrices et le soutien financier de Juan March. Ce premier coup d'État échoua toutefois : de nombreux officiers demeurèrent loyaux au gouvernement élu et, dans les grandes villes, les insurgés furent vaincus. Ils gardèrent le contrôle d'environ un tiers du pays, mais d'aucune de ses régions industrielles.

Il est possible que, sans intervention étrangère, l'insurrection aurait pu être entièrement écrasée, mais Hitler et Mussolini envoyèrent immédiatement des avions au général Franco, lui permettant d'organiser un pont aérien pour faire venir des troupes d'élite de la colonie marocaine, et d'entamer sa marche sur Madrid. Entre-temps, le gouvernement britannique à majorité conservatrice fit pression sur la France afin que celle-ci refusât d'apporter son aide à la République et fermât ses frontières. En conséquence, la République fut obligée de se tourner vers la seule puissance disposée à l'aider, l'Union soviétique. La zone républicaine devint dépendante de Staline et de ses « conseillers » qui exportaient son appareil de terreur en même temps que de l'armement. Selon un mythe créé par le régime franquiste et toujours vivace en Espagne, l'armée s'était soulevée pour prévenir un coup d'État communiste, mais le Parti communiste espagnol d'avant 1936 était extrêmement réduit, et les républicains, tout autant que les socialistes et les anarchistes, étaient par tradition fortement anti-autoritaristes. L'arrivée au pouvoir des communistes fut la conséquence directe des pressions exercées par la Grande-Bretagne sur la France pour l'empêcher de participer au conflit.

La sanglante guerre civile qui s'ensuivit dura trois ans et ravagea l'Espagne. Deux cent cinquante mille personnes environ moururent dans les combats, et deux cent mille autres furent victimes de la campagne de terreur menée par les deux camps – parmi elles, de nombreux apolitiques aux « opinions suspectes » qui s'étaient simplement retrouvés par hasard du mauvais côté.

Quand la guerre se termina par la victoire de Franco en avril 1939, il n'y eut pas de réconciliation nationale. Les exécutions et les disparitions se poursuivirent au contraire de plus belle, le but de Franco étant de « purifier » l'Espagne. Les années 1940 furent, pour la plupart des Espagnols, à peine moins cauchemardesques que celles de la guerre civile, car les effets de la sécheresse étaient encore aggravés par la destruction de la plus grande partie des infrastructures, la politique économique d'autarcie voulue par Franco et le système de distribution chaotique et corrompu. Franco lui-même fantasmait sur des solutions chimériques à ces problèmes, telles que de gigantesques réserves d'or, ou du pétrole produit à partir de l'herbe.

Le régime franquiste se divisa dès le début en deux factions : les fascistes de la Phalange, dont les bandes armées avaient été recrutées par Franco pendant la guerre civile, et qui devinrent l'unique parti politique d'Espagne, et les monarchistes, attachés aux traditions. Les monarchistes étaient généralement pro-britanniques et anti-allemands, mais l'Angleterre qu'ils admiraient était celle de l'aristocratie et des manoirs ; ils méprisaient les phalangistes pour leur « vulgarité » et éprouvaient encore moins de compassion, si c'est possible, pour les souffrances du peuple que les membres de la Phalange. Durant la guerre civile, ils avaient d'ailleurs fait preuve d'une égale violence. Franco, quant à lui, se situait quelque part entre les deux.

En habile tacticien qu'il était, il sut garder un juste équilibre entre les deux factions composant son régime, ce qui lui permit de se maintenir au pouvoir pendant près de quarante ans. Après la défaite de Hitler, toutefois, la Phalange vit se réduire son rôle dans la coalition gouvernementale.

En 1939-1940, la question principale qui se posait à Franco était de prendre part ou non à la guerre mondiale aux côtés de Hitler, comme le souhaitait la Phalange. Lui-même rêvait de se tailler un empire en s'emparant des colonies africaines de la France vaincue, mais les monarchistes voulaient rester neutres, car l'entrée en guerre leur apparaissait comme une entreprise hasardeuse qui ne servirait qu'à renforcer le pouvoir de la Phalange. Finalement, comme toujours, Franco fit preuve de pragmatisme. En tant que fils d'officier naval, il connaissait la puissance de la marine britannique, qui avait imposé un blocus à l'Espagne et pouvait facilement lui supprimer tout approvisionnement. Par conséquent, il décida qu'il n'entrerait en guerre que si la Grande-Bretagne était au bord de la défaite. En juin 1940, lorsque tel parut être le cas, il proposa une alliance à Hitler, qui lui fit une réponse prudente. À l'automne 1940, quand Hitler voulut se rapprocher de Franco dans le but de s'emparer de Gibraltar, la bataille d'Angleterre s'était soldée par la défaite des Allemands, et Franco avait compris que la Grande-Bretagne était loin d'être vaincue.

La rencontre entre Franco et Hitler eut lieu à la frontière franco-espagnole en octobre 1940. Elle demeure l'objet d'une polémique. Les apologistes de Franco soutiennent que c'est grâce à son habileté diplomatique que l'Espagne a réussi à garder sa neutralité ; ses adversaires affirment qu'il serait entré en guerre si les conditions du pacte lui avaient paru acceptables. Je pense que cette dernière opinion est la plus exacte ; mais, à l'automne 1940, le montant de l'aide que l'Allemagne aurait dû apporter à Franco pour empêcher que le blocus imposé par la Grande-Bretagne ne réduisît l'Espagne à la famine, et ne déclenchât peut-être une nouvelle révolution, dépassait de loin ce que Hitler était en mesure d'offrir. Les exigences de Franco n'eurent d'autre résultat que de pousser le Führer, dégoûté, à mettre précocement fin à la rencontre d'Hendaye. Par la suite, les négociations entre Franco et l'Axe se poursuivirent, mais la perspective de voir l'Espagne prendre part au conflit s'éloigna, grâce au contrôle sans faille de la marine britannique sur les mers.

En mai 1940, Churchill, Premier ministre du nouveau gouvernement de coalition de la Grande-Bretagne en guerre, démit sir Samuel Hoare de ses fonctions au cabinet et l'envoya en Espagne au titre d'ambassadeur en mission spéciale, avec la consigne de dissuader Franco de participer au conflit. Hoare avait été ministre du gouvernement conservateur depuis 1931, et ardent partisan de la politique de conciliation. C'était un personnage vaniteux, veule et arrogant, mais habile politicien et administrateur. Les talents de Hoare, son statut et sa capacité à caresser les dictateurs dans le sens du poil justifiaient pleinement cette nomination, bien qu'il fût déçu de ne pas réaliser son ambition de toujours – devenir vice-roi des Indes. Churchill n'avait jamais aimé Hoare, et ne lui faisait pas confiance, et ce fut peut-être en partie pour le surveiller qu'il choisit son ami Alan Hillgarth comme responsable des opérations secrètes en Espagne (lesquelles incluaient la corruption active des monarchistes susceptibles de devenir leurs alliés). Il est certain en tout cas que Hillgarth transmettait directement ses rapports à Churchill.

En tant qu'ambassadeur, Hoare se comporta de façon prévisible. Franco et son Premier ministre, le phalangiste Serrano Suñer, le traitèrent avec dédain, mais il réussit à nouer des liens avec les monarchistes et à leur soutirer des informations importantes. Il tenait à ce que les opérations secrètes en Espagne (hormis les versements de pots-de-vin) se limitent à la collecte de renseignements ; il était hors de question que les hommes du Service des opérations spéciales « mettent l'Europe à feu et à sang », et il repoussait toute tentative d'approche de l'opposition clandestine de gauche, affirmant qu'il fallait appuyer le régime en place et que tous les efforts de la Grande-Bretagne devaient tendre en ce sens. Un argument qui me paraît bien faible : en menaçant Franco d'apporter son aide à l'opposition, la Grande-Bretagne n'aurait fait qu'ajouter une nouvelle corde à son arc. Mais dans sa vision des choses, Hoare, comme beaucoup de conservateurs, se sentait plus proche des monarchistes aristocratiques et anti-révolutionnaires. Et il parvint à convaincre le gouvernement britannique d'éviter tout contact avec la gauche espagnole, amorçant ainsi ce qui allait être la politique des Alliés après la guerre – laisser en place le régime de Franco.

La façon dont je représente les personnages de Hoare et de Hillgarth est entièrement personnelle. Elle peut paraître sévère, mais s'accorde, je pense, avec les faits connus. Tous les autres personnages anglais et espagnols sont fictifs, excepté certaines figures historiques ayant joué un rôle important à l'époque, et qui font une brève apparition dans le roman : Azaña, l'inquiétant Millán Astray et, bien sûr, Franco lui-même.

Le tableau que je peins de l'Espagne de 1940 est bien sombre, mais il est fondé en grande partie sur les récits d'observateurs contemporains. Le camp de prisonniers près de Cuenca est imaginaire, mais des camps secrets ont bel et bien existé. Je ne pense pas que l'image que je donne de l'Église espagnole de cette période soit injuste : le clergé a soutenu sans réserve la politique de ce régime répressif dans sa phase la plus brutale, et ceux qui, comme le père Eduardo, avaient du mal à arranger cela avec leur conscience semblent avoir été fort peu nombreux.

La vision archaïque que le général Franco avait de l'Espagne est morte avec lui en 1975. Les Espagnols ont immédiatement rejeté cet héritage pour se tourner vers la démocratie. Le passé a été oublié, à la faveur du *pacto de olvido* – le « pacte d'oubli ». Peut-être était-ce le prix à payer pour une transition paisible vers la démocratie. C'est seulement aujourd'hui, alors que disparaît la génération des témoins de cette période, que les choses commencent à changer et que les historiens espagnols se penchent à nouveau sur les premières années du régime franquiste, mettant au jour de nouvelles horreurs qui seront une piètre consolation pour les apologistes de Franco, mais nous remettent en mémoire ce qu'a enduré le peuple espagnol, non seulement pendant la guerre civile, mais après la victoire des franquistes.

J'ai essayé de faire coïncider scrupuleusement les événements décrits dans mon roman avec les dates historiques. Cependant, j'ai, à deux reprises, bousculé légèrement la chronologie pour les besoins de l'intrigue. C'est ainsi que j'ai reculé de quelques jours la visite de

Himmler à Madrid, et situé la création de La Barraca en 1931, soit un an plus tôt que dans la réalité. J'ai aussi imaginé de toutes pièces la présence de Franco à la première représentation du *Concierto de Aranjuez* de Rodrigo, qui fut en fait donnée à Barcelone.

REMERCIEMENTS

Je tiens à exprimer ma gratitude à tous les amis qui ont lu le manuscrit d'*Un hiver à Madrid* et longuement débattu avec moi des épineux problèmes soulevés par ce livre sur les plans culturel, historique et politique, en m'offrant un large éventail de points de vue. Tous mes remerciements à Roz Brody, Emily Furman, Mike Holmes, Caroline Hume, Jan King, Tony Macaulay, Charles Penny et William Shaw ; à mon agent, Antony Topping ; à Mari Roberts, qui a corrigé les épreuves, et à mon éditrice María Rejt chez Macmillan. Merci aussi à Will Stone, qui m'a aidé dans mes recherches à un moment critique. Et je suis comme toujours infiniment reconnaissant à Frankie Lawrence d'avoir tapé le manuscrit et traqué les bourdes occasionnelles.

BIBLIOGRAPHIE

Il existe de nombreux ouvrages en anglais sur la guerre civile d'Espagne et ses origines. Après plus de soixante ans, je pense que *The Spanish Labyrinth*, de Gerald Brenan (Cambridge, 1943)[1], demeure le meilleur essai jamais paru sur les origines de cette guerre. *The Spanish Civil War*, d'Antony Beevor (Cassell, 1982), constitue l'introduction la plus accessible à la guerre elle-même.

Diplomacy and Strategy of Survival : British policy and Franco's Spain 1940-1941, de Denis Smyth (Cambridge University Press, 1986), est le principal ouvrage universitaire sur cette période, même si je pense qu'il sous-estime l'importance des affinités culturelles entre les monarchistes espagnols et les classes dirigeantes britanniques. La biographie monumentale de Paul Preston, *Franco* (HarperCollins, 1993)[2], fournit également des informations utiles sur la politique étrangère du gouvernement pendant la guerre, bien que tout

1. Paru en France sous le titre : *Le Labyrinthe espagnol : Origines sociales et politiques de la guerre civile*, Ivrea, 1984.

2. Paru en France en 2005 aux éditions Grancher.

débat sur la situation intérieure à l'époque en soit curieusement absent. Le récit autobiographique de Hoare, publié après qu'il fut devenu le vicomte Templewood, *Ambassador on Special Mission* (Londres, 1947), est narcissique et peu fiable. C'est en lisant *Philby, KGB Masterspy*, de Phillip Knightley (Londres, 1978), que j'ai découvert le monde de l'espionnage en temps de guerre. Mlle Maxse a réellement existé ; c'est elle qui fit passer un entretien à Philby en vue de l'enrôler dans les services secrets britanniques, à l'hôtel St. Ermin. *Dunant's Dream*, de Caroline Moorhead (HarperCollins, 1998), retrace l'histoire de la Croix-Rouge, d'une manière à la fois vivante et impartiale. L'article (en anglais) de J. Bandrés et R. Llavona, « La psychologie dans les camps de concentration franquistes » (*Psychology in Spain*, 1997, vol. I, nº 1, pp. 3-9), est un compte rendu terrifiant sur les abus de la psychiatrie. Pour les détails concernant l'escroquerie de la mine d'or, je me suis inspiré de la relation par V. Danielson et J. Whyte d'une arnaque contemporaine plus énorme encore, *Bre-X : Gold Today, Gone Tomorrow* (Canada, 1997).

Parmi les récits sur la bataille du Jarama, *English Captain*, de Tom Wintringham (Londres, 1939), nous donne à voir les faits à travers le regard froid et insensible d'un stalinien issu de la haute bourgeoisie, alors que *Crusade in Spain*, de Jason Gurney (Londres, 1974), nous livre le point de vue d'un brigadiste revenu de ses illusions.

Pour décrire la vie quotidienne à Madrid dans les premières années de la dictature franquiste, je me suis basé essentiellement sur les écrits de journalistes et de diplomates britanniques ou américains qui s'y trouvaient en poste à l'époque. Même en tenant compte de leur opinion généralement très critique vis-à-vis du régime, le tableau qu'ils dépeignent est absolument effrayant. *Appeasement's Child : The Franco Regime in Spain*, de T. Hamilton (Londres, 1943), *Report from Spain*, de E. J. Hughes (New York, 1948), et *The Masquerade in Spain*, de C. Foltz (Londres, 1948), m'ont été particulièrement utiles. Les lettres de David Eccles, attaché à l'ambassade britannique en 1940, *By Safe Hand, Letters of Sybil and David Eccles, 1939-1942* (Londres, Bodley Head, 1983), sont la description colorée et captivante tant de la diplomatie britannique que de la vie madrilène par un homme qui, si bizarres que ses idées politiques puissent paraître aujourd'hui, était néanmoins visiblement touché par les souffrances du peuple espagnol. L'histoire de la femme qu'on arrête parce que le vent a soulevé sa robe m'a été inspirée par un incident relaté dans ses lettres, ainsi que celle de Hoare se cachant sous son bureau par peur d'une chauve-souris. Le Café Rocinante doit beaucoup au café de Doña Rosa décrit par Camilo José Cela dans *La Ruche* (Gallimard, 1989).

Compte à rebours

(Pocket n° 12854)

12 jours, c'est le sursis qu'accorde Cromwell à Matthew Shardlake pour innocenter sa cliente Elizabeth, condamnée à mort pour le meurtre de son cousin. En échange, Matthew devra lui rapporter la formule du feu grégeois – ou larmes du Diable –, arme byzantine redoutable, au terme de ce délai. Mais les détenteurs de la formule ont été assassinés, et Matthew se trouve plongé dans une sombre affaire tandis que pour Elizabeth, le jour fatal se rapproche…

Il y a toujours un Pocket à découvrir

Composition : Facompo, Lisieux

Imprimé en Allemagne par
GGP Media GmbH, Pößneck
en mars 2011

POCKET - 12, avenue d'Italie - 75627 Paris cedex 13

Dépôt légal : octobre 2010
S19858/02